김영만(金永萬)

어린 시절부터 무술에 관심이 많았던 저자는 다양한 무술을 익힌 후 택견과 인연을 맺었다. 그 후 택견 7단의 경지에 오르기까지 택견의 우수성과 민족적 가치를 부흥 발전시키기 위해 열정을 다했다. (재)세계택견본부 관악구본부전수관 관장으로서 또 서울시택견연합회 사무국장으로서 택견 전수는 물론, 택견의 생활체육화에 기여하였다.
또한 택견의 학문적 정립을 위해 만학도의 길을 결심하고 학문의 길로 들어선 후 숭실대학교 대학원 생활체육학과에서 석사학위 취득 및 박사과정을 수료하였다.

저자는 각종 전국대회에서 40여회 우승 및 수상을 하였다. 또한 택견을 무술로서 뿐만 아니라 공연예술과의 접목을 통해 무예로서의 가치를 창출하였다. 뮤지컬 광개토대왕, 택견아리랑, 위기탈출 넘버원, 기와 율, 우루왕, 환 등의 작품에서 무술감독 및 출연을 하였으며, 민족무예 퍼포먼스 〈백의선인〉을 기획, 공연하였고, WCO 세계문화오픈(2004)에 〈백의선인〉으로 평화상을 수상하였다.
현재 저자는 숭실대학교 생활체육학과 강사로 활동하고 있으며, 또한 서울시택견연맹 전무이사, 서울시택견 전수위원장, (재)세계택견본부 심사위원으로서 택견 발전에 중추적인 역할을 담당하고 있다.
논문으로는 〈택견의 생활체육활성화 방안에 관한 연구(석사논문)〉, 〈택견의 능청동작과 유사관련 동작과의 비교분석 및 단전의 의미 고찰〉, 〈택견의 품밟기, 활갯짓, 딴죽, 차기, 손질의 동작원리에 관한 연구〉 등이 있으며, 저서로는 〈택견겨루기론〉(2009)이 있다.

택견겨루기 總書

저　　자 _ 김영만
발 행 인 _ 문상필
발 행 처 _ 도서출판 상아기획
편집·사진 _ 컬처팩토리 대표 류길준
편집디자인 _ 김환희
초판발행 _ 2010년 9월 8일
주　　소 _ 서울 영등포구 문래동 1가 39번지(센터플러스 715호)
대표전화 _ (02)2164-2700
팩　　스 _ (02)2164-2999
출판등록번호 _ 제318-1997-000041호

도서출판 상아기획 www.tkdsanga.com

ⓒ저작권은 작가에게 있습니다.
작가와 합의하에 인지는 생략합니다.
잘못 만들어진 책은 구입처나 본사에서 교환해 드립니다.

ISBN 978-89-91237-53-7　13690

책값 45,000원

택견 겨루기 總書

저자 김영민

[저자의 말]
내 젊은 열정을 바친 자랑스런 민족무예 택견

택견은 필자가 이십 대의 열정과 노력을 다 바친 무예이다.

택견을 연마할수록 그 과학적인 우수성에 감탄하게 되었으며, 이러한 무예가 우리 민족의 전통무예였다는 것이 필자의 자부심을 불타게 만들었다. 택견을 연마하고 전수하면서 필자는 우리 민족의 정신 속에 살아 숨 쉬는 택견을 올바로 전수해야겠다는 사명감을 가지게 되었다. 일제강점기시대 민족문화 말살위기에서 벗어나 오늘날 문화재로까지 등록된 택견이야말로 하루빨리 세계화에 착수해야 할 우리의 우수한 문화유산임이 틀림없다.

필자는 민족 무예에 대한 체계적인 공부가 절실함을 느끼고 늦은 나이에 학문의 길로 들어서게 되었다. 연구를 하면 할수록 택견은 운동역학적인 이론이 그대로 반영되어 있는 우수한 무예임을 다시 한 번 느끼게 되었다. 방대한 자료들을 접하고 연구하면서 보다 체계적인 택견 이론서에 대한 열망이 생겼다. 그러나 개인이 이러한 방대한 것을 준비하기란 결코 쉬운 일이 아니었다. 하지만, 뜻이 있는 곳에 길이 있다고 했던가, 많은 지인들의 도움으로 나의 숙원이었던 〈택견 겨루기 總書〉를 발간하게 되었다.

필자는 택견 겨루기론과 택견 겨루기의 이론과 실제의 이론적 정리를 통해 겨루기에 있어 필요한 지식을 총정리 하였다. 이 책의 목적은 일선에서 선수를 지도하는 지도자나 감독 및 코치들에게 과학적 적용 과정을 이해하도록 도와주는 데 있다.

제1부와 제3부는 (재)세계택견본부 이용복 총사님이 정리한 이론들을 토대로 수정·보완하여 정리하였다. 이러한 이론들은 평소 택견의 교재로써 활용되어 오고 있으며 본인의 이론적 지식과 일치하기에 위의 내용을 활용하게 되었다. 제2부는 택견 겨루기에 필요한 기본적인 이론들로 구성하였다. 제4부와 제5부는 필자가 각종 겨루기에서 얻은 실기위주의 경험을 바탕으로 겨루기에 필요한 기술을 체계화시켰다. 제6부에서 제12부까지의 내용은 일반적인 체육의 과학적인 이론들이 정립된 이론서를 토대로 하여 택견 겨루기에 맞게 재구성되었다. 그 중 제9부는 택견 선수를 위한 트레이닝의 실제로 필자가 경험했던 전통적인 훈련 방법과 서양의 트레이닝 방법을 정리하였다. 제13부는 각종 운동상해와 관련된 서적을 참고로 하여 택견에서 자주 발생되는 상해위주로 구성하였다. 마지막 제14장은 (사)대한택견연맹 경기 규정을 수록하였다.

이 책은 택견의 기존 학습체계를 바탕으로 재창조의 기술로 구성되었다. 택견 겨루기는 택견의 경기 규정에 맞으면 어떠한 형태의 기술이든 사용을 할 수 있다. 그 규정에 맞추어 감독이나 코치는 다양한 형태의 기술 및 훈련 방식 등의 개발이 요구된다. 그러한 차원에서 필자는 택견의 기본적 기술이 유술적 격술에 맞는 기법을 새롭게 개발하게 되었다. 그리하여 기존의 유술적 기법을 택견의 규정에 맞게 재정립하고 새로운 기법을 연구하였다. 또한 기존에 나와 있는 각종 무예 관련 자료들을 참고하여 택견의 새로운 겨루기 지도서를 정리하여 택견 겨루기에서 필요한 다양한 형태의 기술과 훈련 방법을 제시하였다.

이 작업이 시작된 것은 3년 전 어느 봄날이었다. 필자의 이러한 열정을 이해하고 공유해 주신 류길준 이사님과 필자의 많은 후배 및 제자들이 없었다면 길고 긴 시간 동안의 이 여정이 힘들었을 것이란 생각이 든다. 많은 시간과 노력이 요구되는 사진 작업 동안 한 번의 불평불만 없이 기꺼이 함께 한 그 정성과 노력은 택견의 발전을 위해 함께 노력하는 자세가 아니었다면 진정 불가능한 것이었으리라. 필자와의 인연을 떠나 우리 택견인의 아름다운 열정이었음을 다시 한 번 느꼈다.

또한 이 책이 출판되기까지 많은 분들의 도움과 협력이 있었음은 두말할 나위가 없다. 택견을 지도해주신 이용복 총사님과 손일환, 윤종원 선생님 그리고 권찬기 선생님을 비롯한 많은 선배님들께 감사를 드리며, 또한 택견의 발전을 위해 지원을 아끼지 않으시는 김학원 상임고문((사)대한택견연맹), 한상회 회장(서울특별시택견연맹), 오신환 회장(관악구택견연합회)님께 감사를 드린다. 더불어 필자에게 학문적 밑바탕을 만들어 주신 숭실대학교 소재석 교수님과 심성섭, 윤형기, 오세이, 박주영, 전태준 교수님께도 지면을 빌어 감사를 드린다.

특히 이 책의 출판을 위해 오랜 시간 함께 작업해주신 류길준 이사님과 늦은 밤 혹은 휴일에도 불구하고 기꺼이 함께 작업에 동참해 주신 많은 후배 및 제자들에게 감사의 마음을 전한다. 또한 항상 내게 힘을 불어넣어 주는 아내와 나의 분신인 아이들, 그리고 가족 모두에게 고마움을 전한다. 마지막으로 본서를 출판하도록 도와주신 상아기획 문상필 사장님께 깊은 감사를 표한다.

2010. 06
김 영 만

차례 Contents

제1부　택견論

제1장 택견의 역사
1. 택견의 유례 / 16
2. 결련택견 / 23

제2장 택견의 가치
1. 체육적 가치 / 26
2. 무예적 가치 / 27
3. 놀이 문화적 가치 / 28
4. 전승 가치 / 29

제3장 택견의 경기
1. 택견 경기의 연원 / 30
2. 옛 택견의 경기방법 / 30
3. 택견 경기의 재현 / 31
4. 택견 경기의 구성 원리 / 32
5. 현대 경기로서의 택견 / 39
6. 택견의 경기원리 / 40

제2부　택견 겨루기論

제1장 택견 겨루기 槪論
1. 겨루기의 의의 / 44
2. 겨루기의 목적 / 44
3. 택견 겨루기의 요점 / 45
4. 겨루기 기술 / 45
5. 겨루기 기술의 숙련단계 / 46
6. 택견 겨루기 기술의 원리 / 50

제2장 기합과 호흡 및 시선
1. 기합(氣合) / 59
2. 호흡(呼吸) / 60
3. 시선 / 62

제3장 겨루기 훈련에 임하는 선수의 태도
1. 동료와의 협력 / 64
2. 훈련시간 엄수 / 64
3. 훈련의 준비 / 64
4. 청결한 복장 / 65
5. 안전사고 예방 / 65

제4장 경기지식과 계획성
1. 경기지식 / 67
2. 계획성 / 67

차례 Contents

제3부 택견의 기본

- 제1장 예법(禮法)
  1. 예의 / 70
  2. 택견 예의의 기본 형식 / 71
- 제2장 택견의 복장
  1. 택견복의 규정 / 75
  2. 철릭이란? / 76
  3. 택견복 입는 법 / 78
  4. 택견복의 관리 / 78
  5. 택견복 착용상의 유의점 / 78
- 제3장 택견의 기본과정
  1. 택견의 자세 / 79
  2. 택견의 몸풀기 / 81
- 제4장 택견의 기본거리
  1. 품밟기 / 93
  2. 활개질 / 104
  3. 딴죽 / 112
  4. 차기 / 123
  5. 손질 / 135

제4부 택견 겨루기의 실제

- 제1장 겨루기의 기본
  1. 겨루기의 기본자세 / 144
  2. 품밟기의 응용 / 148
  3. 품밟기의 적용 / 154
- 제2장 맴돌리기(중심 흔들기)
  1. 맴돌리기 방법 / 155
  2. 맴돌리기 적용 / 157
- 제3장 겨루기 단일기술의 응용
  1. 호미걸이(발등걸이) / 164
  2. 허벅걸이 / 167
  3. 어깨치기 / 170

제5부 택견 겨루기의 실전 연습

- 제1장 공격연결기술
  1. 딴죽 공격연결기술 / 177
  2. 차기 공격연결기술 / 195

차례
Contents

    3. 딴죽과 차기 공격연결기술 / 203
    4. 차기와 딴죽 공격연결기술 / 212
    5. 복합 공격연결기술 / 222
제2장 되받기 기술
    1. 딴죽 되받기 / 232
    2. 차기 되받기 / 248
    3. 덜미잽이 되받기 / 271
    4. 발걸이 되받기 / 277
제3장 겻기
    1. 딴죽 공격단일기술 / 286
    2. 딴죽 공격연결기술 / 289
    3. 딴죽과 차기 공격연결기술 / 291

제6부 겨루기 전술

제1장 겨루기의 전술 훈련
    1. 전술적 능력 / 298
    2. 전술적 행동 / 298
    3. 전술 훈련의 실제 / 299
    4. 예측과 속임 동작 / 300
    5. 전술 훈련의 실제 적용 / 300
제2장 겨루기의 기술과 전술
    1. 겨루기 전법의 종류 / 302
    2. 공격의 타이밍 / 303
    3. 공격 후 스타일에 따른 공격법 / 304
    4. 속임 기술 / 305
제3장 경기 운용 전술
    1. 경기에 대한 이해 / 307
    2. 경기 전 상대 선수에 대한 분석법 / 307
    3. 라운드별 경기 운용전술법 / 308
    4. 침착한 상대와의 경기 운용법 / 309
    5. 신경질적인 상대와의 경기 운용법 / 309
    6. 경기 중 상대선수와 접근전 시 경기 운용법 / 309
    7. 공격적인 상대와의 경기 운용법 / 310
    8. 상대선수가 분석되지 않은 상태에서의 경기 운용법 / 310
    9. 상대의 신체조건에 따른 경기 운용전술법 / 310
    10. 경기에 임하는 태도 / 311
    11. 경기 상황에 따른 마음가짐 / 312

차례 Contents

제7부 겨루기의 기술 훈련

제1장 겨루기 기술의 강화훈련법
1. 기술의 강화 훈련 / 318
2. 전술의 강화 훈련 / 319
3. 기술 훈련 시 유의사항 / 319

제2장 훈련과 기술
1. 체력과 기술 / 320
2. 기술 훈련의 원칙 / 321
3. 전습법과 분습법 / 322
4. 집중법과 분산법 / 323
5. 보강 훈련 / 323
6. 속도 훈련과 정확성 훈련 / 324
7. 기술 훈련의 분석 / 324
8. 전문기술 훈련에 대한 이해 / 334

제3장 딴죽과 차기의 훈련 유형
1. 기술 훈련의 내용 / 336
2. 훈련 방법의 적용 / 338

제8부 경기력 향상을 위한 훈련 방법

제1장 택견 훈련의 개념
1. 택견 훈련의 정의 / 352
2. 택견 훈련의 목적 / 354
3. 훈련량과 강도를 증가시키는 방법 / 356
4. 택견 훈련처방의 원리 / 357
5. 훈련의 분류 / 358

제2장 체력 요소별 훈련 방법
1. 근력 훈련 / 360
2. 근파워 훈련 / 361
3. 근지구력 훈련 / 362
4. 심폐지구력 훈련 / 362
5. 조정력 훈련 / 366
6. 힐(Hill) 훈련 / 368
7. 유연성 훈련 / 368

제3장 훈련의 성공과 유의점
1. 훈련을 성공시키기 위한 전략 / 391
2. 경기성적을 향상시키기 위한 요인 / 391
3. 훈련 시의 유의점 / 392

제4장 선수들을 위한 영양 섭취

차례 Contents

      1. 훈련기의 영양 섭취 / 396
      2. 경기기의 영양 섭취 / 397
      3. 영양 섭취의 목적과 내용 / 398
  제5장 피로와 회복
      1. 피로 / 400
      2. 피로 회복을 위한 방법 / 401

제9부   택견 선수를 위한 트레이닝의 실제

  제1장 맨몸 트레이닝
      1. 1인 트레이닝 / 406
      2. 2인 1조 트레이닝 / 416
      3. 3인 1조 트레이닝 / 434
      4. 보조도구 트레이닝 / 434
  제2장 웨이트 트레이닝
      1. 체중 이용법 / 436
      2. 웨이트 트레이닝의 필요성 / 436
      3. 웨이트 트레이닝의 기본원칙 / 436
      4. 웨이트 트레이닝의 3요소 / 437
      5. 웨이트 트레이닝 시 호흡, 운동속도, 휴식 / 437
      6. 웨이트 기구를 이용한 운동 / 439

제10부   택견 경기력 향상을 위한 훈련계획의 이론과 실제

  제1장 택견 훈련계획의 이론
      1. 택견 훈련계획의 목표 / 456
      2. 훈련계획의 원칙 / 457
  제2장 택견 훈련의 실제
      1. 훈련 주기(週期)의 고려 / 458
      2. 택견 훈련계획의 편성 / 459
  제3장 택견 훈련계획을 통한 최상의 경기력
      1. 최상의 경기력 / 466
      2. 훈련의 목표설정 / 466
      3. 경기력 향상을 위한 평가 / 466

제11부   택견 코칭론과 선수 관리 및 팀 관리

  제1장 택견 코칭론
      1. 코치의 역할 / 472

차례 Contents

    2. 코치의 임무 / 472
    3. 코치의 훈련방법 / 473
    4. 코치의 자질 / 474
    5. 코치의 기능 / 476
    6. 바람직한 코칭행동 지침 / 478
    7. 코치의 선수지도 유형 / 479
    8. 리더십 / 482
제2장 택견 선수의 지도 관리
    1. 경기시기에 선수와의 대화 / 484
    2. 선수 선발 / 486
    3. 체급별 경기에서 체중감량 / 488
제3장 택견 경기 팀의 관리
    1. 택견 경기와 팀 / 490
    2. 경기 팀 조직의 철학 / 491
    3. 팀 조직의 방식 / 493
    4. 강한 팀을 만들기 위한 방정식 / 494
    5. 팀력을 높이는 공식 / 496
    6. 팀 지도의 요령 / 497
    7. 팀 활성화의 비결 / 498

제12부   심리 기술 훈련

제1장 택견 심리 훈련의 필요성
    1. 경기 시 선수들의 심리적인 문제 / 503
    2. 최적의 심리상태 유지방법 / 504
제2장 심리훈련 프로그램
    1. 상상기법 / 507
    2. 자기확신훈련 / 508
    3. 점진적 이완기법 / 509
    4. 주의집중 훈련 / 510
    5. 심상 훈련 / 511
    6. 이미지 훈련 / 514
    7. 정신력 훈련 / 514
    8. 자신감 훈련 / 514
    9. 목표설정 훈련 / 515
    10. 동기유발 훈련 / 517
제3장 선수의 성격과 운동수행
    1. 우수 선수의 성격 특성 / 518
    2. 경쟁불안과 운동 수행 / 519
제4장 경기 시 선수의 심리적 반응

차례 Contents

   1. 긴장을 과도하게 하는 선수의 심리 원인 / 520
   2. 과도한 긴장 상태 / 520
   3. 과도한 긴장을 해결하는 방법 / 521
제5장 연습과 경기의 차이를 극복하는 방법
   1. 연습과 경기의 차이 / 522
   2. 기합과 힘찬 파이팅을 강조하는 이유 / 522
제6장 심리기술훈련 실행의 제약과 유의점
   1. 심리기술훈련 실행의 제약 / 524
   2. 심리기술훈련의 제반 유의점 / 525
제7장 택견의 투지력
   1. 투지력 / 527
   2. 투지력의 양성 / 528
제8장 선수 처벌과 체벌(體罰)
   1. 처벌 / 529
   2. 체벌 / 529
   3. 기합을 가할 때 주의할 점 / 531
   4. 기합의 효과적 방법 / 531
제9장 승리와 패배 및 규칙
   1. 승리와 패배 / 532
   2. 승리와 규칙 / 533
제10장 택견 지도자의 카운슬링
   1. 택견 카운슬링이란? / 534
   2. 택견 카운슬러의 자질 / 534
   3. 택견 카운슬링의 원리 / 535
   4. 택견 카운슬링 기법 / 535
제11장 경기 준비 절차
   1. 준비 절차 / 537
   2. 경기 전의 심리 전략 / 539
   3. 경기장에서의 심리 전략 / 540
   4. 경기 중에서의 심리 전략 / 543
   5. 경기 후 / 543

제13부 택견의 상해와 응급처치

제1장 택견 상해의 내용
   1. 택견 상해 / 548
   2. 상해 예방 및 처치의 필요성 / 548
제2장 택견 상해의 처치
   1. 택견 상해의 응급 처치 / 551
   2. 택견 상해의 증상 처치법 / 553

차례
Contents

제14부 | 택견 경기 규칙 및 심판 규정

제1장 택견 경기 규칙 / 566

제2장 경기 대회 규칙 / 575

제3장 경기위원회 규정 / 578

제4장 택견 심판 규칙 / 581

제5장 택견 심판위원회 규정 / 588

제6장 심판 수신호
    1. 경기 진행 / 592
    2. 반칙 선언 / 595
    3. 반칙을 표시하는 신호 / 596
    4. 승부 판정 / 600

부록- 택견 용어 해설/ 603
참고문헌 / 611

제1부 택견論

제1장 택견의 역사
1. 택견의 유례
2. 결련택견

제2장 택견의 가치
1. 체육적 가치
2. 무예적 가치
3. 놀이 문화적 가치
4. 전승 가치

제3장 택견의 경기
1. 택견 경기의 연원
2. 옛 택견의 경기방법
3. 택견 경기의 재현
4. 택견 경기의 구성 원리
5. 현대 경기로서의 택견
6. 택견의 경기원리

제1장 택견의 역사

1. 택견의 유례

1) 연 원

　맨손 무예의 발달은 인류가 사회의 집단화로 사회의식이 싹튼 후 부터라고 볼 수 있다. 맨손으로는 사냥이나 전투에 불리하다. 그러므로 맨손 투기는 전투적인 목적보다는 집단의 구성원끼리 우열을 가르는 경쟁수단으로써, 또는 주체와 환경과의 상호작용에 의해 행하여지는 유희적 인간행동의 하나로서 자연적으로 발생하였을 것으로 생각된다.

　맨손 격투기에 관한 우리 민족의 기록은 고구려 고분벽화, 신라시대의 인왕상 등의 예술품에서 맨손무예의 형태를 찾아볼 수 있고, 『후한서』에 "순제 영화원년(永和元年, AD136) 부여왕이 내조(來朝)했을 때, 각저희(脚抵戲)를 하게 했다."라고 하였으며, 『일본서기』에는 "백제사신과 일본무사들이 상박(相撲)을 했다."는 기록이 있다. 이것은 당시에 맨손무예 경기가 이웃나라와의 외교적 의식이나 친선경기로 교류되고 있었다는 것을 말해주는 것이다.

　택견은 이러한 원초문화의 한 유형으로 출발하여 오랜 세월 동안 우리 민족이 전승 계발하여 온 것이다. 문헌상으로 택견의 족적을 살펴보면 삼국시대 이전의 기록은 발견되지 않으며, 조선 초기 김종서(金宗瑞:1390~1453)·정인지(鄭麟趾:1396~1478) 등이 세종의 교지를 받아 만든 『고려사(高麗史)』에 '수박(手搏)' 또는 '수박희(手搏戲)'가 자주 언급되고 있다. 충혜왕 3년 5월조에 "왕이 상춘정에 나가 수박희를 구경하였다."는 것이 맨손무예를 지칭하는 첫 기록으로 보인다. 또한 민속 경기 기록으로 『고려사』에는 "수박 경기로 재물을 내기하는 자 곤장 1백이며 이를 금지한다."라는 구절을 볼 수 있다.

　조선왕조 『태종실록(太宗實錄)』을 보면, 태종10년(1410년)의 "병조(兵曹)와 의흥부(義興府)에서 수박희(手拍戲)로 사람을 시험하여 방패군(防牌軍)을 보충하였는데, 세 사람을 이긴 자로 방패군을 보충하였다."는 기록이 있으며, 태종 11년(1411년)에는 "갑사(甲士)를 선발(選拔)하였다. 봄부터 여름에 이르기까지 의흥부(義興府)와 병조(兵曹)에서 무사(武士)를 흥인문(興仁門) 안에 모아 기사(騎射)·보사(步射)를 시험하여 갑사(甲士)에 충당하였는데, 이때에 이르러 능하지 못한 자를 삼군부(三軍府)에 모아 놓고, 주보(走步)·수박희(手拍戲)를 시험하여 3명 이상 이긴 자를 모두 취(取)하고 능하지 못한 자는 모두 도태(陶汰)시켰다."는 기록을 볼 수 있다.

또한 태종 16년(1416년)에는 "임금이 상왕(上王)을 경회루(慶會樓)에서 받들어 맞이하여 헌수(獻壽)하고 노래 부르고 화답하여 지극히 즐겼는데, 상왕의 탄신(誕辰) 때문이었다. 세자(世子)와 여러 종친(宗親)이 모두 시연(侍宴)하였다. 이어서 입직(入直)한 대소 신료(大小臣僚)에게 술을 주고 갑사(甲士)와 방패군(防牌軍)으로 하여금 막대[挺]로 각투(角鬪)하게 하고 또 수박희(手拍戲)를 하게 하고 이를 구경하였다." 라는 기록이 있고, "경복궁(景福宮)에 거동하여 상왕(上王)을 봉영(奉迎)하여 경회루(慶會樓)에서 술자리를 베풀었는데, 세자·종친이 시연(侍宴)하였다. 갑사(甲士)와 방패군(防牌軍) 중에 힘이 있는 자를 모집하여 수박희(手拍戲)를 하게 하여 사직(司直) 윤인부(尹仁富)에게 쌀·콩 각각 5석을 주었으니, 수박(手搏)을 잘하였기 때문이었다."고 하였다.

『세종실록(世宗實錄)』은 조선 세종(世宗)의 즉위년(1418년) 8월부터 세종 32년(1450년) 2월까지의 역사를 기록한 책으로 단종(端宗) 2년(1454)에 정인지(鄭麟趾) 등이 편찬(編纂)한 것으로 "향리나 관노들이 수박을 잘하는 자를 군사로 뽑아 쓴다는 말을 듣고 모여 서로 다투어 수박희를 하였다."는 것으로 보아 무과 시험의 한 과목이었다는 것을 알 수 있다.

『동국여지승람(東國輿地勝覽)』은 조선 성종 12년(1481년)때의 지리서로 "여산군에서 해마다 7월 15일에 가까운 전라, 충청 양도의 백성들이 한데 모여 수박으로 승부를 다투는 풍속이 전해온다."고 하였다.

『동사강목(東史綱目)』은 조선 1778년(정조 2년) 안정복이 저술한 사서로, 단군조선부터 고려 공양왕에 이르기까지의 역사 기록으로 "왕(忠惠王)이 직접 수박희를 하였다."거나 "의민이 주먹으로 기둥을 쳐서 서까래를 움직이고, 두경승이 주먹으로 벽을 치니 주먹이 벽에 파묻혔더라." 등의 많은 기록이 보인다.

택견에 관한 기록은 조선조 22대 정조(正祖 1777~1800)때 간행된 이성지(李成之)의 『재물보(才物譜)』 혹은 만물보(萬物譜)에 "변, 수박을 변(卞: 손바닥을 친다는 뜻)이라 하고 힘을 겨룸을 무 라 하는데 지금의 탁견이다(卞 手搏爲卞 角力爲武 若今之 탁견)."이라는 대목이 있다. 수박(手搏), 각력(角力)등의 한자 용어가 곧 "택견"을 가리키는 것임을 알 수 있다.

조선 후기에 들어오면서 택견의 기록들은 여러 곳에서 발견되어지는 데 그 대표적인 것이 현종 12년(1846년)에 궁중 화원인 혜산(惠山) 유숙(劉淑, 1827~1873)이 그린 것으로 전해지는 『대쾌도 (大快圖))』라는 풍속화에는 많은 구경꾼들이 둘러앉은 곳에서 씨름과 택견이 함께 행해지는 광경이 화법으로 묘사되어 있다.

또한 1895년 미국 펜실베니아대학 출판부에서 출판된 스튜어트 쿨린(Culin, Stewart) 의 『코리언게임스 (Korean Games)』에는 택견을 'Kicking' 으로 번역하고

유숙(劉淑, 1827~1873)의 『대쾌도(大快圖)』

있으며, 택견 경기 방법이 구체적으로 기록되어 있다.

1919년 안확(安廓)이 저술한 『조선무사영웅전(朝鮮武士英雄傳)』에는 "…근래에도 청년들이 씨름보다 소이(小異)한 박희(博戲)를 행함이 있던 바 소위 택견이라는 것이 그 종류다."라고 하고 "석전을 열새 양방의 군중이 상대로 작대(作隊)하여 전투를 개시할 때 그 전투는 2인 혹은 3인이 대립하여 '두발낭성', '딴죽' 등의 유술(柔術)을 쓰고…"라고 하여 택견의 기술을 편싸움에서 적용되고 있음을 알 수 있다.

1921년, 최영년(崔永年)이 지은 『해동죽지(海東竹枝)』에는 탁견희(托肩戲)가 기록되어 있다.

舊俗 有角術 相對而立 互相蹴倒 有三法 最下者 蹴基腿 善者 托基肩 有飛脚術者
落基簪 以此成報仇 或賭奪愛姬 自法官禁之 今無是戲 名之 曰 탁견

'옛 풍습에 각술이 있는데 서로 마주서서 차서 거꾸러뜨린다. 이에 세 가지 방법이 있는데 가장 못하는 자는 다리를 차고 잘하는 자는 어깨를 차고 비각술이 있는 자는 상투를 떨어뜨린다. 이것으로 원수도 갚고 혹은 사랑스러운 여자를 빼앗는 내기도 한다. 법관이 이를 금하여 지금은 이런 놀이가 없어졌다. 이것을 탁견(卓見)이라고 한다.'

'탁견희(托肩戲)' 칠언절구의 한시(漢詩)

百技神通飛脚術　백 가지 기술 신통한 날아 차는 발질
輕輕掠過髻簪高　가볍게 비녀와 상투를 스치며 동곳을 휙 채어 가네.
鬪花自是風流性　꽃을 두고 다투니 이것은 풍류로운 일이네.
一奪貂蟬意氣豪　한 번에 미인을 빼앗으니 호걸의 의기이다.

구한말 외국 선교사가 찍은 사진

그리고 1890년 쯤 외국 선교사가 찍은 조선의 풍물들이 담긴 사진 중에서 어린아이들이 택견을 하는 모습을 볼 수 있으며, 위의 대쾌도의 모습과 흡사하다.

1910년대 일제의 한민족 문화말살정책에 의해 일제가 택견을 금지했다는 기록은 없으나 송덕기에 의

하면 일제가 택견을 금지했다고 증언하고 있다. 명분상 택견이 미풍양속을 해친다고 몰아붙여 택견판을 열지 못하게 하였다. 심지어 어린아이들이 장난삼아 하는 애기택견마저 순사들이 채찍을 휘두르고 쫓아다니면서 말렸다고 한다. 순순히 말을 듣지 않을 때는 그 마을의 어른이나 집안 어른을 위협하였으므로 청소년들은 어른들의 간곡한 만류 때문에 결국에는 택견을 멀리할 수밖에 없었다는 것이다.

조선시대 마지막 택견꾼인 송덕기는 택견이 성했던 서울의 우대마을에서 태어나서 어릴 때부터 자연스럽게 택견을 익힐 수 있었다. 13세 때부터 택견판에서 애기택견을 얼렀으며 18세 때는 당시 유명한 택견꾼으로 명성을 날리던 임호(林虎)에게서 본격적인 지도를 받기도 하여 인근에서는 꽤 알려진 택견꾼이 되었다. 그러나 20세 때까지 일본 순사들의 눈을 피하여 열리던 택견판이 차차 사라지고 경찰에 불려가 협박을 받은 가친과 큰형님이 극구 말리는 통에 어쩔 수 없이 택견을 그만두었다고 한다.

해방 뒤 1958년 이승만 대통령 탄신기념 경찰 무도대회에서 송덕기는 경무대의 요청으로 택견시연을 보이게 되었다. 신명이 난 송덕기는 함께 시연을 할 택견꾼을 찾아 백방으로 알아보았으나 예전에 그렇게 많던 택견꾼을 찾아보기가 쉽지 않았다. 다행히 예전에 임호로부터 택견을 함께 배웠던 이웃에 사는 김성환이라는 사람을 찾았으나, 김성환은 일제강점기에 집안이 아주 망하자 실의에 빠져 매일 술에 취해있던 폐인이나 다름없어서 이미 택견 기능도 제대로 발휘할 수 없는 처지였으나 그 사람 외에는 달리 택견꾼을 찾을 수가 없어 함께 택견 시연을 하였다.

1964년에는 한국일보에서 송덕기를 취재하여 인간문화재로 소개하기도 했으나 안타깝게도 별다른 관심을 끌지 못하였다.

인간문화재 **송덕기**
(1893~1987년)
조선시대 마지막 택견꾼

인간문화재 **신한승**
(1928~1987년) 택견을 문화재로 지정받는 데 공헌하였다.

이용복(1945년-) 송덕기와 신한승으로 부터 택견을 전수받아 현대적 감각에 맞추어 재정리하고 대한택견협회를 창설하였다.

조선말엽의 택견꾼이었던 송덕기(宋德基 1893~1987)가 유일하게 생존하여 택견의 맥이 이어졌다. 1970년대 초부터 송덕기로부터 택견을 전수받고 있던 신한승(辛漢承 1928~1987)은 택견을 중요무형문화재로 지정받아야 겠다는 결심을 하게 되었다.

신한승은 날 기술 20 내지 30여 수에 불과한 송덕기의 택견을 분석, 체계화하여 80여 종의 기본기로 정리하였다. 그리고 씨름, 권투, 유도의 수련체계와 비슷한 송덕기의 택견학습체계를 가라데, 태권도와 유사한 순열로 재구성하였다. 그는 마치 그림 짜맞추기 퍼즐처럼 부족한 부분에는 새로 만든 동작을 메워 넣었다. 이러한 신한승의 집념이 끝내 결실을 맺어 택견은 1983년 6월 1일 중요무형문화재 제76호로 지정되었고 송덕기와 신한승이 기능보유자로 인정되었다. 또한 1984년에는 부산에서 이용복(李容福 1948~)이 주도하여 1984년 한국전통택견연구회가 사회단체로 결성되었다. 그리고 1985년 6월 30일 부산구덕체육관에서 70여 년 만에 택견 경기가 다시 열렸고 민족 무예인 택견의 중흥을 주창하게 되면서 마침내 택견의 대중화 시대가 개막되었다.

그 뒤 1990년에 택견연구회를 주축으로 대한택견협회가 결성되고 1991년 1월 14일 당시 체육청소년부로부터 공익법인인가를 받았다.

그 후 1998년 11월 30일 전국택견연합회를 창립하여 1999년 2월 28일 국민생활체육협의회 15번째 정식 가맹단체로 확정되어 국민 생활체육문화로 자리 잡게 되었다.

또한 2007년 2월 26일에는 대한체육회의 정식 가맹단체로 승인 받았다. 택견은 전문체육과 생활체육이 함께 발전해 나가고 있다. 매년 전국규모의 경기대회와 공연 등의 행사를 수 십여 회 실시하고 있으며 제89회 전국체육대회 택견경기가 사상 최초로 전남순천에서 2008년 10월 11일(토) ~ 12일(일) 개최되었다.

또한 1996년부터 미국, 캐나다, 일본, 카자흐스탄, 프랑스 등에 수차례에 걸쳐 외국순회 택견공연단을 보내 민족 무예 세계화의 문을 열었는데 세계적인 스포츠 종목으로 발돋움 하여 전 세계인이 함께할 수 있도록 더욱 노력해야 할 것이다. 현재 전국에 300여 개의 전수관과 각급 학교, 직장 등에 수백 개의 전수단체가 있으며 택견 동호인은 100만 명에 이른다.

2) 어원

택견이란 어원이 기록상에 발견된 것 중 가장 오래 된 것은 인조 26년(1648)의 『교본 역대 시조 전서』에 있는 "少年 十五 二十 時에 ᄒ던 일이…속곰질 쒸움질과 씨름 탁견 遊山ᄒ기"라는 구절이다. 이 구절은 15세 20세 소년이 … 솟구치기 놀이와 뜀박질과 씨름, 탁견으로 산에서 놀기라는 뜻으로 보인다. 또한 조선 후기 영조 4년(1728)에 김천택(金天澤)이 역대 시조를 수집하여 펴낸 최초의 시조집 『청구영언(靑丘永言)』에 보면 김민순(金敏淳)이 "소년 15~20세에 하던 일이 어제 런 듯 … 少年 十五二十時에 (하)던 일이 어제론 듯…속곰질 (뛰)움질(뛰염질)과 탁견 遊山(하)기"라고 말하는 대목이 있다. 김민순의 시조에는 청년들의 놀이로 씨름과 함께 "탁견"을 언급해 택견이 널리 일반화되어 어릴 때부터 누구나 노는 놀이 가운데 하나였음을 기술하고 있다.

상술한 내용을 미루어 볼 때 김민순의 시조집으로 『교본 역대 시조 전서』의 대목을 『청구영언』에서 재인용한 것으로 사료된다.

김민순(金敏淳, 생몰년 미상)은 "조선시대의 문신이자 시인이다. 인조 6년(1628)에 등과하고 중시에서 장원하였다. 벼슬이 예조판서와 제학을 거쳐 판중추부사(判中樞府事)를 마지막으로 은퇴하여, 스스로 한계(閑溪)라 일컬으며 고금의 가언(嘉言)·선정(善政)을 모아 대학입조(大學入條)를 만들어 한계만목이라 하였다." 김민순은 인조 6년(1628) 당시 20대가 넘었을 것으로 생각되며 그가 사용한 '탁견'이란 용례는 임진왜란 시기(1592~1598)에도 사용되었던 것으로 유추된다.

또한, 정조 22년(1798)의 『재물보(才物譜)』, 『해동죽지』에서도 "탁견"이 보인다. 택견은 한자가 없고 한글로만 표기한다. 그러나 순수 우리말과 달리 택견이 거센소리(激音)와 된소리(硬音)라는 점에서 한자(漢字)의 중국식 발음과 같은 외래어가 우리 말 화된 경우가 아닌 가 추측된다.
1938년판 문세영 저의 『조선어사전(祖鮮語辭典)』에는 '택견'에 이두(吏讀)표시를 하고 '〈태껸〉에 보라'고 되어 있다.
 1958년에 간행된 표준국어 대사전에는 태껸을 [조선조 이후에 있던 씨름과 비슷한 유술의 한가지, 서로 맞은편 다리를 차서 넘어뜨리는 경기, 각희(脚戱)] 라고 풀이하고 있다. 그런데 지은이가 1983년에 출간한 새우리말 큰사전에는 "태껸"을 태권도와 같다고 풀이하고 있다. 1960년 이전에는 태껸만이 나오던 것이 60년대 후반부터 차츰 태껸과 태권도가 따로 수록이 되고 서로 다르게 풀이되고 있다가 70년대 말쯤부터는 태껸을 아예 태권도와 같은 것으로 설명하고 있다는 것을 볼 수 있다. 이 같은 변화는 태권도가 크게 알려지면서 태권도가 택견의 발전된 형태의 것으로 인식되고 있는 현실을 반영하는 것이라 하겠다.
 한편 1960년 8월 10일 북한 과학원의 언어문학연구소 사전연구실에서 펴낸 조선말 사전에는 "태껸⑲ 체육경기의 한 가지, 발길로 상대편의 다리를 차서 넘어뜨리는 것으로 승부를 가린다. /각희/ 싸움은 자주 백병전이 되어서 유도와 ~들로 혼전 상태에 빠졌다."라는 내용이 수록되어 있고 결련 태껸도 나와 있다. 그러나 북한의 같은 기관에서 1968년 9월 9일 출간한 현대조선말 사전에는 택견에 관한 것이 모두 빠져 있다. 송덕기는 '탁견'이라고 하고, 탁견하는 사람을 '택견꾼'이라 부른다고 하였다. 그러나 고령자로서 택견을 알고 있는 사람들은 모두 택견이 옳다고 하고, 표준어 재정 작업에 참여한 서울 토박이 지식인들도 한결같이 택견이라고 주장하였다. 그런데 한 가지 유의할 것은 택견이나 이와 유사한 용어가 서울과 경기일원을 제외한 다른 지방에서는 사용된 예가 발견되고 있지 않다는 점이다.
 이와 같은 제반 사정에 비추어 보면 기록에 명기되어 있는 탁견이 실제로는 택견으로 불리고 있는데 이는 'ㅏ'를 'ㅐ'로 발음하는 서울 사투리의 한 사례가 아닌가 한다. 서울, 경기의 서민층에서 학교를 핵교로, 아지랑이를 아지랭이로 발음하고 있고 아기와 씨름을 결합하여 애기씨름 이라고 한 것으로 보아 탁견도 택견으로 변음 하였을 가능성이 농후하다.
 택견으로 표기된 문헌으로는 1919년 자산(自産)안확(安廓)이 저술한 『조선무사영웅전(祖鮮武士英雄專)』이 있고 최초의 우리말 사전으로 1918년 제작하여 1921년 조선총독부(祖鮮總督府)에서 편찬한 『조선어 사전(祖鮮語辭典)』에는 "택견"으로 되어 있으나 1933년 맞춤법 통일안 발효 이후 나온 국어사전에는 "태껸"으로 적고 있다.
 1983년 6월1일 중요무형문화재 제76호 지정 당시 '택견'으로 정하였으며, 대한택견연맹에서도 문화재 명칭을 존중하여 택견을 표준 표기로 하고 있다.
 1935년 리선유의 『오가전집(五歌全鏤)』 '박타령'에는 '곱사둥이 뒤집어 노코 앉진방이 착견하고 배알년놈 몽둥이질' 이라는 대목이 나오는데 문화재 관리국에서 채집한 김연수(金演洙)의 창본(唱

本) "흥보가"에는 '꼽사등이 되집어 놓고 앉은뱅이 태견하기'로 나와있고 박봉술의 "흥보가" 한국 『브리태니커』 판소리 감상회 사설에는 '곱사동이 되집어 노코 안짐뱅이 택견하고'로 되어 있어 같은 내용의 판소리에서조차 착견, 태견, 택견으로 각기 다르게 표기되어 있다.

그런데 "앉진방이 착견하고"의 착견이 발을 주로 사용하여 각희(脚戲)라는 별칭이 붙어 있는 택견인지 아니면 제기차기의 한자표기인 척건의 우리말 음독인 '척건'인지는 분명하지 않다.

100년전 결련택견의 모습 재현 : "흥보가"(한국 『브리태니커』 판소리 감상회 사설)의 '꼽사농이 되집어 노코 인짐뱅이 택견하고'에 착안한 민족무예 퍼포먼스 백의선인 공연의 한 장면이다.

나현성의 논문(서울대학교 사범대학 교육회, 1962)은 "우리 고대에는 오늘날의 제기를 척건이라고 하였음이 분명하다. 이 제기를 중국에서는 '티겐'이라고 하였는데 우리말로 음독하면 척건이 된다."고 하였다. 찬다는 뜻을 가진 한자 '척'은 중국어에서 tik으로 발음되는데 제기차기의 티겐과 탁견, 택견 등은 발음상 매우 유사함을 알 수 있다.

『코리언게임스』는 tik(틱, 티크)이 차기(kicking)로 번역되어 있는데 택견하기(HTAIK-KYEN-HA-KI)를 영어로 kicking, 불어로 savate(발길질 위주의 프랑스 격투기)라고 해석하고 있다. 이 책에는 물택견하기(MOUL-HTAIK-KYEN-HA-KI)로 나와 있는데, 발로 물을 차서 멀리 보내는 어린이들의 게임이란 설명으로 물차기(water kicking)로 표기하고 있다. 이것은 택견이 곧 차기임을 알 수 있다. 또한 '틱, 티크, 티겐'이라는 중국말과 택견 사이의 관련성을 찾아볼 수 있다. 『우리말 사전』에는 '수제비 태껸'이라는 말을 웃어른에 대하여 예의를 잃고 말다툼하는 것을 가리키는 말이라고 풀이하고 있는데 이 경우에는 택견에 싸움, 다툼의 의미가 있는 듯하다.

이제까지 살펴본 것을 종합해 볼 때 택견은 차기 곧 발길질이라는 뜻이고 그 어원은 한자인 '척' 등의 중국식 발음과 관련이 있다는 것으로 정리된다. 아무튼 우리 민족은 꽤 오래 전부터 발길질 위주의 투기를 발달시켜왔으며, 그것을 택견이라고 불러 왔던 것은 사실이다.

2. 결련택견

1) 어 원

1910년대까지 서울 일원에서 민속 경기놀이로 유행하던 택견을 결련(結連)택견이라 한다. 결련택견에 관한 어원을 살펴보면 다음과 같다.

임동권(1982)은 문화재 지정 당시의 택견조사보고서에는 '결연택견'으로 기록되어 있고, 이것을 '쌈수'라고 하였다.

한편, 신한승은 택견에서 가끔 파괴적이고 살상적인 위험한 기술을 사용하기도 하였다는 노인들의 말을 '태도가 굳세고 결정적'이라는 뜻의 '결연(決然)'으로 해석하였고, 또한 그는 경기를 하는 택견을 '서기택견'이라는 신조어(新造語)로 명명하였다.

문화재전문위원 이보형(1984)은 〈문화재전수실태조사〉에서 "신한승의 주장에 따르면 마을끼리 솜씨를 겨루는 택견을 벌일 때 공격하는 편 택견꾼이 먼저 '서거라'하고 외면, 방어하는 편 택견꾼이 '섰다'라고 외치고 나서 겨루기 때문에 '서기택견'이라 이른다고 말한다. 국어사전에는 결련택견을 여러 사람이 편을 갈라 승부를 결하는 택견이라고 하여 약간 뜻이 다른 점을 볼 수 있다."고 정리하고 있다.

사전의 해석은 '결련(結連)태 : 여러 사람이 편을 짜서 하는 택견'(동아국어사전, 1971), '결련(結連)태껸 : 갑동(甲洞)과 을동(乙洞)이 각각 편을 먹고 승부를 결하는 태껸'(조선어사전, 1938)등으로 되어 있다.

사전에서는 편씨름처럼 다른 마을끼리 서로 어울려서 하는 민속경기를 결련택견 혹은 결련태라 한다고 정의하고 있으며 이는 신한승이 지어낸 서기택견과 동일한 의미다. 송덕기는 결련택견이라는 말의 뜻은 설명할 수 없으나 동네끼리 자주 편을 갈라 택견을 하였다고 증언하고 있다.

1992년 7월 11일자로 이용복이 문화재관리국에 제출한 질의서에서 문화재는 고유한 전통의 원형이 온존해 있어야 한다는 것을 전제로 문제점을 지적한 내용 중 5번 문항인 결련(結連)택견과 결연택견의 오류를 바로 잡아야 한다는 질의 내용에 대하여 1992년 7월 25일 문화재관리국은 그에 대한 회신에서 「결연택견=쌈수」가 아니라 「결련택견=경기」라는 점을 인정하였다.

2) 결련택견의 정의

결련택견은 '결련태'라고도 한다. 우대·아래대 두 패로 마을끼리 편을 갈라 승부를 다투는 민속경기놀이이다. 일제강점기 초기까지 서울 서북쪽의 서리(胥吏)들의 마을인 우대와 서울 성안의 동남쪽 동대문과 광희문 일대의 군총(軍摠)들이 모여 사는 마을인 아래대의 사람들이 결련태를 하였다. 보통 단오절 초저녁에 양편 마을 사람들이 넓은 공터에 군집하여 판을 벌였다. 경기장은 마당에 섶을 깐 위에 가마니나 멍석을 두어 장을 펴고 그 위에서 하거나 잔디밭이나 모래밭에서 할 수도 있다.

처음에는 열 살 남짓한 또래의 아이들이 택견을 어르는데 이것을 '애기택견'이라 한다. 애기택견으로 판이 달구어지면 어른들이 나선다. 먼저 하수(下手)부터 시작하여 차츰 재주가 뛰어나고 경험이 많은 택견꾼이 나서게 되므로 판이 거듭될수록 박진감 넘치는 겨룸으로 변하여 재미를 더해가는 것이다. 한 판을 이긴 사람은 계속해서 상대편의 새로운 선수와 싸워 보통 6~7명을 이긴 후에야 일단 들어가서 쉴 수가 있고, 한번 패한 사람은 그 판에서는 더 이상 출전할 수 없다.

이렇게 여럿을 싸워 이기는 것을 '외딴친다'고 한다. 처음에는 비교적 수가 낮은 사람들이 하다가 차츰 잘하는 이들의 경기로 이어진다. 연속으로 이긴 사람이 더 나설 선수가 없느냐고 으스대고 있으면 상대편 마을 패에서 한 사람이 나선다. 그냥 똑바로 걸어 나오는 것이 아니라 몸을 슬쩍 가라 앉혔다 우쭐 세우기도 하고 허공 높이 발길질을 해 보이기도 한다. 두 팔을 이리저리 휘두르며 한껏 멋을 부려 뽐내는데, 이에 질세라 상대편 선수도 공중제비를 하고 몸을 솟구쳐 발길질을 하거나 어깨를 으쓱대며 판을 한 바퀴 돌며 재주를 부린다. 이것을 '본때 보인다'고 하는데 몸을 푸는 것과 함께 기세를 올려 상대방의 기를 죽이고 구경꾼에게는 자신의 실력을 과시하려는 목적이 있다.

이렇게 본때를 보이면서 굼실거리고 우쭐대며 서로의 거리를 잰다. 두 사람은 마주 서서 자리를 잡고 지고 있는 편 선수가 먼저 상대의 다리를 툭 차주는 것으로 경기가 시작된다. 두 사람은 서로 상대방 발 앞에 한쪽 발을 내밀어 주어야 하는데 이것을 '대접(待接)'한다고 한다.

경기는 어느 한쪽 선수의 무릎 위 신체가 땅에 닿으면 승부가 난다. 손질, 발질 등 어떠한 기술을 사용해도 무방하지만 상대방에게 타격을 가하거나 급소를 쳐서는 안 된다. 이렇게 상대를 다치지 않게 하면서 넘어뜨리는 택견 기술을 '느질러찬다', '느지른다'라고 말한다.

택견 경기에서 승부를 내는 방법은 상대방을 쓰러뜨리거나 상대방의 얼굴을 정확하게 발로 차게 되면 실력차이가 많은 것으로 간주하여 맞은 사람이 스스로 바닥에 손을 짚어 항복을 표시하고 물러난다. 상대방이 찬 발을 손으로 잡을 수는 있으나 상대방을 움켜잡거나 옷을 잡아당겨서는 안 된다.

나이가 좀 들고 썰레놓기를 잘하는 사람이 심판으로 나서서 경기를 이끌기도 하지만 특별히 심판이 나서지 않아도 경기는 잘 진행된다. 구경꾼들은 경기와 유린(蹂躪)된 존재가 아니라 선수이기도 하고 심판이기도 하다.

그들은 두 선수간의 거리가 멀어져서 진행이 지루해지면 "붙어, 바짝 붙어"라고 소리치기도 하고 얼굴을 차이고도 계속 경기를 하겠다고 떼를 쓰는 사람이 있으면 상대편 우리편 할 것 없이 어서 빨리 손을 땅바닥에 짚고 나오라고 소리친다. 이처럼 경기의 진행과 판정은 자연스럽게 택견판 전체 구성원의 여론에 따라 좌우된다.

단오에 이웃 동네끼리 패를 갈라 결련태를 벌일 때면 마을 한 모퉁이에서는 아이들이 호가(胡茄)

를 불며 뛰어다니고 아녀자들은 창포 삶은 물에 머리를 감거나 그네를 탄다. 그리고 너른 마당에서는 구경꾼이 빙 둘러앉은 복판에서 택견을 어우르는데 어떤 때는 모퉁이에서 씨름판이 함께 벌이지기도 한다.

  택견의 승부가 나면 환성과 탄식이 뒤섞여 터져 나오고 고수들이 맞붙게 되면 숨을 죽이고 가슴을 졸이며 긴장한다. 막판에 접어들어 한쪽 편에서 질 조짐이 보이면 "내일 하자"고 말하고 물러났다가 다음날 다시 판을 벌이기도 하므로 경기는 며칠씩 계속되기도 하였다. 가끔 양편에서 격렬하게 승부를 다투다가 패싸움이 벌어지기도 하는데 이것이 편싸움으로 변하여 작대기로 후려치기도 하며, 돌팔매질이 가세하여 대규모의 석전(石戰)이 되기도 하였다. 판은 어느 한 편에서 더 나설 선수가 없으면 끝이 난다.

  마지막 승리에서 판막음을 한 사람을 판막음 장사라고 해서 상이 주어지지는 않지만 이긴 패에서는 승리자를 헹가래 치며 의기양양해 하고, 진패에서는 투덜거리며 다음에 보자고 벼르지만 어느 쪽 사람들이나 즐겁고 밝은 표정들이다.

  사람들은 이긴 쪽 마을에는 논농사가 잘되고 진 쪽 마을에서는 밭농사가 잘된다고 서로를 칭찬하고 격려한다. 택견에서 최후의 승리자가 되었다 하여 특별히 포상이 있는 것은 아니다. 다만 열흘이나 보름가량 일을 하지 않아도 나무라지 않고 어느 집에 가더라도 술과 밥과 떡을 융숭히 대접하여 마을 영웅으로 떠받든다.

  결련택견은 마을 사람들끼리 단결심을 고취하여 공동체의 결속력을 강화하고 이웃 마을 사이의 선린과 우호를 증진시키는 동시에 농사가 잘되기를 기원하는 제의성을 띤 축제인 것이다. 여기서는 격렬한 투쟁이 우의를 낳고 승부의 다툼이 화해로 승화된다.

  결련택견은 무척 쾌활하고 활력적이고 격렬한 격투기임에도 불구하고 상대방에 대한 적대감이 게재되어 있지 않다. 모든 기법이 상호 가해적(加害的)이 아니라 호혜적이다. 이것은 택견 경기가 결련이라는 명칭처럼 친선을 목적으로 하고 있기 때문이다. 택견의 이러한 성향은 민족적 체험에서 형성된 공리성(公理性)이다.

  오늘날 민족 무예의 근원으로 받아들여지고 있는 택견은 절묘하게 구조화된 경기 형태와 합리적인 승부, 기술의 다양성 그리고 응용의 용이성 등 타 무술에 비하여 효용성이 탁월하다. 특히 중요한 것은 택견이 봉건체제 사회에서 민중에 의해 발전되어 왔다는 사실이다. 결련태만 하더라도 조선 말엽의 격동기에 사회 개혁의 선도적인 역할을 담당했던 중인층(中人層)에서 이루어졌다.

  이런 관점에서 볼 때 택견은 역사 발전의 주체였던 민중의 자각에 영향을 끼쳤을 것으로 짐작된다. 때문에 택견의 민중 지향성은 민족적으로 형성되었지만 세계 각 민족으로부터 광범위한 지지를 받을 수 있는 요소가 된다.

  뿐만 아니라 무술과 유희가 결합되어 단순화된 택견의 무희(武戱) 개념은 현대 무예 스포츠의 개념적 공백을 메울 수 있는 철학을 제시해 주고 있어 향후 세계 무예 스포츠를 이끌어 나갈 수 있는 여건을 두루 갖추고 있다.

제2장 택견의 가치

가치에 대한 사전적 의미는 가치는 어떤 사물이 지니고 있는 의의나 중요성을 의미한다. 택견의 가치 중 체육적 가치, 무예적 가치, 놀이 문화적 가치, 전승가치를 살펴보면 다음과 같다.

1. 체육적 가치

택견은 우리 민족의 우수성을 한층 돋보이게 할 수 있는 충분한 가치를 지니고 있으며 체육적으로 합목적성을 가지고 있다. 맨손 투기는 원시 상태에서부터 제한성과 공격성을 띠고 발달해 왔다. 따라서 맨손 투기 경기는 각 민족과 시대별로 그 당시 사회의 윤리 의식과 도덕 기준에 따라 제각기 개성적인 성격을 띠게 마련이다. 택견은 우리 민족이 형성해 온 전통적 가치관을 토대로 성장한 것이므로 다른 종류의 투기에서 찾아볼 수 없는 매우 독특한 구조를 가지고 있다.

택견 경기에서 상대방이 공격하기 쉬운 위치에 한쪽 발을 내어 주는 대접의 규칙은 공정과 형평에 대한 자발적 의지를 굳게 하고 적극적인 투쟁 심리를 갖게 한다.

또한 상대방에게 타격을 가하지 않는 '는지르기' 공격 기법은 힘의 전달에 있어서 고도의 절제를 요구한다. 공격자가 발모서리나 주먹 같은 강한 신체 부위를 사용하지 않고 장심, 발바닥 같이 부드러운 부분으로 공격한다든지 상대방의 급소를 피하고 대신 이마, 복장, 장딴지, 어깨 등과 같은 비교적 위험성이 적은 곳을 공격 목표로 삼는 등 상대방에 대한 배려가 승부에 우선하고 있다.

이 점에 있어서 격투기로서의 효용성에 대한 의문이 제기되기도 하지만 위험성을 피할 수 없는 기술이 숙달되면 그 반대 기능 역시 충분히 발휘될 수 있으므로 아무런 문제가 되지 않는다. 오히려 상대방에 대한 배려와 절제된 힘의 사용은 격투 기술의 수준을 높이는데 보다 큰 역할을 한다.

한편, 택견은 유희성이 짙게 나타나고 있는데 이것은 현대 스포츠의 중요한 요소이기도 하다. 격투 경기는 관중에게 구경거리를 제공해야 하고 또한 그것이 도덕성을 가지고 있어야 한다. 따라서 경기의 진행을 위해서나 관중의 흥미를 유발시키기 위해서는 승부에 소요되는 시간이 합리적으로 제한되어야 하고 공방(攻防)의 기술이 지루하게 전개되지 않도록 유도되어야 한다. 택견 경기는 대접 규칙으로 인하여 견제 거리가 배제된 근접 거리에서 경기를 하게끔 되어 있어서 긴박하고 경쾌한 경기 진행과 아울러 경기 시간의 단축 효과를 얻을 수 있다.

택견 경기의 승부는 상대방을 넘어뜨리는 것으로 결정되지만 또한 얼굴을 발로 차면 이기게 되어 있어 고난도 발기술의 묘미를 즐길 수 있다. 그리고 상대가 높이 찬 발을 손으로 잡아 넘길 수 있게 하여

함부로 얼굴을 공격할 수 없도록 견제하고 있어 다양하고 종합적인 기술구사가 가능하게 되어 있다.
  이를 두고 '백기신통비각술(百技神通飛脚術)'이니 '유한한 몸에서 나오는 무한한 발 기술의 예술'이라는 찬사가 따르기도 한다. 사전에는 택견이 '씨름과 비슷한 유술(柔術)의 한 가지'라고 풀이되어 있으나 씨름과 태권도의 혼합된 형태라고 하는 것이 적절한 표현이다. 이와 같이 체육으로나 스포츠로써 훌륭한 요건을 두루 갖추고 있다.

2. 무예적 가치

  일반적으로 택견의 부드럽고 율동적인 동작을 겉으로만 보고서 택견이 실전(實戰:실제로 싸움이나 경기를 할 경우)에 적합하지 않다는 반문을 하는 경우가 있다. 그러나 택견의 본질은 어디까지나 대인 격투에서 상대를 제압하는 기술이며 우리 민족이 개발한 최고의 무예라는 점은 의심할 여지가 없다. 택견의 실전성은 다음과 같은 이유로 충분히 설명된다.

1) 신체의 모든 부위를 사용하여 다양하고 종합적인 기술을 구사할 수 있다.
2) 공격 위주의 적극적인 기법으로 구성되어 있어 강인한 투쟁심을 불러 일으킨다.
3) 택견 경기에 있어 인체를 직접 공격하면서도 일체의 보호구를 사용하지 않는다.
4) 율동적이고 부드러운 동작을 기본으로 하여 극한 상황에서도 심신 경색으로 인한 역기능을 최소화하고 순발력을 극대화 할 수 있다.
5) 겨루기 위주의 훈련으로 형식 위주의 수련이 갖는 심리적 제한성을 탈피하여 임기응변의 살아있는 기술구사가 가능하다.
6) 상대의 동작과 힘의 흐름에 조화를 이루므로 상대의 기운을 감지하는 능력을 기른다.
7) 손보다 세 배의 위력을 가진 발기술을 위주로 한다.
8) 근접한 상태에서의 공방에 유리한 기술을 습득함으로써 실제 상황의 대응 능력을 개발할 수 있다.
9) 자연스러운 인체기능을 이용하므로 신체의 사용에 무리가 적고 에너지 소비가 적다.
10) 한국인의 체형과 소질에 적합한 무예이다.

3. 놀이 문화적 가치

　택견은 오랜 세월 동안 우리 기층문화(基層文化)의 한 갈래로 전래되어 온 맨손의 겨루기 기술로써 무사의 상예(常藝)나 민속놀이로 성행하여 왔던 것이다. 놀이는 활동 자체가 즐겁고 만족을 주고 강제성이 없이 자발적으로 이루어지는 행위이다. 아이들의 활동에는 일과 놀이의 구분이 없으며, 아이들에게는 놀이가 곧 일이다. 놀이를 통해 심신을 단련하며 사회성을 익히게 된다. 성인에게는 스트레스를 해소하고 여가 선용의 목적이 되는 것이다.

　한국의 전통적인 신체활동의 문화는 고대사회의 원시신앙에서 비롯된 것이 대부분이고 제천의식은 농경문화와 밀접한 관련성이 있다. 세시풍속(歲時風俗)에서 행하고 있는 전통적인 신체활동 중 석전(石戰)·차전과 같은 편싸움, 횃불싸움 등은 고대의 전투적인 신체활동으로써 매우 격렬했던 활동이며, 택견, 활쏘기, 씨름 등의 유희는 전투적인 성향을 탈피하여 대인적 경기의 유희로 보편화된 것들이다.

　택견을 놀이로 인식하는데 있어서 임동권(1982)은 정부에 제출한 택견조사보고서에서 "택견을 놀이로 즐기면 유희가 되고, 택견을 호신하고 공격하게 되면 무예가 되었을 것이다"라고 하였다. 최복규(1995)는 택견이 맨손 기예임을 들어 무예성이 결여되는 민속놀이로 인식하고 택견의 성격을 첫 째, 그 기능적인 면에서 투기나 대인 격투술이라는 무예의 본래 기능이 서의 퇴화해 버리고 놀이나 경기에 초점이 있으며 둘 째, 그 기술이 발기술에 집중되어 있고 셋 째, 기술이 어떤 형태나 체계 속에 구조화되어 있지 않고 개별기술로 남아있다는 세 가지 특성으로 요약하고 있다. 또한 『고려사』에서는 택견을 수박(手搏) 또는 수박희(手搏戱)라 불리었으며, 전라도와 충청도의 경계를 이루는 작지라는 마을에서 해마다 백중날이면 인근 사람들이 모여 편을 갈라 수박희로 겨루어서 승부를 가렸다는 사실은 이때에 수박희가 민속으로써 정착하여 즐거운 놀이로 행하여졌음을 말해준다.

　택견은 고대의 생활수단이나 방편이나 자위무예, 제전행사의 일환으로 행해지다가 조선시대에 들어와서는 유희의 성격을 가진 무예적인 놀이로 정착하게 되었다.

　택견은 조선시대의 전기에서 후기로 이어지는 과정 속에서 기층사회에 유입되어 민중문화로 형성되었고 그 기술구성과 수련체계는 특정한 형식과 틀에 얽매이지 않는 자유로움을 추구하는 무예로 발전하였다. 그리고 택견의 놀이 문화적 특성이 유희적인 차원으로 생활문화에 접목됨으로써 조선후기의 민중문화 성격이 택견에 내재되어 왔다.

　택견이 한국 고유의 민속 문화를 배경으로 계승되어 왔다는 사실을 통하여 우리가 기존에 인식해 온 외래무예와는 다른 독특한 문화적 특성을 지니고 있음을 알 수 있다.

4. 전승 가치

　택견은 귀중한 문화유산으로써 문화재적, 체육적, 무예적 가치가 탁월하다. 택견은 다른 종목의 체육, 무예, 레포츠 등의 활동을 통하여 제반 효과를 가장 한국적인 방법으로 얻을 수 있다. 특히 택견은 특권의식에 뿌리를 둔 다른 동양무예와는 달리 오랜 세월 동안 민중 속에서 발전하여 보편성과 일반성을 지니고 있어서 민주주의 이념과 부합된다. 또한 현대 동양무예 종목들이 현대에 와서 경쟁적으로 국제 스포츠화를 지향하고 있는 추세에 비추어 볼 때 경기로서의 오랜 역사는 큰 이점이 될 수 있다. 더구나 다른 투기 종목과 차별되는 독특한 경기 방식과 합리적이고 과학적인 면은 국제 스포츠로서의 발전 가능성이 매우 높다. 국제 스포츠화한 대부분의 동양무예들은 기존의 수행적 가치관의 붕괴, 또는 정체성의 혼란을 야기했다. 이에 비하여 이미 오래 전부터 경기와 무예의 중층 구조로 발달해 온 택견은 동양과 서양의 이질적 가치관과 경기와 무예의 배치된 개념을 상호조화하고 통합하는 대안을 제시해 주고 있다. 따라서 택견은 향후 국제 스포츠로써 중요한 역할을 수행할 수 있을 것이며 인류의 보다 나은 삶을 위해 단단히 한 몫을 하게 될 것으로 믿는다.

조선시대 성행했던 날치기(물구나무 쌍발차기)로 상대의 얼굴을 공격하는 장면이다.
출처 : 문화재청 홈페이지(www.cha.go.kr).

제3장 택견의 경기

1. 택견 경기의 연원

택견은 본래 경기이므로 택견 경기의 역사 자체가 바로 택견의 역사이기도 하다. 그런데 택견 경기에 대한 기록이 거의 전해지지 않고 또한 수십 년 동안 경기가 단절되었으므로 상세한 변천 과정을 알 수는 없다. 다만 경기 발달 과정에서 시간적, 공간적으로 변화가 있었을 것으로 짐작된다. 송덕기의 증언과 나이 많은 노인들의 구전에 의하면 초파일, 단오, 추석 등의 명절에 한 사나흘씩 택견판이 벌어졌다고 한다. 이때는 주로 이웃 마을끼리 편을 짜서 하는 결련택견(결련태)을 하였다고 한다. 결련택견에서는 먼저 열 살 남짓 먹은 아이들이 애기택견을 벌여 흥을 돋우고 난 뒤 본격적인 어른 택견으로 이어졌다고 하는데 한사람이 나와서 싸울 상대가 없을 때까지 겨루었다고 한다. 택견은 집단 경기 형태인 결련태 외에도 여러 형태로 행해졌다. "해동죽지"의 기록처럼 한량들이 기생을 사이에 두고 택견으로 서로 내기를 하거나 또는 원수를 갚는 무기로 쓰기도 하였다. 봄철 들놀이에서 청년들끼리 놀이 삼아 택견판을 벌이기도 하고 저잣거리에서 돈 내기 놀음으로 경기를 하기도 하였다. 아이들은 마을 공터에서 수시로 택견을 얼렀으며 청장년들이 10여 명씩 패를 지어 이웃 마을과 택견판을 벌였다고 전해 온다. 택견은 19세기 말엽까지 어린아이부터 청소년에 이르기까지 즐기던 보편적인 놀이이면서, 스포츠였다.

2. 옛 택견의 경기방법

옛 택견판은 마당에 가마니를 두서너장 펴서 깔거나 명석을 편 뒤 그 위에서 하거나 또는 구경꾼이 둥그렇게 둘러앉은 가운데 풀밭에서 하기도 했다고 한다. 택견 경기는 두 선수가 두 발을 벌리고 섰다가 한쪽에서 가볍게 무릎을 차주는 것으로 시작되는데 발을 품(品)자로 밟는다는 약속 아래 서로 차서 쓰러뜨려 승부를 가른다. 이때 높이 차는 것도 허용되는데 얼굴을 강하게 맞을 정도로 실력 차이가 나면 스스로 손을 땅에 짚어 패배를 자인(自認)한다. 찬 발을 잡는 것도 가능하므로 어떤 때는 엉겨 붙어서 씨름이나 유도처럼 될 때도 있다. 말하자면 태권도와 씨름, 유도를 합친 것과 유사한 형태라고 할 수 있다. 과거에는 특별히 명문화된 규칙 없이도 경기가 자연스럽게 잘 진행 되었다고 하나, 현재의 택견 경기는 명문화된 규칙이 정해지고 전문적인 훈련과정을 통해 경기의 질 향상을 위해 노력하고 있다.

3. 택견 경기의 재현

  1984년 사회단체로 출발한 한국전통연구회는, 택견의 온전한 복원이 바로 경기의 재현이라는 점에 착안하여 1985년 6월 30일(日) 부산 구덕체육관에서 제1회 경기대회 및 제2회 시연발표회를 개최하였다. 80년만의 택견 경기 재현이라는 의미를 부여하고, 송덕기·신한승 두 인간문화재의 증언을 토대로 작성한 경기규칙에 의해 신한승을 주심으로 경기를 진행하였으나, 평가는 옛 택견의 재현에 실패 했다는 결론이었다.
  이후 매년 수차례의 경기를 열어 택견 경기의 복원에 노력한 결과, 처음 제정한 규칙에 중요점이 누락되어 있다는 것을 발견하였다. 그간의 문제점은 차서 넘어뜨리는 기술 구사가 불가능하고, 경기 소요 시간이 길어 박진감이 덜하다는 것이며, 실제로 송덕기로부터 전해진 기술이나 증언과 부합되지 않는 것이었다. 이런 문제를 해결하는 방법을 찾아내어 규칙을 만들었으나, 송덕기·신한승이 이미 타계한 후여서 고증이 불가능하여 공식적으로 채택하지 못했다. 그러던 중 1895년 미국에서 간행된 『코리언 게임스』라는 책에서 귀중한 자료를 찾았다.
  그 내용은 다음과 같다.

택견하기 … 발차기(불어:사바트)
택견하기는 두 경기자가 주로 발로 하는 경기다. 두 사람은 발을 벌리고 정면으로 마주보고 선다. 그리고 서로 상대방의 다리를 걸어 올려 차려고 시도한다. 경기자는 두 발 가운데 한 발을 한 걸음 뒤 제3의 지점에 갖다 놓을 수 있다. 그러므로 발은 언제나 3개의 지점 가운데 하나에 놓여진다.
게임은 한 사람이 먼저 상대방의 두 다리 가운데 하나를 차는 것으로 시작되는데 상대방은 차인 다리를 뒤로 물린 다음에는 발을 바꿔 찬다. 이때 높게 차는 것도 허용되며 이 높게 찬 다리를 양손으로 잡는데 이것은 상대방을 넘어뜨리기 위한 것이다.

HTAIK-KYEN-HA-KI….Kicking(Fr. Savate)
Taik-Kyen-ha-ki is a combat between two players, chiefly with the feet. They take their positions with their feet apart, facing each other, and each endeavors to kick the other's foot from under him. A player may take one step backward with either foot to a third place, His feet, therefore, always stand in one of three positions.
One leads with a kick at one of his opponent's legs. He moves that leg back and kicks in turn.
A high kick is permitted, and is caught with the hands. The object is to throw the opponent.

이 책의 저자 스튜어트 쿨린은 펜실베니아 대학의 고생물학 박물관 관장이자 전 세계 놀이의 권위자였는데 저자는 동양에 와 본 일이 없는 사람이다. 이 내용은 우리나라가 세계 박람회에 처음 참가하였던, 1893년 시카고 박람회(콜럼버스의 미 대륙 발견, 100주년을 기념하여 콜럼버스 박람회라고도 함)의 조선위원회 서기관 박영규(워싱턴 주재 조선 정부 대리 대사)씨가 설명한 것으로 이 박람회에 전시되었다.

이 책에 수록된 다른 놀이에 대한 설명이 매우 정확하다는 것에 비추어 볼 때 택견에 관한 기록도 신뢰성이 높다. 뿐만 아니라 이 기록은 『국어사전』 『해동죽지』 등의 문헌과 혜산 및 기산의 풍속도와 일치하고 있고 송덕기의 기법과 구술에 모두 부합되며 그 동안의 연구와 실제 경기를 통해 얻은 결론과도 정확히 맞아떨어지고 있다. 이를 토대로 대한택견협회는 경기규칙심의위원회를 구성, 새로운 규칙을 제정하였고, 이에 따라 공식적인 경기를 통하여 바람직한 형태의 경기가 가능함을 확인 하였다.

4. 택견 경기의 구성 원리

1) 택견 경기의 규준(規準)

경기는 스포츠의 어원인 기분전환, 장난, 위로, 유희의 의미로 해석될 수 있으며 Gillet는 스포츠의 구성요소로서 유희, 투쟁, 신체활동의 격렬성으로 보고 특정한 형태의 게임으로 파악하였다. 무예와 경기를 별개의 가치로 생각하는 사람들은 스포츠의 유희성이 무예의 엄격함과 진지성에 배치된다고 보고 있다. 그들은 무예에 스포츠의 요소인 유희성이 존재하고 또 무예 스포츠(운동경기)로 행해지기도 하지만 무예는 스포츠의 한 종류가 될 수 없다고 한다. 그리고 무예의 근원은 격투기 형태였으며, 자기 방어와 군사적 목적으로 수행되었고 발전 과정에서 종교적 가치와 정신적 개발의 의미가 부여되었다는 견해이다(김대식, 2002). 오늘날에는 경쟁적인 운동유희가 운동경기로 해석되고 이를 스포츠라 부르기도 한다. 그리고 스포츠는 특정한 형태의 게임을 연상케 하는데, 게임이란 신체적 기능, 전략, 기회의 어느 한 가지, 또는 그것들의 복합에 의해 결과가 결정되는 모든 형태의 놀이적 경쟁, 곧 경기라 할 수 있다(이진수 외, 1987). 이런 관점에서 볼 때 택견은 아주 오래 전부터 스포츠의 구성요소를 모두 지니고 있었다고 할 수 있다.

모든 경기는 공평한 조건을 인위적으로 설정하여 경쟁케 하도록 하기 위해 형식적이든 비형식적이든 합의된 규칙을 갖게 된다. 이 규칙(rule)은 경기자의 행위를 제한하고 나아가 경기기술을 지배함으로써 독특한 경기형태를 창출한다.

택견에는 명문화된 규칙이 따로 없고, 비 규정적인 관습에 의해 경기가 이루어지고 있었는데 이것을 정리하여 요약하면 다음과 같다.

① 두 사람이 마주 서서 차서 넘어뜨려 승부를 낸다(발기술의 제반형태를 종합적으로 사용한다).
② 한쪽에서 먼저 상대편 다리를 가볍게 차주는 것으로 경기가 시작된다.
③ 상대가 찬 발을 잡을 수 있다(이렇게 해서 넘어뜨릴 수 있다).
④ 목 이상의 부위를 찰 수 있다(강타에 의해 몸의 균형이 현저하게 무너질 경우 승부가 나기도 한다).
⑤ 손으로 걸어 당기거나 밀어서 넘어뜨릴 수 있다.
⑥ 두 발을 공중에 띄워서 발질할 수 있다(뛰어 차기).
⑦ 상대가 공격하기 용이한 거리에 한발을 내놓는다(대접).
⑧ 품(品)자 모양의 세 지짐에 힌하여 발을 옮겨 놓아야 한다(품밟기).
⑨ 상대의 급소를 공격하거나 타격 목적의 수를 사용하지 못한다.
⑩ 신체부위 중에서 비교적 부드러운 부분(장심, 발바닥, 발등 등)으로 공격하되 공격목표는 상대방의 곁, 어깨, 복장, 허벅지, 다리 등과 같이 비교적 안전도가 높은 부위를 선택하여야 한다.
⑪ 동곳(상투에 꽂은 비녀)를 차서 떨어뜨리는 것으로써 승부를 내기도 한다.

위에 열거한 경기 방법 중 ①~⑩까지는 조선시대의 택견꾼으로서 유일한 생존자인 송덕기로부터 채집된 것이며, ①②③④⑦은 『코리언 게임스』에 나와 있고, ①④⑥⑩⑪은 『해동죽지(海東竹枝)』에서 찾아 볼 수 있다. 국어사전에서는 ①과 ⑩항의 내용을 추출할 수 있다. 제1회 전국택견경기대회(1985,부산 구덕실내체육관) 당시의 경기규칙에는 ⑦⑧⑪항의 규칙이 누락되어 있다. 그중 ⑪항은 버려야 할 수 밖에 없지만, ⑦⑧항의 규칙 누락이 경기재현을 방해한 결정적 요인이었던 것이다.

2) 품밟기의 합목적성

품밟기는 品자 모양의 삼각지점에 발을 옮겨 놓는다는 뜻에서 붙여진 이름인 듯하다. 즉, 품(品)자 형태, 즉 삼각형의 보법(step)을 품밟기라 한다.

택견에 관한 최초의 신문기사 『한국일보』 1964년 5월 16일에서 송덕기는 "택견에서 몸을 능청대며 는지르는 것도 덮어놓고 하는 것이 아니고, 발을 품(品)자로 놓는다는 약속이 있으며, 누구든지 땅에 먼저 손을 짚으면 패하게 되어 있다"라고 하였다.

『코리언 게임스』의 두 기사를 비교해 보면 약간의 차이가 나는 것을 알 수 있다. 즉 전자의 발을 품(品)자로 놓는다는 것은 정삼각형(∴)의 형태로 볼 수 있고, 후자의 내용은 나란히 발을 벌리고 선 자세에서 뒤로 한발 짝 물러나 제3의 지점에 놓인다는 것으로써 역품자형(∵)의 형태로 해석되기 때문이다.

송덕기의 다양한 품밟기에서 공통적으로 나타나는 것은 상대와의 거리가 한걸음 이상 떨어지지 않는다는 점이다. 이것을 옛날 택견판(경기장)이 가마니를 두어 닢 터서 깔거나 큰 멍석 한 장을 간 좁은 공간이었다는 사실과 관련지어 알 수 있다. 발기술 중심의 택견에서 중심이동이 공간적으로 제한된다는 것은 얼른 생각할 때 신체기능의 발달에 장애가 되거나 기술이 한정적으로 될 것으로 이해되기 쉽다. 그러나 이러한 공간적 제한은 오히려 차기뿐만 아니라 밟기와 걸기 등의 가능한 모든 형태의 기술을 개발시키는 동기가 되는 것이다.

품밟기가 공간이동의 제한성을 가지고 있고, 굼실거리고 능청대며, 우쭐우쭐, 으쓱으쓱 하는 독특한 형태를 가지게 된 것은 택견 경기의 원리를 구성하는 대접(待接)의 규준성과 느질거리는 기법의 호혜성에 의해 합목적적 수단화한 결과라고 생각된다.

품밟기는 극히 제한된 몸의 중심 이동공간에서도 상대를 상해해서는 안 된다는 규칙의 통제 아래 공방이 가능한 형태의 발기술을 최대한 발휘할 수 있는 기법이다. 택견을 '유한한 몸의 무한한 발기술의 예술'이라는 극찬도 품밟기라는 절묘한 보법에 기인한다.

3) 대접(待接)의 규준성(規準性)

상대가 공격하기 쉬운 지점에 한 발을 딛고 있어야 한다는 '대접'의 규준은 택견경기를 가능케 하는 원리로써 절대적인 중요성을 갖는다. 뿐만 아니라 이 규준에 의해서 택견기술의 형태가 결정지어진다.

1973년 최초로 조사된 「무형문화재 조사보고서」에는 순수한 원형이라 할 수 있는 택견기술이 송덕기의 조사자료에 수록되어 있다. 이 내용은 1964년 「한국일보」에 게재된 기사와 동일하다. [송덕기 조사자료: 택견의 열한가지 기본수]

① 깎음대리 : 발장심으로 상대의 무릎을 찬다.
② 안짱걸이 : 발등으로 상대의 발뒷굽을 안에서 잡아 끌면 벌렁 자빠지게 한다.
③ 안우걸이 : 발바닥으로 안복사뼈를 쳐서 옆으로 들뜨며 넘어지게 한다.
④ 낚시걸이 : 발등으로 상대의 발뒷굽을 밖에서 잡아 끌면 뒤로 훌렁 넘어진다.
⑤ 명 치 기 : 발장심으로 명치를 찬다.
⑥ 곁 치 기 : 발장심으로 옆구리를 찬다.
⑦ 발 따 귀 : 발바닥으로 따귀를 때린다.
⑧ 발등걸이 : 상대가 차려고 들면 발바닥으로 발등을 막는다.
⑨ 무릎팍치기 : 상대가 차서 들어오면 손으로 그 발뒷굽을 잡고 다른 한 손으로는 옷을 맞붙잡아 뒤로 넘어지면서 발(무릎)으로 늦은배(下腹部)를 괴고는 받아 넘긴다.
⑩ 내복장갈기기 : 발장심으로 가슴을 찬다.
⑪ 칼 재 비 : 엄지와 검지를 벌려 상대의 목을 쳐서 넘긴다.

　이상의 기술 모두가 상대를 넘어뜨리는 기술인데 ①②③④는 상대의 앞에 나와 있는 다리에 대한 공격기술이며, ⑤⑥⑦⑧⑨⑩⑪은 모두 한걸음 이내에 상대가 접근해 있을 때 유용한 기술이다. ⑦을 제외한 ⑤⑥⑩은 밀어 차거나 옆으로 밀쳐내는 발질이고, ⑪은 손으로 미는 동작이다. 나머지 ⑧은 상대가 공격하기 위해 앞으로 내미는 발에 대한 방어 겸 공격기술이며, ⑨는 역시 상대를 붙잡을 수 있는 가까운 거리에서 가능한 역공격 기술이다.
　이외에도 복합적으로 변화된 기술들은 거의 상대의 앞다리를 중점적으로 공격하고 있으며, 선제공격을 할 때에도 자신의 앞에 내딛은 다리를 이용하는 기법이 발달되어 있음을 볼 수가 있다.
　이처럼 송덕기의 택견기술은 공격가능거리에서 상대의 발이 착지해 있지 않으면 무용한 기술이 대부분이다. 그러므로 대접의 규준은 택견경기 구성상 필연적 당위성을 가지게 되는 것으로써 택견 경기에 있어서 제1의 규칙이 된다.

　상대에게 한쪽 발을 내주는 대접은 품밟기의 부분 동작에 불과하지만 오히려 품밟기 전체를 지배하는 강제성을 가진다. 과거 택견판의 설비였던 가마니나 명석 위에 발의 착지점을 표시해 둔 예가 없고, 또 풀밭 또는 모래밭 같은 곳에는 더욱 표시를 할 수 없다. 특히 격렬한 동작이 이어질 경우 고정된 품밟기의 틀을 예사로 이탈하게 되고, 공격에 의해 밀려나서 거리가 멀어지는 사례가 허다하게 발생한다. 옛 택견판에서는 이런 상황이 생기면 심판자나 구경꾼들이 "붙어, 바짝 붙어"라고 외쳤다는 것으로 미루어 봐도 품밟기만으로는 경기진행이 순조롭지 못한 경우가 많다는 것을 짐작하게 된다.

　이러한 문제를 해결해 주는 것이 바로 대접을 하는 규칙인 것이다. 대접이란 손님에게 음식을 제공한다는 뜻과 예를 갖추어 대우한다는 의미가 함께 있다. 택견의 대접 역시 이 두 가지 의미를 함께 가지고 있다. 상대 앞에 다리를 내주는 것이 손님 앞에 음식을 차려 대접하는 것과 흡사하며 또한, 경기를 시작할 때 인사로 상대방의 다리를 가볍게 차주는 동작이나, 상대방이 인사하는 동작에 대하여 반격을 시도하지 않고 슬쩍 피하면서 그 다리를 뒤로 물려 딛는 것이 영락없이 예를 갖추어 상대방을 대우하는 것이다. 이와 같은 대접은 구기 종목의 서브(Serve)와 같은 성격이다. 택견의 경기는 한쪽 편에서 대접을 하는 것으로서 겨루기가 시작되는 것이다.

『코리언 게임스』에 "두 경기자 중 한 사람이 먼저 상대방의 다리를 차는 것으로 경기는 시작되는데……"라는 것은 한쪽에서 먼저 상대방의 다리를 건드리듯이 툭 차주고는 찬 발을 한걸음 뒤의 제3의 지점에 가져다 놓으면 앞에 있는 다리는 곧 상대방이 공격하기 쉬운 지점에 놓이게 되고 대접한 쪽이 뒤로 발을 물리는 순간 공격의 기회를 상대에게 제공하게 되는 것이다.

이 부분은 송덕기로부터 전수된 방법과 정확하게 일치된다. 그는 대접하는 것으로부터 경기가 시작되고, 상대의 무릎을 발 장심으로 밀어내는 듯이 슬쩍 차주면 그것이 대접이라고 말해 경기를 시작하는 신호의 의미를 가진 인사(禮)정도로만 생각하였을 뿐, 그 동작이 갖는 규칙성을 파악하지 못하였던 것이다. 이렇게 다른 격투기류에서는 찾아볼 수 없는 독창적이고, 한국적인 대접(Serve)의 규칙은 안전공간을 의도적으로 배제함으로써 고도의 기술을 다양하게 구사하도록 유도하여 경기자의 기능을 극대화하는 효과를 얻고, 또한 긴박감과 역동적인 경기를 가능케 하여 관중의 흥미를 높일 수 있는 것이다.

4) '늘질거리기' 의 호혜성(互惠性)

택견의 동작을 표현할 때 굼실굼실, 능청능청, 우쭐우쭐, 으쓱으쓱 등으로 말한다. 이러한 토속적인 동사를 적용하여 품밟기를 설명하면 다음과 같다.

굼실굼실 : 발을 내딛거나 끌어 당겨올 때 몸의 중심을 유지하고 있는 무릎의 가벼운 굴신운동
능청능청 : 헛밟기를 할 때 발을 앞으로 내딛어 양 무릎을 펴고 아랫배를 내밀면서 허리를 활처럼
　　　　　 탄력적으로 휘는 모양
우쭐우쭐 : 발을 바꾸어 밟거나 내딛을 때 하는 몸 전체의 율동운동
으쓱으쓱 : 품을 밟을때 어깨를 치들며 멋을 부려 뽐내는 모양

위의 네 가지 동사는 택견의 운동 원리를 함축적으로 묘사하고 있는데, 이러한 동작이 연쇄되고 결합되어 나타나는 것이 '늘질거리는' 기법이다. 택견의 발기술 중에 '늘질러차기'가 있는데, 발을 들어 상대의 복장이나 배를 발 장심으로 밀어내듯이 느지르는 것이다. 차는 요령은 무릎을 당겨 가슴으로 들어 올릴 때와 당긴 무릎을 펴서 발을 내지를 때 곧바로 차지 않고 무릎과 발목의 스냅(snap)을 이용하여 멈칫거리듯이 동작한다. 이것은 완충효과를 얻고 밀쳐내는 힘을 증가시키는 동작으로써 상

대에게 타격을 가하지 않으면서 넘어뜨리는 것이다. 손기술 중에도 이마재기의 경우 손 장심으로 상대의 이마를 밀어내는데 역시 느지르기로 상대의 중심을 잃게 하는 기술이다.

송덕기는 택견의 겨루기 기술은 모두 느질러야 하며, 경기에서는 곧은 기술을 사용하지 못하게 되어있다고 하였다. 느질러차기의 명칭은 편의상 나중에 신한승이 붙인 이름이며, 택견의 모든 발기술은 느질러차기라고 할 수 있다.

'느질거린다' 는 말은 물크러질 듯이 아주 물러졌다는 뜻이다. 무르다는 것은 연하고 튼튼하지 못하다는 것으로 곧 약(弱)하다는 의미를 포함하고 있다. 강함을 추구하는 것을 가치로 삼는 무예에 대한 상식으로는 택견의 느질거리는 기법은 이해되기 어려운 부분이다. 그러나 이것은 어디까지나 실전(實戰)성을 강조하는 허구적 무술개념으로 택견을 판단하려 할 때 생기는 문제이며, 택견을 무희, 즉 겨루기의 개념으로 파악한다면 느질거리는 기법의 기발(奇拔)성에 감탄하게 된다.

원시적 격투기가 근대적 경기로 발전하는 과정에서 공통적으로 나타나는 것은 전투적인 기술을 경기적인 것으로 전환하기 위하여 각양각색의 다양한 제한이 가해지고 있는 것이다.

경기에서 규칙의 중요성에 대해 양진방(1986)은 "경기화 과정에서 가장 중요한 요건은 합리적인 경기규칙을 제정하는 일로써 스포츠 규칙의 공통적 성격인 공정성, 안전, 운영의 효율화, 흥미 등을 무예의 성격과 조화 시키는 것으로써 이때 무술이 갖는 다양한 요소가 일부 제한될 수밖에 없으며 가장 어려운 것은 경기자의 보호"라고 하였다. 바로 맨손 무예경기는 규칙에 규제되고 나아가 경기를 지배한다.

권투는 솜을 두툼하게 넣은 장갑을 낀 주먹만을 사용하여 허리이상의 신체부위에 대한 때리기만으로 경기를 하고 있고, 씨름, 유도, 레슬링 등은 때리기, 차기를 금하고 잡아 넘기기만으로 승부를 낸다. 가라데는 경기에서 앞 그치기(寸煎中止)라는 규칙이 있어 인체에 직접 공격을 가하지 못하게 하며, 태권도는 머리, 몸통, 샅을 보호하는 몸 가리개를 착용하고 차고 때리기에 의한 점수에 의해 판정을 하고 있다. 우슈는 체조경기와 흡사한 경기규칙을 가지고 있고, 산타 역시 태권도나 타이복싱과 유사한 경기방식으로 되어있다.

이러한 격투기 경기가 종합적이지 못하고 특정한 기술만의 겨루기로 한정되어 격투기의 본질과는 거리가 있다고 하여, 최근에는 여러 가지 신종 격투기 경기가 출현하기도 하였다. 그러나 이 경우에도 잔인성만 가중되었을 뿐 역시 규칙에 의한 제한성은 배제하지 못하고 있다.

이것은 경기자의 안전을 위한 당연한 조치이며, 사회적 정서에 부응하는 일이기도 하다. 그리고 맨손으로 싸우는 기술이란 원래 전투기술보다는 경기기술이 본질이므로 제한적 기술 사용은 맨손 격투기의 원초적 원리인 것이다.

택견은 다른 종목에 비하여 기술의 제한이 덜하며 몸 전체에 대하여 공격이 허용되고 있다. 뿐만 아니라 아무런 보호 장비도 착용하지 않는다. 그 대신에 공격기술을 연하고 무르게 전환하고, 급소를 피하고 비교적 신체부위 중에서 안전한 곳을 공격목표로 선택한다. 또한 공격 시 사용하는 신체부위는 주먹머리나 손모서리, 발뒤꿈치, 발모서리와 같은 강한 부위대신 손장심, 발등, 발바닥 등의 비교적 부드러운 부분을 사용하는 것이다.

뿐만 아니라 상대에게 타격(打擊)을 주는 기술을 금하고 밀쳐내고 걸어 당기는 도괴력(倒壞力)을 발휘하는 기술을 위주로 하고 있어서 안전성에 만전을 기하고 있다. 택견은 "차서 쓰러뜨려 승부를 낸다"는 사전의 해석처럼, 발차기를 주 무기로 하고 있지만 넘어뜨리기를 목적으로 하고 있는 점이 태권도의 타격적 발차기와 운동 원리를 달리하는 것이다. 택견의 손기술로는 옛법이라 부르는 주먹쓰기도 있고, 도끼질 하듯이 손 모서리로 내려찍은 기술도 있지만 경기에서는 사용을 금하고 있으며, 주로 손바닥이나 아귀를 이용하여 복장, 어깨, 이마를 밀쳐내는 기술이 발달해 있다. 택견은 발기술, 손기술을 막론하고 상대의 균형을 무너뜨리는 것을 목적으로 하고 있음이 분명히 드러나고 있다.

느질거린다는 것은 연하고 무르다는 뜻으로 강(强)의 반대개념이기는 하지만, 연하다는 것은 부드럽다는 것고, 무르다는 것은 굳은 물건이 푹 익어서 '녹실녹실'하다는 의미를 담고 있다. 부드러움은 외부의 자극이나 상황 변화에 즉각 대응할 수 있는 순발력의 절대조건이며, 무른 것은 경직된 심신의 이완상태로 볼 수 있다. 따라서 느질거린다는 것은 상대와의 기간(氣間)의 변화에 순간적으로 대응할 수 있는 심리적·신체적·기술적 완숙을 의미하는 것이다.

택견이 춤추는 듯 부드러운 몸짓과 율동적 동작, 우아한 곡선의 동선과 같은 매력을 느끼게 하는 것도 느질거리는 기법의 효과 수익인 것이다. 경기자 상호간의 안전을 고려한 느질거리는 택견의 기법은 택견이 상호가해적(相互加害的)이 아니라 호혜적(互惠的) 원리로 구성되어 있다는 것을 설명해 준다. 택견은 방어기술이 거의 없고 대부분이 공격기술로 구성되어 있다. 이처럼 진취적이고 공격적인 형태는 시베리아와 만주대륙을 횡행하던 북방 기마민족적 기질에 연유한다고 볼 수 있다. 이러한 기마족 문화가 부락공동체 의식이 강한 농경문화와 결합되면서 협동과 선린(善隣)을 존중하는 성격으로 순화(馴化)한 것으로 추정된다.

택견은 경기가 성행하던 동시대의 사회정서가 반영되고 소박한 민중의 시대적 심리현상에 따라 다소의 변모를 하였으리라 생각된다. 그러나 무희라는 술어의 의미에서 나타나는 바와 같이 택견은 힘을 겨루는 경쟁을 즐기고, 그 속에서 과장(誇張)된 가치를 추구하는 훈련의 축적을 통하여 선린과 우호를 두텁게 하여 공동체의 결속을 다졌다. 여기서는 박투(搏鬪)의 경쟁이 오히려 화합과 단결로 승화하는 것이다.

이와 같은 결실을 혼자만의 탁월함으로서는 얻어질 수 없고 반드시 상대와의 교섭에 의해 성취된다. 따라서 택견경기에 있어서 상대자는 타도의 대상이 아니라 호혜적(互惠的) 관계로 인식되는 것이다. 이것은 지배논리가 아닌 평등의 논리이며, 대결의 의식구조가 아니라 화합의 의식구조이다. 이러한 한국 전통사회의 민중의식이 느질거리는 기법의 창안을 가능케 하였던 것이다.

5) 택견의 양면성

택견은 방어기가 없고 거의 공격기로 형성되어 있어 매우 격렬하다. 경기에서 는질거리는 기법만 사용하고 있으나 경기에서 사용할 수 없다는 전제아래 인명에 손상을 줄 수 있는 기법이 전승되고 있으며 이를 통칭하여 옛법이라 한다. 옛법의 타격법에는 손질이 많이 포함되어 있고 는질러차기를 곧은발질로 변형하고 있어서 택견이 경기적 기술과 무예적 기술의 양면성을 함께 지니고 있음을 알 수 있다.

고려사에서 '수박' 과 '수박희' 로 혼용되어 표기되는 이 기록들은 혼용되어 사용되어진 것들이 아니라 엄밀한 그 차이가 있으며 이 기록들을 통해 용례들을 엄밀하게 구분해 보면, '수박' 이 순수한 무예적 기능을 지니고 있어서 생사를 걸고 벌이는 격투기를 의미하는 한편, '수박희' 는 수박을 단련하는 과정에 연습과정으로 도입된 다소 유희적 요소를 띠면서 경기로 발전해온 것으로 해석할 수 있다. 이들의 차이를 택견에서 비유하자면 '곧은발질' 과 '느진발질' 의 차이 혹은 옛법이라고 불리던 '살수' 와 현재 널리 보급되고 있는 '경기수' 로 대비할 수 있다.

5. 현대 경기로서의 택견

택견은 일제의 강압에 의해 금지된 이래 멸실 되었다가 1983년 6월 1일 원형 복원이 다소 미흡한 채, 멸실을 우려하여 급기야 중요무형문화재 제76호로 지정된 바 있다. 신한승에 의해 정리된 택견은 태권도의 체계가 가미되어 도장 식 택견, 곧 현대 무술의 개념으로 정립되어 경기로서의 택견과 거리가 멀어졌다. 그러나 고증과 여러 문헌적 자료, 그리고 송덕기로부터 채집된 기술은 거의 경기적 요소를 가지고 있다.

동서양의 대부분 격투기(무술)가 스포츠화 되었거나 그것을 지향하고 있는 것이 추세이기도 하지만, 택견은 이미 수천 년 이래로 경기였던 점이 확실히 드러나고 있다. 따라서 택견은 매우 발달된 경기 체계를 갖춘 무예이므로 이를 그대로 재현한 것만으로도 현대의 어떤 격투기 스포츠에 비해 손색이 없다.

복원된 규칙에 따라 고도의 훈련된 선수가 배출되면 이제까지의 격투기 스포츠로써 모든 사람들의 각광을 받게 될 것이다. 구체적인 현행 경기규정·규칙 및 심판규정·규칙은 본문 중 제14부 택견 경기규칙을 참고하기 바란다.

제4회 대통령기 전국택견대회 개회식 장면(충북 단양체육관)

6. 택견의 경기원리

결련택견을 분석해 보면, 경기 구조가 우선 공격 위주로 구성되어 있다. 대부분의 택견 기법은 공격기술이며, 방어적인 것은 피하기 정도에 불과하다. 이 피하기도 단일동작이라기 보다는 피한 후 공격동작으로 연결되게끔 되어 있다. 흔히 조선민족이 정태(靜泰)적·수비(守備)적인 성향을 가졌다는 통설과는 정면으로 배치된다.

또한 택견의 경기는 짧은 시간 내에 승부가 나는데, 그것은 경기자간의 극히 가까운 거리에 기인한다. 택견의 경기규칙에서 가장 중요한 것이 대접인데, 항상 상대의 공격이 유효할 수 있는 거리 내에 한쪽 발을 내주도록 강제되어 있다.

이 점은 격렬하고 적극적이고 과감한 공격을 유도하는데 효과적인 규칙인데, 택견의 진취성과 과격성을 엿볼 수 있다. 또한 이것은 우리민족이 시베리아와 북만주를 호령하던 기마 민족적 강맹성에서 유래된 요소라고 생각된다.

한편 택견은 상대의 안전을 최대한 고려하고 있다. 공격적이고 격렬한 투기에서 아무런 보호 장비 없이, 더구나 직접 인체를 공격하면서도 상대에게 부상을 입히지 않도록 하는 기발한 방법이 느질거리는 몸짓이다. 강함을 추구하는 격투기에서 연하고 부드럽다고 하는 것은 가치 절하의 요인으로 생각하기 쉽다. 그러나 연하고 부드러움은 순발력을 증진하고 힘을 집중하는데 있어서 필수적으로 요구되는 사항이다.

느질거리는 기법은 완충효과를 내기 위해 멈칫거리는 동작과 함께 곡선의 동선을 추구하고 있다. 멈칫거림은 정지가 아니라 근육작용을 추슬러 올려 힘을 가중시킨다. 포물선의 동작은 육중한 힘의 전달에 필요한 물리학의 법칙이다. 화력이 크고 비행거리가 긴 대포일수록 곡사포라는 사실로 미루어 이해할 수 있을 것이다. 이것은 타격을 지양하고 도괴력(倒壞力)을 목적으로 하는 택견의 승부방법과 직결되는 형태이다.

택견은 대접으로 인하여 견제거리가 해제되었고, 상대의 안전성을 고려한 느질거리는 기법으로 인하여 품밟기라는 독특한 몸짓이 발달되었다.
이 품밟기의 형태는 굼실거리고 능청거리며, 우쭐대고 으쓱거린다. 여기에는 병진운동과 회전운동이 적절히 조화를 이루고 있어 인체운동학적으로 볼 때 대단히 과학적으로 짜여 있다.
택견의 동작이 외형상 춤을 추는 것으로 보이는 것은 굼실거림과 능청대는 것이 혼합되어 율동적으로 움직이기 때문이다. 택견은 부드러우면서도 율동적인 춤과 같은 동작이기는 하지만, 그 속에는 상대의 의사를 재빨리 간파하고 공격의 기회를 탐색하는 날카로움과 긴장이 포함되어 있으며, 상황에 반응하여 폭발적이고도 강력한 근육작용이 뇌관처럼 잠재된 상태인 것이다.

제2부 택견 겨루기論

제1장 택견 겨루기 槪論
1. 겨루기의 의의
2. 겨루기의 목적
3. 택견 겨루기의 요점
4. 겨루기 기술
5. 겨루기 기술의 숙련단계
6. 택견 겨루기 기술의 원리

제2장 기합과 호흡 및 시선
1. 기합(氣合)
2. 호흡(呼吸)
3. 시선

제3장 겨루기 훈련에 임하는 선수의 태도
1. 동료와의 협력
2. 훈련시간 엄수
3. 훈련의 준비
4. 청결한 복장
5. 안전사고 예방

제4장 경기지식과 계획성
1. 경기지식
2. 계획성

제1장 택견 겨루기 概論

1. 겨루기의 의의

모든 무예의 본질이 격투술이라는 점에서 겨루기는 본질에 가장 근접한 형태의 수련법이다. 겨루기의 사전적 의미는 "서로 버티어 힘이나 승부를 다투다"라는 뜻으로 견주기라고도 한다. 택견의 기본동작과 맞대걸이, 홀새김이나 본때 등의 수련을 통해서 조화롭게 활용하여 실전에서 응용할 수 있도록 두 사람이 맞서 기량을 겨루는 일이다. 택견은 겨루기를 숙달하는 효과적인 방법으로 마주메기기를 수련의 중심으로 하고 있다. 택견수련은 기본동작이 하나의 뿌리가 되고 맞대걸이와 본때는 줄기가 되며 겨루기는 꽃이라 볼 수 있으며 총체이기도 하다. 겨루기는 상대와 근접한 상태에서 당기거나 미는 손질과 차고 치고 넘기는 발질 등을 자유롭게 조절하는 능력이 있어야 한다. 겨루기는 싸움에 필요한 기술의 타이밍(Timing), 거리와 각도, 감각, 반응력, 분별력 등을 기르고 용기, 투지, 냉정성 등을 체득할 수 있다. 실전의 경험 없이는 무예의 높은 경지를 형성하지 못한다.

따라서 겨루기는 신체적 발달, 사회적 성격의 육성 등으로 훌륭한 인격을 완성시키는 전인교육(whole-person education)에 그 의의가 있다.

2. 겨루기의 목적

겨루기는 수심(修心)과 수신(修身)이 하나가 되는 과정이다. 심신일원화(心身一元化)가 되지 않으면 자기가 원하는 근육, 뼈, 관절 등을 원하는 대로 움직이지 못한다. 그러므로 신체의 각 부위를 골고루 발달시켜 성장발달에 필요한 운동량을 공급해 주어야 한다.

또한 정신적으로 집중력과 판단력, 사고력이 길러져 자신감을 갖게 하여 적극적이고 진취적인 기상을 갖게 한다. 이러한 겨루기는 신체적, 정신적으로 훌륭한 인간을 만드는데 그 목적이 있다.

3. 택견 겨루기의 요점

1) 상대에게 부상을 입히는 기술을 사용해서는 안 된다.
2) 승부수는 적극적인 공격과 함께 기합을 넣어 상대의 경각심을 일으킨다.
3) 모든 공방의 기(氣)는 품밟기에서 이루어져야 한다.
4) 손질과 차기를 병용하고 연결동작을 많이 연습한다.
5) 가급적 상대를 움직이게 하여 상대의 중심을 뺏도록 한다.
6) 택견이 차서 쓰러뜨리는 것을 승부의 기준으로 하고 있다는 점에 유의한다.
7) 상대가 공격하려고 하거나 공격한 직후 승부의 기회로 삼고 적극적인 방어와 반격을 한다.
8) 달려 들어와서 잡으려는 상대에게는 정면 차기로 승부를 내는 방법과 상대의 힘을 역이용하는 방법이 있다.
9) 솟구쳐 차기로 얼굴을 공격하는 것은 택견의 꽃이다.
10) 붙들렸거나 붙잡았을 때는 즉시 딴죽으로 넘기는 기술을 적용한다.
11) 활개짓은 상대를 방어하고 현혹하거나 공격에 대비하는 자세이다.
12) 발을 옮기지 않더라도 무릎을 굼실대는 동작을 멈춰서는 안 된다.
13) 시선은 상대의 전체와 주위 사정까지 한눈으로 파악할 수 있도록 한다.
14) 모든 몸짓에 한국의 고유한 멋이 담겨 있어야 한다.

4. 겨루기 기술

1) 시각을 확대한다 : 상대의 신체 일부만 보지 말고 상대의 모든 움직임을 주시하고 주변 환경까지 시야를 넓게 가진다.
2) 품밟기는 모든 기술의 바탕이다 : 굼실을 넣어 순발력을 높이고 능청거림으로 탄력적인 힘을 증진한다. 변화있는 품밟기로 상대의 공격 의도를 사전에 저지한다.
3) 상대 앞에 한쪽 발을 내어 주는 대접의 상태를 항상 유지하여야 한다.
4) 상대를 움직이게 한다 : 상대의 의사와 다르게 움직이게 함으로써 겨루기의 주도권을 잡는다. 이것은 선제공격으로 상대의 반격을 유도하거나 의도적으로 허점을 보여 줌으로써 상대의 공격을 유도할 수 있다. 또한 품밟기의 변화로 상대의 대응 동작을 끌어낼 수 있다.
5) 상대의 시야를 혼란케 한다 : 활개질이나 얼렁발질로 상대의 시선을 혼란케 하거나 이쪽에서 시선을 강하게 쏘아 보거나 고의적으로 시선이 딴 곳을 향하는 것처럼 위장할 수 있다.
6) 앞에 나와 있는 다리를 괴롭혀라 : 택견의 묘미는 대접의 규칙에 있다. 앞에 나와 있는 상대의 다리를 끊임없이 공격하며 상대를 움직이게 하고 심리적인 여유를 고갈시킨다.

7) 상대의 공격은 곧 승리할 수 있는 반격의 기회로 생각한다.
8) 선제공격을 할 경우 반드시 상대의 반격을 예측하여 그에 대한 재반격을 준비하여야 한다.
9) 기합은 유용한 기술이다 : 기합은 자신의 기세를 상승시키고 폭발적인 힘을 낼 수 있다. 또한 상대를 놀라게 하거나 기세를 꺾는 효과를 얻을 수 있다.
10) 가급적 겨루기의 모양이 한국적 멋과 흥이 나타나도록 여유 있는 심리상태를 유지한다.

5. 겨루기 기술의 숙련단계

제1단계: 입문자(Starter)의 단계

제1단계는 택견에 입문(入門)하여 시작하는 단계이다. 택견에 참여하는 모든 최초의 근원적인 행동에는 그 행동을 자극하는 동기가 있어야 한다. 예를 들면 친구와 택견을 즐기며 놀고 싶다는 것이 동기이다. 그 다음에 그것을 실행에 옮기기 위해서는 '실마리(계기)'가 필요하다. 이때의 실마리는 택견전수관, 동아리, 택건강습회에 들어가는 것이다. 적당한 실마리를 발견하면 그것을 '실행'에 옮기는 것이 필요하다. 그리고 실행하는 과정을 종료하기 위해서는 '만족'이 필요하다. 이것이 택견을 시작하는 최초의 단계이다.

요약하면 다음과 같다.
① 동기(택견에 대한 흥미, 관심, 욕구)
② 실마리(계기)
③ 실행
④ 만족(즐거움, 기술의 성공 등이 필요하다)

만일, 이들 4가지 조건 중 하나라도 충족되지 않으면 그 사람은 택견수련을 지속적으로 수행하지 않을 것이다. 이상이 택견을 시작하는 제1단계이다. 여기에는 무엇보다 중요한 것은 수행자의 의욕을 환기시키는 것이며, 지도자의 밝은 표정과 프리젠테이션 능력이다. 즉, 수행자의 표정을 잘 관찰하고, 알기 쉽게 친절한 지도를 해야 한다.

제2단계: 초보자(Beginner)의 단계

제2단계는 택견의 개념적인 것과 기초적인 것을 학습하고 기술을 배우고 익히며 지각하는 단계이다. 학습은 학습자의 경험에 의해 일어난다. 즉, 사람은 택견 경기를 보기 시작하면서부터 택견이라는 경기를 배우기 시작한다고 말할 수 있다. 이것을 '생활경험(자연적 경험)'이라고 부른다.
 또한 지도자에게 지도를 받는 '학습경험(교육적 경험)'에 의해 더욱 택견이라는 경기에 대해 알 수 있게 되는 것이다. 그 후 행동으로 옮기지 않고 마음속에서 경기에 관한 장면을 그리는 '시각적 이미지'가 학습의 시작이다. 즉, 머리로 이해하는 것이 출발점인 것이다.

제3단계: 중급자(Middle-level)의 단계

 제3단계는 기본동작과 움직임을 보고 배우며, 기술형태를 습득하는 단계이다. 기술은 형태를 빼고 존재할 수 없다. 여기에는 지도자의 시범과 훌륭하다고 생각되는 선수의 기술과 동작·폼을 흉내 내는 것에 의해 기술의 형태를 습득한다. 모방한다는 것은 지각의 결과, 동작양식, 기술을 실제 몸으로 따라 해 보는 것이다.
 여기에서는 무엇보다 "형태를 익히면서 거기에 따르는 정신을 배운다"는 자세가 중요하다. 이 단계는 단순한 운동을 어떻게 부드럽게 할 수 있는가가 관건이며, 기본기술의 반복연습을 통해 실력을 쌓아가는 것이 요구된다.

제4단계: 참가자(Match-bignner)의 단계

 제4단계는 시행착오와 반복연습을 쌓아감으로써 기술의 요령과 비결을 발견하여 몸에 익히는 단계이다. '수련'이란 심신과 기예를 훌륭하게 만들기 위해 단련하고 노력하는 것이며, '터득'이란 기술의 요령과 포인트를 매우 충분히 이해하는 것이다. '발견'이란 같은 조건에서 같은 운동과 동작을 반복하는 훈련 중에 실패하는 경우, 그 훈련에서 수정할 곳을 찾아내는 것이다. 지금까지와는 다른 성공의 감각·요령·비결을 터득할 수 있게 되는 것을 '발견'이라고 한다. 이렇게 터득한 것을 반복하여 연습함으로써 운동에 익숙해지고 정교해지게 된다.

제5단계: 훈련자(Match-trainee)의 단계

 제5단계는 익힌 기술을 자신의 것으로 하고, 자신의 것이 된 기술을 구사하는 법을 배우는 단계이다. 이 단계에서는 기술이 있어도 그 구사법을 모르거나, 또는 경기에서 기술을 사용할 수 있어도 능력으로 연결되지 않는다.
 기술의 연습은 형태의 주체가 되지만, 이 형태 연습의 단점은 응용할 여지가 부족하다는 것이다. 즉, 기술의 구사법이 좀처럼 몸에 익혀지지 않는다. 그래서 형태 연습의 단점을 보완하기 위해서, 이 단계에서는 경기경험을 많이 하여 기술 구사법을 익히고 양쪽이 자유롭게 제각각의 생각대로 공격과 수비의 기술을 사용하여 연습하는 것이 아니라, 약속과 조건을 설정하여 연습겨루기를 하는 것이다.

'적응한다'는 것은 양식화된 동작과 기술을 특수한 과제에 따라 변화시키는 것이다. 예를 들면, 선수가 아무리 겨루기에 관한 지식과 판단력을 갖고 있어도 그것이 경기 중에 플레이가 되어 수행되지 않으면 아무 쓸모가 없다. 판단한 것을 그대로 플레이할 수 있게 하려면 많은 경기 경험이 필요하다. 여러 번 시도해 보면서 숙달시키는 것이 가장 빠른 지름길이다. 강한 상대, 약한 상대 모두 좋은 연습상대가 될 수 있다.

제6단계: 숙련자(Expert)의 단계

제6단계는 자신이 몸에 익힌 기술을 세련시키고, 기술에 스피드와 힘을 가하는 단계이다. 택견 겨루기의 수행력에는 기술의 정교함, 기술의 빠르기, 기술의 강력함이 요구된다. 이 단계는 기술이 있어도 위력이 없는 단계, 또는 위력이 있어도 기술이 아직 세련되지 못한 단계이다. '세련되었다'는 것은 동작양식 또는 기능에 있어서 원활하고 효율적인 조정능력을 획득한다는 것이다. 거기에는 동작에서 여분의 움직임을 배제, 동작의 공간적·시간적 관계를 습득, 보다 복잡한 조건에서 무의식적 동작의 수행(조건 반사행동) 등 3가지가 요구된다.

'단련'이란 많은 연습을 하여 몸과 마음을 강하게 하는 것이다. 즉, 이 단계에서는 정신적·신체적 체력 훈련을 확실히 행하여 기술에 스피드·순발력·지구력을 더하는 것이다.

제7단계: 권위자(Semi-master)의 단계

제7단계는 기술을 연마하고 변용, 즉응(卽應), 구성, 창조하여 탁월성을 갖추게 하는 단계이다. '연마한다'는 것은 심신과 기예를 훌륭하게 만들기 위해 기술과 전술을 갈고 닦아 기술에 위세를 더한다는 것이다. '탁월하다'는 것은 자신이 몸에 익힌 기술을 연마하여 남들보다 뛰어나도록 하는 것이다. '창조한다'는 것은 무언가 하나의 특기를 몸에 익히는 것이다. 이 단계에서는 선수가 각각 특이한 상황과 목적에 바로 적용할 수 있는 효율 높은 동작과 훈련을 고안하고 창조해야 한다. '변용한다'는 것은 어떤 동작양식 또는 기능을 수행할 때, 특이한 동작과 새로운 동작을 채용·고안한다는 것이다. '즉응한다'는 것은 환경의 변화에 대해 새로워지는 것 혹은 동작을 조합하여 그때 그때의 상황마다 곧바로 대응할 수 있는 것을 말한다. '구성한다'는 것은 겨루기 기술을 조직·조합 한다는 것이다. 여기에서 중요한 것은 좋은 것을 몇 번이라도 반복 연습하여 나쁘다고 생각되는 것을 절대로 하지 않는 것이다. 이것을 '수련'이라고 한다.

제8단계: 고수(Master)의 단계

　제8단계는 기술의 정확성을 보다 높이고 성공 확률을 높이는 단계, 기술을 정확하고 효율적·효과적으로 사용하는 것을 극대화하여 달인이 되는 단계이다. 고수란 한 가지 일에 깊이 숙달된 사람을 말한다. 또한 고수는 실수를 해도 그것을 능숙하게 되돌리는 회복 능력이 우수하다.
　여기에는 무엇보다도 기술의 완벽함이 요구되며, 정확성의 추구가 뒤따라야 한다. 매일 괴로운 연습을 하면서 몸과 머리로 익힌 성과를 경기에 임해 한 순간에 발휘할 수 있는 단계이다. 또한 이 단계에서는 기술에서 정신적인 면을 중시하여 통일된 기술을 창조하며 그 위에 '승부의 정신'을 기르게 된다. 결국, 숙련기술의 최종단계는 '마음, 기력, 힘, 이론, 행동의 일치'를 하는 단계이다.

택견 기술의 숙련단계

제1단계-입문자(starter)의 단계
택견의 기술을 아직 모르며 그 기술을 알려고 하는 단계(택견 상황이 전혀 보이지 않는다)

제2단계-초보자(beginner)의 단계 ▼
택견의 기술을 알지만 아직 기술을 사용할 수 없는 단계(기술의 형태를 흉내내는 단계이며, 경기를 아직 할 수 없다.)

제3단계-중급자(middle-level)의 단계 ▼
택견의 기술을 알고, 할 수 있지만 실수가 많은 단계(기술의 형태를 흉내내어 익숙해지는 단계로 경기의 상황이 약간 보이지만, 기술의 좋고 나쁨의 차이를 모른다.)

제4단계-참가자(match-bignner)의 단계 ▼
기술을 발휘할 수는 있지만 경기에서 사용할 수 없고, 기술의 구사법을 모르는 단계(기법을 배우고 몸으로 익히는 단계이며, 경기의 상황이 보이지만 기술의 좋고 나쁨의 차이를 모른다.)

제5단계-훈련자(match-trainee)의 단계 ▼
경기에서 기술을 사용할 수 있지만 기술을 구분하여 사용할 수 없어서 효과가 적은 단계(기술의 사용법을 배우고, 자유자재로 쓸 수 있는 단계이며, 경기의 상황이 보이지만 그에 맞는 기술의 구사법을 모른다.)

제6단계-숙련자(expert)의 단계 ▼
경기에서 기술을 쓸 수 있고, 구분하여 쓸 수도 있지만 위력이 없는 단계(기술에 힘이 없고, 기술에 위력을 더하는 단계이며, 경기상황을 잘 볼 수 있고 경기전개의 좋고 나쁨을 알지만, 기술의 효과가 적다.)

제7단계-권위자(semi-master)의 단계 ▼
기술에 위력이 있고, 약간 정확성이 떨어지지만, 경기에서 적절히 구분하여 사용할 수 있으며 커다란 효과가 있는 단계(숙련된 기술을 유효하게 활용할 수 있는 기능을 갖고 있다. 또한 실수를 하여도 곧 회복할 수 있는 단계이며, 경기의 상황도 잘 보이고 플레이의 선택을 그 자리에서 바로 할 수 있다.)

제8단계-고수(master)의 단계

기술에 위력과 정확성이 있으며 상대로부터 승리할 수 있는 단계(모든 기술을 숙지하고, 독자적인 기교·특기를 갖고 있으며, 경기 상황도 잘 볼 수 있고 실수 없이 상대의 약점을 그 자리에서 바로 공격할 수 있는 최종단계로써, 아무리 실패하여도 그것을 되돌리는 뛰어난 회복능력을 갖고 있다.)

9단계-최고수(supreme-master)의 단계

완성의 단계로 최고의 경륜과 시각을 갖춘 최고봉의 단계

6. 택견 겨루기 기술의 원리

택견과 타 무술의 차이점은 상대를 다치지 않게 배려하면서 제압하는 것이다. 상대를 다치지 않게 하기 위해 타격적 차기는 금지되었고, 주로 상대의 중심을 흩뜨리는 유술적 기술이 발전하게 되었다.

타 무술이 공격 거리를 주지 않기 위해 일정한 간격을 유지하는 것에 비해, 택견은 상대가 공격하기 유리하도록 한쪽발을 앞으로 내준다. 그러나 공격 가능권에 발을 내어 주되, 품밟기로 상대의 공격이 어렵도록 자주 다리를 바꾸어 가며 상대의 타이밍을 빼앗는다. 이때의 모습은 마치 춤을 추듯 굼실굼실 대며, 으쓱으쓱 거리고, 우쭐우쭐 대는 리듬감 있는 모습으로 연출된다. 이러한 형태의 동작속에 내재된 겨루기 기술의 원리를 살펴보면 다음과 같다.

1) 모양(Form)

택견에는 '모양'이 존재한다. 운동능력을 발휘하는 데에는 신체 각 부위가 조직적으로 통일된 동작을 해야 한다. 모양이란, 활동능력을 충분히 발휘할 수 있는 훈련양식 또는 활동 방법이다. 그것은 동작의 디자인이자 동작의 기초이다. '효과 있는 모양', '능률적인 모양' 이란 선수가 겨루기의 목적을 충분히 수행할 수 있는 최상의 형태를 말한다.

'좋은 모양' 이란 가장 적은 동작으로 가장 에너지 소비를 적게 하여 가장 좋은 결과를 얻을 수 있는 품을 말한다. 뛰어난 선수는 에너지를 쓸데없이 사용하지 않는다. 그것은 숙달된 기술에 의해 효율적인 동작을 행하고 쓸데없는 동작을 줄이며, 신체가 효율적으로 작용할 수 있도록 훈련되어 있으므로 약간의 에너지로 운동을 행할 수 있기 때문이다.

2) 발놀림 (Footwork)

　택견의 발놀림은 품밟기이다. 품밟기는 굼실과 능청을 통한 허리의 회전력으로 힘이 만들어 진다. 상대를 느진발질로 차서 넘기기 위해서는 공격자가 공격한 힘이 상대의 체중이나 버티는 힘보다 커야한다. 공격자가 상대보다 체중이나 힘이 약할 때는 상대의 움직임이나 기울기를 이용해야 한다. 예를 들면, 체중의 이동 시 상대의 발이 지면으로부터 떨어져 있는 순간에 공격을 하면 지면으로부터 마찰력이 적기 때문에 적은 힘으로 상대를 제압할 수 있다. 택견의 힘은 잘 조절된 풋워크(품밟기)에서 나온다.

　택견 겨루기의 품(品)은 특별한 형식을 중요시하지 않는다. 택견의 품은 몸에 힘을 빼고 서 있는 형태이다. 무예의 기법은 서 있는 동작에서 즉각적인 반응이 이루어 질 수 있어야 하며 균형과 안정성, 그리고 융통성과 민첩성이 있어야 훌륭한 기술을 발휘 할 수 있다.
　택견의 품은 무형식적(無形式的)이기는 하나 겨루기에 필요한 조건을 완벽하게 갖추고 있다. 얼핏 보아서는 허점이 많아 보이나 사실 이와 같은 것은 무예에 있어서 가장 높은 수준으로서 예기치 않은 상황에 처하여 임기응변하는 술기는 아무 준비가 없는 자세 속에 들어있는 완벽한 준비에서 나오는 것이다. 그것은 곧 항상 대비하는 달인(達人)의 경지이다.

　택견의 품밟기는 진퇴가 자유롭고 일정한 틀 속에 갇혀 있지 않다. 그리고 두 발의 앞뒤 거리나 옆 폭이 좁고 움직일 때는 일정한 리듬을 타고 있어서 고정된 순서를 가지는 것처럼 보이기도 한다.
　송덕기는 "택견에서 몸을 능청대며 느지르는 것도 덮어놓고 하는 것이 아니고 발을 품(品)자로 놓는다는 약속이 있으며, 누구든지 땅에 먼저 손을 짚으면 패하게 되어 있다."(한국일보, 1964.5.16)고 하였다. 또한 '코리언게임스'에는 "두 사람은 발을 벌리고 서로 정면으로 마주보고 선다. 경기자는 각각의 발을 한 발짝 뒤로 물러서 제3의 지점에 놓을 수 있다. 그러므로 발은 언제나 3개의 지점 가운데 하나에 놓인다"고 되어 있다. 이 두 기사에 '발을 품자로 밟는다는 약속' 과 '발은 언제나 3개의 지점 가운데 하나에 놓인다' 는 내용은 동일하게 품밟기가 가지고 있는 일종의 규칙성을 설명하는 것이다. 평소에 송덕기·신한승은 한결같이 '품밟기가 택견의 전부' 라고 강조하였다.
　품밟기는 3박자로서 강, 약, 약 혹은 약, 약, 강하며 악센트가 있는 삼박자이다. 여기서 이루어지는 모든 오금질은 반작용에 의한 지반반력을 무릎으로 흡수하여 이 삼박의 리듬을 타는데, 허리를 약간씩 회전하면서 앞으로 내밀며 능청하고 굼실하며 뒤로 빼는데 이 또한 전후좌우로 움직이는 동력이 된다. 서양의 몸짓이 막연히 아치를 그린다는 표현을 쓴다거나 대흉근을 앞으로 내미는 신전의 정점이라면 단전(丹田)을 앞으로 내미는 품밟기의 능청은 우리 고유의 몸짓이면서 신전의 정점이다. 택견의 몸짓은 단전을 정점으로 최대한의 신전(伸展)이 이루어지는데 이런 개념을 서구의 시각으로 이해시키기는 어렵다. 활개질까지 곁들인다면 그야말로 굼실굼실, 우쭐우쭐, 능청능청, 으쓱으쓱 가운데 무예로서의 독특한 보법을 밟으면서도 신명나는 몸짓이 이루어지는 품밟기가 된다.

또한 품밟기는 택견의 핵심 구성 요소인 대접의 규칙과 경기자 사이의 안전성을 고려하여 개발되는 는지르기 기법과 필연적 관계를 가지고 있어 그 자체로써 강제성을 갖지는 않지만 이것을 바탕으로 하여 택견 기법이 형성되므로 일종의 규칙처럼 그 필요성이 강조되고 있다.

3) 중심(Balance)

모든 기술은 안정성을 가졌을 때 최상의 힘이 발휘되지만 불안정한 균형에서는 충분한 힘을 발휘 할 수 없다. 따라서 공격이나 방어 시, 순간과 정지 상태에서 안정된 자세를 갖추어야 한다. 움직임의 시작에서부터 움직임이 끝날때 까지 안정적인 상태를 유지해야만 한다.

택견에서 중심과 리듬을 유지하기 위해서는 발차기 공격 시 차는 다리보다 축의 다리에 밸런스를 유지하는 것이 중요하며 단순히 발로 차는 것 보다 허리의 회전력으로 차는 것이 밸런스와 파워를 만들어준다. 즉 허리로 몸의 밸런스를 잡고 굼실에서 능청으로 이어지는 힘을 이용하여 뱃심으로 상대를 밀어 차거나 걸어 당겨야 상대를 넘길 수 있다.

타 무술의 경우를 살펴보면, 태권도는 전후좌우의 빠른 스텝으로 중심이 위에 있어 발차기에 유리하게 이루어져 있다. 반면 중국무술 중 남권의 경우, 기저면이 넓고 중심이 낮아 손기술을 활용하기에 적합하다.

택견 기술의 경제성과 합리성은 선수의 중심과 조정 능력에 달려 있다. 품밟기 시 기저 면의 폭을 변화시키거나 신체를 앞뒤로 자세를 변화시키거나, 기저면을 낮추거나 높여서 중심의 위치를 조정해야 한다. 그렇게 함으로써 겨루기를 용이하게 할 수 있다.

겨루기에서 우수한 선수는 올바른 중심의 위치 확보, 중심의 부드러운 이동, 상지와 하지의 협응, 신체조정력(복원력) 등의 모든 능력에서 뛰어나다. 즉 이러한 능력이 다이나믹하고 효율적인 폼을 형성하여 밸런스를 유지하는 주요 요인이 된다.

4) 각도(Angle)

품밟기의 굼실과 능청은 다양한 공격 기술의 기본동작이다. 품밟기는 상대를 공격하거나 방어하기에 적합한 자세이다. 굼실하는 자세는 마치 바벨을 어깨 위에 올려놓고 앉았다가 일어서는 과정처럼 고관절(엉덩이)을 뒤로 빼고 하는 자세와 흡사하다. 능청에서 굼실이 되는 순간 허리에서 다리로 이어지는 형태가 S자가 되도록 고관절(엉덩이)이 뒤쪽으로 45도 빠진 자세가 되는데 이 상태에서 축의 다리가 일어나면서 차거나 딴죽을 자유롭게 할 수 있는 각도가 나온다.

특히 상대를 밀어차서 넘어뜨리기 위해서는 굼실을 약45도(고관절)의 자세에서 공격을 해야 상대를 쓰러뜨릴 수 있다.

능청 상태에서 역시 공방이 자유로운 앞다리 10~20%, 뒷다리 80~90%를 가지고 있기에 언제든지 상대의 공격을 반격으로 되받기할 수 있는 각도가 된다. 또한 고관절의 자유로운 원운동으로 품밟기에서 원하는 위치나 방향으로 상대를 자유로운 각도로 공격할 수 있게 된다. 그러나 타 무술의 경우, 상대와의 근접상태에서 발차기 공격이 가능한 각도가 이루어지지 않으므로 팔꿈치나 무릎 등을 이용한 공격을 한다.

5) 거리와 공간(Distance & Space)

거리는 겨루기에 있어 중요한 의미를 가진다. 아무리 힘이 강하고 뛰어난 기능을 가지고 있다하더라도 거리가 상대에 미치지 못하면 무용지물이 되고 만다.

대부분의 무술은 직선과 곡선적인 동작이 복합된 공격 형태의 스텝과 자세를 가지고 있다. 반면 택견은 품밟기라는 동작 속에 내재된 굼실과 능청을 통해 곡선적인 원운동으로 이루어져 있다. 상대와의 근접전은 몸의 중심을 뒤쪽에 둠으로 공간 확보가 이루어져 뒷발보다 앞발을 사용하는 공격이 용이하다. 굼실을 하는 순간 공간이 확보되고 능청을 통해서 공격이 이루어져 가까운 거리에서 힘과 스피드가 나와 상대방을 차서 넘어뜨릴 수 있다.

다시 말해, 품밟기는 굼실과 능청을 통해서 근접전에서 공간을 확보해주고 원 운동인 고관절의 굼실에서 능청으로 이동하는 경로에서 고관절이 S자 형태의 원이 됨으로 거리 확보와 더불어 힘을 최대한 발휘하게 만들어 줌으로써 근거리나 원거리 모두에서 공격을 자유롭게 할 수 있다. 또한 상대의 직선적인 차기 공격과 딴죽 공격으로 뒤로 넘어지는 순간은 회전의 원리를 이용하여 상대를 되받기를 할 수 있다. 이는 택견의 독특한 동작인 굼실과 능청을 기본으로 오금질과 뱃심의 힘을 이용하기 때문이다. 또한 품밟기의 기본인 허(虛)와 실(實)을 동시에 1:9 또는 2:8 비율로 중심을 지니고 있기 때문이다. 그러나 일반적으로 동양의 다른 무술에서는 이와 달리 기마식(騎馬式)이나 전굴자세(前屈姿勢), 태권도의 앞굽이 같은 기본 보법)로 이루어져 있어 근접전에서 차기는 불리한 면을 지니고 있다.

타 무술의 경우 근접상태에서 발차기를 하기 위해서 주로 뒷발로 공격을 하거나 스텝을 바꾸거나 스텝을 뒤로 빼면서 공격을 한다. 일반적인 무술의 경우 근접전에서 상대가 접근을 하면 뒤로 물러나거나 붙거나 또는 옆으로 비켜서 대처하는 것이 보통이다. 이와 같이 발의 보법 전체가 움직여서 공격하거나 방어를 할 수 있는 반면 택견은 품밟기를 통해 제자리에서 공격과 방어가 가능하다.

6) 상황 판단 능력(Judgement Ability)

이것은 택견 겨루기시 시각 또는 운동감각에 의거하여 상황을 판단하는 능력이다. 운동감각은 시각이나 청각(언어정보)을 차단해도 의식할 수 있는 신체운동의 감각이다. 일상적인 말로 하면, 이것은 운동의 「느낌」 이라고 일컬어진다.

　택견 겨루기의 상황판단능력은 운동감각에 따른 상대의 움직임에 대한 예측능력을 포함하는 것을 알 수 있다. 이 능력은 시각 등의 감각에 의해 얻어진 정보를 기초로 하여, 상대의 공격에 대한 미래의 움직임을 예측하는 능력이다.

　아무리 강한 근력을 갖고 있어도 정보의 인지력이 없으면 기술을 유효하게 발휘할 수 없다. 우수선수와 보통선수의 차이 중 하나는 '보는 힘'의 차이이다. '보는 힘'이란 여러 가지 시각기능이 일체가 되어 다이나믹하게 기능하고 쓸데없는 에너지를 줄이며, 포인트에 대해 뛰어난 힘을 보이는 것이다.

7) 이완(Relaxation)

　릴랙세이션(relaxation)이란 이완한다, 긴장을 푼다는 의미이다. 운동생리학적인 의미는 "의식적으로 근의 불필요한 긴장을 제거하는 운동의 일종"으로 볼 수 있다. 운동은 수축에 의해 일어나고 릴렉세이션은 근조직의 이완과 관계가 있다. 운동수행에 필요한 만큼 작용근을 긴장시키고, 관계없는 부분을 이완시키는 것이 운동의 원칙이다. 작용근의 긴장이 적다는 것은 에너지 사용이 적다는 것을 의미한다. 이러한 작용근과 반대 기능을 하는 길항근이 긴장하면 몸이 굳어지고 힘이 생긴다. 동작에 대한 길항을 위해 기능의 정밀함과 정확성에서 손해를 보게 된다. 정교한 동작의 조정은 커다란 힘을 사용하지 않을 때 가장 잘 이루어진다.

　더욱이, 근의 긴장을 완화시킴으로써 신경과 정신적인 긴장도 같이 완화시키려는 것이다. 따라서 근을 이완할 때에는 머리에서 의식하면서 행하지 않으면, 뇌와 신경이 이완되지 않는다. 너무 긴장하거나 너무 굳어지지 않도록 긴장을 푸는 수단으로써 양손과 몸을 움직이거나 잠깐 동안 팔의 힘을 빼서 아래로 늘어뜨리는 등, 적당한 근긴장을 두는 것이 필요하다. 또한 이완한다는 것은 쓸데없는 에너지를 사용하지 않을 뿐만 아니라 넘어져서 다치는 것을 예방하기 위해 매우 중요하다. 예를 들면, 상대방의 공격을 받을 때 몸에 힘을 빼고 탄력성과 유연성을 통해 공격의 충격을 흡수할 수 있다. 즉, 택견겨루기에서 '힘을 넣는 곳'과 '힘을 빼는 곳'을 안다는 것은 매우 중요하다.

8) 스피드(Speed)

　스피드는 기술에 위력을 더해주고, 기술을 효율적으로 발휘시키는 것이다. 스피드(speed)란 상대를 순간적으로 앞지르며 상대를 먼저 차거나 거는 것을 의미하는 것만이 아니다. 여러 가지 형태의 '기민함' '재빠름'을 나타내는 말이다. 스포츠에서 질주속도만이 스피드가 아니라 얼마나 빠르게 나아가는가가 아니라 얼마나 빨리 도달하는가가 목적을 달성하는데 중요하다.

　겨루기에서는 일반적으로 보는 속도, 동작의 속도, 움직임의 속도 등 '기술의 민첩함'이 요구된다. 스피드 증가는 최상의 경기력 발휘에 필수적인 요건이다. 우수한 선수들의 공통적인 특징은 다른 선수들보다 스피드가 약간 더 빠르다는 것이다. 힘= 질량×속도이다 속도는 힘을 내는데 있어 필수적인 요소이다. 상대방과의 거리가 가까워도 속도가 빠르면 힘이 상대에게 전달되어 강한 충격을 줄 수 있다. 이러한 속도를 내기 위해서는 반동력, 호흡, 집중이 함께 동반 했을 때 최고의 속도를 낼 수 있다.

9) 지구력(Endurance)

지구력이란 장기간에 걸쳐 강도의 변화 없이 전신적인 운동을 오래 동안 지속해 낼 수 있는 능력을 말한다.

택견 겨루기는 대부분 힘의 지속적 발휘능력이 요구된다. 각자가 가지고 있는 기술을 효율적으로 발휘하기 위해서는 겨루기를 마지막까지 수행할 수 있는 충분한 에너지가 필요하다. 경기 도중 운동 에너지가 없어지면 기술을 효율적으로 발휘할 수가 없다. 택견에서 걸고 차고, 손질을 하는 지구력이 기본적으로 요구된다. 지구력 향상을 위해서는 신체 조직의 기능을 발전시키는 것이 중요하다.

기술의 끈기(지구력)란 사람이 어떤 특정한 운동을 지속할 수 있는 시간의 길이에 의해 결정된다. 우수한 선수의 매우 높은 지구력은 한 순간 만들어지는 것이 아니라 수년간에 걸친 훈련에 의해 익힐 수 있다. 끈기는 선수의 최대산소섭취량(심폐지구력), 근지구력, 의지력, 올바른 폼, 경제적인 에너지 사용법, 쓸데없는 에너지 줄이기(효율) 등과 관계있다. 또한 조화로운 몸동작과 선수의 의지력에 영향을 받게 된다.

① 지구력 향상을 위한 수단과 방법
  산소의 섭취능력 향상을 위해서는 운동 활동을 지속하는 방법이 가장 유익하다.
  택견 훈련과정에서 산소섭취 수용을 늘리기 위해서는 산이나 숲에서 지속적인 달리기를 한다.
② 무산소성 지구력 향상을 위한 수단과 방법
  가. 최상의 훈련방법은 자유로운 겨루기 경기이다.
  나. 조건적·자유겨루기와 기구를 이용한 훈련 등
  다. 줄넘기를 이용한 훈련, 상대와의 훈련 등

10) 타이밍(Timing)

타이밍이란 자극의 수용과 반응의 결정에 관련된 '결단시간'이라고 할 수 있다. 공격 타이밍, 되받기 타이밍 등 택견겨루기 상황에서 '좋은 타이밍'이 중요하다. 이 한 순간을 놓치면 그 효과는 반감하거나 마이너스 결과(실수로 연결된다)가 된다. 자극의 이동은 너무 빨라도 너무 느려도 안 된다. 딱 적당한 시기에 자극과 반응이 일치하도록 반응을 컨트롤해야 한다.

타이밍의 발달은 운동수행의 성공 가능성을 높여주고 정확하고 충분한 연습, 실전과 같은 겨루기 연습과 실제 경기의 경험을 통해서 가능해진다.

① 템포

겨루기는 강하고 능동적인 기법으로 유한 기법을 쓰는 상대를 대적하고, 반대로 과격한 기법을 쓰는 상대는 유한 기법으로 상대한다.

상대가 100이라는 힘으로 공격을 할 경우 힘이 직선적일 때는 원운동으로 되받기하고 직선상으로 내 몸에 가격당하면 맞는 타이밍을 100이라는 충격을 충분히 흡수하기 위해서는 몸을 부드럽게 하여 마치 솜이 총알의 방탄 작용을 하는 것과 같이 몸으로 충격을 흡수할 수 있어야 한다. 이러한 타이밍 연습은 능청 상태에서 굼실로의 경로로 흡수할 수 있다.

② 리듬

상대선수의 리듬을 깨뜨리는 방법은 승리를 얻기 위해서는 필수적인 요건이다. 선수는 한 번에 상대선수를 이기고자 할 때 마음이 고조되고 강력한 공격이 될 수 있으나 공격을 하려는 순간 마음이 흔들리게 되며 기력이 빠시게 되고 투쟁심이 약해진다. 즉 이것은 상대선수의 리듬을 깨뜨리는 것이다.

11) 속임수(Trick)

택견의 기본 품밟기는 허(虛)와 실(實)이 공존하는 자세이다. 앞, 뒤로 움직임이 용이하고 체중이 같이 실려 있는 것처럼 보이지만 뒷발에 중심이 있어 상대의 앞발공격을 쉽게 피할 수 있고 앞발로 반격을 할 수 있다.

허(虛)는 공격을 하는 쪽이 되고 실(實)은 축이 된다. 택견은 허(虛)와 실(實)을 자유자재로 이동할 수 있는 리듬을 타고 있어 체력 소모를 최소화 한다. 마치 그네를 타는 것처럼 한쪽의 힘이 반대쪽으로 작용하여 많은 힘을 들이지 않고도 중심이동이 가능하다. 발놀림은 앞뒤로 발을 춤 추듯 움직이면서 적당한 타격 거리를 잡아 상대를 공격한 후 잽싸게 뒤로 물러서는 것이고, 쉴 새 없이 위아래로 움직이는 팔은 상대의 정신을 산란하게 만들뿐만 아니라 동시에 일격을 가할 자세를 취하고 있는 것이다. 마치 공격을 하는 것처럼 헛손질을 하거나, 또는 실제 손으로 일격을 가한 뒤에는 주로 위력적인 발 공격이 뒤따르곤 한다. 공격과 방어 동작을 동시에 수련함으로써 가장 노련한 겨루기 선수가 되는 것이다. 몸을 흔들거리듯 움직이므로 상대로 하여금 혼란을 주어 상대가 공격할 목표 지점을 쉽게 공략하지 못할 뿐 아니라, 춤추는듯한 동작으로 상대를 방심하게 만들어 상대가 방심하고 있다고 생각하게 만든다.

12) 정확성(Accuracy)

택견의 겨루기에는 일반적으로 효율적인 폼, 기술의 속도, 기술의 강도, 기술의 지속성, 기술의 정확성 등이 요구된다. '정확성'이란 운동의 정밀함을 의미하고 이론적으로 힘을 낼 때의 정확성의 의미로 사용된다. 이것은 동작을 정확히 행하는 능력이고, 정확하다는 것은 목표로부터의 어긋남이 적다고 하는 것이다. 기술의 정확성은 일반적으로 스피드가 느린 상태에서 얻어지며, 스피드를 늘리면 정확성은 감소한다. 정확성을 높이는 데에는 일반적으로 비교적 느린 스피드로 정확성이 어느 정도의 수준에 도달할 때까지 연습한 후 점차 스피드를 늘려가는 것이 좋다.

정확성과 스피드의 관계에 대한 연구는
① 정확성을 강조하는 팀은 정확성이 뛰어나다.
② 스피드를 강조하는 팀은 스피드가 뛰어나다.
③ 스피드·정확성을 동시에 강조하는 팀은 그 둘의 중간에 있게 된다.

라는 결과를 보여준다. 효율적인 겨루기를 위해서 스피드와 정확성을 동시에 중점을 주는 것이 좋다.

13) 집중력(Concentration)

집중력(concentration)이란 하나의 중요한 목적에 주의력을 집중하는 것이다. 택견기술을 성립시키는 데에 있어서 집중력은 의식과 주의력을 과제에 집중시켜 감각기에 의한 과제의 확인, 중추신경에 의한 운동의 기획, 근육에 의한 운동의 발현을 일으키고, 그것에 의해 고도의 겨루기 기술을 발휘 시키는데 도움을 준다. 수돗물의 호수를 보면 끝이 작을수록 강하게 물줄기가 뿜어져 나오는 것을 볼 수 있고 스키장에서 신발을 신고 걸어 다니면 눈밭에 빠지는 것을 볼 수 있지만 스노우 보드와 같이 면적이 넓은 것은 빠지지 않고 스키를 탈 수 있다. 공격에 있어서 몸 전체의 체중이 공격을 하는 발에 집중이 되었을 때 상대를 차서 넘어뜨릴 수 있다.

14) 자신감(Confidence)

택견겨루기에서 자신감(confidence)만큼 무서운 위력을 발휘하는 것은 없다. 자신감을 갖고 있는 선수는 거침없이 대담하게 플레이할 수 있고, 능력을 넘어서는 힘을 발휘하게 된다. 반대로, 자신을 잃었을 때는 플레이가 전혀 이루어지지 않는다. 우유부단하게 되어 모든 플레이가 두려워지고, 자기도 어떻게 해야 좋을지 모르게 되며, 자신의 실력을 충분히 발휘하지 못하게 된다. 그러면 어떻게 하면 자신감을 가질 수 있을까? 선수를 무작정 칭찬한다고 자신감이 생기진 않는다.

  자신감을 갖고 싶어 한다면 결과를 얻을 때까지 연습을 하는 수밖에 없다. 많은 연습과 경험에 의해 쌓아 올린 기술에 대해서는 자연스럽게 자신을 가질 수 있다. 또한 자신감을 얻기 위해서는 연습 경기에서 많은 성공경험을 갖는 것이 필요하다.

15) 자기지배력(Self-Control)

  택견겨루기 수행에는 여러가지 스트레스가 존재한다. 심리적인 압박, 스트레스를 극복하는 능력이 택견 기술의 발휘에 크게 영향을 준다. 경기에 동반되는 긴장·공포·불안·좌절 등을 극복해야 한다. 이러한 감정은 전신의 모든 세포에 영향을 미친다. 정신과 행동은 서로 얽혀 있으며 활동은 심리적 작용을 받는다. 불안과 과긴장, 흥분, 냉정 결여는 불필요한 호르몬을 분비시키고, 근육의 경직을 일으키고 숨이 거칠어지며, 그 외의 신체적 징후가 나타나기 시작하고, 집중력과 판단력에 악영향을 미치며, 신체적으로 통일되지 못한 상태가 되어버린다. 그러므로 선수는 자기의 정신을 컨트롤할 수 있는 자기지배력(self-control)을 높여야 한다.

제2장 기합과 호흡 및 시선

1. 기합(氣合)

택견의 기합은 독특한 발성으로 이루어져 있다. 기합이란 기를 모으는 소리로 정신집중과 기세와 투지를 불러내기 위해 내지르는 소리이다. 즉 기운과 기력을 만들어 내는 행위이다. 그리고 기합은 상대를 공격하기 직전, 공격 시, 방어 시에 정신과 힘을 육체로 표현하기 위하여 내지르는 소리이다.

기합에 대한 이러한 인식은 무예에서 의도적으로 하는 기합을 두고 해석한 것으로 볼 수 있다. 보통 우리가 대하는 무예의 기합 소리는 '얏, 에잇, 이얏, 챠, 어라차……' 등인데 비하여 택견의 기합은 '익크, 에이크(혹은 엑크)' 등으로 발성한다. 국어사전에서는 에끄, 에끄나, 에끼 등의 감탄사를 뜻밖의 일에 놀랐을 때 내는 소리라고 풀이하고 있는데 익크, 에이크는 에끄, 에끄나 에끼 보다 더욱 센 말로서 그만큼 정신적, 육체적 긴장의 강도가 높은 상태에서 나오는 발성이다.

익크, 에이크 등의 기합은 우리 몸이 외부의 자극으로부터 위기를 감지하였을 때 생명방어본능에서 나타나는 무의식적인 발성이다. 놀랐을 때 온몸의 세포가 곤두서듯이 긴장하면서 '익' 하고 숨이 즉각 끊어진다. 그리고 그 위기가 지나가고 긴장이 이완되면서 막혔던 숨을 '흐-' 하고 내뱉게 되는데 '익' 과 '흐-' 가 마찰음으로 연결되어 발성되는 것이 '익크' 인 것이다. 익크에 비하여 '에이크' 는 그 긴장 상태가 현저히 완화된 느낌을 주는데 이 기합 발성은 다른 무술의 기합처럼 인위성이 내재되어 있다. 이처럼 택견에는 자연 현상으로서의 기합과 다소 인위성이 가미된 기합이 혼합되어 있는데 택견의 기합은 용도에 따라 세 가지로 분류될 수 있다.

첫 째, 자신의 기세를 최대한 상승시키고 상대의 기를 제압한다. 이때는 강하고 짧게 큰 소리를 지른다.
둘 째, 장단을 맞추며 노래하듯이 흥겹게 하여 상대와의 호흡을 맞추고 기운의 상승을 돕는다. 춤출 때의 배경 음악이나 추임새와 같은 기능을 가진다. 이것은 다른 종류의 무술에서 찾아보기 힘든 택견 특유의 기합이다.
셋 째, 큰 소리로 상대의 주의를 환기시키는 기합은 신호와 구령의 기능을 대신한다.
넷 째, 기합소리는 정신을 한곳에 집중시켜주고 중추신경을 자극하여 순간적으로 근력의 힘을 최대로 발휘할 수 있어 공격적인 동작을 할 때 기합을 통해 더욱 강한 동작을 불러내어 준다. 이러한 기합은 정신적, 심리적 자신감을 증가시켜서 긴장완화로 근육이완에 도움이 된다.

수련의 정도가 깊어지면 동작과 기합은 저절로 일치되어 나타난다. 그러나 초보자들로서는 보다 효율적으로 기합과 동작을 일치시키는 훈련으로 기합 소리를 크게 내는 연습과 동작마다 기합을 넣는 연습을 일부러 하는 것이 좋다. 그리고 기합은 호흡과도 밀접한 관련이 있는 만큼 무술 수업에 있어서 대단히 중요한 분야이다.

2. 호흡(呼吸)

호흡의 종류

흉식호흡 : 가슴이 부풀어 올랐다 내렸다 한다

복식호흡 : 배가 부풀어 올랐다 내렸다 한다

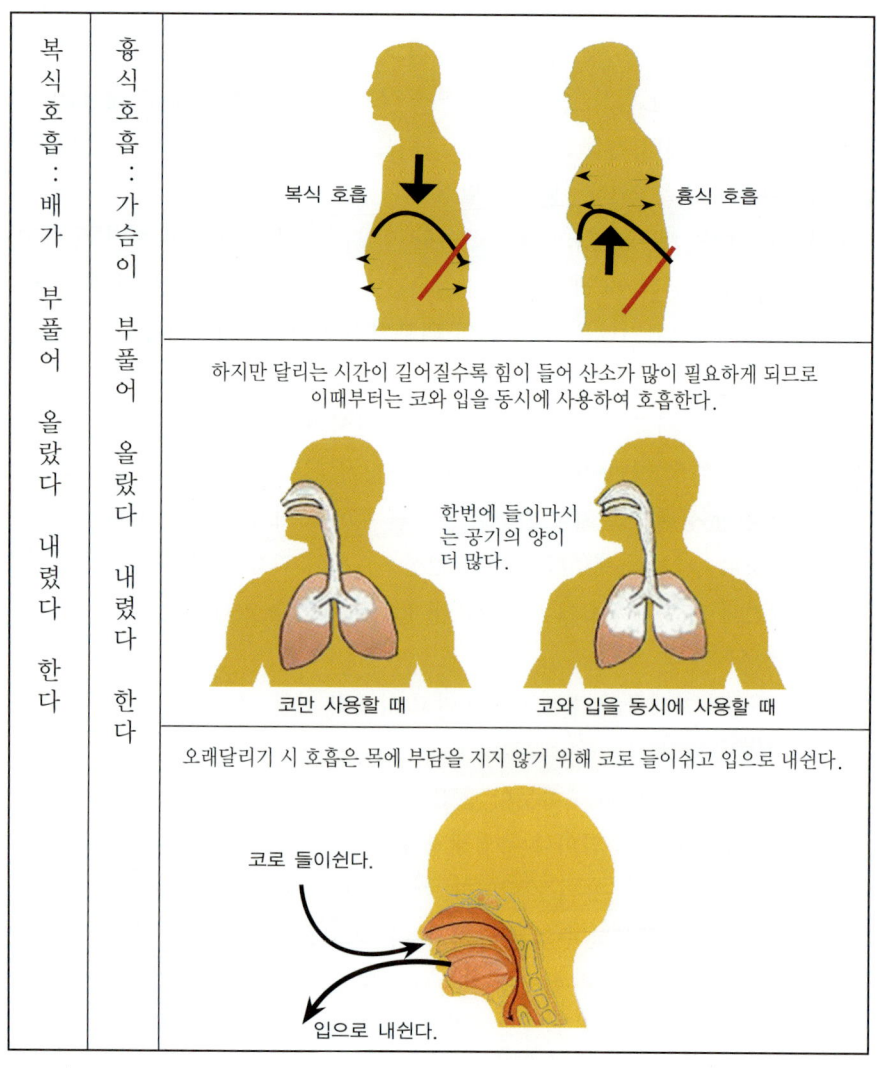

인간의 생활에는 산소의 공급이 필요하다. 특히 신체 운동을 할 때 산소의 공급은 절대적으로 필요한 것이며 필요로 하는 산소의 양은 신체운동이 많고 적음에 따라 결정된다. 폐활량은 운동으로 평소 강한 호흡운동을 한 사람과 또 운동종목에 따라 차이가 있다.

살아있는 생물은 모두 호흡을 한다. 특히 무예에 있어서 호흡은 절대적 요소이다. 동물에 있어서 숨을 쉬는 것은 산소를 들이마시고 신진 대사로 형성된 탄산가스를 밖으로 내보냄으로써 생명체를 유지하는 가장 기본적인 운동이다. 무예는 신체 활동력의 원천적 에너지를 공급하는 호흡을 중요시하고 또한 이러한 호흡법이 고도로 발달해 있는 것은 당연한 것이다.

무예의 호흡은 여러 형태로 발달하고 있으나 겨루기에 있어 근력만의 힘보다 정신적, 심리적 요소가 합해졌을 때, 최상의 경기력을 발휘할 수 있다. 따라서 정신적, 심리적 작용을 증가시키기 위한 방법으로써 정적인 호흡법이 선호된다.

대체적으로 긴장 시 호흡은 짧고 불규칙하여 때로는 헐떡이는 느낌을 주며 이완시 호흡이 깊고 자연스러우며 일정한 리듬을 유지한다. 실험에 의하면

- 숨을 들어마실 때 : 근육의 긴장상태가 높아진다.
- 숨을 멎으면 : 근육에 긴장상태가 생긴다.
- 숨을 쭉 멎은채로 있으면 : 한순간에 긴장이 높아져 간다.
- 숨을 토해내면 : 긴장상태는 감소한다.

이처럼 경기인(선수)들의 호흡은 매우 중요하다고 할 수 있다. 그리고 다음에 제시된 호흡방법은 I.P.S(Ideal Performance State : 이상적인 심리상태)를 조절하는데 큰 효과가 있다.

① 긴장을 풀고 1에서 4까지 세는 동안에 코로 천천히 숨을 들이 마신다(배, 가슴의 하부, 가슴의 상부로 서서히 넓혀서 공기를 흡입해간다).
  - 배를 앞으로 내밀듯이 하면서 숨을 들이쉰다.
  - 내쉬는 쪽은 의식하지 말고 들이쉬는 연습만을 몇 번이고 되풀이 한다.
② 숨을 내쉬기에 앞서서 잠시 멈춘다. 이 연습을 몇 번이고 되풀이 한다.
③ 입을 통해서 느릿하고 조용하게 숨을 내쉰다.
  - 이때 "아핫" 하고 소리를 길게 확실하게 내도록 한다.
  - 내 쉴 때는 1에서 10까지 센다.
  - 들이 쉬는 숨은 의식하지 말고 우선 이렇게 내쉬는 연습만을 몇 번이고 되풀이 한다.
④ 1~4단계까지를 일련의 흐름으로 하여서 행한다.
  - 들이쉬고 멈추고 내쉬는 호흡을 몇 번이고 되풀이 하여 바른 호흡법을 몸에 익힌다.
  - 우리의 호흡 횟수는 1분에 13~14회가 보통이다.

- 1분에 3~4회 정도 할 수 있다.
(경기 중 압박감을 느낀 때에 호흡횟수를 감소시키는 것은 과민한 반응을 감소시키는데 매우 효과적이다.)

택견 동작은 모두 동적 호흡법과 일치하고 있어서 작위적으로 호흡을 훈련하지 않더라도 자연스럽게 호흡이 연마되고 있다. 예컨대 품밟기에서 발을 앞으로 내밀어 디딜 때 "읶" 하는 기합 소리와 함께 호흡이 멈추면서 아랫배가 불러지며 기가 가득 차게 된다. 이것은 발을 높이 들어 찰 때도 같은 형상을 나타낸다. 그뿐만 아니라 남자의 경우 낭심이 위로 당겨올라가고 항문이 바짝 오므라든다. 무예로 잘 연마되어 있는 신체는 짧은 시간에 많은 양의 신진 대사가 이루어질 수 있는 강한 호흡을 하게 된다. 강하고 짧은 호흡은 때때로 '쉭, 쉭' 하는 유성 파열음으로 나타나기도 하고 기합소리가 되기도 한다.

또한 호흡은 공방 시에 하나의 공기총이나 물 호수에서 뿜어져 나오는 거센 물살처럼 상대방을 공격할 때 호흡을 동반함으로 더욱 빠른 스피드와 파워를 낼 수 있으며 호흡을 동반하지 않은 공격은 근력의 힘과 스피드, 중심이동에 불과하다. 상대를 공격 시 숨을 들이 쉬고 '크' 하면서 큰 소리로 내뱉어서 공격을 하고 방어 시 상대가 나를 공격할 때 맞는 순간 호흡을 내뱉음으로서 충격을 흡수 할 수 있다 그렇지만 호흡이 힘들 때 손상을 입게 되면 다운될 가능성이 높으므로 겨루기 시 항상 코로서 호흡을 하는 버릇이 필요하다. 코로 호흡을 하는 순간에 상대로부터 타격을 받더라도 입으로 호흡을 해주면 금방 회복이 된다. 그러나 호흡을 들이쉬는 순간에 상대로부터 타격을 받게 되면 충격을 흡수 할 수 있는 시간적 여유가 없다. 항상 한 호흡으로 한번의 공격이나 방어가 아닌 몇 수의 공방을 할 수 있도록 평상시 수련을 통해 단련을 해야 한다.

겨루기 시 호흡을 조절함으로서 끈기와 속도를 증진시킬 수 있고 또한 강한 공격을 할 수 있으며 상대의 강한 공격에도 버틸 수 있다. 속도를 내기 위해서는 공격 시 상대를 앞으로 밀거나 내지르는 경우 호흡을 동작과 함께 내뱉고 반대로 상대를 끌어당길 때는 들어 쉬는 것이 중요하다.

3. 시선

겨루기에 있어 시선은 상대의 움직임과 마음을 볼 수 있어야 한다. 인간은 보호 본능에 의해 상대의 공격에 대한 반응으로 몸을 움츠리거나 눈을 감게 된다. 상대의 공격 시 끝까지 눈을 감지 않아야 한다. 즉각적인 반응으로서 공격을 할 수 있다. 택견은 상대와의 한팔 거리 내에서 공방이 이루어지는 것이 기본적인 경기규정이다.

일반적으로 상대의 시선을 보는 것이 좋은 방법이기는 하지만 택견에 있어서 가슴을 보는 것이 근접

상태에서 시각 확보에 유리하다. 시선은 마음의 창이라 하여 그 사람의 생각이 담겨져 있다.

하수(下壽)는 상대를 보면 무슨 생각을 하는지 어떠한 공격을 할 것인가를 상대에게 예측 당할 수 있고, 고수(高壽)는 상대의 기술을 예측할 수 있다. 공격 시의 시선은 상대로부터 속임동작으로 활용할 수 있다. 상단을 보고 하단을 공격하고 하단을 보고 상단을 공격하는 것이 중요하다.

제3장 겨루기 훈련에 임하는 선수의 태도

1. 동료와의 협력

택견은 개인경기이지만 대개 어떤 팀에 속해서 훈련을 하게 된다. 선수가 팀의 일원으로 훈련하는 경우 지켜야 할 사항이 많이 있다. 동료와 훈련을 하다 보면 반드시 서로 협력해야 되는 경우가 생긴다. 이것을 소중하게 여기는 분위기를 조성하고 서로의 인간관계를 키워나가는 것은 중요한 일이다. 서로가 투지를 불태우고 라이벌 의식을 갖는 것도 중요하지만 허심탄회하게 마음을 터놓고 접하는 태도도 바람직하다.

2. 훈련시간 엄수

개인이 스스로 실시하는 훈련이 아닌 운동부나 클럽에서는 정해진 훈련시간이 있다. 이 시간은 반드시 엄수해야 하며 시간에 쫓기어 허둥대서는 안된다. 적어도 훈련 시작 10~20분 전에는 연습장에 도착하여 훈련준비를 해야 한다. 훈련시작 전에 마음의 여유가 없으면 훈련에 대한 집중력도 모자라며 안전사고의 가능성도 높다. 또한 동료들에게 폐를 끼치므로 시간 규칙을 잘 지켜 여유를 가지고 훈련에 임하는 것이 바람직하다.

3. 훈련의 준비

기분 좋게 훈련을 시작하는 것은 대단히 중요하다. 정리되어 있지 않은 매트나 주위환경은 시작하는 선수에게 불쾌감을 준다. 훈련 전에 마음의 준비부터 해야만 훈련을 통해 자기의 자질을 향상시킬 수 있다. 이와 더불어 안전성의 문제가 있는가를 세심히 살펴서 훈련에 임해야 한다. 훈련이 끝난 뒤에는 사용했던 기구 등을 정리·보관하고 매트를 정리한다.

4. 청결한 복장

선수의 마음가짐은 수련복에서 나타난다. 평소에도 더러운 버선이나 수련복은 자신과 상대에게 불쾌감을 줄 뿐만 아니라 그와 같은 마음가짐으로 인하여 부상이나 사고가 발생할 수도 있다. 그러므로 청결한 수련복을 입도록 해야 한다. 진지하게 몰두하고 있는 모습은 얼굴 표정에서 볼 수 있듯이 선수로서의 청결한 복장에서도 마음을 읽을 수 있다.

5. 안전사고 예방

겨루기 훈련 시 항상 준비운동을 실시하여 충분한 워밍업으로 과격한 운동을 해도 다치지 않도록 주의를 해야 한다.

1) 상대방을 존중하고 목표를 가지고, 서로 협력하여 자주적으로 연습이나 경기를 한다.

(1) 예의 바르게 한다.
    a. 연습이나 경기 전후에 인사를 한다.
    b. 항상 단정한 복장을 입는다.
    c. 희롱하는 태도로 연습을 하지 않는다.
(2) 즐겁게 수련한다.
(3) 자주적 계획적으로 연습이나 경기를 한다.
    a. 특성과 연습법을 이해한다.
    b. 자기 능력에 적절한 연습계획을 세운다.
(4) 서로 협력한다.
    a. 기능의 장점, 단점을 서로 지적한다.
    b. 올바른 태도로 연습이나 경기를 한다.

2) 규칙을 지키고 좋은 예절로 연습이나 경기를 한다.

(1) 규칙을 지킨다.
    a. 수련장의 규칙을 지킨다.

b. 경기 규칙에 알맞은 기술을 연습한다.
　　　c. 경기 때 규칙을 지킨다.
　(2) 좋은 예절로 행동한다.
　　　a. 승부에 몰두한 나머지 무리한 기술을 하거나, 학습하지 않은 기술을 하지 않는다.
　　　b. 상대를 불쾌하게 하거나, 인격을 무시하는 따위의 언동을 하지 않는다.
　　　c. 심판에 대해 불쾌한 언동을 하지 않는다.

3) 건강과 안전에 유의하여 연습이나 경기를 한다.

(1) 자기의 체력에 적합한 연습의 진행방법을 이해한다.
(2) 주위에서 연습하고 있는 사람에게 방해가 되지 않도록 조심하여 연습한다.
(3) 손톱, 발톱을 짧게 깎아둔다.
(4) 골절, 염좌, 찰상 등을 입지 않도록 주의한다.
(5) 수련복은 항상 깨끗이 한다.

제4장 경기지식과 계획성

1. 경기지식

 선수는 새로운 지식을 습득하려는 노력을 게을리 해서는 안 된다. 겨루기의 기술이나 훈련법을 습득하는 방법은 여러 가지 있다. 가장 손쉬운 것은 코치로부터 지도를 받으며 이해하는 방법이지만 택견 경기 서적을 참조하거나 동료들과의 토론, 영상분석, 경기 관전 등을 활용할 필요가 있다. 이와 같은 방법을 이용하여 자기 자신의 결점을 보완하고 자신의 장점을 살릴 수 있도록 해야 한다.

2. 계획성

 택견의 훈련계획은 코치의 임무이기는 하지만 선수 역시 계획성을 가지지 않으면 안된다. 먼저 훈련계획은 성장 단계에 따라 달리해야 할 것이다. 다시 말하자면 중학교, 고등학교, 일반 등의 성장 단계별로 질적·양적으로 달리해야 하고, 목표를 어디에 두고, 언제까지 어떻게 진행할 것인가 하는 문제 등을 구체적으로 계획하며, 정확한 판단에 따라 장기간에 걸친 면밀한 계획을 세워야 한다. 또한 학생의 신분에 있는 선수는 학업과 훈련의 균형도 계획성 있게 유지해야 할 것이다.

제3부 택견의 기본

제1장 예법(禮法)
  1. 예의
  2. 택견 예의의 기본 형식

제2장 택견의 복장
  1. 택견복의 규정
  2. 철릭이란?
  3. 택견복 입는 법
  4. 택견복의 관리
  5. 택견복 착용상의 유의점

제3장 택견의 기본과정
  1. 택견의 자세
  2. 택견의 몸풀기

제4장 택견의 기본거리
  1. 품밟기
  2. 활개질
  3. 딴죽
  4. 차기
  5. 손질

제1장 예법(禮法)

1. 예의

　예(禮)란 본래 상대를 존중하고 화합하려는 마음을 나타내는 것이다. 택견에 있어 예법을 중시하고 상대방을 존중하는 태도가 요구되는 것은 직접 상대와 몸으로써 기술을 체득하는 특성에 기인한 것인데 그 마음가짐이 없다면 서로 간에 상해를 입힐 수 있을 것이다.
　예법의 기본은 예시예종(禮始禮終)이라는 말이 있다. 즉 예의로 시작해서 예의로 끝난다는 이 말은 모든 일의 시작과 끝을 맺는 대원칙이라 할 수 있다. 인사하는 법인 예법은 안으로는 자신의 중심을 잡는 자세이며, 밖으로는 상대를 존중하는 겸양의 자세이다.
　예는 항상 대비(對備)하는 마음을 가지는 일이다. 따라서 예는 무예를 익히는 사람이 가장 중요시하고 먼저 배워야 하는 것이다.
　무예에서 예의를 중시하는 이유는 사람이 사회생활에서 마땅히 지켜야 할 의칙(儀則)을 갖춘다는 점 외에도 예의가 무예 전승 상의 윤리를 강조하고 술리(術理) 상으로 반드시 습득하여야 할 중요한 기능 가운데 하나이기 때문이다.

　무예의 기술은 생물학적 생명을 좌우지한다는 점에서 그 전수에 앞서 스승이나 선배에 대한 경의와 복종심이 요구된다. 스승이나 선배는 후배와 제자에 대한 신뢰 없이는 자신이 가지고 있는 기술을 전수하고 나아가 자기 이상의 기술을 개발할 수 있도록 선도하기 어렵다. 그뿐만 아니라 고도의 훈련을 위해서 극한의 상황에 이르는 고통을 강요할 경우도 있을 수 있다. 따라서 사제나 선후배 관계는 다른 분야보다도 더 엄격한 윤리적 기준이 설정되고 이러한 것이 형식화되어 있는 것이다.

　택견에는 특별히 형식화된 예법이 없고 다만 일상생활에서 갖추어야 하는 예법을 그대로 적용하고 있다. 옛 택견판에서는 상대방과 격식을 갖춘 인사를 나누지 않고 바로 경기를 시작했다고 한다. 그러나 판막음에 가까워져서 나이가 들고 택견 솜씨가 뛰어난 사람들이 서로 겨루기를 할 때는 예법을 제대로 차려서 몸가짐에 흐트러짐이 없었다고 한다. 이러한 고수들의 예절을 분석해 보면 단순히 상대에 대한 존중과 화합의 뜻만 있는 것이 아니라 승부에서 기선을 잡으려는 심리적 의도가 숨어 있음을 알 수 있다.

택견은 전통적인 우리 예절을 따르고 있는데 우리의 전통 예절은 자기 관리로서 인격을 함양하는 데 목적을 두는 것과 사회적 기능을 갖는 것으로 나누어 볼 수 있다. 택견 수련상의 예절도 이와 다름없다. 다만 조직 내부에 규칙화된 전례(典禮)는 조직과 조직 구성원 사이의 계약 질서이므로 이를 준수해야 한다.

2. 택견 예의의 기본 형식

택견 수련 가운데 예의를 표시하는 격식은 읍(揖)과 절로 나눈다. 읍은 간소화된 공경의 표현이며, 절은 제대로 격식을 갖춘 공경의 표현이다.

1) 공수법(拱手法)

우리는 두 손을 앞으로 모아 잡는데 이것을 공수(拱手)라 하고 옛 문헌에는 차수(叉手)라고도 했다. 남자는 왼손이 위로 가고, 여자는 오른손이 위로 가게 공수한다. 자기의 왼쪽은 동쪽이고 오른쪽이 서쪽이 된다. 동(東)쪽이 해가 뜨는 곳이니까 양(陽), 즉 남자이고, 서(西)쪽은 해가 지는 곳이니까 음(陰), 즉 여자이다. 그러니까 남자는 왼손을 위로 하고, 여자는 오른손을 위로 하는 것이 남좌여우(男左女右)를 의미한다.

택견의 인사법에서는 남녀가 공통적으로 오른손이 안으로 왼손이 밖으로 두손을 공수한다. 이것은 택견이라는 공통된 과제를 가지고 수련함에 있어 남녀노소를 불문하고 통일된 자세와 마음으로 수련에 임하는 것이다. 또한 오른손을 안으로 함으로써 상대에 대한 자제의 마음을 갖게 한다.

공수하는 방법

① 두 손의 손가락을 가지런히 붙여서 편 다음 앞으로 모아 포갠다.
② 엄지손가락은 엇갈려 깍지 끼고 식지 이하 네 손가락은 포갠다.

③ 아래에 있는 네 손가락은 가지런히 펴고, 위에 있는 네 손가락은 아래에 있는 손의 새끼손가락 쪽을 지그시 쥐어도 된다.

④ 엄지손가락을 깍지 끼어 엇갈리는 까닭은 손등을 덮은 소매 사이로 엄지만 내놓아 반대쪽 소매 끝을 눌러 흘러내리지 않도록 고정시키고, 또 홀(笏)을 쥐기 편하게 하기 위해서이다.

2) 읍례법(揖禮法)

읍은 엎드려 절을 할 수 없는 장소에서 하며 수련 도중에는 절을 하지 않고 읍으로 대신한다. 읍은 허리를 숙이는 각도를 60도 정도로 간편하게 하고 숙였던 허리를 바로 세운 뒤 어깨 높이로 두 손을 들어 올리는 동작도 생략하여 몸에 끼이는 양복 등을 착용한 상태에서도 동작이 보기 흉하지 않도록 한다. 간소화된 읍은 신체 활동이 격렬하고 분주한 무예 수련상의 특별한 상황을 고려한 것이며 이것은 인사를 하면서 상대를 살필 수 있고 곧바로 민첩하게 행동을 취할 수 있다는 이점이 있다. 이러한 간소화된 읍을 하면서 그 동령(動令)을 "절"이라고 하는 것은 모순이므로 그냥 "경례"라는 용어를 사용한다. 읍 동작은 다음과 같다.

①

②

① 공수(拱手: 손을 앞으로 모아 맞잡은 모양)한다.
② 허리를 60도 정도 숙였다가 ①의 자세로 돌아간다. 택견 수련 시에는 남녀 모두가 왼손이 위로 가도록 손을 포개어 아랫배를 가볍게 누르듯이 놓는다.

3) 절

실내에서 택견 수련 시 절을 하는 것은 자신의 몸과 마음을 바르게 갖추는 수련법으로써 실시할 수 있다. 전통예절에서는 지방이나 가문마다 절하는 방법이 다양하지만 택견에서는 1599년 사계(沙溪) 김장생(金長生) 선생이 저술한 『가례집람(家禮輯覽)』에 수록된 절 격식을 표준으로 하고 있다. 『가례집람』에는 여자의 절도 상세히 소개되어 있으나 택견 수련에는 남녀가 모든 동작이 통일하게 되어 있으므로 여자의 절은 별도의 표준을 정하지 않는다. 절의 기본 동작은 다음과 같다.

① 공수 자세로 선다.
② 허리를 굽혀 공수한 손으로 바닥을 짚는다(손을 벌리지 않도록 한다.)
③ 왼쪽 무릎을 먼저 꿇고 오른쪽 무릎을 가지런히 꿇는다.
④ 왼발바닥 위에 오른발등을 포개어 놓고 엉덩이를 내려 깊이 앉는다.
⑤ 팔꿈치를 바닥에 붙이며 이마가 손등에 닿도록 조아린다.
⑥ 머리를 들며 팔꿈치를 바닥에서 뗀다.
⑦ 오른쪽 무릎을 세우고
⑧ 공수한 손을 오른쪽 무릎 위에 얹는다.
⑨ 일어서며 왼쪽 발을 오른쪽 발 옆에 가지런히 모아 선다.

4) 경례(敬禮)

경례는 섬살이 · 입식생활(立式生活)에서 절 대신 하는 공경의 표시이다. 우리나라에서는 경례를 하지 않았었는데 개화기 이후에 양복을 입으면서 서양의 절인 경례를 하게 되었다. 택견복을 입고 경례할 때는 남녀 모두 공수를 해야 한다. 경례는 윗몸을 60도로 굽혀 경례는 4박자로 동작한다. 1박자로 몸을 굽히고, 1박자 멈추었다가 2박자로 일어난다. 읍례법에서 혼자서 실시하는 경계를 소개했고, 택견 수련 시 어떤 기술을 수행하기에 앞서 혼자 또는 두 명이 마주 보고 예를 표한다. 그리고 아래 사진은 택견 겨루기 경기에서 주심판이 진행하는 인사법이다. 혼자인 경우 또는 주심판이 없는 경우, 주심판이 있는 경우의 어떤 경우든지 전술한 박자와 마음가짐을 가진다.

제2장 택견의 복장

1. 택견복의 규정

　조선시대의 풍속화에 보이는 택견하는 사람들의 복장을 보면 두루마기 자락을 뒤로 돌려 묶은 채 버선을 신고 겨루는 모습이 묘사되어 있다. 그리고 갓을 쓴 채로 경기를 하는 모습을 볼수 있다. 택견을 할 때 따로 복장을 갖춘 것이 아니라 일상적으로 입고 다니는 옷으로 경기를 하였다는 것을 알 수 있다. 이전에는 고의적삼에 버선과 행전을 착용하였지만 속옷으로 구분되는 적삼이나 저고리가 무예의 품위에 적당하지 않아 2002년 3월 20일 전국핵심지도자 회의를 통해 새로운 택견복으로 고려시대 무관들의 덧옷인 철릭을 모델로 하는 택견복을 제정하게 되었다.

1) 유품자복의 대자 색상을 검정으로 한 것은 첫째 흰색 옷과 검은색 대자가 가장 소박하게 색상조화를 이루기 때문이다. 한국, 일본무술에서는 흰색띠에서 적색띠, 검은색띠의 순서로 품계가 부여된다. 이는 일본의 국화(國花) 사꾸라(벚꽃)의 열매(사꾸람보, 벚찌)가 익어가는 과정을 본딴 것이다.
2) 유단자복(초단~2단)상의 몸판을 검은색으로 하여 유품자와 구분하였다. 흰색과 검은색의 소박한 색상조화는 최하위 유단자의 검박(儉朴)함을 나타내는 동시에 유단자로서의 품위를 가지게 함이다. 또한 검은색 상의와 주황색 유단자 띠는 검정과 흰색의 배색이 잘되는 색상이며 색의 파장이 강하여 눈에 잘 보이기 때문이다.
3) 지도자복(3단~9단)으로 색상은 3~4단 음녹색, 5~6단 남색, 7~8단 자주색, 9단 검정으로 색의 파장이 약한 것에서부터 강한 것으로 상향토록 하였다. 품대는 철릭의 색상과 배색을 고려하고 색의 파장과 색상의 고귀성이 높은 황금색을 취하였다. 이는 지도자, 고단자로서의 품위와 전통계승의 의미, 활동성과 관련한 선택이었다. 9단은 검정색 비단 철릭에 은회색 대자를 취하여 초단~2단처럼 새로운 시작의 의미를 강조하였다.
4) 심판복은 청·홍의 선수복장과 함께 삼원색을 이루는 노랑을 취하였고 가장 눈에 잘 띠는 점에 착안하였다.
5) 선수복은 청·홍 양선수의 식별을 쉽게 할 수 있는 색상으로 제정되었다.

[그림3-1] 택견복의 품계에 따른 색상의 구분

구 분	품 계	복 장 색	품대(品帶)색
유품자복	무품~1품	흰색 상 하의	(검정)
유단자복	초단~2단	상의 몸판 검은색, 하의 및 팔소매 흰색	(주황)
지도자복	3단~4단	상의 몸판 수박색, 하의 및 우측 팔소매 흰색	(노랑)
	5단~6단	상의 몸판 남색, 하의 및 우측 팔소매 흰색	(노랑)
	7단~8단	상의 몸판 자주색, 하의 및 우측 팔소매 흰색	(노랑)
	9단	상의 몸판 검은색, 하의 및 우측 팔소매 흰색	(노랑)
심판복	심판원	상의 몸판 노랑색, 하의 및 우측 팔소매 흰색	(노랑)
선수복	청선수	상의 몸판 청색, 하의 및 팔소매 흰색	(청색)
	홍선수	상의 몸판 홍색, 하의 및 팔소매 흰색	(홍색)

2. 철릭이란?

1) 철릭의 유래

철릭은 고려 말부터 조선시대 전대에 걸쳐 여러 계층에서 착용된 표의(겉옷)의 하나로 상하연철(위 아래가 붙은) 구조에 허리에 주름이 잡힌 독특한 형태를 지니고 있다. 철릭은 몽고의 질손으로부터 유래한다고 하여, 실제적으로 원대(原隊)의 상하연속의를 착용한 군병복에서 쓰였다. 우리나라에서는 고려시대에 철릭이 정착되었다고 본다.

2) 철릭의 용도

조선조부터 악동무복, 행사 시 군사들의 시위복에 이어 왕의 상복(평상복)인 곤룡 의표의 및 사대부 관복인 단령의 표의, 편복의 표의 하급직인 별감, 악공, 향리에 이르기까지 광범위하게 착용되었다.

3) 철릭의 형태

철릭의 기본형태는 상의 하상식(상의와 하의가 연결된 표로서)으로 시대에 따라 형태가 달리 나타나는데, 유물에는 상의와 하상의 비율은 1:1에서부터 1:3까지 찾아볼 수 있다. 소매의 폭은 좁은 착수에서부터 폭이 넓은 광수포로까지 보이는데, 하상에 잡은 주름은 대체로 0.1cm~0.2cm라 할 수 있지만, 시대에 따라 조금씩 달랐다. 또한, 기능성을 위하여 소매를 탈·부착할 수 있게 하였다.

4) 택견의 특징과 복식적용의 요점

택견은 역사성과 예술성을 가진 민족 고유의 무형문화이다. 우리 민족 맨손무예의 근원으로 인식되고 있는 택견은 절묘한 구조의 경기와 함께 다양한 응용기술이 전해온다. 다른 무술과 차별되는 외형과 심오하며 보편성이 있는 철학, 건강, 체형미, 호신술, 공간예술, 인성교육 등 생활문화로서의 다양하고 탁월한 효용성 등으로 볼 때 복식에서의 특징과 기능도 함께 갖추는 것이 바람직하다.

① 무예적 실전성 : 택견은 겨루기 위주의 훈련으로 형식위주의 무예훈련에서 얻기 힘든 임기응변의 실전적 기술 구사를 할 수 있다. 한편으로 매우 유연하고 여유 있는 동작으로 극한 상황에서 심신의 경직에 따른 역기능을 최소화하고 순발력을 극대화할 수 있다.
 복식적용 : 공격효과를 높이기 위해 하단전에 기력의 중심을 집중시키는데 도움이 되도록 허리 여밈이 강화될 수 있어야 한다.

② 체육적 합목적성 : 택견은 맨손 격투기로써 신체의 모든 부위를 종합적으로 사용하여 다양하고 변화 있는 기술구사가 가능하다. 신체 기능을 자연스럽게 최대한 발휘케 하면서도 운동에 무리가 적고 에너지 소비가 적다.
 복식적용 : 팔, 다리의 큰 움직임을 쉽게 할 수 있어야 하고 온 몸이 적극적으로 사용될 수 있게 해야 한다.

③ 격식의 전통성 : 택견은 우리 전통사회의 예절과 격식을 따르고 있다. 이것은 민족적 주체성을 공고히 하고 원만하고 슬기로운 인격을 길러주는 사회적 기능이다.
 복식적용 : 한국 전통무예로서의 역사성과 우리 고유 문화의 전통성을 계승하는 의미가 강조되어야 한다.

조선 말기의 문신 윤용구의 철릭(중요민속자료 제216-3호)

3. 택견복 입는 법

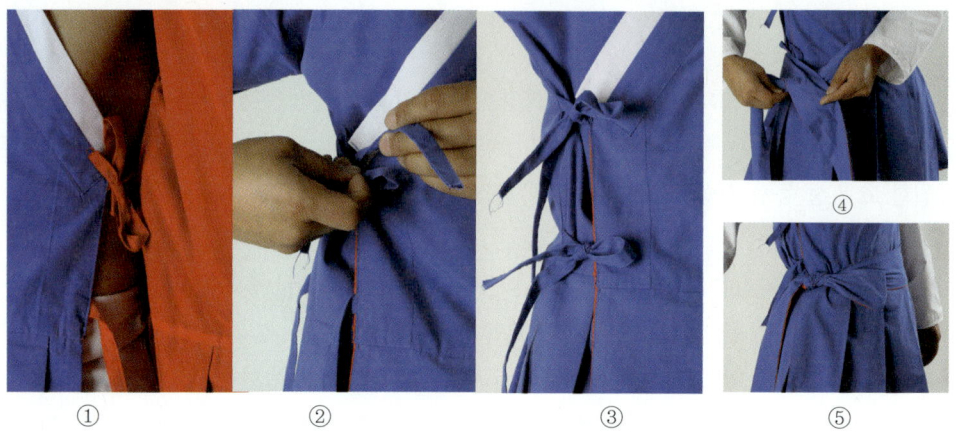

① 속고름 두개를 묶어준다.
② 밖의 고름 중 위의 것을 묶는다.
③ 밖의 고름 두 개를 리본 모양으로 묶어준다.
④ 대자를 한바퀴 돌려 준다. 대자를 옷고름을 묶는 방식과 같이 묶는다.
⑤ 허리를 보호할 수 있게 힘껏 묶은 후 자연스럽게 내린다.

4. 택견복의 관리

택견복을 소중히 다루는 자세는 택견을 하는 마음가짐과 위생상 중요한 것이다. 택견복이 깨끗하면 자기 자신과 상대방에게 쾌감을 준다. 연습이나 경기 후에는 세탁한 후 잘 개어서 보관하거나 옷걸이에 걸어서 보관해 두도록 한다.

5. 택견복 착용상의 유의점

택견복을 입을 때 대자는 허리 옆이나 뒤에 위치하며 판죽으로 넘어졌을 때 늑골을 다칠 수 있으니 옆구리 약간 앞쪽으로 매어준다. 연습 중에 복장이 흩어지면 곧바로 고쳐 입고 경기 중에는 심판의 지시가 있을 때만 고쳐 입는다. 항상 복장이 흩어지지 않게 사전에 확인을 하고 연습이나 경기에 임하고 머리카락은 금속이 부착되지 않은 고무나 리본 등으로 묶으며 귀걸이, 팔찌, 시계, 반지 등의 딱딱한 종류의 물질을 몸에 지니거나 착용하는 것은 공식적으로 금지되어 있다.

제3장 택견의 기본과정

　기본동작은 택견기술의 핵심이다. 모든 기술이 기본에서 응용되어 많은 기술로 변화되어 간다. 이러한 기초토대가 잘되어 있어야 수련의 세월이 묵을수록 실력이 향상된다.

1. 택견의 자세

　택견의 자세를 품(品)이라 한다. 동·서양을 막론하고 선다는 것과 걷는다는 것은 인간행위의 가장 기본적인 출발이다. 우리는 일상적으로 어떤 행위를 할 때 그에 알맞은 자세를 취하게 되는데 그 자세의 안정성과 불안정성에 따라 그 행위의 결과가 달라진다고 볼 수 있다. 그래서 어떠한 무예이든지 기본자세를 중요시하고 있다. 택견 역시 기본자세인 품(品)이 대단히 중요한 부분이다. 택견은 원래 품에 대한 형식이 정해져 있지 않고 각자가 편한 대로 하는 것이지만 배우는 사람이 이해하기 쉽고 또 많은 변화 동작을 익히는데 도움이 되도록 하기 위해서 몇 가지 형태를 나누어 설명한다. 그리고 명칭도 지도와 학습의 편의상 붙이게 된 것임을 밝혀둔다.

1) 원품

　차렷 자세에서 오른쪽 옆으로 오른발을 어깨 넓이로 벌려 선다. 발은 여덟 팔(八)자 모양으로 벌려 선 자세이다. 원품이라 함은 본디 몸가짐을 뜻하는 우리말이다.
요령: 온몸은 자연스러운 상태로 힘을 풀어 편하게 하고 시선은 앞을 본다.

2) 넉장다리 원품

원품의 자세에서 양팔을 45도 앞으로 내밀고 벌려 선 자세이다.

요령: 항상 어깨에 힘을 빼고 양 발바닥은 바닥을 누르듯이 자연스럽게 체중을 실어주고 몸과 마음에 긴장이 없어야 한다.

좌품

원품에서 왼발을 비스듬히 앞으로 내딛어 선다.

우품

원품에서 오른발을 비스듬이 앞으로 내딛어 선다.

요령: 좌품, 우품의 두발의 간격은 자신의 발길이 두 족장 정도로 어림잡는다.

2. 택견의 몸풀기

1) 앞엣거리(준비운동)

앞엣거리는 본 운동을 하기에 앞서서 하는 준비운동(準備運動)을 말한다. 택견 학습의 능률을 높이기 위한 것으로 준비운동은 온몸에 체온을 상승시켜 심장의 박동률을 증가시킴으로써 격렬한 운동 시에 폐, 심장 등의 호흡기능을 활발히 하여 효율적이고 안전하고 적극적인 의욕을 불러 일으킨다. 또한 호흡에 맞추어서 신체의 각 부위를 부드럽게 골고루 움직여 근육과 관절에 자극을 줌으로써 혈액순환과 신경계의 조정, 그리고 내장기관의 활동을 원활하게 해주며 신체 각 부위에 유연성을 주고 관절의 가동성을 높여준다. 이러한 준비운동은 상해를 예방하고 능률적인 연습의 효과도 얻을 수 있다. 또한 본 수련을 마치고 심신이 흥분된 상태에 놓여 있으므로 안정을 되찾고 피로를 회복하기 위하여 정리운동을 하는 것도 중요하다.

※아래의 모든 동작은 왼쪽부터 실시된다.

(1) 오금치기

원품에서 왼발로 오른발의 오금을 발등으로 찬다. 한번씩 차며 좌우교대로 한다.

요령: 너무 약하거나 힘껏 차지 말고 오금이 15도 가량 굽혀지게 찬다.

효과: 차는 순간 오금(위중, 위양, 부극혈)에 자극을 주어 혈액순환을 원활하게 해준다.

위양혈(委陽穴), 위중혈(委中穴)은 방광경으로 허리, 무릎, 장딴지 통증에 효과적이다.

①

②

(2) 무릎치기

발장심으로 양쪽 앞무릎(독비, 슬안, 학정혈)을 한번씩 번갈아 찬다.

요령: 무릎의 측면을 차지 말고 정면 앞쪽을 발장심(용천혈)으로 찬다.

효과: 두드리는 동작은 긴장되어 있는 근육을 이완시키는 몸풀기이다.

독비혈(犢鼻穴)은 족양명위경(足陽明胃經)의 하나로 무릎 관절은 물론이고 위장의 소화에 관여한다.

(3) 저기기(저기치기)

발을 들어 발뒤꿈치로 자기 다리의 대퇴부위인 은문혈(殷門穴)을 찬다.

요령: 마치 멀리 있는 제기차기를 차듯이 하고 허리의 굼실과 능청거리는 탄력을 이용하고, 앞으로 뻗는 발보다 축의 다리에 신경을 집중한다.

효과: 허리와 다리를 부드럽게 하는 굴신운동인데, 뱃심을 이용하는 동작으로 인해 뱃살 제거에 효과적이고 덧걸이의 응용동작이 되기도 한다.

(4) 발재기

양발을 제기차기 하듯 다리를 접어서 좌우로 차올리기를 반복한다.

요령: 차기 시 발을 힘껏 자기 배꼽선에 차올려 준다.

효과: 고관절의 유연성을 길러주고 하단공격 시 피하는 동작으로 응용할 수 있다.

(5) 무릎재기

척추를 곧게 세운 채 무릎을 교대로 가슴 높이까지 들어올린다.

요령: 몸의 중심을 좌우로 움직이면서 대퇴부위가 가슴에 닿게 하고 발꿈치를 고관절에 붙여서 곱게 꺾어 올려 준다.

효과: 골반 쪽 엉덩이 굴근을 늘려서 엉덩이와 무릎 관절을 유연하게 하여 제겨차기(126쪽 참조) 등에 도움을 준다.

(6) 밭너울대기

곱꺾어 올린 다리를 안에서 밖으로 돌린다.

요령: 마치 탈춤을 추듯이 탄력적인 리듬을 타면서 앉았다가 일어서면서 허리의 탄력을 이용한다.

효과: 고관절의 유연성을 길러주고 곁치기, 두름치기 등의 방어 기술로 응용할 수 있다.

(7) 안너울대기

곱꺾어 올린 다리를 밖에서 안으로 돌린다.

요령: 발뒤꿈치와 고관절이 벌어지지 않도록 하고 허리의 탄력으로 동작을 실시한다.

효과: 내지르기, 곧은 발질 등의 방어 기술로 응용할 수 있다.

(8) 발목재기

발목을 좌우로 비틀어 준다.

요령: 무릎을 구부리지 않고 발목에 자신의 체중이 실려 자연스럽게 움직인다.

효과: 발목이 삐는 것을 예방하고 강화시켜 준다.

(9) 기지개켜기

두 손을 깍지 끼고 두팔을 높이 쳐들고 마치 기지개를 켜듯이 온몸을 위로 뻗쳐서 좌우로 윗몸을 튼다.

요령: 이때 몸을 천천히 쭉 펴고 다리를 뻗는다. 첫번째는 가볍게, 두번째는 큰 동작으로 실시한다.

효과: 근육, 인대, 건 등의 경직성을 완화시켜주는 운동효과가 있다.

(10) 몸통휘돌리기

깍지 낀 손을 뻗은 자세로 균형을 잡으며 천천히 연속해서 몸통을 휘돌린다.

요령: 상지(上肢)를 전후좌우로 휘돌릴 때 다리의 오금을 편 상태에서 실시한다.

효과: 허벅지 뒤와 안쪽 근육을 늘려주고 엉덩이와 척추를 유연하게 하고 복부에 활력을 주며 균형 감각을 개선시킨다.

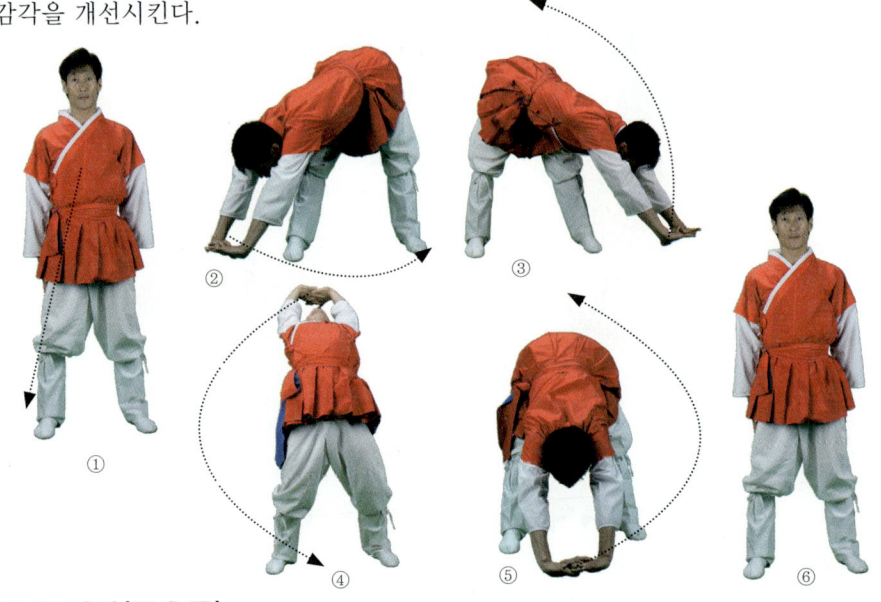

(11) 상모돌리기(목운동)

등을 똑바로 세워서 손을 허리에 얹고 숨을 내쉬면서 고개를 상모 돌리듯이 한다.

요령: 목 돌리기의 시선은 정면을 향하고 최대의 가동범위로 실시한다. 좌우로 돌릴 때 귀가 어깨에 닿도록 노력한다. 머리의 무게를 이용하여 천천히 돌린다.

효과: ① 눈동자의 운동으로 눈이 좋아진다.

② 목 전체가 이완되어 목이나 어깨 결림에 효과적이다.

③ 심장(心臟)부터 얼굴과 머리로 가는 혈액순환을 돕고 목뼈와 근육의 긴장을 풀어 두통에도 효과적이다.

(12) 허리잦기

손바닥을 허리에 받히고 대각선으로 발을 약간 내밀며 허리를 뒤로 젖힌다.

요령: 앞발의 뒷꿈치가 들리지 않고 양쪽 오금이 펴진 상태에서 실시한다.

효과: 허리가 유연해지면서 강화되므로 허리의 디스크 예방과 뱃심을 길러준다.

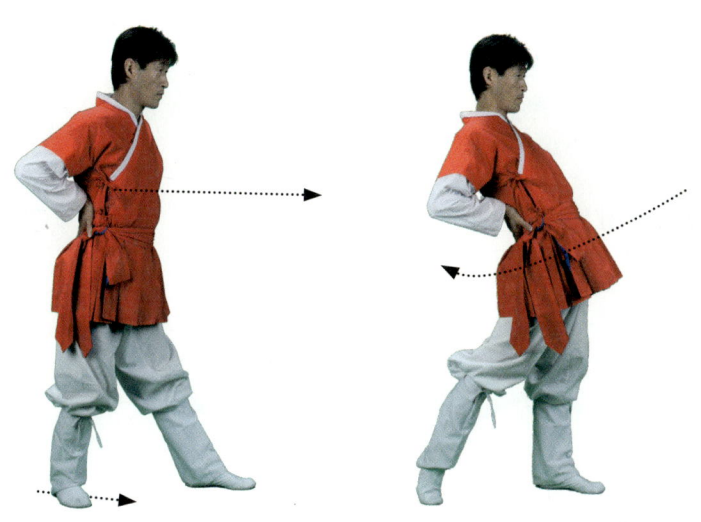

(13) 무릎짚기

① 양 발을 어깨보다 조금 넓게 벌려서 구부리고 무릎 위에 손바닥을 짚고 무릎을 약간 굽혔다 폈다 한다.

② 무릎을 굽혀 90도가 될 때까지 서서히 앉고 양손을 무릎 위에 놓는다.

③ 숨을 내쉬며 왼쪽 어깨를 천천히 오른 무릎 쪽으로 틀어준다.

요령: 체중이 두 팔을 통하여 다리에 실리게 하고 양쪽 무릎 중심이 한쪽으로 치우치지 않게 한다.

효과: 안쪽 허벅지, 옆구리, 어깨 골반의 유연성 향상, 어깨 결림과 경직된 등 근육을 풀어줌으로써 통증 완화에 도움을 주고 다리 힘기르기와 견갑골의 교정효과가 있다.

① ② ③

(14) 오금펴기

무릎을 펴고 숨을 들이쉬며 다리를 옆으로 벌려 쭉 편채 무릎을 눌러준다.

요령: 손으로 편 다리의 무릎을 누른다.

효과: 대장, 폐를 비롯한 모든 장부의 기능을 촉진하고 활력을 준다.

(15) 오금길게펴기

한쪽 다리를 옆으로 쭉 뻗고 반대쪽 다리를 완전히 굽혔다가 조금 드는 것을 반복한다.

요령: 허리를 깊숙히 숙여 허벅지와 배가 닿게 하여 압력이 가해지도록 하면 더 강한 자극을 줄 수 있다.

효과: 대퇴후면과 슬관절의 스트레칭이 이루어진다.

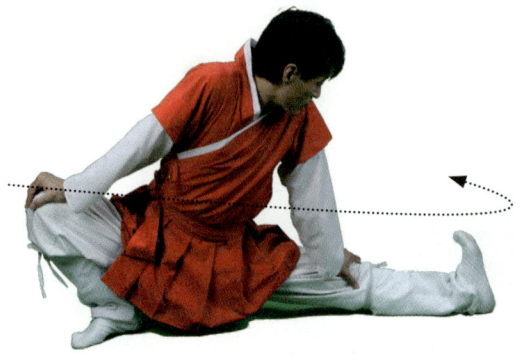 

(16) 무릎굽혔다펴기

방법: 허리를 펴고 두 손으로 무릎을 잡고 앉았다 일어서며 무릎을 굽혔다 펴준다.

요령: 숨을 내쉬면서 무릎을 구부리고 숨을 마시면서 무릎을 편다. 무릎을 구부릴 때 엉덩이가 바닥에 닿을락 말락한다. 발뒤꿈치가 바닥에서 떨어지지 않게 실시한다.

효과: 무릎과 발목 관절의 유연성을 높이고 튼튼하게 하고 하체의 힘을 길러주는 동작이다.

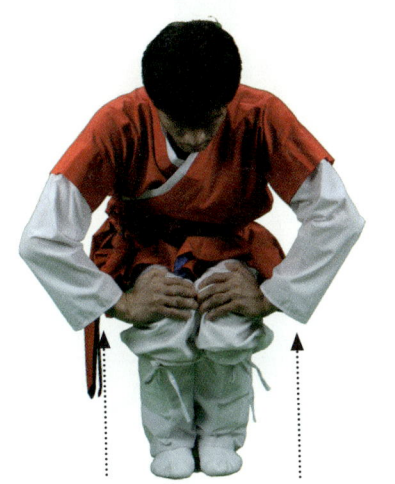
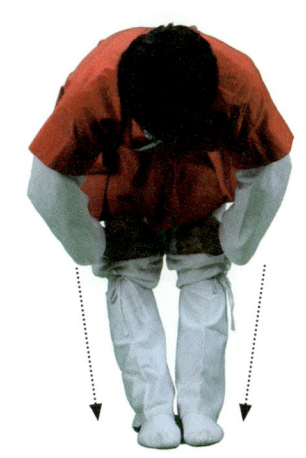

(17) 발목돌리기

두 발을 모으고 두 손을 무릎에 댄다. 무릎을 모으고 약간 구부린 채 좌우 수평으로 회전한다.

요령: 상체를 세우고 시선은 45도 앞을 본다.

효과: 간 기능 향상 및 무릎과 고관절, 발목이 풀어지고 강화된다.

(18) 무릎돌리기

무릎을 약간 벌린 상태에서 구부리고 안과 밖으로 돌린다.

요령: 발뒤꿈치를 바닥에 붙이고 가급적 크게 무릎을 돌린다.

효과: 무릎과 발목관절의 유연성을 기르고 기혈순환에 효과가 있다.

(19) 어깨돌리기

견정혈을 엄지를 제외한 네 손가락으로 꾹 누르고 어깨를 전후로 돌려준다.

요령: 견정을 손가락으로 힘껏 눌러주고 실시한다.

효과: 어깨와 목, 신체 부위 전체에 강한 자극을 주면 혈액순환을 개선하고 오십견에 효과가 있으며 기분 전환 및 각성 효과가 있다.

(20) 두드리기

팔과 다리, 어깨, 허리 등의 전후 좌우 전체를 골고루 두드린다.

손바닥으로 어깨죽지와, 그리고 반대 손등으로 허구신(신유)을 번갈아 두드린다.

요령: 두드리는 부위의 힘을 빼고 완전히 긴장을 푼 상태에서 실시한다.

효과: 마사지의 고타법과 같은 동작으로 긴장된 근육을 이완 시켜주는 방법으로 효과적이다.

(21) 큰숨쉬기

들숨과 날숨을 길게 한다. 처음에는 들숨과 날숨만하고 두 번째에서는 들숨 후 숨을 멈추고 손끝으로 기운을 뻗쳤다가 두 주먹을 쥐고 겨드랑이로 올렸다가 강하게 내리며 단번에 숨을 토해낸다. 이때 악- 하고 큰소리를 지른다.

요령: 호흡과 동작이 일치하도록 한다.

효과: 몸과 마음이 하나가 되도록 하고 정신집중과 단전호흡의 효과가 있다.

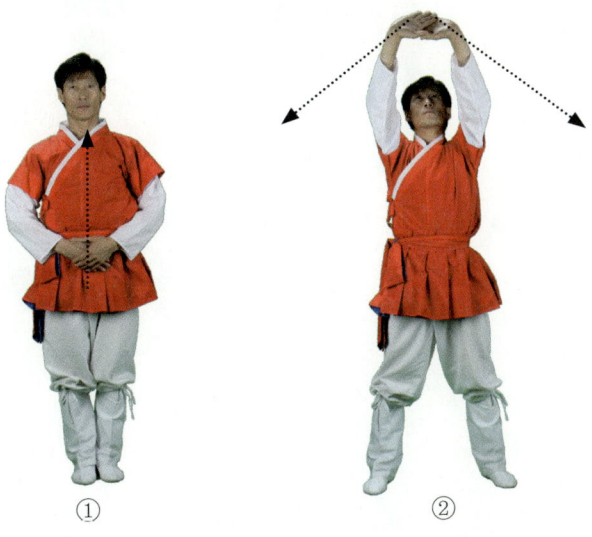

① ②

제4장 택견의 기본거리

본 장에서는 기본동작인 품밟기, 활개질, 딴죽, 발질, 손질에 대해서 설명하고자 한다. 택견에 있어 기본기술이 가장 중요한 요소이다. 집을 지을 때 기초공사가 가장 중요한 것처럼 기본기가 선수의 생명력을 결정짓게 된다. 가장 효율적인 공격과 방어를 하기 위해서는 정확한 기본 기술이 갖추어져야 한다.

1. 품밟기

기본거리 중 가장 중요한 기술이다. 삼박자의 리듬으로 이루어지는 품밟기는 한쪽 발을 상대방 앞으로 내딛는 단순한 동작이지만 여기에 택견의 기술원리가 함축되어 있다. 어떤 무술의 기술이라도 품밟기의 동작원리를 적용하면 모두가 택견 경기기술이 될 수 있다. 품밟기는 상대선수와의 거리, 타이밍 등을 좌우하는 것으로 승부의 중요한 요소가 된다.

품밟기의 기본요령

첫 째. 한쪽 다리의 오금을 구부리며 체중을 옮긴다. 이것을 굼실이라 한다.
둘 째. 나머지 한쪽 다리를 내딛으며 구부린 다리의 오금을 편다. 이때 아랫배를 앞으로 내밀고 허리를 젖힌다. 이것을 능청이라 한다.
셋 째. 당겨진 고무줄을 탁 놓아버리듯이 뱃심을 빼고 뒷다리를 구부리며 체중을 처음과 같이 뒷다리에 옮긴다.
넷 째. 앞발을 당겨 뒷발을 옆에 놓으며 오금을 구부리고 굼실거리며 체중을 옮겨 싣는다.
다섯 째. 처음 구부렸던 다리를 앞으로 내딛으며 뱃심을 내민다. 이와 같은 동작을 반복하는 것이 품을 밟는 것이다.

1) 빗밟기(좌우 공격에 유용한 품)
① 원품: 편안한 자세로 발을 어깨 넓이로 벌려 자연스럽게 양쪽다리에 체중을 균일하게 나누어 선다.
② 상대의 우측 무릎을 학치지르기로 차준다.
   요령: 구기 종목의 서브와 같은 동작으로 겨루기 시작의 신호이므로 가볍게 차준다.
③ 몸을 가라앉히며 왼쪽다리에 실려 있는 체중을 오른쪽다리로 옮긴다.

요령: 이때 무릎을 약간 구부리고 고관절을 오른쪽 뒤편으로 가볍게 빼준다.
④ 왼발을 비스듬히 앞으로 내밀어 좌품으로 선다. 이때 오른다리를 펴면서 몸을 능청거리듯이 허리를 약간 뒤로 젖히며 아랫배를 내밀어 준다.
　　요령: 체중은 왼발에 10내지 20퍼센트 옮긴 상태가 된다.
⑤ ④동작에서 팽팽하게 탄성을 지니고 긴장을 풀어 버리고 힘을 빼고 몸을 낮추며 오른 다리로 중심을 옮긴다. ③의 동작과 동일하다.
⑥ 왼발을 오른발 뒤축 가까이 옮겨 디디며 오른발의 체중을 왼발로 완전히 옮긴다. 이때 오른발은 약간 들려 있는 상태가 된다.
⑦ 몸을 우뚝 세우며 오른 다리를 앞으로 비스듬히 내딛고 우품으로 선다. 발이 바뀌기는 하였으나 ④와 동일한 요령의 동작이다.
⑧ ⑤의 동작과 같은 요령으로 오른발에 실려있는 체중을 왼다리에 옮기면서 오른 다리를 거두어 들인다.(사진을 옆으로 보여주는 자세)
⑨ 오른발은 왼발 뒤축 가까이 당겨 놓으며 오른발에 왼 다리의 체중을 모두 옮긴다. ⑥과 같은 요령
⑩ 왼다리를 비스듬히 앞으로 내딛으며 좌품으로 선다. ⑦과 같은 요령.
* 이를 반복하는 것을 품밟기라 한다. 이때 무릎을 가볍게 구부리는 ③⑤⑥⑧⑨의 동작을 '굼실'이라 하고 뱃심을 내고 몸을 활처럼 휘게 하는 ④⑦⑩ 의 동작을 '능청'이라 한다.

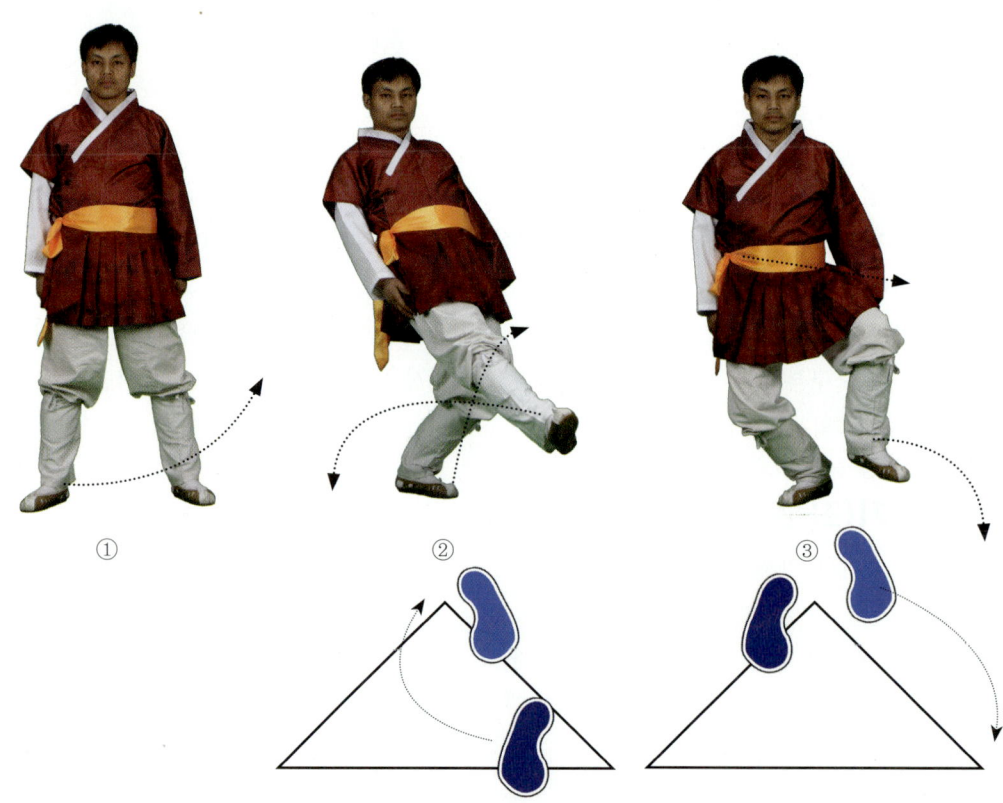

택견 겨루기 總書

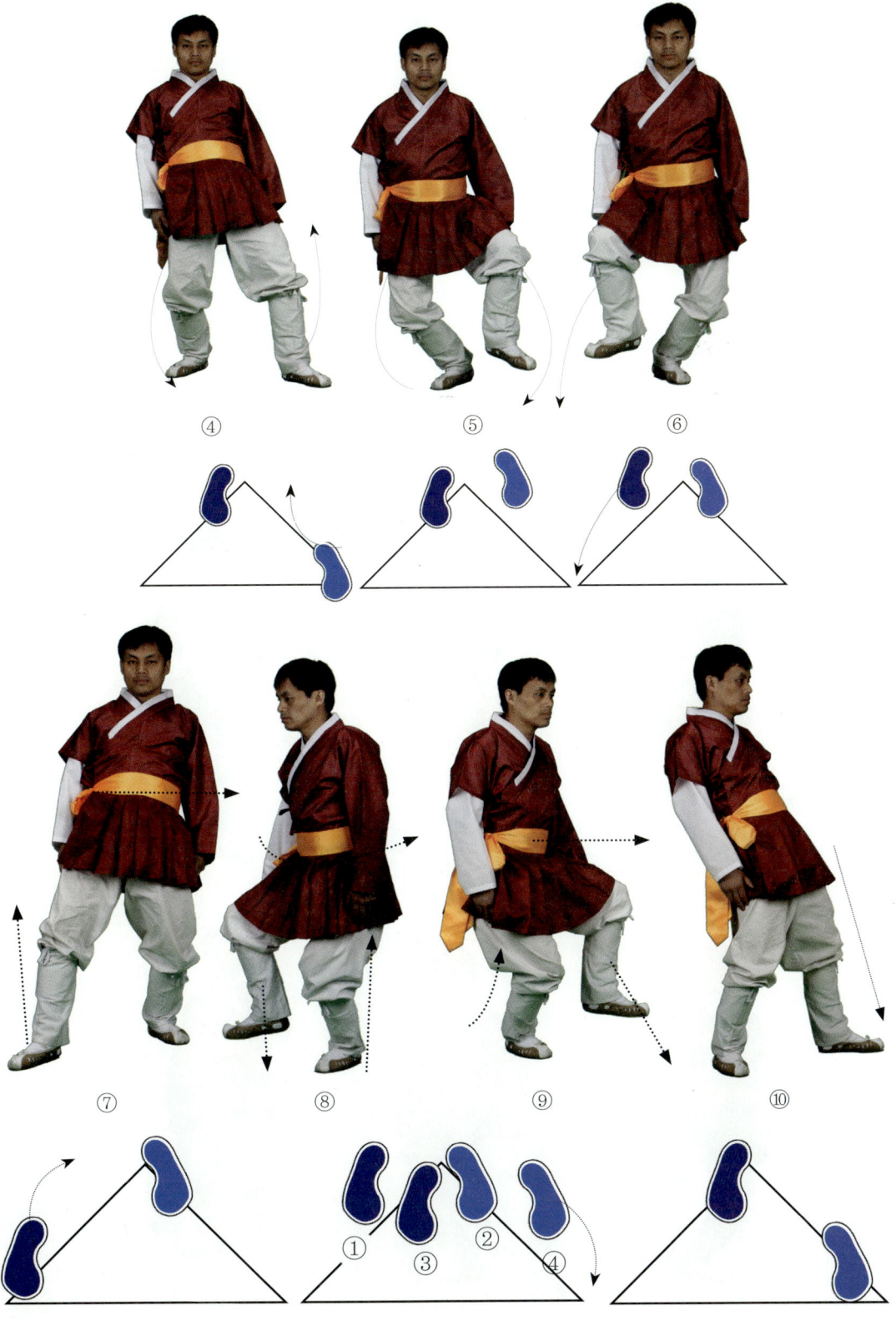

95

2) 품길게 밟기(앞뒤 공격에 유용한 품)

① 원품: 편안한 자세로 발을 어깨 넓이로 벌려 자연스럽게 양쪽다리에 체중을 균일하게 나누어 선다.
② 왼발을 거두어
③ 왼발을 앞으로 내 딛는다.
④ 왼발을 거두어 들인다.
⑤ 왼발을 뒷쪽으로 빼면서 굼실을 한다(이때 앞으로 나와 있는 오른발은 발끝이 45도 가량 벌어진 상태이다).
⑥ 들어 올린 오른발의 발끝이 똑바로 정면을 보게 내려놓는다.
⑦ 다시 ⑤와 같이 왼발을 뒤로 내딛으면서 오른발을 가볍게 들어 올린다.
⑧ 오른발을 앞으로 내딛으며 왼발은 다시 들어 올린다.
⑨ ③과 같이 발끝이 정면으로 내려 딛는다.

* 위와 같은 요령으로 여러 차례 연습한 뒤 원품으로 돌아와 이번에는 발을 바꾸어서 연습한다.

택견 겨루기 總書

⑦　　　　　　　　⑧　　　　　　　　⑨

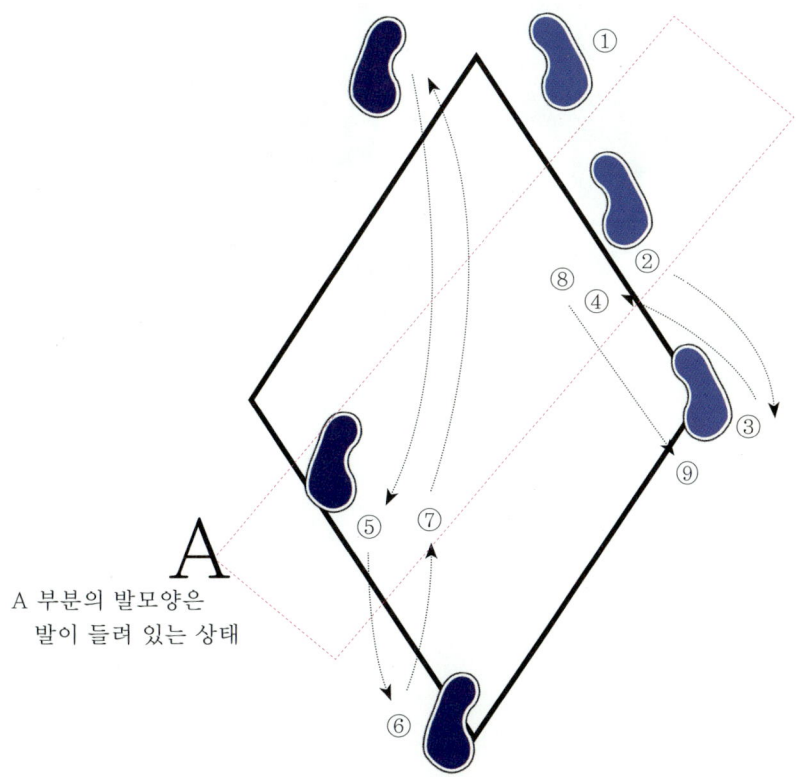

A 부분의 발모양은
발이 들려 있는 상태

3) 눌러 밟기

① 원품: 편안한 자세로 발을 어깨 넓이로 벌려 자연스럽게 양쪽다리에 체중을 균일하게 나누어 선다.
② 왼발을 들어올린다.
③ 왼발을 들어 앞으로 크게 내딛는다. 이때 체중의 70%를 앞다리에 싣는다.
④ 왼발을 들어올리고 오른 다리를 굼실한다.
⑤ 품을 바꾸어 왼 다리를 굼실하고 오른발을 들어올린다.
⑥ 오른발을 앞으로 내딛는다.(③과 같은 요령)
⑦ 오른발을 거두어 들이고 왼 다리를 굼실한다.
⑧ 원품으로 돌아간다. 이를 반복한다.

①　　　　②　　　　③　　　　④

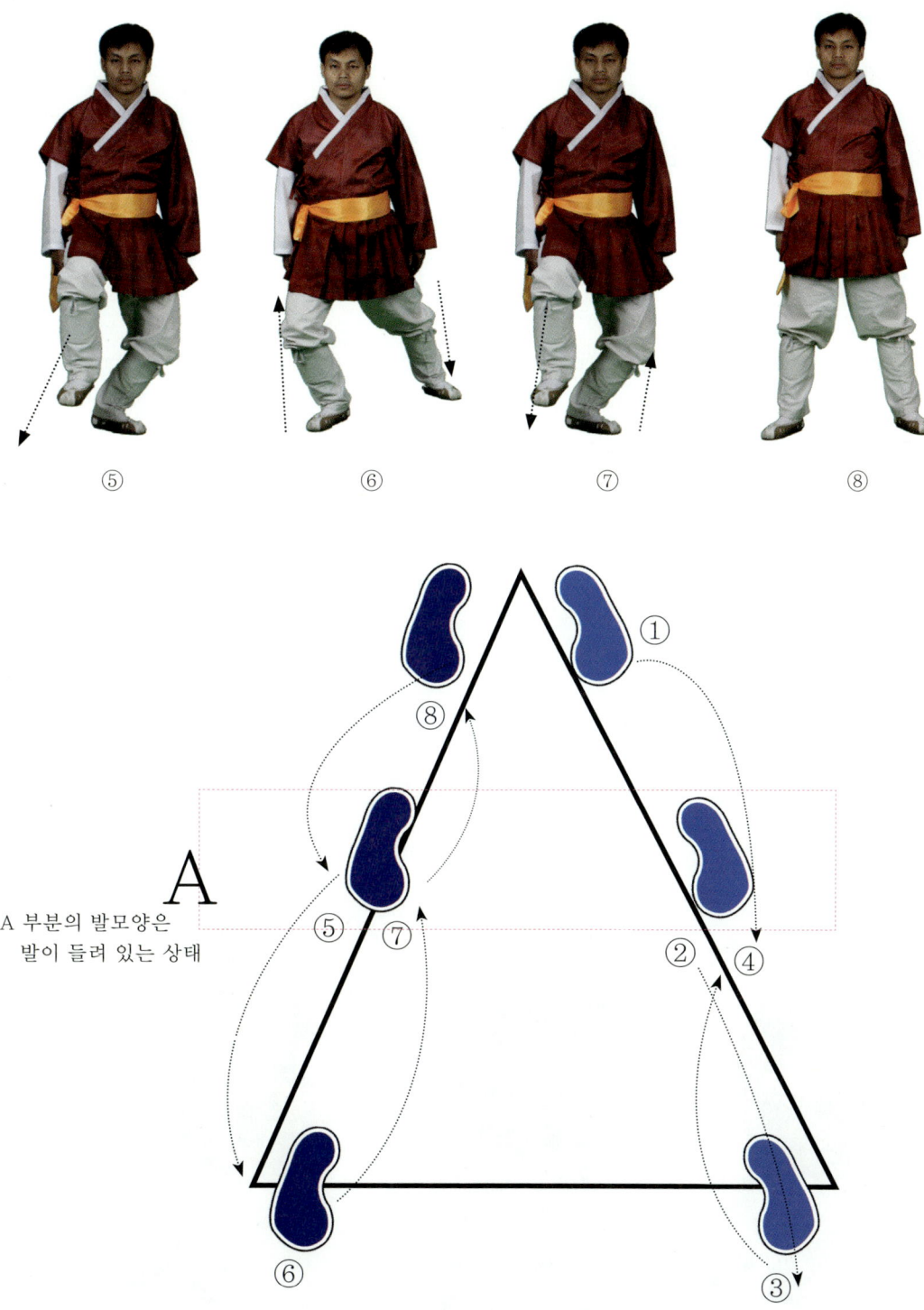

4) 제품밟기

① 몸을 가라앉히며 체중을 오른쪽다리로 옮긴다.
② 왼발을 비스듬히 앞으로 내밀어 좌품으로 선다. 이때 오른다리를 펴면서 몸을 능청하며 허리를 약간 뒤로 젖히며 아랫배를 내밀어 준다.
③ ②의 동작에서 팽팽하게 탄성을 지닌 긴장을 풀어 버리고 힘을 빼고 몸을 낮추며 오른 다리로 중심을 옮긴다.①의 동작과 동일하다.
④ 빗밟기와 같은 동작으로 왼발을 다시 앞으로 내딛는다.
⑤ ②③④동작을 반복하여 실시한다.
⑥ 왼발을 오른발 뒤축 가까이 옮겨 디디며 오른발의 체중을 왼발로 완전히 옮긴다. 이때 오른발은 약간 들려있는 상태가 된다.
⑦ 몸을 우뚝 세우며 오른 발을 앞으로 비스듬히 내딛고 우품으로 선다. 발이 바뀌기는 하였으나
⑧ ③의 동작과 같은 요령으로 오른발에 실려 있는 체중을 왼다리에 옮기면서 오른 다리를 거두어 들인다.
⑨ ⑦의 동작과 동일하게 실시한다.
⑩ ⑨⑥⑦⑧의 동작과 동일을 반복하여 실시한다.
*위와 같은 요령으로 여러차례 연습한 뒤 발을 바꾸어서 실시한다.

① ② ③

택견 겨루기 總書

④　⑤　⑥　⑦

⑧　⑨　⑩

A 부분의 발모양은
발이 들려 있는 상태

5) 내밟기

원품에서 한쪽 발을 정면으로 내딛으며 좌품, 우품으로 바꾸며 교대로 밟는다.
품밟기 시 몸에 힘을 빼고 굼실과 능청거리며 무릎과 허리의 원운동을 연속적으로 실시한다.

① 원품
② 오른발 다리를 낮추면서 왼발을 들어올린다.
③ 왼발을 앞으로 내 딛는다.(착지점은 정면의 가운데 지점)
④ 다시 왼발을 거두고 오른 다리를 굼실한다.
⑤ 처음의 지점에 왼발을 놓고 오른발을 든다.(이때 앞으로 나와 있는 오른발은 발끝이 45도 가량 벌려진 상태이다)
⑥ 앞으로 내딛는다.(착지점은 ③과 동일)
⑦ 원품

* 품 내밟기는 앞으로 발을 내 놓을 때 원품 가운데 지점을 지나서 앞 뒤로 품을 밟는다. 정삼각형(△)으로 착지점이 고정되어 있는 것만 다를 뿐 품밟기의 기본 형태와 요령은 동일하다.

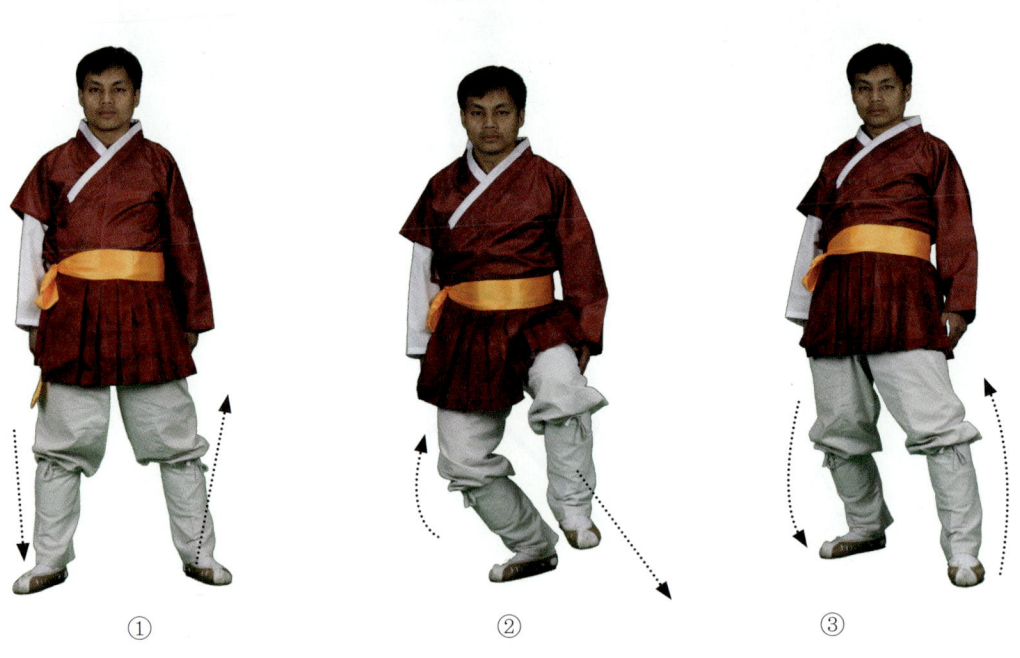

택견 겨루기 總書

④　　　　　⑤　　　　　⑥　　　　　⑦

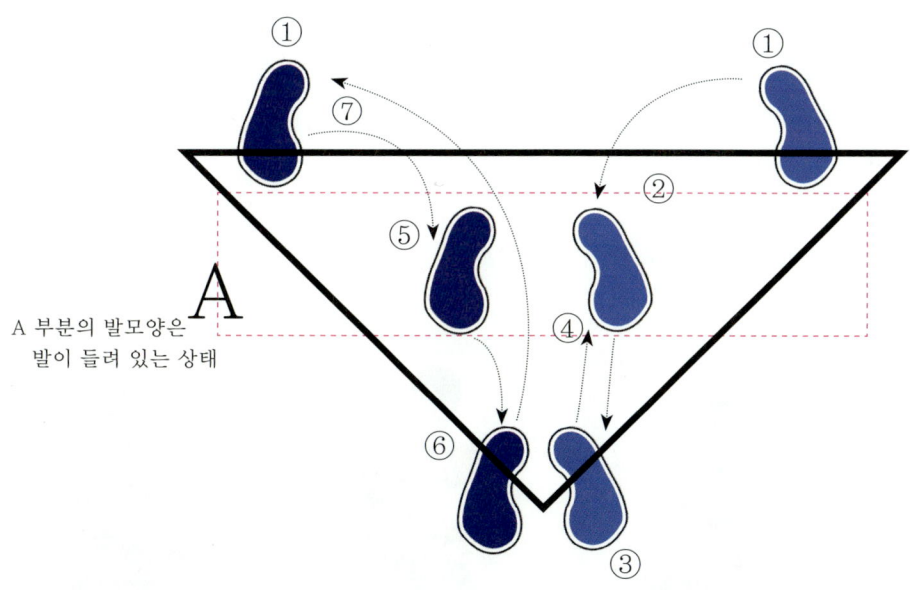

A 부분의 발모양은
발이 들려 있는 상태

2. 활개질

활개질의 사전적 의미는 걸음을 걸을 때 두 팔을 흔드는 동작 또는 새가 날개를 치는 짓을 의미하고 활개란 사람의 어깨에서 양쪽 팔까지 가리키는 것이다. 품밟기 동작과 함께 행해지는 동작으로 품을 밟으며 몸의 움직임에 따라 자연스럽게 두팔을 흔들어 몸의 균형과 동작의 순발력을 높이고 예비적 방어를 하며 상대의 시선을 방해하는 효과를 얻는다. 이러한 동작은 마치 회초리, 채찍을 휘두르는 형태로 뱃심의 움직임이 채찍의 자루가 되고 팔이 채찍 줄로 연상할 수 있다. 팔은 뱃심(단전)의 흐름에 따라 움직여야 한다.

1) 흔들기

손바닥을 펴고 두 팔을 가지런히 45도 방향의 전후로 흔든다.

① 원품
② 왼발을 들며 두 팔을 오른 허리 뒤쪽으로 쭉 편다.
③ 왼발을 내디디며 두 팔을 비스듬히 앞으로 내민다.
④ 왼발을 거두어들이며 두 팔을 몸 뒤로 흔든다.
   요령: 어깨에 힘을 빼고 마치 추를 흔들듯이 동작을 한다.
⑤ 오른발을 들며 두 팔을 왼 허리 뒷쪽으로 쭉 편다.
⑥ 오른발을 내디디며 두 팔을 비스듬히 앞으로 내민다.
⑦ 오른발을 들며 두 팔을 왼쪽 허리 뒤쪽으로 쭉 편다.
⑧ 원품

* 흔들기 시 자신의 양손이 몸 밖으로 벗어나지 않게 하고 좌우동작이 하나의 연속적인 동작으로 실시되어야 한다.

① ② ③ ④

⑤　　　　　　　⑥　　　　　　　⑦　　　　　　　⑧

흔들기 적용- 상대가 하단이나 허리춤을 공격할 때 방어를 할 수 있다.

2) 한손긁기

① 원품
② 왼발을 들어 굼실을 한다.
③ 왼손바닥을 펴서 정면과 우측 어깨 높이까지 들어 올린다.
④ 왼손을 반대편으로 팔을 곧게 펴고 회초리를 휘두르듯이 긁기를 한다. 반대편도 같은 방법으로 실시한다.

요령: 이때 어깨와 손목에 힘을 빼고 동작을 한다. ② ③의 동작에 따라 굽힌 무릎을 펴주고 ④의 동작 시 허리의 회전을 이용하여 긁어 들인다.

① ② ③ ④

한손긁기 적용- 상대의 어깨를 밀거나 덜미걸이를 할 수 있다.

3) 한손젖히기

① 원품
② 오른무릎을 굼실하고 왼발을 든다. 손끝이 옆구리를 스치면서 겨드랑이까지 올린다.
③ 손목을 안으로 자연스럽게 꺾은 채로 휘젓듯이 팔을 편다.
　요령: 손등으로 물 (젖은 수건)을 뿌리듯이 실시한다.
④ 정면과 측면의 중간지점까지 원을 그린다. 자연스럽게 팔을 내린다.
　요령: 시작과 끝에 힘을 빼고 중간에서 힘을 준다.
* 위의 한손긁기와 한손 젖히기의 응용기술은 양손 긁기와 양손 젖히기가 있다. 이러한 동작은 상대의 목과 허리 또는 팔꿈치 등을 감싸듯이 상대를 넘길 수 있는 기술이다.

한손젖히기 적용- 상대의 어깨나 덜미를 젖힐 수 있다.

4) 눈끔적이

손바닥으로 상대의 눈앞을 어리대듯이 눈을 깜빡이게 하는 것이다.

바깥쪽에서 안쪽으로 끌어당기듯이 손을 가로저어 바람을 일으킨다.

① 원품

② 흔들기

③ 손을 상대의 눈높이에 겨눈다.

④ 상대의 눈앞을 긁기 한다.

눈끔적이 적용- 상대의 눈앞을 긁기로 현혹시키는 속임동작으로 사용된다.

5) 활개안으로 돌리기

상대의 공격을 안으로 돌리면서 방어하거나 덜미잽이에 유용한 기술이다.

① 원품
② 좌품을 밟으며 오른손을 바깥에서 안으로 크게 돌린다.
③ 왼발을 당기며 왼손을 크게 돌린다.
④ 발을 바꾸어 들고 오른손을 얼굴 앞으로 돌린다.
⑤ 오른발을 내디디며 왼손을 크게 돌린다.
요령: 뱃심을 축으로 하여 팔과 어깨를 돌린다.

① ② ③ ④ ⑤

활개안으로 돌리기- 상대의 떼밀기와 이마재기 등을 방어할 수 있다.

6) 활개밖으로 돌리기

① 원품

② 왼발을 45도 옆으로 비스듬히 내밟으며 왼손을 밖으로 돌린다.

③ 왼발을 들면서 오른손을 밖으로 돌린다.

④ 품을 바꾸면서 왼손을 밖으로 돌린다.

⑤ 오른발을 밟으며 오른손을 밖으로 돌린다.

⑥ 원품으로 돌아온다.

요령: 항상 두 팔을 동시에 돌려주고 허리의 회전력을 따라서 팔을 돌려준다.

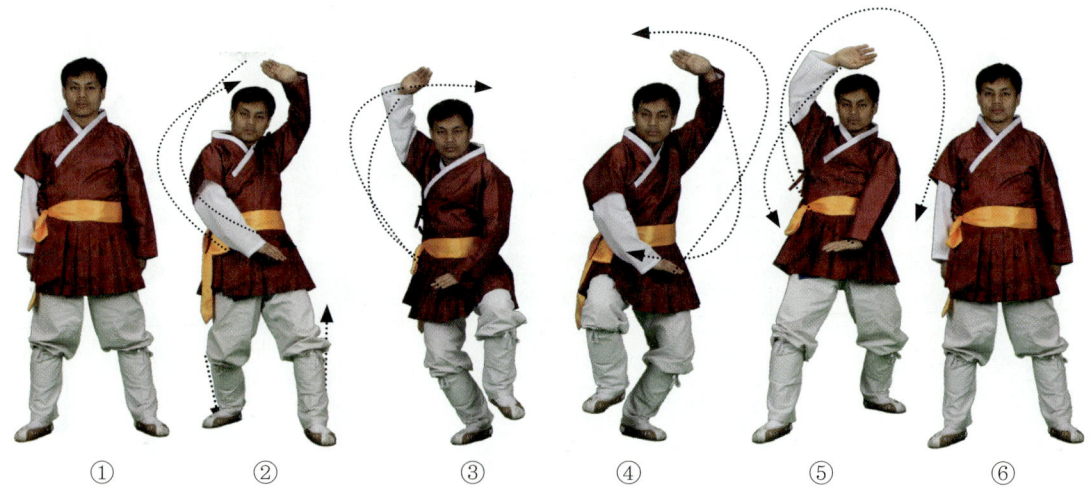

① ② ③ ④ ⑤ ⑥

활개밖으로 돌리기 적용 - 상대가 덜미잽이, 손질 등으로 공격하면 두상잽이 등을 할 수 있다.

7) 가새막기

가새막기는 상대의 차기를 마치 가위질 하듯이 아랫배 또는 좌우 옆으로 두 팔을 엇갈려 막으며 품을 밟는 기술로 상대의 찬발을 잡아채서 넘기거나 막으면서 되받기로 공격할 수 있는 기술이다.

① 원품
② 왼발을 밟으며 두 손을 가위질을 하듯이 옆으로 막는다.
③ 왼발과 반대로 실시한다.

요령 : 한팔의 팔꿈치와 팔오금이 가새처럼 엇갈리게 막는다.

가새막기 적용 - 상대가 두름치기, 곁치기로 공격하는 것을 가새막기 한다.

3. 딴죽

 딴죽이라는 말은 딴(다리)+죽(족발)의 합성어로 다리와 발에 대한 메김질, 즉 공격기술이다. 딴죽에는 치기, 걸이, 지르기, 깍기, 밟기, 저기기 등이 있다. 상대를 걸어서 넘기는 기술로 상대를 손질과 딴죽을 같이 사용하여 걸어서 넘기는 것과 딴죽만을 사용하여 걸어서 넘기는 두 가지 형태로 볼 수 있다.

 손질은 상대의 상단인 목이나 어깨, 손목 등을 걸치거나 잽이를 이용하며, 동시에 하단에 딴죽기술을 사용한다. 딴죽만 사용하는 기술은 상대가 품을 내딛는 순간에 회목치기, 밭장치기 등의 공격으로 걸어서 넘기는 형태로 마치 어두운 밤에 계단을 헛딛는 형태를 연상하면 된다. 또한 품을 거두어들이는 순간에는 축의 발을 학치지르기 등으로 걸어서 넘기는 기술이다.

 딴죽은 상대의 중심이 어디에 있는가에 따라 공격의 목표가 달라진다. 우리는 시골의 논밭을 일구는 데 있어 호미, 곡괭이, 삽 등의 다양한 도구를 사용하는 것을 볼 수 있다. 딴죽기술도 마찬가지로 상대의 중심이동이나 모양에 따라 적절한 기술을 활용해야 한다. 그렇지 못한 경우 자신의 기술로 상대를 넘어뜨리지 못할 것이다. 딴죽의 다양한 기술을 충분히 숙달시켜 적재적소에 사용하기 위해서는 끊임없는 훈련이 필요하다.

1) 회목치기

회목치기는 발목의 잘록한 부분을 발장심으로 치는 것이다.
 ① 원품
 ② 오른발이 굼실한 상태에서 오른손이 좌측 옆구리에 손을 붙인다.
 ③ 왼발이 앞으로 중심이동이 되면서 빗장붙이기를 한다.
 ④ 상대의 목덜미를 오른쪽 뒤로 허리를 회전시켜 덜미잽이를 하며 상대의 발회목을 친다.
 ⑤ 원품(반대쪽을 실시한다.)
요령: 덜미잽이와 회목치기를 동시에 사용하고 뱃심을 이용한다. 왼발을 앞으로 굼실한 상태에서 공격 시 더 낮은 자세로 상대의 발회목을 친다.

택견 겨루기 總書

① ② ③ ④ ⑤

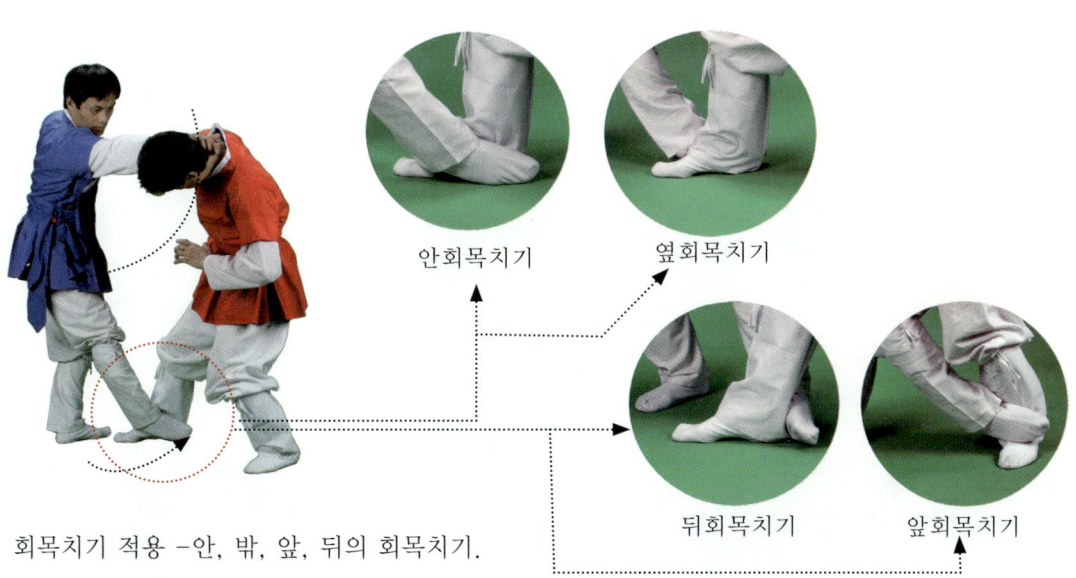

회목치기 적용 - 안, 밖, 앞, 뒤의 회목치기.

안회목치기 옆회목치기

뒤회목치기 앞회목치기

2) 밭장치기

발등으로 상대의 발회목을 바깥쪽에서 안쪽 또는 안쪽에서 밖으로 친다.

① 왼발에 체중을 실으며 오른손으로 상대의 손목이나 목덜미를 왼쪽 옆구리쪽으로 잡아챈다.

② 오른손은 옆구리 두고 허리를 좌측에서 우측으로 틀고 뱃심을 내밀면서 밭장을 친다.

③ 상대의 손목을 낚아채고 발등으로 발목이나 발뒤꿈치를 쳐서 넘긴다.

요령: 공격하는 발이 매트바닥과 일직선이 되도록 하고 허리의 회전력을 최대한 활용해야 한다.

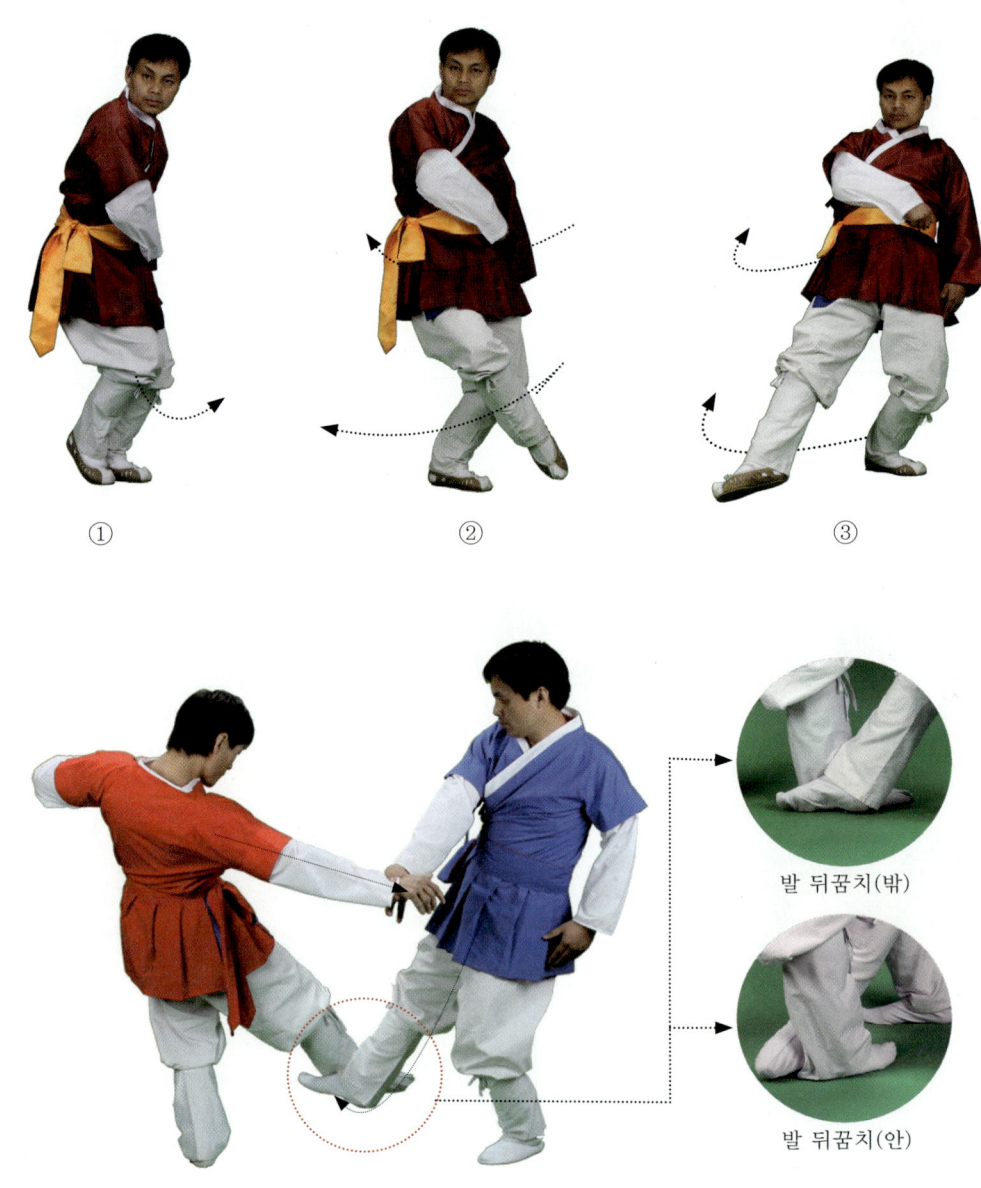

밭장치기 적용

발 뒤꿈치(밖)

발 뒤꿈치(안)

3) 학치지르기

학치란 정강이뼈 가장 위쪽 부분을 말한다. 즉 무릎의 바로 아랫부분을 가로 눕힌 발장심으로 내지르는 것이다. 상대가 품을 내딛는 순간이나 들어가는 순간에 학치지르기를 하며 상대의 중심과 리듬을 흔들거나 넘어뜨릴 수 있다.

① 왼발을 굼실한 상태에서 상대의 덜미나 손목을 잡아챈다.
② 상대의 학치를 발장심으로 힘껏 밀어 낸다.
요령: 발장심으로 상대의 학치를 미는 순간 다리의 힘만 사용하는 것이 아니라 뱃심(허리)과 체중
      을 상대의 학치에 실리게 한다.

①

②

학치지르기 적용

학치지르기

자개미지르기

4) 안짱걸이

발목을 구부려서 상대의 발뒤꿈치를 걸어 당긴다. 상대의 품이 앞으로 나오는 순간 공격하는 것이 유리하다.

① 발목을 낚시 바늘처럼 구부려 상대의 가랑이 안 또는 밖으로 발뒤축을 건다.

② 앞으로 잡아끌면서 칼잽이로 상대의 목을 민다.

요령: 자신의 몸이 정면을 향하고 발목을 낚아채는 것과 동시에 칼잽이를 실시한다.

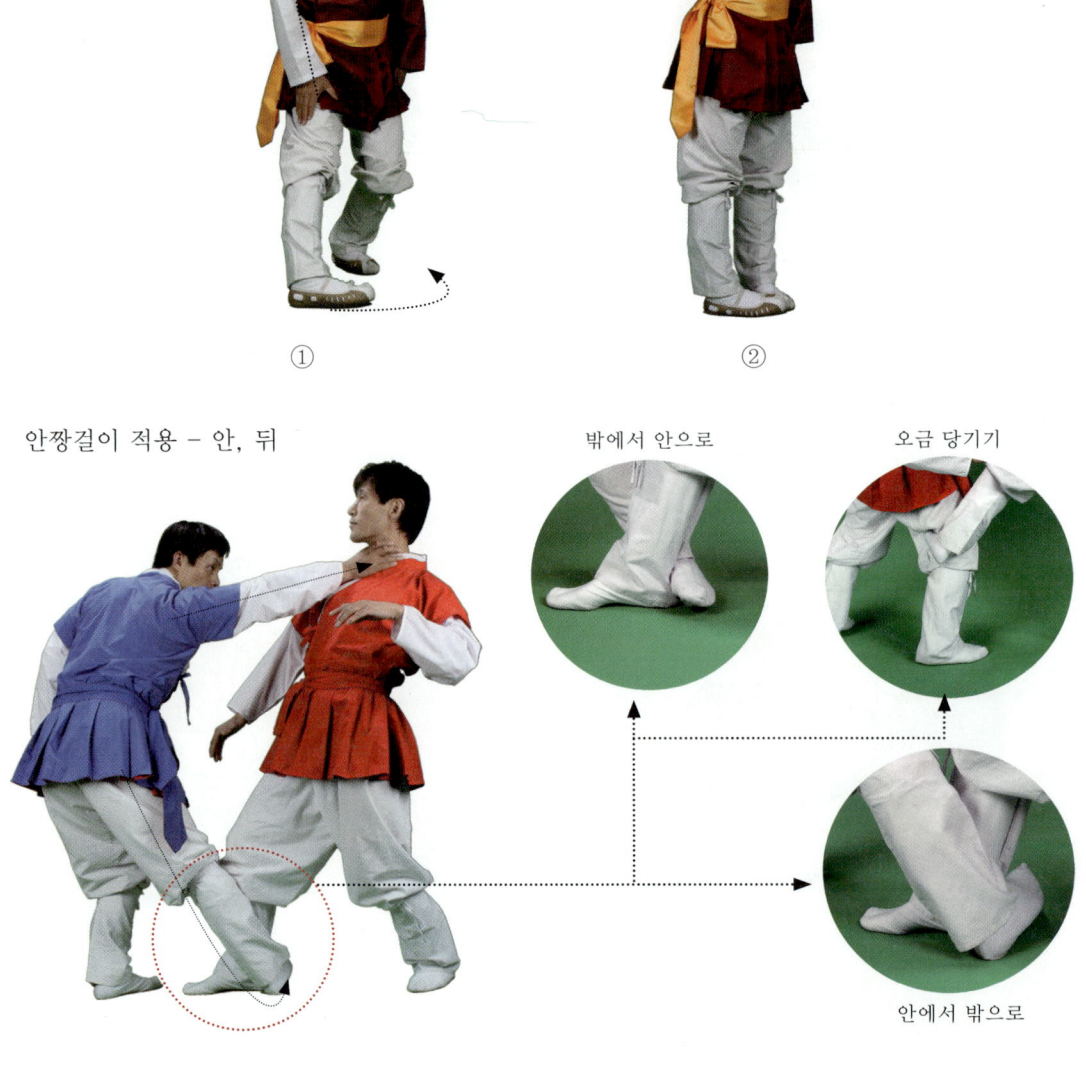

5) 낚시걸이

낚시걸이에는 안낚시걸이와 밭낚시걸이가 있다. 안낚시걸이는 가랑이 사이로 다리를 질러 넣어 발뒤꿈치를 상대의 오금을 끌어당기고 밭낚시걸이는 반대로 가랑이 밖으로 거는 기술이다.

① 상대의 가랑이 사이로 발을 넣으면서 뱃심을 앞으로 내민다.
② 상대의 오금을 끌어당기면서 칼잽이로 상대의 목이나 덜미, 턱을 민다.
요령: 최대한 앞으로 뱃심을 내밀고 걸어 당기는 순간 허리(뱃심)를 힘껏 당기면서 상체를 앞으로 밀면서 실시한다.

①

②

낚시걸이 적용 – 안, 밖

밭낚시걸이

안낚시걸이

6) 깎음다리

발을 가로눕혀 발장심으로 정강이뼈를 학치에서 발목까지 깎아 내린다.

상대의 발등을 밟는 동작으로 상대가 발을 빼는 순간 발등이나 발가락을 밟아 넘어뜨리는 기술이다.

① 왼발을 앞으로 내딛고 오른손을 우측옆구리에 가져간다.
② 오른손을 헤치기 또는 한손젖히기를 한다.
③ 왼발이 굼실하면 오른발을 들어 올린다.
④ 오른발을 힘껏 앞으로 깎아 내린다.

요령: 뒤꿈치로 상대의 발등을 찍는 동작이 아니고 발장심으로 밟는 동작이다. 자신의 체중이 상대의 발등에 실리도록 한다.

깎음다리 적용 - 상대의 차기나 손질을 한손 헤치기나 젖히기로 막고 상대를 떼밀기로 공격하며 깎음다리 한다.

7) 어복치기

발목을 구부려서 상대의 발뒤꿈치나 어복, 오금을 치는 동작으로 상대의 앞발 또는 두발을 동시에 걸 수 있는 기술이다.

① 왼발을 내딛으며 한손 젖히기를 한다.
② 한손 젖히기로 상대의 덜미를 젖히고 어복치기로 넘긴다.
요령: 한손 젖히기와 어복을 동시에 치기보다 한손젖히기로 상대의 중심을 뒤로 밀고 어복을 치는 것이 효과적이다.

① ②

어복치기 적용

8) 덧걸이

상대를 저기치기와 덜미잽이를 동시에 실시하는 기술이다.

발목을 구부리고 상대의 오금, 또는 발뒤꿈치를 끌어당긴다.

① 왼발을 내딛으며 왼손을 상대의 어깨나 덜미를 잡는다.

② 어깨를 반대쪽으로 밀면서 상대의 오금을 건다.

요령: 굼실에서 능청으로 이어지며 상대를 걸고 허리를 이용해 반대편으로 밀며 실시한다.

① ②

덧걸이 적용

9) 안우걸이

덧걸이와 비슷한 동작이나 손과 발이 같은 쪽 방향으로 실시 하는 것이 차이이다. 발목을 구부려서 상대의 가랑이 속으로 밀어 넣어 오금 또는 정강이를 끌어당긴다.
① 왼발이 굼실한 상태에서 오른손으로 상대의 덜미를 잡는다.
② 왼발을 들어 상대의 오금을 걸어 당긴다.
요령: 상대를 거는 순간 상체를 앞으로 숙이고 상대의 다리를 휘감아 돌리면서 걸이를 동시에 실시한다.

① ②

안우걸이 적용

4. 차기

　택견은 각술(脚術)이라 하여 다리만 사용하는 무예로 알려져 온 것으로 보면 택견은 차기라고 할 정도로 발질위주로 구성되어 있다. 차기는 허리 이상의 신체부위를 발질로 메김질 하는 것이다.
　차기에는 차기, 지르기, 치기 등의 기술로 구성되어 있다. 이러한 차기는 다리의 힘만으로 나오지 않고 허리의 비틀림과 중심이동, 다리의 굴신력 등이 힘과 속도를 증가시켜 최상의 차기 동작을 만들어 낼 수 있다. 또한 겨루기에 있어 근접과 원거리에서 자유자재로 몸을 조정할 수 있어야 한다.
　차기에서 유의해야 할 것은 잡히는 것을 방지하고 서있는 발에 대한 상대의 공격에 대비해야 하는 것이다. 따라서 찬발을 빨리 거두어들이는 방법과 반대로 찬발을 앞으로 강하게 내딛어서 체중을 실어 다리를 잡은 상대의 힘을 깨뜨리는 방법 등을 숙달시켜야 한다.

1) 제겨차기

다리를 곱꺾어 발등이나 발부리로 차올리는 기술이다.

① 왼발을 굼실하며 몸을 가라앉히고 무릎을 곱꺾어 올린다.

② 몸의 중심을 낮추었다가 그 반동으로 일어서면서 얼굴이나 턱을 차올린다.

요령: 일어서는 관성과 비틀린 허리가 원위치하려는 회전력과 구부린 무릎을 펴면서 실시한다.

응용: 상대가 뒤로 물러나면 축의 발을 앞으로 틀고 허리의 회전을 이용해서 길게 찬다.

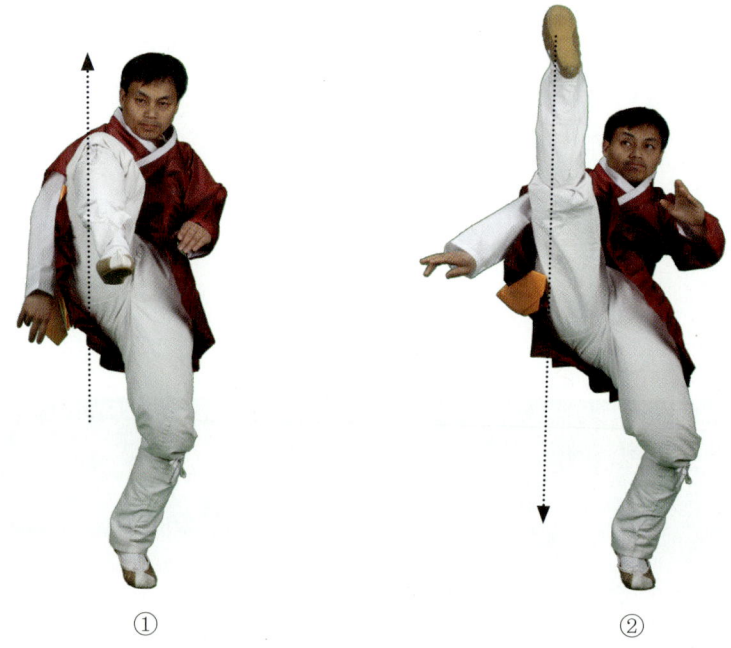

① ②

제겨차기 적용 - 공격부위: 낭심, 턱, 목, 얼굴 등

2) 내지르기

발을 가슴까지 다리를 곱꺾어 앞으로 내질러 차는 기술이다. 상대의 복장이나 가슴 등을 발장심으로 앞으로 내지르는 동작으로 공격 시 밀어차기(는질러차기)를 해야 한다. 상대의 공격이 들어오거나 빠지는 순간에 또는 한발을 들고 있는 경우에 공격을 하면 상대를 차서 넘어뜨릴 수 있다.

① 왼발이 굼실하면서 무릎을 가슴으로 곱꺾어 올린다.
② 공격발은 허리를 능청하면서 굽힌 다리를 앞으로 내질러찬다.
요령: 왼발의 축에 중심을 잡고 앉았다가 일어나는 탄력으로 앞으로 힘껏 내지른다. (공격 시 용수철이 튕겨나듯이, 총을 쏘면 역 반동이 있듯이, 차는 순간 상체를 뒤로 젖히는 것과 내지르는 동작을 동시에 실시한다.)
응용 : 내지르기 시 지탱하는 축의 발뒤축을 앞으로 회전시켜 차면 더욱 길게 찰 수 있다.

①　　　　　　　　②

내지르기 적용

3) 두름치기

발등으로 바깥쪽에서 안쪽으로 후리듯이 찬다.
① 왼발이 굼실하면서 오른발을 곱꺾어 무릎을 들어 올린다.
② 왼발의 뒤꿈치를 앞으로 비틀면서 오른발을 후리듯이 반원을 그리며 발등으로 찬다.
요령: 차는 발은 바닥을 힘껏 밀면서 허리의 탄력을 이용한다.
응용: 차는 발을 앞으로 뻗어서 차면 뒤로 물러나는 상대를 공격하기에 유리하다.

두름치기 적용

4) 곁치기

곁치기는 발장치기를 높게 차는 형식과 같은 동작으로 곁이란 옆을 의미한다.

이러한 동작은 우리 문화에서 찾아볼 수 있다. 우리는 어려서부터 책상다리로 생활하는 습관으로 자연스럽게 곁치기를 할 수 있도록 골반형성이 되어 있기에 한국인은 쉽게 기술을 익힐 수 있다. 또한 책상다리에서 솟구쳐서 상대의 얼굴을 찰 수 있는 기술이다.

발등으로 안에서 밖으로 상대의 얼굴이나 어깨 등을 휘둘러 찬다.

① 왼발의 무릎쪽으로 오른발을 옮긴다.
② 왼발을 굼실하고 뱃심을 내밀면서 다리를 굽혀 들어올린다.
③ 굼실에서 능청으로 이어지며 오른 발등으로 반원을 그리며 찬다.

요령: 오금질과 허리의 탄성을 이용하여 회초리를 휘두르듯이 가볍게 들어 올리고 공격점 바로 앞에서 차는 순간 힘을 준다.

응용: 물러나는 상대는 앞으로 뻗어서 차고, 붙는 상대는 앞으로 후려 당기면서 찬다.

① ② ③

곁치기 적용

5) 발따귀

발을 높이 들어 올려 바깥쪽에서 안쪽으로 반원을 그리듯이 발바닥으로 뺨을 후려찬다.

① 왼발에 굼실을 넣고 오른발은 곱꺾어 올린다.

② 오른발 밖으로 원을 그리면서 들어 올린다.

③ 오른발을 밖에서 안으로 원을 그리면서 찬다.

요령: 차기는 가볍고 빠르게 크게 원을 그리며 차고, 굼실에서 능청하는 탄력을 이용한다.

응용: 겨루기에서 공격을 당하는 상대선수가 뒤로 물러나는 것을 예측하여 내지르기 식으로 45도 앞으로 발따귀를 할 수 있다.

발따귀 적용

6) 가로지르기

몸을 가로로 틀어 발을 옆으로 가로 눕혀 발바닥으로 상대의 얼굴, 어깨, 가슴 등을 내질러 차는 기술이다. 즉 가로지르기는 내지르기를 옆으로 틀어서 차는 변형된 기술이다. 겨루기에 있어 굼실과 능청의 탄력과 축의 발 회전을 이용한다. 상대의 중심이동이 발생되는 순간에 복장을 가로지르기로 차서 넘어뜨릴 수 있다.

① 왼발에 굼실을 넣고 오른쪽 무릎을 곱꺾는다.
② 왼발 축을 앞으로 틀면서 오른발을 가로로 눕혀 발바닥으로 느질러찬다.
요령: 굼실에서 능청으로 이어지는 순간에 축의 발이 앞으로 회전함과 동시에 이루어지며 발로 공격한다.
응용: 상대가 붙으면 무릎을 발보다 밑으로 낮추어 차고 떨어지면 축의 발이 따라 들어가며 찬다.

① ②

가로지르기 적용

7) 밭발따귀

바깥쪽에서 안쪽으로 원을 그리면서 차는 것으로 상대의 얼굴을 공격하는 동작을 밭발따귀라 한다. 휘차기를 한 바퀴 돌지 않고 원을 그리며 차는 동작과 같은 형태이다. 상대선수가 뒤로 물러나면 가로지르기식 밭발따귀로 상대의 빠지는 거리를 따라가면서 찰 수 있다.

① 왼발을 굼실하고 오른발을 곱꺾는다.
② 왼발의 축을 앞으로 틀면서 오른발을 밖에서 안으로 찬다.

요령: 오른쪽 가슴과 팔이 왼쪽으로 치우치지 않고 오른쪽으로 회전하면서 찬다.
응용: 가로지르기를 차듯이 앞으로 뻗어찬다.

① ②

밭발따귀 적용

8) 내차기

발을 높이 들어 올려 발장심으로 상대의 얼굴이나 가슴을 내밟듯이 찬다.

다리를 높게 들어 올려 차면 다리가 상대에게 잡히기 쉬우므로 차는 다리에 체중을 실어 줌으로 붙잡혔을 때 상대로부터 벗어날 수 있다.

① 왼 다리의 무릎을 약간 굽혔다 일어서려는 반동력을 이용하여 다리를 곧게 편 채 머리 위까지 들어 올린다.

② 오른발로 상대의 얼굴이나 가슴을 발장심으로 내찬다.

요령: 내차기 시 뱃심을 앞으로 내밀면서 내차고 체중을 앞에 실어준다.

응용: 짧고 길게 다양하게 찬다.

내차기 적용

9) 휘차기

회전력으로 몸을 뒤돌려 발장심으로 차는 기술이다. 휘차기는 회전력을 이용하기 때문에 상당한 위력을 가지고 있다.

① 왼발을 축으로 발뒤꿈치를 앞으로 튼다.
② 왼발은 굼실이 되고 오른쪽으로 몸을 재빨리 회전시켜 뒤를 본다.
③ 오른발을 들어 올린다.
④ 왼발을 축으로 뒷꿈치를 들고 오른발의 회전력으로 찬다.

요령: 팔꿈치와 허리의 회전을 이용하고 시선을 빠른 속도로 상대를 보고 찬다.
응용: 상대가 붙으면 짧게 차고 물러나면 가로지르기를 차듯 앞으로 길게 찬다.

휘차기 적용

10) 외알저기

소나 말 등이 뒷발질을 차듯이 상대의 복부, 복장, 얼굴 등을 차는 기술이다.

① 왼발을 축으로 시선은 왼쪽으로 본다.
② 왼발이 일어서는 반동력으로 오른발을 뒤로 뻗어 찬다.

요령: 오른발을 차기 위해서 몸을 우측으로 많이 틀면 좌측으로 상대를 볼 수 없으므로 시선은 왼쪽 어깨 너머로 상대를 보고 공격하는 오른발은 상대에게 보지 않게 축의 다리 뒤쪽에서 허벅지를 스치면서 찬다.

응용: 상대가 뒤로 물러나면 축의 발이 따라가면서 찬다.

① ②

외알저기 적용

11) 날치기(물구나무쌍발차기)

두 손을 바닥에 짚고 물구나무서기하며 몸을 앞으로 회전시켜 상대의 얼굴을 발로 공격하는 기술이다. 이러한 기술은 체조의 옆돌기 동작과는 달리 두 발을 거의 모은 상태에서 몸을 앞으로 던지듯이 순간적으로 상대의 허점을 공격하는 기술이다. 겨루기에서 작은 체구의 선수가 키가 큰 상대를 공격할 때 유용한 기술이며 택견경기에서 손을 짚을 수 있는 유일한 기술이다.

요령: 공격 시 시선은 상대의 얼굴을 보고 날렵한 동작으로 실시한다.

응용: 날치기는 한손 또는 손을 짚지 않고 할수 있으며 또한 한발로 상대를 공격할 수 있다.

날치기 적용

5. 손질

  손질은 손으로 하는 택견의 기술을 말한다. 손질에는 '옛법'이라는 살상법과 경기에서 사용하는 기술로 나누어 진다. 본 장에서는 경기에서 사용되는 기술만 소개한다.
  경기기술은 상대를 손으로 가격할 수 없고 밀거나 잡아당기고 걸어 넘기는 기법과 상대의 차기나 손질 등을 방어하는 수단으로 사용된다.
  경기에 사용하는 손질은 상대를 직선으로 가격하는 것을 배제하고 힘을 비스듬하게 흐르게 한다든지 혹은 손목의 스냅(Snap)을 이용하여 툭 치듯이 가격하여 상대의 균형이 무너지게 하는 것과 딴죽에 대한 보조 수단으로써 목적을 두고 있다. 본 기술은 품길게 밟기를 하며 실시한다.

1) 회목잽이

상대가 공격한 발회목을 손으로 잡는 기술이다. 회목이란 손목이나 발목 등의 잘록한 부분을 말한다. 택견 경기에서 상대의 옷을 잡으면 반칙이 됨으로 상대의 손목, 발목, 덜미 등을 잡아채거나 잽이로 상대의 균형을 깨뜨리고 딴죽이나 부수적인 공격이 들어가게 된다. 순간적으로 타이밍을 잘 맞추면 잽이 만으로도 상대를 넘어뜨릴 수 있다. 상대의 발질이나 손질 공격 시 한 손 또는 두 손으로 상대를 잽이 할 수 있다.

① 왼발이 굼실한 상태에서 오른손을 펴고 대퇴부위 옆에 내린다.
② 무거운 물건을 들어 올리는 기분으로 아랫배에 힘을 넣고 가볍게 잡아챈다.
요령: 잡는 손에 힘을 빼고 가볍게 낚아채듯이 잡는다.

① ②

회목잽이 적용- 회목잽이(안/밖), 손목잽이(안/밖)

발회목잽이   양손 발회목잽이   안에서 밖으로 발회목잽이

밖 손목잽이   안 손목잽이

2) 칼잽이

엄지와 검지를 벌려 손아귀로 상대의 목을 쳐서 밀어내는 기술이다. 칼은 옛날 죄수들 목에 씌우는 형구로써 동작이 그 형태가 비슷하여 붙게 된 이름으로 춘향이가 옥중에 갇혀 목에 씌워진 것을 연상하면 된다. 칼잽이는 체중을 실어 상대를 공격하는 기술이고 칼재기가 있는데 이 기술은 견제용 수단이다.

① 오른발을 굼실하고 왼손을 느진배에 가져간다.
② 왼발을 앞으로 눌러 밟으며 칼잽이를 한다.
요령: 칼잽이에서 왼쪽무릎이 왼쪽 엄지발가락과 수직이 되게 유지하고 오른발은 오금을 펴고 발은 45도를 유지하는 자세로 앞에서 뒤쪽으로 밀어도 뒷발이 지탱하는 힘으로 밀리지 않는 자세이다.

①

②

칼잽이 적용 - 칼잽이, 회목잽이 칼잽이

칼잽이

회목잽이 칼잽이

3) 빗장붙이기

상대의 가슴이나 목에 팔을 걸치듯이 가로눕혀 미는 것이다.

① 오른발을 굼실한 상태에서 왼손을 오른쪽 환도뼈 가까이 가져간다.

② 오른쪽 오금을 펴며 곡선을 그리며 눈높이 정도로 가로 민다.

요령: 굼실에서 능청으로 이어 질 때 몸에 힘을 빼고 마치 통나무가 쓰러지듯이 자기 체중이 상대에게 전달되게 한다.

①　　　　　　　　　　　　　②

빗장붙이기 적용

4) 떼밀기

손바닥으로 상대의 복장 또는 이마를 미는 자세로 한 손 또는 두 손으로 할 수 있다.

경기에서 상대를 다치지 않게 하며 견제하거나 몸의 균형을 무너뜨리고 복장이나 이마를 미는 동시에 차기와 딴죽으로 공격하면 효과적으로 상대를 이길 수 있는 기술이다.

① 오른발이 굼실하고 오른손을 앞으로 뻗고 왼손을 어깨에 붙인다.

② 오른손을 옆구리로 당기면서 왼손을 떼밀기 한다.

요령: 오른손을 뒤로 당기는 반작용으로 왼손을 떼밀고 다리는 중심이 뒷발에서 앞발로 이동한다.

① ②

떼밀기 적용

복장밀기

이마재기

5) 덜미잽이

손바닥으로 상대의 목덜미를 걸어 당기는 기술이다. 덜미를 잡을 때 팔꿈치를 구부려 상대의 가슴에 붙이고 손목이 호미처럼 구부려지게 하여 마치 자물쇠를 채우듯이 상대의 목덜미를 끌어 당긴다.

① 오른발이 굼실을 하고 왼손을 환도뼈 옆에 갖다 붙인다.
② 왼발을 앞으로 길게 내딛어 왼손으로 빗장붙이기를 한다.
③ 손을 호미처럼 만들어 허리의 회전력으로 힘껏 뒤로 끌어 당긴다.

요령: 상대의 덜미를 당길 때 팔의 힘으로 만 하는 것이 아니라 몸의 중심이 앞에서 뒤로 움직이는 작용, 허리 회전의 작용, 덜미를 당기는 팔의 작용이 3가지가 동시에 이루어져야 최상의 덜미잽이를 할 수 있다.

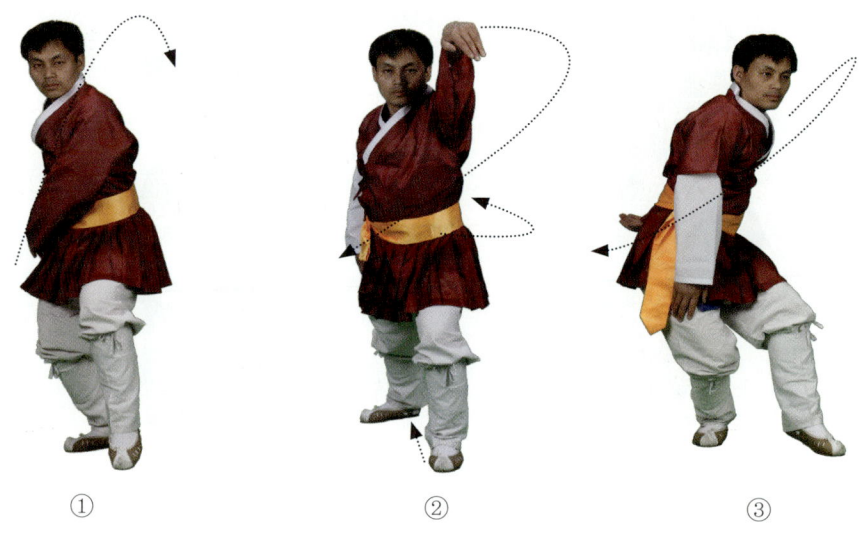

① ② ③

덜미잽이 적용

6) 덜미걸이

덜미잽이의 반대쪽을 잡는 동작으로 기술 원리는 비슷하나 상대의 덜미를 자신의 가슴 쪽으로 당기는 기술이다.

① 왼발을 길게 내딛어 서며 왼손을 활개 들기로 상대의 시선을 현혹시킨다.
② 왼손으로 세워 밀기를 한다.
③ 왼손을 반대편 어깨죽지와 왼발을 동시에 끌어당긴다.

요령: 상대의 덜미를 당길 때 체중 이동이 앞에서 뒤로 움직이며 실시한다.

덜미걸이 적용

제4부 택견 겨루기의 실제

제1장 겨루기의 기본
   1. 겨루기의 기본자세
   2. 품밟기의 응용
   3. 품밟기의 적용

제2장 맴돌리기(중심 흔들기)
   1. 맴돌리기 방법
   2. 맴돌리기 적용

제3장 겨루기 단일기술의 응용
   1. 호미걸이(발등걸이)
   2. 허벅걸이
   3. 어깨치기

제1장 겨루기의 기본

　겨루기의 자세는 공격과 방어의 중요한 기본이며 성패에 중요한 역할을 한다. 이러한 마음의 자세, 몸의 자세는 경기의 토대가 된다. 어떠한 공방의 자세를 취하느냐에 따라 승부에 영향을 미친다. 겨루기 자세는 상대의 변화에 자유자재로 공방을 할 수 있는 자세가 이상적이라 할 수 있으며, 택견 경기는 빠른 판단력으로 자신에게 유리한 자세를 갖추는 것이 중요하다. 자세의 기본은 첫 째, 공격하기 쉬운 공격자세, 둘 째, 되받기 쉬운 되받기 자세로 나눌 수 있다.
　본 장은 기존 학습체계의 범위를 벗어나 경기에서 필요한 다양한 종류의 기술을 새롭게 정리하는 과정으로 동작의 명칭을 필자의 생각으로 명명하였다.

1. 겨루기의 기본자세

1) 발 위치에 따른 서기 자세

　기본자세의 발 위치에 따른 서기는 효과적인 기술을 수행하는데 가장 중요한 역할을 한다. 서기 자세는 자신의 발 위치에 따라 좌품, 우품으로 나누는데 좌품은 왼발을 앞에 놓고 우품은 오른발을 앞에 놓는 자세이다. 겨루기의 기본자세는 상대와 거리가 가까운 상태에서 공격과 방어에 적합하고 균형성, 안정성, 민첩성을 가지고 있는 자세이다.
　허리를 곧게 세워 중심이 한쪽으로 실리지 않게 하고 어깨에 힘을 빼고 뱃심을 앞으로 내밀어 단전에 힘을 주고 다리의 중심은 뒤에 두고 균형을 유지한다.

① 좌품　　　　　　　　　② 우품

① 왼발로 공격과 되받기에 좋은 자세　　　② 오른발로 공격과 되받기에 좋은 자세

요령: 상대와의 거리가 가까우면 중심을 뒤에 두고 공방을 하고, 상대와의 거리가 멀거나 뒤로 물러나는 상대를 공격하기 위해서는 몸의 중심을 재빨리 앞으로 보내면서 공격한다.

2) 상체 및 팔의 자세

(1) 상체
선수의 자세는 몸의 밸런스를 유지하는 중요한 동작이다.

상대선수의 폼을 보고 앞발로 공격할 것인지, 뒷발로 공격할 것인지, 차기로 공격할 것인지, 딴죽으로 공격할 것인지를 예측할 수 있어야 한다.

① 양발의 보폭은 자신의 어깨 넓이로 벌려선 자세로 45도 앞으로 비스듬히 내밀고 몸은 정면을 향한다. 정면자세는 좌우 공격이 편리하다. 반면 전후 균형을 잃기 쉬워 전후 공격에 약하다.

② 양발을 어깨 넓이로 벌려서고 앞뒤로 발을 가지런히 하고 몸을 측면으로 둔다. 측면자세는 전후 공격이 편리하다. 그러나 좌우 중심의 불안정성으로 균형을 잃기 쉬워 좌우 공격에 약하다.

① 정면자세

② 측면자세

(2) 팔
① 손을 얼굴 높이까지 들어 올린 자세
얼굴 방어와 덜미잽이에 편리한 자세이다. 그러나 가슴 밑의 방어가 불편하며 느지르기나 딴죽 공격 시 손으로 되받기에 불리하다.

② 손을 가슴높이까지 들어 올린 자세
가장 이상적인 자세이다. 일반적으로 겨루기에서 가장 많이 사용하는 자세로 얼굴과 하단 공격의 되받기에 편리하지만 손을 허리 이상 들게 되면 차기 공격이 불편해진다.

③ 손을 허리 높이에 두는 자세
손이 허리에 위치하므로 딴죽기술은 손으로 되받기와 차기 공격이 편리하고 안정성이 있고 상대의

차기 기술을 사전에 방어할 수 있다. 그러나 상대가 얼굴을 공격하면 방어가 약해진다.

①얼굴높이　　②가슴높이　　③허리높이

3) 높낮이에 따른 서기 자세

① 낮은 자세 - 파워 있고 딴죽위주 공격 및 되받기형 자세이다.

몸의 중심을 밑으로 하고 두 다리의 간격은 어깨넓이 1.5배정도 넓게 벌린다.

본 자세는 기저면이 넓어 안정감이 있고 자세를 낮출수록 무게 중심이 낮아져서 균형 잡기가 쉬우며 파워 있는 동작을 구사할 때 사용하는 동작으로 상대를 차서 넘어뜨리거나 딴죽 위주의 공격을 할 때 편리하나 스피드가 느리다.

② 높은 자세 - 스피드 있고 차기 위주의 공격 및 되받기형 자세이다.

두 다리의 간격을 어깨 넓이보다 다소 좁은 자세로 상체를 곧게 세워 선다.

본 자세는 보폭이 좁으므로 기동성이 뛰어나 빠른 속도의 차기로 상대의 얼굴을 공격하는 것이 유리하나 상대의 딴죽 기술에 약한 자세이다.

① 낮은자세　　② 높은자세

4) 중심에 따른 서기 자세

① 몸의 체중을 뒤에 두고 앞쪽 발에 힘을 뺀 상태이다. 헛품 자세로 중심이 뒤에 있어 앞쪽 발로 공격과 되받기 하기에 편리하고 근접전에 유리한 자세이다. 그러나 상대가 두 다리를 동시에 공격하는 딴죽 기술에 약하다.

② 몸의 중심을 앞으로 누르고 무릎이 엄지발가락과 일직선이 되게 앞 무릎을 구부려서 선자세이다. 눌러 밟기 자세는 중심이 앞에 있어 상대의 딴죽 되받기에 편리하고 원거리 공격에 유리하다. 그러나 상대의 앞발 딴죽 기술에 주의한다.

① 헛품 자세   ② 눌러 밟기 자세

5) 상대의 발 위치에 따른 서기 자세

① 엇품 : 두 선수가 같은쪽 발을 내딛는 자세
② 맞품 : 두 선수가 서로 다른 발을 내딛는 자세

① 엇품   ② 맞품

2. 품밟기의 응용

택견은 기본적으로 품(品)자 모양의 형태를 밟고 있지만 겨루기 시 기본적인 틀에서 벗어나 다양한 형태의 품밟기를 한다. 상대 선수의 스타일이 붙는지 빠지는지 회전을 잘하는지 등의 경우에 따라 적합한 품밟기를 자유자재로 이동 할 수 있어야 한다. 경우에 따라 앞쪽 발이 먼저 이동해야 하는 경우가 있고 뒤쪽 발이 앞쪽 발을 스쳐지나가는 품밟기가 필요한 경우가 있다. 아무리 뛰어난 힘과 스피드를 가진 선수라도 정확한 거리와 타이밍을 잡지 못하면 무용지물(無用之物)이 되고 만다. 다양한 형태의 움직임을 자유롭게 하기 위해서는 품밟기의 다양성이 요구된다. 여러 형태의 응용품밟기가 나올 수 있지만 일부분 중 겨루기에서 많이 적용될 수 있는 형태를 소개한다.

1) 품 째밟기

상대의 내지르기 등 정면 공격을 옆으로 빠지면서 되받기가 가능한 품밟기이다.
① 원품
② 왼발을 오른발에 당기면서 능청을 한다.
③ 왼발을 앞으로 내딛고 손은 허벅지에 얹는다.
④ 오른발을 왼발로 당기면서 몸을 능청한다.
⑤ 오른발을 앞으로 내딛는다.
⑥ 원품
요령 : 뱃심을 충분히 내밀며 품밟기 한다. 좌우로 자연스럽게 이동을 하며 힘을 빼고 품밟기를 한다.

① ② ③ ④ ⑤ ⑥

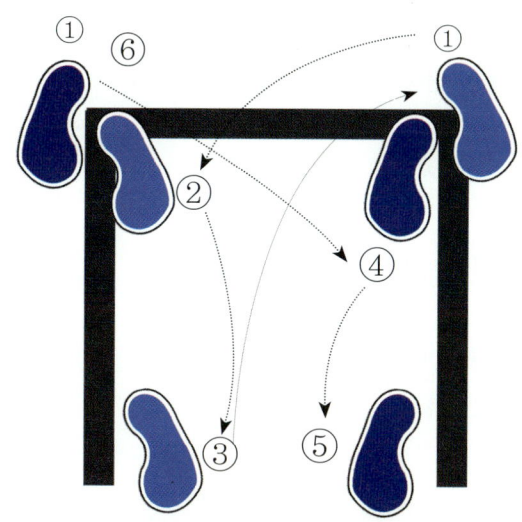

2) 품 재게 밟기

품을 빠르게(재게) 바꾸는 것으로서 품밟기의 보폭이 매우 짧고 발뒤축으로 뒤 허벅지를 툭 차듯이 발을 바꾸는 동작이다. 상대가 두발을 함께 공격할 때 피하면서 되받아 치는 기술이다.

적용: 두발 오금차기 공격 시 뛰어 오금 밟기 등으로 되받기 할 수 있다.

① 좌품을 앞으로 비스듬히 밟는다.

② 솟구치며 좌우 발뒤꿈치로 엉덩이를 찬다.

③ 우품을 앞으로 내민다.(좌우 번갈아 실시한다.)

요령: 발을 바꿀 때 발뒤꿈치로 뒤 허벅지를 때린다. 몸의 중심은 대부분 뒤쪽 다리에 체중을 두면서, 마치 토끼가 깡충깡충 뛰듯이 품밟기를 한다.

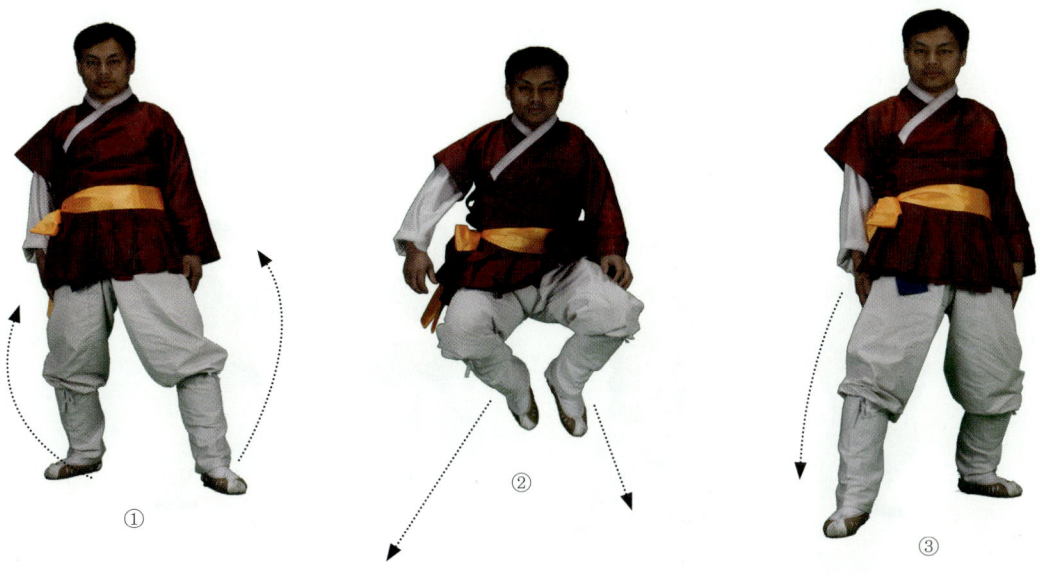

3) 엇밟기

발을 엇갈려 품을 밟는 자세로 정품 또는 역품에서 엇품으로 변화를 통해 상대에게 품의 리듬을 깨뜨리면서 공격하는 기술이다.

적용: 공격법의 예 – 딴죽 : 밭낚시걸이, 오금차기 등 / 차기 : 외알저기, 휘차기 등

① 왼발을 앞으로 내딛는다.

② 오른발을 앞으로 한발 나가면서 엇갈려 밟는다.

③ 오른발을 앞으로 내딛는다

④ 오른발을 앞으로 한발 내딛으며 엇갈려 밟는다.

요령: 시선은 정면을 보고 몸은 사선이 되게 한다.

4) 좌우 빗겨 밟기

상대의 직선적인 공격을 좌우로 흘려보내면서 되받기 하는 품밟기이다.

적용: 내지르기 공격 시 회목잽이 외알저기 되받기, 회목치기 공격 시 덧걸이로 되받기, 밭낚시걸이 공격 시 밭낚시걸이로 되받기 등.

① 왼발을 앞으로 내딛는다.

② 오른발이 뒤로 빠지면서 품을 밟는다.

③ 오른발을 앞으로 내딛는다.

④ 오른발이 뒤로 빠지면서 품을 밟는다.

요령: 상대의 공격을 허리와 발의 회전으로 자연스럽게 뒤로 흘러 보내듯이 되받는다.

5) 앞뒤 밀어밟기

뒤쪽 발이 앞발을 밀어 주는 품밟기 이다.

앞쪽 발을 이용한 딴죽과 차기의 공격이 유리하고 앞쪽 발의 되받기에 편리한 기술이다.

적용: 공격법의 예 - 앞쪽 발을 이용한 회목치기, 내지르기, 두름치기 등

① 오른발을 앞에 내딛는다.

② 오른발을 왼발 앞으로 끌어와 붙이고 오른발을 앞으로 내밀기 위해 들어 올린다.

③ 왼발이 앞으로 한발 나가서 내딛는다.

④ 다시 왼발을 뒤로 빼면서 오른발에 가져간다.

⑤ 오른발을 뒤로 한발 물러난다.

⑥ 반대쪽 오른발을 앞에 내딛는다.

⑦ 왼발이 오른발에 가져와 붙인다.

⑧ 다시 오른발을 앞으로 내딛는다.

⑨ 오른발이 다시 뒤로 왼발에 붙인다.

⑩ 왼발을 뒤로 빼면서 원위치로 돌아간다.

요령: 뒷발이 앞발을 밀어내듯이 품을 밟는다.

6) 품밀어 밟기 응용

(1) 앞 품밀어 밟기
① 오른발이 왼발 앞을 스치면서 내딛고 연속적으로 왼발은 앞으로 내딛는다.
② 왼발이 오른발 앞을 스치면서 뒤로 빠지면서 품을 밟고 연속적으로 오른발이 뒤로 내딛는다.
적용: 두름치기 등에 유용한 품

(2) 뒤 품밀어 밟기
③ 왼발이 오른발 뒤를 스치면서 앞으로 내딛고 연속적으로 오른발이 앞으로 내딛는다.
④ 오른발이 왼발 뒤로 스치면서 품을 밟고 연속적으로 왼발이 뒤로 빠지면서 품밟기 한다.
적용: 가로지르기 등에 유용한 품

① ② ③ ④

7) 앞뒤 끌어 밟기

앞쪽 발이나 뒤쪽 발이 먼저 전진하며 남은 한발을 끌어들이며 공격하는 품밟기이다. 앞발을 이용한 빠른 기습적인 공격이 가능하다.
적용: 오금차기, 내지르기 등
① 왼발을 앞으로 길게 내딛는다.
② 오른발이 왼발을 따라가며 붙인다.
③ 오른발을 크게 뒤로 내딛는다.
④ 왼발을 끌어 오른발에 붙인다.

⑤ 오른발을 앞으로 길게 내딛는다.
⑥ 왼발이 오른발을 따라가며 붙인다.
⑦ 왼발을 크게 뒤로 내딛는다.
⑧ 오른발을 끌어 왼발에 붙인다. 좌우 번갈아 실시한다.
요령 : 앞발의 중심을 앞으로 충분히 보내고 뒤의 발을 끌어당긴다.

3. 품밟기의 적용

1) 공격당한 발로 되받기 하는 경우

① 상대가 회목치기로 공격해 온다.
　　축의 발이 굼실과 동시에 회목치기를 곱꺾어 피한다.
② 피한 발을 들어 내지르기로 공격한다.
요령: 피한 발을 즉시 공격으로 전환하기 위해 몸의 중심 이동이 신속해야 하고 허리의 회전과 굼실
　　　에서 능청으로 이어지는 동작으로 공격을 해야 한다.

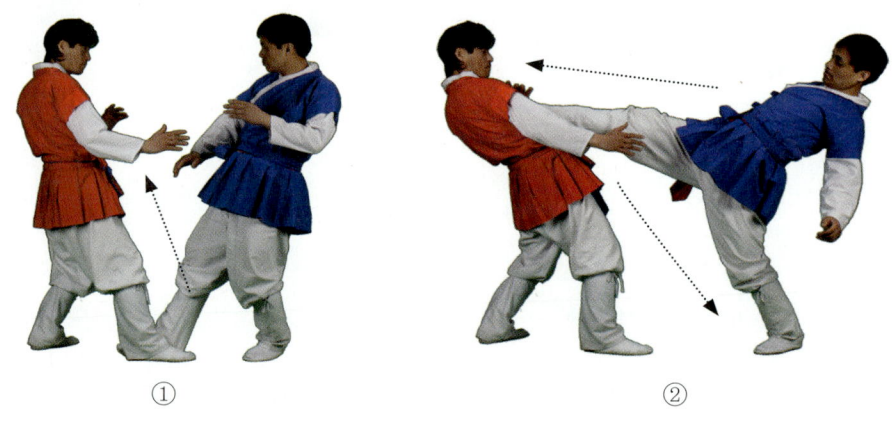

① ②

2) 공격당한 발 바꾸어 되받기 하는 경우

① 상대가 덧걸이로 공격을 한다.
② 발너울대기로 피한다.
③ 피한 발을 뒤로 빼면서 발을 바꾸어 내지르기로 공격한다.
요령: 몸의 중심을 재빨리 뒤로 보내면서 발너울대기 한다. 굼실과 능청을 통한 중심이동으로 되받
　　　기를 한다.

① ② ③

제2장 맴돌리기(중심 흔들기)

맴돌리기는 상대의 자세를 기울여서 기술을 걸거나 차기에 유리하게 중심을 흔드는 기술이다. 즉, 맴돌리기로 상대의 균형이 깨지도록 하여 자기의 기술을 공격하기 유리하게 기울이는 기술이며 발기술과 같이 사용해야 한다. 물론 맴돌리기 하나의 기법으로도 빠르게 사용하면 상대를 쓰러뜨릴 수 있다. 상대의 어깨를 잡아끌면서 다른 쪽 어깨를 돌리는 것인데 상대가 예측하지 못할 정도로 빠르게 실시해야 한다. 각종의 발기술과 조합한다면 상대를 쉽게 쓰러뜨릴 수 있다.

1. 맴돌리기 방법

1) 상대의 자세에 따른 공격법

(1) 정면 자세
양발을 원품으로 선 자세이다. 즉 양발을 좌우 어깨 넓이로 선 자세이다.
본 자세의 장점은 좌우 공격에 강하지만, 단점은 앞뒤의 공격에 약하다.
① 공격수
  딴죽: 안짱걸이, 안낚시걸이 등
  차기: 내지르기, 가로지르기(정면공격) 등
② 중심 흔들기: 앞으로 당기기(손목 낚아채기), 뒤로 밀기 등
  요령: 앞뒤로 상대가 움직이지 않고 버티면 회전을 한다.

(2) 측면 자세
양발을 앞뒤로 선 자세이다. 즉 가슴은 측면을 향하고 발이 앞뒤로 선 자세이다.
본 자세의 장점은 앞뒤 공격에 강하지만, 단점은 좌우 공격에 약하다.
① 공격수
  딴죽: 오금차기, 덧걸이, 밭낚시걸이 등
  차기: 두름치기, 곁치기 등(좌우 측면 공격) 등
② 맴돌리기법: 좌우돌기(양 손목, 팔꿈치, 양어깨, 목덜미) / 엇갈려 좌우돌기
  요령: 좌우로 움직이지 않고 버티면 회전을 한다.

2) 손의 위치에 따른 맴돌리기

(1) 허리 손: 손목 낚아채기 또는 양 어깨 및 목덜미 돌리기
(2) 가슴 손: 팔꿈치 좌우 돌리기
(3) 얼굴 손: 팔꿈치 상하 돌리기

[표4-1] 상대의 선 자세 및 공격부위에 따른 공격법

맴돌리기	서기 및 공격방향	딴 죽 수
정면 당기기	엇서기	안짱걸이
	맞서기	안낚시걸이, 앞회목치기
후면 밀기	엇서기	안낚시걸이, 앞회목치기
	맞서기	덧걸이, 밭장치기, 안짱걸이
좌우 어깨 돌리기	한번돌리기	앞회목치기, 안낚시걸이
	두번돌리기	덧걸이, 낚시걸이
팔꿈치 밀기	좌	모둠발회목치기
	우	뒤회목치기
	상	모둠발회목치기
	하	안짱걸이

3) 다양한 형태의 공격법

① 밀고 돌기
② 당기고 돌기
③ 당겼는데 끌려오지 않을 경우 안낚시걸이로 밀기
④ 발 나가며 밭낚시걸기
⑤ 반대 손 어깨 맴돌리기 가슴 대 가슴밀기
⑥ 무릎사용 하기
⑦ 들어갔다 빠지면서 나오는 발 앞회목치기
⑧ 들어갔다 빠지면서 공격하기
⑨ 들어가면서 축의 발 회목치기
⑩ 한손 손목과 안가지치기 돌리기

※ 상대를 밀거나 당기는데 움직이지 않으면 좌우로 돌아라.

2. 맴돌리기 적용

1) 상대의 선 자세에 따른 공격법

(1) 정면 자세

밀기-안낚시걸이(상대가 버틸 때)

상대를 끌어당기는데 버티면 뒤로 밀면서 안낚시걸이로 공격한다.

요령: 상대가 버티면 순간적으로 상대를 뒤로 몸의 중심과 팔꿈치로 쳐서 넘긴다.

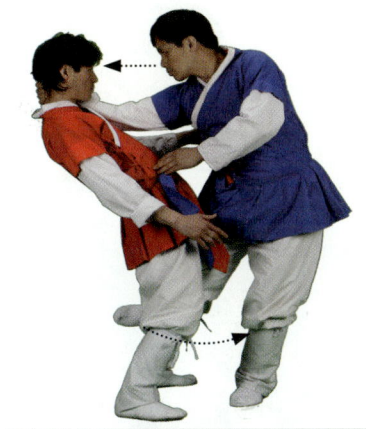

안낚시걸고 밀기(상대가 버틸 때)

(2) 측면 자세

a. 당기기-안짱걸이(우측발이 앞으로 끌려올 때)

① 상대의 목덜미를 오른 손으로 잡는다.
② 공격자가 왼발을 뒤로 빼면서 끌러오는 상대의 오른발을 안짱걸이로 걸어 당겨서 넘긴다.

요령: 상대가 앞으로 당겨오는 순간에 안쪽으로 원을 그리며 바닥을 타고 건다.

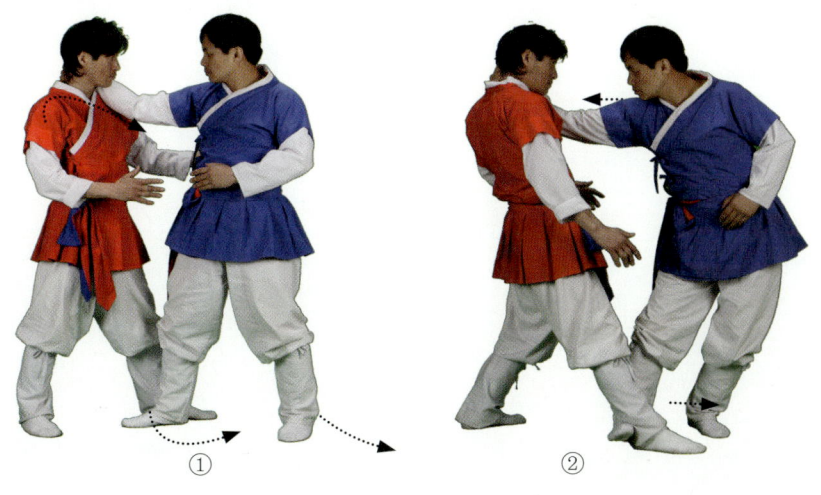

b. 당기기-안낚시걸이(좌측발이 끌려올 때)

공격자가 덜미잽이를 하면서 왼발을 뒤로 뺀다. 상대의 왼쪽발이 앞으로 끌러 오는 경우에 안낚시걸이로 걸어서 넘긴다.

요령: 공격자의 몸을 뒤로 빼고 상대의 오른발이 끌려오는 순간 건다.

안낚시걸이

2) 상대의 손 위치에 따른 공격법

(1) 허리높이(어깨 맴돌리기)

a. 덧걸이

① 상대의 손이 허리에 있을 경우 양손으로 어깨를 잡는다.
② 허리를 회전시키고 왼발이 뒤로 빠지면서 왼어깨를 당기고 오른손을 밀어서 상대의 중심을 기울인다.
③ 오른쪽으로 기울어진 상대의 양 어깨를 맴돌리면서 덧걸이로 넘긴다.
요령: 팔의 힘만으로 사용하지 말고 발과 허리의 회전으로 실시한다.

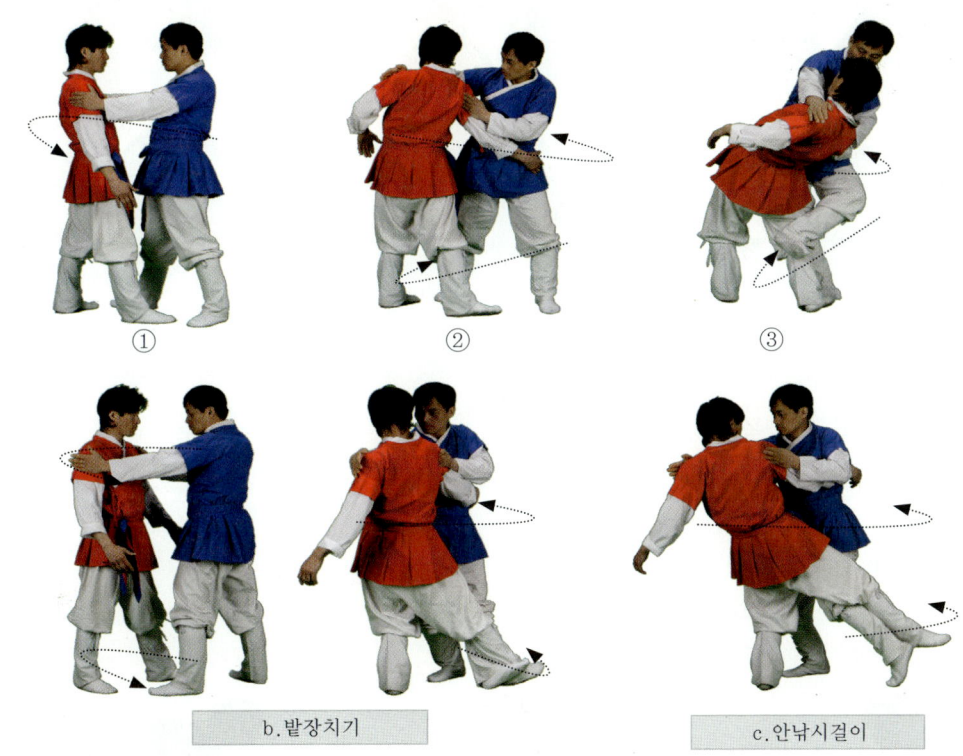

b. 밭장치기

① 상대의 양 어깨에 손을 갔다 댄다.
② 왼발이 뒤로 빠지면서 오른손을 어깨를 밀고 왼어깨를 당기면서 밭장치기로 걸어서 넘긴다.
요령: 한 순간에 맴돌리기 하여 발을 회전한다.

c. 안낚시걸이

오른발이 우측으로 들어가면서 양어깨를 맴돌리고 안낚시걸이로 걸어서 넘긴다.
요령: 안낚시걸이는 바닥을 스치면서 오른손은 몸으로 밀고 왼쪽 어깨는 당긴다.

d. 어깨 맴돌리고 오금밟기

① 양손은 상대의 어깨를 잡는다.
② 왼발이 상대의 오른발 뒤로 들어가면서 왼쪽 어깨를 밀고 오른쪽을 당기면서 목을 잡는다.
③ 상대의 오금을 밟아 넘긴다.
요령: 맴돌려 한 바퀴 돌아 상대의 뒤편에서 목을 뒤로 당기며 오금을 밟는다.

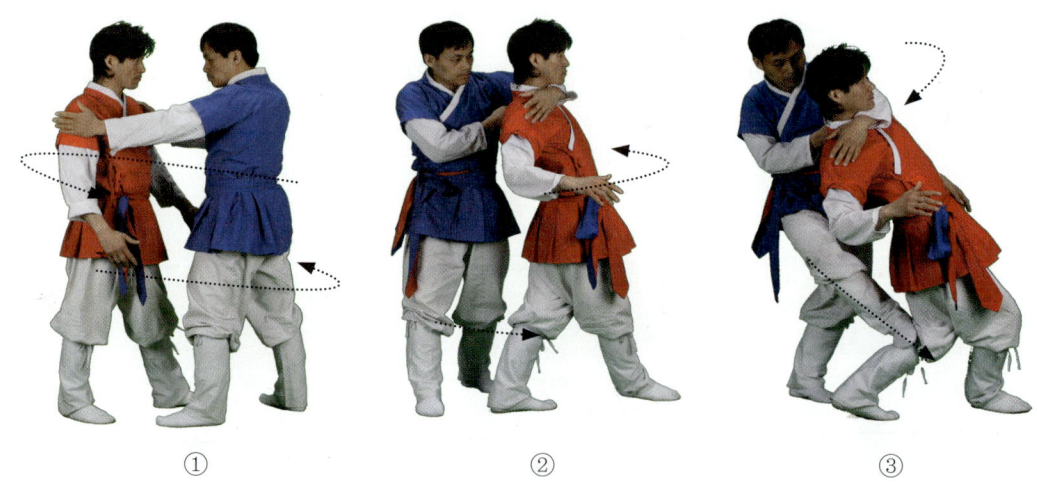

① ② ③

e. 어깨 맴돌리고 뒷회목치기

① 왼손은 상대의 오른쪽 어깨에 갖다대고 오른손은 목덜미를 누른다.
② 오른쪽 어깨는 밀고 왼쪽은 당긴다.
③ 상대를 한 바퀴 맴돌려 뒷회목치기로 넘긴다.
요령: 어깨의 맴돌리기는 누르고 밀면서 한다.

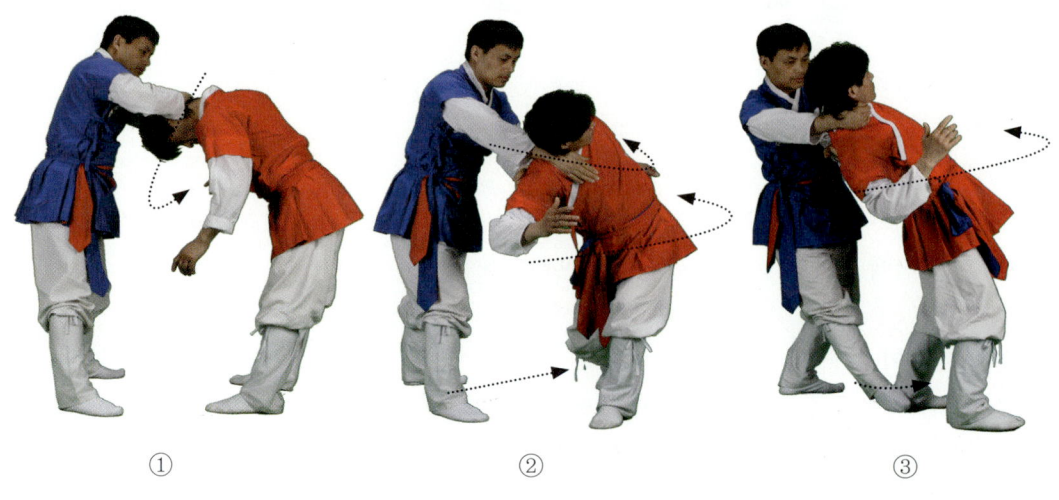

① ② ③

(2) 가슴높이(팔꿈치 좌우 맴돌리기)

a. 뒷회목치기

① 상대의 팔꿈치를 낚아챈다.
② 오른쪽 팔꿈치를 밀면서 왼발이 앞으로 한발 나간다.
③ 상대의 팔꿈치를 밀면서 뒷회목치기로 넘긴다.
요령: 팔꿈치 돌리기는 앞으로 약간 당기듯이 낚아채면서 한다.

① ② ③

b. 밭낚시걸이

① 상대의 팔꿈치를 잡는다.
② 왼발이 앞으로 전진하며 팔꿈치를 돌린다.
③ 오른발을 뒤로 빼면서 밭낚시걸이를 걸어서 넘긴다.
요령: 상대의 팔꿈치를 회전으로 밀고 허리의 회전력으로 걸어 넘긴다.

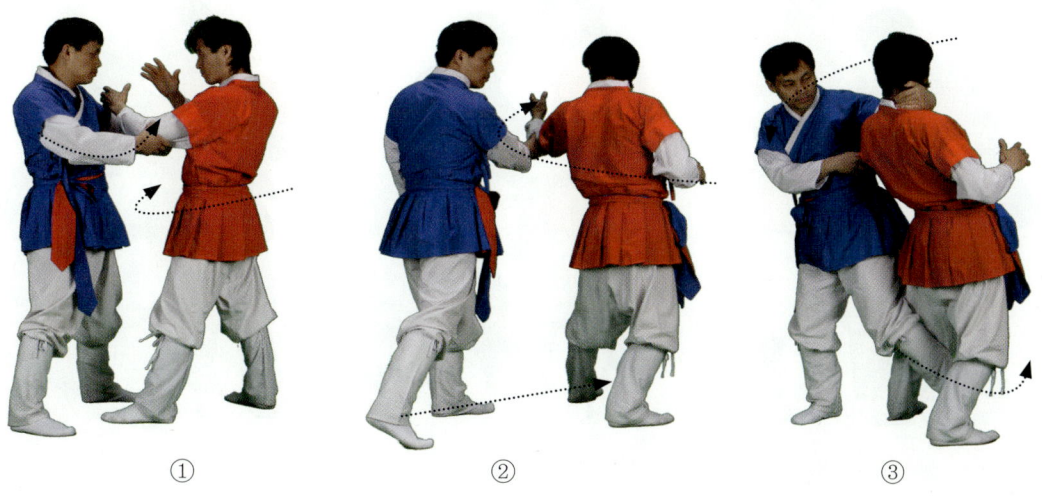

① ② ③

c. 안짱걸이

① 상대의 양 팔꿈치를 걸치고 오른손은 누르고 왼손을 위로 밀어 올린다.

② 상대의 두 팔을 맴돌리면서 안짱걸이로 걸어서 넘긴다.

요령: 상대의 양 팔꿈치를 당기고 미는 것은 둥근 원을 돌리듯이 한다.

①

②

d. 허리 맴돌리기

① 상대의 허리를 양손바닥으로 잡는다.

② 오른손은 밀고 왼손은 당기면서 오른발이 앞으로 한발 나간다.

③ 허리를 맴돌리면서 상체를 어깨로 치며 밭낚시걸이를 한다.

요령: 상대 골반의 장골(腸骨) 극에 손바닥을 걸쳐서 맴돌리기 한다.

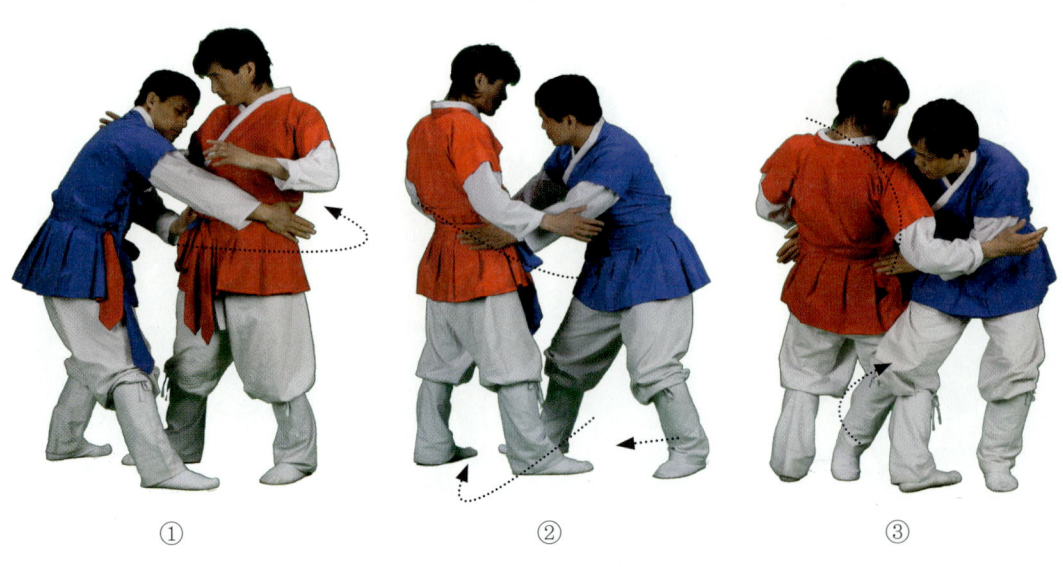
①　　　　　②　　　　　③

(3) 얼굴높이 (팔꿈치 밀기)

a. 팔꿈치 밀고 뒷회목치기(위로 밀기)

① 상대의 팔꿈치를 옆으로 돌리면서 앞으로 밀어 낸다.

② 팔꿈치가 상대 얼굴까지 밀리도록 하고 뒤 회목을 쳐서 넘긴다.

요령: 팔꿈치와 몸을 함께 밀면서 뒷회목치기 한다.

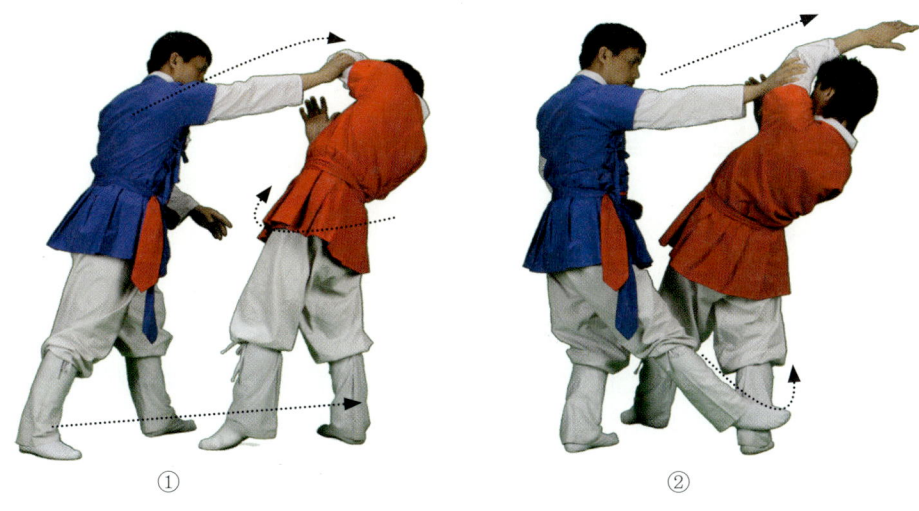

① ②

b. 밭낚시걸이

① 상대의 팔꿈치를 밀고 손목을 잡아당기면서 얼굴 위로 밀어낸다.

② 상대의 중심이 뒤로 밀릴 때 밭낚시걸이 한다.

③ 걸어서 넘긴다.

요령: 손목과 팔꿈치가 꺾이도록 당기고 민다.

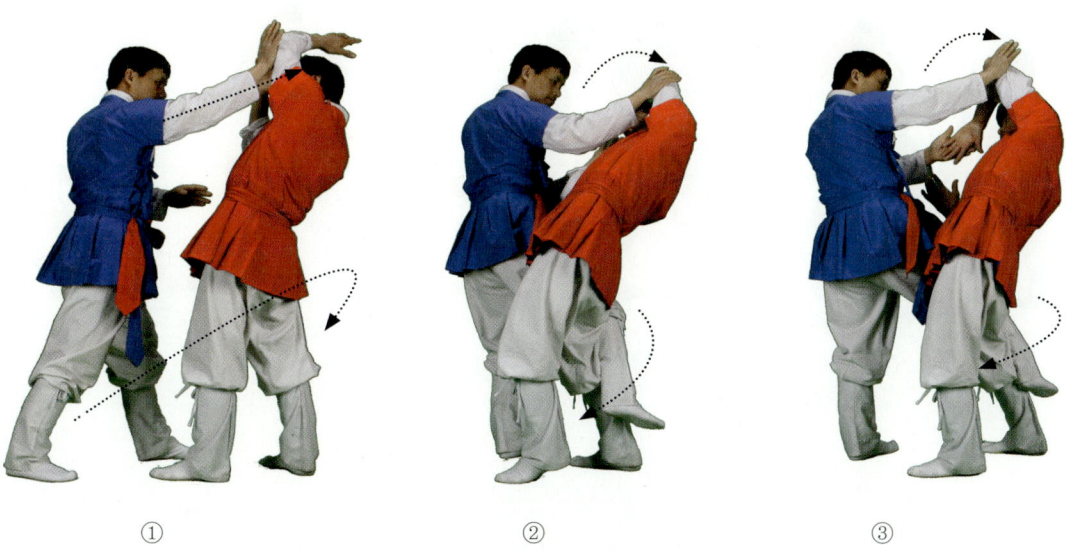

① ② ③

제3장 겨루기 단일기술의 응용

1. 호미걸이(발등걸이)

상대를 딴죽이나 얼레메기기, 겻기 등의 기술로 공격 시 버티면 재차 호미모양으로 발목을 걸어서 넘기는 기술이다. 또한 상대의 발목이나 오금 등을 단번에 공격할 수 있다. 근거리에서 상대와 맞붙어서 발목이나 무릎을 걸어서 넘기는 기술로 힘과 민첩성의 대결이라고 생각하면 된다. 즉, 상대의 관절을 공격자의 발목 분절을 이용하여 꺾거나 밀어서 넘기는 기술이다. 영화장면에서 칼과 칼을 마주대고 서로의 허점과 시간차를 노리는 형태를 연상하면 좋을 듯하다.

1) 안짱걸이(안 발목걸이)

① 상대 발목을 안짱걸이로 건다.
② 안짱걸이로 걸어 당기는 상대가 버티는 것을 반대쪽으로 경골(촛대뼈)로 밀어 낸다.
③ 상대의 경골을 걸어서 넘긴다.
요령: 체중을 다리에 실어서 넘기고 발목을 호미처럼 꺾어서 상대의 발목에 붙인다.

① ② ③

2) 밖 밭장치기(밖 발목걸이)

① 상대의 발목을 밭장치기 한다.
② 상대가 밀려나지 않고 버티는 것을 발목을 걸고 정강이를 밀어서 넘긴다. 마치 씨름의 빗장걸이와 흡사한 기술이다.
요령: 발목을 최대한 안쪽으로 꺾어서 걸고 체중을 실어서 민다.

① ② ③

3) 안 밭장치기(안 발목걸이)

① 안에서 밖으로 밭장치기를 한다.
② 상대가 버티는 것을 정강이로 밀어서 넘긴다.
요령: 발목을 당기면서 정강이로 민다.

① ② ③

4) 안짱걸이(발목걸고 무릎 돌려 걸기)

① 상대를 당기면서 오금을 끌어당긴다.

② 상대가 버티는 것을 정강이를 타고 내려서 발목을 안짱걸이로 건다.

③ 공격자의 오른쪽 무릎을 안에서 밖으로 돌려 앞으로 밀어 넘긴다.(발을 밟아서 넘길 수도 있다)

요령: 상대의 발목을 안짱걸이 하면서 자신의 가슴으로 밀고 무릎에 체중을 실어 회전시킨다.

① ② ③

5) 오금걸이

상대의 다리를 딴죽으로 걸어서 넘길 때 상대가 다리를 버티면 발보다 더 큰 힘을 가진 정강이로 걸어서 넘기는 기술이다.

① 상대의 오른쪽 다리 위 허벅지에 정강이를 붙이고 발로 오금을 건다.

② 발목을 호미처럼 꺾어서 오금을 당기고 정강이로 상대의 대퇴부위를 밀어낸다.

③ 상체를 앞으로 밀면서 걸어서 넘긴다.

요령: 상대의 오금과 대퇴부위를 자물쇠로 잠그듯이 걸어 허리를 틀고 체중을 실어서 넘긴다.

① ② ③

2. 허벅걸이

상대를 발보다 질량이 큰 허벅지(대퇴부)를 이용하는 딴죽의 기술로 딴죽 공격을 하고 재차 허벅지로 걸어서 넘길 수 있는 기술이다.

1) 회목치기 식 허벅걸이

① 상대의 덜미를 오른손으로 잡는다.
② 회목치기 시 상대가 버티면 왼발이 앞으로 들어가면서 허벅지를 상대의 대퇴부위에 갖다 붙인다.
③ 상대의 왼발을 받치고 어깨나 겨드랑이를 밀고 허벅지로 차 돌리듯이 허리의 회전으로 걸어서 넘긴다.
요령: 차 돌리기 공격 시 팔의 힘만으로 하지 말고 회전력과 허리 힘으로 상대의 몸을 맴돌려준다.

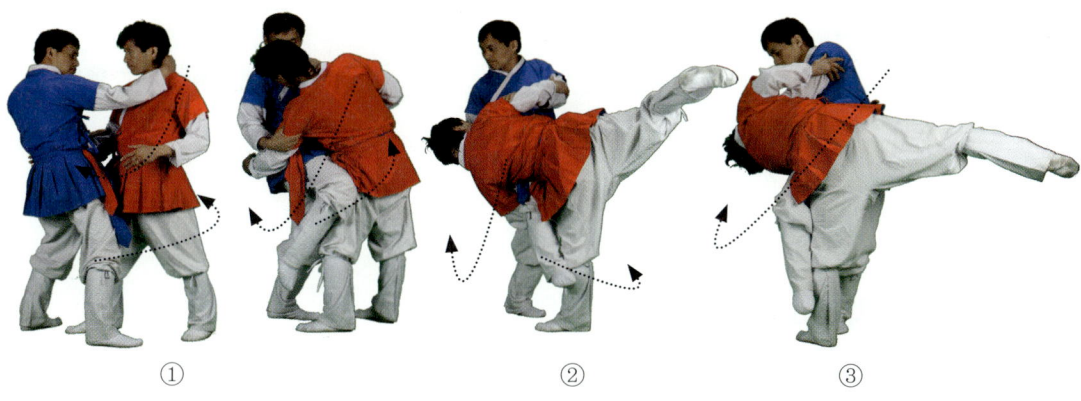

2) 낚시걸이 허벅걸이

① 상대에게 밭낚시걸이를 한다.
② 상대가 버티면 허벅을 우측 안쪽으로 틀어서 넘긴다.
요령: 상대의 허벅지를 걸 때 몸과 허리를 틀어서 공격한다.

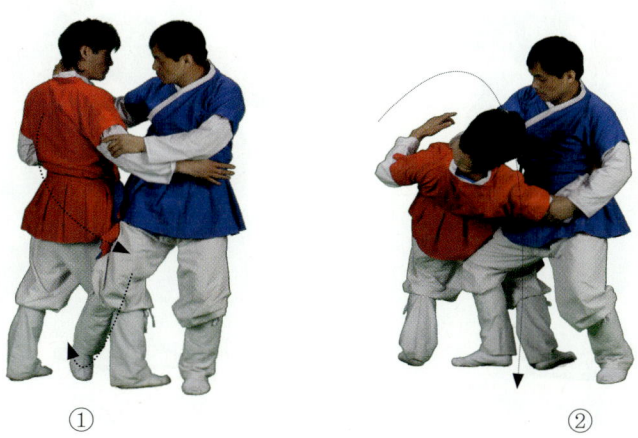

3) 낚시걸이 한발 전진 허벅걸이

① 상대에게 낚시걸이를 한다.

② 뒤쪽 발을 들어 앞으로 나간다.

③ 왼발을 앞으로 내딛어 걸어서 넘긴다.

요령: 몸의 중심을 앞에 두고 나가면서 한다.

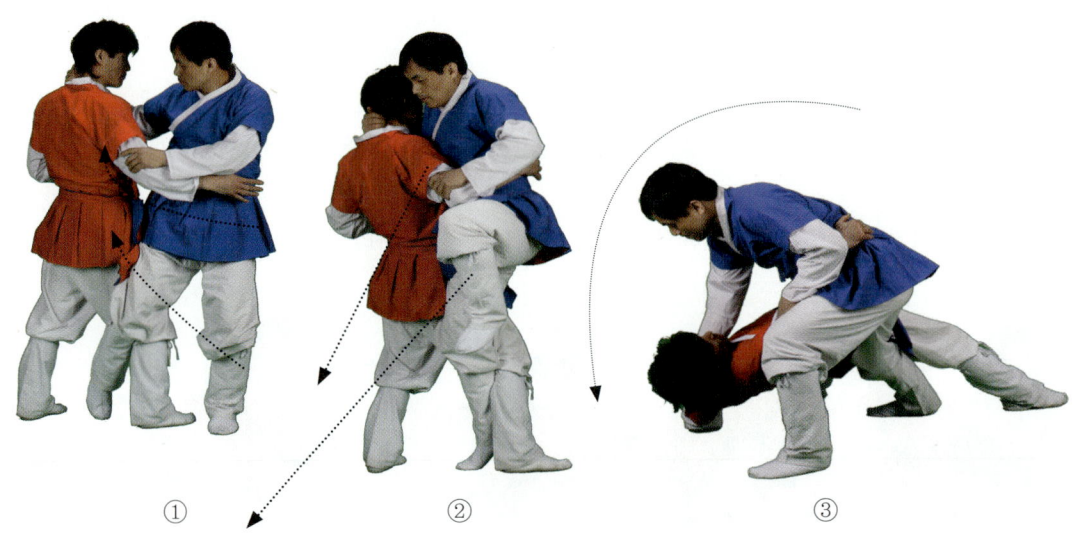

4) 덧걸이 허벅걸이

① 상대의 오금을 덧걸이 한다.

② 상대가 버티면 왼 무릎을 안으로 틀면서 목덜미를 뒤로 당겨서 넘긴다.

요령: 허벅걸이 시 뱃심을 앞으로 내밀면서 걸어서 넘긴다.

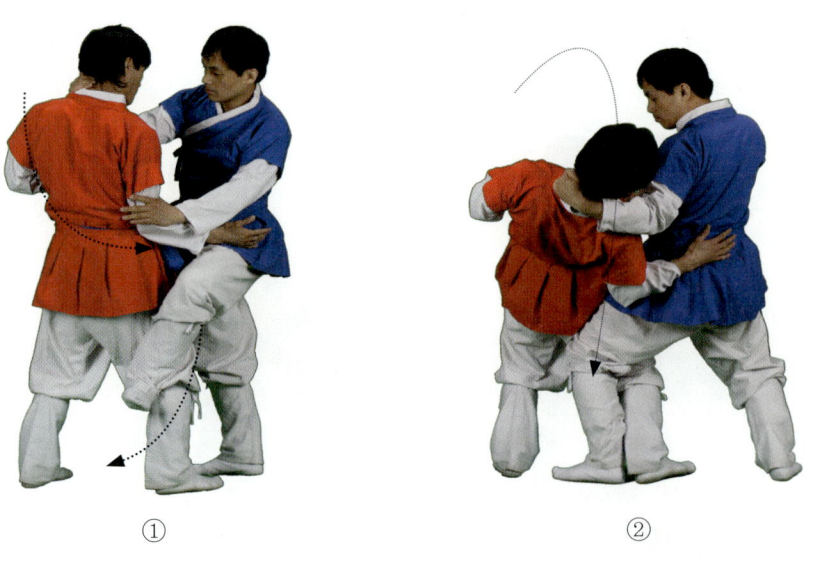

5) 오금차기 허벅걸이

① 상대의 두 다리를 오금차기로 건다.
② 상대가 앞으로 허리를 숙여 버티면 허벅을 앞으로 틀어서 넘긴다.
요령: 빗장붙이기와 허벅지를 동시에 틀어준다.

① ② ③

6) 뒷회목치기 허벅걸이

① 상대의 오금을 밟는다.
② 상대가 버티면 종아리를 타고 내려 뒷회목을 친다.
③ 상대의 목덜미를 뒤로 당기고 오금을 무릎으로 친다.
④ 상대를 뒤로 당겨서 넘긴다.
요령: 상대의 허벅을 틀면서 뱃심을 앞으로 내민다.

① ② ③ ④

3. 어깨치기

　어깨치는 상대를 공격하거나, 상대의 공격을 역이용하여 몸의 중심이동과 동시에 어깨를 이용해서 되받는 기술이다. 택견 겨루기의 경기 규칙은 옷을 잡는 것이 반칙이 된다. 상대를 걸어서 넘기기 위해 목덜미와 팔꿈치를 자물쇠를 채우듯이 잡고 딴죽으로 공격을 한다. 이러한 상대의 공격으로 인해 팔을 사용하지 못하거나 딴죽이나 차기 등의 공격 시 발이나 손보다 강한 어깨로 근접상태에서 공격을 하면 효과적인 기술이 된다.

1) 회목치기-어깨받기
① 상대가 회목치기로 공격을 한다.
② 상대의 회목치기를 피하면서 허리를 틀어 어깨를 쳐서 넘긴다.
요령: 통나무가 넘어지듯이 어깨로 친다.

2) 밭장치기-낚시걸이 어깨치기
① 상대가 밭장치기로 공격을 한다.
② 상대가 덜미잽이로 당기는 힘에 의해 당겨 들어가면서 어깨로 상대의 가슴을 치고 낚시걸이를 걸어서 넘긴다.
요령: 밭장치기 공격을 버틴 후 상대가 공격한 발의 축을 무너뜨린다.

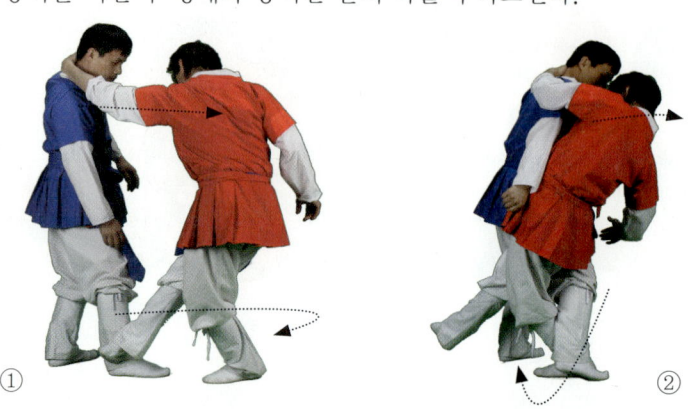

3) 학치지르기-어깨치기

① 상대가 학치지르기로 공격을 한다.

② 무릎을 돌려 피하고 왼발이 앞으로 나가면서 어깨치기로 넘긴다.

요령: 무릎을 피하면서 굼실을 하고 능청하는 반동력으로 어깨를 친다.

① ②

4) 안짱걸이-어깨치기

① 상대가 안짱걸이로 공격을 한다.

② 상대가 덜미를 당기는 것을 안짱걸이로 발목을 걸고 어깨로 쳐서 넘긴다.

요령: 안짱의 발목을 곱꺾는다.

① ②

5) 낚시걸이-어깨치기

① 상대가 목덜미와 팔을 잡고 낚시걸이로 공격을 한다.
② 상대가 팔꿈치를 누르고 상완을 사용하지 못하게 하면 전완을 펴고 어깨치기로 쳐서 넘긴다.
요령: 왼발이 앞으로 한발 나가면서 어깨를 친다.

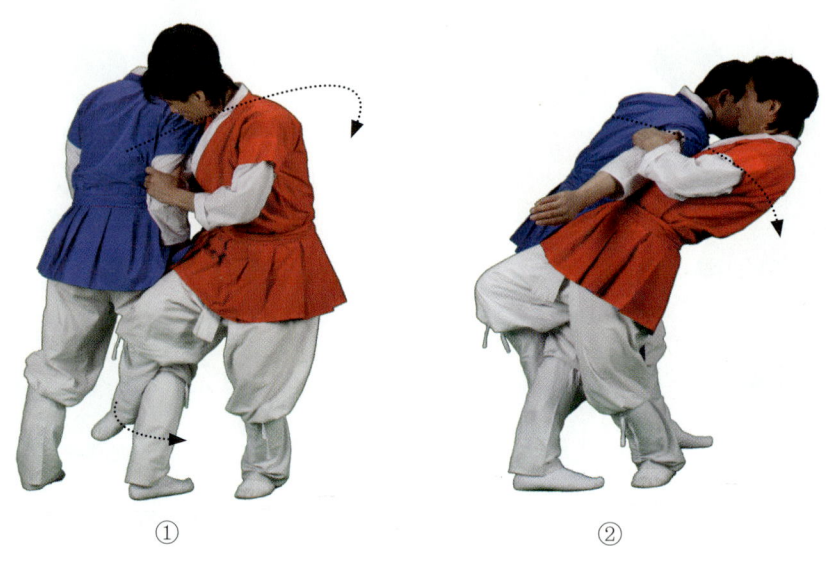

① ②

6) 오금차기-어깨치기

① 상대가 오금차기로 공격을 한다.
② 왼발로 상대의 발회목을 안짱을 걸고 어깨를 받아 넘긴다.
요령: 왼발이 들어가는 동시에 어깨를 친다.

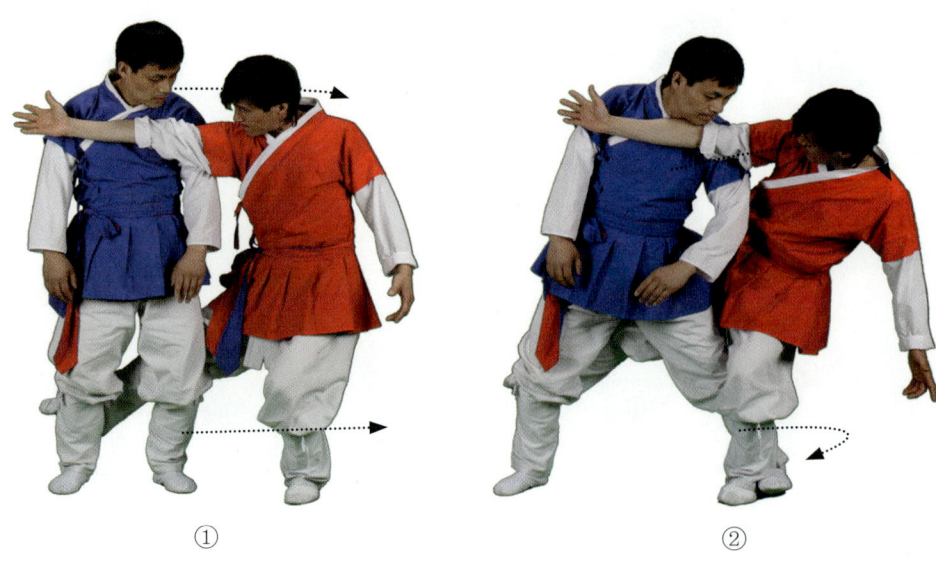

① ②

7) 안우걸이-어깨치기

① 상대가 목덜미와 팔꿈치를 잡고 안우걸이로 공격한다.

② 상대가 공격하는 발을 뒤로 당겨서 되받으며 어깨를 쳐서 넘긴다.

요령: 상대의 오른쪽 팔을 휘감으며 어깨를 친다.

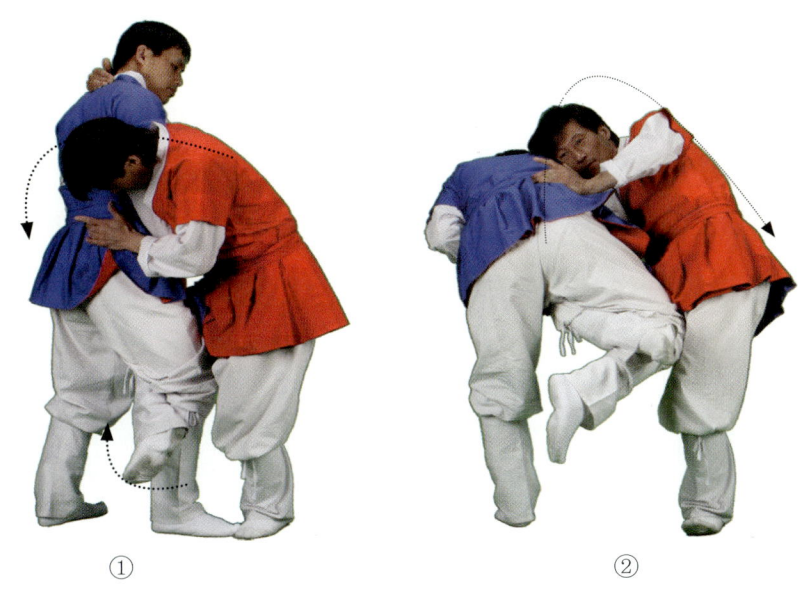

① ②

8) 내지르기-어깨치기

① 상대가 내지르기를 하면 회목잽이를 하고 어깨를 대퇴부위에 붙인다.

② 회목을 당기고 어깨를 밀어서 넘긴다.

요령: 상대의 허벅지에 상체의 체중을 실어서 넘긴다.

① ②

제5부 택견겨루기의 실전 연습

제1장 공격연결기술
1. 딴죽 공격연결기술
2. 차기 공격연결기술
3. 딴죽과 차기 공격연결기술
4. 차기와 딴죽 공격연결기술
5. 복합 공격연결기술

제2장 되받기 기술
1. 딴죽 되받기
2. 차기 되받기
3. 덜미잽이 되받기
4. 발걸이 되받기

제3장 겨기
1. 딴죽 공격단일기술
2. 딴죽 공격연결기술
3. 딴죽과 차기 공격연결기술

제1장 공격연결기술

본 실기의 장에서는 겨루기 경기에서 많이 사용되고 있는 기술과 필요한 기술을 각 단계별로 나누어 소개한다. 다양한 형태의 응용기술이 있지만 일부를 소개하고, 기술을 나누는 방법을 소개한다. 기술을 나누는 방법은 곱셈의 방식이다. 우리는 처음 기술을 배울 때 낱 기술을 배우게 된다. 다음 단계로 낱 기술을 토대로 하여 맞대걸이(약속 겨루기) 와 본때(품새) 등으로 진행이 된다.

타 무술의 예를 들면, 복싱은 몇 가지 되지 않는 공격수에서 다양한 형태의 스텝과 응용을 통해 수많은 형태의 기술로 응용 되고, 씨름, 유도, 태권도 등도 그러하며 합기도의 경우도 기본수에서 응용이 되어 3608수가 만들어 지기도 한다.

중국 쿵후의 경우 기본수 9가지(독립식, 등산식, 좌반식 등)의 기술이 수많은 응용수를 통해 권법이 다양한 형태로 만들어 지는 것을 볼 수 있다. 택견의 경우도 마찬가지로 수백 또는 수천 개의 응용기술이 만들어 질 수 있다.

그 예는 아래와 같다.

```
딴죽(10) × 10=100
발질(10) × 10=100
손질(10) × 10=100
딴죽(10) × 발질(10) × 손질(10) =
발질(10) × 딴죽(10) × 손질(10) =
손질(10) × 딴죽(10) × 발질(10) = 등
```

그 외에 품밟기×딴죽×차기×손질×전술×속임동작 등 다양한 형태의 응용기술이 나오게 된다. 그 수많은 기술들을 겨루기에서 자기 기술로 만들어 사용하기 위해서는 각자의 신체 조건에 맞게 뒷배(코치)나 지도자가 선별하여 선수의 특기를 개발시켜야 하고 또한 체력+기술+심리+환경 등의 여러 가지가 복합적으로 연결되었을 때 최상의 컨디션을 가지고 좋은 기록을 만들어 낼 수 있다.

◈ 공격 연결 기술 분류표 ◈

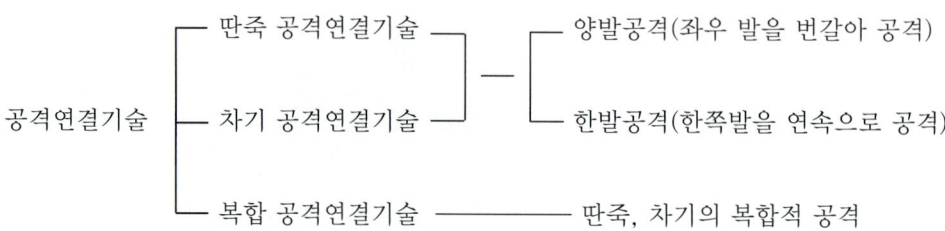

1. 딴죽 공격연결기술

1) 딴죽의 형태

- 딴죽 공격한 반대 발로 딴죽(딴죽(좌)+딴죽(우), 딴죽(우)+딴죽(좌))
- 딴죽 공격한 같은 발로 딴죽(딴죽(좌)+딴죽(좌), 딴죽(우)+딴죽(우))

(1) 딴죽기술표 [표5-1]

1.회목치기 2.밭장치기 3.학치지르기 4.안짱걸이 5.낚시걸이 6.깎음다리. 7.어복치기 8.덧걸이 9.안우걸이

※ 위의 기술은 품밟기의 형태와 안, 밖, 앞, 뒤의 공격방향에 따라 응용 할 수 있다.

(2) 공격연결기술 도식표 [표5-2]

1+1	1+2	1+3	1+4	1+5	1+6	1+7	1+8	1+9
2+1	2+2	2+3	2+4	2+5	2+6	2+7	2+8	2+9
3+1	3+2	3+3	3+4	3+5	3+6	3+7	3+8	3+9
4+1	4+2	4+3	4+4	4+5	4+6	4+7	4+8	4+9
5+1	5+2	5+3	5+4	5+5	5+6	5+7	5+8	5+9
6+1	6+2	6+3	6+4	6+5	6+6	6+7	6+8	6+9
7+1	7+2	7+3	7+4	7+5	7+6	7+7	7+8	7+9
8+1	8+2	8+3	8+4	8+5	8+6	8+7	8+8	8+9
9+1	9+2	9+3	9+4	9+5	9+6	9+7	9+8	9+9

1×9	2×9	3×9	4×9	5×9	6×9	7×9	8×9	9×9

2) 양발을 이용한 딴죽 공격연결기술

이장의 기술은 딴죽 공격 후 다양한 형태로 움직이는 상대의 품(品)이 버티거나 뒤로 물러나는 상황에 따라 양발을 바꾸면서 공격하는 기술이다. 겨루기에서 많이 사용되는 기술을 위주로 소개한다.

(1) 회목치기

a. 회목치고 밭낚시걸이

① 오른손과 오른발로 발회목을 친다.

② 상대가 피하거나 버티면 반대쪽 다리를 밭낚시걸이로 공격한다.

③ 걸어 넘긴다.

요령: 상대의 덜미를 당겨서 뒤로 버티는 힘을 역이용해서 낚시걸이를 건다. 상대의 팔꿈치를 잡고 당기면 반칙이 되므로 옆구리에 밀어 붙인다.

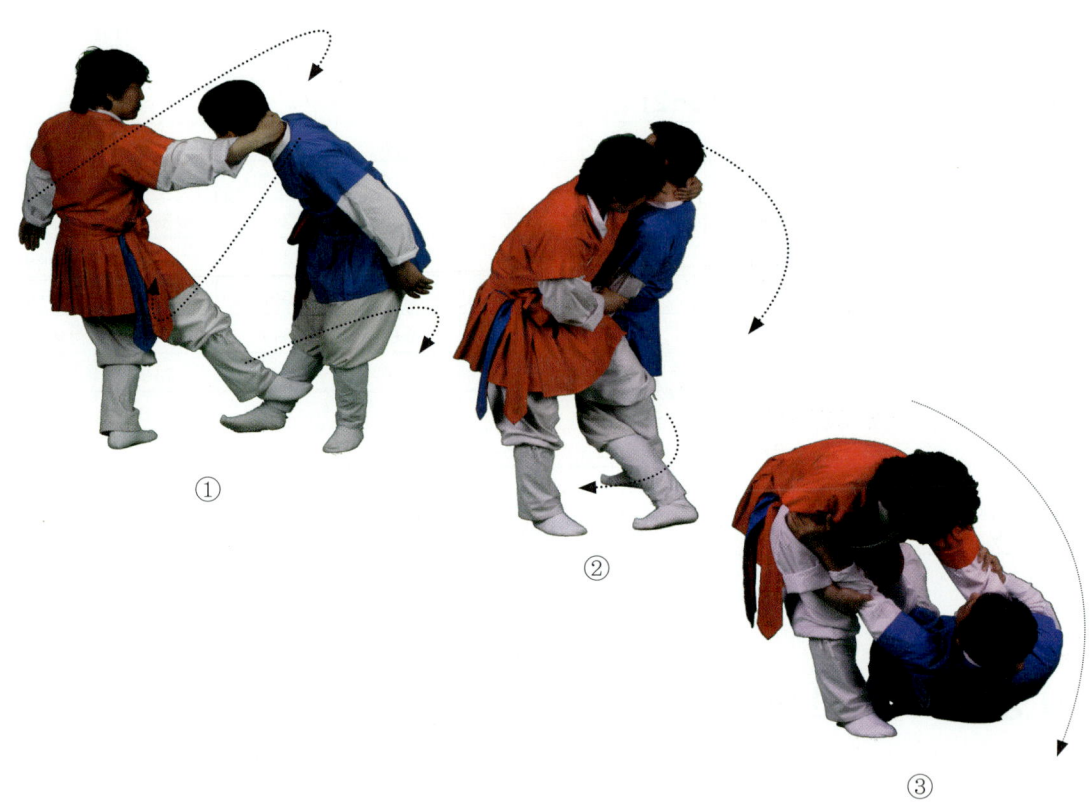

b. 회목치고 어복치기

① 상대를 오른손과 오른발로 앞 회목치기 한다.
② 상대의 같은 발 어복을 친다.
③ 상대의 목덜미를 한손젖히기로 걸어서 넘긴다.
요령: 어복치기 시 거는 다리와 뱃심을 내밀었다가 원위치로 돌아오는 허리의 힘을 이용해서 걸어 넘긴다.

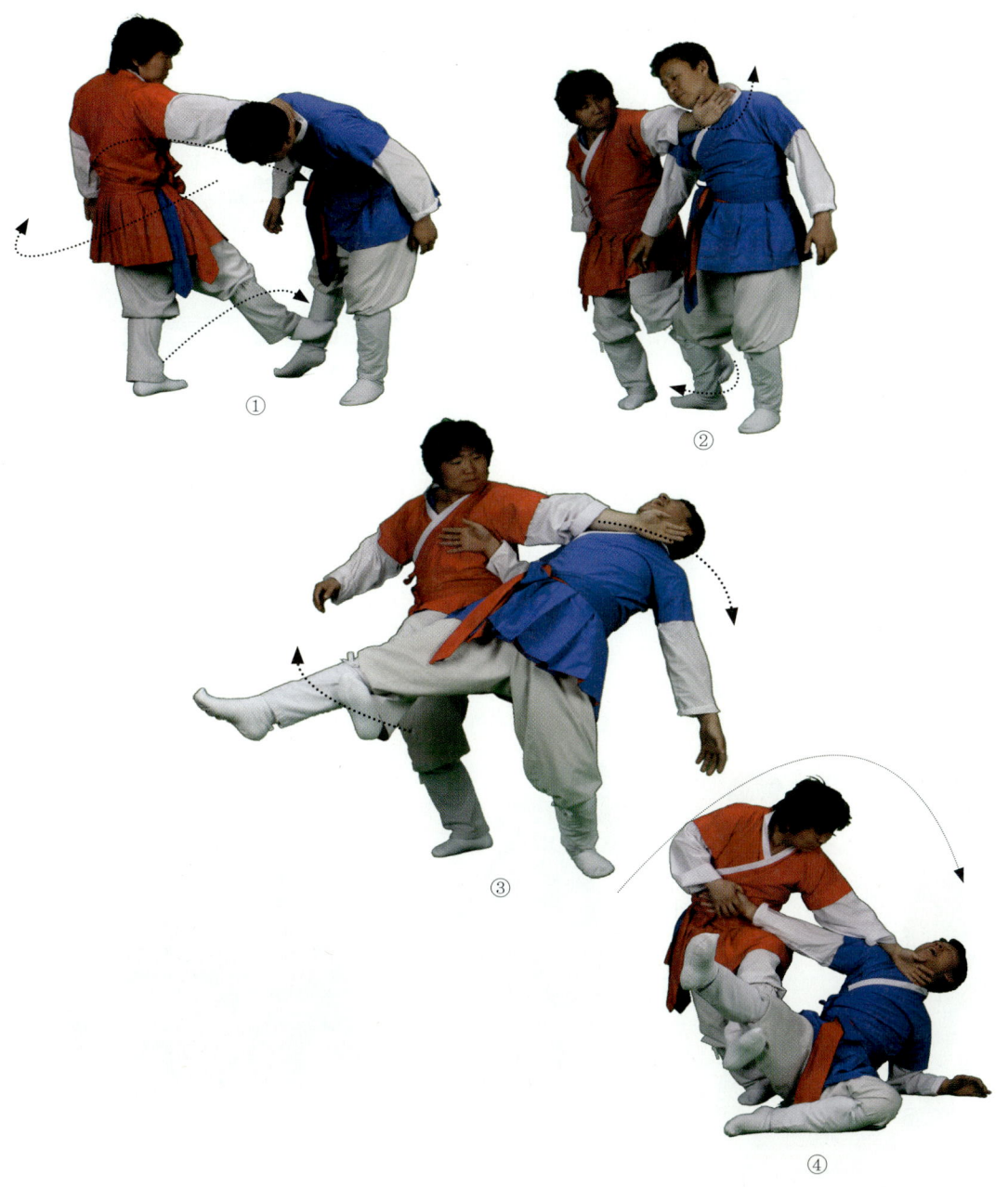

(2) 밭장치기

a. 밭장치고 오금밟기

① 오른손으로 덜미잽이를 하고 오른발로 밭장을 친다.
② 상대의 왼쪽 다리가 버티는 것을 오금밟기 한다.
③ 걸어 넘긴다.
요령: 오금밟기는 상대의 무릎 쪽 45도 앞으로 눌러 밟는다.

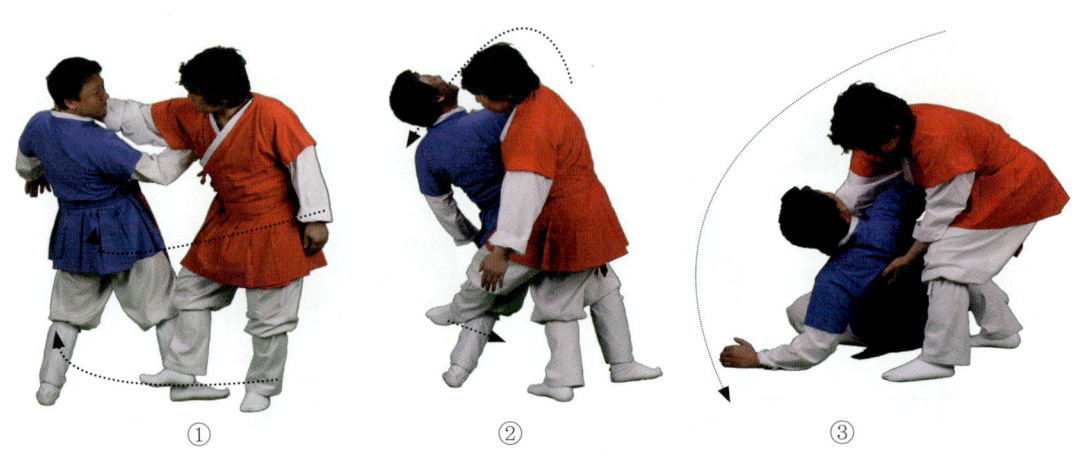

b. 안밭장치고 앞회목치기

① 상대의 오른발을 안에서 밖으로 발회목을 친다.
② 오른 발바닥으로 상대의 발목 앞쪽을 건다.
③ 걸어 넘긴다.
요령: 공격 시 공격자와 상대의 가슴이 맞붙게 밀착시켜 몸 돌리기를 하며 상대를 넘긴다.

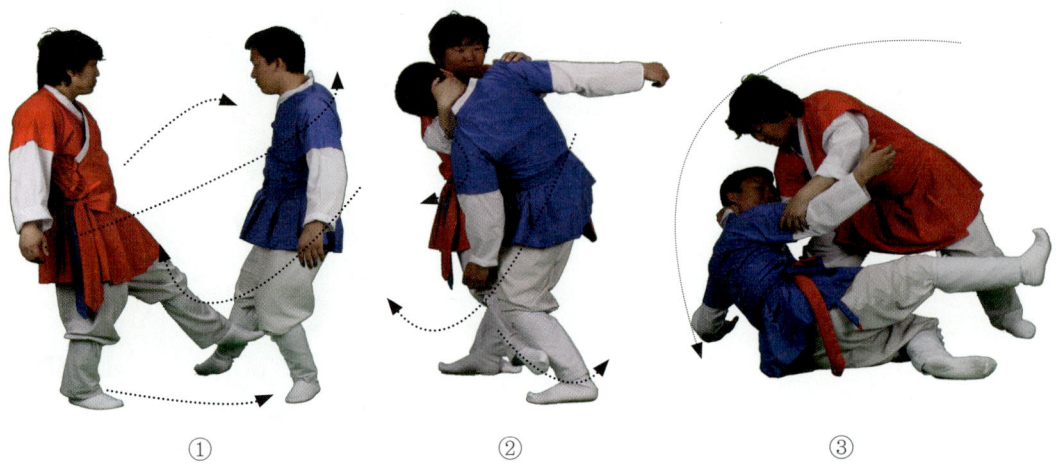

(3) 학치지르기(학치지르고 밭낚시걸이)

① 오른발로 상대의 학치를 지른다.
② 상대가 버티면 뒤쪽 다리를 낚시걸이로 건다.
③ 걸어 넘긴다.

요령: 왼손이 목덜미, 반대 손은 팔꿈치를 잡고 자신의 상체를 앞으로 숙이면서 공격한다.

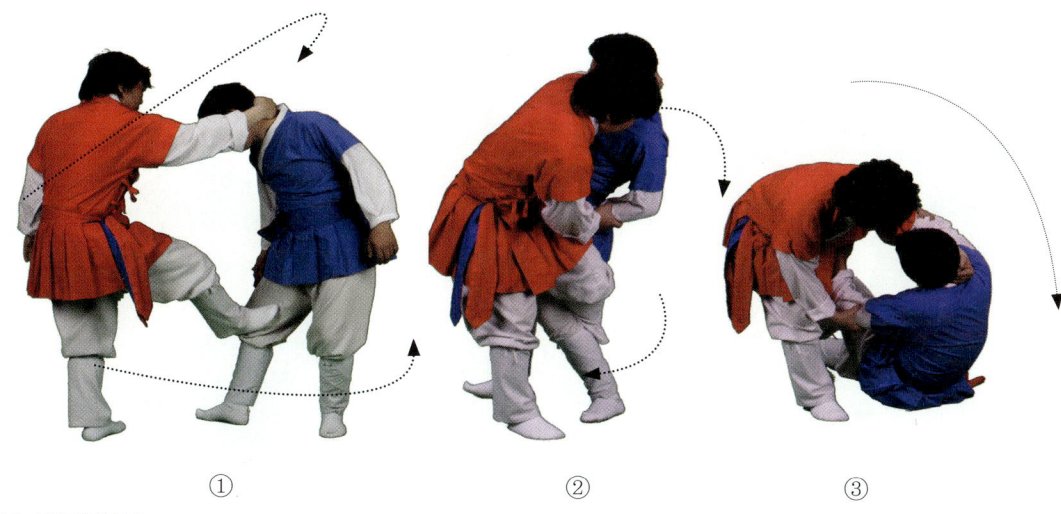

① ② ③

(4) 안짱걸이

a. 안짱걸이 뒷회목치기

① 오른손으로 상대의 덜미를 칼잽이로 밀고 오른발목을 꺾어 안짱을 건다.
② 오른발을 상대의 오른발 뒤로 돌려 내딛고 한손젖히기를 하면서 발회목을 친다.
③ 걸어서 넘긴다.

요령: 시선은 상대를 계속 주시하고 허리를 틀어서 오른발 뒤에 놓는 동시에 빗장붙이기를 한다.

① ② ③

b. 안짱걸이 덧걸이

① 오른손으로 칼잽이하고 오른발 안짱걸이 한다.

② 상대의 오른발이 버티는 것을 덧걸이로 건다.

③ 걸어 넘긴다.

요령: 발목을 갈고리처럼 꺾어서 상대의 발목을 당긴다.

① ② ③

c. 안짱걸이 낚시걸이

① 상대의 뒤쪽 발목을 안짱 걸고 왼손으로 가슴에 빗장붙이기 한다.

② 상대의 발이 버티면 뒤쪽의 다리를 밭낚시걸이로 건다.

③ 걸어 넘긴다.

요령: 안짱걸이에서 밭낚시걸이의 연결동작과 상대의 상체를 뒤로 젖혀서 넘어 뜨린다.

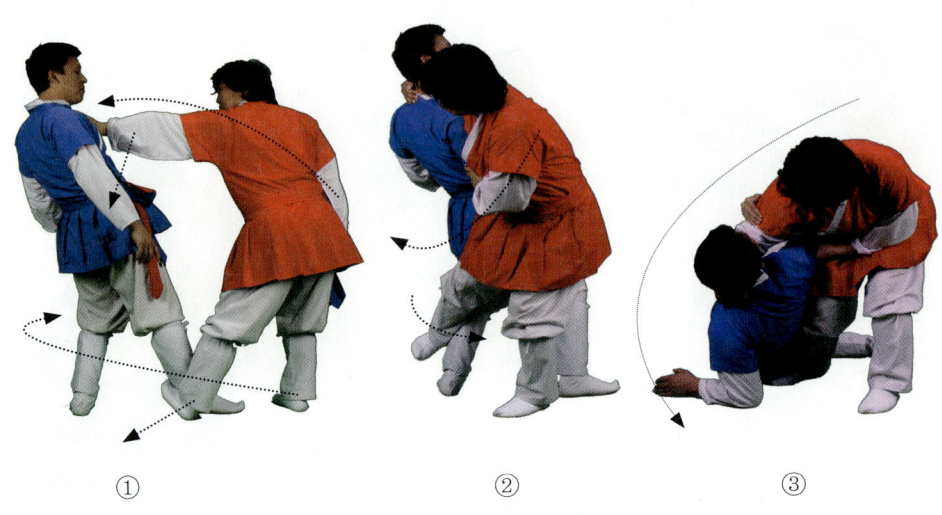

① ② ③

(5) 낚시걸이

a. 밭낚시걸이 덧걸이

① 오른손으로 덜미잽이를 하고 오른발로 밭낚시걸이를 한다.

② 왼발로 상대의 뒷발을 덧걸이 한다.

③ 걸어 넘긴다.

요령: 밭낚시걸이에서 덧걸이로 연속적인 동작이 이루어진다.

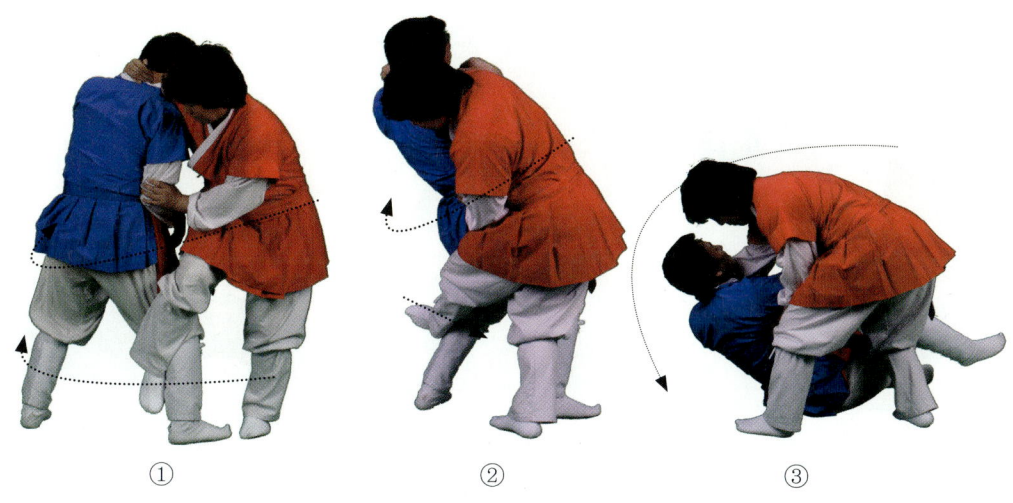

① ② ③

b. 밭낚시걸고 밭낚시걸이

① 오른발로 밭낚시걸이를 한다.

② 청은 오른발을 밭너울대기로 피한다.

③ 홍은 반대편 다리를 걸어서 넘긴다.

요령: 상대가 피하는 순간 반대편으로 몸을 던지듯이 걸어 넘긴다.

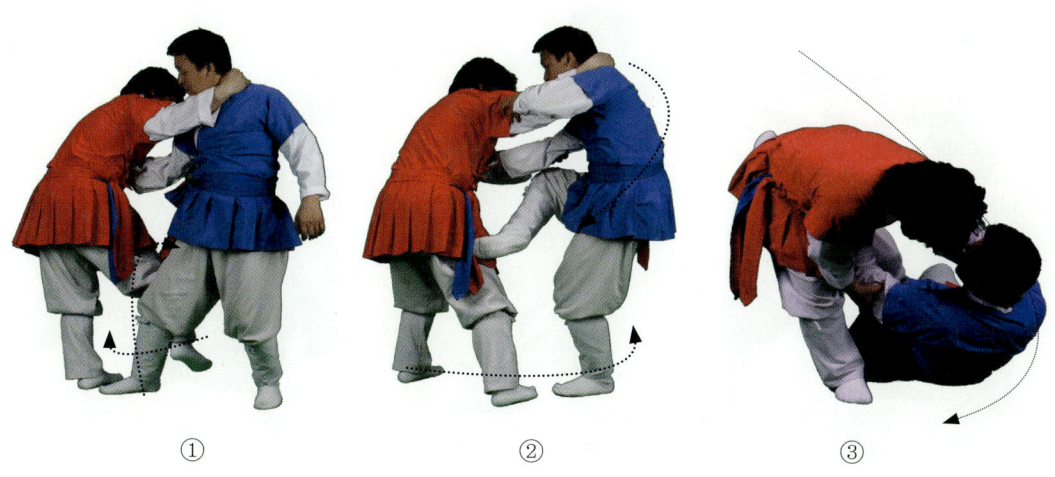

① ② ③

(6) 어복치기(어복치고 밭낚시걸이)

① 어복을 친다.

② 상대의 오른다리가 버티면 힘을 역이용해서 밭낚시걸이를 한다.

③ 걸어 넘긴다.

요령: 상대가 중심을 잡지 못하게 반대쪽 손을 빨리 바꾸어 밭낚시걸이를 한다.

① ② ③

(7) 덧걸이

a. 덧걸이 앞회목치기

① 오른손은 덜미잽이하고 왼발은 덧걸이를 한다.

② 상대의 발회목을 받쳐 돌린다.

③ 걸어서 넘긴다.

요령: 상대의 발목을 받치는 동작에서 툭 치듯이 회목을 친다.

① ② ③

b. 덧걸이 안낚시걸이

① 왼발로 덧걸이를 건다.
② 반대편 다리를 안낚시걸이로 건다.
③ 걸어서 넘긴다.
요령: 상대를 옆으로 돌리지 말고 몸으로 밀어붙여서 넘긴다.

c. 덧걸이 밭낚시걸이

① 덧걸이를 건다.
② 버티는 오른쪽 다리를 다시 낚시걸이로 건다.
③ 걸어서 넘긴다.
요령: 덧걸이에서 밭낚시걸이로 이어지는 순간 마치 가위차기 하듯이 순간적으로 발을 바꾸면서 건다.

3) 한발을 이용한 딴죽 공격연결기술

(1) 회목치기

a. 회목치고 안낚시걸이

① 겨루기 자세
② 오른발과 손으로 회목치기를 한다.
③ 오른발을 버티면 왼발을 안낚시걸이 한다.
④ 걸어서 넘긴다.
요령: 안쪽으로 원을 그리며 바닥을 타고 건다.

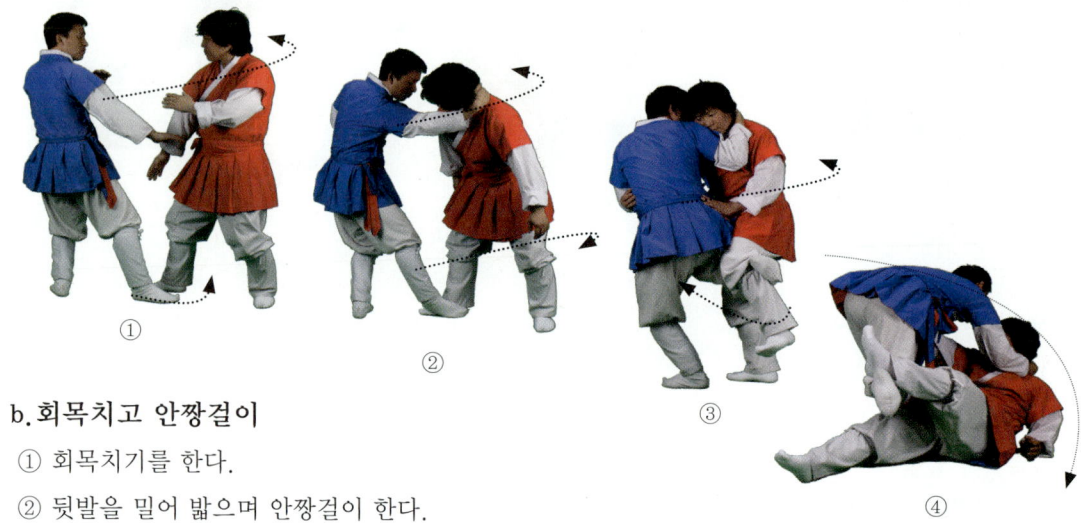

b. 회목치고 안짱걸이

① 회목치기를 한다.
② 뒷발을 밀어 밟으며 안짱걸이 한다.
③ 걸어서 넘긴다.
요령: 뒷발이 앞발을 따라 들어가면서 안짱을 걸고 덜미를 밀어 붙인다.

(2) 밭장치기

a. 밭장치고 안짱걸이

① 상대의 오른발을 밭장치기 한다.
② 반대편으로 안짱을 건다.
③ 걸어서 넘긴다.

요령: 작은 동작으로 상대의 발등을 타고 밭장치기와 안짱걸이를 연속적으로 공격한다.

b. 밭장치고 뒷회목치기

① 밭장치기를 안에서 밖으로 친다.
② 안쪽의 반대편 뒷회목을 친다.
③ 걸어서 넘긴다.

요령: 밭장에서 안짱걸이 시 오른발의 자세를 낮추고 몸통으로 상대를 밀어 붙인다.

(3) 학치지르기(학치지르고 허벅걸이)

① 상대의 오른쪽 학치를 지른다.
② 상대가 버티면 반대쪽 허벅을 지른다.
③ 걸어서 넘긴다.

요령: 학치지르기와 허벅걸이를 한 번에 연속적으로 하고 왼발 뒤꿈치와 허리를 앞으로 트는 힘으로 건다.

① ② ③

(4) 안짱걸이(안짱걸고 앞회목치기)

① 상대를 안짱걸이로 공격한다.
② 왼발이 좌측으로 빠지면서 앞회목을 친다.
③ 걸어서 넘긴다.

요령: 왼발로 상대의 오른발 회목을 끌고 가듯이 친다.

① ② ③

(5) 밭낚시걸이

a. 밭낚시걸고 밭낚걸이

① 상대의 오금을 밭낚시걸이 한다.
② 상대가 버티는 것을 한번 더 들어가면서 뒷발을 밭낚시걸이로 건다.
③ 걸어서 넘긴다.

요령: 밭낚시걸이에서 밀어밟기로 축의 발이 앞으로 전진한다. 상대의 팔꿈치를 잡지 말고 옆구리에 밀어붙이고 덜미를 뒤로 밀면서 실시한다.

b. 밭낚시걸고 앞회목치기(뒤로 피할 때)

① 상대의 오금을 밭낚시걸이 한다.
② 밭낚시걸이를 걸었던 다리를 반대편 방향으로 전환하여 앞회목을 건다.
③ 상대의 덜미를 당기면서 앞회목을 친다.
④ 걸어서 넘긴다.

요령: 밭낚시걸이는 가볍게 하고 반대로 허리를 반대편으로 전환하여 앞회목을 친다.

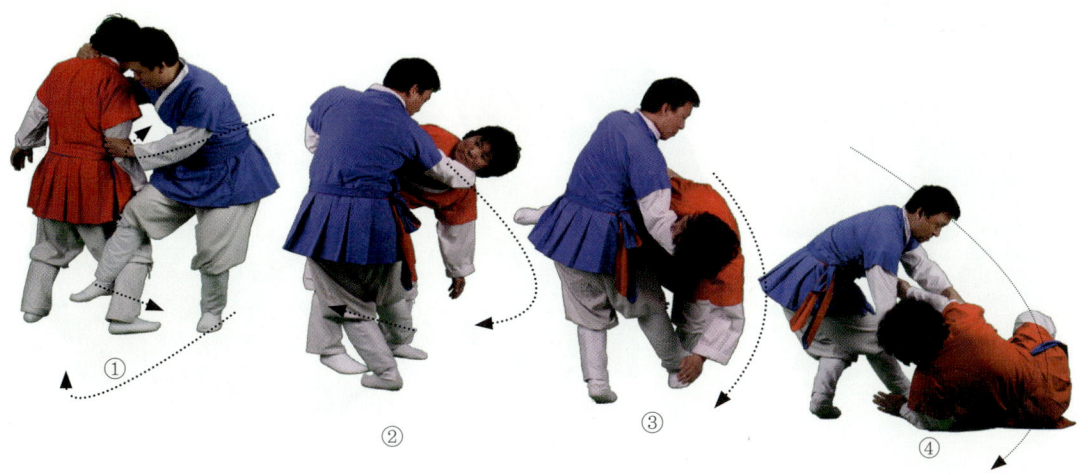

c. 밭낚시걸고 안짱걸이

① 상대의 오금을 밭낚시걸이 한다.

② 앞발 뒤로 피하고 내딛는 순간 안짱걸이를 한다.

③ 걸어서 넘긴다.

요령: 앞으로 밀어붙이면서 피한 다리를 따라가면서 뒤로 내딛는 순간 건다.

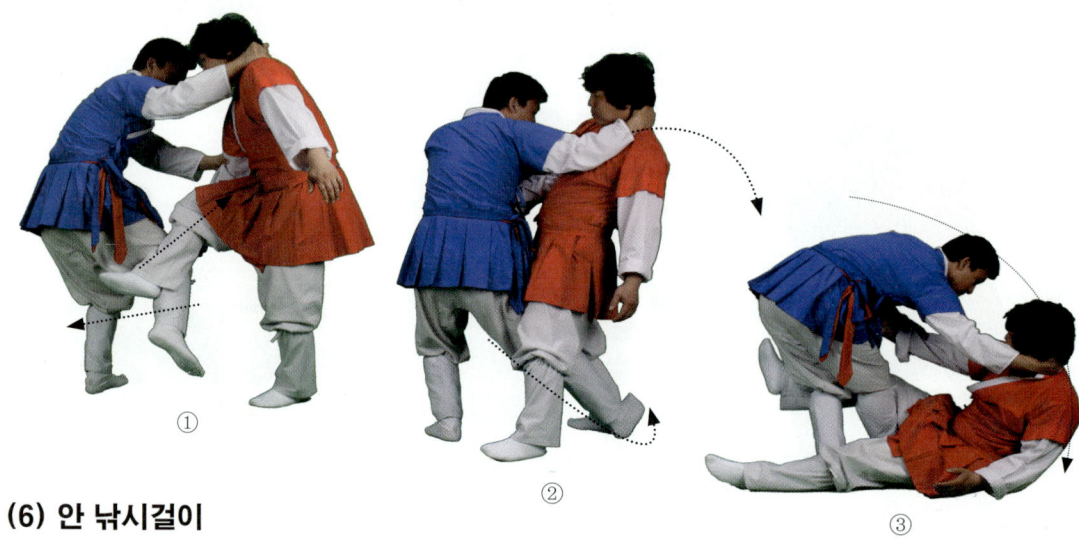

(6) 안 낚시걸이

a. 안낚시걸고 안우걸이

① 상대의 왼다리를 안낚시걸이로 건다.

② 버티면 반대쪽 다리를 안우걸이로 건다.

③ 걸어서 넘긴다.

요령: 자신의 몸을 상대의 몸에 밀착시켜 기술을 건다.

b. 안낚시걸고 다리감아돌리기

① 상대의 오금을 안낚시걸이로 공격한다.

② 상대의 다리를 최대한 뒤로 당기면서 안낚걸이를 한다.

③ 상대의 다리를 휘감고 목덜미를 뒤로 당기면서 건다.

④ 걸어서 넘긴다.

요령: 상대의 다리에 발목을 곱꺾어서 휘감고 대퇴부위로 다리를 눌러서 걸어 넘긴다.

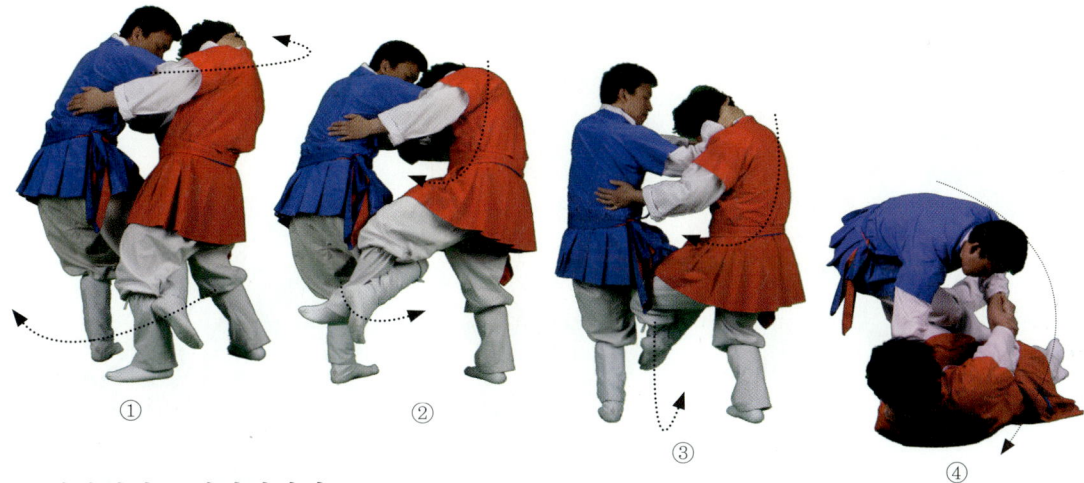

① ② ③ ④

c. 안낚시걸고 밭낚시걸이

① 상대의 오금을 안낚시걸이 한다.

② 반대편 다리를 밭낚시걸이로 건다.

③ 걸어서 넘긴다.

요령: 상대의 목덜미를 옆으로 밀면서 건다.

① ② ③

(7) 오금차기

a. 오금차고 어복치기

① 상대의 오른발 오금을 찬다.

② 앞발이 버티면 뒤의 어복을 다시 건다.

③ 걸어서 넘긴다.

요령: 뒷발의 오금을 걸 때 축의 다리를 더 많이 낮추면서 건다.

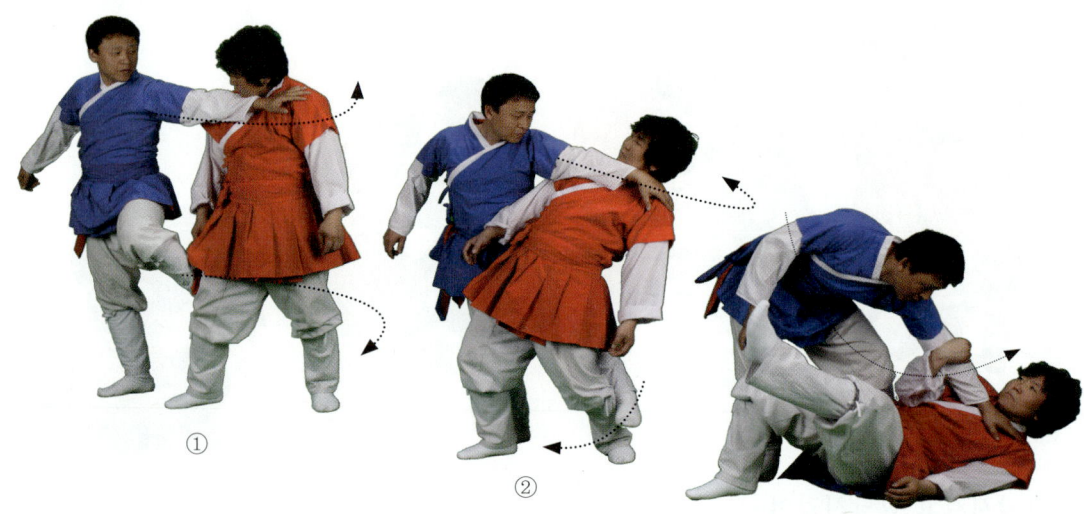

b. 어복치고 안낚시걸이

① 상대를 어복치기로 공격한다.

② 버티면 반대편으로 안낚시걸이 한다.

③ 걸어서 넘긴다.

요령: 왼발로 어복을 치고 버티는 것을 가볍게 앞으로 흘려서 보내면서 낚시걸이 한다.

(8) 덧 걸이

a. 덧걸이(오금) 덧걸이(뒤꿈치)

① 상대의 오른쪽 다리를 덧걸이로 건다.

② 상대가 버티는 것을 다시 발뒤꿈치를 덧걸이로 건다.

③ 걸어서 넘긴다.

요령: 오금을 걸어서 넘어지지 않으면 신속히 바닥을 스치면서 발뒤꿈치를 건다.

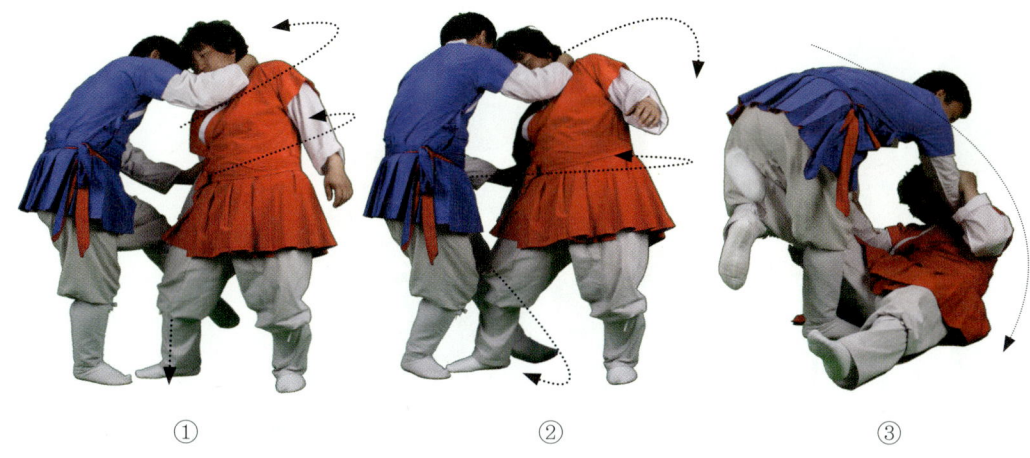

① ② ③

b. 덧걸이 뒷발 덧걸이

① 상대의 왼발을 덧걸이로 건다.

② 왼발을 걸어 넘어지지 않으면 뒷발의 오금을 건다.

③ 걸어서 넘긴다.

요령: 상대의 보폭이 좁으면 한 번에 두 다리를 걸 수 있고 걸 때 오금을 펴서 앞으로 뱃심을 내밀 었다가 당기는 힘으로 건다.

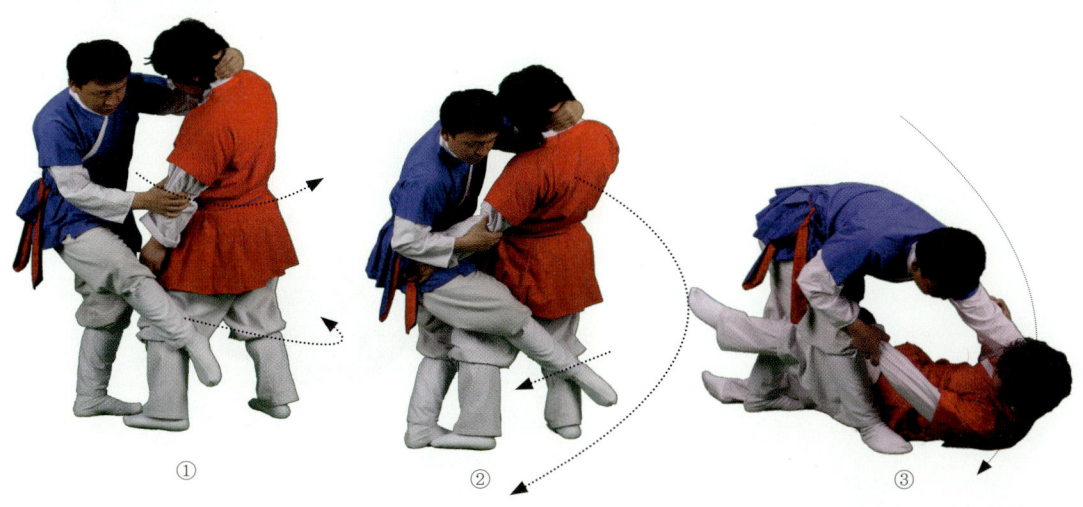

① ② ③

c. 덧걸이 회목치기(앞발 뒤로 피할 때)

① 상대를 덧걸이 한다.
② 상대의 왼쪽다리가 뒤로 피하면
③ 앞 회목치기로 오른발을 걸이 한다.
④ 걸어서 넘긴다.

요령: 상대가 피하는 것을 따라갈 때 팔로 상대의 목덜미를 앞으로 누르면서 실시한다.

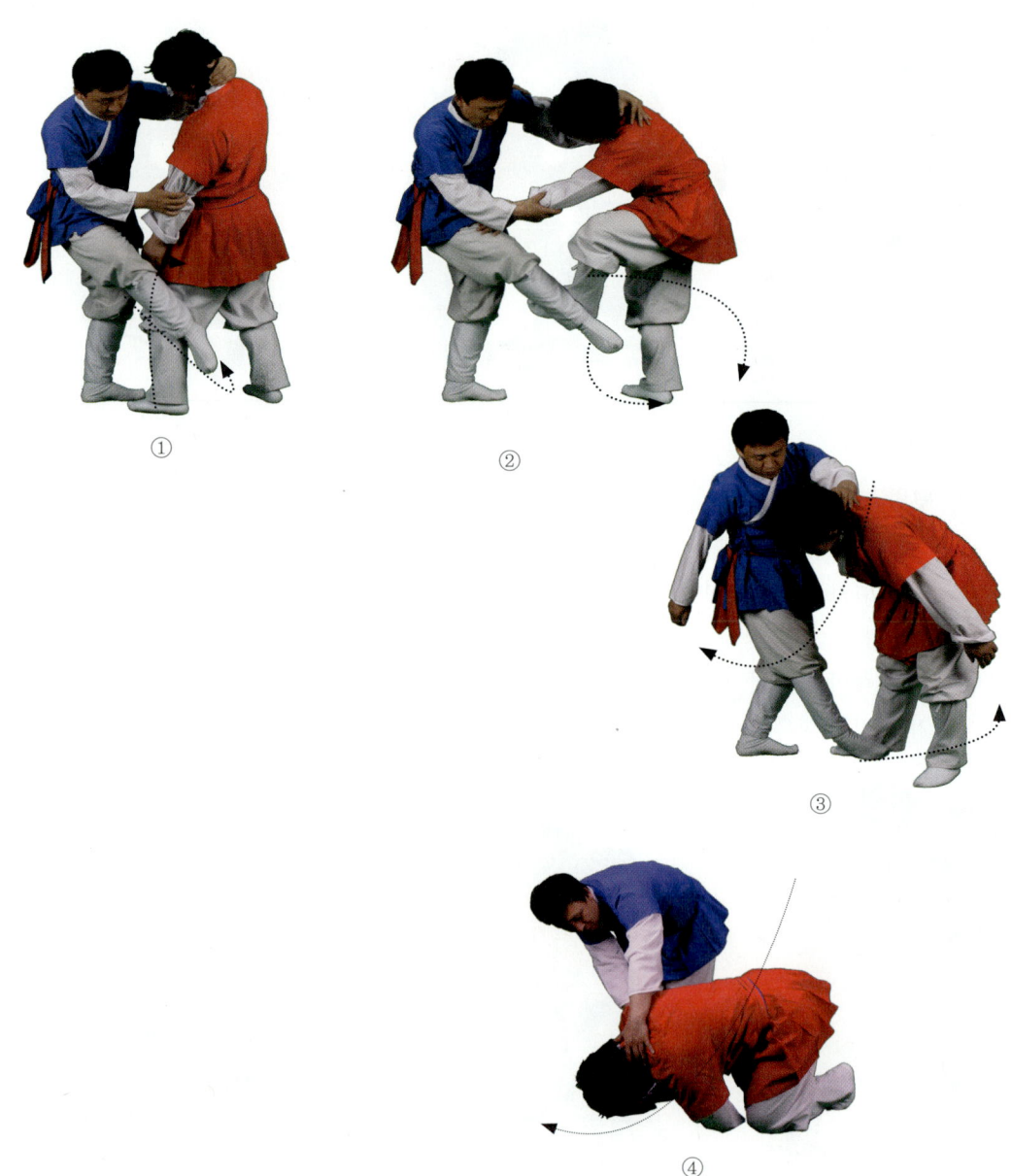

2. 차기 공격연결기술

 택견은 발차기 위주로 구성되어 있는데 특히 경기에서 택견의 차기는 상대를 차서 넘어뜨리는 도괴력(倒壞力)을 위주로 구성되어 있다. 공격 시 상대에게 강한 발모서리나 발뒤꿈치를 사용하지 않고 발장심이나 발등 같은 부드러운 부위로 상대를 다치지 않게 차서 넘어뜨리거나 얼굴을 차면 이길 수 있는 승부방법으로 구성되어 있다. 본 장에서는 택견의 발차기를 연속해서 두 번의 연속공격을 하는 것을 소개 한다. 단발로 상대를 차서 승부를 내기가 쉽지 않으므로 다양한 형태의 연속적인 공격을 연습할 필요가 있다.

1) 차기의 형태

 겨루기에서 상대와의 거리는 승부에 중요한 영향을 미친다. 근거리는 앞발로 공격하고 원거리는 뒷발을 사용하는 것이 유리하므로 앞발과 뒷발의 다양한 연습이 필요하며 발을 찰 때는 다리와 발에 힘을 빼고 공격하는 목표점 바로 앞에서 힘을 주고 찬다. 마치 공을 던지듯이 차기 한다.

- 차기 한 반대 발로 차기(차기(좌)+차기(우), 차기(우)+차기(좌))
- 차기 한 같은 발로 차기(차기(좌)+차기(좌), 차기(우)+차기(우))

(1) 차기 기술표 [표5-3]

1. 제겨차기 2. 내지르기 3. 두름치기 4. 곁치기 5. 발따귀 6. 가로지르기 7. 밭발따귀 8. 외알저기
9. 내차기 10. 휘차기 11. 날치기

※위의 기술이 품밟기의 형태와 뜀발질 등 공격 방향에 따라 다양한 형태로 응용 할 수 있다.

(2) 공격연결기술 도식표 [표5-4]

1+1	1+2	1+3	1+4	1+5	1+6	1+7	1+8	1+9	1+10	1+11
2+1	2+2	2+3	2+4	2+5	2+6	2+7	2+8	2+9	2+10	2+11
3+1	3+2	3+3	3+4	3+5	3+6	3+7	3+8	3+9	3+10	3+11
4+1	4+2	4+3	4+4	4+5	4+6	4+7	4+8	4+9	4+10	4+11
5+1	5+2	5+3	5+4	5+5	5+6	5+7	5+8	5+9	5+10	5+11
6+1	6+2	6+3	6+4	6+5	6+6	6+7	6+8	6+9	6+10	6+11
7+1	7+2	7+3	7+4	7+5	7+6	7+7	7+8	7+9	7+10	7+11
8+1	8+2	8+3	8+4	8+5	8+6	8+7	8+8	8+9	8+10	8+11
9+1	9+2	9+3	9+4	9+5	9+6	9+7	9+8	9+9	9+10	9+11
10+1	10+2	10+3	10+4	10+5	10+6	10+7	10+8	10+9	10+10	10+11
11+1	11+2	11+3	11+4	11+5	11+6	11+7	11+8	11+9	11+10	11+11

1×10		2×10		3×10		4×10		5×10		6×10
7×10		8×10		9×10		10×10		10×11		11×11

2) 양발을 이용한 차기 공격연결기술

(1) 제겨차고 두름치기

① 겨루기 자세
② 상대의 얼굴을 오른발로 제겨차기 한다.
③ 오른발을 45도 옆으로 비스듬히 내딛는다.
④ 두름치기로 얼굴을 찬다.

요령: 시선은 상대를 향하고 두름치기 공격 시 오른쪽 45도 앞으로 전진하면서 찬다.

(2) 내지르고 곁치기

① 상대의 복장을 내지르기로 공격한다.
② 상대가 피하면 찬 발을 오른쪽 45도 앞으로 밟고 곁치기로 얼굴을 찬다.

요령: 내지르기와 곁치기 공격 시 몸을 움추렸다가 점프를 하듯이 능청하면서 찬다.

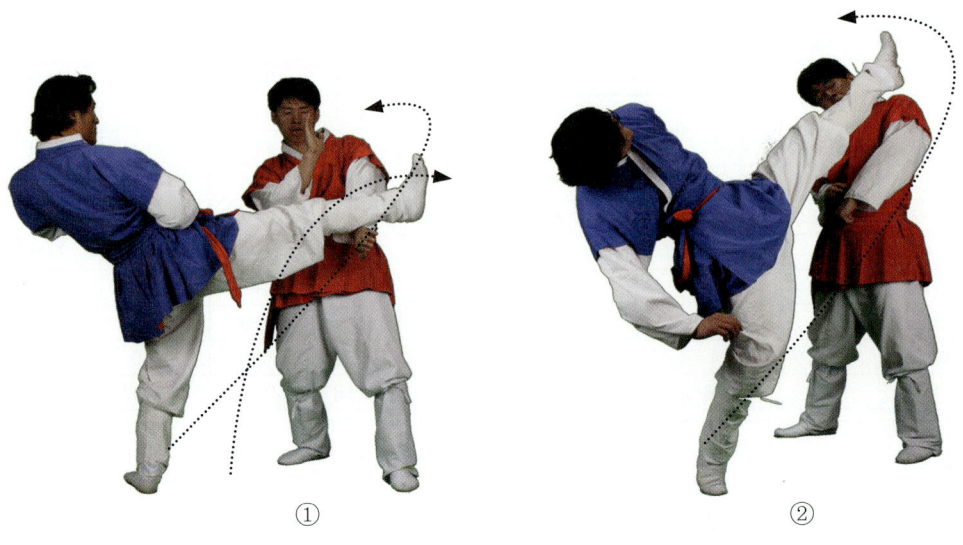

(3) 두름치고 휘차기

① 상대의 얼굴을 두름치기로 공격한다.

② 찬 발의 뒤꿈치를 몸 안쪽으로 틀고 내딛으며 상대를 본다.

③ 몸을 돌려 휘차기로 얼굴을 찬다.

요령: 휘차기는 팔꿈치와 어깨, 허리의 빠른 회전을 이용해서 공격한다.

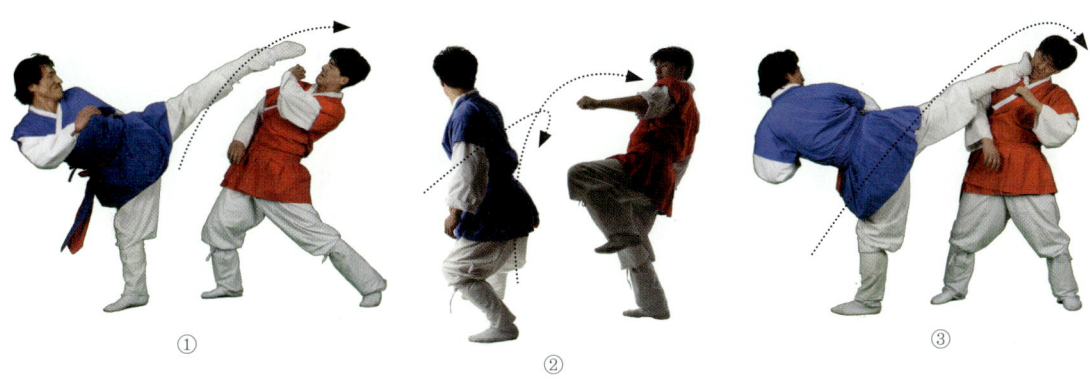

(4) 곁치고 가로지르기

① 상대의 얼굴을 곁치기 한다.

② 찬발을 우측으로 내딛고 가로지르기로 얼굴을 공격한다.

요령: 곁치기 후 우측으로 내딛는 다리에 굼실을 넣는다.

(5) 발따귀 외알저기

① 상대의 얼굴을 발따귀로 공격한다.

② 우측으로 찬 발을 내딛고 외알저기로 공격한다.

요령: 찬 발을 우측 옆으로 내딛는 순간 허리를 우측으로 함께 돌려준다.

① ②

(6) 가로지르고 날치기

① 상대의 어깨나 얼굴을 가로지르기로 공격을 한다.

② 찬 발을 앞으로 내딛으며 날치기로 얼굴을 공격한다.

요령: 날치기 시 시선은 상대의 얼굴을 보며 몸을 던지듯이 공격한다.

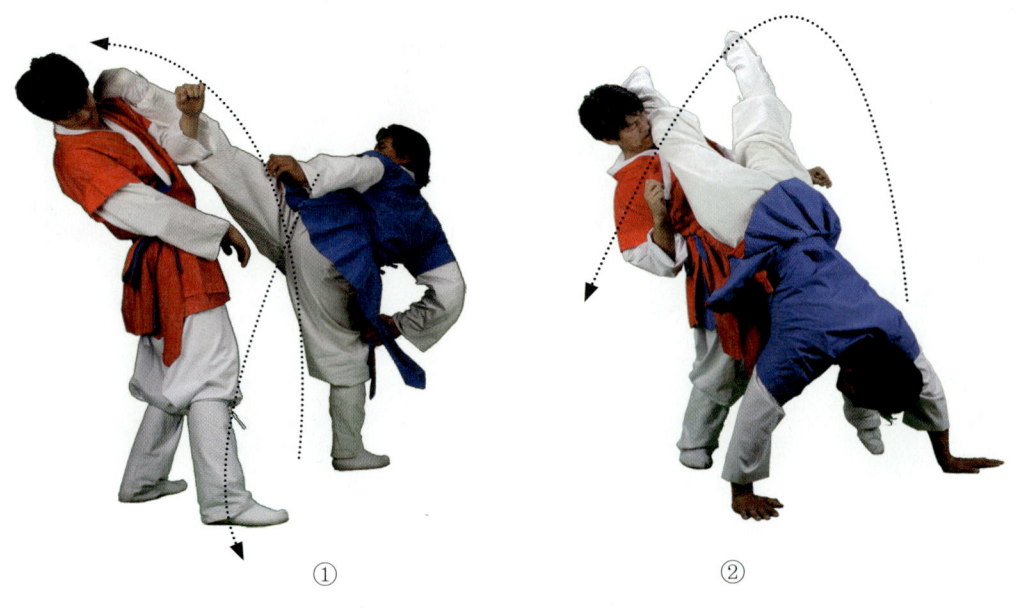

① ②

3) 한발을 이용한 차기 공격연결기술

(1) 곁치고 두름치기

① 겨루기 자세
② 상대의 얼굴을 곁치기로 공격한다.
③ 찬 발의 다리를 곱꺾어 거두어들인다.
④ 반대편 얼굴을 두름치기로 찬다.

요령: 공격 시 찬 발을 바닥에 내리지 않고 허리와 발의 회전을 이용해서 찬다.

(2) 발따귀 가로지르기

① 상대의 얼굴을 발따귀로 공격한다.
② 찬 발을 반대편으로 곱꺾어 거두어들인다.
③ 다시 찬 발을 가로지르기로 공격한다.

요령: 발따귀를 공격하는 회전력을 그대로 이용해서 가로지르기를 한다.

(3) 는지르고 내지르기

① 상대의 하복부를 는지르기로 밀어 찬다.

② 찬 발을 굼실하면서 가슴 쪽으로 곱꺾어 들인다.

③ 뱃심을 앞으로 내밀면서 얼굴이나 턱을 찬다.

요령: 상대가 는지르기에 차여 상체가 앞으로 숙여졌을 때 재차 공격한다.

(4) 밭발따귀 두름치기

① 상대의 얼굴을 밭발따귀로 공격한다.

② 찬 발을 반대편으로 접어 들인다.

③ 다시 역방향으로 두름치기로 공격한다.

요령: 밭발따귀 후 배를 앞으로 내밀면서 두름치기 한다.

(5) 두름치고 밭발따귀

① 상대의 얼굴을 두름치기로 공격한다.
② 찬 발을 반대편으로 흘려서 거두어들인다.
③ 찬 발을 반대편으로 밭발따귀를 한다.
요령: 두름치기에서 반대편까지 후려서 찬다.

(6) 는지르고 곁치기

① 상대의 느진배를 밀어서 는지르기 한다.
② 찬 발을 우측 옆으로 곱꺾어 거두어 들인다.
③ 허리를 능청거리면서 곁치기로 얼굴을 공격한다.
요령: 는질러차기는 가볍게 차고 곁치기를 차는 순간에 힘을 준다.

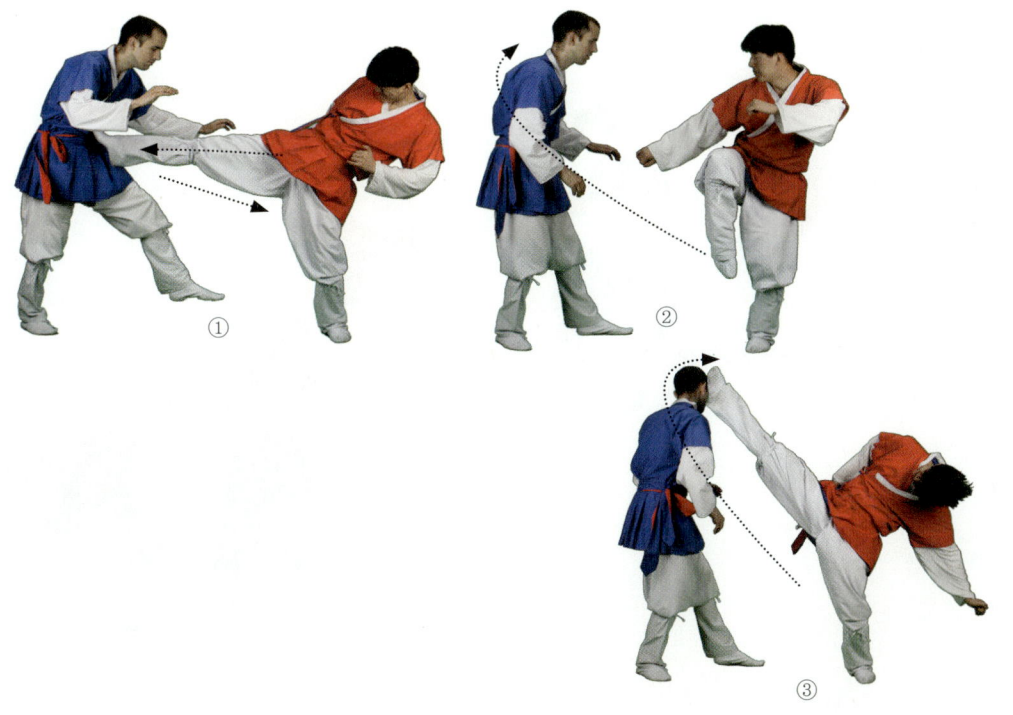

(7) 느진배 가로지르고 얼굴가로지르기

① 상대의 느진배를 가로지르기로 밀어서 공격한다.

② 찬 발을 좌측으로 거두어들인다.

③ 찬 발을 다시 가로지르기로 얼굴을 찬다.

요령: 첫 번째 공격으로 상대의 균형을 흐트리고 곧바로 재공격을 한다.

(8) 내차기고 두름치기

① 상대의 얼굴이나 가슴을 내차기로 공격한다.

② 찬 발을 가슴으로 곱꺾어 거두어들인다.

③ 다시 찬 발로 얼굴을 두름치기로 공격한다.

요령: 내차기는 뱃심을 내밀면서 한다.

3. 딴죽과 차기 공격연결기술

택견의 겨루기는 딴죽과 차기를 함께 사용할 수 있다. 이러한 기술은 상하의 공격을 자유자재로 사용할 수 있게 하여 다양한 형태의 기술과 전술 및 전략을 만들어 낼 수 있게 한다. 경기규칙에 있어 상대를 딴죽으로 공격하고 목덜미를 잡고 차면 크게 다칠 수 있어 반칙으로 정해져 있다. 그러므로 차는 순간 목덜미를 놓으면서 공격한다.

겨루기는 동양의 전통사상인 음양오행론(陰陽五行論)과 침술의 형태와도 비슷함을 볼 수 있다. 음(陰)과 양(陽), 밤과 낮이 있듯이 침술(鍼術)은 조기치신(調氣治神) 활혈(活血) 하기 위해서 "허(虛)한 기는 보(補)해주고 실(實)한 기는 사(瀉)해준다"는 구체적인 방법이 제시되는 것이고, "역(逆)하는 것을 다스려(治), 순행(順行)토록 하고 정체(停滯)되어 어혈(瘀血)된 것을 활혈유통" 되도록 하는 의술이다(이홍재, 2001)라고 하였다.

이러한 것처럼 택견 겨루기에 있어서 딴죽과 차기를 서로 허와 실을 조화롭게 구성하여 겨루기에 적용하고 상대의 공격을 역으로 공격하는 법과 공격을 흘려보내는 방법을 사용할 수 있다. 또한 상대의 흐름을 허와 실의 움직임을 읽을 수 있어야 자기가 원하는 공격을 할 수 있다. 상술한 내용을 바탕으로 꾸준한 연습을 하면 딴죽과 차기의 공격연결기술이 겨루기에 있어서 선수의 기능을 향상 시켜줄 것이다.

그 구체적인 내용은 아래와 같다.

1) 딴죽과 차기의 형태

- 딴죽 한 반대 발로 차기(딴죽(좌)+차기(우), 딴죽(우)+차기(좌))
- 딴죽 한 같은 발로 차기(딴죽(좌)+차기(좌), 딴죽(우)+차기(우))

(1) 딴죽+차기 기술표[표5-5]

①회목치기 ②밭장치기 ③학치지르기 ④안짱걸이 ⑤낚시걸이 ⑥깎음다리 ⑦어복치기 ⑧덧걸이 ⑨안우걸이
ⓐ제겨차기 ⓑ내지르기 ⓒ두름치기 ⓓ곁치기 ⓔ발따귀 ⓕ가로지르기 ⓖ밭발따귀 ⓗ외알저기 ⓘ내차기 ⓙ휘차기 ⓚ날치기

※위의 기술이 품밟기의 형태와 뜀발질 등 공격 방향에 따라 다양한 형태로 응용할 수 있다.

(2) 공격 연결 기술 도식표 [표5-6]

①+ⓐ	①+ⓑ	①+ⓒ	①+ⓓ	①+ⓔ	①+ⓕ	①+ⓖ	①+ⓗ	①+ⓘ	①+ⓙ	①+ⓚ
②+ⓐ	②+ⓑ	②+ⓒ	②+ⓓ	②+ⓔ	②+ⓕ	②+ⓖ	②+ⓗ	②+ⓘ	②+ⓙ	②+ⓚ
③+ⓐ	③+ⓑ	③+ⓒ	③+ⓓ	③+ⓔ	③+ⓕ	③+ⓖ	③+ⓗ	③+ⓘ	③+ⓙ	③+ⓚ
④+ⓐ	④+ⓑ	④+ⓒ	④+ⓓ	④+ⓔ	④+ⓕ	④+ⓖ	④+ⓗ	④+ⓘ	④+ⓙ	④+ⓚ
⑤+ⓐ	⑤+ⓑ	⑤+ⓒ	⑤+ⓓ	⑤+ⓔ	⑤+ⓕ	⑤+ⓖ	⑤+ⓗ	⑤+ⓘ	⑤+ⓙ	⑤+ⓚ
⑥+ⓐ	⑥+ⓑ	⑥+ⓒ	⑥+ⓓ	⑥+ⓔ	⑥+ⓕ	⑥+ⓖ	⑥+ⓗ	⑥+ⓘ	⑥+ⓙ	⑥+ⓚ
⑦+ⓐ	⑦+ⓑ	⑦+ⓒ	⑦+ⓓ	⑦+ⓔ	⑦+ⓕ	⑦+ⓖ	⑦+ⓗ	⑦+ⓘ	⑦+ⓙ	⑦+ⓚ
⑧+ⓐ	⑧+ⓑ	⑧+ⓒ	⑧+ⓓ	⑧+ⓔ	⑧+ⓕ	⑧+ⓖ	⑧+ⓗ	⑧+ⓘ	⑧+ⓙ	⑧+ⓚ
⑨+ⓐ	⑨+ⓑ	⑨+ⓒ	⑨+ⓓ	⑨+ⓔ	⑨+ⓕ	⑨+ⓖ	⑨+ⓗ	⑨+ⓘ	⑨+ⓙ	⑨+ⓚ
①×(ⓐ~ⓚ)	②×(ⓐ~ⓚ)	③×(ⓐ~ⓚ)	④×(ⓐ~ⓚ)	⑤×(ⓐ~ⓚ)	⑥×(ⓐ~ⓚ)	⑦×(ⓐ~ⓚ)	⑧×(ⓐ~ⓚ)	⑨×(ⓐ~ⓚ)		

2) 딴죽과 차기의 양발 공격연결기술

(1) 회목치고 내지르기
① 겨루기 자세
② 상대의 목덜미를 오른손으로 당기면서 오른쪽 발회목을 친다.
③ 왼발로 턱이나 얼굴을 내질러 찬다.
요령: 상대의 목덜미를 잡고 있다가 놓는 순간 찬다.

(2) 밭장치고 발따귀
① 왼발로 안에서 밖으로 밭장치기를 한다.
② 좌측으로 눌러밟기로 빠지면서 내딛는다.
③ 반대쪽 오른발로 얼굴을 발따귀로 공격한다.
요령: 밭장치기를 하고 상대가 빠지는 다리를 따라가면서 발따귀로 공격한다.

(3) 학치지르고 가로지르기

① 상대의 무릎을 학치지르기 한다.

② 찬 발을 우측으로 눌러밟기를 하면서 반대편 무릎을 곱꺾어 올린다.

③ 왼발로 얼굴을 가로지르기로 공격한다.

요령: 뱃심을 이용한 학치지르기로 상대의 균형을 빼앗는다.

(4) 안짱걸이 곁치기

① 상대의 오른발을 안짱걸이 한다.

② 우측으로 비스듬히 빠지면서 왼 무릎을 곱꺾는다.

③ 왼발로 얼굴을 곁치기로 공격한다.

요령: 안짱걸이로 상대의 중심을 앞으로 당겨 균형을 흩뜨리면서 한다.

(5) 오금차고 두름치기

① 상대의 오금을 찬다.

② 왼발을 상대의 뒤로 들어간다.

③ 반대편 발로 얼굴을 두름치기로 공격한다.

요령: 상대가 빠지는 것을 예상하여 따라 들어가면서 두름치기를 한다.

(6) 오금차고 휘차기

① 상대의 오금을 찬다.

② 오른쪽 뒤 방향으로 회전하여 상대를 보면서 오른발을 곱꺾어 올린다.

③ 오른발로 얼굴을 휘차기로 공격한다.

요령: 오금치기를 한 왼발을 자신의 앞쪽으로 끌어당기면서 허리와 팔꿈치의 회전으로 휘차기를 한다.

(7) 덧걸이 내지르기

① 상대의 오른발을 덧걸이로 걸면 상대가 뒤로 피한다.

② 걸이를 한발을 앞쪽으로 내딛고 오른발을 곱꺾어 올린다.

③ 복장이나 얼굴을 내지르기로 공격한다.

요령: 상대가 덧걸이를 피한 다리가 바닥에 닿기 전에 내지르기를 한다.

(8) 덧걸이 두름치기

① 덧걸이를 하면 상대가 뒤로 피한다.

② 비스듬히 왼발을 상대의 옆으로 내딛는다.

③ 두름치기로 얼굴을 공격한다.

요령: 두름치기 시 상체를 상대의 앞쪽으로 숙이면서 공격한다.

3) 딴죽과 차기의 한발 공격연결기술(얼렁발질)

(1) 회목치고 내지르기
① 겨루기 자세
② 상대의 왼발을 회목치기 한다.
③ 찬 발을 내지르기로 공격한다.
요령: 찬 발을 바닥에 내리지 않고 연속해서 찬다.

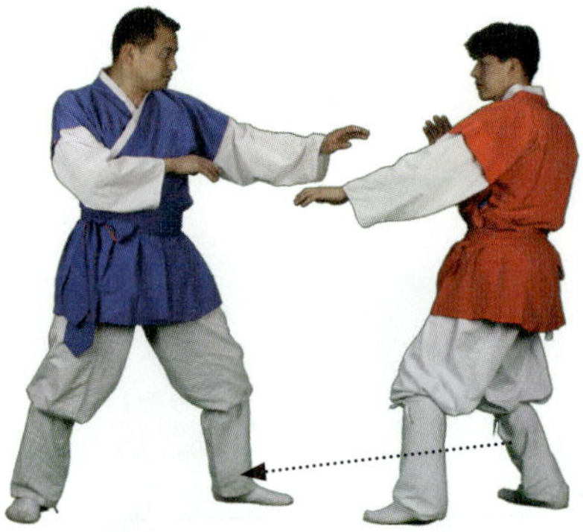

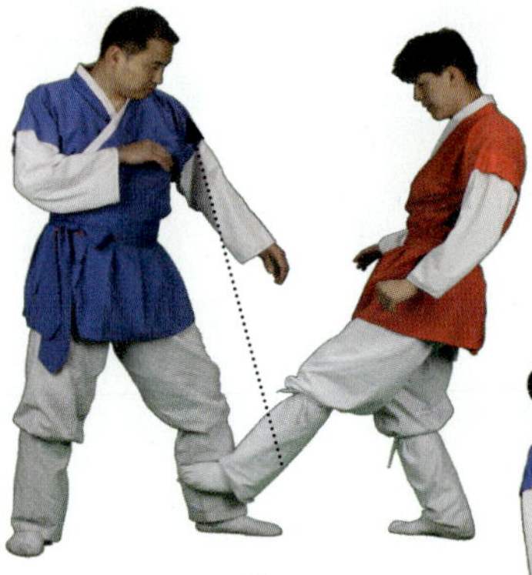

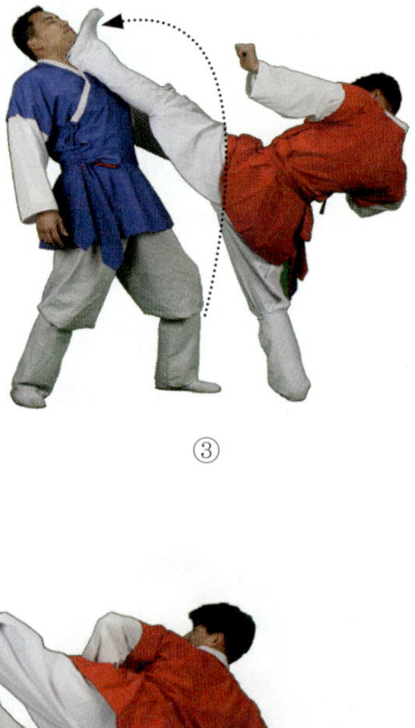

(2) 밭장치고 두름치기
① 왼발로 상대의 발회목을 밭장치기로 공격한다.
② 상대의 반대편 얼굴을 두름치기로 공격한다.
요령: 첫 번째 밭장치기를 허(虛)수로 찬다.

(3) 밭장허벅치고 두름치기

① 상대의 허벅을 밭장치기로 차서 밀어낸다.

② 상대의 반대편 얼굴을 두름치기로 공격한다.

요령 : 뱃심으로 상대의 허벅을 밀어 균형을 깨뜨린다.

①

②

(4) 학치지르고 가로지르기

① 상대의 무릎을 학치지르기로 민다.

② 상대의 다리가 뒤로 밀린다.

③ 오른발로 얼굴을 가로지르기로 공격한다.

요령: 학치지르기는 밀어서 차고 가로지르기는 발을 던지듯이 찬다.

①

(5) 학치지르고 내차기

① 오른발로 상대의 허벅을 학치지르기 한다.

② 연속해서 내차기로 얼굴을 공격한다.

요령: 상대의 가슴을 타고 올라가서 내차기를 한다.

①

②

(6) 안짱걸이 가로지르기

① 상대의 오른발을 안짱걸이 한다.

② 공격한 발로 얼굴을 가로지르기로 공격한다.

요령: 안짱걸이 시 앞쪽으로 잡아당기듯이 한다.

①

②

(7) 안짱걸이 밭발따귀

① 안짱걸이를 한다.

② 걸이를 한발로 얼굴을 밭발따귀로 공격한다.

요령: 안짱걸이로 당기면서 상대의 복장을 민다.

① ②

(8) 오금차고 곁치기

① 오른발로 상대의 오금을 찬다.

② 반대편 얼굴을 곁치기로 공격한다.

요령: 오금을 차고 허리를 틀어 반대편으로 찬다.

① ②

4. 차기와 딴죽 공격연결기술

　본 장은 겨루기에서 필요한 차기와 딴죽의 공격연결기술을 배워 다양한 겨루기 연습을 통해 선수의 경기력 향상에 도움을 주고자 한다. 차기와 딴죽이 동시에 이루어지는 형태는 전술한 바와 같이 마치 우리 전통적인 의술과 겨루기의 전술과 비슷한 것을 볼 수 있다. 자기가 원하는 곳을 공격하기 위해서는 단발의 공격으로 상대를 이기기란 쉽지 않다.

　얼굴을 공격하기 위해서 하단공격으로 신경을 밑으로 가게함으로 얼굴 공격을 할 수 있고, 반대로 하단을 공격하기 위해서 얼굴을 공격하고 하단을 차는 기술을 구사하는 방법이 효과적이다. 즉 차기로 상단을 공격하고 딴죽으로 하단을 공격하는 것과 딴죽으로 공격하고 차기로서 얼굴을 공격하는 형태는 전통적으로 병을 다루는 방법인 상병하취(上病下取), 하병상취(下病上取), 좌병우취(左病右取), 우병좌취(右病左取)과 유사하며 '상병하취'의 경우, 위에 병이 있으면 아래를 취해 치료를 하고, 신체 좌측에 병이 있으면 우측을 취해 (좌병우취(左病右取)) 치료를 한다는 개념으로, 아픈 쪽의 대각선 부분이나 반대쪽을 치료함으로써 기혈순환의 밸런스를 맞춘다는 점에서 거의 같은 논리이다. 그래서 차기 이전에 행해지는 손질은 차기와 반대편에서 이루어지면서 차기가 앞으로 뻗으면 손질은 안쪽으로 행해지는 게 통례적이다.

　다만, 제겨차기 같은 동작은 발질의 방향이 위로 향하므로 반대편의 팔을 같은 방향인 위로 젖히는데, 이것은 미약하나마 일시적으로 신체의 무게중심을 이동시킴으로 이동하는 관성을 이용해서 발질이 용이하도록 하는 것과, 차는 방향으로 상체를 신전(伸展)시켜 최소한의 힘으로 빠르고 높이 차려는 의도가 있다. 만약에 상체를 앞으로 굽힌 상태에서 제겨차기를 한다면, 굽힌 상체에 의해 제약을 받으므로 상체를 신전시킨 상태보다 그 발 높이가 훨씬 낮아질 것이다. 운동의 법칙에 따른 신체운동방법의 원리 가운데 『'팔로스루(follow-through)의 원리'라 해서 동작을 취한 후 신체의 움직임이 그 운동의 진행방향으로 계속되어야 동작이 원활해지고 운동효과가 크다』라는 구절과도 상통한다.

　택견은 백기신통비각술(百技神通飛脚術)이라 할 정도로 다양한 형태의 차기를 사용한다. 상단과 하단, 하단과 상단, 전후좌우 등으로 자기가 원하는 차기를 발을 번갈아 하고 한발로 얼렁발질을 차는 기술은 타 무술에서는 찾아보기 힘들다. 이러한 기술을 자기 것으로 만들기 위해서는 끊임 없는 연습과 노력이 필요하다.

1) 차기와 딴죽의 형태

- 차기 한 반대 발로 딴죽(차기(좌) + 딴죽(우), 차기(우)+딴죽(좌))
- 차기 한 같은 발로 딴죽(차기(좌) + 딴죽(좌), 차기(우)+딴죽(우))

(1) 차기+딴죽 기술표[표5-7]

ⓐ 제겨차기	ⓑ 내지르기	ⓒ 두름치기	ⓓ 곁치기	ⓔ 발따귀	ⓕ 가로지르기	ⓖ 밭발따귀
	ⓗ 외알저기	ⓘ 내차기	ⓙ 휘차기	ⓚ 날치기		
① 회목치기	② 밭장치기	③ 학치지르기	④ 안짱걸이	⑤ 낚시걸이	⑥ 깎음다리	⑦ 어복치기
		⑧ 덧걸이		⑨ 안우걸이		

※ 위의 기술이 품밟기의 형태와 안, 밖, 앞, 뒤의 공격방향에 따라 응용할 수 있다.

(2) 공격연결기술 도식표 [표5-8]

ⓐ+①	ⓐ+②	ⓐ+③	ⓐ+④	ⓐ+⑤	ⓐ+⑥	ⓐ+⑦	ⓐ+⑧	ⓐ+⑨
ⓑ+①	ⓑ+②	ⓑ+③	ⓑ+④	ⓑ+⑤	ⓑ+⑥	ⓑ+⑦	ⓑ+⑧	ⓑ+⑨
ⓒ+①	ⓒ+②	ⓒ+③	ⓒ+④	ⓒ+⑤	ⓒ+⑥	ⓒ+⑦	ⓒ+⑧	ⓒ+⑨
ⓓ+①	ⓓ+②	ⓓ+③	ⓓ+④	ⓓ+⑤	ⓓ+⑥	ⓓ+⑦	ⓓ+⑧	ⓓ+⑨
ⓔ+①	ⓔ+②	ⓔ+③	ⓔ+④	ⓔ+⑤	ⓔ+⑥	ⓔ+⑦	ⓔ+⑧	ⓔ+⑨
ⓕ+①	ⓕ+②	ⓕ+③	ⓕ+④	ⓕ+⑤	ⓕ+⑥	ⓕ+⑦	ⓕ+⑧	ⓕ+⑨
ⓖ+①	ⓖ+②	ⓖ+③	ⓖ+④	ⓖ+⑤	ⓖ+⑥	ⓖ+⑦	ⓖ+⑧	ⓖ+⑨
ⓗ+①	ⓗ+②	ⓗ+③	ⓗ+④	ⓗ+⑤	ⓗ+⑥	ⓗ+⑦	ⓗ+⑧	ⓗ+⑨
ⓘ+①	ⓘ+②	ⓘ+③	ⓘ+④	ⓘ+⑤	ⓘ+⑥	ⓘ+⑦	ⓘ+⑧	ⓘ+⑨
ⓙ+①	ⓙ+②	ⓙ+③	ⓙ+④	ⓙ+⑤	ⓙ+⑥	ⓙ+⑦	ⓙ+⑧	ⓙ+⑨
ⓚ+①	ⓚ+②	ⓚ+③	ⓚ+④	ⓚ+⑤	ⓚ+⑥	ⓚ+⑦	ⓚ+⑧	ⓚ+⑨

ⓐ×⑨	ⓑ×⑨	ⓒ×⑨	ⓓ×⑨	ⓔ×⑨
ⓕ×⑨	ⓖ×⑨	ⓗ×⑨	ⓘ×⑨	ⓙ×⑨

2) 차기와 딴죽의 양발 공격연결기술

(1) 제겨차고 오금차기

① 겨루기 자세

② 오른발로 상대의 얼굴을 제겨차기로 공격한다.

③ 한손젖히기를 하면서 반대발로 오금차기 공격을 한다.

요령: 제겨차기를 한발을 상대의 우측 발과 좌측 발 사이에 내딛는다.

(2) 내지르고 덧걸이

① 상대의 복장을 내지르기 한다.

② 상대의 왼다리를 덧걸이로 공격한다.

요령: 내지르기 한 발을 상대의 두 족장 중간에 놓고 덧걸이를 한다.

(3) 두름치고 어복치기

① 상대의 얼굴을 오른발로 두름치기 한다.

② 상대의 반대편 왼어복을 걸어 넘긴다.

요령: 상대의 얼굴이 방어가 되지 않으면 차기로 얼굴을 공격하고, 방어가 되면 어복치기를 한다.

① ②

(4) 곁치고 낚시걸이

① 상대의 얼굴을 오른발로 곁치기 한다.

② 상대의 반대쪽 오금을 밭낚시걸이로 공격한다.

요령: 곁치기 후 상대의 반대쪽 발 밖으로 내딛는다.

 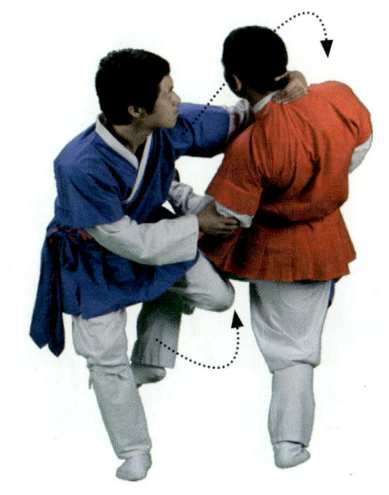

① ②

(5) 발따귀 회목치기

① 오른발로 상대의 얼굴을 발따귀 한다.

② 반대편의 회목을 쳐서 넘긴다.

요령: 발따귀로 상대의 시선을 흩뜨리고 회목을 친다.

(6) 가로지르고 학치지르기

① 상대의 얼굴이나 복장을 가로지르기 한다.

② 반대발로 학치지르기 공격을 한다.

요령: 학치지르기 시 덜미를 앞으로 당기면서 상대의 학치를 지른다.

(7) 밭발따귀 밭장치기

① 상대의 얼굴을 밭발따귀 한다.

② 반대편의 오른다리를 밭장치기로 공격한다.

요령: 밭발따귀를 차고 상대의 오른발 밖으로 내딛는다.

3) 차기와 딴죽의 한발 공격연결기술

(1) 제겨차고 뒷회목치기
① 겨루기 자세
② 상대의 얼굴을 오른발로 제겨차기 한다.
③ 찬 발을 곱꺾어 들인다.
④ 상대의 오금을 걸고 빗장을 붙여 넘긴다.
요령: 찬 발을 바닥에 놓지 않고 두 다리를 모두 건다.

(2) 내지르고 앞 회목치기
① 상대의 가슴이나 얼굴을 내지르기 한다.
② 찬 발을 뒤로 당긴다.
③ 상대의 왼발을 회목치기로 공격한다.
요령: 허리를 밀어 내듯이 회목을 친다.

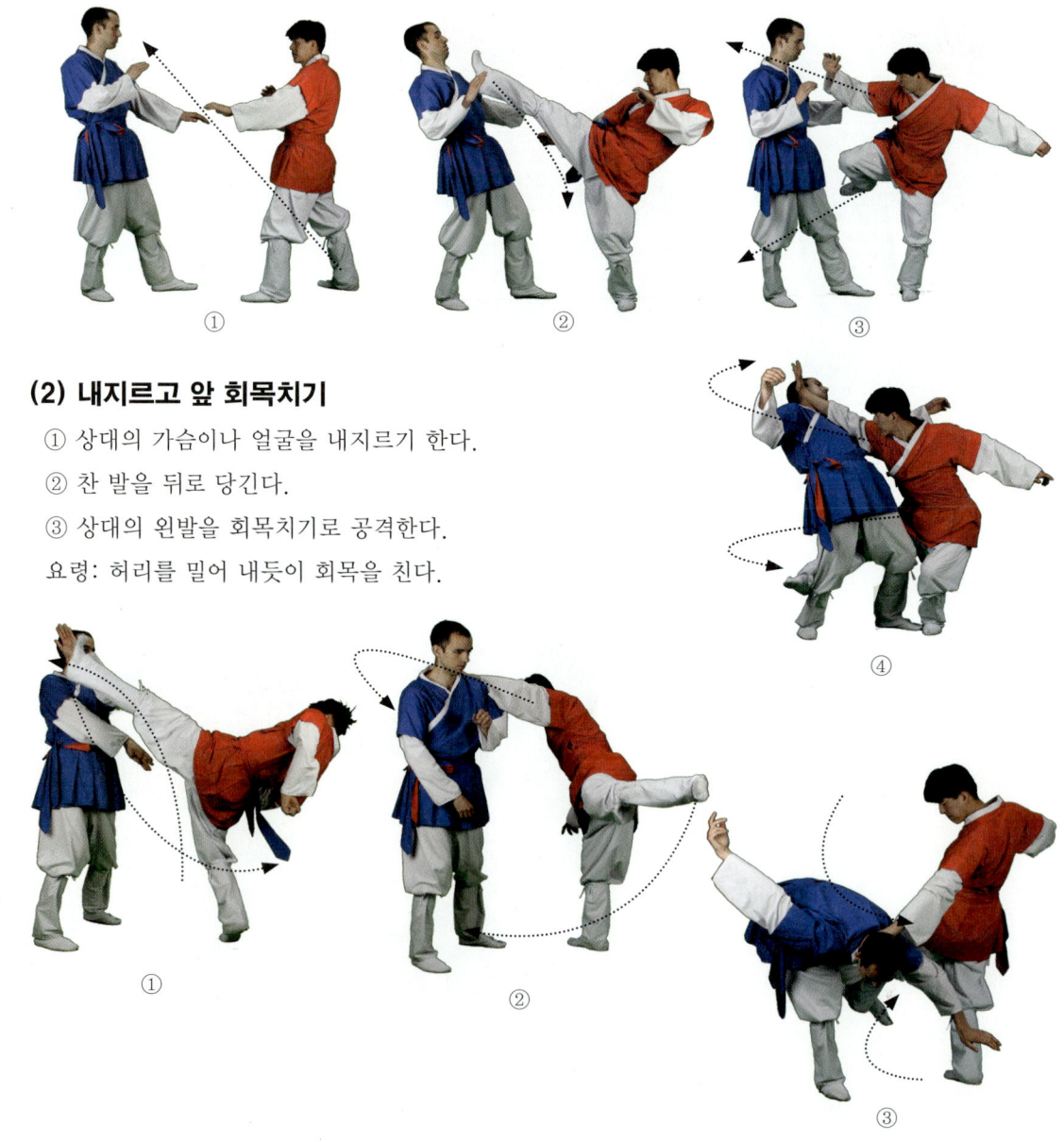

(3) 두름치고 어복치기

① 상대의 얼굴을 두름치기 한다.

② 상대의 반대쪽 어복을 걸어 넘긴다.

요령: 상대의 얼굴이 방어가 되지 않으면 차기를 하고 방어가 되면 어복치기를 한다.

(4) 곁치고 안낚걸이

① 상대의 얼굴을 곁치기 한다.

② 찬 발을 거두어들인다.

③ 상대의 왼발을 안낚시걸이로 건다.

요령: 안낚시걸이는 뱃심으로 밀어 붙이면서 건다.

(5) 발따귀 밭낚시걸이

① 상대의 얼굴을 발따귀 한다.

② 찬 발을 거두어 들인다.

③ 상대의 오른발을 밭낚시걸이로 공격한다.

요령: 발따귀의 회전력을 이용해서 밭낚시걸이를 한다.

(6) 가로지르고 앞회목치기

① 상대의 얼굴을 가로지르기 한다.

② 몸을 회전시켜 오른발이 상대의 왼발 뒤에 내딛고 어깨를 밀착시킨다.

③ 왼발로 앞 회목을 치고 어깨를 앞으로 밀어서 넘긴다.

요령: 상대의 몸과 팔을 같이 밀면서 건다.

(7) 밭발따귀 오금차기

① 상대의 얼굴을 밭발따귀 한다.
② 찬 발로 오른발 오금을 걸어서 넘긴다.
요령: 밭발따귀의 회전력으로 상대의 오금을 건다.

5. 복합 공격연결기술

택견 겨루기의 경기규칙은 다양한 형태의 기술을 사용할 수 있게 되어 있다. 특히 차기와 딴죽의 상하공격으로 자유롭게 이루어져 있으므로 복합공격 연결기술 연습이 필수불가결 하다.

특히 이러한 다양한 형태의 연결기술의 연습은 선수들의 기량을 높이는 필수적인 연습이다. 이번 장에서는 3번의 공격연결기술 중 일부를 소개하고자 한다. 이외에도 다양한 응용이 필요하다.

1) 복합 공격연결기술의 형태

(1) 복합 공격연결기술의 체계

① 딴죽+차기+딴죽   ② 차기+딴죽+차기   ③ 딴죽+차기+차기
④ 딴죽+딴죽+차기   ⑤ 차기+차기+딴죽

(2) 복합 공격연결기술의 응용

① 딴죽 한 반대발로 차기하고 반대 발 딴죽 (딴죽(좌)+차기(우)+딴죽(좌), 딴죽(우)+차기(좌)+딴죽(우))
② 차기 한 반대발로 딴죽하고 반대 발 차기 (차기(좌)+딴죽(우)+차기(좌), 차기(우)+딴죽(좌)+차기(우))
③ 딴죽 한 반대발로 차기하고 반대 발 차기 (딴죽(좌)+차기(우)+차기(좌), 딴죽(우)+차기(좌)+차기(우))
④ 딴죽 한 반대발로 딴죽하고 반대 발 차기 (딴죽(좌)+딴죽(우)+차기(좌), 딴죽(우)+딴죽(좌)+차기(우))
⑤ 차기 한 반대발로 차기하고 반대 발 차기 (딴죽(좌)+차기(우)+차기(좌), 딴죽(우)+차기(좌)+차기(우))
⑥ 딴죽 한 같은발로 차기하고 반대 발 딴죽 (딴죽(좌)+차기(우)+딴죽(좌), 딴죽(우)+차기(좌)+딴죽(우))
⑦ 차기 한 같은발로 딴죽하고 반대 발 차기 (차기(좌)+딴죽(우)+차기(좌), 차기(우)+딴죽(좌)+차기(우))
⑧ 딴죽 한 같은발로 차기하고 반대 발 차기 (딴죽(좌)+차기(우)+차기(좌), 딴죽(우)+차기(좌)+차기(우))
⑨ 딴죽 한 같은발로 딴죽하고 반대 발 차기 (딴죽(좌)+딴죽(우)+차기(좌), 딴죽(우)+딴죽(좌)+차기(우))
⑩ 차기 한 같은발로 차기하고 반대 발 차기 (딴죽(좌)+차기(우)+차기(좌), 딴죽(우)+차기(좌)+차기(우))
⑪ 딴죽 한 반대발로 차기하고 같은 발 딴죽 (딴죽(좌)+차기(우)+딴죽(좌), 딴죽(우)+차기(좌)+딴죽(우))
⑫ 차기 한 반대발로 딴죽하고 같은 발 차기 (차기(좌)+딴죽(우)+차기(좌), 차기(우)+딴죽(좌)+차기(우))
⑬ 딴죽 한 반대발로 차기하고 같은 발 차기 (딴죽(좌)+차기(우)+차기(좌), 딴죽(우)+차기(좌)+차기(우))
⑭ 딴죽 한 반대발로 딴죽하고 같은 발 차기 (딴죽(좌)+딴죽(우)+차기(좌), 딴죽(우)+딴죽(좌)+차기(우))
⑮ 차기 한 반대발로 차기하고 같은 발 차기 (딴죽(좌)+차기(우)+차기(좌), 딴죽(우)+차기(좌)+차기(우))

(3) 차기+딴죽 기술표 [표5-9]

① 회목치기 ② 밭장치기 ③ 학치지르기 ④ 안짱걸이 ⑤ 낚시걸이 ⑥ 깎음다리 ⑦ 어복치기 ⑧ 덧걸이 ⑨ 안우걸이
ⓐ 제겨차기 ⓑ 내지르기 ⓒ 두름치기 ⓓ 곁치기 ⓔ 발따귀 ⓕ 가로지르기 ⓖ 밭발따귀 ⓗ 외알저기 ⓘ 내차기 ⓙ 휘차기

※ 위의 기술이 품밟기의 형태와 뜀발질 등 공격 방향에 따라 다양한 형태로 응용할 수 있다.

(4) 공격연결기술 도식표

a. 딴죽+차기+딴죽 [표5-10]

①×ⓐ~ⓙ×①~⑨	②×ⓐ~ⓙ×①~⑨	③×ⓐ~ⓙ×①~⑨
④×ⓐ~ⓙ×①~⑨	⑤×ⓐ~ⓙ×①~⑨	⑥×ⓐ~ⓙ×①~⑨
⑦×ⓐ~ⓙ×①~⑨	⑧×ⓐ~ⓙ×①~⑨	⑨×ⓐ~ⓙ×①~⑨

b. 차기+딴죽+차기 [표5-11]

ⓐ×⑨×ⓙ ⓐ×①~⑨×ⓐ~ⓙ	ⓑ×⑨×ⓙ ⓑ×①~⑨×ⓐ~ⓙ	ⓒ×⑨×ⓙ ⓒ×①~⑨×ⓐ~ⓙ	ⓓ×⑨×ⓙ ⓓ×①~⑨×ⓐ~ⓙ	ⓔ×⑨×ⓙ ⓔ×①~⑨×ⓐ~ⓙ
ⓕ×⑨×ⓙ ⓕ×①~⑨×ⓐ~ⓙ	ⓖ×⑨×ⓙ ⓖ×①~⑨×ⓐ~ⓙ	ⓗ×⑨×ⓙ ⓗ×①~⑨×ⓐ~ⓙ	ⓘ×⑨×ⓙ ⓘ×①~⑨×ⓐ~ⓙ	ⓙ×⑨×ⓙ ⓙ×①~⑨×ⓐ~ⓙ

c. 딴죽+차기+차기 [표5-12]

①×ⓐ~ⓙ×ⓐ~ⓙ	②×ⓐ~ⓙ×ⓐ~ⓙ	③×ⓐ~ⓙ×ⓐ~ⓙ
④×ⓐ~ⓙ×ⓐ~ⓙ	⑤×ⓐ~ⓙ×ⓐ~ⓙ	⑥×ⓐ~ⓙ×ⓐ~ⓙ
⑦×ⓐ~ⓙ×ⓐ~ⓙ	⑧×ⓐ~ⓙ×ⓐ~ⓙ	⑨×ⓐ~ⓙ×ⓐ~ⓙ

d. 딴죽+딴죽+차기 [표5-13]

①×⑨×ⓙ ①×①~⑨×ⓐ~ⓙ	②×⑨×ⓙ ②×①~⑨×ⓐ~ⓙ	③×⑨×ⓙ ③×①~⑨×ⓐ~ⓙ
④×⑨×ⓙ ④×①~⑨×ⓐ~ⓙ	⑤×⑨×ⓙ ⑤×①~⑨×ⓐ~ⓙ	⑥×⑨×ⓙ ⑥×①~⑨×ⓐ~ⓙ
⑦×⑨×ⓙ ⑦×①~⑨×ⓐ~ⓙ	⑧×⑨×ⓙ ⑧×①~⑨×ⓐ~ⓙ	⑨×⑨×ⓙ ⑨×①~⑨×ⓐ~ⓙ

e. 차기+차기+딴죽 [표5-14]

ⓐ×ⓙ×⑨ ⓐ×ⓐ~ⓙ×①~⑨	ⓑ×ⓙ×⑨ ⓑ×ⓐ~ⓙ×①~⑨	ⓒ×ⓙ×⑨ ⓒ×ⓐ~ⓙ×①~⑨	ⓓ×ⓙ×⑨ ⓓ×ⓐ~ⓙ×①~⑨	ⓔ×ⓙ×⑨ ⓔ×ⓐ~ⓙ×①~⑨
ⓕ×ⓙ×⑨ ⓕ×ⓐ~ⓙ×①~⑨	ⓖ×ⓙ×⑨ ⓖ×ⓐ~ⓙ×①~⑨	ⓗ×ⓙ×⑨ ⓗ×ⓐ~ⓙ×①~⑨	ⓘ×ⓙ×⑨ ⓘ×ⓐ~ⓙ×①~⑨	ⓙ×ⓙ×⑨ ⓙ×ⓐ~ⓙ×①~⑨

2) 복합 공격연결기술

(1) 딴죽+차기+딴죽(청: 회목치고 내지르기 덧걸이-홍: 두름치고 가새막기)

① 청이 홍의 발회목을 회목치기로 공격한다.
② 홍이 두름치기로 되받아 차면 청이 가새막기 한다.
③ 청이 얼굴이나 복장을 내지르기로 공격하면 홍이 가새막기 한다.
④ 반대편의 오금을 덧걸이로 걸어서 넘긴다.
요령: 상대의 반응에 즉각적인 되받기를 한다.

(2) 차기+딴죽+차기 (청:곁치기 회목치기 외알저기-홍:가세막기 내지르기)

① 청이 곁치기로 홍을 공격하면 홍이 가새로 막는다.
② 청이 반대편 발회목을 회목치기 한다.
③ 홍이 회목치기를 내지르기로 되받기 하면 청이 가새막기 한다.
④ 내지르기를 잡아되며 외알저기로 되받아 홍의 복장이나 얼굴을 찬다.
요령: 상대의 공격을 주시하면서 되받는다.

(3) 딴죽+차기+차기
(청: 낚시걸이 곁치기 돌개치기
-홍: 밭너울대기 밭장치기 오금차기)

① 청이 밭낚시걸이를 하면 홍이 밭너울대기로 피한다.
② 홍이 밭장치기로 공격을 하면 청이 반대편으로 홍의 얼굴을 곁치기로 공격한다. 곁치기를 공격한 후 우측 뒤쪽으로 틀어서 내딛는다.
③ 청이 우측으로 한 바퀴 회전하면서 돌개치기로 홍의 얼굴을 공격한다.

(4) 차기+딴죽+딴죽(청: 발따귀 회목치기 낚시걸이-홍: 가새막고 두름치기)

① 청이 발따귀로 공격을 하면 홍이 가새막기 한다.
② 청이 홍의 반대편 회목을 공격한다.
③ 홍이 회목치기 되받기로 두름치기 공격하면 청이 가새막기 한다.
④ 두름치기를 가새막기로 다리를 잡으면서 밭낚시걸이로 걸어서 넘긴다.
요령: 기술을 연속적으로 공격한다.

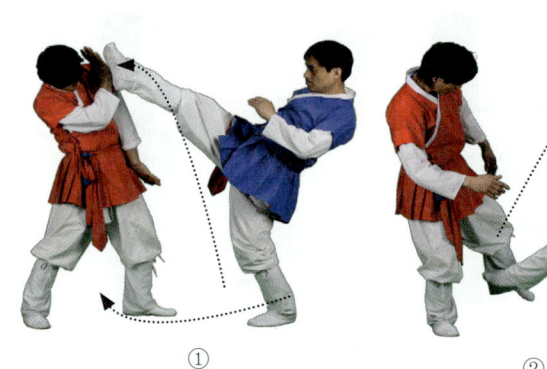

(5) 딴죽+딴죽+차기
(청: 회목치고 덧걸이 두름치기-홍: 버티기)

① 청이 홍을 회목치기로 공격한다.
② 버티는 다리를 덧걸이로 공격한다.
③ 청이 반대편의 얼굴을 두름치기로 공격한다.
요령: 두름치기 공격 시 측면을 공격하지 말고 정면으로 공격을 한다.

(6) 차기+차기+딴죽(청: 내지르고 두름치기 덧걸이-홍: 가새막기)

① 청이 내지르기로 홍을 공격하면 홍이 가새막기 한다.
② 왼발로 두름치기 공격을 하면 가새막기 한다.
③ 반대편 오금을 덧걸이로 걸어서 넘긴다.
요령: 두름치기로 속임 동작을 하고 덧걸이 한다.

(7) 딴죽한 발로 차기+딴죽
(청: 뒷회목 곁치기 회목치기-홍: 가새막기)

① 청이 뒷회목치기로 홍을 공격한다.
② 회목치기 후 같은 발로 곁치기 한다.
③ 곁치기 한발로 회목치기로 걸어서 넘긴다.
요령: 공격한 발로 연속 공격하므로 발의 축으로 중심 잡는데 신경을 집중한다.

(8) 찬 발로 딴죽+차기(청: 밭발따귀 오금차기 두름치기-홍: 가새막기)

① 청이 두름치기로 공격을 하면 홍이 가새막기 한다.
② 찬 발을 거두어 오금차기를 한다.
③ 오금차기를 버티면 두름치기로 반대편 얼굴을 공격한다.
요령: 찬 발로 거두어들일 때 굼실을 하고 능청으로 공격한다.

(9) 딴죽한 발로 차기+차기(청: 회목치고 내지르기 밭발따귀-홍: 피하기)

① 청이 회목치기로 공격한다.
② 찬 발로 다시 거두어 들어 내지르기를 한다.
③ 반대발 밭발따귀로 상대의 얼굴을 공격한다.
요령: 얼렁발질은 가볍게 힘을 빼고 한다.

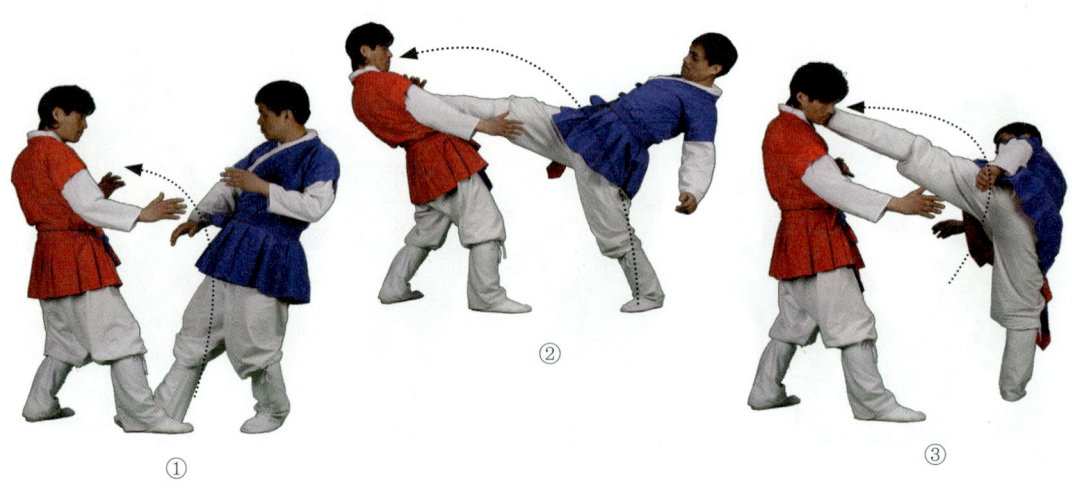

(10) 찬 발로 딴죽 +딴죽(청: 발따귀 낚시걸이 오금밟기-홍: 버티기)

① 청이 발따귀로 홍을 공격한다.
② 찬 발로 반대편 다리를 밭낚시걸이 한다.
③ 홍이 버티면 뒤쪽 다리를 오금밟기로 넘긴다.
요령: 상대의 오금을 사선으로 밟아 내린다.

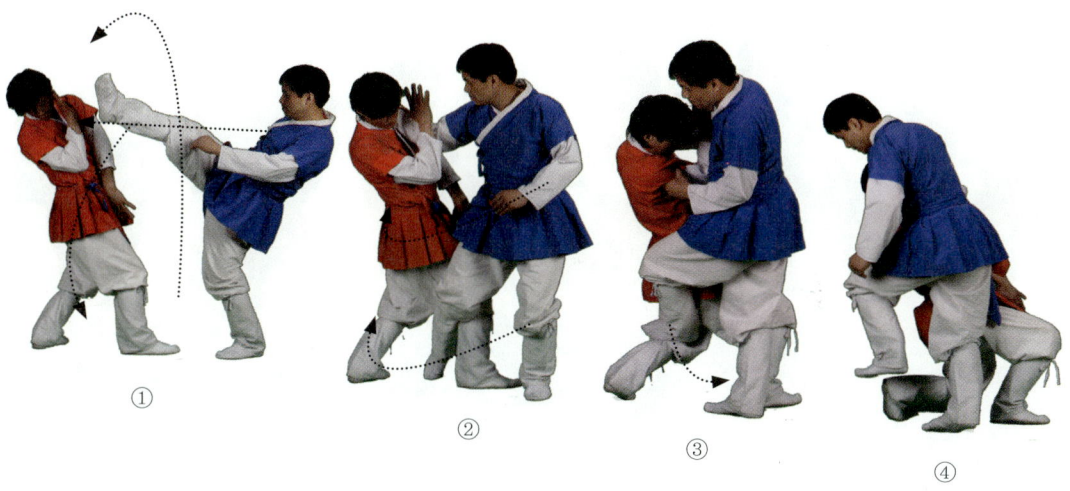

(11) 딴죽한 발로 딴죽+차기(청: 밭장치기 안짱걸이 가로지르기-홍: 버티기)

① 청이 밭장치기로 공격한다.
② 딴죽한 발로 반대쪽 안짱걸이를 한다.
③ 반대발로 두름치기 공격을 한다.
요령: 밭장치고 안짱걸이를 작게 툭 치듯이 찬다.

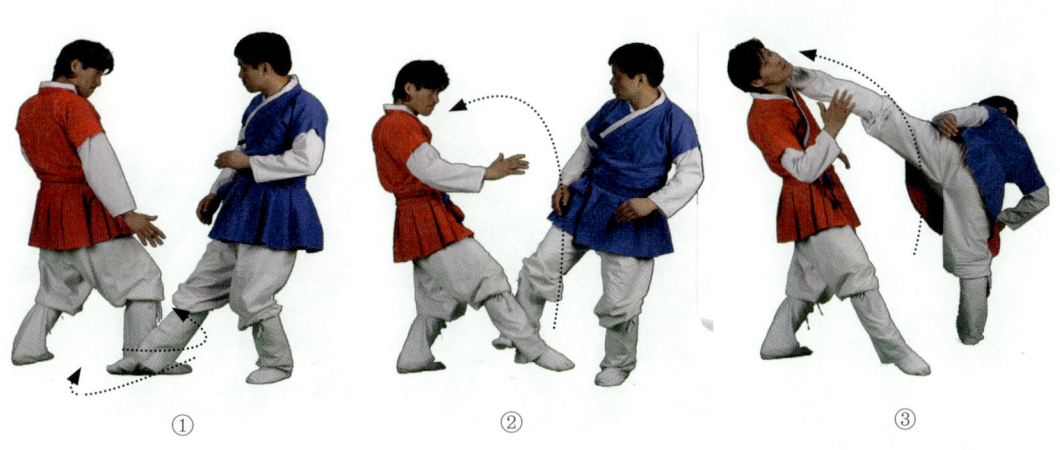

(12) 딴죽+얼렁발질(청: 학치지르기 밭장치기 두름치기-홍: 피하기)

① 청이 학치지르기로 홍을 공격한다.
② 홍의 다리가 뒤로 물러나면 반대편 다리를 밭장치기로 공격한다.
③ 딴죽한 발로 연속해서 두름치기로 홍의 얼굴을 공격한다.
요령: 학치지르기로 상대의 균형을 잃게 한다.

(13) 차기+얼렁발질(청: 가로지르기 회목치기 밭발따귀-홍: 가새막기)

① 청이 두름치기로 공격을 하면 홍이 가새막기 한다.
② 반대편 발회목을 친다.
③ 딴죽한 발로 홍의 얼굴을 밭발따귀로 공격한다.
요령: 좌우를 번갈아 가면서 공격한다.

제2장 되받기 기술

되받기 기술이란 상대가 자기에게 기술을 공격해 올 때 상대의 기술을 역이용하여 차거나 걸어서 넘어뜨리는 기술이다. 즉 상대의 허점과 힘을 역이용하여 상대를 제압하는 기술이다. 택견 경기에 있어 공격 기술도 중요하지만 이에 못지않게 되받기 기술도 매우 중요한 기술이다. 통계학적으로 보면 공격 기술의 빈도수는 높게 나타나지만 승패에 대한 성공률이 매우 낮게 나타나는 것을 겨루기 경기를 통해서 볼 수 있다. 이럴 경우에는 가능한 한 선수들에게 넓은 범위의 되받기 기술을 훈련 시켜야 한다.

되받기의 기회는 먼저 속임 동작이나 품밟기를 이용하면서 연결하여야 그 효과가 크며, 상대 선수가 공격을 하도록 유도하거나 상대가 공격을 하는 순간과 공격이 끝나는 순간 등 경기 상황에 따라 예측하고 관찰 또는 판단하여 어떤 기술이 반격에 적합한가를 결정한다. 또한 되받기 기술이라도 상대 선수의 체격, 체력 조건에 따라 되받기의 방법이 다르므로 각기 다른 형태로 되받기 기술을 시도해야 한다. 지도자는 선수 개개인의 좋은 특성들을 발견하고 그 특성에 맞는 적합하고 효율적인 되받기 기술을 훈련시켜야 한다. 되받기 기술에는 손질, 딴죽, 차기 등으로, 공격하는 방법에 따라 한발 되받기 또는 두발 되받기 또는 공격 상황에 따라 공격하는 발 되받기, 축의 발 되받기 등으로 나누어진다.

상대의 되받기 기술을 다시 되받기 하는 기술은 본 서(書)에서는 생략하고 다음 기회에 기록하고자 한다.

◈ 되받기의 분류표 ◈

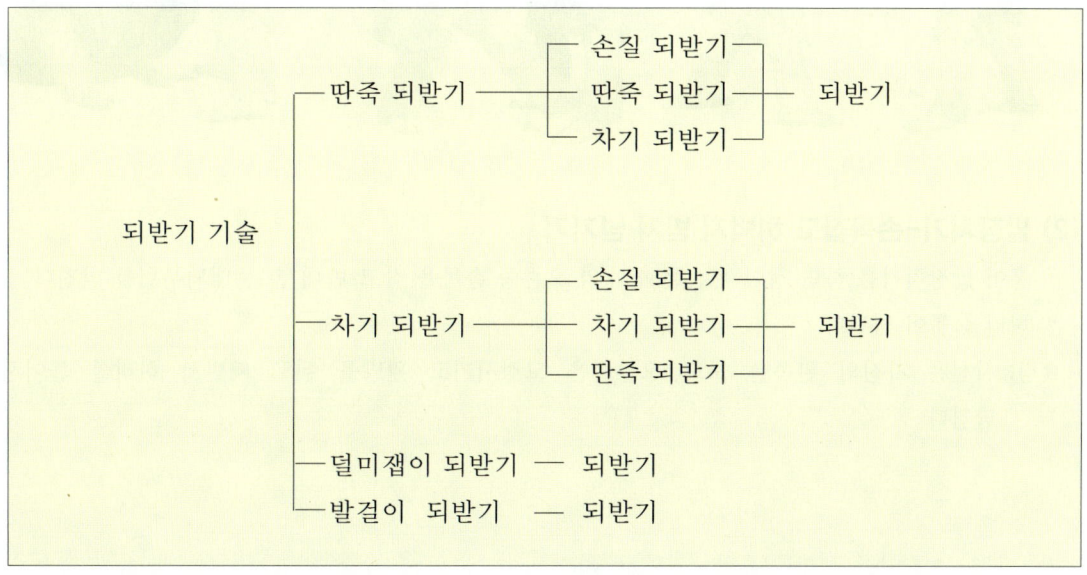

1. 딴죽 되받기

1) 손질 되받기

손질 되받기는 손으로 상대의 목이나, 몸통과 오금 이상부위를 다리로 치거나 받치고 넘어뜨리는 기술이다. 특히 상대의 기술과 몸의 움직임의 허점을 이용하여 정면, 측면, 회전력 등을 이용하는 공격으로 되받기를 한다. 이때 상대의 힘을 역이용하여 자신의 어깨와 몸 전체의 중심과 발의 움직임을 통해서 되받기를 한다. 택견 경기규칙에 있어 손질 되받기는 허리 아래부위인, 대퇴부위 등을 위로 끌어올리면 반칙이 되므로 아래 손은 고정을 하고 위쪽에 있는 손에 체중을 실어 되받기 한다.

(1) 회목치기-양손굵기(청 : 되받기-홍 : 공격)
① 겨루기 자세
② 홍이 회목치기 하면 청이 왼손을 대퇴부위에 받치고 오른손은 덜미잽이를 한다.
③ 걸어서 넘긴다.
요령: 상대의 회목치기 공격 시 앞으로 넘어지는 힘을 역이용하여 되받는다.

(2) 밭장치기-손목잡고 허벅지 받쳐 넘기기
① 홍이 밭장치기를 하면 청이 왼손은 상대의 오른쪽 손목을 잡고 반대 손은 대퇴부위를 받친다.
② 허리를 틀어 넘긴다.
요령: 시선은 자신의 왼쪽을 보고 오른발은 고정시키고 왼발을 뒤로 빼면서 허리를 틀어서 넘긴다.

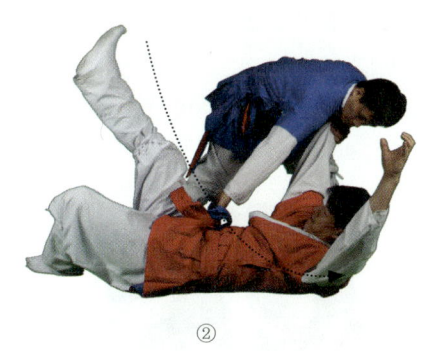

(3) 학치지르기-양손 젖히기

① 홍이 학치지르기로 공격하면 오른쪽 무릎을 좌측으로 회전하면서 양손젖히기를 한다.
② 왼쪽발이 좌측으로 회전하면서 걸어서 넘긴다.
요령: 학치지르기는 무릎의 회전으로 피하고
발과 허리의 회전력을 이용하여 되받는다.

(4) 안짱걸이-양손긁기

① 홍이 안짱걸이로 공격을 한다.
② 오른발을 우측으로 빗겨 내딛으면서 양손긁기로 돌린다.
③ 걸어서 넘긴다.
요령: 상대가 앞쪽으로 당기는 힘을 원의 운동으로 되받는다.

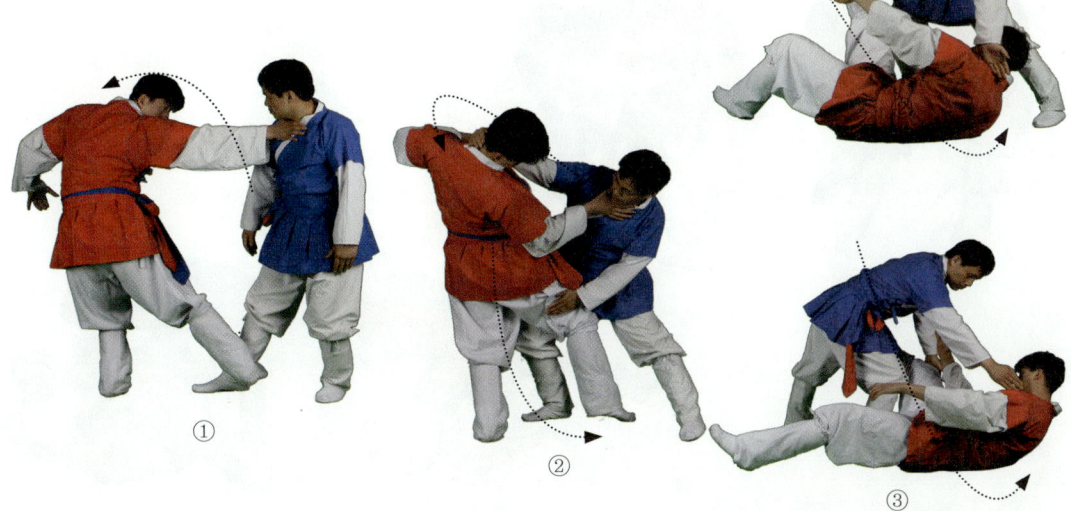

(5) 낚시걸이-손목잡고 등 받쳐 넘기기

① 홍이 밭낚시걸이로 공격하면 왼손은 팔오금에 오른손은 등을 받쳐 좌측으로 돌린다.

② 걸어서 넘긴다.

요령: 오른팔은 상대의 등을 받치는 받침점이 되게 한다.

(6) 안낚시걸이-양손긁기

① 홍이 안낚시걸이로 공격한다.

② 왼발을 밭너울대기를 이용하여 뒤로 피하고 몸을 뒤로 빼면서 양손긁기를 한다.

③ 몸을 좌측으로 돌리면서 허리를 동시에 틀어 돌린다.

④ 걸어서 넘긴다.

요령: 발을 피하고 몸의 중심을 좌측으로 돌리면서 한다.

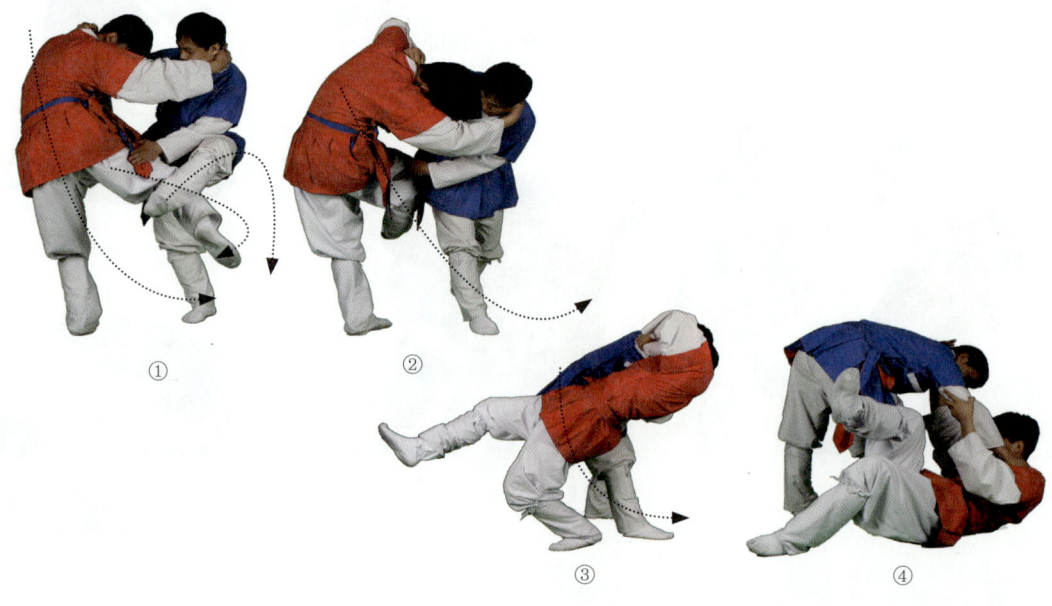

(7) 오금차기-양손긁기

① 홍이 한손젖히기를 하면서 오금차기를 한다.

② 왼발이 상대의 오른발 앞으로 내딛고 양손긁기를 하면서 상대를 우측으로 돌린다.

③ 걸어서 넘긴다.

요령: 오금을 차는 타이밍에 오른발이 축이 되게 하여 우측으로 돌면서 되받기 한다.

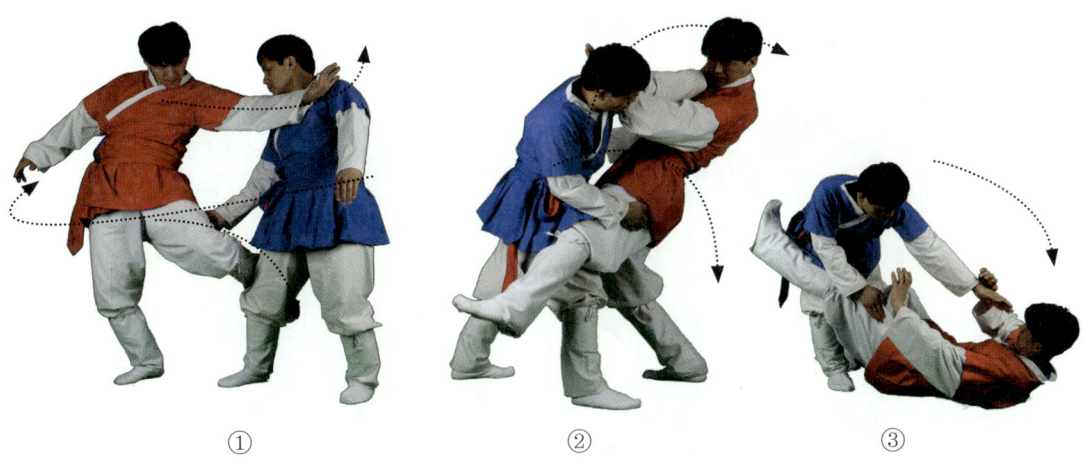

① ② ③

(8) 덧걸이-양손긁기

① 홍이 왼다리를 덧걸이로 건다.

② 왼발이 축이 되고 뒤꿈치를 축으로 회전하면서 양손긁기를 한다.

③ 걸어서 넘긴다.

요령: 상대가 덧걸이를 걸 때 왼다리를 곧게 펴고 뒤꿈치를 축으로 발가락을 좌측으로 회전 시킨다.

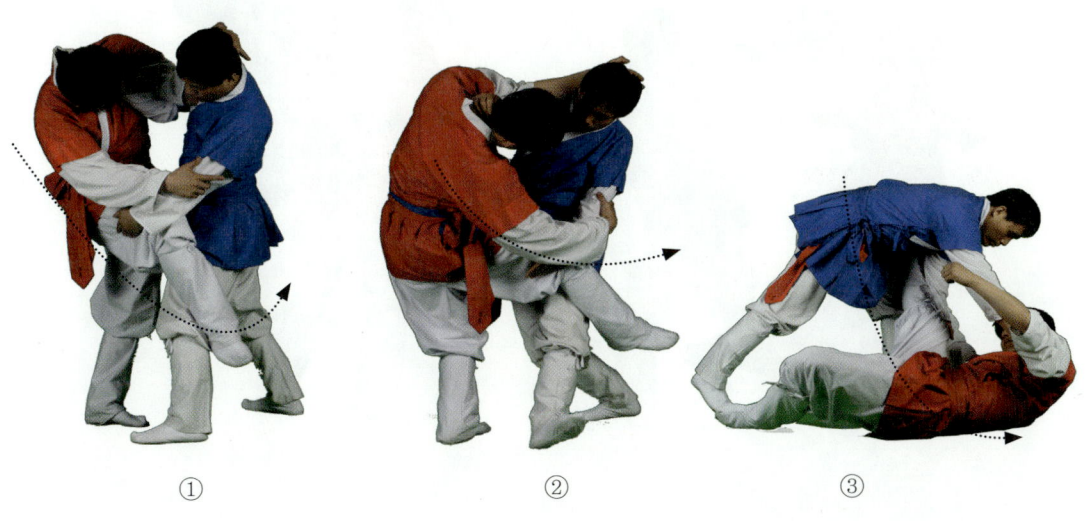

① ② ③

2) 딴죽 되받기

(1) 회목치기

a. 회목치기-밭낚시걸이

① 홍이 회목치기로 공격한다.
② 청이 회목치기를 피하면서 밭낚시걸이로 되받기 한다.
요령: 상대의 공격이 들어오는 타이밍에 걸어서 넘긴다.

① ②

b. 회목치기-덧걸이

① 홍이 회목치기로 공격한다.
② 청이 오른발을 우측으로 피하면서 덧걸이로 되받기 한다.
요령: 상대의 공격을 옆으로 돌면서 건다.

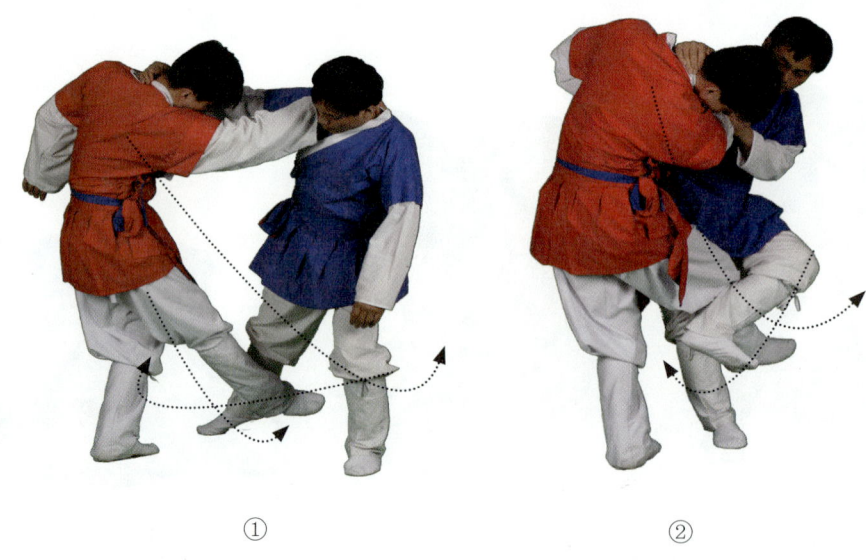

① ②

c. 회목치기 - 뒷회목치기

① 홍이 회목치기로 공격한다.
② 오른발을 뒤로 피하면서 축의 발을 뒷회목치기로 넘긴다.
요령: 상대의 회목치기 공격 시 오른발을 뒤로 내딛지 않아도 몸의 회전으로 자연스럽게 피해진다.

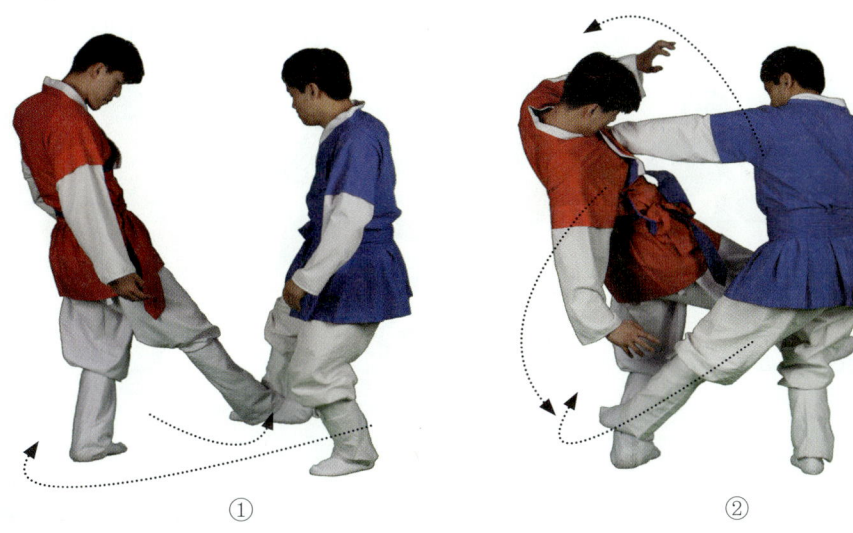

① ②

(2) 밭장치기-밭낚시걸이

① 홍이 목덜미를 잡고 밭장치기로 공격한다.
② 왼발을 뒤로 빼면서 밭낚시걸이로 되받아 넘긴다.
요령: 상대가 밭장치기를 하면 축을 버티고 왼발을 뒤로 빼면서 되받기 한다.

① ②

(3) 학치지르기-어복치기

① 홍이 학치지르기로 공격을 한다.

② 무릎을 우측으로 회전시켜 피한다.

③ 몸을 상대의 뒤로 돌린다.

④ 상대를 빗장붙이기와 어복치기로 걸어서 넘긴다.

요령: 상대의 학치지르기 공격이 들어오는 순간에 무릎과 허리를 회전시켜 피하면서 되받기 한다.

(4) 안짱걸이

a. 안짱걸이-밭장치고 오금밟기

① 홍이 안짱걸이로 공격을 한다.

② 공격하는 발을 피하면서 밭장치기로 되받아 돌린다.

③ 균형을 잃은 상대의 오금을 밟아 넘긴다.

요령: 상대가 안짱걸이를 하는 순간에 밭장치기로 되받는다.

b. 안짱걸이-덧걸이

① 홍이 안짱걸이로 공격한다.

② 우측으로 빗기면서 덧걸이로 걸어서 넘긴다.

요령: 상대의 공격을 받은 후 끌려 들어가면서 되받기 한다.

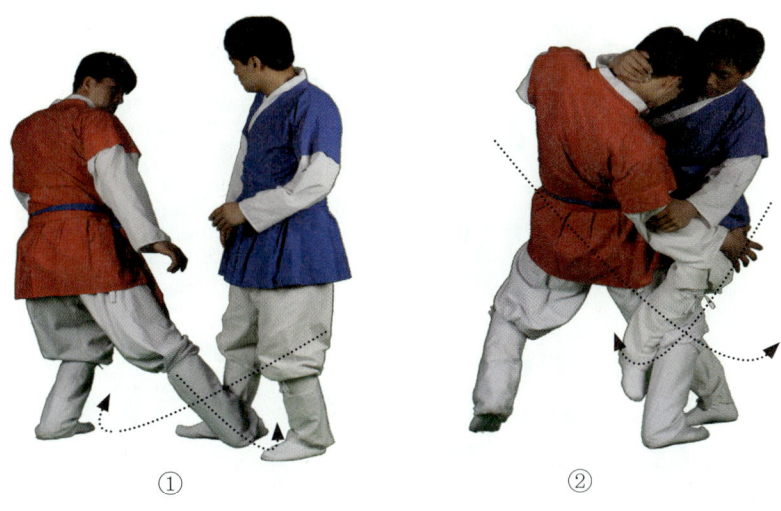

① ②

(5) 낚시걸이

a. 밭낚시걸이-밭낚시걸이

① 홍이 밭낚시걸이로 공격을 한다.

② 청이 오른발을 버티면서 왼발을 뒤로 뺀다.

③ 몸의 중심을 앞으로 보내면서 밭낚시걸이로 되받기 한다.

요령: 공격이 들어오는 순간 먼저 상대의 중심을 빼앗는다.

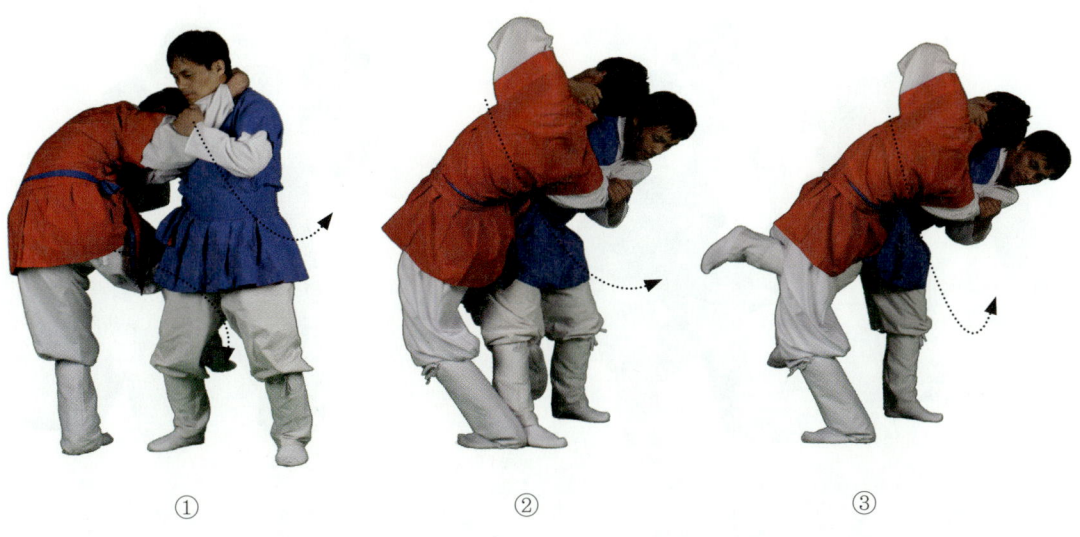

① ② ③

b. 밭낚시걸이-덧걸이

① 홍이 밭낚시걸이로 공격을 한다.

② 덧걸이로 되받아 넘긴다.

요령: 상대의 공격이 들어오면 축의 다리를 버티면서 되받는다.

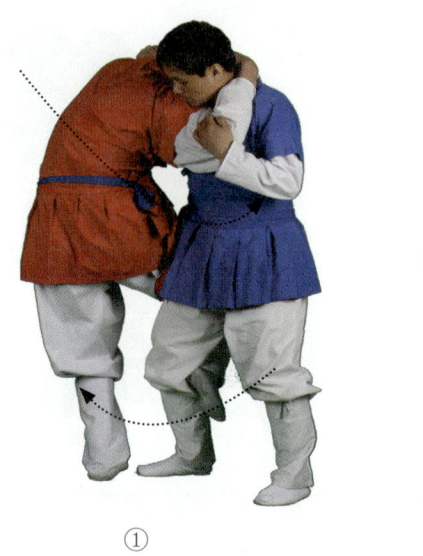
①

②

(6) 오금차기

a. 오금차기-안짱걸이

① 홍이 오금차기로 공격을 한다.

② 상대 축의 가랑이 사이에 안짱걸이로 되받기 한다.

요령: 오금차기 공격 시 왼발을 앞으로 밀어 밟으면서 안짱걸이로 되받는다.

①

②

b. 오금차기-오금차기

① 홍이 오금차기로 공격을 하면 밭너울대기로 피한다.
② 피한 발로 상대의 오금을 걸어서 넘긴다.
요령: 상대의 공격이 들어오는 순간 피하면서 상대의 축을 되받기 한다.

① ②

(7) 덧걸이

a. 덧걸이-덧걸이

① 홍이 덧걸이 공격을 한다.
② 반대 발 축을 덧걸이로 되받기 하여 걸어서 넘긴다.
요령: 상대가 덧걸이를 하는 순간 되받기를 한다.

① ②

b. 덧걸이-안낚시걸이

① 홍이 덧걸이로 공격한다.

② 상대의 공격하는 다리를 뒤로 당기고 안낚시걸이로 되받아 넘긴다.

요령: 상대의 공격이 들어 오는 순간 안낚시걸이로 당기고 허리를 회전하여 걸어서 넘긴다.

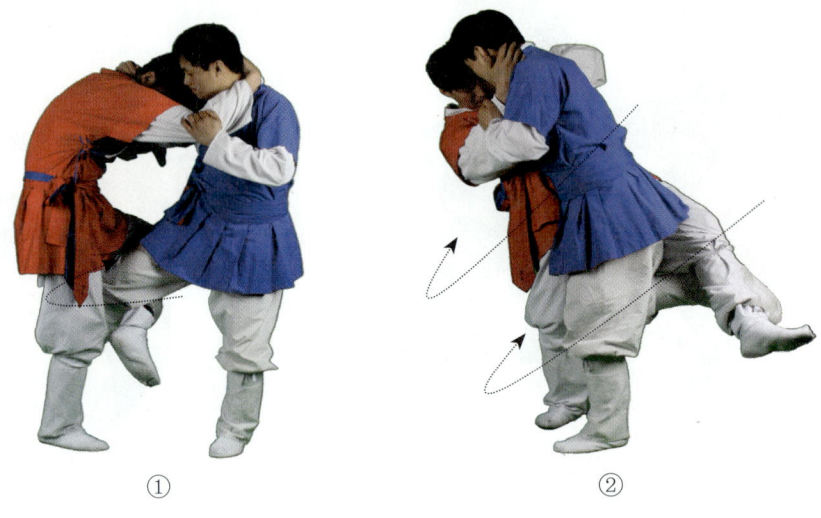

① ②

(8) 안우걸이

a. 안우걸이- 앞회목치기

① 안우걸이로 공격한다.

② 청의 왼발이 홍의 우측으로 빠지면서 앞회목치기로 넘긴다.

요령: 이때 자신의 가슴과 상대의 가슴을 밀착하여 가슴을 돌려 준다.

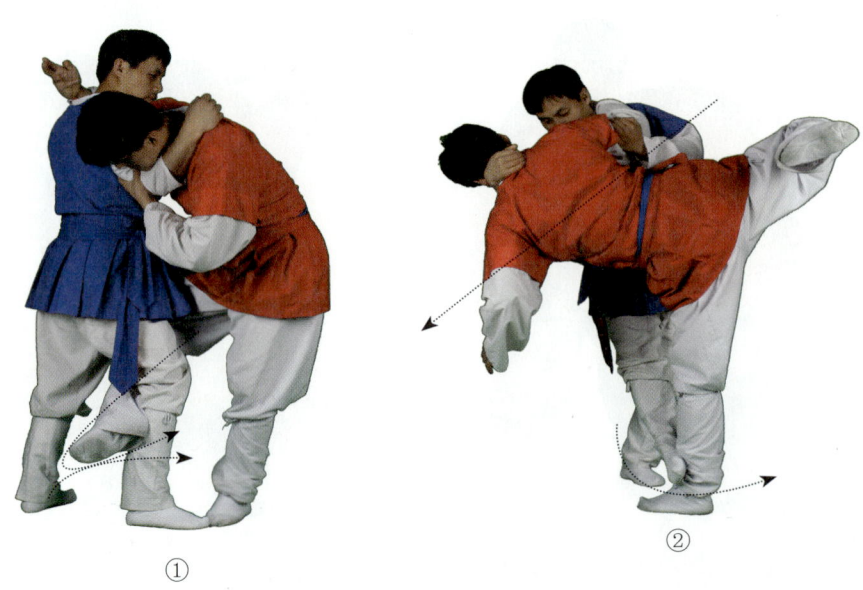

① ②

b. 안우걸이-안우걸이

① 홍이 안우걸이로 공격을 한다.

② 몸을 앞으로 숙이고 허리가 상대의 대퇴부위를 누르면서 되받는다.

요령: 상대의 공격이 들어오는 순간 안쪽으로 휘감아 돌리면서 되받는다.

①

②

3) 차기 되받기

(1) 회목치기-휘차기

① 겨루기 준비자세

② 상대가 회목치기로 공격한다.

③ 공격당한 발을 우측 편으로 피하면서 몸을 돌린다.
   오른 무릎을 곱꺾어 들어 올린다.

④ 상대의 얼굴을 휘차기로 공격한다.

요령: 상대가 회목치기를 하면 공격의 힘을 이용해서
      휘차기를 한다.

①

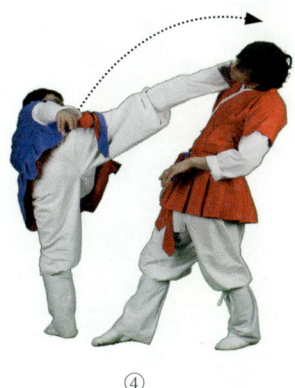
④

③

②

(2) 밭장치기-곁치기

① 상대가 밭장치기로 공격을 한다.
② 몸의 중심을 뒤로 보내면서 공격당한 발을 뒤로 뺀다.
③ 공격당한 발로 상대의 얼굴을 곁치기로 되받아 찬다.

요령: 공격당하는 순간 발을 뒤로 뺏다가 바로 허리의 회전으로 되받기 한다.

(3) 학치지르기-발따귀

① 상대가 학치지르기로 공격한다.
② 공격당한 발로 상대의 얼굴을 발따귀로 공격한다.

요령: 학치가 뒤로 물러나면서 허리의 회전력을 이용하여 발따귀를 찬다.

(4) 안짱걸이-두름치기

① 상대가 안짱걸이로 공격을 한다.

② 피하면서 상대의 얼굴을 두름치기로 되받아 찬다.

요령: 안짱걸이 공격 시 몸을 옆으로 틀면서 되받아 찬다.

① ②

(5) 낚시걸이-가로지르기

① 상대가 밭낚시걸이로 공격한다.

② 공격당한 발을 뒤로 곱꺾어 들이고 다시 가로지르기로 상대의 얼굴이나 어깨를 되받기 한다.

요령: 공격당한 발을 뒤로 빼면서 굼실을 하고 가로지르기로 공격한다.

① ②

(6) 오금차기-밭발따귀

① 홍이 오금차기로 공격을 한다.

② 밭발따귀로 되받기 한다.

요령: 오금차기 공격 당한 발은 밀리는 힘을 역이용해서 밭발따귀로 공격한다.

① ②

(7) 덧걸이

a. 덧걸이-내지르기

① 상대가 덧걸이로 공격을 한다.

② 공격당한 발을 밭너울대며 뒤로 피한다.

③ 반대발로 상대의 복장을 내지르기로 되받아 찬다.

요령: 밭너울대기는 허리를 뒤로 틀면서 피하는 회전력으로 내지르기를 한다.

① ② ③

b. 덧걸이-외알저기

① 상대가 덧걸이로 공격을 한다.
② 반대발로 상대의 느진배를 외알저기로 되받는다.
요령: 공격당한 발을 뒤로 빼는 동시에 외알저기로 공격한다.

①　　　　　　　　　②

2. 차기 되받기

　겨루기에서 상대 선수의 차기 공격에 대한 되받기로써, 되받는 방법은 팔과 손, 딴죽, 차기로 되받기를 한다. 되받기는 타이밍에 따라 공격을 하는 순간, 공격 후 되돌아가는 순간에 상대의 허점과 타이밍을 이용해서 되받기 하는 승리를 위한 기술이다.

1) 손질 되받기

(1) 제겨차기-낚시걸이 잡채기
① 상대가 제겨차기로 공격을 한다.
② 좌측 발을 비스듬히 앞으로 내딛으며 공격하는 발을 잡아채고 밭낚시걸이로 공격한다.
요령: 상대의 공격하는 다리는 최대한 위로 밀어 붙이고 하단을 딴죽으로 넘긴다.

(2) 내지르기

a. 내지르기-회목잽이 칼잽이

① 상대가 내지르기로 공격하면 회목잽이를 한다.

② 오른발이 앞으로 나가면서 칼잽이로 넘긴다.

요령: 상대의 내지르는 발을 뒤로 당겨 버티는 힘을 역이용해서 칼잽이 한다.

b. 내지르기-회목잽이 오금차기

① 상대가 내지르기로 공격하면 왼발을 뒤로 빼면서 오른손으로 회목잽이를 한다.

② 오른발로 상대의 오금을 걸고 빗장붙이기로 걸어서 넘긴다.

요령: 상대의 내지르기 정면 공격을 측면으로 돌려 넘긴다.

c. 내지르기-회목잽이 오금밟기

① 상대의 내지르기 공격 시 엇밟기로 피하면서 반대편 회목잽이를 한다.

② 회목을 들어 올리면서 축의 다리 오금을 밟아 넘긴다.

요령: 상대의 내지르기 발을 우측으로 틀면서 오금을 밟는다.

① ②

(3) 두름치기

a. 두름치기-빗장붙이기

① 상대가 두름치기로 공격을 하면 가새막기를 한다.

② 오른발이 앞으로 나가면서 빗장붙이기로 넘긴다.

요령: 상대의 다리를 45도 위로 빗장붙이기 한다.

① ②

b. 두름치기-다리오금누르기

① 상대의 두름치기 공격을 가새막기 한다.

② 상대의 오금을 눌러 꺾으며 넘긴다.

요령: 상대의 오금을 꺾을 때 허리를 회전시킨다.

c. 두름치기-낚시걸이

① 상대가 두름치기로 공격을 하면 가새막기 한다.

② 왼발이 뒤로 회전하면서 상대의 다리를 휘돌려 잡는다.

③ 상대의 오금을 받치고 걸어서 넘긴다.

요령: 상대가 두름치기를 하는 것을 차는 방향으로 빠지면서 걸어서 넘긴다.

(4) 곁치기-낚시걸이

① 상대가 곁치기로 공격하면 가새막기로 상대의 다리를 잡는다.
② 상대를 낚시걸이로 걸면서 목을 앞으로 밀어 넘긴다.
요령: 상대가 공격하고 뒤로 넘어지지 않으려는 순간 다시 앞으로 걸어서 넘긴다.

① ②

(5) 발따귀-안우걸이

① 상대가 발따귀로 공격을 하면 가새막기로 방어를 한다.
② 상대의 가슴을 빗장붙이기 하고 안우걸이로 걸어서 넘긴다.
요령: 빗장붙이기와 안우걸이를 동시에 걸어서 넘긴다.

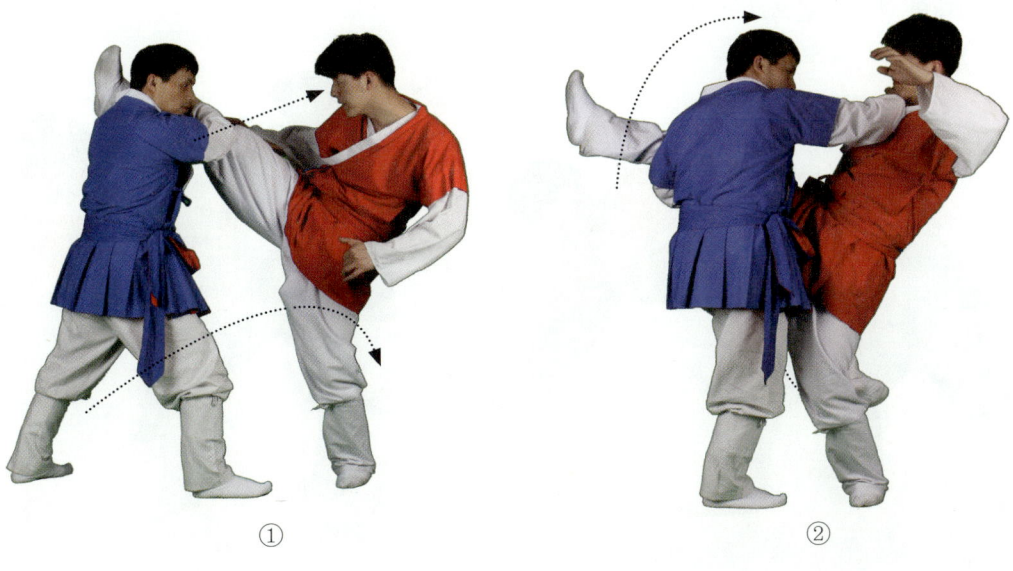

① ②

(6) 가로지르기

a. 가로지르기-안짱걸이

① 상대가 가로지르기로 공격을 하면 오른발을 비스듬히 앞으로 내딛는다.
② 상대의 앞쪽으로 들어가면서 안짱걸이로 걸어서 넘긴다.
요령: 상대가 공격한 가로지르기를 빗장붙이기로 들어 올리고, 덜미를 잡고, 발회목을 거는 3가지 동작을 동시에 한다.

① ②

b. 가로지르기-밭낚시걸이

① 상대가 가로지르기로 공격하면 왼발을 비스듬히 앞으로 내딛는다.
② 상대를 밭낚시걸이로 걸어서 넘긴다.
요령: 상대의 다리를 몸으로 밀어서 넘긴다.

① ②

(7) 밭발따귀-밭장치기

① 상대가 밭발따귀로 공격을 하면 비스듬히 앞으로 들어가면서 빗장붙이기로 되받는다.

② 상대의 회목을 밭장치기로 걸고 다리를 밀어서 넘긴다.

요령: 무릎의 굼실에서 능청으로 이어지는 힘으로 건다.

(8) 외알저기-덧걸이

① 상대가 외알저기로 공격을 하면 비스듬히 왼발을 앞으로 내딛으며 빗장붙이기를 한다.

② 빗장붙이기와 덧걸이를 함께 공격한다.

요령: 외알저기 공격을 사선으로 피한다.

(9) 내차기-낚시걸이

① 상대가 내차기로 공격을 하면 빗장붙이기로 되받는다.
② 오른발 낚시걸이로 걸어서 넘긴다.
요령: 몸을 옆으로 피하면서 한다.

(10) 휘차기-덧걸이

① 상대가 휘차기로 공격을 하면 빗장붙이기를 한다.
② 몸을 앞으로 밀어 붙이면서 덧걸이로 걸어서 넘긴다.
요령: 휘차기를 하는 방향으로 돌면서 걸어서 넘긴다.

2) 딴죽 되받기

몸의 움직임은 상단을 공격하면 하단에 허점이 생기고 하단 공격을 하면 상단에 허점이 생긴다. 상대의 상단 공격에 대한 하단 되받기 기술을 소개하고자 한다. 상대가 공격을 하는 순간이나 거두어 들이는 순간에 되받는다.

(1) 회목치기(홍: 회목치고 안짱걸이-청: 두름치기)
① 겨루기 준비자세
② 홍이 회목치기로 공격을 한다.
③ 청이 회목치기를 피하면서 두름치기로 되받기 한다.
④ 두름치기 하는 순간 오금차기나 안짱걸이로 걸어서 넘긴다.
요령: 오금차기 시 상대를 앞으로 끌어당긴다.

(반대편 사진)

(2) 밭장치기(홍: 밭장치고 오금밟기-청: 곁치기)

① 홍이 밭장치기로 공격한다.
② 청이 곁치기로 되받기 한다.
③ 홍의 왼발이 청 뒤로 나가면서 오금을 밟아 넘긴다.
요령: 밭장치기 한 발을 상대의 뒤로 회전하면서 오금밟기를 한다.

(3) 학치지르기(홍: 학치지르고 오금밟기 - 청: 휘차기)

① 홍이 학치지르기로 청의 무릎을 공격한다.
② 무릎을 돌려 뒤로 피하면서 한 바퀴 돌아 휘차기로 되받기 한다.
③ 오른발로 청의 오금을 밟아 넘긴다.
요령: 휘차기 동작이 들어오는 순간 오금을 밟는다.

(4) 안짱걸이(홍: 안짱걸고 오금밟기-청: 내지르기)

① 홍이 안짱걸이로 공격을 한다.
② 청이 내지르기로 되받기 하면 홍이 45도 앞으로 빠진다.
③ 청의 발회목을 오금밟기로 넘긴다.
요령: 오금밟기 공격 시 허리와 발축의 회전을 이용한다.

(5) 낚시걸이(홍: 밭낚시걸고 오금밟기-청: 가로지르기)

① 홍이 밭낚시걸이로 공격을 한다.
② 청이 굼실하고 피한다.
③ 청이 가로지르기로 되받기 하면 홍이 오금을 밟아 넘긴다.
요령: 가로지르기 공격 순간에 오금을 앞으로 밀어 밟는다.

(6) 오금차기(홍: 오금차고 안짱걸이-청: 밭발따귀)

① 홍이 오금차기로 공격을 한다.
② 청이 밭발따귀로 공격하면 청의 발회목을 안짱걸이로 끌어 당겨서 넘긴다.
요령: 앞으로 들어가면서 상대의 발회목을 힘껏 끌어 당겨서 넘긴다.

①

②

3) 차기 되받기

(1) 제겨차기

a. 제겨차기-밭발따귀

① 겨루기 자세
② 상대가 제겨차기를 하면 앞 발로 밭발따귀 되받기 한다.
요령: 몸을 밖으로 틀어 피하면서 공격한다.

b. 제겨차기-곁치기

상대가 제겨차기로 공격을 하면 뒷발로
곁치기 공격을 한다.
요령: 상대의 공격을 옆으로 몸을 피하면서 공격한다.

(②의 반대편 모습)

(2) 내지르기

a. 내지르기-두름치기

상대가 내지르기로 공격하면 앞발로 두름치기 한다.

요령: 내지르기 공격과 동시에 두름치기로 찬다.

b. 내지르기-외알저기

① 상대가 내지르기 하면 회목잽이로 낚아챈다.

② 회목잽이를 놓으면서 외알저기로 상대의 느진배를 밀어서 찬다.

요령: 발회목을 낚아채면서 굼실을 했다가 능청하면서 찬다.

(3) 두름치기

a. 두름치기-내지르기

상대가 두름치기로 공격하면 앞발로 내질러 차서 넘어뜨린다.

요령: 상대가 공격을 하는 타이밍에 차서 넘긴다.

b. 두름치기-휘차기

상대가 두름치기로 공격을 하면 뒷발로 왼쪽으로 360도 돌아서 휘차기로 공격한다.

요령: 차기 공격이 들어오는 순간 몸을 휘돌려 찬다.

(4) 곁치기

a. 곁치기-가로지르기

상대가 곁치기로 공격하면 앞발로 가로지르기 되받기 한다.

요령: 왼발이 굼실하면서 찬다.

b. 곁치기-밭발따귀

곁치기를 하면 밭발따귀로 상대의 얼굴을 찬다.

요령: 공격하는 발의 축 뒤꿈치를 앞으로 틀면서 찬다.

(5) 발따귀

a. 발따귀-는지르기
상대가 발따귀로 공격을 하면 앞발로 느진배를 는지르기로 공격한다.
요령: 뱃심으로 상대의 느진배를 차서 넘어뜨린다.

b. 발따귀-내지르기
상대가 발따귀를 차려고 하는 순간 내지르기로 턱을 찬다.
요령: 상대가 발을 들어 올리는 순간 먼저 찬다.

(6) 가로지르기

a. 가로지르기-두름치기

상대가 가로지르기로 공격하면 두름치기로 되받아 찬다.

요령: 몸을 옆으로 빗기면서 찬다.

b. 가로지르기-곁치기

상대가 가로지르기로 공격하면 곁치기로 되받아 찬다.

요령: 몸을 좌측으로 피하면서 곁치기 한다.

(7) 밭발따귀

a. 밭발따귀-내지르기

상대가 밭발따귀로 공격하면 피하고 내지르기로 되받아 찬다.

요령: 뱃심으로 차서 넘긴다.

b. 밭발따귀-곁치기

상대가 밭발따귀를 하면 곁치기로 되받아 찬다.

요령: 밭발따귀 공격 시 몸을 뒤로 젖혀 피하면서 되받기 한다.

(8) 내차기

a. 내차기-밭발따귀

상대가 내차기로 공격하면 밭발따귀로 되받아 찬다.

요령: 몸을 옆으로 회전시켜 공격한다.

b. 내차기-가로지르기

상대가 내차기로 공격을 하면 가로지르기로 얼굴 또는 느진배를 되받기 한다.

요령: 상대가 발을 머리 위로 올리는 순간 되받는다.

(얼굴 공격)　　　　　　　　　　　　(느진배 공격)

(9) 외알저기

a. 외알저기-두름치기

상대가 외알저기로 공격하면 두름치기로 되받아 찬다.

요령: 외알저기 공격 시 옆으로 빠지면서 되받는다.

b. 외알저기-내차기

상대가 외알저기로 공격을 하면 내차기로 되받아 찬다.

요령: 상대가 공격하면 비스듬히 앞으로 나가면서 되받는다.

(10) 휘차기

a. 휘차기-내지르기

상대가 휘차기로 공격하면 뒤로 피했다가 내지르기로 되받아 찬다.

요령: 휘차기가 몸을 지나가면 내지른다.

b. 휘차기-두름치기

상대가 휘차기를 하고 거두어들이는 순간 두름치기로 되받아 찬다.

요령: 상대의 공격한 발이 바닥에 닿기 전에 되받는다.

3. 덜미잽이 되받기

택견은 상대의 옷을 잡으면 반칙이 된다. 옛 택견경기는 규정된 선수복 없이 평상복인 고의적삼이나 두루마기 등을 입고 겨루기를 했던 것을 그림을 통해서 알 수 있다. 그 당시는 의복이 하나의 중요한 재산이므로 옷이 찢어지는 것을 우려하여 옷을 잡으면 반칙이 적용되었던 것이다. 그래서 겨루기에서 옷을 잡지 못했기에 상대의 목덜미나 어깨 등을 걸이, 맴돌리기 등으로 상대의 중심을 빼앗아 넘기는데 사용하게 된 것이다. 이 장의 기술은 덜미잽이에 대한 되받기이다.

1) 덜미빼기

(1) 어깨 돌려 빼기

① 상대가 오른손으로 덜미잽이를 한다.
② 왼쪽 어깨를 안쪽으로 틀어서 내민다.
③ 팔을 뒤로 돌려서 목덜미를 뺀다.
요령: 어깨와 팔을 돌리면서 허리도 함께 돌린다.

① ② ③

(2) 목 돌려 빼기

① 상대가 목덜미를 잡으면 목을 회전시켜서 돌린다.
② 반대편으로 돌려서 목덜미를 뺀다.
요령: 목 돌려 빼기 시 상체를 숙이지 말고, 시선은 상대를 주시한다.

① ②

2) 오금누르기

① 상대가 덜미를 잡으면 오른발을 뒤로 빼면서 한손은 손목을 잡고 팔오금을 누른다.

요령: 상대의 팔오금에 공격자의 체중이 실려야 한다.

② 상대가 덜미를 잡으면 오른발이 뒤로 빠지면서 상대의 팔꿈치를 누른다.

요령: 상대의 팔꿈치와 누르는 팔의 각도가 90도가 되게 한다.

③ 상대가 덜미를 잡으면 발을 뒤로 빼면서 공격자의 정면으로 팔오금을 누른다.

요령: 상대의 팔에 체중을 실어서 누른다.

① 팔오금누르기　　② 팔꿈치누르기　　③ 정면오금누르기(개 부르기)

3) 딴죽

(1) 뒷회목치기

① 상대가 목덜미를 잡으면 팔꿈치를 민다.

② 목을 좌측으로 돌려서 뺀다.

③ 상대의 뒷회목을 쳐서 넘긴다.

요령: 밀어서 버티는 상대의 뒷회목을 쳐서 넘긴다.

①　　　　　　②　　　　　　③

(2) 낚시걸이

a. 낚시걸이(팔 받쳐 넘기기)

① 상대가 덜미잽이를 한다.
② 상대의 오른팔을 왼손으로 잡고 낚시걸이 한다.
③ 상대의 허리에 손등을 받치고 낚시걸이를 한다.
④ 걸어서 넘긴다.

요령: 오른팔로 허리를 받치고 허리를 틀어서 넘긴다.

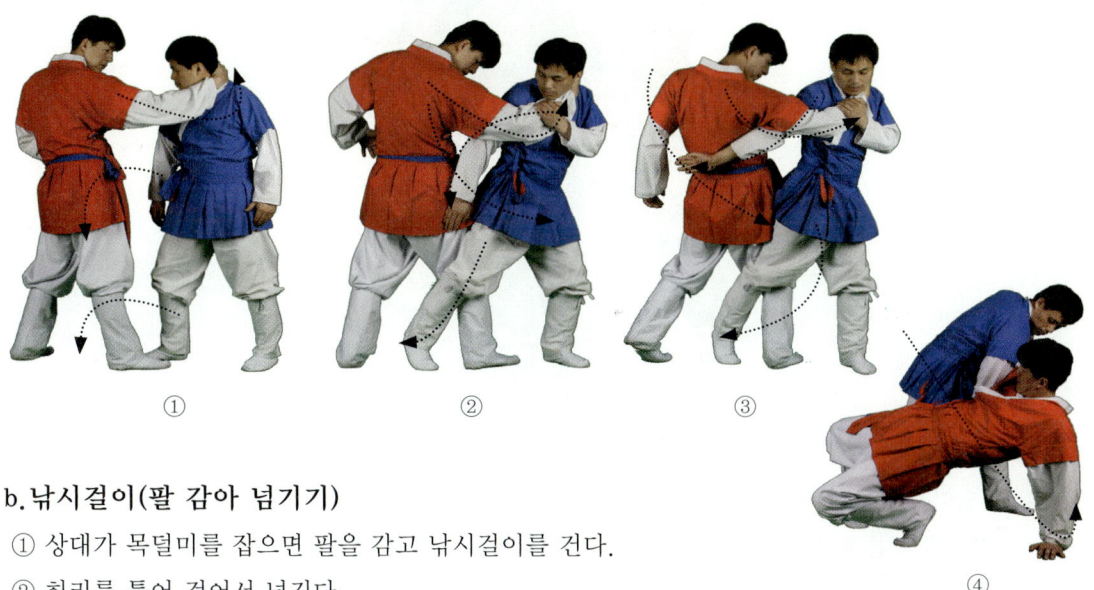

b. 낚시걸이(팔 감아 넘기기)

① 상대가 목덜미를 잡으면 팔을 감고 낚시걸이를 건다.
② 허리를 틀어 걸어서 넘긴다.

요령: 허벅지를 튕기면서 허리를 틀어서 넘긴다.

c. 안낚시걸이

상대가 덜미를 잡으면 한손으로 허벅지를 받치고 안낚시걸이로 걸어서 넘긴다.

요령: 공격자의 허리를 왼쪽으로 틀면서 한다.

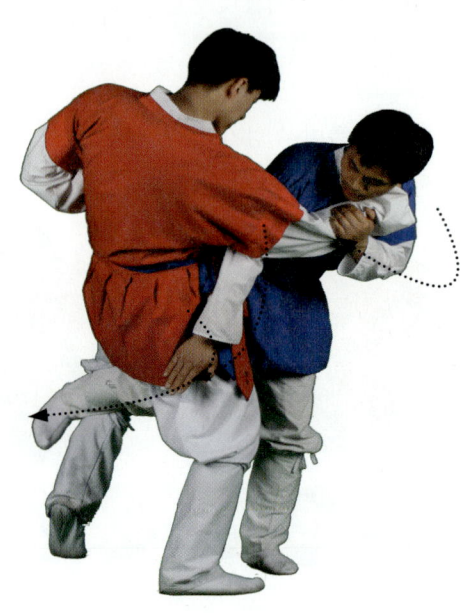

(3) 오금차기

상대가 덜미를 잡으면 오금차기로 걸어서 넘긴다.

요령: 상대의 오른쪽 방향 공격이 실패하면 반대편으로 공격을 할 수 있다.

(4) 덧걸이

상대가 덜미를 잡으면 왼손으로 상대의 팔을 잡고 반대 팔로 허벅을 받치고 덧걸이로 걸어서 넘긴다.

요령: 공격 시 시선을 왼쪽으로 틀면서 한다.

(5) 안우걸이

a. 안우걸이(팔받치기)

상대가 덜미를 잡으면 허벅을 받치고 안우걸이로 걸어서 넘긴다.

요령: 상대의 허리를 받친 것이 힘점이 되도록 고정한다.

① ②

b. 안우걸이(팔 감아 넘기기)

상대가 덜미를 잡으면(팔 받치기) 상대의 팔을 휘감고 안우걸이로 넘긴다.

요령: 상대의 팔을 공격자의 몸에 바짝 붙이고 건다.

4. 발걸이 되받기

상대가 차기를 하기 위해서 발을 위로 들어 올리는 순간에 발등이 발바닥으로 상대의 발이나 무릎, 대퇴부위를 먼저 막거나 밀어내는 기술이다. 또한 상대가 발차기를 하려고 나오는 순간에 내려 밟듯이 발걸이를 하는 기술이기도 하다. 공격 시 체중을 지탱한 발을 빠르게 공격하면 위력적인 기술이 될 수 있다. 발을 중심으로 발목 부위 전체까지 짓밟듯이 차는 것이다.

1) 발을 거는 방법

① 상대가 공격하기 위해서 발을 드는 순간 발바닥으로 거는 기술이다.
② 상대가 공격하기 위해서 발을 드는 순간 발날이나 발바닥으로 거는 기술이다.
③ 상대가 공격하기 위해서 발을 드는 순간 대퇴부위를 거는 기술이다.

2) 딴죽

(1) 회목치기-발걸이 내지르기

① 상대가 회목치기를 하면 발바닥으로 막는다.
② 막은 발로 상대의 턱을 내지른다.
요령: 발걸이는 발바닥으로 가볍게 막는다.

(2) 밭장치기-발 걸고 두름치기

① 상대가 밭장치기로 공격을 하면 발로 막는다.

② 두름치기로 상대의 얼굴을 공격한다.

요령: 밭장치기를 발등 옆 부위로 발걸이 한다.

(3) 학치지르기-안짱걸이 허벅걸이

① 상대가 학치지르기를 하면 안짱걸이로 상대의 발을 끌어당긴다.

② 상대가 지탱하고 있는 다리의 허벅을 밀어서 넘긴다.

요령: 학치지르기를 안짱걸이로 당기고 균형을 흩뜨린다.

(4) 안짱걸이-밭장치고 가로지르기

① 상대가 안짱걸이로 공격을 한다.
② 안짱걸이를 피하면서 밭장치기로 쳐서 돌린다.
③ 상대의 얼굴을 가로지르기로 공격한다.
요령: 상대가 안짱걸이하는 순간에 밭장치기로 쳐낸다.

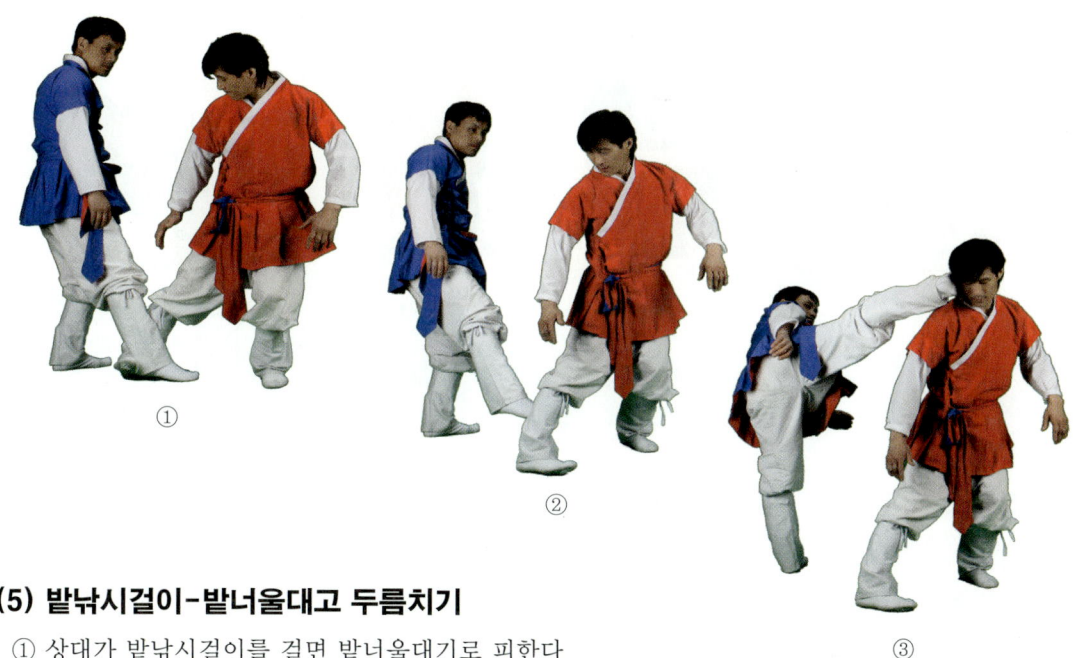

(5) 밭낚시걸이-밭너울대고 두름치기

① 상대가 밭낚시걸이를 걸면 밭너울대기로 피한다.
② 허리를 틀어 반대편 얼굴을 두름치기로 공격한다.
요령: 밭너울대기에서 허리의 회전력으로 공격한다.

(6) 오금차기-발등 걸고 밭발따귀

① 상대가 오금치기로 공격을 하면 발바닥으로 방어한다.

② 방어한 발로 밭발따귀하여 상대의 얼굴을 공격한다.

요령: 오금을 차는 발을 굼실하면서 막고 능청하면서 공격한다.

3) 차기

(1) 내지르기-막음다리 가로지르기

① 상대가 내지르기를 하면 안너울대기로 막는다.

② 막은 발로 상대의 얼굴을 가로지르기로 공격한다.

요령: 막음다리 시 허리를 안으로 틀어막고 가로지르기 한다.

(2) 내지르기-책상걸이 곁치기

① 상대가 내지르기 하면 책상걸이로 막는다.

② 막은 발로 상대의 얼굴을 곁치기로 공격한다.

요령: 책상걸이로 상대의 발을 밑으로 누르고 찬다.

① ②

(3) 곁치기-밭너울대기 오금밟기

① 상대가 곁치기로 공격하면 밭너울대기로 막는다.

② 막은 발로 상대의 오금을 밟아 넘긴다.

요령: 상대의 곁치기가 원위치 되기 전에 오금을 밟는다.

① ②

(4) 곁치기-밭발따귀 두름치기

① 상대가 곁치기로 공격하면 밭발따귀 한다.

② 상대의 반대편 얼굴을 두름치기로 공격한다.

요령: 밭발따귀로 상대의 중심을 흔든다.

(5) 발따귀-막음질 내지르기

① 상대가 발따귀로 공격을 하면 발바닥으로 대퇴부위를 막는다.

② 방어한 발로 상대의 얼굴이나 복장을 내질러 찬다.

요령: 상단을 차는 순간 상대의 다리를 발로 막는 기술이다.

4) 뜀발질

(1) 회목치기-발 걸고 뛰어 내지르기

① 상대가 회목을 치면 발걸이로 막는다.

② 반대발로 뛰어서 상대의 복장을 내질러 찬다.

요령: 막은 다리를 가슴 높이로 당기면서 내지른다.

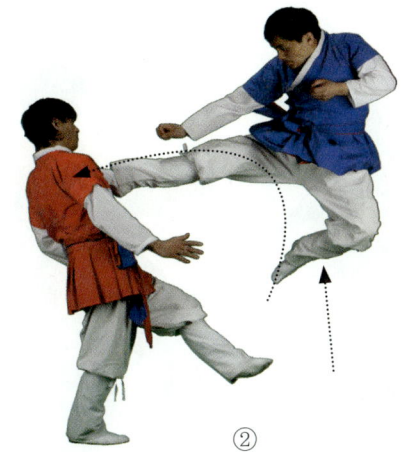

(2) 제겨차기-발걸이 뛰어 외알저기

① 상대가 제겨차기를 하기 위해서 발을 들어 올리는 것을 발걸이로 막는다.

② 반대쪽으로 뛰어 오른다.

③ 뛰어 왼발로 상대의 복장을 외알저기로 차낸다.

요령: 상대의 공격을 회전하면서 막고 찬다.

(3) 차기-발걸이 뛰어 휘차기

① 왼발로 상대의 대퇴부위를 발걸이 한다.
② 반대편으로 뛰어 오른다.
③ 뛰어 휘차기로 상대의 얼굴을 공격한다.
요령: 발걸이를 하면서 솟구치고 몸이 앞으로 들어가면서 휘차기 한다.

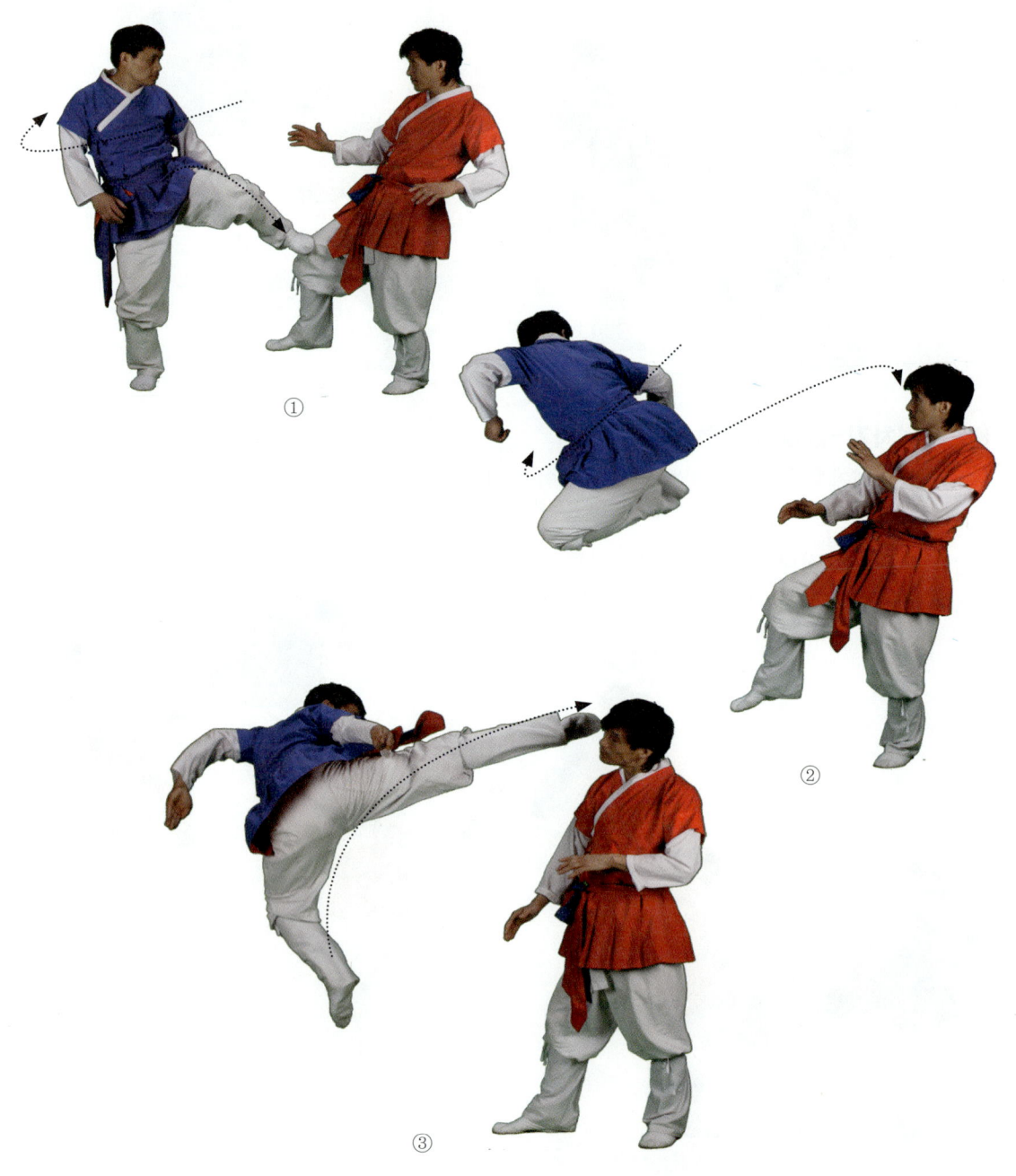

제3장 겻기

'겻기'는 사전적 의미로 '손님을 겪는 일' '음식을 차려 대접하는 일'이라 되어 있으며 오늘날 '겪이'의 옛말이다. '겪다'라는 말은 '어려운 일을 당하여 지내다'라는 의미도 있다.

'손겻기'라 하면 '손님 대접하는 일을 해내다'라는 말이다. 택견 경기에서 "겻기"를 받은 선수는 경기장 중앙에서 상대가 공격하기 좋게 무릎을 대어준다. 양 선수가 무릎을 댄 상태에서 주심의 "섰다"라는 구령이 떨어지면 상대자가 10초 이내에 공격을 하게 되어 있다. 겻기를 당한 선수는 공격할 수 없고 방어만 할 수 있다. 겻기는 규칙을 어긴 선수에게 불리한 상황을 만들어 주는 것이다. 벌칙을 주어서 경기 규칙을 지키도록 하는 것이 주목적이다. 겻기제도는 오판에 의해 승패가 결정되는 문제를 해소시켜 경기의 공정성을 높여주고, 겻기 자체의 경기의 묘미를 느낄 수 있게 하며, 반칙 억제에도 크게 작용된다.

이러한 규정은 1998년부터 경고, 감점에 의한 패배규칙을 철회하는 대신 '겻기(당초에는 '대접'이라고 함)'라는 벌칙을 두게 되었다.

이 규칙을 제안한 이용복(세계택견본부 총사)은 "옛날 택견 경기에서 감점제도가 있었다는 근거가 전혀 없으며 송덕기 선생님이 가장 확실하게 언급하고 가르쳐 준 얼러메기기(송 선생님은 그냥 연습이라고 함) 기술, 즉 무릎을 서로 밀다가 넘어뜨리는 딴죽수가 현재 경기에서 전혀 사용되지 못하여 이 기술을 살려 쓰고자 겻기를 고안했다"고 했다.

본 장에서는 딴죽 단일공격기술과 딴죽 공격연결기술, 얼렁발질, 뜀발질의 일부를 소개한다. 이외에도 차기 공격단일기술, 차기 공격연결기술, 차기와 딴죽 공격연결기술 등을 적용 할 수 있다.

겻기를 이용한 공격을 성공시킬 수 있는 방법은 다음과 같다.
① 학치대기에서 상대의 균형을 충분히 흔들어 놓는다.
② 학치대기에서 상대의 균형을 감지해 낸다.
③ 학치대기의 다리를 단일공격은 순간적으로 상대의 무릎을 밀면서 한다.
④ 학치대기를 하지 않은 반대쪽에 대한 공격을 한다.
⑤ 학치대기의 다리를 공격하고 반대편 다리를 공격한다.
⑥ 얼렁발질로 공격한다.
⑦ 겻기 당한 선수의 방어를 이용한 공격을 한다.
⑧ 시선과 몸짓의 속임 동작 후 공격한다.

1. 딴죽 공격단일기술

1) 회목치기
① 학치대기를 한다.
② 왼발이 앞으로 나가며 상대의 뒤쪽에 내딛는다.
③ 상대의 오른팔을 왼발로 걸어 올리면서 회목을 친다.
④ 걸어서 넘긴다.
요령: 상대의 발회목을 끌고 앞으로 나가듯이 당긴다.

2) 회목치기(두손 덜미잽이)
① 양손으로 상대에게 꼭뒤잽이를 한다
② 힘껏 꼭뒤를 눌러 주면서 회목을 친다.
③ 걸어서 넘긴다.
요령: 몸을 뒤로 빼면서 꼭뒤잽이를 밑으로 누르면서 한다.

3) 덧걸이

① 덧걸이로 상대의 오금을 건다.

② 걸어서 넘긴다.

요령: 학치대기에서 상대의 무릎을 밀면서 순간적으로 덧걸이로 연결한다.

① ②

4) 밭낚시걸이

① 상대의 오금을 밭낚시걸이 한다.

② 걸어서 넘긴다.

요령: 몸의 중심 이동이 앞으로 이동 한다.

① ②

5) 오금차기

① 몸을 반대쪽으로 틀어 상대의 두 다리를 건다.

② 빗장 붙이기로 상대의 가슴을 밀고 오금을 걸어서 넘긴다.

요령: 오금차기에서 상대가 버티면 허벅을 튕겨서 넘긴다.

① ②

6) 안우걸이

① 상대의 팔이나 목을 휘감고 가랑이 사이로 안우걸이를 한다.

② 걸어서 넘긴다.

요령: 상대의 다리를 휘감아 돌리면서 안우걸이를 한다.

① ②

7) 안우걸이 응용

① 상대의 오른쪽다리를 휘감아 자신의 발목을 손으로 잡고 몸을 상대의 허벅지에 붙인다.
② 걸어서 넘긴다.
요령: 자신의 체중이 상대의 허벅지에 실리도록 한다.

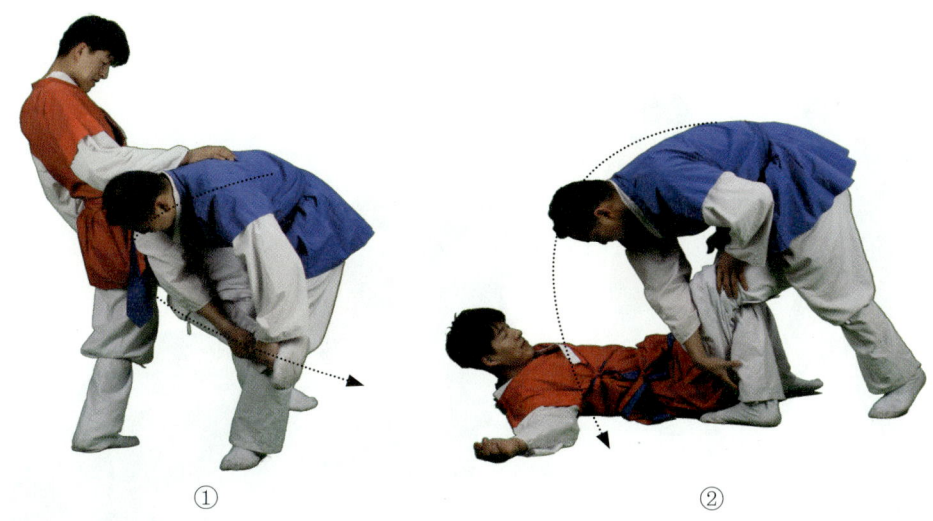

2. 딴죽 공격연결기술

1) 덧걸이 앞회목치기

① 상대의 오금을 덧걸이로 건다.
② 반대편 상대의 발회목을 회목치기로 건다.
③ 걸어서 넘긴다.
요령: 덧걸이를 하고 몸의 회전력을 이용하여 발회목을 걸어서 넘긴다.

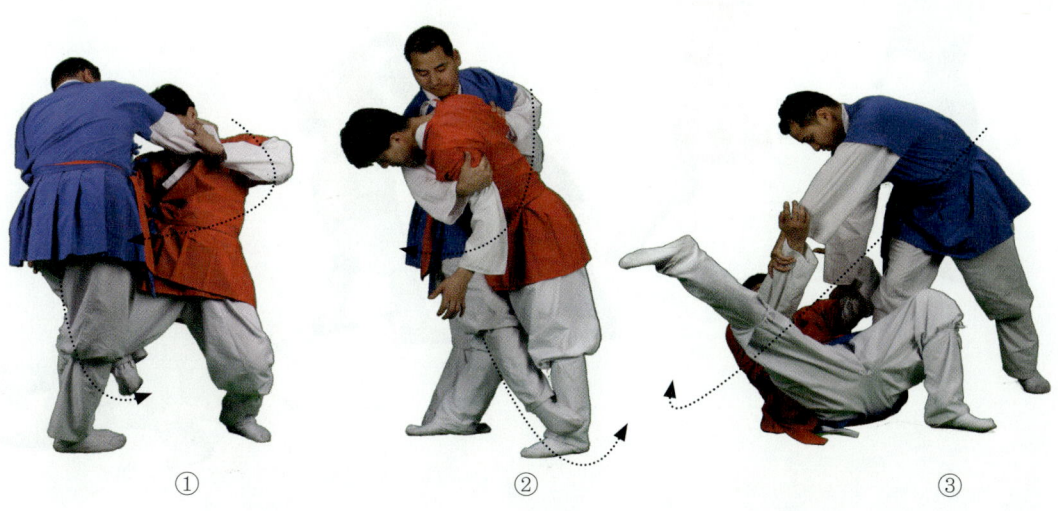

2) 회목치고 안낚시걸이

① 오른발로 회목치기 하면 상대는 발을 뒤로 피한다.

② 반대편의 다리를 안낚시걸이로 건다.

③ 걸어서 넘긴다.

요령: 안낚시걸이 공격 시 몸을 상대의 가슴에 밀어 붙인다.

3) 회목치고 회목치기

① 상대의 발회목을 친다.

② 반대편의 발을 회목치기로 건다.

③ 걸어서 넘긴다.

요령: 상대의 발회목과 덜미를 최대한의 가동범위로 걸어서 넘긴다.

3. 딴죽과 차기 공격연결기술

1) 덧걸이 내지르기

① 왼발로 상대의 오른 다리를 덧걸이로 공격하면 상대가 뒤로 피한다.
② 반대발로 상대의 턱을 내지르기로 찬다.
요령: 내지르기는 뱃심을 내밀면서 한다.

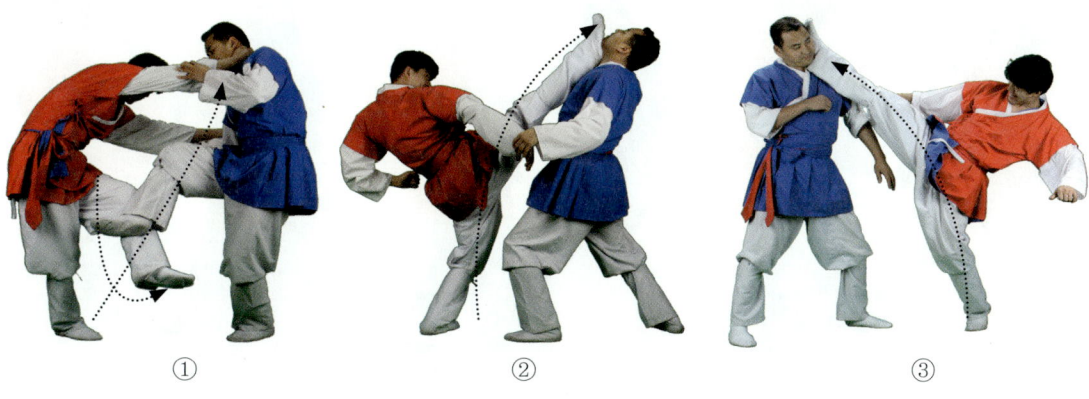

① ② ③

2) 안짱걸이 휘차기

① 상대를 안짱걸이로 공격한다.
② 공격한 오른발을 왼쪽으로 회전시키고 왼발을 곱꺾어 들인다.
③ 왼쪽 발로 상대의 얼굴을 휘차기로 공격한다.
요령 : 안짱걸이는 가볍게 자신의 몸 쪽으로 끌어당긴다.

① ② ③

3) 밭장치고 발따귀

① 오른발로 상대의 발회목을 밭장치기 한다.
② 상대가 버티면 오른발을 앞으로 내딛는다.
③ 상대의 얼굴을 공격한다.
요령: 밭장치기를 한 오른발을 45도로 발을 안쪽으로 틀면서 내딛는다.

① ② ③

4) 회목치고 두름치기(얼렁발질)

① 상대의 회목을 친다.
② 공격한 발을 거두어 들이고 두름치기로 상대의 얼굴을 공격한다.
요령: 회목치기는 허(虛)수로 가볍게 치고 두름치기를 실(實)수로 공격한다.

① ②

5) 안짱걸이 가로지르기(얼렁발질)

① 안짱걸이로 상대의 뒷회목을 걸어 당긴다.

② 걸이한 발로 상대의 얼굴을 가로지르기 한다.

요령: 안짱걸이와 빗장붙이기 공격 시 버티는 힘을 역이용한다.

6) 앞 회목치고 솟구쳐 내지르기

① 상대의 앞 회목을 친다.

② 위로 솟구치기를 한다.

③ 내지르기로 상대의 복장을 찬다.

요령: 회목치기 공격 시 상대가 버티는 복장을 힘껏 내질러 두 걸음 이상 물러나게 한다.

7) 덧걸이 날치기

① 상대의 오금을 덧걸이로 건다.

② 상대가 버티는 것을 날치기로 얼굴을 공격한다.

요령: 몸을 앞으로 던지듯이 날치기를 한다.

①

②

제6부 겨루기 전술

제1장 겨루기의 전술 훈련
1. 전술적 능력
2. 전술적 행동
3. 전술 훈련의 실제
4. 예측과 속임 동작
5. 전술 훈련의 실제 적용

제2장 겨루기의 기술과 전술
1. 겨루기 전법의 종류
2. 공격의 타이밍
3. 공격 후 스타일에 따른 공격법
4. 속임 기술

제3장 경기 운용 전술
1. 경기에 대한 이해
2. 경기 전 상대 선수에 대한 분석법
3. 라운드별 경기 운용전술법
4. 침착한 상대와의 경기 운용법
5. 신경질적인 상대와의 경기 운용법
6. 경기 중 상대선수와 접근전 시 경기 운용법
7. 공격적인 상대와의 경기 운용법
8. 상대선수가 분석되지 않은 상태에서의 경기 운용법
9. 상대의 신체조건에 따른 경기 운용전술법
10. 경기에 임하는 태도
11. 경기 상황에 따른 마음가짐

제1장 겨루기 전술 훈련

1. 전술적 능력

  전술이란 택견 경기에서 행해질 수 있는 모든 종류의 수단, 방법, 행동 전체를 뜻하며, 전략은 경기의 규칙, 자신과 상대 선수의 가능한 행동양식, 강점, 약점 등을 고려하여 경기를 어떻게 진행시킬 것인가에 대한 결정을 말한다. 따라서 전술은 전략을 실제 경기 상황에 실현시키는 것이라고 할 수 있으며, 전술적 능력은 경기에서 선수 개인이 지니고 있는 체력적, 기술적 능력을 발휘하는 정도에 의해 정해진다. 이는 기술을 선택하거나 체력적 소비를 결정하는 정도가 경기 상황에 어느 정도로 합당한가에 의해 그 수준이 평가될 수 있다.

2. 전술적 행동

  일반적으로 겨루기에서 이루어지는 전술적 행동의 과정에서 선수는 우선 경기상황을 지각하고 분석한 후, 이에 적합한 과제 해결방안(기술의 선택)을 생각하고 결정한 후, 실제적으로 그 방안대로 행동하며, 행동을 하는 도중이나 행동 후에 행동 과정과 결과에 대한 정보를 감각기관(운동감각이나 시각 등)을 통해 받아들여 비교, 검토하여 더 좋은 행동방안을 찾게 된다. 이 모든 과정은 기억을 바탕으로 이루어진다. 이 과정에서 상황판단과 기술의 선택이 전술적 능력에 속하는 것이며, 선택한 기술을 제대로 실행할 수 있느냐 하는 것은 기술적 능력에 해당된다. 전술적 행동의 수준에 따라서 상황을 판단하는 능력과 상황에 적합한 행동양식(기술)을 선택하는 능력, 즉 전술적 능력과 이를 실행하는 기술적 능력에 달려 있다.

  전술적 능력에 영향을 미치는 주요 요인은 겨루기에 대한 지식이 기본(Knowledge Base)이며, 이는 경기에서 나타날 수 있는 상황을 체계화하고, 이러한 상황에서 목표달성에 효율적인 행동을 연결시키는 것을 포함한다. 우선 상황의 체계화는 어떤 상황을 특징짓고 다음 상황을 예측 가능케 하는 정보들이 어떤 정보들인가를 체계화하는 것이다. 인간에게는 한 순간에 처리할 수 있는 정보의 양이 한정되어 있어, 수많은 정보들 중에서 몇 가지 중요한 정보들을 통하여 상황을 파악하여야 하기 때문이다.

따라서 상황을 특징짓는 정보들을 파악하여 체계화하여야 경기 상황에서 이러한 정보에만 주의를 기울여 의식적으로 처리함으로써 상황을 정확히 파악할 수 있는 것이다.

다음은 어떤 상황에서 어떤 기술이 목표달성에 효과적인가를 알아야 한다. 주어진 상황에서 사용되어 질 수 있는 기술이 여러 가지일 경우, 사용되는 기술에 따라 목표달성의 가능성이 달라질 것이며, 이에 따라 상황에 적합한 기술들이 정해질 것이다.

특히 상황판단과 기술선택이 매우 짧은 시간 내에 이루어져야 하는, 상황의 변화가 심한 경우에는 상황을 정확히 판단하고 예측할 수 있는 능력과 이에 적합한 행동양식(기술)을 신속하게 연결시키는 능력이 함께 키워져야 한다.

3. 전술 훈련의 실제

전술 훈련은 전술적 능력을 체계적으로 향상시키는 것이며, 효율적인 전술 훈련을 위해서는 다음과 같은 사항들을 훈련하여야 한다.

첫 째, 전술에 대한 기본적인 지식을 알아야 한다. 택견의 경기규칙은 가장 기본적인 지식으로써 이를 토대로 하여 기본적인 전략이 형성된다. 기본적 전략의 형성에는 자신과 상대선수의 체격, 체력 및 기술적 능력에 있어서의 장·단점 등이 있다.

둘 째, 기본 전술을 적용할 수 있도록 현 상황을 제대로 파악할 수 있어야 한다. 이를 위해서는 경기에서 나타날 수 있는 상황들이 체계적으로 분류되어 있어야 하고, 기본적인 상황패턴을 특징짓는 몇 가지 중요한 정보들이 연관되어 있어야 한다. 이러한 정보들은 현 상황을 파악하는데 중요할 뿐 아니라 앞으로 일어날 상황을 예측하게 하는데 중요하다. 상황의 변화가 심하거나 상황 파악을 위한 시간이 짧을 경우에는 상황패턴과 주요 정보와의 연결의 체계화가 더욱 중요해진다.

셋 째, 개개인의 기본적 상황패턴에 대해 목표달성에 효율적인 행동 계획을 알고 있어야 한다. 주어진 상황에서 목표를 달성할 수 있는 여러 가지 행동 계획 중에서 가장 효율적인 것 몇 가지를 알고 있어야 하며, 상황과 자신의 신체적, 기술적 여건을 고려하여 하나의 행동 계획을 선택하여야 한다. 이때에도 상황의 파악과 행동 계획의 선택이 잘 연관되어 있어야 재빠른 반응행동이 가능하다. 소위 기술이 자동화되어 있고, 이러한 기술이 어떤 상황에서 무수히 되풀이 되어 나타날 경우에는 이러한 상황과 행동 계획이 연결되어 굳어진 버릇처럼 될 수 있다. 이러한 현상을 조건화 하며, 이의 장점은 반응행동을 빨리 할 수 있거나 항상 같은 반응이라 상대방에게 예측되기 쉬운 단점이 있다. 이러한 단점을 보완하기 위해서는 한 상황에서 두 가지의 행동을 할 수 있도록 해야 한다.

4. 예측과 속임 동작

예측은 기본적으로 선수의 동작 특성을 파악함으로써 가능하며, 이러한 동작의 특성은 선수의 신체적 특성과 생체 역학적 법칙에 근거한다. 즉, 어떤 자세에서 수행할 수 있는 기술이 정해져 있는 경우에는 그 선수의 행동을 쉽게 예측할 수 있다.

또한 선수의 습관적인 행동이나 성격을 파악함으로써 그 선수의 다음 행동의 예측이 가능하다. 어떤 상황에서 다양한 행동을 할 수 있는 그런 좋은 자세를 가진 선수라도 습관적으로 한 행동만을 수행하는 경우나 성격상 어떤 특이한 행동을 편애하는 경우에 이 선수의 행동을 정확히 예측할 가능성이 높다.

속임 동작이란 상대선수에게 틀린 예측을 하도록 하는 주 동작 전에 사용되는 동작을 말하며, 상대선수에게 틀린 예측으로 인하여 올바른 반응이 늦게 시작되도록 하는데 그 목적이 있다. 따라서 속임 동작은 주 동작과 시선으로 곧바로 연결되어야 그 효과가 크다.

5. 전술 훈련의 실제 적용

다양하고 복잡한 택견 경기상황에서 코치가 제일로 중요시 여기는 부분 중의 하나이다. 경기규칙에 따른 경기운영에 필요한 겨루기 동작의 구성과 변화 그리고 경기시간에 상응한 반복된 연습을 통해 최적의 힘 배분으로 상대 선수에 대한 심리적 작용과 의도적 행동의 수법이다.

1) 택견전술의 개발과 완성

(1) 택견지도자의 전술

지도자는 선수들이 완벽한 훈련의 결과를 경기 중에 발휘할 수 있도록 경기 전과 경기 중에 전술을 각각 개발해야 한다. 하지만 경기 중 지나친 전술의 지시는 선수에게 혼란만 야기 시키므로 선수가 스스로 사고하고 판단해서 경기할 수 있도록 있도록 훈련시켜야 한다.

① 경기 전의 전술

- 상대에 관한 연구
- 환경조건의 파악
- 사기의 고양

② 경기 중의 전술
- 사고, 판단력, 승부감각
- 전황의 예측판단

(2) 선수의 전술

경기 중 발생할 수 있는 다양한 경기상황에 따른 전술 개발을 훈련을 통하여 개발한다면 운동수행에 대한 훈련의 성과가 더 효과적으로 나타날 수 있다.

① 주도권을 잡는다.
② 리듬을 탄다.
③ 결정이나 사점(死點)을 포착한다.
④ 상대를 지배한다.
⑤ 상대에게 심리적 부담을 준다.
⑥ 자기 암시를 건다.

제2장 겨루기의 기술과 전술

1. 겨루기 전법의 종류

1) 공격적 전법

　이 전법은 공격적 전법을 말한다. 겨루기에서 공격은 최대의 방어이다. 공격시에는 상대의 허점을 만들어 공격하여야 한다. 상대가 완전히 방어 자세를 갖추고 있으면, 승부를 내기가 쉽지 않고 함부로 공격을 하게 되면 되받기를 당할 수 있다. 따라서 속임 동작과 정확한 타이밍이 매우 중요하다. 겨루기에 있어 앞발을 이용할 수 있어야 하는데, 앞발은 상대의 공격을 차단할 수 있고 근접 거리에서 겨루기가 이루어지기 때문에 앞발을 이용한 공격은 공간 확보로 이어져 차기와 딴죽에 유리하게 작용된다.

2) 되받기 전법

　이 전법은 되받기 전법이다. 택견의 방어는 되받는 기술이다. 상대가 공격을 하면 단순히 손이나 발로 방어를 하는 개념이 아니라 공격을 즉각적으로 되받는 것이 곧 방어가 되는 것이다. 되받기 공격 시기는 다음의 세 가지 유형으로 나눌 수 있는데 첫 째, 상대의 공격이 시작될 때 공격하는 방법, 둘 째, 상대의 공격이 들어오는 순간에 되받는 방법, 셋 째, 상대의 공격이 끝난 직후에 공격하는 방법 등이다. 되받기는 안정성은 높지만 되받기로 소극적인 경기를 하면 반칙을 선언 받을 수 있으니 상대의 공격을 기다리지 말고 상대가 공격하도록 속임 동작이나 밀거나 끌어당기면서 움직이게 하는 것이 중요하다. 되받기는 상대가 공격하도록 유발 시킨 후에 혹은 의도적으로 자기의 허점을 보여서 상대가 공격하도록 끌어 들인 후 사용 될 수 있다. 되받기는 단일 공격보다 연결 기술을 구사하여 상대의 균형이 깨지도록 만들어 공격하는 것이 기회가 되며 반면, 상대의 연결 기술에 주의해서 되받아야 한다.

2. 공격의 타이밍(중심이동의 시작과 끝이 공격의 찬스)

택견 겨루기는 두 사람이 상하좌우로 다양한 기술을 사용하기 때문에 조금의 방심도 허점이 된다. 상대의 이러한 허점의 순간은 아래와 같다.

1) 상대가 공격하려고 하는 순간에 공격을 시도한다.

경기 시 상대가 차기나 딴죽을 하기 위해서 공격하는 발이 지면으로 부터 떨어지는 경우나 공격 하려는 순간에 먼저 공격을 시도함으로써 상대의 타이밍을 빼앗아 승리를 할 수 있다.
즉 상대가 발을 내딛어 바닥에 붙이는 순간에 딴죽을 하고 차기를 하기 위해서 발을 드는 순간을 말한다. 택견경기에 있어 너무 공격에만 집중하다 보면 몸의 중심이나 자세가 흐트러져 반격에 노출될 수 있다.

2) 상대의 공격이 끝난 순간에 공격을 시도한다.

상대가 공격을 하고 방어 자세로 들어가기 위해서 찬 발이 바닥에 닿으려고 할 때, 즉 공격이 끝나는 순간은 경기에 있어서 주로 많이 나타나는 기회이다. 공격자의 기술이 실패하는 순간이나 상대가 공격을 피해 실패로 끝나게 한 순간에는 다음 동작을 옮기는 변화가 크고 어렵기 때문에 공격의 기회가 된다.

3) 상대가 동작을 멈추었을 때 공격을 시도한다.

상대 선수가 긴장을 풀거나, 피로한 상태로 몸도 마음도 힘이 빠져서 순간적으로 쉬는 상태가 나타날 때, 단발 공격보다는 속임 동작을 취한 후 과감한 공격을 시도하여야 한다.

4) 상대가 망설이는 순간에 공격을 시도한다.

상대가 특기기술로 공격 하는데 원하는 대로 되지 않아 망설이는 경우, 겨루기 시 어떤 기술로 공격을 할 것인가에 대해 망설이는 순간에 공격을 시도한다.

5) 상대가 물러가는 순간에 공격을 시도한다.

상대가 공격을 하고 돌아가는 순간이나 소극적이고 과도한 긴장으로 인하여 수동적인 자세로 뒤로 물러설 때 공격을 시도한다.

6) 상대가 들숨 쉬는 순간에 공격을 시도한다.

순간적인 힘은 숨을 내뿜는 순간에 나온다. 숨을 마실 때는 힘이 주어지지 않기 때문에 민첩성 및 순발력이 약해진다. 이러한 순간은 판단하기 어렵지만 이때를 이용해서 공격을 시도한다.

7) 상대가 품을 바꾸는 순간에 공격을 시도한다.

상대가 굼실에서 능청으로 품이 앞으로 나오는 순간이나 공격하기 위해서 발을 내딛는 순간 상대의 다리를 회목치기나 안짱걸이 등으로 걸어서 넘기고, 품이 들어가는 순간에 상대 축의 다리를 학치지르기나 자개미지르기 등으로 공격하여 축을 무너뜨린다.

8) 상대의 중심이동 순간에 공격을 시도한다.

상대의 중심이동 시 무슨 발을 찰것인지 예측할 수 있다. 상대의 중심은 그 선수의 스타일이고 습관이기 때문이다. 뒷발로 받아 차려고 하는 선수는 보폭이 조금 넓어지고 앞발로 받아 차는 선수는 상체를 약간 숙인다던지 혹은 상체를 뒤로 약간 젖히게 된다.

3. 공격 후 스타일에 따른 공격법

1) 공격한 발을 뒤에 놓는 스타일

공격한 발을 뒤쪽으로 내려놓은 선수는 근접전에는 약하다고 볼 수 있으며 상대의 공격 후 적극적으로 근접하여 공격을 한다. 공격 후 상대의 발이 지면에 닿기 전에 되받기를 한다.

2) 공격한 발을 앞에 놓은 스타일

근접전에서 유리하고 되받기를 잘할 수 있는 스타일이다. 상대와의 적당한 거리를 유지하며 뒤축의 발을 동시에 딴죽으로 공격하거나 상대 공격 후 자세의 밸런스를 유지하기 전에 공격한다.

4. 속임 기술

속임 기술은 택견 경기에서 실력이 비슷하거나 경기가 잘 풀리지 않을 때 실시한다. 속임 동작은 모션의 강·약 조절로 상대의 중심을 파악 할 수 있고 강한 모션을 주면 다리를 들거나 물러나고 몸이 움찔거리기도 한다. 속임 동작으로 상대 선수의 공격력을 둔화 시킬 수 있으므로, 변화 있는 모션을 이용해 경기를 운용해야 한다. 이는 상대의 허점을 전술 목적으로 수행하는 하나의 경기 기술이라 할 수 있다.

1) 몸짓을 이용한 속임기술

상대의 허점을 유도하고 몸의 움직임 수행으로 공격 기회를 포착한다. 상체의 움직임을 좌로 주고 우를 공격하고 우로 주고 좌를 공격한다.
예 : 오금차기 몸의 방향과 딴죽의 동작이 반대로 되게 한다.

2) 차기를 이용한 속임기술

속임 동작의 수행으로 상대의 동작 변화를 가져오게 한 후 기울기의 흐름을 이용하여 공격의 기회를 포착한다.
그 예로서 얼렁발질의 경우는 신경을 하단으로 주고 상단을 공격하는 법, 앞발과 뒤쪽 발을 이용한 공격법(앞발 들어 주고 뒷발차기, 뒷발 앞으로 들어 주고 뒷발차기) , 딴죽의 속임법(회목치기 허(虛) 수 주고 밭낚시걸이) 등

3) 손질을 이용한 속임기술

손으로 상대의 눈앞을 눈끔적이로 긁고 차기나 딴죽 기술로 공격하는 방법이다. 또한 상대의 우측

허벅지를 손으로 치고 좌측 얼굴을 발차기로 공격하는 방법 등이 있다.

4) 딴죽과 차기를 이용한 속임기술

딴죽 동작을 실시하고 차기로 승부, 차기로 허수(虛數)를 주고 딴죽 기술을 하는 방법 등이 있다.

5) 시선을 이용한 속임기술

밑을 보고 상단공격, 위를 보고 하단공격을 하는 방법 등이 있다.

6) 상대가 공격하도록 자신의 허점을 만들어주고 역 이용한다.

손을 허리로 내려서 얼굴 공격을 유도한 후 찬 발을 잡아 넘긴다. 겨루기 시 자신의 허점을 의도적으로 노출시켜 상대로부터 공격을 유발시켜 역습을 하는 방법이다. 그러나 상대의 속임 동작에 속아 자신의 허점이 노출되어 일격을 당하는 경우가 발생할 수 있으므로 주의해야 한다. 상대가 공격하기 유리하게 한쪽 발을 앞으로 내어 주거나 옆으로 벌려서 상대가 공격할 수 있도록 미끼를 준 후 공격 시 되받기를 하는 방법 등이 있다.

7) 시간 차 공격을 하여야 한다.

상대선수에게 원 박자로 공격하다 반박을 줄여 멈칫거리고 상대의 방어 가이드가 내려오는 순간 공격을 하거나, 차기를 허수로 상대에게 공격하고 들어오는 타이밍에 다시 공격을 하는 방법, 상대가 공격을 하려는 순간 먼저 공격한다.

제3장 경기 운용 전술

1. 경기에 대한 이해

택견 선수는 체력 훈련과 기술 훈련, 심리기술 훈련, 전술 훈련을 통해 완벽한 선수로 성장하게 되는 것이며, 이러한 향상된 기술을 가지고 실제 경기 상황을 만들어 훈련한다.

- 경기규칙에 대한 태도 : 선수는 정확한 경기 규정을 이해해야 한다.
- 상대에 대한 태도 : 겨루기는 상대와 직접 몸으로 부딪치면서 이루어지는 동작들로 구성된다. 상대를 신뢰하고 존중하며 공평한 조건으로 공정한 경기를 통해 페어플이를 하는 것이 중요하다.
- 단체전에 대한 태도 : 선수는 팀 내에서 개인의 입장을 잘 인식하고 단지 개인 플레이가 아니고 팀이라고 하는 전체 가운데서 유기적으로 활동하고 협동하는 것이 필요하다

이상은 선수에게 필요한 기본적인 태도이다.
선수들의 연습은 시합과 같이 시합은 연습과 같이 해야 한다는 말을 수없이 들었을 것이다. 항상 상대의 입장에서 겨루기를 하고, 평상시 연습을 최선의 노력으로 몸에 과부하를 느낄정도까지 훈련을 해야 한다. 그러나 경기는 편안한 마음으로 겨루기에 임해야 한다.

2. 경기 전 상대 선수에 대한 분석법

상대 선수가 딴죽을 잘하는지, 차기를 잘하는지, 공격형인지, 되받기 형인지를 사전에 파악하여야 한다. 공격적인 선수이면 어떤 기술을 주로 사용하는지를 파악하고 되받기를 잘하는 선수는 딴죽에 능숙한지, 아니면 차기에 능숙한지를 사전에 비디오 자료나 상대선수의 경기 관람 등을 통한 정보수집으로 상황 예측 및 판단의 실행으로 상대를 철저히 분석하여 전략을 세우는 것이 중요하다.

3. 라운드별 경기 운용전술법

1) 초반-상대를 알고 나를 알아야 한다.

 옛 병서에 상대를 알고 나를 알면 백전백승(지피지기 백전백승(知彼知己 百戰百勝))이라 했다. 상대선수를 파악하라고 코치는 수없이 말할 것이다. 그것은 코치가 상대선수를 파악하는 것과는 차이가 있기 때문이다. 아무리 훌륭한 코치의 파악이라 하여도 상대선수에 대한 코치의 파악은 선수한테 전해지는 것이기에 선수가 파악하는 것과는 분명 차이가 있다. 그러므로 코치는 선수에게 상대를 스스로 파악하고 작전을 세워 코치와 상의 끝에 경기에 임할 수 있도록 지도해야 한다.
 상대의 기술이나 전략을 탐지하는 방법은 회목치기와 같은 견제식 걸이 기술을 구사하고 몸과 손의 속임 동작으로 상대를 탐색함으로 공격의 주특기가 무엇인지, 상대에게 공격을 하면 붙는지 아니면 빠지는 스타일인지 등 전술 상황, 기술적 가능성, 심리적 체력상태 등을 파악하는 것과 상황에 따라 상대 선수와 경기가 시작되는 초반에 방심하는 순간에 승부수를 던지는 것도 좋은 방법이 될 수 있다.

2) 중반-미끼를 던진다.

 상대의 기술패턴과 박자와 타이밍을 적극 활용하여 경기의 주도권을 잡는다.

3) 후반

- 상대에게 지고 있다면 한방을 노려라.
- 체력 및 점수관리를 할 줄 알아야 한다.
- 경기 종료 30초 전 점수를 지키기 위한 경기 운용법

 경기 중 종별 개인전은 3판 다승제를 실시하는데 1대 1 무승부일 경우는 마지막 3회전 30초가 매우 중요하다. 만약 무승부가 되면 다시 겻기 연장 순으로 이어지는데 동점의 상황에서 30초를 남겨두고 소극적인 경기에 임하면 겻기의 벌칙을 받을 수 있으니 적극적인 자세로 경기에 임해야 한다. 체력 소모로 인해 지는 경우가 있는데 이것은 선수가 경기 준비 소홀의 원인이 된다. 1대 1로 비겼을 때는 과감한 공격력을 구사해야 한다.
 3회전의 경기에서 1대 0으로 이기고 있는 경기는 상대에게 무리한 수를 쓰지 않고 점수관리를 하는 것이 중요하지만 소극적으로 경기를 진행하게 되면 겻기를 받아 역전될 수 있으니 학치지르기 등으

로 상대에게 공격의 기회를 주지 않는 것이 중요하다. 1대 0으로 지고 있는 경기는 적극적인 공격으로 상대가 물러서게 하여 겻기를 만들어 내거나 과감한 공격을 시도하여 동점이 될 수 있는 기회로 만들기 위해서는 상대가 공격할 수 있도록 허점을 만들어 주고 역이용하는 것이다.

4. 침착한 상대와의 경기 운용법

준비 자세에 머물고 있는 동안 그 자신을 능숙하게 보호하는 또는 어떠한 예비공격을 피한 채 공격 범위 외에서 머무는 냉정하고 인내심이 강한 선수는 직접적인 공격을 해서는 안 된다. 이러한 선수에게 대응하기 위해서는 훌륭한 속임 동작으로써 상대가 움직이도록 유인하여 공격을 하고 상대 선수에게 속임 동작을 더욱 길게 해야 한다.

5. 신경질적인 상대와의 경기 운용법

먼저 신경질적인 상대에 대해서는 속임 동작을 짧게 행해야 한다. 신경질적인 상대선수를 더욱 동요하게 만들어야 하지만 주의해야 할 점은 언제나 평정(relaxe)한 상태를 유지해야 한다는 것이다.

6. 경기 중 상대선수와 접근전 시 경기 운용법

상대 선수와 붙어 있는 상황에서는 앞발을 이용한 발차기와 좌우를 연속적으로 공격하는 딴죽 기술로 상대의 중심을 빼앗는 것이 중요하다. 근접에서는 앞발이 뒷발보다 더 유리하다. 상대와 가까이 붙어서 차기 공격을 하기 위해서는 공간 확보가 있어야 차기를 할 수가 있다. 앞발 공격 시 능청에서 굼실로 이어지면서 허리의 원운동과 무릎, 발로 이어지는 원운동으로 공간 확보가 이루어지면 붙어서도 어떠한 차기도 가능하게 된다. 상대와 붙어서 뒤로 밀리게 되면 반칙을 받을 수 있으니 적극적인 공격이 필요하다. 상대선수에게 자신감이 없거나, 긴장을 하는 선수가 대부분 패할 수 있으므로, 선수는 항상 자신 있고 여유 있는 경기를 해야 한다.

7. 공격적인 상대와의 경기 운용법

공격적인 상대와 경기 시 첫 동작에서 물러서면 계속적인 공격을 허용할 수 있으므로 상대 선수의 공격 시 첫 동작에 저지 또는 차단하는 것이 중요하며, 상대 선수에게 나도 공격할 수 있다는 적극적인 자세를 보여 줌으로써 상대가 적극적인 공격을 시도할 수 없도록 한다. 공격적인 선수는 대부분 공격에만 정신이 집중되어 있어 방어가 허술해질 수 있다. 공격 시 내지르기나 가로지르기와 같은 직선적인 공격이 용이하다.

8. 상대선수가 분석되지 않은 상태에서의 경기 운용법

사전에 상대선수가 분석이 안 된 경우에는 곧바로 승부를 내기 위해서 서두르기보다 탐색전으로 상대선수의 스타일을 빨리 파악하는 것이 중요하다. 상대 선수를 파악한 후 공격과 되받기를 적절히 구사하여야 한다. 공격 시에는 무모한 공격 동작보다는 가장 자신이 있으면서 안전한 동작으로 공격을 시도하여야 하며, 무리한 동작을 하지 않는다고 소극적이거나 반격을 위주로 경기에 임하면 상대선수에게 기선을 제압당할 수 있으므로 유의 하여야 한다.

9. 상대의 신체조건에 따른 경기 운용전술법

1) 신장이 좋은 선수와의 경기 운용법

키가 큰 선수는 일반적으로 느리지만 공격을 하기에 유리한 긴 신장을 가지고 있다. 카가 크면 그만큼 상대의 공격으로부터 공격부위가 노출이 크고 신장이 작으면 공격부위가 작다.

키가 작을수록 오히려 더욱더 자세를 낮추어 상대의 시선을 낮게 함으로 몸도 함께 낮게 만들어 상대의 얼굴을 발로 공격할 수 있게 될 것이다. 상대선수와 근접전을 택해야 한다. 신장이 자기보다 큰 선수는 빠른 스피드로 상대의 다리를 학치지르기와 회목치기 등을 반복 공격으로 상대를 움직이게 하여 중심이 앞으로 나오는 순간에 상대의 발을 딴죽으로 승부를 낸다. 상대선수가 차기를 하지 못하게 하기 위해서는 상대와 붙어서 경기를 운영하고 얼렁발질이나 순간적인 타이밍을 노려야 한다. 큰 동작의 공격보다 작은 동작으로 연속해서 빈틈을 공격한다. 예를 들어, 딴죽의 기술 중 회목치기와 밭장치기의 연속적인 기술 등으로 상대보다 빠른 순발력으로 대처해야 한다.

2) 자기보다 작은 상대 대처법

 키가 작은 선수는 짧은 신체를 극복하기 위해서 전진해 나가면서 공격하려는 경향이 있다. 만약 그가 상대보다 강하다면 더욱 근접전을 택한다. 이러한 상대선수와 접촉을 피하면서 겨루거나 혹은 근접전을 제한시키기 위해서는 자신의 손발을 이용해야 한다. 신장이 작으면 순발력이 빠르므로 연속 공격이 필요하다.
 예를 들어 밭낚시걸이 하고 덧걸이를 연속적으로 공격을 하든지, 한 번에 두 다리를 딴죽으로 공격한다.

3) 자기보다 힘(체력)이 좋은 상대 대처법

 체력 안배는 적절한 에너지조절로 3회전 및 연장전까지 충분한 기술을 발휘할 수 있도록 체력을 갖추고 있어야 기술수행이 원활해진다. 체력이 고갈되면 정신력이 약해지고 연타전에서 상대 선수에게 패할 수 있는 원인이 된다.
 자기보다 힘이 강한 상대 선수는 딴죽 기술보다 페인트 모션으로 상대의 중심을 흐뜨리고 발질승부와 순간적 타이밍으로 상대의 나오는 발을 무너뜨리는 방법이 적절하다.
 자기보다 딴죽을 잘하거나 힘이 좋은 상대에게 목덜미나 어깨를 잡히지 않도록 사전에 방어를 해야 한다. 또한 상대가 덜미잽이를 하지 못하게 상대의 손을 뿌리치면서 자기가 원하는 공격을 리드해가야 하며 작은 기술로 상대의 움직임을 무너뜨리는 것이 유리하다.
 예를 들어 상대를 회목치기로 공격했는데도 버티는 경우에는 연속적으로 안짱과 밭장치기로 걸어서 넘긴다. 이때 동작이 큰 것보다 작은 동작으로 상대의 발목을 툭툭 치듯이 발을 던지듯 공격한다.

10. 경기에 임하는 태도

 선수는 경기종료 시까지 경기에 집중해야 한다. 심판의 행동에 대해서도 세밀히 관찰하여야 하며 겻기 상황을 만들지 않도록 주의한다. 한판지고 있다고 급한 마음으로 무모한 공격을 하여 한판을 내어주는 경우가 많은데 끝까지 냉정하고 침착해야 한다. 선수는 경기시작과 동시에 득점에 몰두하는 것도 중요하지만 경기주도권을 잡아 우세한 경기를 해나가는 것이 무엇보다 중요하다.
 어떤 선수들은 경기장에서 그냥 앉아 있다가 자기 팀 선수가 나오면 응원하고 또 앉아서 옆 사람과 장난치는 것을 반복하는데 이것이 습관화 되지 않도록 한다. 경기를 눈으로만 보지 말고 다른 선수의 경기운영방법이나 훌륭한 기술 및 전술을 관찰하여 기록하는 방법으로 본인의 경기력을 높일 줄 알아야 한다. 또한 뒷배(코치)나 선수는 경기의 상황에 맞게 다양하게 대처할 수 있는 방법을 연구할 필요성이 있다.

11. 경기 상황에 따른 마음가짐

경기 상황의 경우는 '상대를 알고 있는가?' 또는 '모르고 있는가?' 중 어느 한쪽으로서 상대에 대한 사전 정보는 경기결과에 상당한 영향력을 미친다.

세 가지 기본적 경기 상황의 경우, 어떤 선수든 아래의 세 가지 영역 중 하나에 속한다. 선수나 팀은 경기에 우승하거나 실패하며, 훌륭하거나 저조한 경기를 하게 되는데 아래의 상황에 따라 판단하여 전술적으로 잘 운용한다면 좋은 결과를 갖게 될 것이다.

[표 6-1] 경기 수행에 필요한 경기 전 상황의 세 가지 영역

구 분	상대를 모를 때	상대를 알고 있을 때	겨루기를 한 적이 없을 때
경기 상황	자신이 상위	겨루기에서 상대를 이겼다.	자신이 상위
	상대가 상위	겨루기에서 상대에게 졌었다.	상대가 상위

1) 상대선수를 모르고 자신이 상위에 있는 경우

겨루기 시 자신이 상위에 있는 경우에 상대선수는 패하는 것에 부담을 가지지 않고 경기에 임할 수 있지만 자신은 패하면 안 된다는 부담감을 가지고 경기를 하게 된다. 또한 상대선수는 자신의 전술을 파악하고 있지만 상대선수가 초보자일 경우 어떤 스타일인지를 파악하지 못한다. 이 때 신인은 '얻는 것은 있어도 잃는 것은 아무것도 없다'라는 상황이 된다. 그러나 실력이 상위인 선수는 '평범한 것을 실수하고, 얻는 것은 아무 것도 없다'라는 상황이 되기 때문에 상위의 선수가 상대에 관해 아무것도 모르는 경우에는 한층 힘든 상황이 된다.

택견 경기에서 열세한 편이 보다 열중해서 두려움 없는 겨루기를 할 수 있으나, 결국은 우승 후보자가 이긴다고 생각하는 것이 중요하다. 이러한 경기에서는 실력이 낮은 선수가 처음에는 자기 패턴을 유지할 수 있으나, 일반적으로 경기의 3/4이 지나면 기회를 잃게 되어 열세한 선수가 불리한 흐름을 타게 되는 것이 보통이다. 이기리라 생각하는 쪽의 선수는 자기 패턴을 지키고, 기회가 왔을 때 그것을 이용할 수 있는 준비가 되어 있다. 이때 실패하면, 열세한 선수에게 기회를 주는 것이 된다. 우승 후보 선수는 기회를 확실히 이용하지 않으면 안 된다.

2) 상대를 잘 모르면서 상대편이 상위인 경우

과감하게 경기에 임하라. 얻는 것은 있어도 잃는 것은 적다. 상대선수가 나의 스타일이 어떤지를 예측할 수 없는 경우에는 본인에게 의도하지 않은 좋은 기회가 생길 수 있다. '재미있게 마음껏 경기하라, 잃는 것은 아무것도 없다'는 생각으로 경기에 임한다. 좋은 경기에 필요한 적절한 긴장감조차도 열세한 선수에게는 큰 부담이 된다. 긴장한다는 것이 선전하기 위한 것이라면, 좋은 경기 경험이 될 것이다. 열세한 선수의 역할은 통상 재미있게는 경기를 할 수 있어도 이기는 경우는 거의 없다. 승리를 하기 위해서는 자신이 승리하는 선수와 같은 플레이를 해야 한다. 이를 위해서는 선수가 승리에 도달하는 방법으로 경기에 임하고 처신해야 한다. 상대가 좋은 경기를 한다는 것을 예측하고 확신에 찬 플레이를 전개해야 한다. 긴장된 상황은 피하는 것이 좋다. 적절하게 긴장하는 것이야말로 좋은 기회를 많이 살릴 수 있고 승리도 충분한 성장도 얻을 수 있게 될 것이다.

3) 상대를 모르고 상대와 호각지세(互角之勢)인 경우

이때는 전혀 긴장이 안 되는 경기이다. 왜냐하면, 어느 선수도 상대를 예측할 수 없기 때문이다. 이 경우에는 감정적 요인에는 전혀 관계가 없고, 신체적 및 정신적인 기술을 실험하는 경기가 된다. 대부분의 경우는 처음에 리드한 선수가 계속 리드하게 된다. 따라서 상대는 자신과의 차이를 모르기 때문에 처음부터 생각한 경기 스타일을 지속한다. 기본 작전 계획에 충실하게 따르는 것이 무엇보다 중요하다. 이것이 최상의 작전이다.

4) 상대를 알고 있고 지난 경기에서 이겼던 상대인 경우

이것은 가장 어려운 상황이지만 승리의 기회는 많다. 택견 경기에서 랭킹의 위력은 크게 작용한다. 경기 전 준비가 완전하게 되어 있으면, 전에 이긴 적이 있는 선수가 통상 승리할 수 있다. 무엇보다도 경기 전부터 경기 후까지 몸놀림이나 사소한 동작이 중요하다. 상대에게 한 번 밖에 이긴 적이 없는 경우에는 아무래도 어려운 경기가 된다는 것을 예측해야 한다. 상대는 '이번에야말로 이겨야지'라고 생각하고 있기 때문에 경기 전반부터 중반에 걸쳐 끝없는 공격을 계속해 올 것이다. 이것이 저지되면, 상위에 있는 상대의 자신감을 빼앗기 위해서는 곧 공격으로 나가지 않으면 안 된다.

또한 상대에게 시간의 여유를 주지 말고 템포를 빨리 해야 한다. 그렇게 하지 않으면 상대는 점차 좋은 겨루기를 하게 되고 리드하는 역할을 연출해 자신감을 되찾게 된다. 보통, 선수가 연속해서 두 번 이상 같은 상대 선수를 제압하게 되면 일정 기간은 우위를 유지한다. 그것이 랭킹의 기본 본질이다.

5) 상대를 알고 있으면서 지난 경기에서 졌던 경우

앙갚음이란 소극적인 감정이자 동기일 뿐이다. 적극적인 것은 소극적인 것에서 얻을 수는 없다. 앙갚음을 한다는 것은 기분 좋은 일이나 이것으로는 이길 수는 없다. 지난번 경기에 졌다면 이번에는 굳은 의지로 보다 공격적으로 임해야 한다. 상대는 손을 내밀어 당신과 얼굴을 맞대고 싶은 기분은 들지 않는다. 상대편은 기분을 완화시켜 자신이 우위에 있다고 하는 서열 의식에 안주하고 있다. 이러한 상황은 앙갚음을 하고 싶다는 마음이 들지 않더라도 당신은 승리를 쟁취할 절호의 기회이다.

당연히 자신감의 유무는 경기 후반에 당신과 상대와 호각이 된 경우에 알게 된다. 이 시점에서 당신도 상대도 실수를 한다든지 겟기를 얻는다든지 하게 된다. 이때 승리할 수 있는 결정적인 열쇠는 자신감을 가지고 자신이야말로 우위의 플레이를 할 수 있는 선수인 것 같이 공격을 계속하는 일이다. 경기의 분기점이 될 수 있는 중요한 사실은 상대에게 승리와 패배는 겨우 약간의 차이밖에 나지 않는다는 것을 잘 이해해야 한다는 점이다.

6) 경기한 적은 없으나 알고는 있으면서 자신이 상위인 경우

이 경기에서도 랭킹의 힘에 의해 결과가 나타난다. 열세한 선수가 무서워하는 신비적인 요소를 당신이 갖고 있다면 당신은 보다 유리하게 된다. 그 유리한 것을 활용하려면 자신에 넘치는 강한 몸놀림이 결정적인 역할을 한다.

상위의 선수는 상대가 자신의 개성이나 체력 훈련이나 기술 연습 가운데에서 결점을 찾아내어 자신을 누르기 위한 원동력으로 삼을 가능성이 있다는 것을 명심해야 한다.

경기 외에서도 유명한 선수는 우수한 선수와 교제를 하고 실력이 낮은 선수들은 같은 실력의 선수와 어울린다. 주위로부터 부각되거나 칭찬을 받게 되면 다른 선수들에게 신비하게 느껴져 그를 두려워하게 되어 무적의 선수가 된다. 그러나 종종 신인선수에게 지는 경우를 볼 수 있다. 이것은 그의 경기 수준이 떨어져서가 아니고 신인 선수가 그를 두려워하지 않았기 때문이다.

'우위의 선수다'라는 신비성이 내포되면 될수록 당연히 더 우수해진다는 것이다. 이러한 개념은 팀에도 적용된다. 누구나 미지의 것은 두려워한다. 그러나 일단 알고 보면 상대에 대한 두려움은 용기로 변하게 된다.

7) 상대를 알고는 있지만 경기해 본 경험은 없고 상대가 상위에 있는 경우

지금까지 논의한 요인들 중에서 이러한 경우는 가장 어려운 상황의 하나이다. 당신은 경기장에 들어가기 전부터 위협을 느끼고 있을 것이다. 당신은 처음부터 상대를 실력 이상으로 보고 이기기 어렵다고 생각하게 된다. 따라서 당신은 긴장하지 않는 것을 좋아할는지는 모르지만 이렇게 되면 결정적인 상황에서 당신에게 필요한 경기를 할 수 없게 된다. 그러나 가장 중요한 것은 이것을 자각할 수 없으면 상대도 또한 당신과 같이 겨루기 할 준비가 되어 있지 않을지도 모른다는 사실을 당연히 염두에 두어야 한다.

이때 가장 효과적인 방법은, 경기 전에 자신은 아직 준비되지 않은 것처럼 보여 준다든지 상대를 부추기는 행동으로 상대가 방심하도록 만드는 일이다.

선수가 경기를 하는 것은 이기고 싶고 이겼을 때 존경받고자 경기를 하는 것이다. 뒷배(코치)의 실수 중의 하나는 열세한 입장에 있으면서도 정공법으로 대처하게 하여 '그들에게 이기기는 힘든다'라고 인식시켜 주고 마는 경우이다. 상대선수가 방심하도록 만들어야한다.

8) 상대를 알고 있지만 경기한 경험은 없는 호각지세인 경우

이 상황에서는 가장 재미있거나 재미없는 경기가 된다. 쌍방선수는 서로를 알고 있고 서열이 없기 때문에 쌍방이 이긴다고 생각하고 있다. 한 사람이 이기면 이기는 편이 틀림없이 우위의 위치를 정하게 되고 동시에 한 번 지게 되면 돌이킬 수 없는 패배가 된다. 쌍방 선수에 따라 접전이냐, 일방적인 경기냐가 된다.

두 선수가 경기 전에 서로를 모르고서 똑같이 긴장하는 것과는 다르고 쌍방 선수가 그 경기 결과에 승복하지 않으면 안 되기 때문에 이 상황에서는 보다 긴장이 커진다.

상대가 서로를 모르고 있으면 결과가 어떻게 되어도 그때까지는 상처가 없다. 상대가 서로를 모르고 있어 비슷한 경기를 하리라고 누구나 생각하는 경우에는 경기에 스릴이 높아진다. 한 편이 먼저 리드하기까지는 겨루기가 소극적으로 진행되지만 한 편이 먼저 리드하면 리드 당한 쪽은 보다 공격적인 겨루기를 한다. 이 때 리드 당한 선수는 고전하는 입장에서 빠져 나오기 어렵지만, 그러나 상대를 추격한다든지 상대로부터 리드를 빼앗는 경우도 종종 일어난다. 이렇게 되면 처음 리드했던 선수는 플레이 수준을 높여 또 다시 우위를 정한다. 이렇게 리드 한다던가 리드 당한다던가 하는 시소게임에서는 서열이 아직 정해져 있지 않기 때문에 때로는 어느 쪽이 리드하고 리드 당한다는 것은 뭔가 아직 정착되어 지지 않았기 때문에 일어나는 것이다. 이 패턴은 한 선수는 능력 이상의 플레이를 하여 부득이하게 자멸하기까지 계속된다.

한 선수가 빨리 자멸하도록 하기 위해서는 다른 한 선수가 리드해서 그 리드를 계속 지키는 상황이 일어나고 보통 이 상황에서의 긴장은 쌍방에 같은 비율로 동시에 높아진다. 각 선수는 자기 플레이에 불신감이 있고 리드 한다던가 리드 당한다던가 하는 것은 1, 2%차이 때문으로 자신에 넘친 몸짓이나 동작을 하는 것이 중요하다. 이것을 자각하여 좋은 대응을 하면 경기에 이길 기회는 틀림없이 온다.

선수의 처신 방법은 상대 선수의 약점을 분석하고 이용하기 보다는 자신이 가진 장점을 믿고 따르는 것이다.

제7부 겨루기의 기술 훈련

제1장 겨루기 기술의 강화 훈련법
1. 기술의 강화 훈련
2. 전술의 강화 훈련
3. 기술 훈련 시 유의사항

제2장 훈련과 기술
1. 체력과 기술
2. 기술 훈련의 원칙
3. 전습법과 분습법
4. 집중법과 분산법
5. 보강 훈련
6. 속도 훈련과 정확성 훈련
7. 기술 훈련의 분석
8. 전문기술 훈련에 대한 이해

제3장 딴죽과 차기의 훈련 유형
1. 기술 훈련의 내용
2. 훈련 방법의 적용

제1장 겨루기 기술의 강화 훈련법

　기술이란 어떤 목표를 달성하기 위한 구체적인 동작의 패턴을 말하며, 기능은 이러한 동작패턴을 수행할 수 있는 능력을 말한다. 기술은 어떤 특수한 패턴을 선수가 학습해야 할 주어진 상황에서 목표를 달성하는데 가장 이상적인 동작패턴을 뜻한다. 따라서 과학적인 연구를 통해 현재의 기술 목표 달성의 효율성을 분석할 수도 있고, 경우에 따라선 목표달성에 더욱 효과인 새로운 기술이 나타날 수도 있음을 뜻한다. 기술수준은 선수가 구사하려는 동작패턴이 목표달성에 얼마나 효율적인가 하는 정도를 판단하는 인지적 요인에 의해 결정되며 기능수준은 상황을 파악하고 상황에 적합한 기술을 선택하는 인지적 능력과 그 기술을 실행할 수 있는 능력에 의해 결정된다. 기술훈련은 기능수준(기량)을 향상 시키는 과정이며, 따라서 운동기능 학습의 이론을 근거로 하여 다음과 같은 문제를 해결하여야 한다.

　첫 째, 훈련 기술이 목표달성에 가장 효율적인 기술인가를 분석하고, 보완해야 할 점이 있으면 보다 완벽한 기술을 개발하도록 한다.
　둘 째, 기술 습득에 효율적인 연습방법과 지도방법을 동원하여 기술훈련을 실시하도록 한다.
　셋 째, 다양한 경기 상황을 제시하여 어떠한 경기 상황에서도 기술을 완벽하게 대처 할 수 있는 능력을 습득하게 한다.

1. 기술의 강화 훈련

　협의에 의한 기술향상을 생각해서는 안 되며, 기술 강화 훈련은 전술계획과 병행시키는 것이 좋다. 그리고 선수들의 성격, 체질 또는 특성까지도 고려해야 한다. 우리가 선택하는 기술적 요소는 전술적인 목표를 용이하게 달성하기 위해서 계획되는 것이다.

2. 전술의 강화 훈련

　능력의 평가를 기초로 해서 계획을 세워야 하며, 전술적인 목표의 달성을 위해서도 전술의 요소와 일치하게 함이 필요하다. 즉, 전술의 강화 훈련을 위한 계획은 기술적, 체력적, 교육적인 요소와 결부시키지 않으면 안 된다.

3. 기술 훈련 시 유의사항

1) 체력 훈련과의 연계

　기술 훈련과 체력 훈련은 항상 연계시켜서 훈련하여야 한다. 개개 훈련의 목표는 전체적으로 경기력을 향상 시키는 것을 목표로 하고 있으므로 체력훈련의 결과로 기술발휘에서 신체동작의 협응이 흐트러지지 않아야 하기 때문이다.

2) 전술 훈련과의 연계

　택견의 기술은 전술의 기초가 되며, 전술은 경기력을 최대로 발휘하기 위한 최선의 기술 활용방안을 말한다. 따라서 기술 훈련에서 개개인 기술의 장·단점을 파악하게 하고 전술적 의미를 함께 가르쳐야 하며, 전술은 기본적인 다양한 기술을 우선적으로 습득하여야 한다.

3) 심리적 특성과의 연계

　기술을 제대로 발휘하기 위해서는 심리적 상태가 안정되어야 한다. 불안한 상태에서는 필요없는 근육의 긴장으로 인해 잘하던 동작도 부드럽게 수행할 수 없게 된다. 따라서 기술훈련 시 심리적 상태를 조절하는 훈련을 함께 실시하여야 하며, 경기상황을 생각하면서 이에 알맞은 훈련을 하여야 한다.

제2장 훈련과 기술

1. 체력과 기술

지도자나 코치(뒷배)들은 훌륭한 경기력을 가지고 성과를 올리는데 있어서 필수요건으로 기초체력과 정신력의 바탕 아래 고도의 기술 신장을 꼽고 있다. 일반적으로 체력은 겨루기의 기초가 되는 능력이며 기술은 그 체력을 겨루기 장에서 효과적으로 사용하는 수단이 될 것이다. 정신력은 몸에 습득된 체력이나 기술을 경기장에서 효과적으로 발휘하는 원동력으로서의 그 의의를 찾을 수 있을 것이다.

1) 겨루기 기술의 기초는 체력이므로 체력에 맞도록 기술을 적용시켜야 한다.

- 겨루기에 요구되는 체력을 향상시키는 것이 바람직한 기술을 몸에 익히는 것이다. 강한 근력은 경우에 따라 동작을 어색하게 만드는 경우가 있다.
- 훌륭한 기술을 익힌다는 것은 세련된 기술이 될 수 있는 감각을 체득하는 것이다.

2) 개인적 조건에 맞는 이상적 겨루기 기술을 계획해야 한다.

- 개인의 몸 형태, 현재 습득하고 있는 체력 등을 고려하여 기술 훈련을 계획해야 한다. 근력이 없으면 요구되는 움직임이 될 수 없다.

3) 겨루기 기술은 연습 목표로서의 기술과 몸에 습득된 기술로 분류한다.

- 습득한 기술의 장·단점을 파악하여 잘못된 기술을 교정해야 한다.
- '저 선수의 기술은 좋다', '서투르다' 라고 평가하는 것은 습득된 기술을 말한다.

2. 기술 훈련의 원칙

훈련의 기본원칙인 전면성, 의식성, 점진성, 반복성, 개별성 등의 원칙이 그대로 기술연습에도 적용된다. 여기서는 기술연습의 원칙을 연습의 실제와 결부시킬 수 있게끔 목표로 하는 기술 단계의 구분, 기술연습과 체력훈련과의 관련성, 기술연습에 있어서의 기술의 구분과 전체와의 관련성 하나하나의 기술내용, 연습요령 등의 관점에서 기술하면 다음과 같다.

1) 이상적인 기술을 단계적으로 연마한다.

- 기초적인 것에서 응용적인 것으로 한다.
- 중요성이 큰 것에서 적은 것으로 한다.
- 용이한 것에서 곤란한 것으로 한다.

2) 기술의 발전단계

- 기초적, 요소적 기술을 정착시키는 단계
- 기초기술과 응용기술을 종합하는 단계
- 종합된 기술의 집중력을 높이는 단계

3) 기술의 향상에 도움이 되도록 한다.

- 체력과 기술이 동시에 향상 될 수 있는 방법을 연구한다.

4) 부분적인 기술과 전체적인 기술의 연습을 관련시켜 연습한다.

- 기초기술이나 응용기술과 같은 세분화된 기술들이 경기와 같은 통합된 기술로 발전되어야 한다.

5) 기술은 끊임없이 반복 연습의 노력으로 향상된다.

- 기초기술에서 응용기술로 응용기술에서 고도화된 기술로 변화하는 과정에서 반복 연습해야 한다.

- 신체가 피로한 상태에서 기술습득은 효과가 없다.
- 먼저 기술훈련 후 체력훈련을 한다.
- 기술과 체력훈련을 병행하여 실시한다.
- 약간 긴장함으로써 예기치 않은 좋은 동작이 형성될 수도 있다.
- 효과적 기술훈련을 한 세트로 실시하고 세트 사이에 충분한 휴식을 취하면서 훈련을 진행시킨다.

3. 전습법과 분습법

기술은 훈련하고자 하는 수련에 대해 처음부터 전체를 훈련하는 것이 효과적인가 아니면 전체를 몇 개의 부분으로 나누어 훈련하는 것이 효과적인가? 새로운 기술을 연습할 때 우리는 그러한 각 부분을 따로 분리하여 훈련할 수도 있으며 한꺼번에 모두 훈련할 수도 있다. 이와 같이 훈련하고자 하는 운동과제를 처음부터 전체를 일괄해서 반복 훈련하는 방법을 전습법(Whole method)이라고 한다.

이와 대조적으로 운동과제를 몇 개의 부분으로 나누어 각각을 반복 훈련한 후 마지막에 전체를 일괄해서 훈련하는 방법을 분습법(Part method)이라고 한다. 분습법에 의해 기술을 지도할 경우에는 먼저 기술의 기본동작을 분석하고 유사성 정도에 따라 몇 개의 부분으로 나누는 절차가 요구된다.

[표7-1] 전습법과 분습법을 선택할 때 고려해야 할 요인

	전습법(Whole method)	분습법(Part method)
운동 과제가	- 연속적으로 연결되는 부분 동작으로 구성되어 있을 때 - 부분적으로는 의미가 없을 때 - 동시에 수행될 수 있는 동작으로 구성되어 있을 때	- 서로 독립적인 부분 동작으로 구성되어 있을 때 - 매우 복잡할 때 - 부분 동작들이 각기 다른 역할을 할
학습 자가	- 전체동작을 기억해 낼 수 있는 능력이 있을 때 - 장시간 집중을 할 수 있을 때 - 기술이 숙달되어 있을 때	- 기억능력에 한계가 있을 때 - 장시간 주의 집중을 할 수 없을 때 - 특정한 부분 동작의 학습에 어려울 때

출처 : 오성기, 전도선 (2006)

4. 집중법과 분산법

훈련의 효과를 높이기 위해 연습의 양이나 시간을 적절히 배분하는 것은 훈련의 효과적 측면에서 대단히 중요하며 이러한 문제와 관련하여 제기된 훈련방법이 집중법과 분산법이다. 집중법은 합숙훈련처럼 시간을 집중적으로 많이 사용하여 기술을 철저히 몸에 익히는 데 적합한 것이며 훈련하는 도중에 거의 휴식 없이 일정시간 계속적으로 훈련하는 형태이다. 이에 비해 분산법은 훈련하는 동안에 휴식을 적당히 취하거나 다른 형태의 연습을 도입하여 훈련하는 방법이다. 이와 같은 훈련의 분류 형태는 훈련의 시간을 하나의 단위로 하여 1회에 연습할 것인가 또는 몇 개의 작은 단위로 분할하여 몇 회에 걸쳐 훈련할 것인가와 관계가 있다.

이러한 각기 다른 훈련법은 효과 면에서도 다르게 나타나는데 일반적으로 경기에 임박해서는 집중적인 연습은 감소시켜 나가는 것이 효과적이며, 훈련장이 미흡한 경우나 초보자, 미숙련자이거나 성취동기가 낮은 사람에게 분산법이 효과적이고, 운동경험이 많으며 성취동기가 높은 사람에게는 집중법이 효과적인 것으로 나타난다.

[표7-2] 집중법과 분산법을 선택할 때 고려해야 할 요인

	분산법(Distributed practice) (운동시간은 짧게 빈도는 자주)	집중법(Massed practice) (연습시간은 길게 빈도는 적게)
운동 과제가	- 단순하고 권태를 느끼게 하는 것일 때 - 강한 주의집중을 요구하는 것일 때 - 피로감을 주는 것일 때 - 세심한 주의력이 요구되는 것일 때	- 복잡한 것일 때 - 많은 요소(부분동작)들로 구성된 것 일 때 - 준비운동을 필요로 하는 것일 때 - 선수가 처음 경험하는 과제일 때
학습 자가	- 어리고 미성숙할 때 (과제를 충분히 해낼만한 능력이 없을 때) - 주의가 산만할 때 - 주의집중력이 약할 때 - 쉽게 피로를 느낄 때	- 성숙한 사람일 때 - 오랫동안 주의를 집중할 수 있을 때 - 주의를 집중할 수 있는 능력을 갖추었을 때 - 빨리 지칠 때

출처 : 오성기, 전도선 (2006)

5. 보강 훈련

보강 훈련이란 겨루기 훈련에 쓰여 지는 분습법의 수단, 전습법의 수단, 보조운동 이외에 겨루기에 요구되는 체력을 주된 목표로 하여 특별히 연구된 수단을 말한다.

1) 보강 훈련의 효과

첫 째, 일반적으로 겨루기 자체만으로 훈련할 경우보다 더 능률적이며 보다 높은 체력을 기를 수 있다.
둘 째, 겨루기가 요구하는 체력을 전문적 시설, 용구를 쓰지 않고 어디서나 손쉽게 높일 수 있다.
셋 째, 체력의 결점을 중점적으로 강화하는데 편리하다.

2) 보강 훈련의 구성법

보강 훈련에서는 무엇보다 근력, 민첩성, 지구력, 유연성 등에 착안하여 목표로 하는 요인이 가장 효과적으로 높아질 수 있는 부하를 주는 훈련이다. 그러나 동시에 기술도 높이는 배려가 있어야 한다.
첫 째, 겨루기가 요구하는 근력과 유연성을 강화할 수 있는 훈련을 만든다.
둘 째, 보강 훈련은 겨루기의 기술향상에 도움이 되는 동작을 연구해서 한다.

6. 속도 훈련과 정확성 훈련

뒷배(코치)들은 속도와 정확성 간에는 역 상관의 관계가 있다고 생각한다. 이 말은 정확한 기술을 발휘하기 위해서는 기술을 천천히 수행해야 한다는 뜻이다. 마찬가지로 기술을 빠르게 수행하면 상대적으로 정확성은 줄어든다는 뜻이다. 그리고 속도와 정확성을 모두 강조할 때는 두 가지가 모두 고르게 성취된다는 것을 의미한다.

한동안 사람들은 기술을 습득하는 가장 효과적인 방법은 처음에는 동작의 정확성에 중점을 두면서 천천히 훈련한 후 기술이 어느 정도의 요구수준에 도달한 후부터는 점진적으로 속도를 증가시키는 것이라고 믿고 있다. 즉 선수는 스스로 자신의 동작을 컨트롤 할 수 있기 때문에 느린 속도로 훈련하면 동작의 정확성을 기할 수 있다고 본 것이다. 그러나 이 방법은 효과적이지 못한 것으로 판명되었다. 가장 효과적인 방법은 속도와 정확성을 절충하여 훈련하는 것이다.

7. 기술 훈련의 분석

뒷배(코치)는 선수들이 훈련을 수행하는 과정에서 사용하고 있는 기술(skill)이 올바른 것인지의 여부를 그들에게 알려줄 의무가 있다. 또한 기술을 향상시키기 위해 선수들이 훈련을 수행하는 과정에서 사용하고 있는 기술이 올바른 것인지를 확인하고 결함이 발견되면 교정해줘야 할 의무도 있다. 이 장에서는 오성기, 전도선(2006)의 모든 운동기술에 적용할 수 있는 8가지 원리를 제시하고 이러한 원리에 입각해서 선수의 기술결함을 교정하는 방법을 제시하고자 한다. 코치 스스로 기술을 분석하고 그 결함을 교정할 수 있는 능력의 배양은 선수들의 기술향상과 과학적인 훈련을 위한 기초가 될 것이다.

1) 기술 분석의 의미

코치는 선수의 기술이 정확한지의 여부를 판단하여야 한다. 선수의 기술을 분석하는 과정에서 코치가 기본적으로 고려해야 할 사항은 다음과 같다.
- 복잡하거나 어려운 겨루기 기술은 유사성의 정도와 연결되는 부분을 고려하여 몇 개의 단순한 부분으로 세분화해야 한다.
- 연계되는 동작 중에서 가장 중요한 부분에 중점을 두어야 한다.
- 결함을 가진 부분의 기술을 교정하기 위한 방법을 찾아야 한다.
- 설정된 교정방법에 의해 결함부분을 교정한 후 각 기술부분을 전체 동작으로 연결시킨다.

오성기, 전도선(2006)은 스포츠 과학자들의 효과적인 훈련수행과 관련하여 적용 가능한 물리학적 원리와 법칙에 대한 연구결과로 다음과 같은 결론을 얻었다.

2) 기술 분석의 원리

모든 동작의 원리는 힘이 인체에 어떻게 만들어지며 또한 힘이 인체에 어떻게 작용하는가에 근거를 두고 있다. 생성된 힘(force)은 특정한 속도, 가속도 혹은 운동량을 가진 운동을 일으킨다. 기술의 질은 이러한 운동량의 여하에 따라 결정된다. 다시 말하면 인체는 관절로 연결된 일련의 분절로 구성되어 있다고 볼 수 있다. 팔은 세 부분, 즉 상완, 전완, 손으로 구성되어 있다. 다리 역시 세 부분으로 구성되어 있다. 지면에 닿는 발의 추진력의 크기는 관련된 신체가 회전하는 속도와 각 신체부위의 회전 순서에 달려있다.

엉덩이, 무릎, 발목관절 부위에서 생성되는 근력이 총합되고 이들 관절부위의 신전 순서가 적절하게 타이밍이 맞을 때, 지면에서 점프나 발차기는 최대의 추진력을 얻을 수 있다. 만일 추진의 방향이 정확하다면 최대속도, 높이, 길이를 보장받을 수 있다. 관련된 신체부위의 어느 한 관절이 동작에 사용되지 않는다면 최대의 추진력은 기대할 수 없다. 왜냐하면 모든 관절은 순서에 따라 연속적으로 사용하려는 관절력의 연속성 원리에 어긋나기 때문이다. 이와 같은 방법으로 동작을 분석한다면 코치는 기술적 오류를 명확하게 규명할 수 있으며 동시에 오류교정을 위한 구체적 방안을 강구할 수 있다.

(1) 관절력의 총합

"사용 가능한 관절은 모두 사용하라"

대부분의 운동수행은 몇 개의 관절에 연결되어 있는 근육을 사용함으로써 가능해 진다. 생체역학의 첫 번째 원리는 운동을 효과적으로 수행하기 위해서는 얼마나 많은 관절을 사용해야 할 것인가에 관련된 것이다. 각 관절로부터 생성되는 힘은 그 힘의 강도(추진력)를 극대화하기 위해 조합되어야 한다. 힘의 강도는 사용 가능한 모든 관절이 사용될 때 극대화 될 수 있다.

이 원리는 특정한 동작을 수행하는데 작용할 수 있는 모든 관절은 그 동작을 효과적으로 수행하는데 공헌할 수도, 방해할 수도 있다는 점을 지적해주고 있다.

뒷배(코치)는 동작과정에서 가장 큰 속도, 순발력, 가속도를 얻기 위해서는 모든 관절이 사용되어야 한다는 점을 반드시 기억해 두어야 한다. 다음과 같은 몇 가지 예는 이 원리를 이해하는데 도움을 줄 수 있을 것이다[표7-3].

[표7-3] 관절사용 원리

운동기술	결점	원리1(지적사항)
솟구치기	발목 관절만을 사용하여 점프	무릎, 둔관절을 사용하지 않음
품밟기	다리를 뻣뻣하게 세우고 품밟기	둔부, 무릎관절, 사용하지 않음
차기	발바닥을 지면에 부착시키고 차기	발목과 둔부를 회전 시키지 않음
딴죽	다리의 힘으로만 걷기	허리를 이용하여 능청거리는 딴죽을 하지 않음

만일 선수가 앞에 기술된 원리(사용 가능한 관절은 모두 사용하라)에 어긋나는 동작을 보인다면 뒷배(코치)는 예비동작의 점검을 통하여 결함을 교정할 수 있다.

예를 들면 "점프를 하기 전에는 반드시 몸을 웅크려야 한다", "발을 앞으로 차기 위해서는 차기 전에 다리를 곱꺾어야 한다"는 점을 코치들은 선수들에게 지적해 왔을 것이다. 이와 같이 대부분의 예비동작은 해당동작의 결과로 나타나는 동작, 즉 결과동작에 반대가 된다. 근육은 서로 상반되는 짝(길항근)으로 구성되어 있다. 그래서 예비동작은 결과동작에 사용되는 근육을 신전(stretch)시키는데 도움을 준다. 만일 선수가 사용해야 할 관절을 모두 사용하지 않는다면 예비동작에서 어떠한 결함이 있는가를 지적해 줄 수 있다.

예: 김 코치는 그의 택견 팀 선수들에게 솟구쳐 차기 연습을 시키고 있었다. 그런데 선수 중 한 사람은 발차기가 목표점에 미치지 못하고 있었다. 김 코치는 그 선수가 점프 시 단지 발목관절만을 사용하고 있다는 점을 발견했다. 김 코치는 그 선수를 수련장으로 불러내어 그에게 점프 시 발목의 동작은 훌륭하지만 점프할 엉덩이와 무릎관절(관절력의 총합의 위반)를 사용하지 않고 있다는 점을 설

명하였다.

뒷배(코치)는 선수에게 엉덩이, 무릎, 발목관절을 사용하여 점프(결과동작)하기 전에만 웅크린 자세(예비동작)를 어떻게 취해야 될 것인가를 시범을 통해 보여줬다.

다음에 제시된 [표7-4]는 기술 분석 체크 리스트로 뒷배(코치)가 선수의 운동기술의 정확성을 파악하는데 사용할 수 있을 것이다.

[표7-4] 기술분석 체크리스트

기술분석 체크리스트 동작명 :				
선수명 :			일자 : 20 . .	
	원리1		원리2	
관절	사용해야 할 관절	실제 사용한 관절	사용해야 할 관절	실제 사용한 관절
어깨				
팔굽				
손목				
몸통				
엉덩이				
무릎				
발목				
기타				

(2) 관절력의 연속성

"모든 관절은 순서에 따라 연속적으로 사용하라."

몇 개의 관절이 어떠한 동작을 수행하는데 사용될 때, 사용되는 관절들의 가동순서와 타이밍은 중요하다. 이 원리는 관절의 가동시기와 관련되는 것이다.

대 근육에 부착되어 있는 신체의 중심부에 위치한 관절은 소 근육이 부착되어 있는 팔, 다리의 말단부에 위치한 관절보다 먼저 가동되어야 한다. 이러한 가동은 신속하고 연속적이어야 한다. 동작은 대근육군으로 부터 시작해서 점차 소근육군으로 전환해야 한다. 이러한 동작은 완전한 계열에 따라서 그 동작의 흐름에 막힘이 없이 수행되어야 한다. 이 원리를 이해하는데 도움을 줄 수 있는 예는 다음과 같다[표7-5].

[표7-5] 관절의 연속성 원리의 예

운동기술	결점	지적사항
딴죽	둔관절이 사용되기 앞서 발이 앞으로 나감	무릎관절이 둔관절보다 먼저 가동됨
활개질(한손굵기)	한손굵기에서 손목을 먼저 사용함	손목관절이 엉덩이, 어깨, 팔굽관절보다 먼저 가동됨

흔히 훈련기술의 부적절성은 사용관절의 가동순서와 타이밍이 맞지 않는데서 나타난다. 이러한 훈련기술의 오류를 교정하기 위해서는 해당기술을 몇 개의 부분으로 세분화하고 각각의 부분을 훈련한 후 다시 전체기술을 연속동작으로 훈련시키는 것이 필요하다.

이러한 지도기법을 전체, 부분, 전체학습이라고 부른다. 이 방법을 이용한 기술교정의 예를 들어 보자.

김 코치는 그의 택견 팀 선수들에게 딴죽 연습을 시키고 있었다. 훈련과정에서 김 코치는 다른 선수에 비해 회목치기 동작을 못하고 있는 선수를 발견하고 그의 회목치기 동작을 관찰한 결과 발을 거는 동작에서 너무 빨리 발목관절을 사용하고 있음을 발견하였다(관절력의 연속성의 위반: 모든 관절은 순서에 따라 연속동작으로 사용하라). 코치는 그 선수에게 발목관절을 사용하지 않는 상태에서 훈련하도록 하고 다시 회목치기를 각각 훈련하도록 하였다. 이러한 훈련을 시킨 후 코치는 선수에게 회목치기를 하도록 하였다(전체). 코치는 이러한 일련의 과정 전체, 부분, 전체를 3번 반복하도록 하면서 궁극적으로는 발목관절의 가동타이밍이 맞도록 하는데 지도의 중점을 두었다. 코치는 지도과정에서 긍정적인 피드백을 적절히 사용하였다.

(3) 신전과 강도의 원리

"곧게 뻗치고 강한 힘을 주는 원리를 이용하라"

앞에 제시된 두 가지 원리는 사용 가능한 관절의 수와 그 관절들을 언제 사용 할 것인가에 대한 것이다. 다음 단계는 사용 가능한 관절들을 어떻게 사용하는가 하는 것이다. 본 원리는 동작을 이해하는데 도움을 줄 수 있는 새로운 동작분석기법의 하나이다.

근육은 근력수준을 달리하여 사용할 수 있다. 관절 역시 그 관절의 최대가동 범위 내에서 다양한 수준으로 움직일 수 있다. 이것은 선수가 어떤 운동기술을 수행할 때 자신들이 사용하는 근력과 유연성의 정도를 변화시킬 수 있다는 것을 의미한다. 가능한 한 최대한의 힘과 속도를 내고자 하는 겨루기 기술이라면 선수는 최대한의 근력과 유연성을 발휘해야 할 것이다. 최대한의 근력과 유연성이 발휘된다면 최대의 힘을 가장 오랫동안 유지하게 될 것이다. 이것은 관절력의 총합과 관절력의 연속성을 조합한 "근력과 유연성을 이용하라"라는 것을 설명할 수 있다.

① 사용할 수 있는 관절을 모두 사용하는 것과 모든 관절을 순서에 따라 연속적으로 사용하라는 것은 힘과 시간의 조합으로 근력과 유연성의 협응작용이라고 부른다. 이 충격량의 가장 중요한 요소는 근력과 유연성이다.
② 근력과 유연성은 훈련을 통해서 증대시킬 수 있기 때문에 코치는 선수가 기술을 수행할 때 근력과 유연성을 가장 잘 이용할 수 있도록 지시하는데 중점을 두어야 한다.
③ 유연성을 최대로 이용하기 위해서는 준비동작 시 웅크린 자세에서 시작하여 차고, 걸고 또는 뛸 때에는 신전된 자세를 취해야 한다.

④ 근력을 최대로 이용하기 위해서는 시간의 간격이나 정지됨이 없이 모든 관절을 정확한 순서에 따라 사용해야 한다. 다음과 같은 몇 가지 예는 이 원리를 이해하는데 도움을 줄 수 있을 것이다.

⑤ 상호교환성(trade off)

어떤 기술은 한 순간의 힘의 발산으로만으로는 수행할 수 없다. 겨루기 선수는 근력과 유연성을 반복적으로 사용해야 할 필요가 있는 경우 코치나 선수는 1분 안에 몇 번의 동작을 취해야 하는가를 고려해야만 한다. 이것을 동작비율(movement rate) 혹은 스트로크 비율(stroke rate) 이라 부른다. 이러한 상황에서 상호보완성이 작용한다. 만약 관절을 모든 가동범위에서 사용하려면 충분한 시간을 가져야 한다. 개개의 동작에 많은 시간을 소모할수록 수행할 수 있는 동작의 횟수는 작아진다.

⑥ 고 가속 동작으로의 전환(moving into high gear)

모든 관절을 순서에 따라 사용해야 한다는 원리는 수행하고자 하는 동작이 신체 분절의 마지막(끝) 부분에 해당하는 손과 발의 소 근육에 의해서 수행된다는 것을 뜻한다. 선수가 자신을 가속시키려할 때 특히 완전히 정지된 상태에서부터 가속시키려 할 때는 대 근육을 사용하는 데에 중점을 두어야 한다. 그러나 일단 동작이 가속화되면 선수가 동작범위를 조정해야 된다. 왜냐하면 이러한 작은 빠른 스트로크는 빨리 피로해지기 쉽고 에너지 역시 빠른 속도로 소모되기 때문이다.

⑦ 동작범위의 조정이란 무엇인가?

최대속도로 가속을 얻은 뒤 선수는 모든 관절을 최대 가동범위로 사용할 수 있도록 하여야 한다. 근육이 관절의 전체 가동범위를 충분히 이용하여 움직일 경우 스트로크당 가해지는 힘이 증가되는데 이를 상쇄시키기 위해서는 스트로크(stroking)나 풋쉬(pushing)의 속도를 늦추어야 한다. 이것을 "stretching-out" 혹은 경제속도(cruising speed)에 이른다고 한다. 경제속도에 도달했을 때 선수는 관절을 완전히 펴면서 스트로크 혹은 push 밀기(thrust)를 반복해야 한다. 다음은 어떻게 조정(adjustment)이 이루어지는가에 대한 예이다[표7-6].

[표7-6] 조정의 예

형태	원리의 적용
차기	내지르기를 하기위해서는 다리를 움추려서 짧고 빠른 굼실 동작을 취하고 뱃심을 내밀고 축의 다리는 지면을 밀어내는 힘으로 한번에 공격(스트로크)을 한다.

(4) 방향의 원리

"힘이 작용하는 방향을 점검하라"

선수가 기술을 수행할 때는 지면, 혹은 다른 물체의 표면을 밀거나(push) 추진(thrust)시켜야 한다. 이때 물체의 표면은 뒤로 밀리게 된다. 이러한 반작용력(reaction force)이 실제 동작을 일으키게 하는 것이다. 여기에서 뒷배(코치)는 작용·반작용(action-reaction)의 법칙에 대해 유념해야 한다.

모든 동작에는 동일한 크기의 반대 방향으로 작용하는 반작용력이 있다. 예를 들면 점프하기 위해

바닥을 밀치면 신체가 위로 올라가게 되며, 물 속에서 물을 뒤로 밀면 몸이 앞으로 추진하게 된다. 이러한 예들은 선수 자신이 밀거나 추진시키는 방향과는 정 반대방향으로 자신이 움직인다는 원리를 설명하는 것이다.

만일 방향이 잘못되었다면 잘못된 방향으로 가해진 힘을 찾아내어 교정해야 한다. 잘못된 방향으로 가해진 힘은 어떻게 교정해야 하는가? 방향의 원리란 선수가 기술을 수행하는 과정에서 운동방향에 문제가 있을 때 적절한 운동방향은 어디에서 나오며 무엇을 조사해야 하는가를 가르쳐 주는 원리이다. 이러한 방향과 관계되는 문제점들은 다음과 같은 점에서 그 원인을 찾을 수 있다[표7-7].

[표7-7] 방향과 관계되는 문제점

방향과 관계된 문제점	문제의 원인
근력 불균형	선수가 오른 손잡이인 경우 왼쪽에서 운동의 결함이 나타나는데 이는 사용하지 않은 쪽보다 자주 사용하는 쪽의 근력이 우세하기 때문이다. 이와 같은 사실은 근력이 왜 균형있게 발달되어야 하는지를 깨닫게 해준다.
미숙한 체중 통제력	특히 선수가 너무 말랐을 경우 힘을 주는 각도가 잘못되면 체중의 통제력을 잃게 되며 불필요한 방향으로의 회전운동이 일어난다.
미숙한 기술	이는 흔히 좌, 우측 다리 혹은 상, 하체 등과 같이 신체부위를 동일하게 뻗어 밀쳐야 하는 기술에서 흔히 나타난다.

아래의 예는 방향의 원리와 관련된 문제의 원인규명 및 교정방법을 제시한 것이다[표7-8].

[표7-8] 방향 원리의 예

기술	방향과 관련된 문제점	문제의 원인	교정
차기	오른쪽은 길고 힘있게 차고 왼쪽은 짧고 힘이 없게 찬다.	오른발의 숙달로 인해 길고 힘있게 차기 때문이다.	오른발은 힘을 빼고 차고 왼발은 허리의 틀림과 힘을 주고 찬다.

(5) 신체분절 속도의 합성

"길고 빨리 움직이는 원리를 사용하라"

① 길이, 조절능력 및 치기(striking), 차기(kicking), 던지기(throwing)와 관계되는 기술은 특별히 몇 가지를 주의하여 살펴보아야 한다. 이러한 기술들은 모두 운동 중 마지막 관절을 얼마나 빨리 움직이는가에 따라 달라진다. 즉 던지기와 차기 기술에서는 던지려고 하거나 치려고 하는 물체의 속도는 손 혹은 발의 움직임 속도와 직접적인 관계가 있다. 또한 던진 물체나 찬 물체의 비행거리는 물체가 손이나 발에서 떠날 때의 속도에 따라 크게 달라진다.

치기기술에는 상체가 이용되며 손 혹은 허리의 능청을 이용하여 공격점과 접촉하게 된다. 이러한 모든 기술에서 손이나 발을 최대속도로 움직이게 하기 위해서는 앞에서 말한 4가지의 운동 원리를 적용해야 한다.

- 모든 관절을 이용하라.
- 모든 관절을 순서대로 이용하라.
- 힘을 가하는 유연성과 근력을 점검하라.
- 힘을 가하는 방향을 점검하라.
  이 외에도 다음과 같은 사항을 고려해야 한다.
- 딴죽이나 차기 동작에서 굼실에서 능청으로 이어지는 동작과 공격하는 발인 축의 발 지면을 미는 힘과 회전 각도와 속도를 조정한다.

② 길이(length)의 점검

일반적으로 물체의 길이가 길면 길수록 물체의 끝부분의 속도는 빨라진다. 예를 들어 겨루기를 하는 사람이 동일한 차기를 한다며 허리의 회전이 빠를수록 더 빠른 속도로 차기가 된다. 이렇게 증가된 공격의 속도가 더욱 강력한 힘을 내게 한다. 물체의 길이가 길면 일반적으로 무게가 더 무거워지며 조절하는데도 힘이 더 많이 든다. 이때에는 정확하게 균형을 유지하는 것이 중요하다. 이것은 최대 속도를 얻기 위해서 길이가 큰 공격을 선택했을 경우 그 만큼 조절은 어렵다는 것을 의미한다.

(6) 기저면의 중심

"안정성의 원리를 이용하라"

안정성의 원리는 모든 택견의 기술과 관계가 있다. 안정성이란 선수의 체중 혹은 물체의 무게와 이 무게를 지탱하는 것과의 관계를 나타낸 것이다. 안정성은 물체 혹은 사람이 운동을 하거나 운동에 저항하려는 능력에 큰 영향을 미치기 때문에 중요하다. 접촉경기에서 선수는 상대에 의해 가해진 타격 즉, 택견경기에서 되받기 동작(counter-move)에 대해 중심을 유지할 필요가 있다. 택견 선수는 공격 시 빠른 차기를 할 수 있어야 된다. 안정성의 요인을 이해하기 위해서는 기저면(base of support)과 중심(center of gravity)을 점검해야 한다. 기저면이란 물체의 무게와 이를 지지하고 있는 표면과의 접촉 면적을 말하며 중심이란 물체의 무게를 가장 잘 대표할 수 있는 지점이다.

중심선(the line of gravity)은 중심을 통과하는 수직선이다. 중심이 기저면 위에 있다면 즉, 중심선이 기저면 위를 통과한다면 그 물체 혹은 사람은 대단히 안정이 되어 있으며 그렇지 않다면 선수는 불안정한 위치에 있으며 곧 움직이게 된다.

선수가 안정되어 있다면 안정성의 정도는 다음 요소에 의해 증가된다.

- 기저면의 크기
- 중심이 기저면의 중앙에 가까이 있는 정도
- 기저면 위에 위치한 중심의 높이가 낮아지는 정도

(7) 회전 운동량을 얻기 위해서는 중심에서 떨어져 있는 "힘과 전이(transference)를 이용하라"

물체에 회전운동량(rotational momentum)을 일으킬 수 있는 충격(impulse)을 이용하는 방법은 두 가지가 있다. 이 방법은 선수가 지점에 접촉하고 있는 상태에서만 가능하다. 운동과정에서 나타나는 여러 가지 기술은 이러한 방법들이 조합된 것이다.

- 선수 혹은 물체의 중심(center of gravity)으로부터 멀리 떨어진 곳에 힘을 가하라.
- 신체 각 부분의 회전운동량이 전신에 전달될 수 있도록 신체의 각 부분을 회전시킬 때에는 특정 근육을 사용하라.

중심에서 멀리 떨어진 곳에 힘(off-center force)을 적용한다.

어린이가 시소를 타고자 할 때 시소의 한쪽 끝에만 힘을 가해지도록 끝 쪽에 앉는다. 만약에 시소의 한 가운데에 앉는다면 받침대를 치우지 않는 이상 운동이 일어나지 않는데 이 경우 직선운동이 행해진다. 그러므로 어린이는 물체의 중심에서 떨어진 곳에 힘을 가함으로써 시소를 움직일 수 있게 된다. 운동선수는 신체의 중심에서 떨어져 있는 힘이 신체부위에 가해지면 회전하게 된다. 선수가 기저면을 밀면 바닥은 선수를 밀어낸다.

이렇게 앞으로 내미는 힘이 선수의 중심을 향하지 않는다면 선수는 회전을 하게 될 것이다. 신체의 중심에서 벗어나도록 힘을 가하는 가장 쉬운 방법은 미는 곳으로 신체를 기울이는 것이다. 즉 앞으로 회전하고자 한다면 앞으로 기울이고 뒤로 회전하고자 하면 뒤로 기울이면 된다.

이것은 운동량의 전이(transference)로 설명되어질 수 있다.

운동량(momentum)은 선수가 힘을 가할 수 있는 지면 혹은 다른 표면에 접촉하고 있을 때에만 얻을 수 있다. 그러나 일단 선수 혹은 물체가 운동량을 갖게 되면 이를 다른 선수 혹은 물체로 전달시킬 수 있다. 이러한 운동량 전달의 예는 움직이고 있던 선수가 가만히 서 있는 선수와 충돌했을 경우, 도약하는 발이 난간에 부딪혔을 경우, 볼링볼이 핀과 마주쳤을 경우 등에서 볼 수 있다. 이러한 경우 움직이지 않던 물체는 움직이게 된다. 다시 말해서 움직이던 물체는 움직이던 물체가 갖고 있던 운동량을 어느 정도 얻게 되고 움직이던 물체는 운동량이 어느 정도 감소 혹은 전달되었기 때문에 속도가 느려지게 된다.

이와 동일한 전이가 회전운동량에서도 나타나고 있다. 대부분의 운동량은 선수의 신체 한 부분에서 전신으로 전이된다. 그러나 선수가 어떠한 표면과 접촉이 되어 있을 때만 신체분절이 회전운동량을 얻을 수 있다는 점을 기억해야 한다. 회전운동량이 전달되는 예는 훈련 시에 대단히 많이 나타난다. 휘차기 시 지면을 밀면서 나선형으로 팔을 가능한 크게 휘두르는 순간에 공중으로 솟구치면서 회전을 하게 될 것이다. 이러한 팔의 회전은 전신으로 전달된다. 트램폴리니스트(trampolinists)들은 도약 시 팔을 회전시켜 팔의 운동량을 전신으로 전달시킴으로서 공중회전을 한다. 이러한 전신 회전운동은 신체분절의 회전방향과 동일한 방향으로 이루어진다.

　신체분절의 회전운동이 전신으로 모두 전달되면 전신은 신체분절이 갖고 있던 동일한 회전운동량을 얻게 될 것이다. 신체는 보다 큰 관성모멘트(moment of inertia)를 가지고 있기 때문에 이 두 요소 (관성모멘트와 회전속도)가 합쳐서 동일한 회전운동량을 이루기 위해서는 전신의 회전속도는 다소 감소되어야 할 것이다.

　훈련 시 회전운동량이 전신에서 신체의 일부분으로 전달되는 경우도 있다. 자기 자신이 앞으로 넘어진다고 가정할 때 부상을 예방하기 위해서 팔이 앞으로 회전하고 있음을 발견하게 될 것이다. 이 경우 위험한 전방으로 향한 신체의 회전운동량이 팔에 전달된다. 스키점프선수, 평균대에서 떨어지고 있는 체조선수, 멀리뛰기 선수들에게는 이러한 상황에서 자신을 보호하기 위해서 이와 같은 동작이 필요하다. 사지의 회전운동도 신체의 회전운동 방향 또는 위험이 존재하는 방향과 동일해야 한다.
　관성(inertia)이란 외력이 작용하지 않으면 정지 물체는 영구히 정지하고 운동 물체는 등속운동을 계속하고 또 외력에 저항하여 본래의 상태를 지속하려는 성질을 말한다.

(8) 굴신의 점검

　"회전속도를 변화시키기 위해서는 큰 관성 모멘트를 이용하라"
　상술한 바와 같이 운동선수가 지면에 접촉하고 있을 때에만 회전운동량을 얻을 수 있다는 점을 설명하였다. 이와 유사하게 물체는 선수와 접촉하고 있어야만 회전 운동을 얻을 수 있다. 이 말은 일단 선수가 도약하게 되거나 물체를 던지게 되면 선수 혹은 물체는 회전운동량을 갖게 된다는 뜻이다. 선수나 물체가 공중에서 자유로이 움직이는 동안에도 회전운동량은 변하지 않는다. 그러나 선수는 회전 운동량을 구성하고 있는 요소(관성 모멘트와 회전속도)의 크기를 변화시킬 수는 있으나 전체 회전운동량은 동일하다. 이 두 요소 중 어느 하나(관성모멘트 혹은 회전속도)가 감소되면 다른 한 요소는 증가되어야 한다.
　선수가 자신의 관성 모멘트를 조절하여 회전속도를 더 빠르게 하거나 더 느리게 하는 것을 훈련 시 많이 볼 수 있다. 즉 자신의 회전속도를 줄이거나 증가시킬 수 있다. 예를 들어 다이빙 선수나 체조선수는 공중에서 회전한 후 착지 혹은 입수 시 회전속도를 줄이기 위해서 몸을 편다. 또한 피겨스케이팅 선수는 팔과 다리를 몸에 붙여서 수직축에서의 관성 모멘트를 감소시킨다. 팔과 다리를 다시 펴게 되면 피겨 스케이터의 회전속도는 감소된다.
　따라서 인간의 운동을 설명하는 8가지 원리를 요약하면 다음과 같다[표7-9].

[표7-9] 인간 운동의 8가지 원리

원리		교정해야 할 점
1. 모든 관절을 사용하라. 2. 순서대로 모든 관절을 사용	모든 적절한 관절을 사용하라. 순서는 부드럽고 정확하게	예비동작을 점검하라. 전체-부분-전체의 학습원리를 적용하여 적절한 순서에 따라 타이밍을 맞추도록 지도하라.
3. 곧고 강하게	치고, 던지고 뛸 때 사지를 곧게 펴라.	굽힌 자세에서 편자세로 옮겨가는 것을 다시 지도하라.
4. 방향의 점검	운동수행 중 동작의 적절한 방향	부적절한 운동의 반대 방향으로 미는 것을 제거하라.
5. 길고 빠르게	가능한한 길이를 최대로 하고 견고하게 잡아라.	길이를 조절하고 그립을 단단히 쥐어라.
6. 기저면과 중심체크	안정성-원하지 않는 동작에 대한 저항	세가지 안정성 요소를 증가시켜라.
7. 중심에서 멀리 떨어진 힘과 전이	원하는 만큼 회전을 시켜라.	중심에서 떨어지는 거리를 증감시키거나 힘의 크기를 증감시켜라. 분절의 운동량을 최대로 뛰거나 던질 때 운동량을 전이 시켜라.
8. 크거나 작은 관성 모멘트	조절된 회전 운동의 비율	회전운동 속도를 감소시키기 위해 몸이나 신체부위를 펴라. 회전운동 속도를 증가시키기 위해 몸이나 신체부위를 굽혀라.

출처: 오성기, 전도선(2006)

8. 전문기술 훈련에 대한 이해

경기력 향상을 위한 훈련 중 제일 중요한 방법일 수 있다. 기술훈련의 완성으로 인해 훌륭한 선수가 탄생될 수 있는 것이다. 겨루기는 반복훈련의 과정 속에서 하나의 기술이 완성되는 만큼 선수들은 훈련을 게을리해서는 안 된다.

- 뒷배(코치)는 개개인의 선수들의 능력에 맞는 훈련방법을 선택해서 지도해야 한다.
- 뒷배(코치)는 간단한 시범과 설명을 통해 선수가 동작을 수행하는 데 있어 문제가 없도록 기술의 이해도를 높여 주어야 한다.
- 기본동작과 연결 동작의 숙달로 인해 기술훈련에서 신체의 무리가 없도록 하는 것이 중요하며 코치는 잘못 시행되는 기술에 대해 즉시 시정할 수 있도록 지도 해주어야 한다.

※ 선수는 기술 동작이 끝남과 동시에 다시 시작이라는 것을 명심해야 된다. 한 동작이 끝나고 바로 집중하여 다음동작을 준비해야 한다. 뒷배(코치)는 이 부분을 놓치지 말고 선수들을 지도해 주어야 한다.

제3장 딴죽과 차기의 훈련 유형

1. 기술 훈련의 내용

기술훈련은 다양한 형태의 대형과 훈련법인 공격단일기술, 공격연결기술, 복합 공격기술, 되받기, 속임 기술, 타이밍에 따른 상황 등을 겨루기 경기에서 사용할 수 있도록 하였다. 다양한 기술훈련 1인 1조, 2인 1조, 3인 1조 등에 적용하여 실시하는 방법으로 각 대형과 방법, 지도법들 중 일부를 소개하고자 한다.

1) 공격단일기술 훈련법

단일공격은 상대의 허점을 파악하고 먼저 기술을 시도하는 방법으로 과감하고 빠르게 정확한 동작으로 훈련에 임해야 한다.

품밟기	딴죽	차기	손질

2) 공격연결기술 훈련법

①딴죽+딴죽 (다른 발로 공격)	②딴죽+딴죽 (같은 발로 공격)	③딴죽+차기 (다른 발로 공격)	④딴죽+차기 (같은 발로 공격)
⑤차기+차기 (다른 발로 공격)	⑥차기+차기 (같은 발로 공격)	⑦차기+딴죽 (다른 발로 공격)	⑧차기+딴죽 (같은 발로 공격)

3) 복합 공격연결기술 훈련법

경기상황에 알맞은 다양한 기술을 연습한다. 상대선수를 대상으로 경기와 같은 훈련을 할 수 있으며 공격과 되받기를 병행하여 훈련할 수 있다.

딴죽+차기+딴죽	차기+딴죽+차기	딴죽+차기+차기
딴죽+딴죽+차기	차기+차기+딴죽	차기+딴죽+딴죽

4) 되받기기술 훈련법

딴죽(손)	딴죽(딴죽)	딴죽(차기)
차기(손)	차기(딴죽)	차기(차기)
손질(손)	손질(딴죽)	손질(차기)

공격방법	직선공격 시 곡선으로 되받기	곡선공격 시 직선으로 되받기
공격	제겨차기, 내지르기, 가로지르기 등	두름치기, 곁치기, 발따귀, 밭발따귀 등
되받기	두름치기, 곁치기, 발따귀, 밭발따귀 등	제겨차기, 내지르기, 가로지르기 등

5) 겻기기술 훈련법

딴죽	차기	손질	공격연결기술	뜀발질 등

6) 타이밍기술 훈련법

상대가 공격하려고 하는 순간 공격을 한다.	상대의 공격이 끝난 순간 공격을 시도한다.	상대가 망설이는 순간 공격을 시도한다.
상대가 물러설 때 공격을 시도한다.	상대가 동작을 멈추었을 때 공격을 시도한다.	상대가 들숨하는 순간 공격을 시도한다

※ 각 상황을 설정하여 기술을 연습한다.

7) 속임기술 훈련법

시선	상체의 움직임	손	발	품밟기
하단보고 상단 공격, 상단보고 하단 공격 등.	좌측으로 움직이고 우측공격, 우측으로 움직이고 좌측공격, 자세 낮추고 상단 공격, 높은 자세에서 하단 공격 등.	눈끔적이 후 하단 공격, 상대 우측다리 손으로 치고 얼굴 차기, 좌측 다리 치고 우측 얼굴 공격, 손을 허리로 내려서 상대가 얼굴 공격 기회 제공 후 차는 발 잡아 넘기기 등.	하단 공격 후 상단 공격(얼렁발질), 상단 공격 후 하단 공격 등	품밟기 앞으로 내놓는 자세 취하다가 공격, 품을 끌어 들이다가 공격 등.

8) 훈련법

맨몸 훈련	타켓 훈련	거울 훈련	기구 훈련
1인~3인 등 다양한 연습이 가능하고 상대와의 연습으로 상대의 리듬을 배울 수 있다.	정확성, 거리, 타이밍을 길러준다.	자신의 동작을 교정할 수 있다.	근력강화에 도움을 준다.

※ 위 기술을 아래 각 대형에 접목시킨다.

2. 훈련 방법의 적용

1) 1인 1조 전진과 후진으로 이동하며 딴죽과 차기훈련(A형, B형)

(1) 대형: 일직선의 출발선을 중심으로 2~4열종대로 선다[그림7-1].

```
① 훈련대형(A형)              ② 훈련대형(B형)

  ⊙  ⊙  ⊙  →                ←  ⊙  ⊙  ⊙
  ⊙  ⊙  ⊙  →                ←  ⊙  ⊙  ⊙

☞ 수행자 : ⊙
```

[그림7-1] 출발선을 중심으로 일직선 종대로 서기대형

(2) 방법
① 일직선상으로 이동하면서 수행한다.
② 중심 이동을 민첩하게 굼실에서 능청으로 연결되게 실시한다.
③ 손질을 하면서 수행자는 딴죽과 차기 동작을 실시한다.
④ 연결동작은 유연하고 민첩해야 한다.

(3) 지도
① 방법1- 앞으로 나갈 때는 천천히 정확한 동작으로 실시하고, 돌아올 때는 스피드 향상을 위해 빠른 속도로 실시한다.
② 방법2- 앞으로 나갈 때는 천천히 정확한 동작으로 차고, 돌아올 때는 중심력 향상을 위해 뒤로 빠지면서 되받기 위주로 실시한다.
③ 방법3- 품밟기와 기본 동작을 응용하여 가상의 선수를 상대로 단일동작 및 복합동작을 이용하고 공격과 되받기를 병행하면서 실시한다.

2) 원으로 이동하며 딴죽과 차기훈련(A형, B형)

(1) 대형: 선두를 중심으로 1열 횡대로 선다[그림7-2].

[그림7-2] 원으로 돌면서 하는 원 대형

(2) 방법
① 원으로 돌면서 실시한다.
② 중심이동을 민첩하게 하면서 품밟기를 이용한다.
③ 앞사람과 일정한 거리를 유지하면서 실시한다.
④ 연결동작은 유연하고 부드럽게 힘을 빼고 실시한다.

(3) 지도
① 방법1- 품밟기를 이용하여 앞으로 나가면서 다양한 공격 형태로 실시한다.
② 방법2- 품밟기를 이용하여 뒤로 빠지면서 되받기 형태로 실시한다.
③ 방법3- 품밟기와 기본동작을 이용하여 연결 동작으로 실시한다.
④ 방법4- 2인 1조로 마주보고 원으로 돌면서 동작을 실시할 수 있다.

3) 거울을 이용한 딛죽과 차기훈련

거울 보는 것은 자신의 동작을 교정하고 상대선수를 가상하여 연습할 수 있다. 거울에 비친 자신의 모습을 상대로 보고 호흡을 느껴본다. 호흡을 느껴본다는 것은 상대 선수의 호흡을 지켜보는 것으로 동작은 반드시 호흡을 통해 예지할 수 있을 것이다.

하지만 이런 흥분된 상태의 실전은 많지 않으므로 훈련장의 거울을 쳐다보며 나의 동작과 호흡을 느껴보고 자세나 손발의 움직임, 그 밖의 테크닉을 스스로 점검하는데 꼭 필요한 훈련이 된다. 거울보기는 격투나 경기 시 상대에게서 눈을 떼지 않는 시각 훈련도 겸할 수 있다. 눈은 느낌을 준다. 상대의 일거수일투족까지 주시해야만 승리할 수 있다[그림7-3].

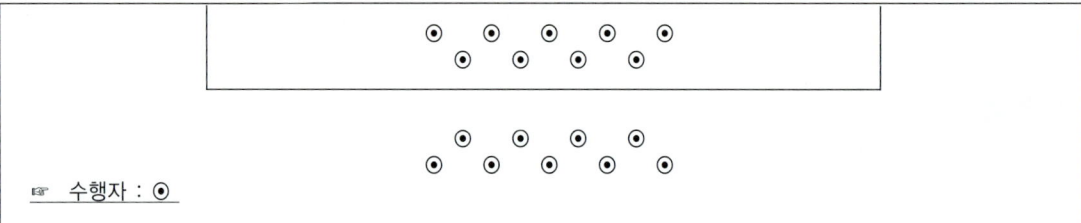

[그림7-3] 거울을 보면서 서기대형

(2) 방법
① 거울을 보면서 자신의 동작에 대한 결함이나 오류를 수정한다.
② 숙련자의 바람직한 동작을 관찰하고 연습한다.
③ 자신의 호흡을 거울을 보고 느끼면서 실시한다.
④ 거울에 비친 자신의 신체를 목표점을 두고 실시한다.

(3) 지도
① 방법1- 기본동작을 자유롭게 실시한다.
② 방법2- 조별이나 단체가 구령 또는 신호에 따라 수행한다.

4) 2인 1조 딛죽과 차기 훈련

(1) 대형: 2열 횡대로 마주보고 겨루기 형태로 선다[그림7-4]

[그림7-4] 2열 횡대 훈련대형

(2) 방법

두 사람이 한조가 되어 제자리에서 수행한다.

① 두 사람이 자리를 서로 바꾸면서 실시한다.

② 두 사람이 원으로 돌면서 실시한다.

③ 모든 기술은 좌우 동일하게 연습한다.

④ 정확한 동작을 익힐 수 있도록 목표의식을 갖고 연습한다.

⑤ 동작의 시선은 목표물에 두고 되받기 동작과 병행하면서 연습한다.

(3) 지도

① 방법1- 상대와 번갈아 가면서 자유롭게 수행한다.

② 방법2- 조별이나 단체가 구령 또는 신호에 따라 수행한다.

③ 방법3- 딴죽과 차기를 각각 연습하고 두 가지를 복합해서 연습한다.

(4) 훈련형태

① 단일공격으로 걸고 차면서 전진(공격)하고 후진으로 걸고 차면서(되받기) 빠진다.

 예) 각 동작을 구분해서 공격하거나 연속해서 걸고 차는 형식

  수행자 : 상단 발차기-보조자 하단 딴죽 기술

  선수는 겨루기 자세를 취하고 뒷배(코치)가 기합이나 호각을 불면 한 동작씩 빠르게 하단, 중단, 상단을 공격하는 방법으로 기합이나 호각소리에 맞추어 실시한다(감각훈련).

② 두 동작씩 걸고 차면서 전진(공격)하고 후진으로 차면서 빠진다(되받기).

  연결동작이므로 빠르게 차야하며 몸의 중심이동이 중요하다.

 예) 연속 두 번 차기, 연속 두 번 딴죽 공격형태

  차기는 차기로 되받기, 딴죽은 딴죽으로 되받기 한다.

  뒷배(코치)의 기합이나 호각소리에 맞추어 최대한 빨리 실시한다.

③ 연결공격기술 딴죽과 차기 연결 동작

 예) 회목치고 내지르기(공격)

  두름치기 학치지르기(되받기) 등 다양한 응용을 할 수 있다.

④ 복합연결동작은 세 동작씩 실시한다.

 예) 내지르고 덧걸이 곁치기(공격) 막음다리

  발너울대기 잡채기(되받기) 등이 있다.

5) 지그재그로 이동하며 딴죽과 차기훈련

(1) 대형: 일직선의 출발선을 중심으로 보조자는 지그재그로 선다.[그림7-5]

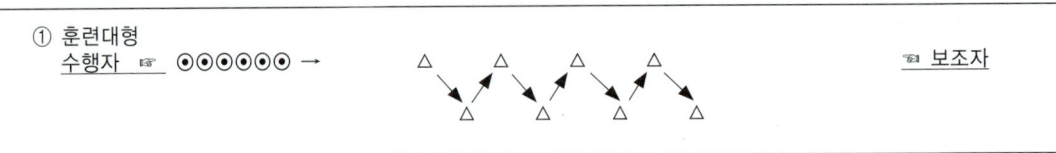

[그림7-5] 출발선을 중심으로 지그재그 종대로 서기대형

(2) 방법
① 지그재그로 이동하면서 실시한다.
② 좌우로 민첩하게 움직이면서 딴죽과 차기를 실시한다.
③ 손질과 병행하면서 실시한다.
④ 연결동작은 유연하면서 민첩해야 한다.

(3) 지도
① 방법1- 상대와 번갈아 가면서 자유롭게 실시한다.
② 방법2- 조별이나 단체가 구령 또는 신호에 따라 실시한다.
③ 방법3- 보조자는 전후좌우로 자유롭게 이동하면서 실시한다.

6) 일렬로 이동하며 딴죽과 차기훈련

(1) 대형: 일직선의 출발선을 중심으로 보조자는 종대로 선다[그림7-6]

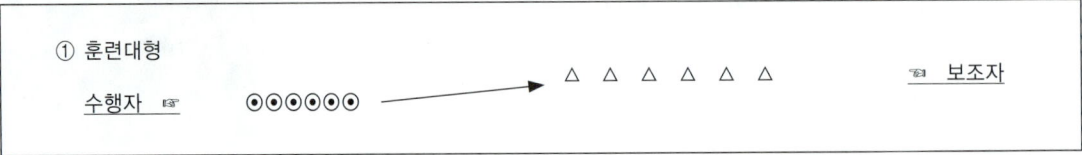

[그림7-6] 출발선을 중심으로 일직선 종대로 서기대형

(2) 방법

① 앞으로 이동하면서 실시한다.
② 앞으로 움직이면서 딴죽과 차기를 실시한다.
③ 보조자는 다양한 형태의 타겟 위치를 설정한다.
④ 수행자는 느리게 빠르게 완급 조절을 이용하여 실시한다.

(3) 지도

① 방법1- 상대와 번갈아 가면서 자유롭게 수행한다.
② 방법2- 앞사람을 따라서 실시한다.
③ 방법3- 수행이 끝나면 뒤로 돌아서 반대방향으로 실시한다.

7) 순환으로 이동하며 딴죽과 차기훈련

(1) 대형: 일직선의 출발선을 중심으로 보조자는 종대로 선다[그림7-7]

① 훈련대형
수행자 ☞ ◎◎◎◎◎◎◎ → △ ☞ 보조자

[그림7-7] 출발선을 중심으로 일직선 종대로 서기 대형

(2) 방법

① 순환식 훈련방법으로 타겟 또는 미트 등 목표물을 이용하여 실시한다.
② 속도 및 순발력을 향상시키고 근력 및 근지구력, 심폐 지구력을 향상시키기 위해서 적극적인 자세로 실시한다.
③ 목표물의 각도, 높이에 따라 정확하고 빠르게 실시한다.
④ 보조자는 수행자가 찰 수 있도록 타겟이나 미트 등 목표물의 각도에 유의해서 잡아준다.

(3) 지도

① 방법1- 보조자를 앞에 두고 한 사람씩 돌아가면서 수행한다.
② 방법2- 속임 동작을 하면서 기술을 수행한다.

③ 방법3- 스피드 있게 실시한다.
※ 뒷배(코치)는 제일 늦게 차는 선수에게 벌칙을 가해 스피드나 경쟁력을 높여 주고 늦게 찬 사람은 한 번 더 차기를 훈련시킨다.

8) 이동하는 표적을 이용한 딴죽과 차기훈련

(1) 대형: 일직선으로 수행자와 보조자는 종대로 선다. [그림7-8]

```
          ① 훈련대형
     수행자 ☞   ◉   △   ☜ 보조자
```

[그림7-8] 상대와 마주보고 서기대형

(2) 방법
① 두 사람이 함께 공격과 되받기로 이동하면서 실시한다.
② 앞뒤로 민첩하게 움직이면서 딴죽과 차기를 실시한다.
③ 딴죽과 차기를 병행해서 실시한다.
④ 겨루기를 가상하여 속임 동작과 타이밍을 연습한다.
⑤ 보조자는 수행자와 함께 또는 더 많이 움직이며 다양한 상황을 만들어 주어야 한다(상, 중, 하, 좌, 우, 뒤).
　예)길고 짧게, 짧고 길게, 옆으로 빠지면서 차는 방법 등으로 실시한다.

(3) 지도
① 방법1- 상대와 번갈아 가면서 자유롭게 수행한다.
② 방법2- 2인 1조로 자유롭게 실시한다.
③ 방법3- 코치가 기술을 정해주고 실시할 수 있다.
④ 방법4- 수행자가 상황을 만들어 실시하거나 보조자가 일방적으로 상황을 만들어 주면서 훈련한다.
⑤ 방법5- 타겟을 사용하거나 맨몸으로 공격과 되받기를 실시한다.
※ 뒷배(코치)는 많은 상황을 만들어 선수가 다양한 기술을 습득할 수 있게 훈련방법을 개발해야 한다.

9) 앞뒤로 이동하며 딴죽과 차기훈련(A형, B형)

(1) 대형: 일직선의 출발점을 중심으로 보조자는 종대로 선다.[그림7-9]

```
① 훈련대형(A형)              ② 훈련대형(B형)
  ⊙△  ⊙△  ⊙△  →             △⊙  △⊙  △⊙  →
  ⊙△  ⊙△  ⊙△  →             △⊙  △⊙  △⊙  →
     ☞ 수행자 : ⊙    보조자 : △
```

[그림7-9] 출발선을 중심으로 일직선 종대로 서기 대형

(2) 방법

① 2인 1조 두 사람이 짝이 되어 수행자와 보조자가 교대하면서 실시한다(A형 훈련대형은 수행자가 앞으로 전진 하면서 실시한다).
② B형 훈련대형은 수행자가 뒤로 빠지면서 실시한다.
③ 딴죽과 차기 동작 시 강·약을 조절한다.
④ 정확한 동작으로 실시하며, 특히 연결동작은 빠르고 부드러워야 한다.
⑤ 거리 감각을 습득하기 위하여 다양한 품밟기로 적절한 거리를 유지하면서 수련한다.
⑥ 공격과 되받기 동작이 정확히 구분되어야 한다.
⑦ 단일동작에서 복합동작으로 실시한다.

(3) 지도

① 방법1- 2인 1조 짝이 되어 왕복으로 교대하면서 자유롭게 실시한다.
② 방법2- 앞으로 나가면서 공격 하고, 뒤로 빠지면서 되받기 동작을 실시한다.
③ 방법3- 복합 동작 시 지도자가 기술 훈련을 지정하거나 보조자가 응용할 수 있도록 한다.

10) 3인 1조 딴죽 및 차기 기술훈련

(1) 대형: 3인 1조로 구성, 수행자는 중앙에 위치하고 앞뒤로 보조자가 일정 간격을 두고 맨몸으로 하거나 타겟을 이용한다.[그림7-10]

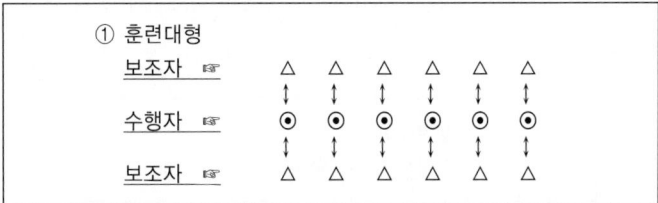

[그림7-10] 출발선을 중심으로 일직선 종대로 서기대형

(2) 방법

① 보조자의 거리는 수행자의 앞, 뒤 위치에서 단일 동작의 종류에 따라서 거리를 조절한다.
② 빠른 동작으로 수행하며 시선은 목표 지점인 타겟에 둔다.
③ 방향전환 및 발놀림을 숙련시킨다.
④ 연결동작 시 강·약을 조절한다.
⑤ 보조자는 같이 기합을 넣는 방법으로 차는 선수를 도와준다.
⑥ 뒷배(코치)의 기합이나 호각소리에 맞추어 실시할 수도 있다.

(3) 지도

① 방법1- 단일 공격과 되받기 기술을 병행하면서 실시한다.
② 방법2- 복합 동작 및 연결 동작으로 응용한다.
③ 방법3- 딴죽 및 차기의 횟수를 체크한다.

11) 샌드백(sandbag)을 이용한 딴죽과 차기훈련

(1) 대형

① A대형- 샌드백을 앞에 두고 1열종대로 선다.
② B대형- 2인 1조 샌드백을 중앙에 두고 마주보고 선다.
③ C대형- 3인 1조가 되어 보조자 1명은 중앙에 샌드백을 잡고 수행자 2명은 마주보면서 1명은 우품으로, 다른 1명은 좌품으로 선다[그림7-11].

① 훈련대형
수행자 ☞ ⊙ ⊙ ⊙ △ ☜ 샌드백

[그림7-11] A대형

(2) 방법

① 딴죽과 차기 동작에서 주동근 및 보조근을 강화시키기 위하여 여러 형태의 동작으로 실시하며, 샌드백에 닿는 순간 밀어 차기를 한다.
② 차기 동작은 축의 발을 강화시킨다.
③ 스피드 훈련 및 근력, 근지구력, 심폐지구력을 강화시킨다.
④ 발의 파워를 길러주며 발등의 감각을 높여준다.
⑤ 상대의 방어에 대한 두려움이 없어지므로 차기에 자신감을 불러온다.
⑥ 접근전(몸싸움) 연습에 용이하게 사용할 수 있다.

(3) 지도

① A대형- 샌드백을 앞에 두고 한 사람씩 돌아가면서 실시한다.
② B대형- 2인 1조가 되어 두사람이 동시에 일정한 횟수 및 시간을 정해두고 빠르게 찬다.
③ C대형- 상대와 일정한 속도로 번갈아 가면서 빠르게 찬다.
④ 샌드백 밑을 차는 훈련-무릎이 펴지지 않는 선수, 발목 스냅과 무릎 스냅이 약한 선수에게 효과적이다.
  - 무릎을 접어 샌드백 밑의 목표물에 정확하게 발등으로(발등이 전부 닿게) 찬다.
  - 반복 훈련을 통해 숙달되면 스냅을 준다.
  - 이 동작이 숙달되면 무릎 스냅까지 준다.
  - 이 동작이 숙달되면 샌드백 끝부분 옆을 차는 연습을(두름치기, 오금차기 등) 한다.
⑤ 샌드백을 밀어 놓고 차는 공격타이밍 훈련
  - 샌드백을 밀고→ 나갈 때 길게 밟기로 따라갔다가 샌드백이 나올 때 뒤로 빠지면서 공격 연습을 한다.
  - 샌드백을 밀어 놓고 품밟기로 따라 갔다가 나오는 순간 옆으로 빠지면서 공격연습을 한다.
  - 샌드백을 밀어놓고 흔들리는 방향에 따라 앞발만 움직여 주는 연습, 뒷발만 움직이는 연습 등 다양하게 훈련 할 수 있다.
※유연성과 민첩성 반응력을 길러준다.
⑥ 샌드백 연속차기
  - 최대한 다양한 딴죽, 차기 연속공격을 연습하여 여러 상황에 대한 적응력을 길러준다.

A대형

B 대형

C 대형

차기 연습

딴죽 연습

12) 순환을 이용한 딴죽과 차기 훈련

(1) 대형
① A대형- 2열 횡대로 마주보고 겨루기 형태로 선다[그림7-12].
② B대형- 수행자 1명을 앞에 두고 1열 종대로 선다[그림7-13].
③ C대형- 출발선을 중심으로 2~4열 종대로 선다[그림7-14].

[그림7-12] A대형

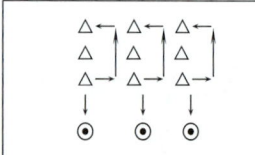
[그림7-13] B대형

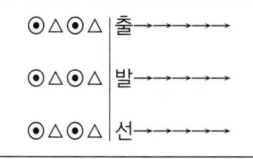
[그림7-14] C대형

(2) 방법
① 순환 훈련 방법으로써 맨몸이나 타겟을 이용하여 실시한다.
② 속도 및 순발력을 향상시키고 근력 및 근지구력, 심폐지구력을 향상시키기 위해서는 적극적인 자세로 실시한다.
③ 다양한 훈련방법을 선정하여 실시한다.
④ 그룹이나 조별로 나누어 실시한다.

(3) 지도
① 대형
    a. 방법1: 10~15개 훈련방법을 정하고 개인이나 그룹별로 시간이나 횟수를 정한 후 옆으로 이동하면서 규정된 딴죽이나 차기 동작을 실시한다.
    b. 방법2: 단일 및 복합동작, 공격 및 되받기에 대한 방법을 만들고 훈련목표 및 방법을 지시한다.
② B대형
    방법1: 수행자의 딴죽과 차기 동작을 정하고 일렬로 서서 돌아가면서 한다.

③ C대형
  a. 방법1: 수행자는 왕복으로 이동하면서 앞으로 나갔다가 뒤로 빠지면서 실시한다.(공격4~6회, 후 되받기 2~4회)
  b. 방법2: 수행자는 왕복으로 이동하면서 앞으로 나갈 때는 공격을 차기로 실시하고 뒤로 빠질 때는 되받기를 딴죽과 차기로 실시한다.

제8부 경기력 향상을 위한 훈련 방법

제1장 택견 훈련의 개념
　1. 택견 훈련의 정의
　2. 택견 훈련의 목적
　3. 훈련량과 강도를 증가시키는 방법
　4. 택견 훈련처방의 원리
　5. 훈련의 분류

제2장 체력 요소별 훈련 방법
　1. 근력 훈련
　2. 근파워 훈련
　3. 근지구력 훈련
　4. 심폐지구력 훈련
　5. 조정력 훈련
　6. 힐(Hill) 훈련
　7. 유연성 훈련

제3장 훈련의 성공과 유의점
　1. 훈련을 성공시키기 위한 전략
　2. 경기성적을 향상시키기 위한 요인
　3. 훈련 시의 유의점

제4장 선수들을 위한 영양 섭취
　1. 훈련기의 영양 섭취
　2. 경기기의 영양 섭취
　3. 영양 섭취의 목적과 내용

제5장 피로와 회복
　1. 피로
　2. 피로 회복을 위한 방법

제1장 택견 훈련의 개념

1. 택견 훈련의 정의

택견 훈련이란 택견 경기력의 향상을 도모하기 위하여 계획적이고 체계적인 강화훈련을 통하여 겨루기 기능과 능력을 향상시키는 과정이라 할 수 있다.

훈련(Training)이란 말은 무예·스포츠 분야에서 뿐만 아니라 여러 분야에서도 흔히 사용되는 말로써 본래 훈련, 단련, 연습의 의미로 해석되었다. 영한사전에 의하면 tranining의 동사 train은 '무엇을' 가르치다, 교육하다, 훈련하다, 단련하다, 양성하다, '동물에게 재주를' 가르치다로 번역되고, trainer는 훈련자, 코치, 지도자 혹은 말, 개 따위의 조련자로 번역되어 있다. 우리말 국어사전에서 훈련은 무술을 연습함, 단련은 쇠붙이를 불에 달구어 두드림, 몸과 마음을 닦아 기름, 배운 것을 익힘 등으로 풀이하고 있으며 연습은 자주 되풀이하여 익힘으로 풀이되고 있다. 단련과 연습(Practice)은 스포츠에서 사용되는 트레이닝이라는 단어의 의미를 충분히 표현하고 있는 것이라 생각된다. 따라서 신체단련이나 신체훈련이라는 좁은 의미의 뜻으로 이해될 수 있다. 이러한 트레이닝을 통해서 체계적이고 과학적인 훈련을 실시하여 선수가 가지고 있는 잠재력을 극대화할 수 있도록 하는 것이다.

Fox는 트레이닝을 '에너지원과 스포츠 기술의 향상을 도모하려는 운동프로그램의 실천'이라 정의하였으며, 에너지원의 향상을 도모하려는 운동프로그램의 실천이라는 의미로 컨디셔닝(Conditioning)이라 규정하였다.

결론적으로 택견 훈련이란 "체력의 계획적인 강화훈련을 통하여 운동능력을 향상시키는 과정이다"라고 정의할 수 있으며, 택견의 체계적·계획적인 수련을 통해 최상의 기술로 운동 능력을 향상시키는 과정이다.

[표 8-1] 경기력 향상을 위한 필수 조건

Coaching	선수의 운동기술과 전략과 전술을 지도하는 과정
	- 새로운 기술 개발(신기술) - 기능의 수행 수준향상 - 선수 격려, 주의 흥미 등을 자극하여 선수의 긍정적 태도 함양 - 집단 활동의 질서유지 - 동기유발 체계개발: 수행능력 향상도 측정, 경기성적 게시
Conditioning	신체적 정신적 운동능력을 실전에서 성공적으로 발휘할 수 있도록 조정하는 과정
	- 운동 수행과 영양 섭취 - 운동 전, 운동 중, 운동 후의 식사조절 - 음료수 섭취(갈증), 수면, 목욕, 수음관계, 시차적응 - 코치의 확신
Training	신체적 운동능력을 계획적으로 개발하는 과정
	- 계획적 개발이란: 체계적이고 교육적으로 적응시켜 잠재적 운동능력을 개발함 - 잠재적 운동능력 개발이란: 평상 생활에 필요한 에너지=60~70% 　　　　　　　　　　　　　　　중급단계 = 70~80% 　　　　　　　　　　　　　　　고급단계 = 80~100% 　　　　　　　　　　　　　　　신기에 가까운 능력 =100%이상

출처: 오성기, 전도선(2006)

2. 택견 훈련의 목적

훈련의 주목표를 달성하거나 선수들의 겨루기 수행능력과 기술수준의 향상을 도모하기 위해서 뒷배(코치)는 훈련의 전반적인 목적을 설정해야 한다.

1) 신체능력의 극대화

택견선수의 신체발달을 위해서 전반적인 지구력과 근력 및 스피드를 늘리며 대부분의 운동을 수행하기 위해 필요한 유연성을 증진시킬 때 균형 있는 신체발달을 꾀할 수 있다. 또한 운동을 연습할 때 요구되는 특별한 신체발달에 대한 향상을 도모하기 위하여 절대적인 근력과 상대적인 근력 그리고 근육의 탄력성을 개발하고 파워 또는 근지구력 운동에 필요한 특수능력을 발달시킴으로써 달성될 수 있다.

2) 기술개발

겨루기의 기술을 개발하고 익힘으로써 모든 기술적인 운동 능력을 정확하게 수행할 수 있다. 그러므로 합리적이고 경제적인 방법으로 기술을 완성시켜야 한다.

3) 정신력 강화

힘든 훈련을 견디기 위한 인내력, 의지력 등과 일반적인 근성 및 특수한 근성을 습득하며, 선수들이 자신의 능력에 대한 자부심을 갖도록 하여, 경기 전에 적절한 심리적인 준비를 할 수 있도록 해주며, 팀의 단결력과 소속감은 경기력과 유대감을 향상시킨다. 따라서 정신력의 강화는 다음과 같이 정신의 집중력과 팀의 준비도 향상을 통하여 이루어질 수 있다.

① 정신의 집중력: 정신통일, 극기, 투지, 기압, 기력, 근성(인내력, 의지력, 끈기), 주의력, 감투(敢鬪), 격려
② 팀의 준비도 향상: 팀과 선수들 사이의 건전한 관계 개선
  - 단결력과 소속감: 경기력과 유대감 향상
  - 선수의 역할과 팀의 요구에 호응: 감독, 뒷배(코치), 주장 선수의 상호 믿음
  - 우정과 질책의 조화: 팀 구성원의 애정과 확신, 체계 확립

4) 경기력 향상을 위한 필수 조건

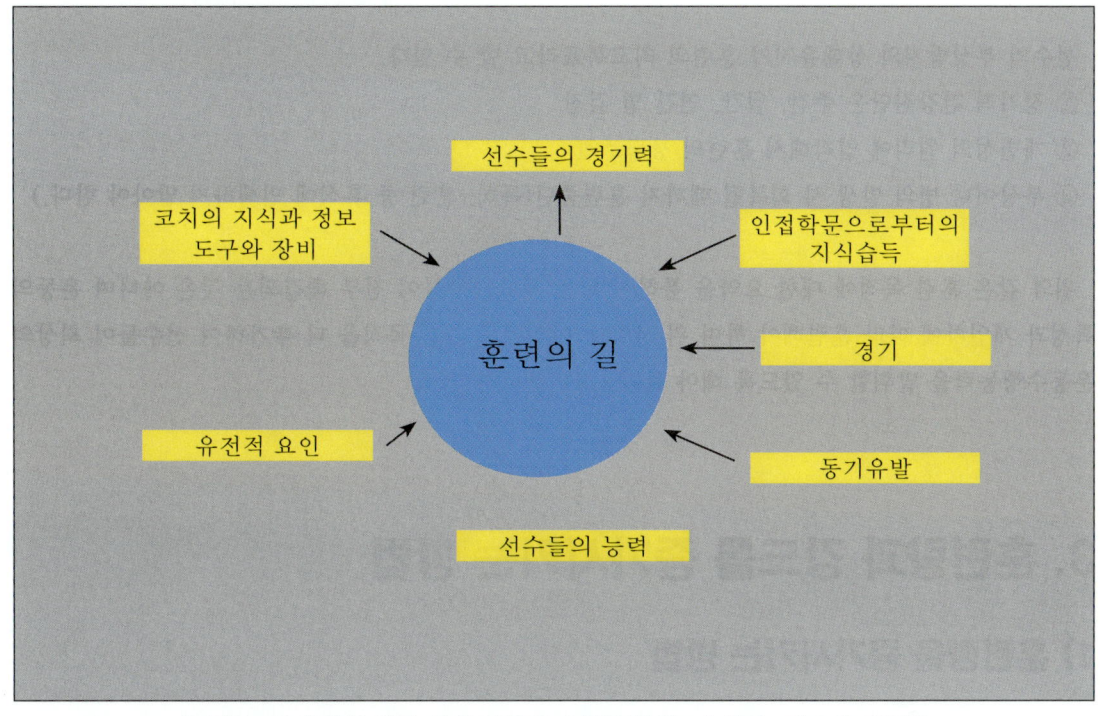

[그림8-1] 훈련의 질과 이에 포함된 요인들(출처: 오성기, 전도선, 2006)

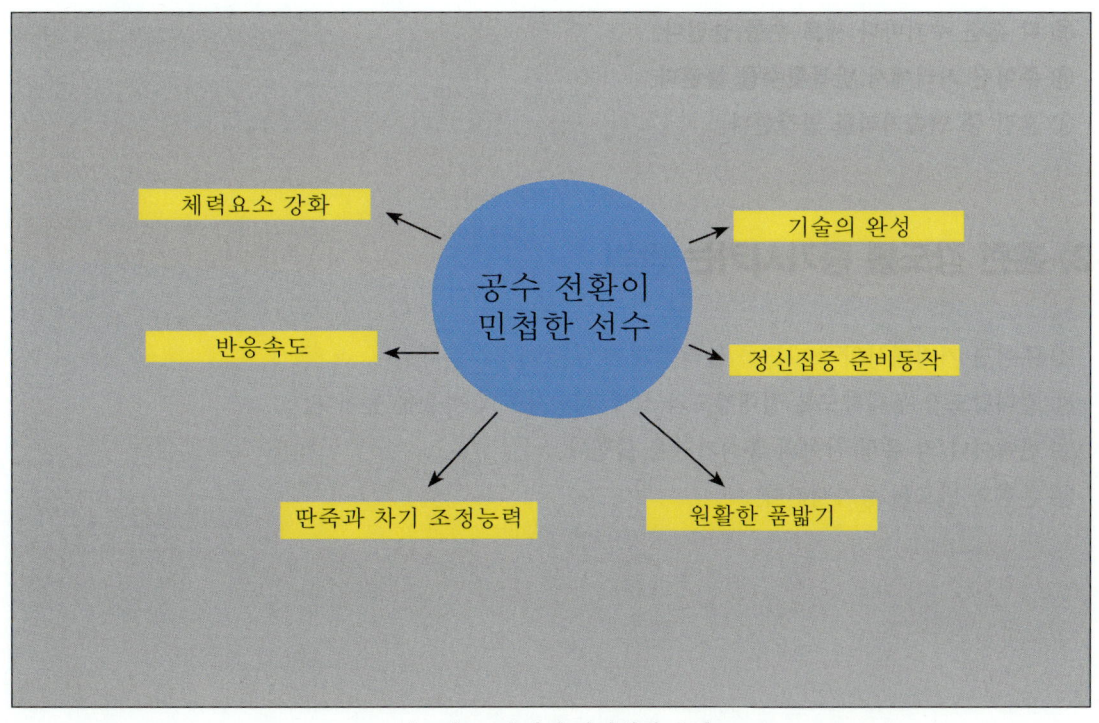

[그림8-2] 택견 경기성적 요인

5) 선수의 건강증진

선수의 부상방지와 상태유지가 훈련의 최고목표라고 할 수 있다.
① 정기적 건강진단은 주간, 월간, 연간 별 검진
② 개별성의 원리에 입각해서 훈련의 강도조절
③ 부상이나 병의 발생 시 회복될 때까지 훈련중단(특히, 훈련 중 휴식에 인색하지 말아야 한다.)

위와 같은 훈련 목적에 대한 요약을 통하여 모든 필요사항들이 전부 해결되는 것은 아니며 운동의 특성과 개인차에 따라 훈련해야 하며 위 사항들 이외에도 다른 목적을 더 추가하여 선수들이 최상의 운동수행능력을 발휘할 수 있도록 해야 한다.

3. 훈련량과 강도를 증가시키는 방법

1) 훈련량을 증가시키는 방법

① 훈련세트 시간을 연장한다.
② 각 훈련 주기마다 세트 수를 늘린다.
③ 주어진 거리에서 반복횟수를 늘린다.
④ 훈련 중 연습거리를 연장한다.

2) 훈련 강도를 증가시키는 방법

① 주어진 거리에서의 스피드를 늘리거나 부하를 가중시킨다.
② 절대강도가 우세하도록 절대강도와 상대강도 사이의 비율을 높인다.
③ 반복이나 각 유형 사이의 휴식기간을 줄인다.
④ 훈련의 빈도를 증가시킨다.

4. 택견 훈련처방의 원리

훈련의 원리란 합리적이고 능률적인 훈련 적응법칙의 기준이며 필수불가결한 규범이다.

1) 과부하(過負荷)의 원리

과부하(over-load)는 사람이 일상생활 중에 받는 자극보다 더 강한 자극, 즉 생리적 작용을 촉진시키는 자극 수준을 의미한다. 훈련의 효과를 가져오기 위해서는 운동 강도, 시간, 빈도가 신체 조직이나 신체기관 계통에 충분한 자극을 주어야 한다는 훈련원리이다. 이 원리는 과도한 훈련을 시키는 것이 아니라 신체의 적응 이상의 부하를 주어 적응수준을 올리는 것이다. 또한 부하를 지나치게 증가시키면 부상의 원인이 되기 쉽고 효과를 거둘 수 없다. 근력을 증강시키기 위한 부하는 근육이 감당해 낼 수 없을 만큼 강한 것이어야 한다. 예를 들어 맨몸으로 발차기를 온 힘으로 30회 할 수 있다면 발에 고무 튜브나 모래주머니를 차고 30회 이상 실시함으로 과부하의 원리에 이를 수 있다는 것이다.

즉 얼마나 힘든 운동을 몇 시간 동안 몇 번, 그리고 몇 일간 계속해야 할 것인가 하는 구체적인 운동으로 처방되어야 한다. 과부하의 원칙이란 신체의 적응능력 이상의 부하를 주어 적응 수준을 올리려는 것이다.

2) 점진성(漸進性)의 원리

점증부하(progressive load)라고도 한다. 훈련 처방요건에 따라 운동의 질과 양을 점진적으로 증가해 가는 것을 뜻한다. 주간단위로 주기를 가지고 폭넓은 계단식으로 증가시키는 것이 바람직하다. 택견 겨루기 같은 동작의 반복이 많이 필요로 하게 되는데 같은 동작이 반복되더라도 먼저 횟수를 늘리고 다음에 훈련의 강도를 점차 늘려가므로 체력과 기술향상에 많은 도움이 된다. 부하를 증가 시킬 때는 한번에 너무 많이, 자주 증가시키면 근골격계에 운동상해를 가져올 수 있으므로 유의해야 한다.

3) 계속성(繼續性)의 원리

훈련을 계속적으로 실시하지 않으면 효과가 없으니 시간이 짧아도 1년 중 계속적으로 행하는 것이 중요하다. 일반적으로 택견선수들은 경기가 끝난 후거나 오프 시즌 중인 경우에는 훈련을 하지 않은 경우가 많은데 전문적인 선수가 되기 위해서는 언제나 지속적으로 수련을 게을리 해서는 안 된다. 특히 택견은 반복적으로 행하는 훈련이기 때문에 오랜 시간의 휴식기간은 선수들의 기술 감각과 유연성 쇠퇴, 체력저하 등이 발생할 수 있으므로 휴식기간에는 최소한 스트레칭 정도는 매일 해주는 것이 중요하다.

4) 개별성(個別性)의 원리

훈련이라면 모두 동일한 것을 행하는 것처럼 생각하기 쉬운데 그것은 잘못된 생각이다. 체력이 강한 사람은 강하게 체력이 약한 사람은 약하게 훈련을 함으로써 효과를 거둘 수 있다. 단체 훈련 시 선수의 체격조건 등을 고려하여 훈련을 실시하는 것이 효과적이다. 택견 경기는 체급별 경기와 무체급 경기로 나누어지는데 경량급 선수는 스피드가 좋은 반면 파워가 없을 것이고, 중량급 선수는 스피드가 없는 대신 파워가 뛰어날 것이다. 따라서 경량급과 중량급을 분리해서 훈련을 하는 것이 좋으며 서로 장단점을 보완해서 훈련을 한다면 단점을 보완할 수 있을 것이다.

5) 자각성(自覺性)의 원리

훈련은 자칫하면 아무런 자각 없이 행하기 쉽다. 훈련은 스스로 자각해서 계획을 세우고 훈련의 목적에 따라 실시방법을 스스로 검토해야 비로소 효과를 거둘 수 있다. 택견선수는 자신의 부족한 부분을 스스로 깨우쳐 훈련에 임했을 때 훌륭한 선수가 될 수 있다는 것을 잊지 말아야 할 것이다.

5. 훈련의 분류

1) 기술의 훈련

이는 택견 겨루기 기술을 향상시키기 위한 것이며 기술은 생리학적으로 보면 신경전달의 경로가 고정된 것이므로 반복연습에 의하여 고정화시킴으로써 가능하게 된다.

2) 근력의 훈련

근육 능력은 택견 겨루기에 있어 성공의 열쇠이다. 택견선수는 근력과 힘이 요구된다. 이러한 능력 외에도 유연성, 평형성, 민첩성이 요구된다. 대부분의 겨루기에서는 근력이 필요한데, 겨루기 자체로서는 근력증강의 부하로 불충분한 경우가 많다. 그러므로 보강운동으로 근력 훈련을 실시하는 것이 중요하다.

3) 지구력의 훈련

구간훈련, 순환훈련 등으로 지구력을 향상 시킬 수 있다.

4) 유연성 훈련

유연성은 관절의 가동성으로 볼 수 있으나, 관절, 건(腱), 근(筋) 등이 관련되며 유연체조의 경우는 유연성발달을 목적으로 한다.

5) 조정력 훈련

일반적으로 눈, 발, 손 따위를 동시에 사용하여 상대편에 대응하는 재빠른 동작을 수반하는 경기에 널리 이용되는데 조정력은 그 종목의 기술 훈련만으로 기초가 되므로, 조정력만을 따로 훈련 한다는 것은 비교적 드문 일이다.

6) 전면적인 훈련

위에서 말한 여러 가지 요소 중에 어느 것에도 치우치지 않고 올라운드(all round)한 신체육성을 목적으로 하는 것으로 보통 순환훈련(circuit training)이 대표적이다.

7) 기타

근력 속도를 종합한 순발력을 목적으로 하는 훈련이 있다. 전면적 훈련도 부하(負荷)를 가볍게, 속도를 빠르게 하면 파워(power)훈련이 된다.

제2장 체력 요소별 훈련 방법

1. 근력 훈련

1) 근력 훈련 정의

근력은 근육이 발휘할 수 있는 능력으로서 모든 겨루기 활동에서 요구되는 가장 중요한 요인이다. 근력은 근육의 굵기나 횡단 면적에 비례하며 근수축 시 동원되는 근섬유 수에 의해서 결정된다.

2) 등척성, 등장성, 등속성 훈련에 대한 비교

(1) 등척성 훈련(isometric training) - 정적훈련
고정된 저항에 대하여 근섬유의 길이가 변화하지 않고 근의 수축을 일으키는 것을 말한다. 상대선수와 움직이지 않고 서로 힘을 주고 있을 때 일어나는 수축 등 고정된 물체를 밀거나 당기는 훈련이다(벽밀기, 손바닥 맞대고 밀기 등).
① 장점
  - 관절운동이 없는 상태에서 유용하다.
  - 최소의 장비가 필요하거나 또는 장비가 필요 없다.
② 단점
  - 힘은 운동된 관절 부위에서 특별히 증가한다.
  - 근력 증가 시 객관적인 피드백 부여가 결여된다.

(2) 등장성 훈련(isotonic training) - 동적훈련
근육에 가해지는 부하를 일정한 상태로 하고 근 수축에 의하여 관절각이 변화하면서 실시하는 운동을 말한다. 동일한 장력을 의미하지만 외부의 저항이 일정함을 의미하는 것이며, 근육이 발휘하는 장력을 움직이는 관절각에 따라 변화한다(팔굽혀펴기, 턱걸이 등).
① 장점

- 집중적인 저항의 자연적 요소들을 포함한다.
- 저항에 있어서 점진적인 증가로부터의 확실한 강화이다.
- 동시에 복합적인 관절의 운동을 가능하게 한다.

② 단점
- 동작의 범위에서 가장 약한 곳에 제한된 저항의 양이다.
- 비트는 힘, 일, 힘의 양을 정하지 못한다.

(3) 등속성 훈련(kinetic training)

등척성 운동과 등장성 운동의 두 가지 운동방법의 특성을 절충한 훈련 방법으로 속도를 일정하게 하고 저항을 조절하는 방법이다. 즉 관절각의 전체 범위에서 동일한 속도로 운동하는 형태를 말한다.

① 장점
- 약한 근육그룹의 격리를 허용한다.
- 저항을 수용하는 것은 동작의 운동 되어진 범위를 통하여 최대의 저항을 제공한다.
- 저항을 수용하는 것은 본래부터 안전한 기계장치를 제공한다.
- 비트는 힘, 힘의 양을 결정하는 것을 허용한다.

② 단점
- 평가의 신뢰성은 동작의 기본 면(cardinal planes of motion)에서 독립된 근 군으로 제한된다.
- 장비의 비용이 다른 운동에 비해 가장 비경제적이다.

2. 근파워 훈련

1) 파워 훈련의 원리

파워는 힘(power)과 속도(speed)의 요소를 가지고 있으므로 힘의 요소가 큰 훈련에서는 힘보다 속도가 향상이 되는 형태를 이룬다. 힘이란 단위시간당 수행한 일의 양이다.

2) 근파워 훈련의 종류

(1) 중량부하를 이용한 근파워 훈련

파워 강화를 위해서는 덤벨과 바벨을 사용한 웨이트 트레이닝 방법을 채택하여야 한다. 운동 강도는 일반적으로 최대근력의 30~40%의 강도를 택한다. 그러나 근력이 부족한 경우와 스피드가 부족한 경우를 선별하여 부하강도를 조절하는 것이 바람직하다.

※ 근파워 트레이닝 종목: 파워 크린, 파워 스내치, 파워 져크 등

(2) 플라이오메트릭스 훈련(Plyometric training)

플라이오메트릭스는 근력의 신장반사를 불러일으키는 등척성(isometric) 운동에 과부하를 제공하는 훈련을 말하고, 플라이오메트릭 훈련(Plyometric training)이란 근육이 가장 짧은 시간 내 최대한의 힘을 발휘할 수 있도록 해주는 운동이라 정의할 수 있다.

파워향상을 위한 힘과 스피드를 동시에 증가시키는 훈련으로 근파워 강화에는 필수적인 훈련 방법이다.

※ 플라이오메트릭스 훈련 종목: 제자리 연속 점프운동, 제자리 점프, 바운딩 운동, 박스점프, 바벨점핑 등

3. 근지구력 훈련

근지구력을 높이는 훈련 효과는 부하의 크기와 운동 시간에 따라서 다르다. 근지구력은 단위 시간당 근력을 발휘하는 능력인 근파워와는 달리 낮은 강도에서 오래 지속된다. 따라서 근지구력을 강화시키기 위해서는 일반적으로 운동 강도를 낮게 하고 운동 시간은 길게 하는 것이 원칙이다. 근지구력이 우수한 사람은 과도한 피로를 느끼지 않고 오랫동안 근육운동을 반복 또는 지속할 수 있다.

근지구력의 정의

근지구력(muscle endurance)이란 근육이 장시간 운동을 지속할 수 있는 능력이다. 다시말해 근력 발휘를 지속적으로 반복하거나 유지할 수 있는 능력을 말한다.

4. 심폐지구력 훈련

1) 구간훈련(Interval training)

전신지구력 향상을 위한 훈련의 한 방법으로 높은 강도로 짧게 실시하며 운동 사이에 불완전한 휴식을 번갈아 가며 실시하고 운동량을 높이면서 지속능력을 향상시키는 데 목적이 있다.

(1) 목적: 호흡, 순환기능 즉 심박출량을 증가시키는데 목적이 있다.

(2) 장점: 운동 후 적절하게 처방된 휴식시간을 갖는 구간훈련은 지속운동 수련체계보다 진일보한 것이다.
① 적당한 휴식기간을 취하므로 피로물질이 과도하게 축적되는 것을 방지한다.
② 소요시간이 짧고 사전에 경고지침을 전달하여 상해를 예방 할 수 있다.
③ 어떠한 운동영역이나 물리적 공간에서도 적용할 수 있다.

(3) 효과
① 체내에 무산소적 부하와 유산소적 부하를 교대함으로써 근육의 화학변화를 개선하여 산소부채 능력을 향상시킨다.
② 근력과 각근력의 향상에도 효과가 있다.

(4) 방법
- 휴식기를 휴식하지 않고 이어서 부하기에 들어가는 방법을 반복하는 운동양식(맥박180-120-180)

(5) 구간훈련의 과부하 적용요인
- 운동구간의 속도와 거리(100m: 18초 이내)
- 매 훈련 시의 세트수와 반복연습(100m×16회)
- 휴식 구간의 시간
- 휴식 구간 중에 실시하는 운동형태(걷기, 조깅, 팔굽혀펴기)
- 주당 훈련의 빈도

(6) 구간훈련의 종목
- 달리기: 30, 50, 100, 200, 400, 800m …….
- 의자 오르내리기: 높이 14, 18, 20 인치로 조절(1분 30회)
- 자전거 타기
- 손 짚고 팔굽혀펴기
- 버피 테스트
- 쭈그리고 앉았다 솟구치기
- 빠른 발차기 등

2) 순환훈련(Circuit Training)

서키트라는 말은 순회라는 뜻으로 영국의 모건(R.E. Morgan)과 아담슨(G.T. Adamson)에 의해 창안된 훈련방법으로, 여러 가지 훈련 종목을 1세트로 엮어서 반복하여 행하는 훈련방법이다.

훈련중 부하(중량)를 사용해 행하는 것의 예
① 바벨 들어올리기, 밀어 올리기, 무릎 굽혀 펴기
② 체중을 이용해서 허리 구부려 뛰기, 팔굽혀 펴기, 턱걸이 등

그러나 서키트훈련은 중량부하를 웨이트 트레이닝보다 비교적 가볍게 사용하여 일정한 횟수를 되풀이하는데 소요된 시간을 재고하고, 훈련으로 이것을 단축하려고 하는 것이다. 신전근이나 굴곡근의 빠른 수축이 이루어짐으로써 속도를 수반한 근력발휘 양식으로 근파워의 유력한 훈련이다. 순환훈련은 종목과 종목 사이에 전혀 휴식을 취하지 않고 1세트 순환하여 행하기 때문에 폐나 심장에 많은 부하를 주게 되어 호흡 순환기능 즉, 전신지구력을 증대시키는 중요한 수단이 된다.

(1) 목적
전체적 체력향상 훈련으로 지구력, 근력, 순발력, 조정력 등 전신의 모든 기능을 포함한 종합적 신체능력을 개발한다.

(2) 방법
① 강도: 강도가 비교적 적은 운동-1분간 최대 반복 횟수를 측정하여 측정한 반복 횟수의 1/2 강도가 큰 운동-최대 반복 횟수를 측정하여 그것의 1/2이다.
② 시간: 7~8종목(1set ~ 3set)실시. 3set 총소요시간을 산출하여 70~80%에 상당하는 시간을 목표로 실시한다.
③ 빈도: 주당 3회 실시한다.

(3) 순환훈련의 특성
- 근 및 호흡 순환계 기능의 발달을 목적으로 할 수 있고,
- 점증적 부하의 원리를 적용하며,
- 다수의 사람들이 동시에 연습할 수 있다.

(4) 순환훈련 시 유의점
- 훈련에는 끈기가 있어야 한다.
- 훈련은 간단한 방법으로 진취적이며 신중하게 수행해야 한다.

- 훈련은 체계화된 방법과 기능을 가져야 한다.
- 훈련은 신체의 모든 부위가 골고루 단련되어야 한다.
- 훈련은 상대적으로 간단히 해야 한다.

(5) 운동종목

Morgan과 Adamson이 소개하고 있는 순환훈련 프로그램의 표준종목 9가지

- 벤치 스탠딩
- 뛰어 오르며 잡아 당기기
- 덤벨 들고 뛰어 오르내리기
- 덤벨 스쿼트
- 뛰어 오르며 팔 뻗기(평행봉)
- 버어피
- 누워 윗몸 일으키기
- 바벨 감아 올리기
- 줄잡고 그네타기

(6) 택견 선수들을 위한 순환훈련의 예

3) 반복 훈련(Repetation Training)

반복 훈련은 반복적으로 실시하는 훈련 형태를 말한다. 즉, 최대강도에 이르는 고강도의 훈련을 이용하여 반복적으로 실시하는 것으로 완전한 휴식을 취한 후에 다시 반복을 계속하는 훈련의 형태이다.

따라서 휴식시간은 비교적 길어 몇 분에서 20분 이상 주어지기도 한다. 이러한 휴식 시간은 최대운

동 시간의 길이에 따라 결정된다.

반복훈련은 기술반복훈련, 중거리반복훈련, 장거리반복훈련으로 구분할 수 있다. 기술반복훈련은 겨루기에 필요한 특정기술의 습득 또는 숙달을 위해 반복을 거듭하는 훈련, 단거리 반복훈련은 100m 이하의 짧은 거리를 최대의 스피드로 반복해서 달리는 훈련으로 스피드 향상이 주된 목적이다. 중거리 반복훈련은 400~1,000m 정도의 중거리를 최대능력의 90% 이상으로 반복해서 달림으로써 항정상태에 이르게 하여 산소부채능력을 향상 시키고자 하는 훈련을 말한다.

4) 지속훈련(Continuous Training)

지속훈련은 중간 이하의 강도로 휴식 없이 택견 겨루기 연습을 계속하는 것이다. 지속운동은 운동하는 동안 운동 강도를 일정하게 유지할 수 있는 장점이 있다. 또한 체온 상승, 신경의 피로, 에너지원 고갈 등을 경험함으로써 전신에 걸쳐 운동에 적응할 수 있는 능력이 향상된다.

지속운동의 형태는 운동 강도를 높여 짧게 실시하는 방법과 운동 강도를 낮춰 길게 실시하는 방법이 있다. 이 훈련법은 장거리 지구성 운동연습법으로 널리 쓰이며 10,000m 달리기나 마라톤 등의 풀코스를 실제로 달려보는 연습방법으로 전신지구력을 향상시킬 수 있다.

5) 복합훈련(Combined Training)

복합훈련은 한 가지에 의존하지 않고 여러 가지 형태의 훈련이 혼합된 훈련이다. 복합훈련에서는 근력, 근파워, 근지구력, 전신지구력, 민첩성, 교치성, 유연성 등 대부분의 체력요소가 총망라되어 있어 종합적인 체력향상 훈련으로 볼 수 있다.

5. 조정력 훈련

조정력(Coordination)이란 계속 변화하는 운동 상황에 신속, 정확하게 대응하여 운동을 수행하는 능력이다. 이는 특정 동작을 수행함에 있어서 근육과 신경의 조화로운 조절능력을 말한다. 조정력은 민첩성, 평형성, 교치성 등의 운동요소를 포함하고 있다.

1) 민첩성(Agility)

신체의 일부 또는 전신을 재빨리 움직이거나 방향을 바꾸는 등의 능력을 의미한다.

2) 평형성(Balance)

신체가 공간에서 정적인 자세 혹은 동적인 자세의 유지에 있어서 지각과 실현능력을 뜻한다.
예) 눈감고 일어서기, 한발 전·후 흔들기, 무릎 앉았다 일어서기, 발목잡고 한발 뛰기, 한발 들고 회전하기, 공중 뛰어 회전하기 등이 있다.

3) 교치성(Skill)

최소의 시간과 에너지로 얼마나 정확한 동작을 수행할 수 있는지에 대한 능력을 의미한다.

4) 조정력 훈련 방법

훈련 방법	운동의 예
운동을 익숙하지 않은 자세로 한다.	뒤로 뛰기, 반대쪽 팔로 던지기
잘 사용하지 않는 팔이나 다리로 기술을 수행한다.	잘 사용하지 않는 다리로 발차기, 반대쪽 팔로 덜미잽이 등
운동의 스피드나 템포를 바꾸어 본다.	템포의 증가 또는 종류 변형
제한된 공간 내에서 운동을 한다.	훈련 공간 등을 좁혀서 운동하기
기술적인 요소를 바꾸어 본다.	장애물, 기구 등을 점프하기
보완 운동을 통하여 운동의 난이도를 높여 간다.	다양한 도구나 기구를 이용하여 왕복 달리기, 이어 달리기 등 실시
새로운 기술에 대한 지식을 얻는다.	한 가지 동작을 반복 수행
상대에 의한 저항을 증가시킨다	상대 선수를 늘려 다양한 전술 구사
익숙하지 않은 환경에서 운동을 한다.	크로스 컨트리, 무거운 장비를 이용한 기술 등
관계가 있는 종목이든 아니든 거기에 해당하는 경기를 한다.	여러 종류의 경기나 게임 참여

6. 힐(Hill) 훈련

언덕을 이용한 운동으로서 훈련의 양(量)과 거리를 많이 요구하며 변화가 있는 언덕의 지형을 가능한 일정한 속도로 달리는 훈련법(무산소적 지구력을 기르기 위하여 질적인 면을 가미시킨 방법)이라고 할 수 있다. 뉴질랜드의 Lydiard에 의해 체계적으로 실시되었고 본 훈련의 방법에서 스피드의 요인에 변화를 주며 불규칙적인 구간훈련이 되기도 한다. 특히, 야간에 언덕이나 산을 구보하거나 딴죽과 발질 등을 실시함으로 감각을 기르는데 효과적이다.

7. 유연성 훈련

1) 유연성의 정의

유연성은 신체 관절의 운동가동범위로 정의한다. 관절의 가동 범위는 관절 부위를 둘러싸고 있는 근육, 건, 관절낭 및 인대 등의 신전성에 의해 결정되며, 운동의 효율성 증진과 상해 예방 등에 중요하다. 유연성을 향상시키기 위해서는 근육을 늘리는 스트레칭을 통해서 할 수 있으며, 그 증가 속도가 느리다. 반면에 유연성 감퇴 현상은 매우 빠르게 진행되므로 강한 운동을 하지 않더라도 유연성 운동은 꾸준히 해야 한다.

2) 스트레칭(Stretching)

(1) 개념

스트레칭이란 신전, 신장 등으로 해석되며, 스스로 근육을 늘리는 운동이라고 말할 수 있다. 한편, 여러 연구에 의하면, 스트레칭은 단순히 유연성을 향상시킬 뿐만 아니라, 근육과 관절의 여러 장애를 예방하고, 동시에 근육과 정신이 받는 스트레스를 없앨 수 있다. 즉, 스트레칭의 제1목적은 여러 근육과 관절의 상해 예방이고, 유연성 향상은 제2목적이라고 할 수 있다(박성순, 추건이, 손진수, 2002). 스트레칭은 반동을 이용하는 동적스트레칭(Ballistic Stretching)과 반동을 이용하지 않는 정적 스트레칭(Static Stretching)이 있다.

(2) 스트레칭의 목적

일반적으로 스트레칭을 하는 목적은 다음과 같다.
① 근·건·인대 등의 상해를 예방한다.

② 긴장된 근육을 이완시킨다.
③ 관절·근이 부드럽게 움직일 수 있게 한다.
④ 관절가동역을 크게 한다.
⑤ 격렬한 운동과 빠른 운동에 반응할 수 있다.
⑥ 운동능력, 밸런스능력이 향상된다.
⑦ 중추신경의 긴장을 풀고 스트레스를 제거한다.

(3) 스트레칭의 호흡법

스트레칭의 호흡은 운동 중 자연 상태로 하는 것이 원칙이다. 스트레칭 중 호흡을 멈추지 않고, 천천히 리드미컬하게 수행한다. 스트레칭을 실시할 때의 호흡방법은 동작의 준비과정에는 깊게 들이 마시고 동작 실시과정에는 깊게 내쉬며 완성된 동작이 이루어지면 편안하고 규칙적이고 자연스러운 호흡을 지속적으로 실시하면 된다. 올바른 호흡은 신체의 모든 작용을 극대화 시켜준다.

(4) 스트레칭의 효과

① 근육의 긴장을 부드럽게 하여 편안한 느낌을 준다.
② 피로와 스트레스를 풀어준다.
③ 혈액순환을 촉진시킨다.
④ 협응성 향상에 도움이 되어 동작을 자유롭게 표현할 수 있다.
⑤ 정신적인 안정감과 육체적인 휴식을 증가시킨다.
⑥ 신체상해를 예방하고 상해 발생 시에는 회복력을 증가시킨다.
⑦ 신체의 가동범위 증가 및 신경의 반사작용으로 격렬한 운동에 적응한다.
⑧ 긴장해소의 자연적 배출구 역할을 한다.
⑨ 자신의 몸에 대한 자신감을 가지게 한다.

(5) 스트레칭 시의 준수사항

올바른 스트레칭이란 근육을 부드럽게 신전시키고 신전된 근군에 의식을 집중시키면서 릴렉스(relax)한다. 스트레칭 시에는 스트레칭 감각을 가지는 것이 중요하다. 스트레칭 감각이란 신전을 해나갈 때 가장 편안한 느낌을 받는 지점으로 이를 스트레칭 포인트(Stretching point)라고 하는데 이를 지나치는 과도한 스트레칭이 되어서는 안 된다.

① 정신적 안정감을 갖고 행한다. ② 심신을 이완시킨다.
③ 체온을 유지한다. ④ 점진적으로 강도를 높인다.
⑤ 탄력성을 붙이지 않고 완만하게 한다. ⑥ 신전을 지속적으로 행한다.
⑦ 지속적인 호흡이 필요하다. ⑧ 안정된 자세를 취한다.
⑨ 개인차에 유의한다. ⑩ 실시상의 분산을 적용한다.

⑪ 운동 강도에 따라 스트레칭 강도를 증가시킨다.
⑫ 즐거운 기분을 유지한다.

3) 스트레칭의 실제

(1) 앞 숙이기 자세

 ①　　　　　　　　 ②

a. 방법
 ① 두 다리를 앞으로 뻗고 앉아 손바닥을 엉덩이 옆 바닥에 대고 손가락을 발을 향하게 한다.(손을 곧게 뻗고 수직으로 세운다. 15~20초 동안 머문다.)
 ② 내쉬면서 등을 꼿꼿이 한 채로 상체를 가능한 멀리 앞으로 숙여 두 손으로 발바닥이나 발가락을 깍지 하여 잡는다.

b. 유의점
 ① 뒤꿈치를 늘려 준다.
 ② 허리에 펴고 무릎에 힘을 준다.
 ③ 숨을 내쉬면서 상체를 숙인다.
 ④ 무릎에 힘을 주어서 펴고 아랫배가 넓적다리에 닿도록 한다.

c. 효과
 ① 허리에 힘을 기를 수 있다
 ② 소화기 계통을 운동시키고 장의 연동운동을 촉진시키고 변비를 없앤다.
 ③ 복부 전체부위를 자극한다.
 ④ 척추의 유연성을 높인다.
 ⑤ 아랫배, 허리, 넓적다리 부위의 체지방을 없앤다.

(2) 골반 펴기 자세

① ②

a. 방법

① 양발바닥을 맞붙여서 양손으로 발을 잡고 뒤꿈치는 회음부 가까이하고 고개를 똑바로 본다.
② 무릎을 올렸다 내렸다 한다.
③ 허리를 펴고 숨을 내쉬면서 상체를 숙인다.
④ 이마나 턱을 바닥에 붙인다.

b. 유의점

척추를 똑바로 세우고서 멀리 앞쪽이나 코끝을 바라본다.

c. 효과

이 자세는 특히 비뇨기계 환자에게 적극 권한다. 골반과 하복부에 혈액이 풍부하게 공급되고 넓적다리 안쪽 근육의 유연성과 탄력성을 높이며 굳어있는 고관절과 발목을 풀어준다.

(3) 골반 벌리기 자세

① ②

a. 방법

① 두 다리를 앞으로 뻗고 앉아 손바닥을 엉덩이 옆 바닥에 대고 손가락을 발쪽을 향하게 한다.(손을 곧게 뻗고 수직으로 세운다. 15~20초 동안 머문다.)
② 내쉬면서 등을 꼿꼿이 한 채로 상체를 가능한 멀리 앞으로 숙여 두 손으로 발바닥이나 발가락을

깍지 하여 잡는다.

③ 마시면서 천천히 상체를 들어 올린다.

④ 천천히 다리를 가운데로 모아 휴식한다.

b. 유의점

① 뒤꿈치를 늘려서

② 허리를 펴고 무릎에 힘을 준다.

③ 숨을 내쉬면서 상체를 숙인다.

④ 무릎에 힘을 주어서 펴고 아랫배가 넓적다리에 닿도록 한다.

c. 효과

척추를 수평상태로 하여 심장, 척추 및 간장 질환에 좋은 효과를 주며 마음의 분노, 초조 불안을 안정시킨다. 또한 골반부에 힘이 가해지므로 생식선에 활력을 증대 시킨다.

(4) 몸통 좌우 숙이기 자세

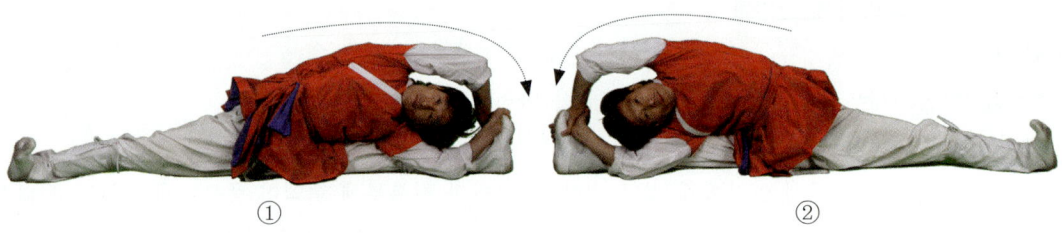

a. 방법

① 숨을 토하면서 왼발을 잡고, 옆구리를 무릎에 닿게 한다.

② 숨을 들이마시며 양손을 높이 들어올리고, 숨을 토하면서 반대 발을 잡는다.

b. 유의점

상체를 옆으로 틀어 숙일 때, 반대편 다리가 따라오거나 들리지 않아야 한다.

c. 효과

① 다리 안쪽과 뒤쪽 근육을 늘려주어 튼튼하게 만들며 다리가 날렵해진다.

② 간장, 콩팥의 기능을 향상시켜 해독작용을 돕는다.

③ 골반의 유연성을 높여준다.

(5) 쟁기 자세

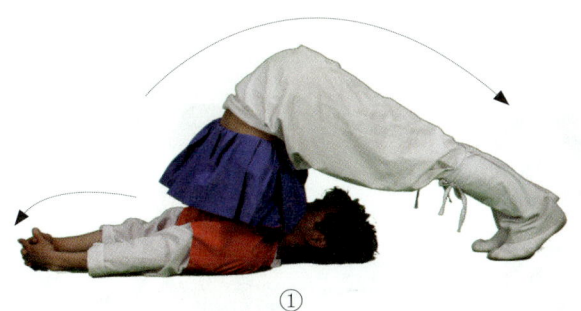

a. 방법
① 등을 대고 똑바로 누워서 손바닥을 바닥에 대고 팔을 펴고 호흡을 들이쉬며 다리를 위로 올려 머리 뒤로 젖힌다.
② 손은 등 중앙에 대고 누르며 무릎을 머리 뒤로 넘긴다.

b. 유의점
발이 머리 뒤쪽으로 바닥에 닿게 하고 팔을 반대 방향으로 뻗는다.

c. 효과
넓적다리 뒤 근육을 늘리고 등 근육과 척추 인대 전체를 부드럽게 이완하고 두뇌의 신경을 안정시키기 때문에 미주신경과 복부기관의 수축으로 인하여 활성화 되어 위장, 어깨와 팔의 경직에 좋은 효과가 있다.

(6) 어깨로 서기 자세

a. 방법
① 쟁기 자세에서 팔꿈치를 구부려 가능한 어깨 가까이에서 두 손으로 등허리를 단단히 떠받친다.
② 숨을 마시면서 두 다리를 가능한 바닥에서 수직이 될 때까지 위로 들어올린다.

b. 효과
내장기관의 질병, 골다공증의 예방, 비뇨생식기에 좋다. 또한 정신과 육체적인 면에 균형과 안정을 얻게 하여 혈액을 자극하여 두뇌를 건강하게 한다.

(7) 엎드려 상체 세워 좌우 틀기

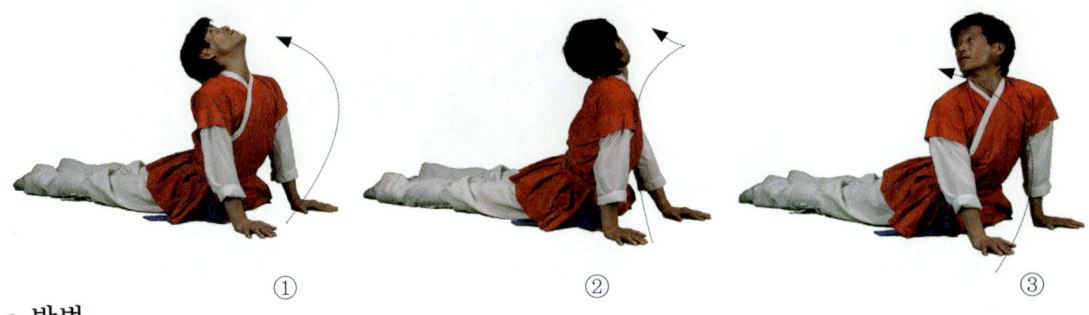

a. 방법

① 숨을 마시면서 천천히 머리와 목과 어깨, 척추 마디마디를 뒤로 젖히면서 손을 쭉 펴서 상체를 뒤로 젖히고, 시선은 위를 향한다.

② 요추까지 자극이 가도록 상체를 왼쪽으로 틀면서 숨을 들이쉬고 정면으로 돌아온 뒤 같은 방법으로 오른쪽으로 실시한다.

b. 유의점

아랫배가 바닥에서 떨어지지 않을 만큼 상체를 뒤로 젖히며 등 근육만 사용하며 두 다리는 붙인다.

c. 효과

척추 추간판 사이의 간격을 벌려 혈액순환을 향상시켜 요통에 효과적이고 가슴에도 자극을 줘 심폐기능을 활성화하고 요추와 꼬리뼈의 자극으로 비뇨 기관과 생식기능, 장기능이 향상된다.

(8) 활 자세

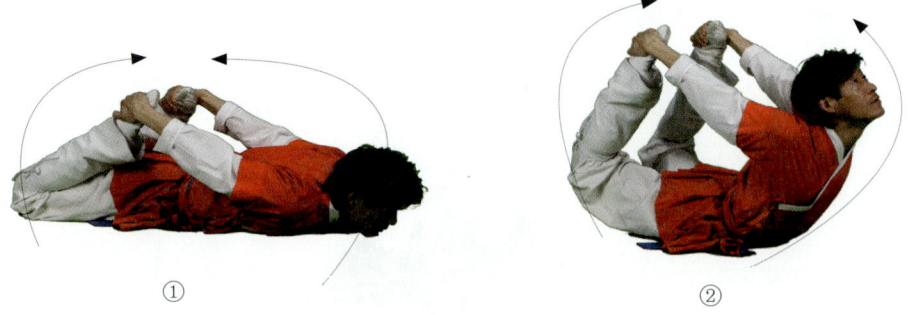

a. 방법

① 머리와 배를 바닥에 대고 엎드린 상태에서 양 무릎을 굽히고 양손으로 양 발목을 잡는다.

② 두 팔과 다리를 위로 잡아당기고 가슴은 들어올리고 숨을 들이마시면서 무릎과 상체를 서서히 들어올린다. 이때 시선은 위를 본다.

b. 효과

경직된 척추에 탄력을 주고 복부근육을 강화시켜 소화기 계통과 내장 기능을 건강하게 한다.

(9) 아치 자세

a. 방법
① 등을 대고 바로 누운 상태에서 양손은 어깨 밑에 두고, 양 무릎을 굽힌다.
② 숨을 들이마시면서 양 무릎과 양 팔꿈치를 쭉 펴서 엉덩이를 높이 들어올린다.
③ 숨을 토하면서 엉덩이를 서서히 내리고 바로 한다.

b. 효과
척추 전체를 강화시켜 탄력을 증가시키고 장의 연동운동이 되고 팔 다리에 힘이 생기는 전신운동이다.

(10) 발목 늘리기

a. 방법
① 양 발목과 무릎을 붙이고 상체는 곧게 세운다.
② 복근의 힘으로 양 대퇴부 위를 가슴으로 당기고 발목을 곧게 펴서 끌어 올린다.

b. 유의점
발목이 약한 수련자는 양 바닥에 손을 짚고 끌어 올린다.

c. 효과
발목의 강화와 아킬레스건의 유연성 향상에 도움이 된다.

(11) 엎드려 어깨 틀기

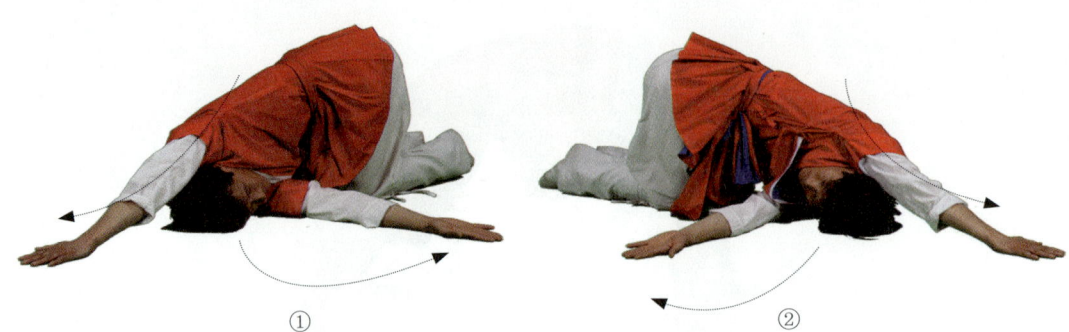

a. 방법

① 상체를 엎드려 깊이 숙이고 왼손을 얼굴 옆 바닥에 짚는다. 오른손은 머리위로 쭉 뻗는다.

② 호흡을 자연스럽게 하면서 상체를 앞뒤로 살짝 밀고 당긴다. 이때 팔과 어깨를 압박하여 자극을 준다.

b. 유의점

지탱하는 손을 옆으로 멀리 짚고, 상반신의 반동을 조절해 자극 강도를 조절한다.

c. 효과

오십견에 효과가 있고 어깨의 인대를 자극해서 통증을 감소시키고 근육의 긴장을 풀어주고 혈액순환을 도와 근육과 뼈의 기능을 정상화하는 데 좋다.

(12) 다리 늘리기와 고관절, 옆구리운동의 연속동작

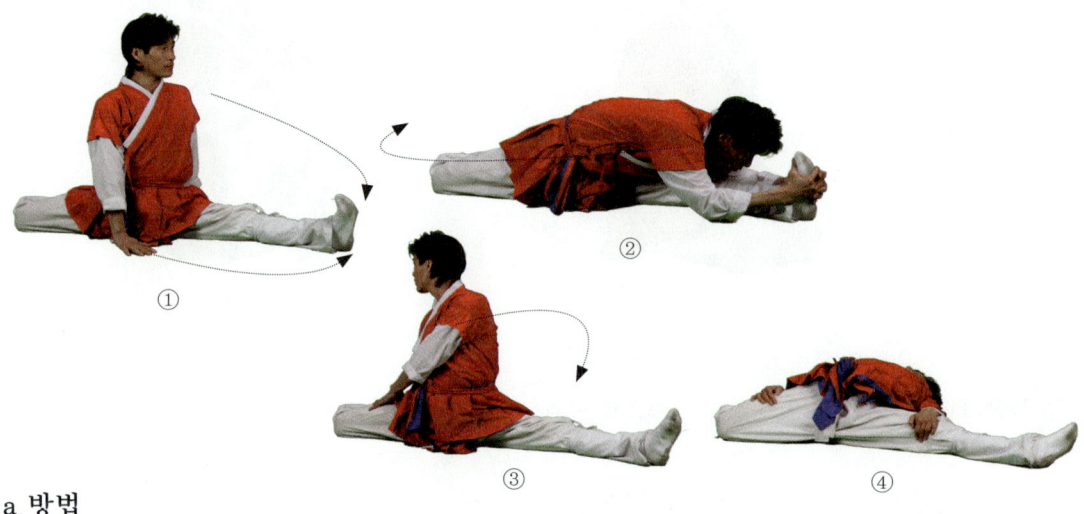

a. 방법

① 무릎을 펴고 발끝은 몸쪽으로 당긴다.

② 숨을 들이마시면서 양손을 높이 들어올리고 숨을 토해내면서 상체를 앞으로 깊숙이 숙이고, 양

손으로 발끝을 잡는다.

③ 숨을 들이마셨다가 뒤로 상체를 돌리면서 숨을 토한다.

④ 양손은 대퇴부위를 잡고 무릎이 뜨지 않도록 숨을 내쉬면서 상체를 뒤로 눕힌다. 아킬레스건, 하퇴전면, 대퇴전면의 스트레칭

b. 효과

골반 이상을 바로잡아 주고 옆구리 군살을 제거해 준다 또한 위와 간을 강화시켜 준다.

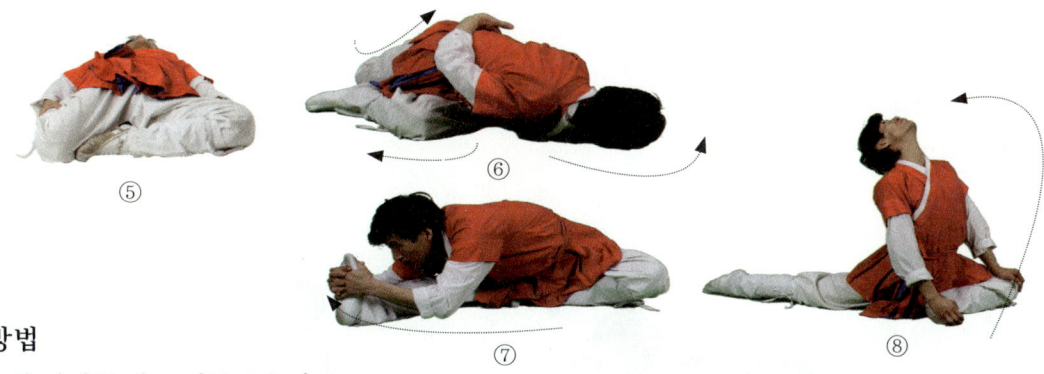

a. 방법

⑤ 양 다리를 접고 뒤로 눕는다.

⑥ 상체를 옆으로 가슴이 바닥에 닿게 하고 얼굴은 좌측 옆으로 비틀어준다. 양다리는 다리를 접는다.

⑦ 상체를 세우고 허리부터 서서히 앞으로 굽히면서 팔꿈치를 굽히고 상체를 앞으로 숙여서 10~15초간 유지한다.

⑧ 오른발 발등을 바닥으로하여 다리를 펴고 왼다리는 90도로 꺾어 바닥에 붙인다. 양손을 발과 무릎 위에 얹고 상체를 최대한 뒤로 젖힌다.

b. 효과

안쪽 허벅지, 골반, 허리 관절의 유연성 향상을 높여준다.

a. 방법

⑨ 숨을 내쉬면서 상체를 뒤고 젖히고 몸통이 정면을 향하게 한다.

⑩ 상체를 앞으로 숙이고 양팔을 앞으로 뻗어준다.

⑪ 오른쪽 다리의 무릎에서 발등을 바닥에 대고 몸무게를 앞쪽 다리에 싣고 가능한 팔꿈치를 편다.

⑫ 발목을 세우고 허리부터 서서히 숙이도록 한다. (머리를 숙이지 말고, 배를 내민다) 등을 둥글게 하지 말고 곧게 편다.

b. 효과

 가슴을 열어 젖히므로 허파의 기능이 향상되고, 척추전체를 자극하여 내장기관의 기능 향상과 엉덩이와 골반넓적다리의 근육인 대둔근, 대요근, 대퇴직근 등의 힘을 증가시킨다. 균형감각과 집중력을 키운다.

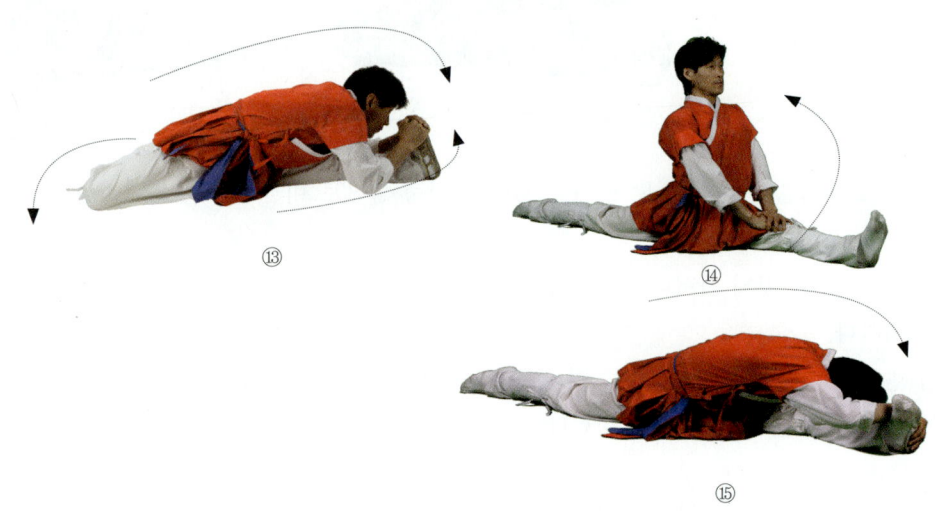

a. 방법

⑬ 숨을 들이마시면서 양손을 높이 들어 올리고 숨을 토해내면서 상체를 앞으로 깊숙이 숙이고, 양손으로 발끝을 잡는다.

⑭ 앞쪽 다리는 발등이 위로 오게 하고 뒤쪽 다리는 발등이 바닥에 닿게 하고 상체가 정면을 향하게 허리를 똑바로 세운다.

⑮ 상체를 앞으로 숙이면서 숨을 토하고 발을 당기고 가슴이 대퇴부에 닿게 무릎에 힘을 준다.

b. 효과

 전체의 다리근육과 고관절의 힘을 강하게 키워 하체 쪽의 기운을 안정시키고 특히 요추와 골반 주위의 신경과 근육의 유연성과 탄력성을 높여준다.

(13) 손 짚고 대퇴부 뒤 늘리기

a. 방법
  ① 어깨 넓이로 양발을 벌리고, 손바닥을 바닥에 짚고 앉는다.
  ② 발끝은 정면을 향해 선 자세에서 허리를 기점으로 해서 천천히 상체를 앞으로 굽힌다. 대퇴후면에 긴장감이 느껴지면 멈추어 30~60초간 유지한다.
b. 유의점 : 숨을 토하면서 상체를 앞으로 깊숙이 숙이면서 이마가 발목에 닿도록 한다. 이때 양손바닥은 바닥에 붙여 놓는다.
c. 효과: 양쪽 대퇴후면과 무릎후면, 둔부, 허리 아랫부분의 신전이 이루어진다.

(14) 몸통 늘리기

a. 방법
  ① 양발을 모으고 양손은 깍지를 낀다.
  ② 숨을 들여 마시면서 손바닥이 하늘을 향하도록 하고 위로 천천히 밀어준다. 이 동작이 10~15초 동안 유지하고 이때 허리를 완전히 곧게 펴주는 것이 등의 긴장을 이완시키는 데 도움을 준다. 하체의 긴장을 풀어주기 위해서는 뒤꿈치를 들고 괄약근을 조여주면서 실시한다.
b. 유의점 : 양 엄지발가락과 뒤꿈치를 붙이고 등을 곧게 펴면서 한다
c. 효과 : 몸 전체의 이완과 신장 기능을 강화 시켜준다.

(15) 허리 틀기

a. 방법

① 원품에서 상대의 양어깨를 양손으로 잡듯이 한다.

② 가볍게 숨을 내쉬면서 회목을 좌우로 친다.

③ 축의 발바닥에 힘을 주고 뱃심을 내밀고 자세를 낮추면서 실시한다.

b. 효과

① 허리와 골반을 유연하게 해준다.

② 장내 연동운동이 활발해져 소화 기능에 도움이 된다.

(16) 다리 펴고 뒤로 젖히기

a. 방법

① 두 발을 앞뒤로 어깨넓이 2배 정도로 벌리고 허리를 뒤쪽으로 젖히고 양손은 무릎을 밀어 준다.

② 뒷발의 아킬레스건이 늘어나도록 하고 앞다리는 무릎이 90도를 유지하고 가슴과 골반을 뒤로 젖힌다.

b. 유의점: 숨을 들이마시면서 상체를 뒤로 젖힌다.

c. 효과

① 넓적다리를 비롯한 다리 전체의 근육을 강화시키고 탄력 있게 만든다.

② 등 전체의 탄력성과 힘을 길러 척추의 배열을 똑바로 하는데 도움이 된다.

(17) 몸통 좌우틀기

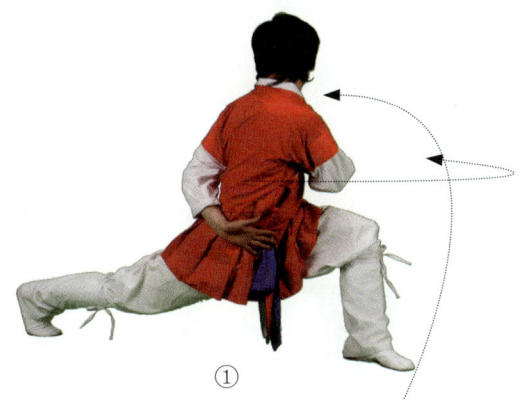

a. 방법
① 허리를 좌우 뒤로 젖히는 동작이다. 이때 오른손을 가슴에 왼손은 허리에 붙이고 틀어준다.

b. 효과
① 넓적다리와 종아리, 허리를 강화시켜주고 근육이 날렵해지고 강해진다.
② 하체의 힘을 길러주고 고관절과 무릎관절을 유연하고 탄력있게 한다.

(18) 삼각자세

a. 방법
① 두 발을 어깨 넓이의 두 배 정도로 벌린다.
② 숨을 내쉬면서 몸통을 왼쪽 다리를 향해 앞으로 숙인다. 왼손은 뒤쪽으로 천천히 뻗어 올린다.
③ 두 무릎에 힘을 줘서 구부러지지 않게 한다.
④ 숨을 마시면서 상체를 일으켜서 처음 상태로 돌아온다. 반대편도 되풀이 한다.

b. 유의점: 앞에 놓여 진 발과 무릎의 위치가 동일하게 하여 무릎을 펴주도록 한다.

c. 효과
① 골반, 엉덩이, 척추, 어깨를 바르게 교정할 수 있다.
② 엉덩이, 넓적다리, 무릎, 발목 관절 및 특히 넓적다리 뒤 근육을 튼튼하게 만들며 다리 전체의 유연성을 기른다.
③ 간장의 기능을 도와 피로를 풀어주고 활력을 만들어 준다.

(19) 깍지끼고 상체 앞으로 숙이기 자세

a. 방법

① 양 발을 어깨 넓이만큼 벌리고, 양손은 등 뒤에서 깍지낀다.

② 숨을 들이마시면서 가슴을 쭉 펴고, 숨을 토하면서 이마가 오른쪽 무릎에 닿게 깊숙이 숙인다.

③ 그대로 깍지 낀 손을 좌우로 흔들어 준다.

b. 유의점: 이때 양 무릎을 굽혀서는 안 된다.

c. 효과: 어깨 교정, 기분전환을 시켜준다.

(20) 허리 뒤로 젖히기

a. 방법

양손은 발목이나 종아리를 잡고 상체를 뒤로 젖히면서 숨을 토한다.

b. 효과: 허리의 유연성을 길러준다.

(21) 상체 숙이기

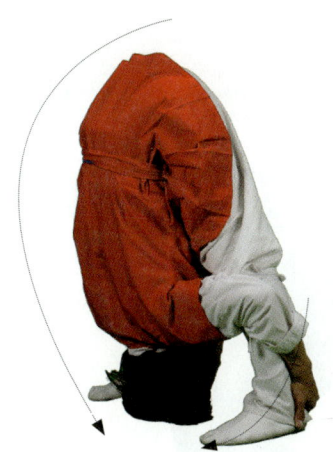

a. 방법

　양발을 어깨 넓이로 벌리고 엉덩이를 들고 숨을 토하면서 상체를 앞으로 깊숙이 숙인다.

b. 유의점: 배를 대퇴부위에 붙이면서 상체를 숙이고 뒤쪽 대퇴근을 늘린다.

c. 효과: 방광경의 자극으로 신장을 강화시킨다.

(22) 깍지 끼고 양 허리 펴기

① ②

a. 방법

　① 팔을 올리고 양손은 깍지끼고 손바닥을 위를 향하게 쭉 뻗었다가 허리를 오른쪽으로 살짝 밀면서 상체를 기울여준다.

　② 5초간 유지하고 반대쪽으로 실시한다.

b. 유의점: 양 무릎을 굽히지 않는다.

c. 효과: 어깨, 옆구리 유연성 향상, 신장 기능강화, 옆구리 탄력성을 증가 시킨다.

(23) 메뚜기 자세

a. 방법

엎드린 상태에서 이마는 바닥에 대고, 양손은 삼각형을 만들어 유지한 상태에서 숨을 들이마시고 양 발을 높이 들어올린다.

b. 유의점: 허리를 아치형태가 되게 유지한다.

c. 효과: 집중력 강화와 허리의 유연성을 길러준다.

(24) 어깨 늘리기

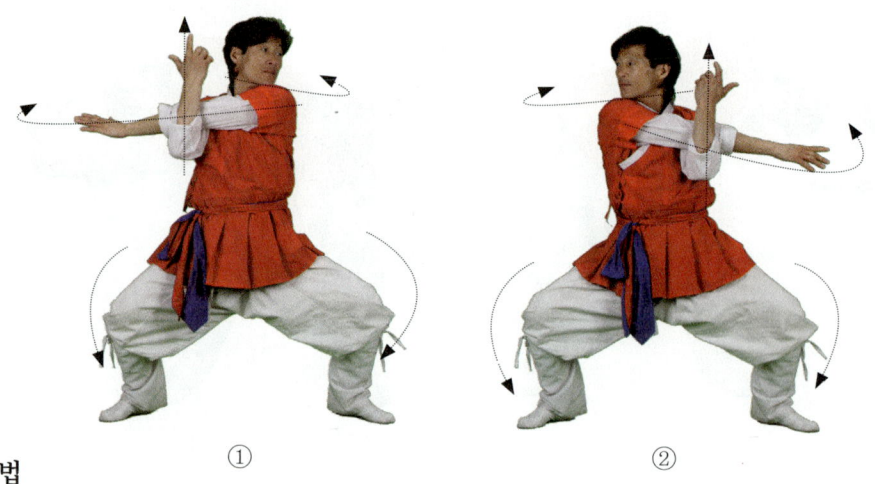

① ②

a. 방법

① 양발을 어깨 넓이 1.5배가량 넓게 벌려 선다.

② 한쪽팔의 팔꿈치 윗부분을 반대 팔로 감싸안고 몸 안쪽으로 천천히 잡아당긴다.

③ 15~20초 유지하고 반대쪽도 실시한다.

b. 유의점: 스트레칭이 되는 팔이 쭉 펴지도록 하고 상체를 곧게 편다.

c. 효과: 오십견 예방, 어깨 유연성의 향상에 도움이 된다.

(25) 양손 깍지 틀기

① ②

a. 방법
  ① 양손을 엇갈리게 하여 깍지를 끼고 숨을 들여마시면서 가슴높이로 들어올린다.
  ② 깍지 낀 손을 안쪽으로 돌리면서 위로 들어올리고 머리를 뒤로 젖힌다.
b. 유의점: 손목에 힘을 풀고 마치 빨래를 짜듯이 실시한다.
c. 효과: 원위요척관절과 상완요골관절(주관절), 상완관절(견관절)의 유연성 향상과 굴근 지대와 척측수근굴근, 장장근 등 팔에 있는 대다수 근육과 신경 이완의 효과가 있다.

(26) 어깨 앞뒤 돌리기

① ② ③ ④

a. 방법
  ① 어깨를 앞으로 내밀었다가 뒤로 돌린다.
  ② 좌우 어깨를 교대로 실시한다.(응용: 양 어깨를 돌릴 수 있다)
b. 유의점: 몸과 어깨를 함께 틀어준다.
c. 효과: 견갑골과 흉추를 풀어주고 어깨 및 등허리까지 풀어준다.

(27) 서서 무릎 당기기(제겨차기에 유용한 동작)

a. 방법
  ① 선 자세에서 오른쪽 무릎을 구부리고 양손은 깍지를 끼어 무릎에 갖다 대고 대퇴부위가 가슴에 닿도록 당기고 뒤꿈치가 엉덩이에 닿게한다.
  ② 왼쪽발은 균형을 잘 잡는다.
b. 유의점: 발뒤꿈치를 붙이고 팔꿈치를 펴고, 무릎을 내리고 허리를 편다. 어깨를 들지 않도록 한다.
c. 효과
  ① 자율신경을 조절하여 집중력을 높인다.
  ② 다리 전체의 힘을 기른다.
  ③ 제겨차기에 도움이 된다.

(28) 서서 한쪽 무릎 당기기(곁치기에 유용한 동작)

a. 방법
  ① 발을 어깨 넓이로 벌리고 서서 한쪽 발로 균형을 잡고 10~15초간 무릎을 옆으로 든다.
  ② 반대쪽도 같은 방법으로 실시한다.
b. 유의점: 축의 다리가 굽혀지지 않게 한다.
c. 효과: : 고관절을 부드럽게 풀어준다.

(29) 서서 곱꺾어 무릎당기기(가로지르기에 유용한 동작)

a. 방법
 ① 고관절을 곱꺾어 가슴 쪽으로 당겨 올린다.
 ② 좌우 번갈아서 실시한다.
b. 유의점: 곱꺾는 무릎이 90도가 되게 한다.
c. 효과: 고관절과 무릎의 신전으로 가로지르기에 도움이 된다.

(30) 서서 옆으로 무릎 당기기(두름치기에 유용한 동작)

a. 방법
 무릎을 측면으로 꺾어 올린다.
b. 유의점: 발 뒤꿈치와 대퇴부위가 닿도록 노력한다.
c. 효과: 두름치기를 도와주고 대퇴부위가 부드러워진다.

(31) 다리 뒤로 당겨 올리기(외알저기에 유용한 동작)

a. 방법

　선 자세에서 몸을 안정시키고, 한쪽 무릎을 굽혀 뒤로 들어올려 그 발끝을 양손으로 잡아 위쪽으로 당겨 올린다.

b. 유의점: 상체가 앞으로 숙여지지 않게 한다.

c. 효과: 대퇴사두근(대퇴전면)과 발등 쪽(전경굴근), 오금근의 힘과 균형의 스트레칭이 되고 자세와 균형에 대한 운동신경과 감각기능이 좋아지고 집중력을 길러준다.

(32) 정면 다리 들기 (제겨차기에 유용한 동작)

(33) 측면 다리 들기 (두름치기에 유용한 동작)

①　　　　　　　　　　　　②

a. 방법

① 오른쪽 다리를 구부려 오른손으로 오른발 뒤꿈치를 잡는다.

② 숨을 내쉬면서 오른쪽 다리를 최대한 위쪽으로 들어올린다.

③ 반대쪽으로 한다. (33)은 (32)와 같은 방식으로 발을 옆으로 들어올린다.

b. 유의점: 지탱하는 다리를 곱게 편다.

c. 효과

① 다리 전체의 힘을 길러주고 발목과 무릎에 힘과 유연성을 길러주고 고관절을 강하게 자극하며 고관절에서 하체에 이르는 균형을 바로 잡는다.

② 균형 감각을 회복시켜 몸 전체의 조화를 이룬다.

(34) 2인1조 스트레칭

① ②

a. **방법**
① 상대와 마주보고 서서 홍이 청의 어깨 위에 발목을 걸쳐 올리고 발을 당긴다. 보조자는 상체를 앞쪽으로 기울이면서 서서히 밀어준다.
② 반대로 상체를 지탱하는 발쪽으로 숙여서 가슴과 대퇴 부위가 닿도록 실시한다.

b. **유의점**: 위쪽 대퇴부위에 집중한다.

c. **효과**: 후면대퇴부, 척추의 유연성 향상, 요통예방에 효과적이다.

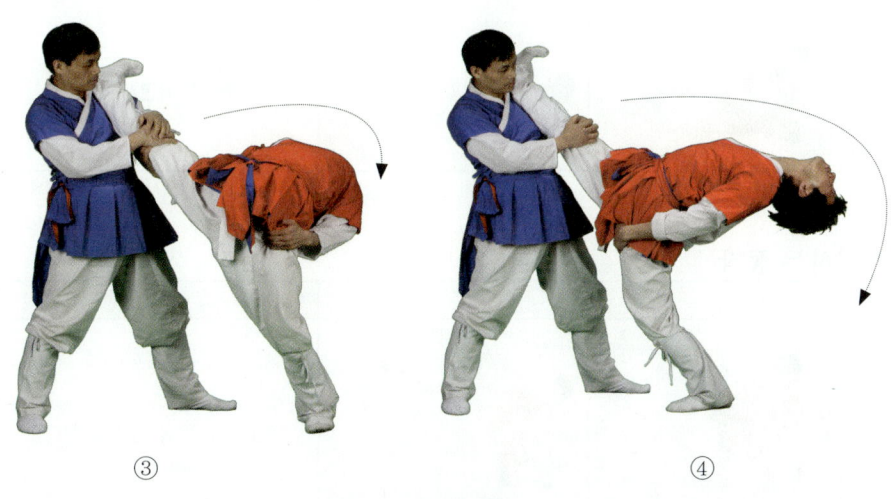

③ ④

a. **방법**
③ 허리를 옆 뒤쪽으로 젖혀준다. 유의점: 허리를 틀어준다.
④ 허리를 뒤로 젖혀서 실시한다. 유의점: 축의 다리에 집중한다.

b. **유의점**: 대퇴부위가 펴지도록 한다.

c. **효과**: 다리의 유연성과 방광경을 강화시켜 준다.

(35) 발차기를 위한 감각 유연성 운동

 눕거나 앉아서 몸을 풀면서 발차기의 동작 감각을 익히는 기술로 초보자의 경우 밸런스가 없기 때문에 이와 같은 자세로 실시하는 것이 처음 동작을 만드는데 도움이 된다.

a. 누워서하는 동작

1	2	종 류
		두름치기 : 대퇴부위와 발등을 옆으로 틀어서 한다.
		가로지르기 : 무릎을 곱꺾고 다리를 정면으로 찬다.
		곁치기 : 무릎을 밖으로 틀고 다시 안쪽 45도 위로 찬다.
		밭발따귀 : 고관절을 돌리면서 찬다.

b. 앉아서하는 동작

1	2	종 류
		두름치기 : 무릎을 곱꺾어 옆으로 찬다.
		가로지르기 : 곱꺾어 앞으로 찬다.

제3장 훈련의 성공과 유의점

1. 훈련을 성공시키기 위한 전략

1) 선수 개개인의 향상도 평가 및 보상

 훈련을 시작하기 전에 참여한 선수들을 평가하고자 할 때 그 평가는 반드시 개별평가에 기초를 두어야 한다. 그리고 어떠한 형태로든 개개인의 향상에 대해서는 보상을 해야한다. 만일 선수가 스스로 실패감을 느낀다면, 그 선수는 쉽게 낙담하게 될 것이다. 이러한 실패감을 없애거나 피하기 위해서는 그 선수의 현재 경기력 수준을 그의 과거 경기력 수준과 비교해야 하며, 선수가 보이는 어떠한 상황이나 훌륭한 시도는 어느 것이든 지적하고 칭찬해 주는 것이 필요하다.

2) 성취 가능한 목표의 설정

 선수가 성취감을 갖기 위해서는 목표는 달성 가능한 것이어야 한다. 설정된 목표가 달성되면, 새로운 목표를 설정해야 한다. 이 때 목표는 성공의 경험뿐만 아니라 도전의식을 제공하기 위하여 개인별로나 점진적으로 그 난이도를 증가시켜야 한다. 도달하기 어려운 목표나 기대는 실패감과 욕구불만을 갖게 할 가능성이 크다. 점진적으로 증가시킨 실현 가능한 목표나 기대는 선수에게 자신감을 고취시킬 수 있고 능력을 개발시킬 수 있다.

2. 경기성적을 향상시키기 위한 요인

 중요한 것은 이전 경기에서 본 경기까지의 빈 시간에 어떠한 훈련을 해 왔는가에 따라 선수의 경기력이 바뀔 수 있다. 다음 경기성적을 향상시키기 위해서는 경기에서 패한 원인을 발견해내는 것이다. 패한 원인을 '상대선수가 너무 강했다' 라든지, '심판의 판정이 나빴다' 등으로 결정해서는 성적의 향상을 바랄 수 없다. 무엇보다 경기력의 향상을 초래하는 훈련의 내용을 재검토하는 것이 필요하다. 훈련의 내용은 훈련하는 시설과 설비가 갖추어져 있는 쪽이 우세한 것은 말할 필요도 없다. 또 훈련을 실시해가는 과정에서 영양이 균형을 잃지 않는 식사를 섭취해야 한다. 또한 경험을 쌓은 감독이나 뒷배(코치)의 조언과 겨루기과학의 연구 성과를 기초로 훈련의 내용을 구성하는 쪽이 보다 합리적인 것이다.

3. 훈련 시의 유의점

1) 과훈련(over training)

적당한 휴식이나 회복의 부족과 지나친 훈련의 빈도나 양, 그리고 강도는 피로의 원인이 된다. 훈련 중 탈진이나 과로, 지나친 육체 긴장 및 피로 등과 같은 현상이 장기간에 걸쳐서 나타나지만 단기간의 훈련에도 나타난다. 쉽게 회복되는 경우도 있지만 심각한 경우 운농수행능력에 중대한 손상을 입히기도 한다. 과훈련의 증세에는 다음과 같은 것이 있다.

- 뚜렷한 이유없이 기록저하 현상
- 신체상으로 과로(over work) 상태
- 체중의 감소
- 정신적 불안

2) 고원현상(plateau phenomenon)

(1) 고원현상의 개념
일생을 통해 사람은 누구나 학습 받아야 할 훈련이 거듭 반복하여 기술에서의 진보는 보이지 않고 실패만의 시기를 경험한다. 이런 현상은 학습곡선(plateau)이라고 불러왔다. 일반적으로 고원현상은 연습과정 중간 시기에 나타나는 것으로 이 시기에는 일시적으로 기술 진보가 일시 정지된 상태에서 머물거나 다소 저하되는 상태를 보이며 다음 단계로 발전을 위한 예비 과정인 것이다.

(2) 고원현상의 원인
① 운동연습에 대한 흥미나 노력이 없어졌을 때
② 쓸데없는 일에 노력이 기울어졌을 때

③ 능력이 한계점에 도달되어 동작이나 특정 부분에 주의를 가할 때
④ 연습 이외의 관심이나 걱정 때문에 집중력이 약할 때
⑤ 비능률적이고 비효과적인 연습을 고집할 때
⑥ 동작의 일부분의 잘못이 다른 부분에 미칠 때
⑦ 연습방법이 시종일관 같았을 때
⑧ 권태나 피로가 겹쳐져 있을 때

(3) 지도방법

첫 째, 훈련의 강도와 양을 조절해 주면서 편한 상대나 팀과 연습을 할 수 있도록 하여 자기 기술에 자신감을 갖게 한다.

둘 째, 대화를 통한 이해와 격려를 해준다.

셋 째, 반드시 필요하지 않은 지시와 주문은 삼가하여 선수에게 정신적으로 편안한 느낌을 갖게 한다.

3) 슬럼프(slump)

(1) 슬럼프의 개념

연습의 컨디션이 좋던 어느 시기에 돌연히 그 컨디션이 무너지고, 일시적으로 성적이 하강하는 일이 있는데 자신은 그 원인을 알지 못하는 것이 보통이다. 이 현상을 슬럼프(slump)라고 말한다. 슬럼프 현상으로 인하여 지속적인 피로나 운동의 일부에 부조화가 나타나서 전체적인 컨디션을 무너뜨리는 경우가 많으므로 휴양을 하거나 좋은 지도자의 조언을 받을 필요가 있다. 그러나 초조해 하여 자세를 바꾸거나 하면 도리어 나쁜 버릇이 생기게 된다. 슬럼프 현상은 비교적 기술이 진보된 연습과정 후기에 나타나는 것이 보통이다. 이 슬럼프는 일단 높은 단계로 도약하기 위하여 기초적인 습관을 자동화하기 위한 필요한 시간이며, 이는 학습자들에 따라 상당한 차이가 생기게 된다.

(2) 슬럼프의 원인

① 심리적인 원인
 - 선수들의 인화가 잘되지 않을 때
 - 외부와의 작용이 있을 때
 - 타인에 대한 불평으로 의욕상실이 되었을 때

② 생리적이 원인
 - 과훈련, 즉 과로가 왔을 때
 - 연습으로 인하여 소모된 영양분을 보충하지 못하고 영양실조가 왔을 때

- 연습 시에 외상을 입었을 때
- 질병으로 장기간 동안 심한 질환을 앓았을 때

4) 고원현상과 슬럼프의 극복방안

고원현상이나 슬럼프를 예방하거나 극복하기 위한 전제조건은 이미 앞서 설명되어진 그런 현상의 원인을 세밀히 관찰하여 극복방안을 제시한다.

① 선수 스스로가 자신이 행하는 겨루기동작에 대한 겨루기 감각적 정보들을 제대로 처리하지 못하기 때문이다. 이는 선수 자신이 행하는 운동동작의 어떤 부분이 오류인지를 모르는 경우에 나타나며, 이때에는 지도자가 비디오나 필름을 통하여 동작의 오류를 자세히 지적하고 선수에게 동작의 오류 부분에 특히 주의를 기울여 연습하게 하는 것이 효과적이다.

② 기술습득에 필요한 체격적, 체력적 조건이나 기능수준이 결여되어 있기 때문이다. 기능학습의 기본적 조건들이 충분치 못할 때에는 기량을 정상까지 올릴 수 없다. 따라서 기량의 향상을 위해서는 이러한 조건들을 먼저 설명하고, 그렇지 못할 경우에는 현재의 기량을 유지하는 것이 최선일 것이다.

③ 자신의 운동동작 패턴에 고정적인 오류가 있기 때문이다. 이는 최고의 성적을 얻기에 부적합한 운동 패턴 혹은 기술을 습득한 경우에 주로 나타나며, 부적합한 동작 패턴으로는 어느 수준까지는 기량이 향상되나 그 이상을 넘어설 수 없는 한계를 지니고 있기 때문이다. 따라서 운동기능의 계속적인 향상을 위해서는 처음부터 목표달성에 효과적인 동작패턴을 배우고 숙달시켜야 할 것이다.

④ 특히 슬럼프 현상은 기량의 향상을 위해 자신의 동작 패턴을 바꿀 때 많이 나타난다. 택견 겨루기 동작은 많은 연습을 통하여 동작 패턴이 거의 자동화되어 있는 상태이며, 이는 어떤 자극에 의해 일련의 동작 패턴이 자동적으로 실행되는 것을 뜻한다. 만일 현재의 동작 패턴보다 목표달성에 더 효율적인 동작 패턴을 새로이 배울 때, 새로운 동작 패턴이 아직 완전히 고정되지 않은 상태에서는 과거의 동작 패턴과 새로운 동작 패턴이 서로 혼합되어 나타나게 되며, 그 결과는 예전보다 더 나빠지게 되는 슬럼프 현상이 나타나게 될 것이다. 따라서 기량 향상을 위해 동작 패턴이 완전히 고정될 때까지는 경기에 참가하는 것 등 이전의 동작 패턴을 되풀이 할 가능성을 완전히 배제하는 것이 좋다. 또한 두 동작 패턴의 차이점을 분명히 밝혀주는 것도 새로운 동작 패턴을 공정시키는데 효과적이다.

⑤ 슬럼프는 또한 동작 패턴을 수행하는 근육들의 근력이 약화되거나 협응이 잘 이루어지지 않을 때에도 나타나게 된다. 수행하고자 하는 운동동작의 패턴은 예전과 같은데 근력의 약화나 협응 부조화로 인해 동작의 스피드가 떨어져 동작수행이 자신의 생각대로 이루어지지 않기 때문이며, 오랫동안 운동을 쉬었거나 나이가 든 선수들의 경우에는 특히 이러한 문제가 항상 나타날 수 있다. 이러한 슬럼프 현상을 해결하기 위해서는 수행동작에 필요한 근육들의 근력을 강화시키며(웨이트 트레이닝 등), 부드러운 협응동작이 이루어지게 함으로써 힘의 효율성을 증가시켜야 하며, 이러한 노력 중에도 이전에 잘되었던 당시의 상태에 연연해하지 말고, 현재 자신의 상태를 잘 파악하고 그에 합당하게 목표를 세우고 동작을 실행하도록 자신의 생각을 바꾸는 것이 필요하다.

제4장 선수들을 위한 영양 섭취

운동 수행력 향상을 위한 훈련은 적절한 영양섭취가 요구된다. 어린 선수들에게는 경기력과 성장발달에 필수적이고, 성인 선수에게는 훈련이나 경기에 요구되는 열량소와 조절소 등의 신체 구성소가 적절하게 이루어져야 한다.

※훈련 및 겨루기 수행에 있어서의 영양

첫 째, 훈련과 겨루기 수행에 의한 에너지 소비의 증대에 대한 에너지의 충분한 공급이 필요하다.
둘 째, 훈련에 의한 근육 발달을 위하여 단백질의 섭취가 필요하다. 단백질의 충분한 섭취는 과격한 훈련에 의한 빈혈의 발생을 예방하기 위함이다.

1. 훈련기의 영양 섭취

1) 운동 전 영양 섭취

훈련으로 소모한 에너지는 보충하고 글리코겐을 재충전하기 위하여 고 탄수화물 식이가 제공되어야 한다. 운동 전 탄수화물 섭취는 활동 근 발육과 간에 글리코겐 저장량을 증가시켜 지구성 운동수행력을 높인다. 체내 글리코겐 저장량은 고강도 운동 수행 시 약90분을 지속할 수 있는 저장 능력을 가지고 있다.

① 근육이나 간 속에 많은 글리코겐을 축적할 수 있는 음식을 섭취한다.
② 최적 스피드에서 강도 높은 운동수행 시 → 지방은 불필요(순발력위주)하고
   장시간 동안 운동수행 종목 → 지방이 많이 필요(지구력 위주) 하다.
③ 에너지원으로 활용 불가능 → 2당류 이상 다당류 하지만 다당류는 일정한 소화과정을 거쳐 단당류로 된 후 에너지원으로 활용가능하다.

2) 운동직전과 운동 중 영양 섭취

장시간 운동 수행 시에는 운동 중에도 탄수화물을 섭취해야 한다. 운동 중 간헐적인 탄수화물 섭취

는 혈당농도를 유지하는 것을 도와줄 수 있으며, 운동의 마지막 단계에서 측정된 운동자각도를 기준으로 한 심리학적 인지수준도 감소시킨다. 운동이 계속되고 근 글리코겐의 저장량이 저하됨에 따라서 에너지의 동원은 섭취된 탄수화물의 증가로부터 이루어질 수 있다.

① 운동 전 30~60분전 음식섭취 불가
이 시간대 음식섭취→ 경기력 저하(혈중 인슈린 분비를 촉진시켜 혈중 유리지방산 공급을 억제하게 되며 이것이 곧 에너지 발생을 억제하게 되는 것이다). 결국 경기 전 2시간 전에는 음식물 섭취를 억제해야 한다.
② 스포츠 과학자들의 요구 : 1시간 30분 정도에 과일류를 포함하여 소화시간이 짧은 음식물 섭취를 권장한다(단, 직전에도 탄수화물 음료, 스포츠 드링크는 권장).

3) 운동 후 영양 섭취

훈련으로 소모된 칼로리는 다음 훈련을 위해 반드시 보충되어야 한다. 훈련의 강도, 시간, 훈련으로 인한 에너지소모량을 고려한다. 탄수화물의 보충과 근 섬유의 유지와 보호를 위한 단백질의 섭취가 요구된다. 운동 후 섭취는 고 탄수화물의 형태로 섭취하는 것이 에너지 소모로 인한 피로 회복에 가장 효과적이며, 섭취 시간은 운동 종료 후 60~120분 사이에 섭취한다.

2. 경기 기의 영양 섭취

1) 경기 전날 영양 섭취

경기 전 식사는 2~4시간 전에 탄수화물 100~200g을 섭취함과 동시에 약400~800kcal의 열량을 섭취하는 것이 좋다. 예) 잼 바른 빵, 과일, 밥이나 국수, 스포츠 음료 등이 있다. 수분은 갈증을 예방하기 위해 경기 2시간 전에 약500ml정도 섭취하는 것이 좋다.

2) 경기 당일 영양 섭취

(1) 경기 전 식이(食餌)
일반적으로 경기 전 식사는 다음과 같은 사항들을 동반한다.

① 경기 전날과 당일 아침에는 고 섬유 식품섭취를 삼가한다.
② 경기 전 식사로 유동식을 섭취한다.
③ 경기 전 식사는 소화되는 시간을 고려하여 2~4시간 전에 섭취한다.
④ 카페인은 장을 자극하고 장의 움직임 속도를 빠르게 하기 때문에 경기 전에 삼가한다.
⑤ 껌, 사탕 등 다른 식품에서 발견되는 소르비톨(sorbitol: 설탕 대용품으로 당뇨병 환자용)이나 마니톨(mannitol)과 같은 설탕 대용물 섭취를 삼가한다.

(2) 경기 당일 섭취하는 음식이 고려되어야 할 사항

소화가 잘되는 형태로 평소 즐겨먹고 개인 취향에 맞는 음식으로 가급적 찬 음식은 피하는 것이 바람직하다.

(3) 경기와 경기 사이의 식이(食餌)

하루에 경기가 2회 있을 경우, 경기와 경기 사이에 섭취하는 식사는 비교적 탄수화물 위주의 식사가 좋다. 이것은 첫 번째 경기에서 소실 된 글리코겐을 재 보충하기 위하여 필요하고, 식후에는 오렌지 주스를 마시는 것이 좋다. 이 경우 탄수화물 식품은 소화, 흡수 속도가 천천히 진행되는 식품이 바람직하다. 밥은 빵이나 감자보다 소화, 흡수 속도가 느려 배가 든든한 식품이다, 그러므로 경기 중간 식사로 적당하다. 경기 중간 식사 후에는 당분 등을 함유한 음료나 음식을 삼가하는 것이 좋다.

(4) 경기 후 식이

일반적으로 균형 있는 식이요법은 경기 후 필요한 영양소를 공급해주고 재 보충 해준다. 탄수화물과 지방은 운동 중에 주 에너지원으로 사용되며 4가지 기초 식품군에 의해 쉽게 보충된다. 또한 에너지 소모분을 충당하기 위한 열량 흡수는 소량의 단백질과 비타민, 무기질 그리고 전해질을 동반하기 때문에 보다 효과적인 회복이 가능하다. 격렬한 운동 후 당분을 섭취하면 근육의 글리코겐이 보다 빠르게 회복되는데 단백질을 포함한 탄수화물 음식은 더욱 효과적이다.

3. 영양 섭취의 목적과 내용

- 탄수화물: 에너지를 공급한다.

식사의 60%(빵, 옥수수, 설탕, 고구마, 스파게티, 과자)

탄수화물은 당으로 변하여 소화효소의 활동으로 분해되어 근육세포의 에너지 물질로 되는 포도당이 된다.

- 단백질: 조직을 만들고 재생한다.

식사의 15%(고기, 생선, 달걀, 우유, 치즈,콩)
단백질은 근육, 선(腺), 혈청 등의 생성이나 재생에 유효함
- 지방: 신체의 조절장치로서 작용한다.
식사의 25%(버터, 마가아린, 고기기름, 베이컨, 치즈크림)
- 비타민: 신진대사의 활동을 돕는다.

제5장 피로와 회복

　겨루기 선수들에게는 강인한 체력이 요구된다. 허약한 체력과 기력으로는 우수한 선수가 될 수 없으며 강인한 체력을 바탕으로 하지 않고서는 오늘날 치열한 국제경쟁 사회에서 이겨나갈 수 없다. 프랑스의 생리학자 Roux는 "우리 신체기관은 사용하면 발달하고(활동성 비대) 쓰지 않으면 퇴화하여 능력이 저하되고 쓰기는 쓰되 무리하게 지나치면 도리어 퇴영된다. 따라서 합리적인 방법에 의하여 얻어진 능력은 자손에 유전된다"라고 규정하고 있다.

1. 피로

　피로란 인체의 기능상 운동을 지나치게 함으로써 나타나는 운동의 질이나 양의 저하 상태, 즉 운동수행능력의 감소상태를 말한다. 택견 선수는 건강유지를 위해서는 영양과 휴식이 조화된 합리적 대근육활동이 절실히 요구된다. 그러나 팀의 감독이나 코치의 과욕으로 선수들의 지나친 훈련은 피로를 유발하여 그 피로상태는 신체적인 손상을 초래하게 된다. 우리 인간은 기계와 달라서 신체활동이 어느 정도 계속되면 피로를 가져오게 되며, 그 피로가 오는 단계를 살펴보면, 첫째, 고단하여 쉬고 싶은 생각이 나고 둘째, 운동능력이 현저히 저하하고 셋째, 근육의 긴장도가 떨어져 손이 떨리며 근육의 조화가 잘 안 되는 등의 3단계를 거쳐서 오게 된다.

　피로의 현상은 뇌신경중추에 대하여 어떤 독성물질이 작용하는 까닭에 일어나는 것이라고 알려지고 있다. 이러한 독성물질이 어떻게 생기느냐에 관해서는 아직 일정한 학설이 없으나 대체로 다음과 같이 세 가지 설로 설명된다.

① 신체활동에 대한 에너지의 공급을 위하여 식품이 연소될 때에 부산물로서 근육에 생긴다.
　이에 대하여는 근글리코겐 등의 에너지원의 소비와 유산 등의 에너지 발생 과정에서의 물질대사 중간산물의 축적이 생겨난다.
② 신체에 전신 또는 국소감염이 있어서 이로부터 독소가 온다.
③ 소화기나 호흡기로부터 흡수된다.
　피로로 인해 독성물질은 혈류로 들어가고 전신을 순환하게 되며 신체활동을 조절하고 침입으로부터 거리가 먼 장소에 피로감을 나타내는 것이다. 이러한 상태에서는 운동능력의 저하와 함께 여러 가지 자각증상이 나타나 피로로 인정될 양상을 보이게 되는데 일정한 시간의 휴식을 취한 후에는 이 증상이 감퇴되어 없어진다. 피로 중에는 여러 가지 심리적, 생리적, 생물학적 그리고

사회적 요인이 관계되지만 피로 중에는 대근활동에서 오는 근력피로가 제일 먼저 감지된다.

더욱 신체활동이 계속되면 사실상의 병감이 오며 그대로 계속될 경우에는 결과적으로 육체활동이 불가능하게 된다. 이러한 견지에서 볼 때 피로는 하나의 방위기전으로 생각될 수도 있다. 왜냐하면 피진되기 전에 통감이 근육활동을 중단시키게 되는 까닭이다. 근섬유에 전기 자극을 주면 수의적인 수축이 그 극에 도달한 후에는 근육으로 하여금 수축케 한다는 사실이 그 점을 뒷받침하는 것이다.

2. 피로 회복을 위한 방법

1) 운동부하를 적게 하고 기온, 온도, 먼지 등 환경조건을 개선해야 한다.

또 일상생활을 조용히 하면서 안정을 취하고, 대인관계를 원만히 하여 사회생활을 즐겁게 적응해 나가야 한다.

2) 단련으로 피로 내성을 높게 한다.

단련은 근육과 내장기관의 발달 개선을 가져오며 피로를 경감하고 피로회복을 촉진한다.

3) 피로 경감을 위한 관리

음식물, 약제, 운동과 휴양과의 분배, Warming-up, 심리적 지도(격려, 기분전환, 마음가짐, 암시)

4) 권태감 제거

증세 : 체중의 감소, 활기가 없고 파래진 표정, 점프력의 감퇴 등.
원인 : 조바심, 친구와의 갈등, 과중한 훈련, 수면부족, 신체적 결핍 등.
치유방법:
① 즐거운 만남을 가진다.

② 충분한 휴식을 한다.
③ 음식물을 변경하고 싱싱한 야채, 과일을 섭취한다.
④ 연습을 새롭게 하여 흥미를 갖게 한다.
⑤ 밝은 웃음으로 대화한다.

5) 피로회복

휴식, 수면, 목욕, 마사지, 영양섭취, 적당한 운동을 실시한다.

제9부 택견 선수를 위한 트레이닝의 실제

제1장 맨몸 트레이닝
1. 1인 트레이닝
2. 2인 1조 트레이닝
3. 3인 1조 트레이닝
4. 보조도구 트레이닝

제2장 웨이트 트레이닝
1. 체중 이용법
2. 웨이트 트레이닝의 필요성
3. 웨이트 트레이닝의 기본원칙
4. 웨이트 트레이닝의 3요소
5. 웨이트 트레이닝 시 호흡, 운동속도, 휴식
6. 웨이트 기구를 이용한 운동

제1장 맨몸 트레이닝

택견 경기의 승패는 정신, 체력, 기술의 3요소가 중요하다. 경기 중에 근력이 강한 상대 선수에게 기술 시도를 할 때 많은 어려움을 느끼는 경우가 발생한다. 즉 근력과 기술이 조화를 이루지 못하였음을 입증하는 것이다. 택견을 처음 배우는 초보자들은 기술만을 습득하려는 경향이 있는데 우수한 택견 선수가 되고 싶다면 처음부터 근력과 기술훈련의 비중을 비슷하게 계획을 세우면서 기술 향상을 시켜야 한다.

특히 택견은 전신운동으로써 목, 팔, 가슴, 허리, 다리 등 신체의 모든 부위를 강하고 부드럽게 만들어야 하며, 민첩성, 내구력, 안정성, 유연성, 반사운동 등의 발달훈련에 중점을 두어야 한다. 좀 더 강한 근력을 증강하기 위해서는 택견 선수 자신이 보강운동을 열심히 훈련하고 연구개발해야 한다.

1. 1인 트레이닝

1) 하체운동(주동근: 허리, 엉덩이, 허벅지, 종아리)

(1) 토끼뜀 또는 오리걸음

앉은 자세에서 손을 허리에 대고 토끼나 오리처럼 뛴다.

a. 방법
① 등을 펴고 양 무릎을 깊이 굽히고 발끝으로 서서 앉는다.
② 힘껏 제자리에서 뛰어 오른다.
③ 20~45회 연속한다.
④ 무릎이 충분히 굽혀지도록 하고 근력이 증진되면 양손이나 어깨에 중량물을 가해서 해도 좋다.

b. 효과: 대퇴사두근, 하퇴삼두근

(2) 엎드려 발 바꾸기

a. 방법: 양손을 바닥에 짚고 엎드린 상태에서 좌우 발을 번갈아 교대하며 실시한다.
b. 유의점: 앞으로 당기는 발을 곱꺾어서 한다.

(3) 버어피 테스트

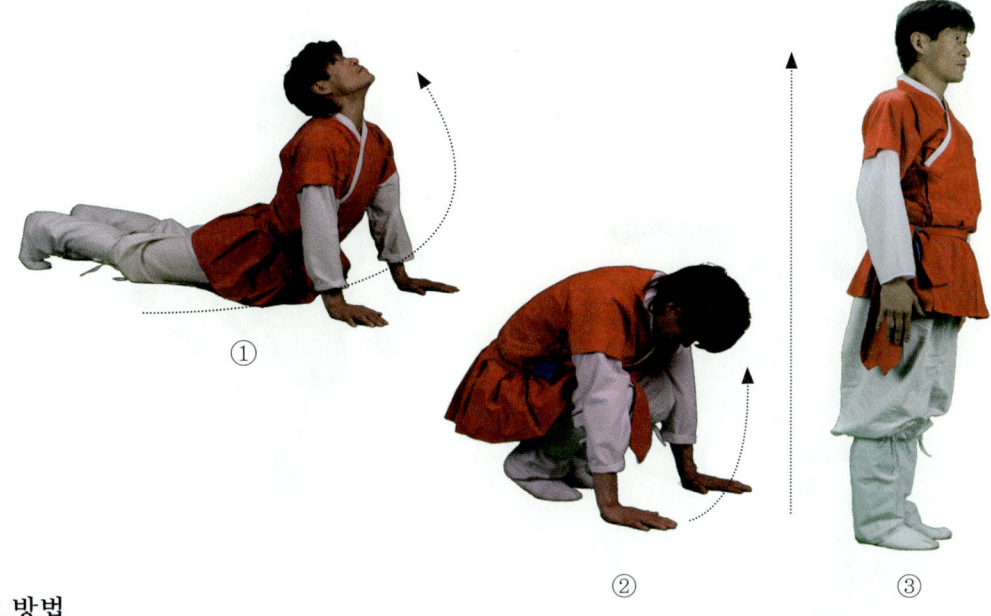

a. 방법
 ① 제자리에서 양손으로 바닥을 짚고 양쪽다리를 모아 뒤로 빼면서 다리를 편다.
 ② 다시 두발을 앞으로 모아 거두어들이면서 일어난다.
 ③ 일어나서 원상태로 돌아오는 것을 반복한다.
b. 유의점: 허리가 충분히 펴지도록 한다.

(4) 좌우 솟구치기

a. 방법
① 오른쪽 무릎을 최대한 높이 끌어 올려 준다.
② 좌우 교대로 솟구치면서 30m 정도 앞으로 전진한다.
b. 유의점: 축의 다리를 완전히 편다.

(5) 한발 솟구치기

a. 방법: 한쪽 무릎이 가슴에 닿게 솟구친다. 반대발로 실시한다.
b. 유의점: 들고 있는 다리를 위로 점프하면서 축의 발을 끌어올린다.

(6) 두발 솟구치기

①

a. 방법: 양다리를 어깨 넓이로 벌리고 가볍게 무릎을 굽히고 등근육을 펴고 엉덩관절, 무릎, 발목, 팔의 반동을 사용하여 높이 뛰면서 무릎을 굽혀 가슴높이까지 끌어올린다.
b. 유의점: 착지와 솟구치는 동작이 연속적으로 이루어지게 한다.

(7) 정면 발 바꾸기

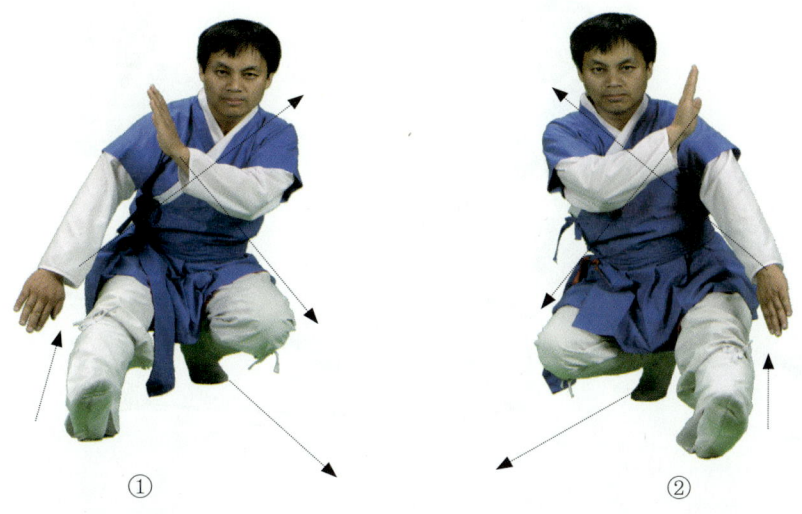

①   ②

a. 방법
  ① 오른발을 앞으로 내지르기를 하듯이 뻗고 양손은 가새막기를 한다.
  ② 발을 교대로 바꾸어 실시한다.
b. 유의점: 앞으로 솟구치기로 나가면서 실시하고 허리를 곧게 편다.

(8) 좌우 발 바꾸기

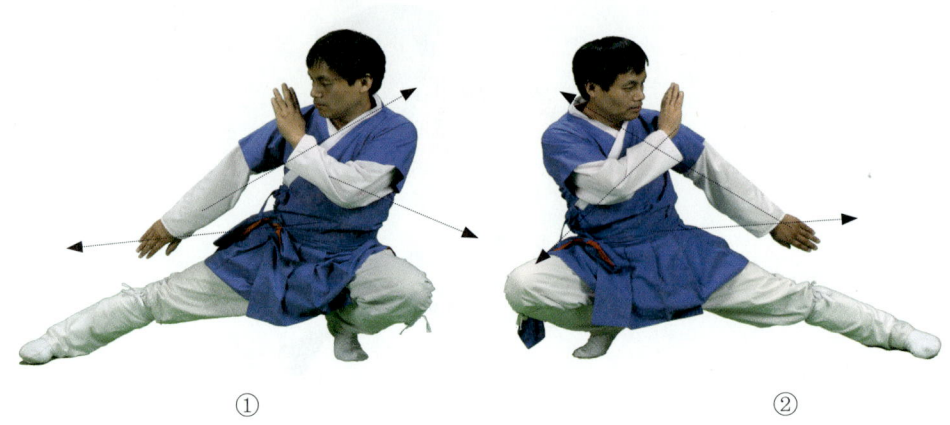

a. 방법
① 오른발을 우측으로 가로지르기를 하듯이 좌우 교대로 발을 바꾸고 두 손으로 가새막기 한다.
② 발을 바꾸어 실시한다.
b. 유의점: 점프를 앞으로 나가며 실시한다.

(9) 후면 발 바꾸기

a. 방법
① 한손으로 상대의 공격을 가새막기 하면서 왼발을 뒤로 빼고 오른다리를 굽혀서 앉는다.
② 두 발을 교대로 바꾸면서 실시한다.
b. 유의점: 뒷무릎이 굽혀지지 않게 한다.

(10) 다리 벌려 솟구치기

a. 방법
① 발을 모으고 양팔을 벌려서 앉은 자세를 취한다.
② 위로 솟구치면서 양다리를 옆으로 벌리고 손끝과 발끝이 닿도록 한다. 동작을 반복하여 실시한다.

b. 유의점: 점프동작 시 양 무릎을 펴고 실시한다.

2) 상체운동

(1) 어깨밀어올리기

a. 방법
① 엉덩이를 위로 올리고 양손과 양발을 바닥에 붙이고 엎드린다.
② 앞으로 밀면서 가슴에서 배 순으로 민다.
③ 앞으로 가슴을 밀어 올린다.

b. 유의점: 배는 바닥을 스치면서 실시한다.

(2) 팔 굽혀 펴기

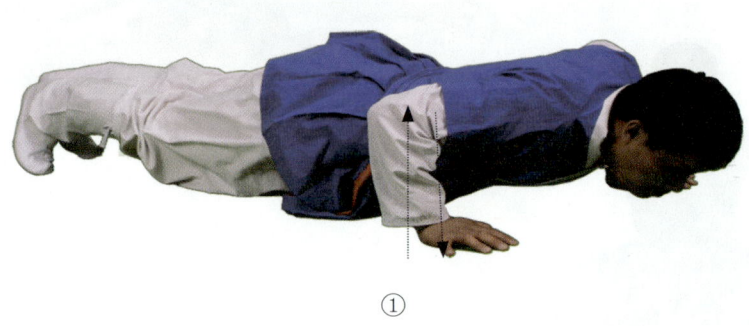

a. 방법
 ① 허리를 곧게 펴고 바닥에 엎드려 어깨 넓이 또는 1.5배 가량 넓게 손바닥을 짚는다.
 ② 양팔이 완전히 신전될 때까지 몸을 위로 밀어 올리고 내린다(주동근: 가슴, 어깨, 상완삼두근).
b. 유의점: 엉덩이를 올리거나 내리지 말고 바닥에서 가슴이 주먹하나 만큼 될 정도로 내려간다.

(3) 팔 튀겨서 앞으로 나가며 팔굽혀펴기

a. 방법
 ① 양손을 집고 팔을 굽혀 내린다.
 ② 일어서면서 앞으로 점프하면서 나간다.
b. 유의점: 앞으로 나갈 때 손바닥을 치고 손발이 동시에 나간다.

(4) 팔 굽혀 펴면서 손가락치기

a. 방법
① 열손가락을 세우고 엎드린다.
② 손가락을 치면서 위로 뛰어 오른다.
③ 원위치로 돌아오면서 팔을 굽힌다.

b. 유의점: 손가락이 골절되지 않도록 하고 초보자는 손바닥으로 한다.
(뛰어올라 1~2번 손가락 치기)

(5) 한팔 팔굽혀펴기

a. 방법
① 오른손으로 바닥을 짚는다.
② 한 팔로 팔을 굽혀내려 간다. 반대편도 실시한다.

b. 유의점: 어깨를 옆으로 틀지말고 실시한다.

(6) 일지 팔굽혀펴기

a. 방법
① 양 엄지손가락으로 바닥을 짚는다.
② 팔을 굽혀서 내려간다.

b. 유의점: 허리를 펴고 실시한다.

(7) 팔굽혀 펴기의 응용

- 팔 짚고 누워 팔굽혀펴기: 등 뒤에 의자를 놓고 손을 짚고 누워 팔굽혀펴기 한다.(10~20회)
  주동근: 상완삼두근, 대흉근, 광배근, 승모근
- 평행봉에서 팔굽혀펴기: 평행봉에 매달려 양팔을 깊이 굽히기 한다.(5~20회)
  주동근: 상완삼두근, 대흉근, 승모근, 광배근 등.
- 턱걸이 철봉에 매달려 팔굽혀펴기(5~20회 연속)
  주동근: 상완이두근, 광배근, 대흉근

3) 복합운동

(1) 가재걷기   (2) 아치형걷기

a. 방법

① 손가락을 앞으로 하고 가재걷기를 한다.

② 아치형을 만들어 앞으로 뛰어간다.

b. 유의점: 허리에 신경을 집중하여 실시한다.

(3) 엎드려 발 바꾸며 나가기

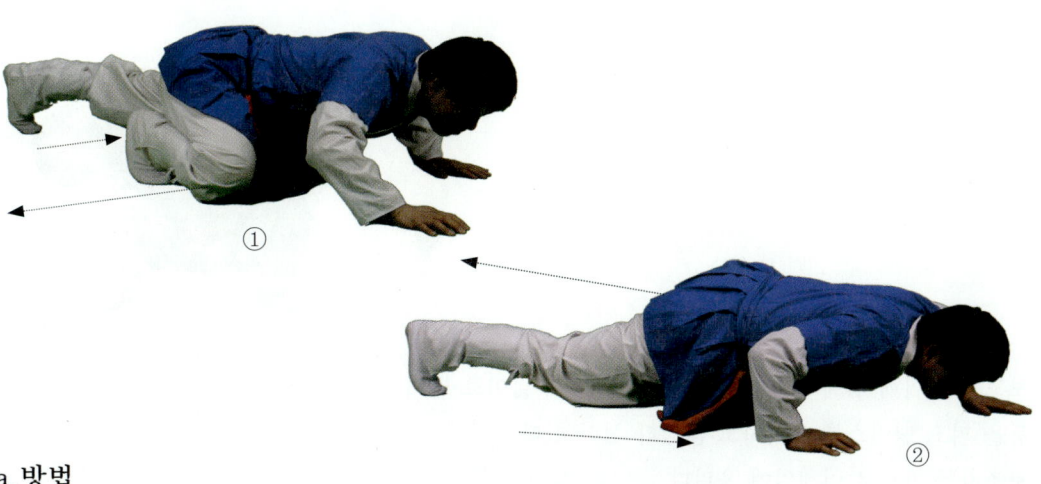

a. 방법

① 양손을 바닥에 짚고 엎드린 상태에서 한발과 한손이 앞으로 나간다.

② 좌우교대로 실시한다.

b. 유의점: 양 팔과 다리를 90도로 굽혀서 실시한다.

2. 2인 1조 트레이닝

1) 하체운동

(1) 목마하고 앉았다 일서서기
(혼자:50회 이상, 두명: 10~15회)-주동근 : 대퇴사두근, 대퇴이두근

① ② ③

④

① 보조자를 어깨 위에 목마를 하고 다리를 어깨 넓이로 벌려 선다.
② 등을 펴고 밸런스를 유지하고 앉았다 섰다 한다.
③ 보조자를 가로로 어깨위에 올린다.
④ 앉았다 서는 것을 반복한다.

유의점: 허리를 곧게 편 상태에서 실시한다.

(2) 목마하고 품밟기

보조자를 어깨 위에 올려서 좌우 품밟기를 한다.
① 보조자를 목마하고 좌품을 내민다.
② 오른발을 굼실한다.
③ 품을 바꾸어 왼발이 굼실을 한다.
④ 우품을 내밀면서 능청한다(좌우 반복하여 실시한다).
  유의점: 허리를 곧게 펴고 굼실과 능청을 한다.

(3) 좌우 뛰어 넘기

① 보조자는 허리를 숙여 무릎을 잡고 수행자는 보조자의 옆으로 다리를 벌려서 뛰어 넘는다.
② 보조자의 앞뒤로 뛰어 넘는다.
  유의점: 엉덩관절을 신전시키면서 실시한다.

2) 복근 운동

(1) 등 타고 윗몸일으키기

① 보조자는 왼발을 뒤로 하고 오른발을 앞으로 한 상태에서 수행자의 양 발목을 잡는다.
② 수행자는 상체를 일으켜 세워서 윗몸을 일으킨다.
유의점: 보조자는 허리를 곧게 펴고 앞으로 약간 젖힌다.

(2) 배 타고 윗몸일으키기

① 보조자는 상체를 곧게 세우고 수행자의 양다리를 목에 꼬아 걸친다.
② 수행자는 상체를 일으켜 세워서 윗몸을 일으킨다.
유의점: 보조자는 허리를 곧게 펴고 약간 뒤로 젖힌다.

(3) 허리 다리 꼬아 윗몸일으키기

① 보조자는 기마자세를 취하고 수행자는 보조자의 허리에 양다리를 감싸고 발을 꼬은 후 허리를 뒤로 젖혀 눕는다.
② 수행자는 윗몸일으키기를 하고 보조자는 훈련자의 발목을 잡는다.
유의점: 보조자는 수행자의 양발을 잡고 허리를 약간 뒤로 젖힌다.

(4) 누워 다리 들었다 내리기

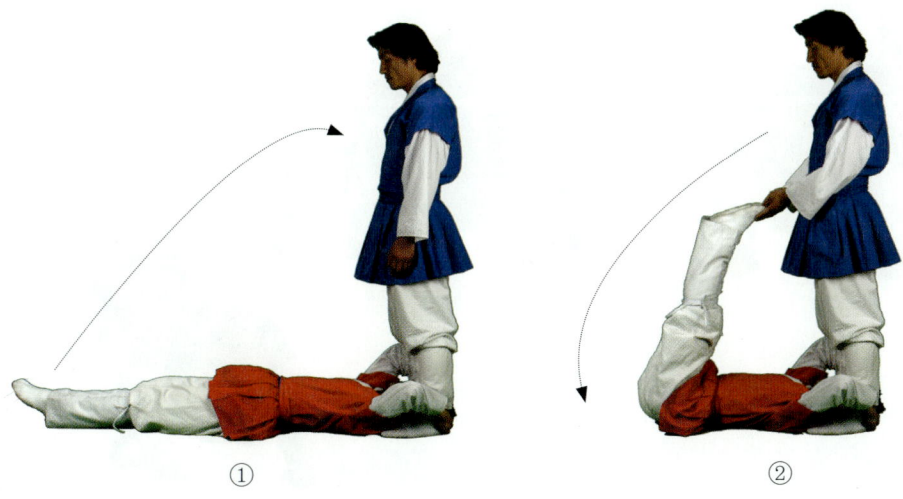

① 하늘을 보고 누워 머리에 위치한 보조자의 발목을 잡는다.
② 양다리를 올려 가능한 무릎을 뻗는다. 서 있는 보조자는 올린 발을 전방 또는 측방으로 강하게 밀어내고, 수행자는 등이 바닥에서 떨어지지 않도록 하며 내린 발을 바닥에 닿지 않도록 하고, 반동을 이용하여 원래 위치로 돌아온다.
유의점: 허리가 약한 사람은 무릎을 가볍게 굽혀 요부에 큰 충격이 가해지지 않도록 한다.

(5) 윗몸일으키기

① 보조자는 양발을 눌러주고 수행자는 목뒤에 깎지를 끼고 뒤로 눕는다.
② 윗몸을 위로 일어나면서 팔꿈치로 대퇴부를 찍고 뒤로 눕는다.
유의점: 수행자는 허리를 펴고 윗몸을 일으킨다.

(6) 허리재고 등 타고 넘기

① 보조자는 무릎을 꿇고 바닥에 엎드리고 수행자는 허리에 걸치고 앉는다.
② 수행자는 뒤로 허리재기를 한다.
③ 발을 뒤로 차서 넘어간다.
유의점: 허리재기는 괄약근에 힘을 주면서 실시한다.

3) 등 운동(등배근군 강화 운동)

(1) 허리잡고 윗몸 앞으로 굽혔다 펴기

① ②

① 수행자는 양다리를 옆으로 벌려 서고 보조자의 양 다리를 허리에 감고 매달리게 한다.
② 수행자는 윗몸을 앞으로 굽혔다 펴기를 실시한다(10~15회 연속실시, 주동근: 고유배근, 대전근).

유의점: 보조자는 양팔을 길게 펴거나 몸통에 중량을 주어 저항을 높인다

(2) 배 잡고 윗몸 앞으로 굽혔다 일어나기

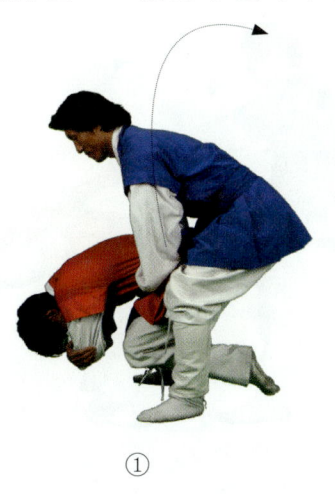 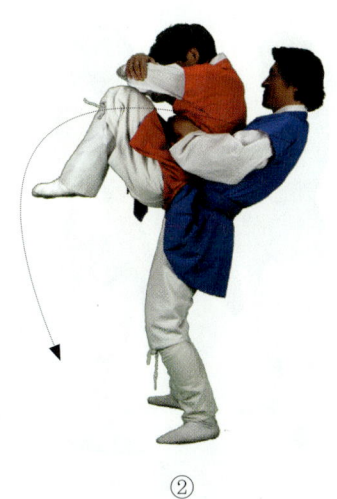

① ②

① 보조자는 몸을 웅크리고 수행자는 허리를 감싸 잡는다.
② 보조자를 가슴 높이까지 들어 올렸다 내렸다 한다.

유의점: 아랫배에 힘을 주고 실시한다.

(3) 엎드려 누워 윗몸 뒤로 젖히기

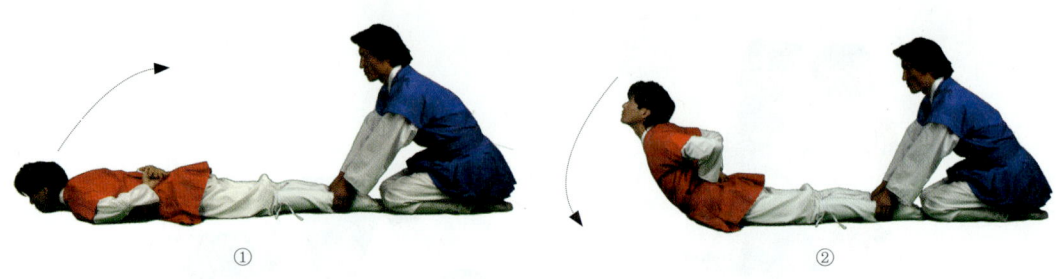

① 보조자는 상대의 발목을 눌러주고 수행자는 양손을 허리 뒤에 포갠다.
② 수행자는 윗몸과 턱을 최대한 뒤로 들어 올린다(주동근: 고유배근, 대둔근).
유의점: 목을 최대한 뒤로 신전시킨다.

4) 팔 운동

(1) 허리 굽혀펴기

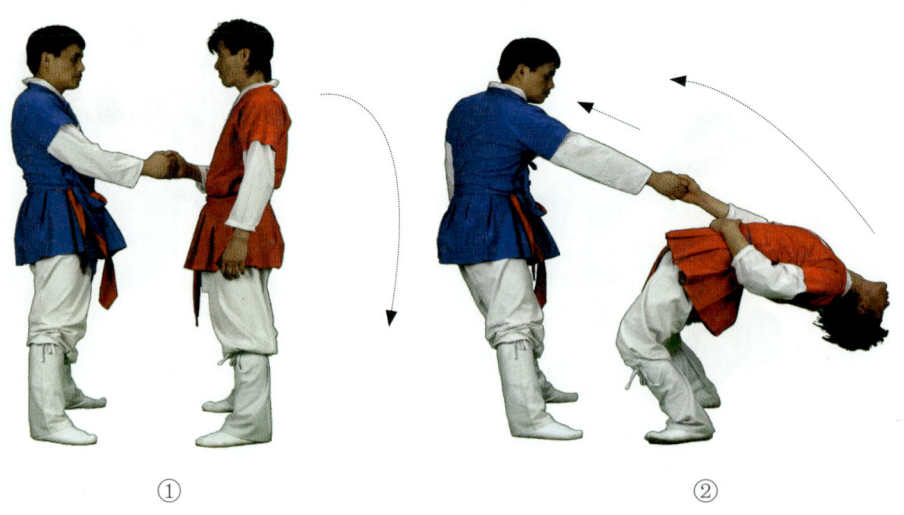

① 보조자가 수행자의 손을 잡아 준다.
② 수행자가 몸을 뒤로 젖혔다 일어서기를 한다.
유의점: 보조자는 앞으로 넘어지지 않게 상체를 약간 뒤로 젖힌다.

(2) 주먹 밀기

① 상대와 무릎을 맞대고 선 자세에서 서로 주먹을 맞댄다.
② 청이 홍쪽으로 주먹을 민다.
③ 반대로 홍이 청쪽으로 주먹을 민다(발을 바꾸어 실시한다).
유의점: 서로 밀거나 밀릴 때 힘을 주고, 몸으로 밀지 말고 팔의 힘으로 민다.

(3) 손 당기기

① 상대와 무릎을 맞대고 서로 손가락을 맞잡고 홍이 상대의 손을 당긴다.
② 반대로 청이 손을 당긴다.
유의점: 몸으로 당기지 말고 팔의 힘으로 당긴다.

(4) 손 엇갈려 밀기

① 상대와 서로 손등을 엇갈려 맞대고 앞뒤로 원을 그리며 상대의 팔을 밀어낸다.

② 반대쪽으로 홍이 청을 밀어낸다.

유의점: 상대의 얼굴 쪽으로 밀면 옆으로 흘러보내면서 실시한다.

(5) 팔오금 당기기

① 서로가 팔짱을 끼고 양다리가 교차하여 선다.

② 홍이 청의 팔오금을 당긴다.

③ 반대로 청이 홍의 팔 오금을 당긴다.

유의점: 몸으로 당기지 말고 팔의 힘으로 당긴다.

(6) 손목 걸고 상하 올리고 내리기

①

②

① 상대와 서로 손을 교차하여 잡고 두 다리를 벌려 선다.
② 반대로 손을 바꾸어 실시한다.
유의점: 손을 상하로 엇갈리게 밀어 올리고 눌러 내린다.

(7) 손목 잡아채기

①　　　　　　　　　　②

① 상대와 손목을 엇갈려 잡은 상태에서 청이 밖으로 원을 그리며 얼굴까지 민다.
② 상대의 손목을 위에서 아래로 잡아챈다.
유의점: 상대의 손목을 회전하며 앞으로 잡아당기듯이 챈다.

(8) 양손바닥 밀기

① ② ③

① 청은 오른손을 홍은 왼손을 서로 민다.
② 반대로 실시한다.
③ ①과 같은 방식으로 실시한다.
유의점: 허리를 틀고 상대의 힘을 느끼면서 밀어낸다.

(9) 팔 밀어내기

① ②

① 수행자는 팔꿈치를 펴고 뒤로 눕고 그 위에 보조자가 손을 눌러서 엎드린다.
② 수행자는 보조자를 밀어 올렸다 내렸다 한다.
유의점: 수행자는 팔꿈치가 바닥에 닿지 않도록 한다.

(10) 발 어깨 걸쳐 손바닥치기

① 수행자의 발을 보조자의 어깨에 걸치고 양손바닥을 바닥에 둔다.
② 수행자는 팔을 굽혀서 바닥 가까이 내린다.
③ 팔을 펴면서 손바닥을 친다(상하로 연속하여 실시한다).
유의점: 팔에 힘이 없는 초보자는 지면에서 팔굽혀펴기를 한다.

(11) 물구나무서서 팔굽혀펴기

① 물구나무서기를 한다.
② 팔굽혀펴기 한다(5~20회 연속한다).
유의점: 반동을 이용하지 않고 실시한다.

5) 조정력 운동

(1) 발바닥 치기

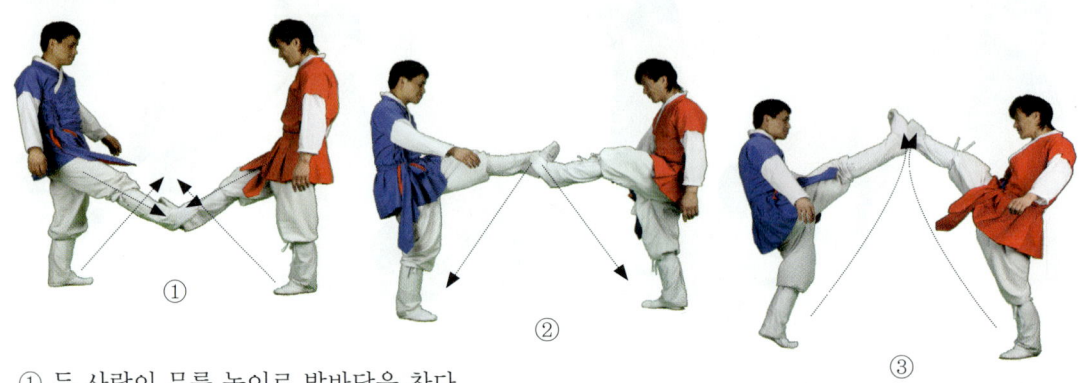

① 두 사람이 무릎 높이로 발바닥을 찬다.
② 두 사람이 허리 높이로 발바닥을 찬다.
③ 두 사람이 얼굴 높이로 발바닥을 찬다.

유의점: 서로 발장심이 부딪치게 하고, 반대편 발등으로 발장치기 연습을 한다.

(2) 손바닥 치기

① 손바닥을 마주보고 발은 어깨 넓이로 벌려서 선다.
② 서로 손바닥으로 쳐서 상대의 균형을 무너뜨린다.

유의점: 두발이 움직이면 패하게 된다. 상대가 정면을 쳐서 넘어질 때에는 무릎을 살짝 굽히면서 허리를 뒤로 틀면 다시 살아날 수 있다. 이러한 동작은 딴죽에 걸려 뒤로 넘어질 경우 허리의 회전으로 되받기를 하는 형태와 비슷하다.

효과: 겨루기에서 상대의 리듬을 깨고 속임동작, 타이밍, 집중력을 길러주기 위한 훈련이다.

(3) 덜미잡기

① 상대와 서로 목덜미를 잡는 연습이다. 이 동작은 사전에 상대의 목덜미를 잡기 전에 팔을 거두어 내거나 당기고, 밀어 내는 동작을 연습하는 것이다.

유의점: 덜미잡기에서 상대의 얼굴을 타격하지 않도록 주의한다.

(4) 무릎치기

① 상대와 무릎을 치거나 돌려서 서로 넘기는 연습이다.
② 반대편 무릎으로 실시한다.
유의점: 무릎끼리 부딪쳐서 상해를 입지 않도록 한다.

(5) 손잡고 넘기기

① 상대와 서로 발등을 마주대고 한손으로 밀거나 당겨서 균형을 무너뜨리는 연습이다.

유의점: 발을 사용하지 않고 손만 사용하는 연습이다.

(6) 어깨 밀기

① 상대와 어깨를 마주대고 서로 뒤로 밀어내는 연습이다.

② 서로 어깨를 바꾸어 사용해도 되며 상대가 밀어내는 반대편 어깨를 사용할 수 있다. 어깨와 발을 함께 사용할 수 있으며 둥근 원이나 매트 한 장 내에서 밀어내기 한다.

유의점: 상대를 밀어 낼 때 자신의 중심이 흐트러지지 않게 한다.

(7) 어깨 잡고 밀기

① 상대와 양어깨를 잡고 맴돌리기, 당기기, 밀어내기, 넘기기 등의 연습법이다.
유의점: 다리를 걸지 말고 상체로 연습한다.

(8) 등 밀기

① 상대와 등을 마주 대고 밀어내는 연습이다.
유의점: 좌우로 몸을 틀지 않고 등으로 밀기한다.

(9) 발등 밟기

① 상대와 발등을 밟는 연습이다.
② 상대가 밟는 발을 피하면서 되받거나 축의 발을 밟기한다.
③ 회전을 하면서 발등을 밟을 수 있다.

유의점: 상대의 발등을 뒤꿈치로 밟지 말고 발장심으로 밟는다.
효과: 상대 발의 움직임을 감지하여 되받기의 타이밍인 내딛는 순간, 들어가는 순간에 밟는 연습을 할 수 있다.

(10) 외발 씨름

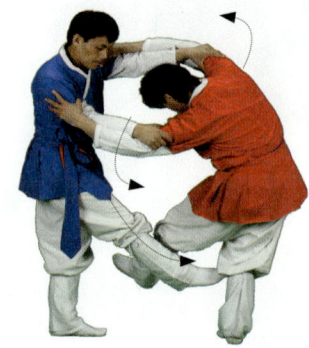

① 상대와 서로 한발을 들고 상체의 맴돌리기와 딴죽을 이용하여 걸어서 넘기는 연습이다.
유의점: 상대의 옷을 잡지 않도록 주의한다.

(11) 잡고 씨름

①

① 상대와 양 어깨를 잡고 맴돌리기와 딴죽을 이용하여 걸어서 넘기는 기술이다.
유의점: 서로 한발을 앞으로 내밀어 주면서 한다.

(12) 앉아서 몸싸움

①   ②

① 상대와 앉아서 서로 목덜미나 무릎 등을 밀거나 당겨서 균형을 무너뜨려 넘기는 연습이다. 서서 하는 형태와 비슷하고 앉아서 손바닥 치기 등을 할 수 있다.
유의점: 시선을 상대로부터 벗어나지 않게 한다.

3. 3인 1조 트레이닝

1) 등 넘어 좌우 타겟 차기

① 한 보조자는 타겟을 잡고 다른 보자자는 허리를
숙여서 발목을 잡는다. 수행자는 등을 넘기 위한 준비를 한다.
② 수행자는 상대를 뛰어 넘는다.
③ 뛰어 넘어 발차기를 한다.

유의점: 뛰어 넘어 바닥에 착지함과 동시에 차기를 하고
몸을 회전하여 반대편도 실시한다.

4. 보조도구 트레이닝

1) 튜브 허리 걸고 차기

① 상대가 튜브를 허리에 감고 잡아당긴다.
② 발차기를 하기 위한 자세를 잡는다.
③ 앞으로 발차기를 한다.

유의점: 발차기 시 뒤로 당겨가지 않도록 한다.

2) 튜브 발목 걸고 차기

① 양쪽 발목에 튜브를 걸고 각종 발차기를 연습한다.
② 중심을 잡기 힘들면 강도가 약한 고무줄을 사용한다.
유의점: 초보자는 강도가 너무 강한 것보다 약한 것을 사용하는 것이 좋다.

3) 튜브 당기기

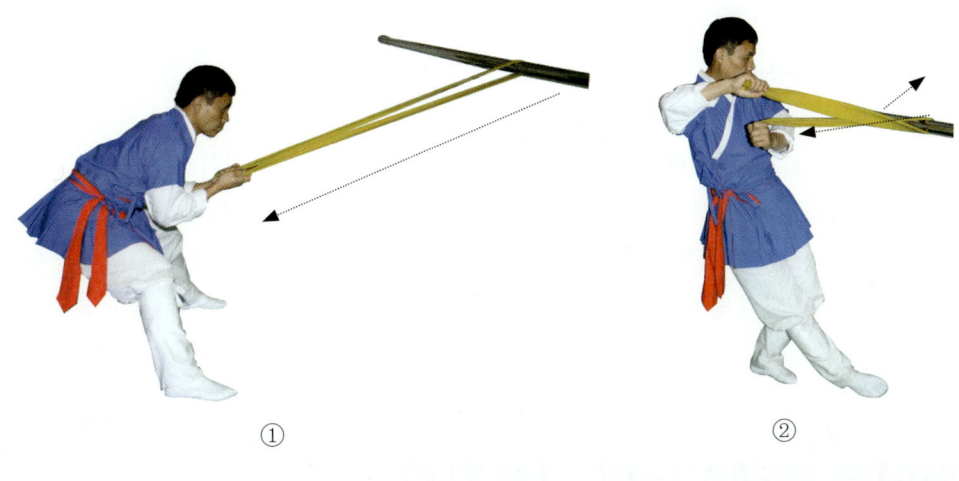

① 발이나 손으로 튜브 당기기를 한다.
유의점: 몸으로 당기지 말고 팔의 힘으로 당긴다.

제2장 웨이트 트레이닝

1. 체중 이용법

  자신의 체중을 이용하기 때문에 장소나 기구에 구애를 받지 않고 실시할 수 있다는 장점이 있다. 체중을 이용한 방법은 동일한 동작이라도 운동 강도를 증가시킬 수 있다. 팔굽혀펴기의 경우 무릎을 바닥에 대고 하면 강도가 줄어 들것이고, 발을 고정된 물체에 걸치고 하면 강도가 높아질 것이다.
  - 종류: 팔굽혀펴기, 턱걸이, 쪼그려 앉았다 일어서기 등

2. 웨이트 트레이닝의 필요성

  힘(force)=질량(mass)×가속도(acceleration)이다.
  위의 공식 즉 "뉴턴운동법칙"이 운동에서 근력발달의 필요성을 나타내어주며 적당한 웨이트 트레이닝을 통하여 근력(힘)의 증가와 근육(질량)의 크기, 근육 수축속도와 비율(가속도)을 증가시킨다. 이러한 이득점과 뉴턴공식의 사용을 통해서 다음과 같은 사항이 추론될 수 있다.

  ① 크기(질량)와 속도(가속도)를 증가시키면 힘 또는 근력의 발생을 증진시킨다.
  ② 근력(힘)과 속도(가속도)를 증가시키면 크기와 (질량)의 효과적인 사용을 제공한다.
  ③ 근력(힘)을 증가시키면 속도(가속도)를 증가시킬 것이다. 위의 간단한 수학적 접근을 통해 우리는 웨이트 트레이닝의 중요성을 알 수 있다.

3. 웨이트 트레이닝의 기본원칙

  ① 과부하의 원칙

근력의 향상을 가장 효과적으로 얻기 위해서는 근육의 적응능력을 향상시켜야만 한다. 근육은 평소에 들어 올릴 수 있는 능력 이상의 무게로 운동을 하면 그 무게에 견디어낼 수 있는 능력을 증가 시키려는 생리기능을 가지고 있다. 따라서 최대60kg의 바벨을 들 수 있는 사람이 70kg의 바벨을 들려고 한다면, 근육은 70kg의 무게에 적응하기 위해 노력한다. 이와 같이 근육의 운동능력 보다 높은 무게로 운동할 때 근력의 증가를 가져 올 수 있다.

② 부하량 증가의 원칙

처음 웨이트트레이닝을 시작할 때는 가벼운 운동기구와 적은 횟수로 운동을 실시하는 것이 원칙이다. 따라서 운동의 효과를 높이기 위해서는 점차 운동 기구의 무게와 반복 운동횟수를 높여 실시해야 한다.

③ 운동순서의 원칙

웨이트트레이닝을 실시하면 소근육군이 대근육군 보다 쉽게 피로해 지는데, 이런 현상을 방지하기 위해서는 대근육군을 먼저 사용하여 운동한 후 시간이 지남에 따라 소근육을 사용하는 운동순서의 원칙을 지키는 것이 좋다.

④ 개별성의 원칙

웨이트 트레이닝의 기본 원칙 중에 가장 중요한 것은 개인마다 차이가 있는 근력, 근지구력, 운동의 경험, 기구 사용의 숙달도 등이 다르기 때문에 개인에 알맞은 운동기구의 선택, 적정 무게의 선택, 반복 횟수와 세트 수의 선택 등이 고려된 개인별 운동 프로그램의 구성이 매우 중요하다.

4. 웨이트 트레이닝의 3요소

① 훈련- 적절한 종목을 구성, 운동방법, 중량, 반복 횟수, 세트, 빈도 등을 체계적으로 계획, 성실하게 훈련에 참여하고 주기적인 근력측정을 한다.
② 휴식- 운동 중 종목이 바뀔 때와 세트 사이에 적당한 휴식이 필요하다.
③ 영양- 강도 높은 운동 시 단백질 섭취량을 체중 1kg당 2g이상 섭취한다.

5. 웨이트 트레이닝 시 호흡, 운동속도, 휴식

① 호흡

시작할 때는 깊이 들이마시고 무게를 올리면서 서서히 숨을 내쉰다. 그리고 운동의 정점(들기 가장 쉬운 부분)에서 숨을 들이 쉬고 밀어낼 때 내쉬면 된다.

② 운동속도

중량을 드는 동안에는 부드럽고 절제된 움직임을 할 수 있어야 한다. 이러한 절제된 반복 속도는 몸을 만드는 데 큰 영향을 미친다. 매우 빠르게 반복하면 근육과 인대에 나쁜 영향을 미칠 수 있다. 반면에 느린 훈련은 성과를 이루기 어렵다. 일반적으로 대부분의 바디빌더(bodybuilder)들은 2초 동안 무게를 들고 1초 동안 정점에서 보내고 다시 2초 동안 무게를 내린다.

③ 세트 간의 휴식

일반적으로 한 세트 한 후에 충분히 회복되었다고 느낄 만큼 휴식을 취한다. 보통 45~90초 정도를 말한다. 부피가 큰 근육은 조금 더 휴식을 취해야 하고, 보다 작은 근육은 짧은 휴식을 취한다. 휴식이 길면 근육 온도가 떨어지고 운동 효과를 감소시킨다.

최대 근력을 키우고자 고강도 웨이트 트레이닝을 한다면 세트 간의 휴식을 길게 하는 것이 좋다.

6. 웨이트 기구를 이용한 운동

1) 어깨운동
①덤벨 프레스(Dumbbell Press)

a. 팔꿈치는 지면과 수평이 되도록 하고 팔을 쭉 뻗는다.
b. 발바닥과 허리를 고정시키고 내릴 때는 숨을 들이마시고 올릴 때는 내쉰다.
c. 머신과 바벨도 같은 원리로 한다.
　관련근육: 상완삼두근, 삼각근

②사이드 래터럴(Side Laterals)

a. 부상 방지를 위해 팔을 약간 굽히고 엄지손가락이 약간 밑으로 향하게 해서 중량을 올린다.
b. 최고 정점에서 약간 멈춘 다음 천천히 내린다.
　관련근육: 측면 삼각근

③프론트 레이즈 (Front Raise)

a. 다리를 어깨 넓이로 벌리고 숨을 들이마시고 덤벨을 몸의 중심을 따라 눈높이까지 올린다.
b. 팔꿈치를 약간 구부리고 완전히 올린 후에 숨을 내쉬고 한손을 내린 후 다시 숨을 들이마시고 반대편 덤벨을 다시 올린다.

　관련근육: 전면 삼각근

④숄더 프레스(Shoulder Press)

a. 의자에 앉았을 때 그립이 어깨와 같은 선상에 오도록 하고 가슴과 턱을 들고, 둔부를 벤치에 붙이고
b. 상지가 완전히 펴질 때까지 위로 밀어 올린 후 천천히 시작 자세로 돌아간다.

　관련근육: 삼각근

2) 가슴(Chest)운동

①플랫바벨 벤치프레스(Flat Barbell Bench Press)

a. 발은 바닥에 단단히 고정시키고 머리와 등을 벤치(bench)에 붙인다.
b. 바(bar)를 가슴부위에 가깝도록 최대한 내린다.
c. 이때 팔꿈치, 손목, 바가 일직선 상에 있어 대흉근에 최대한 자극을 준다.
 관련근육 : 대흉근, 삼각근, 상완삼두근

②인클라인 벤치프레스(Incline Bench Press)

a. 경사진 벤치(bench)에 누워서 다리를 벌려 양발이 바닥에 닿도록 한다.
b. 어깨넓이 보다 넓게 바벨을 잡고 천천히 가슴 위에서 내린다. 숨을 내쉬면서 바벨을 밀어 올리고, 숨을 들어 마시면서 천천히 내린다.
 관련근육: 대흉근, 삼각근, 상완삼두근

③ 디클라인 벤치프레스(Decline Bench Press)

a. 머리 쪽이 낮게 기울어진 의자에 눕는다.
b. 목 바로 아래 가장 높은 부위까지 바를 내리며 팔꿈치가 귀밑에 까지 가도록 내린다.
c. 중량을 너무 과도하게 하면 부상이 있을 수가 있으니 보조자의 도움으로 안전하게 실시한다.
  운동부위: 대흉근, 삼각근, 상완삼두근

④ 버티컬 프라이(Vertical Fly)

 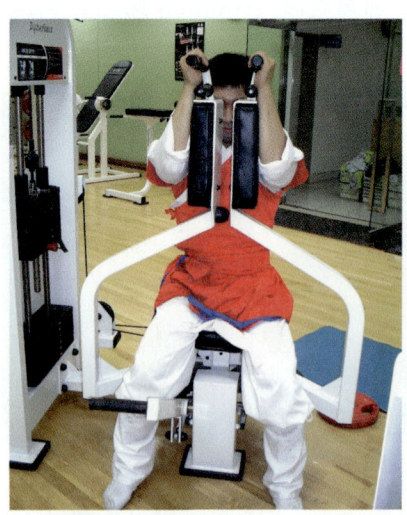

a. 팔꿈치와 어깨가 가슴선에 일치가 되도록 한다.
b. 모을 때 숨을 내쉬고 놓을 때 숨을 들이마신다.
c. 가슴을 분리시키는 아주 좋은 운동이며 대흉근 안쪽을 고루 발달시킨다.
  관련근육: 대흉근

⑤체스트 프레스(Chest Press)

a. 의자에 앉아서 그립이 가슴선상에 오도록 하고 어깨는 일직선이 되도록 한다.
b. 가슴을 수축하면서 팔이 완전히 펴질 때까지 앞으로 민 후 천천히 시작자세로 돌아간다.
　관련근육: 대흉근

3) 등 운동

①벤트 오버 로우(Bent-Over Rows)

a. 무릎은 조금 굽히고 허리와 등은 곧게 편다.
b. 덤벨을 들어 가슴의 아랫부분까지 끌어 당겼다가 내린다.
c. 허리에 무리가 많이 가는 운동이므로 초보자는 가벼운 부하에서 실시한다.
　관련근육: 광배근, 대원근

②와이드 그립 리버 풀 업(Wide Grip Rear Pull Up)

a. 바를 프로네이트 그립으로 어깨 넓이보다 넓게 잡는다.
b. 바에 매달려 승모근이 수평 바에 닿도록 몸을 최대한 끌어올린 후 시작자세로 돌아간다.
 ※ 동작 실시 중 몸이 흔들리지 않도록 주의한다.
  관련 근육: 광배근 상부

③친업(Chins Up-Wide Grip, Close Grip)

a. 수평 바에 매달려 가슴상부가 수평 바에 닿도록 몸을 최대한 끌어올린 후 시작자세로 돌아간다.
b. 앞뒤로 몸이 흔들리지 않도록 주의한다.
  관련근육: 광배근, 상완이두근

④데드 리프트(Dead Lift)

a. 무릎을 곧바로 편 채로 바벨을 올린다.
b. 이때 등을 아치형으로 곧게 펴서 허리로 중량이 무리하게 가는 것을 막는다.
c. 허리는 굽히고 머리는 들고 등도 곧게 편다.
   관련근육: 척추기립근, 대퇴이두근

⑤씨티드 케이블 로우(Seated Cable Row)

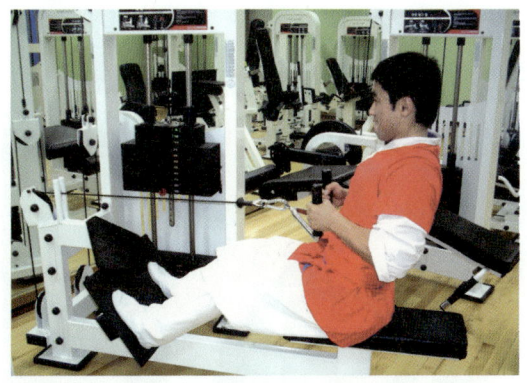

a. 등을 곧게 편 다음 손잡이를 잡고 앉는다.
b. 운동 시 몸을 굽히거나 반동을 주어서는 안 되고, 등 쪽만 쭉 늘려 준다.
c. 시작할 때 들어 마시고 마칠 때 내쉰다.
   관련근육: 광배근

⑥ 케이블 풀다운(Cable Full Down)

a. 의자를 깊숙히 앉아서 무릎을 단단히 고정시킨다.
b. 팔을 펴서 어깨 넓이보다 넓게 바(bar)를 잡고 배근을 편다. 숨을 내쉬면서 바를 가슴 쪽으로 끌어 내린다. 숨을 들이마시면서 원위치로 되돌아간다.
　관련근육: 광배근, 상완이두근, 대원근

⑦ 하이퍼 익스텐션(Hyper Extension)

a. 지지대에 상체를 고정시킨 다음 허리를 아래로 굽혀 상체가 바닥과 수직이 되게 한다.
b. 평행이 될 때까지 몸을 들어 올린다.
　관련근육: 척추기립근

4) 상완(Upper arm) 운동

①씨티드 덤벨 컬(Seated Dumbbell Curls)

a. 발바닥을 견고하게 붙이고 앉는다. 서서 하는 것보다 반동을 줄이기 때문에 힘이 더 들 수 있다.
b. 내릴 때 긴장을 늦추지 말고 중량을 버티면서 내려와야 효과가 있다.
   관련근육: 상완이두근, 전완근

②씨티드 암 컬(Seated Arm Curl)

a. 가슴과 상완을 기구 패드에 밀착시키고 앉는다. 팔꿈치를 펴고 손바닥이 위를 향하게 바를 잡는다.
b. 허리를 곧게 펴고 바를 최대로 높이 올린 상태에서 1~2초 정도 팔꿈치를 천천히 펴면서 내린다.
   관련근육: 상완 이두근, 상완근, 완요골근

③이지바 컬(E-Z Bar Curls)

a. 선수들이 상완이두근의 양을 늘릴 때 가장 선호하는 운동법이다.
b. 덤벨 컬과 같은 방법으로 실시한다.
c. 팔꿈치가 흔들리지 않도록 내릴 때 중량을 느끼도록 천천히 내리는 것이 중요하다.
　관련 근육: 상완이두근

④스탠딩 원 암 컬 온 로우 풀리(Standing One-Arm Curl on Low Pulley)

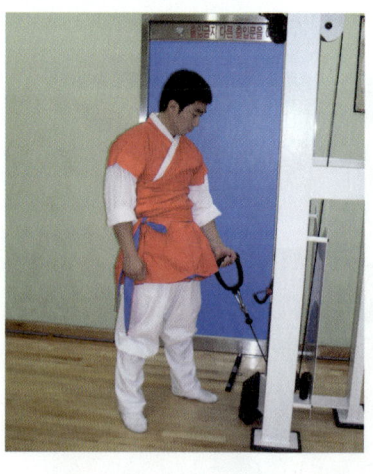 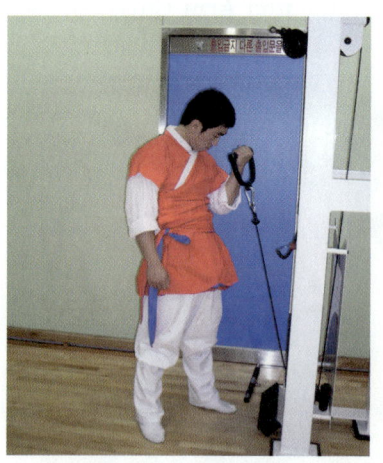

a. 케이블 하단 D자형 손잡이를 걸고, 손잡이를 슈피네이트 그립으로 잡는다.
b. 기구에서 30~50cm정도 떨어져 케이블을 팽팽하게 긴장시키고, 전완을 천천히 상완 쪽으로 당겨 1~2초간 유지한 후 시작자세로 돌아간다.
※상완이 옆구리에 고정된 자세를 유지하며 실시한다.
　관련근육: 상완이두근

⑤ 케이블 컬(Cable Curls)

 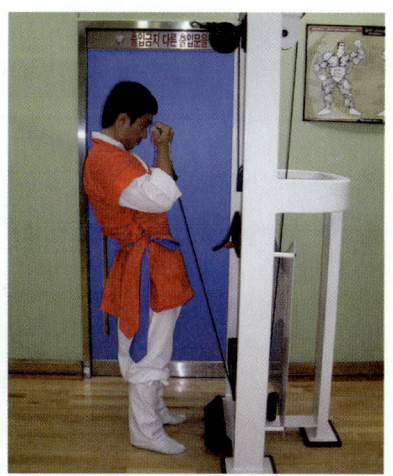

a. 케이블 하단에 스트레이트 바를 걸고 잡는다.
b. 기구에서 30~50cm정도 떨어져 케이블을 팽팽하게 긴장시키고, 전완을 천천히 상완 쪽으로 당겨 1~2초간 유지한 후 시작자세로 돌아간다.
 ※상완이 옆구리에 고정된 자세를 유지하며 실시한다.
  관련근육: 상완이두근, 상완근

⑥ 케이블 프레스다운(Cable Press Down)

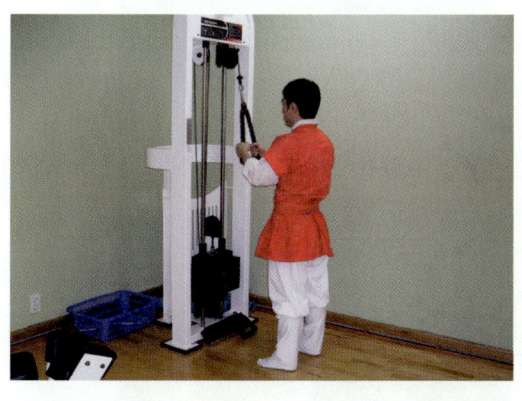 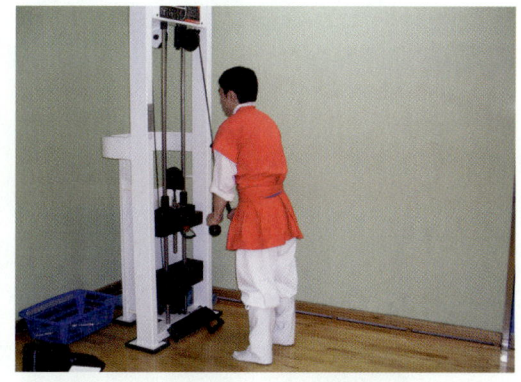

a. 발을 어깨 넓이로 하고 등을 곧게 펴고 허리를 조금 숙인다.
b. 기구에서 30~50cm정도 떨어져 상완은 옆구리에 위치하고, 90도로 구부린다.
c. 케이블을 팽팽하게 긴장시키고, 전완을 천천히 앞으로 당겨 팔이 일직선이 되는 위치까지 당겨 1초간 유지한 후 시작자세로 돌아간다.
  관련근육: 상완삼두근

5) 복부(Abdomen) 운동

① 디클라인 벤트 니 싯업(Decline Bent Knee Sit Up)

 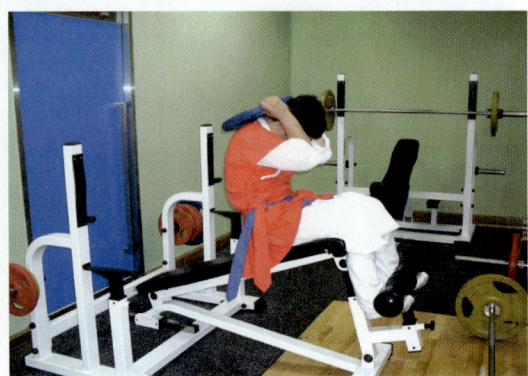

a. 무릎을 굽히고 발목을 패드에 고정시킨 뒤 디클라인 벤치에 눕는다.
b. 무릎은 45도로 구부린다.
c. 허리를 둥글게 말아 올린다.
　관련근육: 복직근, 내외·복사근, 장요근

② 행잉 리버스 크런치(Hanging Revers Crunch)

a. 얼굴을 앞으로 하고 평행봉을 손으로 잡는다.
b. 무릎을 곧게 편 다음 바와 수평이 되게 올린다.
c. 힘이 들면 무릎을 굽혀서 실시해도 된다.
　관련근육: 복직근, 대퇴사두근

6) 대퇴부 전체운동

①스쿼트(Squat)

a. 어깨 넓이보다 다리를 벌리고 배근을 곧바로 펴서 바벨을 어깨에 짊어진다.
b. 천천히 허리를 아래로 내리고 대퇴가 바닥과 평행이 될 정도까지 천천히 무릎을 굽힌다.
c. 상체를 똑바로 세워서 원위치로 되돌아간다.
 ※동작 중에는 항상 무릎과 발끝이 같은 방향이 되도록 한다.
　　관련근육: 대퇴사두근, 대퇴이두근, 대둔근

②파워 레그 프레스(Power Leg Press)

a. 상체를 똑바로 편 채 앉아 무릎을 굽히고 발을 패드 위에 놓는다.
b. 이때 시선은 정면을 향하고 양손은 의자에 달린 손잡이를 잡는다. 천천히 다리를 펴면서 밀어낸다.
　　관련근육: 대퇴사두근, 대퇴이두근, 대둔근

③런지(Lung)

a. 바벨을 어깨에 메고 양손으로 잡는다. 덤벨을 들고 할 수도 있다.
b. 오른쪽 다리는 가능한 곧게 펴고 제자리로 돌아온다.
c. 앞쪽에 무게 중심을 실어서 한다.
　운동부위: 대퇴사두근, 대퇴이두근, 대둔근, 내전근

7) 대퇴이두근 강화운동

①라잉 레그 컬(Lying Leg Curl)

a. 로울러 패드에 발뒤꿈치를 대고 엉덩이 부분까지 들어 올린다.
b. 내릴 때에도 끝까지 힘을 주면서 버티면서 천천히 내린다.
c. 반동을 주게 되면 효과가 없다.
　운동부위: 대퇴이두근, 반막상근, 반건상근

8) 대퇴사두근 강화운동

① 레그 익스텐션(Leg Extension)

a. 의자에 앉아 등과 둔부를 밀착시키고 무릎이 바닥과 평행이 될 때까지 편 후 천천히 시작자세로 돌아간다.

* 동작 실시 중 반동을 주지 않고, 둔부가 의자에 떨어지지 않도록 한다.
   운동부위: 대퇴사두근

9) 하퇴근 강화운동

① 레그 프레스머신 카프레이즈(Leg Prees Machine Calf Raise)

a. 레그 프레머신에 누워서 두 다리를 펴서 양발을 패드 위에 놓는다.
b. 무릎이 굽혀지지 않도록 하면서 발 앞꿈치를 최대한 밀어 올린다.
   운동부위: 비복근, 가자미근, 전경골근

제10부 경기력 향상을 위한 훈련계획의 이론과 실제

제1장 택견 훈련계획의 이론
    1. 택견 훈련계획의 목표
    2. 훈련계획의 원칙

제2장 택견 훈련의 실제
    1. 훈련 주기(週期)의 고려
    2. 택견 훈련계획의 편성

제3장 택견 훈련계획을 통한 최상의 경기력
    1. 최상의 경기력
    2. 훈련의 목표 설정
    3. 경기력 향상을 위한 평가

제1장 택견 훈련계획의 이론

1. 택견 훈련계획의 목표

1) 택견 훈련의 목표

택견 겨루기에 맞는 목표를 습득하기 위한 체력이나 기술을 훈련하는 것이 주목적이 되고 이와 함께 컨디션의 조정 및 훈련에서 수반되는 피로와 상해도 함께 고려되어야 할 것이다. 이러한 목표를 일정한 영역으로 분류하면 다음과 같다.

(1) 신체적 능력의 극대화
택견 훈련은 체력의 계획적인 강화훈련을 통한 운동능력의 극대화에 일차적인 목표가 있다. 택견 경기에서 최상의 컨디션을 가지고 신체적인 능력을 극대화하여 최고의 성적을 내는 것뿐만 아니라 더불어 함께 살아가는 사회생활에서 상생공영과 건강증진을 위함이다.

(2) 운동기술의 극대화
운동기술의 극대화는 경기의 승패를 좌우하는 가장 큰 요소로 훈련계획의 가장 큰 핵심이다. 이러한 경기를 위한 훈련계획은 운동기술의 향상을 기본 목표로 하기 때문이다.

(3) 정신적 능력의 극대화
경기에서 비슷한 실력의 소유자는 누가 정신력이 강한가에 따라 승패가 좌우된다. 이러한 정신력은 체계적이고 계획적인 훈련을 통해서 강화될 수 있다. 물론 선천적으로 부모로부터 물려받은 성격이 있기는 하지만 우리는 환경적 요소에 의해서 성격과 정신력이 바뀌어 가는 것을 볼 수 있다. 몸과 마음은 서로가 유기적 관련성을 갖게 하여 어느 목표라도 떨어져서는 안 되고 서로 보강하고 일치되어야 한다.

2. 훈련계획의 원칙

1) 훈련계획의 역할

- 코치(뒷배)는 합리적이고 과학적인 훈련프로그램을 계획해야 한다.
- 코치(뒷배)는 전문적인 지식과 풍부한 경험을 소유해야 한다.
- 훈련계획은 선수의 잠재력 개발이 가능하도록 구성되어야 한다.
- 훈련계획은 간단, 명료하여 선수들이 잘 이해되도록 해야 한다.
- 선수들의 기능 향상 정도에 따라 계획을 변경하여 경기 시에 최고의 컨디션이 유지되도록 계획되어야 한다.

2) 훈련의 일반적인 요구사항

코치(뒷배)나 감독들이 훈련계획을 작성하려면 훈련과정에 대한 지침을 제공해 주는 몇 가지의 요구사항을 만족시켜줘야 하는데 Siclovan(1972)이 제안한 요구사항들을 열거하면 다음과 같다.

(1) 장기계획은 현재 시행되는 계획과 조화를 이루어야 한다.
① 장기계획은 선수들에게 훈련계획을 제시해주는 목적이 있다.
② 현재와 미래의 훈련계획은 서로 연계성이 있어야 한다.
③ 현재 시행되는 계획의 향상도 상황을 예견하여 장기계획을 수립한다.
④ 목표의 성취를 위한 측정기준이나 성취도 등을 반영해야 한다.

(2) 훈련에 영향을 미치는 요인들을 결정하고 이를 중점적으로 강조한다.
① 훈련량이나 강도는 선수들의 훈련 진행과 균형을 맞추어야 한다. 기술과 경기기능은 매우 빠른 속도로 발달하나 체력의 향상은 속도가 느리게 발달한다(경기와 테스트를 통해 파악).
② 훈련내용에 취약점이 발견되면 보충할 수 있는 계획수립을 다시 해야 한다.
③ 기술향상은 근력의 발달과 밀접한 관계가 있음을 중시하여 체력훈련 요소에 신경을 써야 한다.

(3) 계획의 주기적 달성
① 선수의 잠재력을 최대로 발휘할 수 있도록 점진적 계획을 수립한다.
② 훈련주기는 성취목표, 훈련요소, 성취기준이 명확하고 발전 속도에 따라 변경 될 수 있도록 계획해야 한다.

제2장 택견 훈련의 실제

1. 훈련 주기(週期)의 고려

 모든 훈련이 주간 프로그램을 기본 단위로 하더라도 운동은 장기적인 훈련을 통해 습관화 되어야 되기 때문에 장기간에 걸친 계획을 세워야 한다. 그리고 개인차는 몸의 상태와 체력 및 신체기능의 조건, 환경은 훈련환경과 생활환경, 생리적 측면과 사계절에 기후의 특성을 고려하여야 한다. 일반적인 훈련 주기는 다음과 같이 3기로 구분하고 있다.

1) 준비기(3~5월): 최고의 컨디션을 지향하면서 훈련하는 기간

① 전면적 체력향상과 종목별, 개별적 체력의 향상을 위한 훈련을 중시한다.
② 훈련의 질과 양을 크게 부하한다.
③ 운동기술의 정도를 높인다.
④ 의지력을 강화한다.

2) 경기기(6~11월): 최고의 컨디션 유지와 최고의 운동성과를 위해 훈련하는 기간

① 운동기술의 훈련을 중요시 한다.
② 종목별 개별적 체력의 향상을 위한 훈련을 계속한다.
③ 훈련의 질을 높이고 양을 줄인다.
④ 의지력의 안정을 도모한다.

3) 이행기(12~2월): 적극적인 휴식을 취하며 훈련의 효과를 유지하면서 경기기와 준비기를 연결하는 훈련기간

① 전면적 체력의 향상을 중요시한다.
② 훈련의 질은 비교적 약하게 하고 양은 최대한으로 늘린다.
③ 의지력을 기른다.
④ 훈련에 대한 지적 이해를 높인다.
⑤ 체력요소에 따른 개별적 수준을 진단한다.

2. 택견 훈련계획의 편성

택견의 훈련은 장기적인 계획으로 어린이부터 청소년기의 계획적인 훈련이 일류 선수로 키워낼 수 있다. 인간의 생활 리듬은 주(週)를 단위로 되풀이 되고 있다. 따라서 일반적으로 훈련계획을 구체적으로 편성하는 단위는 주간계획이다. 그리고 훈련의 모든 계획은 개인차에 상응한 각양각색으로 편성된 내용이어야 한다. 특히 체력의 특징과 단련도(鍛鍊度)일 것이다.

1) 장기(長期)훈련 계획

장기훈련 계획은 장기간에 걸쳐 택견 훈련 대상에 특정한 훈련의 과제를 부여하고, 그 생활을 어떻게 하는가를 통제한다. 따라서 훈련 계획은 단지 택견 능력개발만이 아니라 전인적 육성도 병행한 내용으로 하는 것이 필수조건이다.

(1) 장기훈련 계획을 입안(立案)하는 데는 다음 요건을 구비할 필요가 있다.
① 훈련 목적과 목표를 명확히 해야 한다.
② 계획이 유소년기에 시작한 훈련 계획이 장기로 지연되면, 훈련 과제 설정순서를 연령과 기능발달 순서에 대응하여야 한다.
③ 훈련 내용은 생체 기능면에서 보기 때문에 심리적 성장 조건도 포함하여 구성한다.
④ 훈련 대상의 단점에 대한 충분한 시간을 가져 균형 잡힌 택견 선수육성을 계획의 기본으로 한다.
⑤ 장기계획을 유지하는 지침은 매일 훈련 상황과 훈련 성과를 점검하여 평가나 경기의 성적에서 얻는다.

(2) 훈련 목적을 위해 정기적인 평가, 경기의 기록 등으로 효과적인 계획을 세우며, 구체적인 내용은 다음과 같다.
① 일수와 시간

② 훈련내용으로 한 운동이나 종목
③ 훈련의 부하강도와 부하방법(반복법, 교차법, 구간법 등)
④ 훈련에 대한 실시자의 자각증상
⑤ 훈련 실시 중 경기횟수, 기록, 평가 성적 등

2) 연간(年間) 훈련 계획

연간 훈련계획은 코치가 1년 동안 실시할 훈련에 대한 방향설정과 팀의 목표달성을 위한 최적의 수단이다. 1년에 걸쳐 조직되고 계획된 프로그램은 선수의 경기력을 최대로 향상시켜 우수한 경기성적을 얻는데 그 목적이 있으므로 훈련 계획을 설정할 때는 선수를 참가시키는 것이 바람직하다.

주기란 프로그램을 좀 더 운영하기 편리하게 하며 주요경기일정에 맞추어 경기력을 최고수준으로 이끌기 위해 연간 계획을 훈련 단계에 따라 미분화하는 과정이다.

훈련의 주기는 단계별로 준비기, 경기기, 이행기로 구분할 수 있다. 이렇게 연간 훈련을 단계별로 구분하는 것은 각각의 단계에서 특징적으로 요구되는 기간, 순서, 훈련량, 훈련강도 등을 세분화하여 점진적인 훈련을 이루어지게 함으로써 경기 중 최상의 능력을 발휘할 수 있게 하기 위함이다.

[표10-1] 다음은 전국체전을 중심으로 연간계획의 예

주 기	기 간	목 표	내 용
준 비 기	3~5월(일반적 단계)	전면적 체력	서키트 레이닝 웨이트 트레이닝 인터벌 트레이닝
	6~8월(특수 준비 단계)	전문적 체력	파워 트레이닝 스피드 트레이닝 운동 기술의 훈련
경 기 기	9월(경기전 단계)	경기 출전 준비	운동 기술의 연습 건강관리
	10~11월(경기중 단계)	경기 출전	경기에 출전
이 행 기	12~2월(이행 단계)	체력 유지, 전술 연구	적극적 휴식 서키트 트레이닝 정신력의 함양

(1) 이행기(Season off)훈련계획(12~2월)
- 전년도 시즌에서 누적된 신체적 정신적 피로회복 기간이다.
- 적극적인 휴식단계를 거쳐 보다 높은 수준의 운동 상태에 도달할 수 있게 하는 생체리듬의 불가결한 단계이다.

- 선수의 부담을 덜어 주고 운동기능의 저하를 극소화해야 한다.
- 체력향상 연습에 대해 연습의 강도를 비교적 약하게 하고 연습량을 최대로 한다.
- 신체적 정신적 손실을 완전히 재생시키면서 기능을 유지시켜야 한다.
- 완전한 휴식이 지양되어 전면적인 체력향상 연습에 역점을 둔다.
- 훈련을 통하여 택견 훈련에 열의를 높인다.
- 연습에 대해 지적인 이해를 높인다.

(2) 준비기 훈련계획(1~4월)

① 단련기(1~2월)
- 전문체력에 필요한 민첩성, 순발력, 지구력, 유연성, 평형감각 등 모든 체력요인을 강화한다.
- 종목별 기술훈련을 강도 높게 실시한다.
- 훈련의 질과 양을 높인다.
- 의지력과 인내력을 높여 승부근성을 기른다.

② 완성기(3~4월)
- 단련기에서 형성된 체력과 기술을 높이면서 전신의 컨디션을 마무리하는 시기이다.
- 개별적 체력향상을 중시하며 운동기능의 연습을 중요시한다.
- 훈련성과를 파악하기 위한 수단으로 모의경기를 자주 갖도록 한다.
- 훈련의 질은 높이고 양은 줄인다.

(3) 경기기 훈련계획(1차 5~6월, 2차 9~10월)

경기 1주일 전까지 즉, 10일간의 훈련 계획
- 심리적 대비를 하고 운동능력을 계속 향상시킨다(경기에 임하는 태도나 의지력을 높이고 안전을 고려).
- 각종기술의 정확성을 높인다.
- 경기기술시도에 자신감을 갖게 한다.
- 경기상황에 필요한 전술적 지식이 원활해지도록 한다.
- 전문체력의 수준을 경기기술에 전이시키도록 한다.
- 연습의 질을 높이고 양을 낮춘다.
- 정신적으로 자신감과 사명감을 고취시킨다.
- 운동 기능에 역점을 둔다.
- 종목별, 개성적인 체력 향상 연습의 지속에 역점을 둔다.

경기 시간에 합당한 훈련을 하려면 자신이 전력을 다하여 자신과 겨룬다는 생각과 직접경기에 임한다는 각오로 매일 훈련을 행하여야 한다.

3) 주간(週間) 훈련 계획

택견 훈련계획의 기본단위가 되며 또한 전체 트레이닝 계획의 성패를 좌우하는 중요한 의미를 갖고 있다. 시간을 나눈다는 것은 주간계획의 주체이다. 훈련 빈도는 주간 당 실시 횟수로 결정한다.
① 인간은 주간단위로 생활리듬이 되풀이 되고 일반적인 스케줄은 대부분 1주일 단위로 작성한다.
② 주간계획은 월간, 연간, 장기전망계획으로 발전하는 기본단위가 된다는 점에서 각별히 세심하게 배려해야 한다.
③ 훈련의 내용은 운동 강도와 운동량을 적절히 배분하여 계획한다.
④ 주요경기의 3~5일 이전에는 최대전문훈련을 계획하지 않는다.

(1) 택견 트레이닝의 예
① 택견 주간 연습계획 예 [표 10-2]

요일	주 연습 내용
월	딴죽, 차기 단일기술, 유연성, 근력 순발력
화	딴죽, 차기 연결기술, 스피드 훈련
수	복합연결기술, 근파워 훈련
목	복합연결기술, 되받기, 민첩성, 순발력 훈련
금	겨루기, 되받기, 보조훈련
토	공격과 되받기, 지구력 훈련
일	휴식

※1일 트레이닝을 기본적으로 실시하고 주 운동을 요일마다 바꾼다.

4) 1일 훈련 계획

주간 훈련 계획 내용이 1일 계획을 포함시킬 수 있지만 매일 실시되는 훈련의 세부적 목적과 구체적인 실시조건을 면밀히 고려하여 세우는 계획이라 할 수 있다.
① 훈련 횟수와 시기-1일 훈련 횟수: 1~2회가 지배적임 [표10-3]

회 수	시기	시간	방법
1회일 때	오후	2~3시간	일상생활과 조화 및 인체의 생리적인 고려
2회일 때	오전, 오후	3~4시간	1주기 리듬 고려
3회일 때	새벽, 오전, 오후	5~6시간(새벽 1시간, 오전 2시간, 오후 2시간)	합숙훈련
4회일 때	새벽, 오전, 오후, 야간	4~7시간(새벽 1시간, 오전 2시간, 오후 1시간, 야간 1시간)	특수훈련

② 훈련내용
- 3단계 훈련- 준비운동, 본운동, 정리운동
- 4단계 훈련- 개요소개, 준비운동, 본운동, 정리운동

(1) 개요소개

소개시간: 3~5분

소개내용: 훈련의 목표 및 목표달성에 대한 구체적인 설명으로 동기유발과 유도한다.

(2) 준비운동

준비운동의 방법을 간단히 요약하면 다음과 같다.

① 가벼운 유연체조(스트레칭)- 중추신경의 흥분성을 높여 자율신경계의 조절- 근육의 탄성과 관절의 유연성을 높인다.
② 조깅-전신적 운동(체온상승)을 실시한다.
③ 여름은 짧게 겨울은 길게한다.
④ 주 운동이 순발력, 근력 운동일 때는 짧게한다.
⑤ 주 운동이 근지구력, 전신지구력일 때에는 길게한다.
⑥ 시간: 20~30분

(3) 주 운동

체력 운동기술, 의지력과 전술 등을 익히게 된다. 특히 주 운동 단계에서 고려할 점은 다음과 같은 운동의 순서가 지켜져야 한다.

① 운동 기술과 전술의 연습
② 스피드(순발력)를 요하는 운동
③ 근력의 강화를 위한 운동
④ 지구력의 개선을 위한 운동
⑤ 시간: 80~90분

(4) 정리운동

① 운동단계에서 과해진 부담을 서서히 안정 상태로 회복시키는 단계이다.
② 주 운동에서 생긴 젖산 부채제거와 산소 부채를 보상한다.
③ 정리운동은 준비운동의 역순으로 실시한다.
④ 주 운동 후 완전회복은 15분간 동적휴식에서 50%, 완전회복은 30분 소요한다.
⑤ 시간:10~20분

가) 1일 3회 훈련의 예 [표10-4]

시 간	내 용	시 간	내 용
6:30 ~	기상	13:00 ~ 14:00	점심 식사
7:00 ~ 8:00	첫 번째 훈련(낮은 강도)	14:00 ~ 16:00	휴식
8:30 ~ 9:00	아침식사	16:00 ~ 18:00	세 번째 훈련
9:00 ~ 10:00	휴식	18:00 ~ 19:00	회복 및 휴식
10:00 ~ 12:00	두 번째 훈련	19:00 ~ 19:30	저녁식사
12:00 ~ 13:00	회복 및 휴식	19:30 ~ 22:00	자유 시간
		22:00	취침

나) 1일 4회 훈련의 예 [표10-5]

시 간	내 용	시간	내용
6:30 ~	기상	14:00 ~ 16:00	휴식
7:00 ~ 8:00	첫번째 훈련(낮은 강도)	16:00 ~ 17:30	세번째 훈련
8:30 ~ 9:00	아침식사	17:30 ~ 18:30	회복 및 휴식
9:00 ~ 10:00	휴식	18:30 ~ 19:30	네 번째 훈련
10:00 ~ 12:00	두번째 훈련	19:30 ~ 20:00	회복
12:00 ~ 13:00	회복 및 휴식	20:00 ~ 20:30	저녁식사
13:00 ~ 14:00	점심 식사	20:30 ~ 22:00	자유시간 후 취침

다) 택견 1일 연습 계획의(예) [표10-6]   소요시간: 5시간 일시: 20 . .

구분	훈련 종목	소요시간	내 용	방법 및 유의사항
새벽 06:30 ~ 07:30	준비운동	10분	몸풀기(준비운동)	유연성 운동
	본운동 (유산소 훈련)	10분 5분 5분 5분 10분	운동장 달리기 및 언덕 달리기 (조깅) 제자리 솟구치기 토끼뜀, 오리걸음 왕복달리기 줄넘기 등	일정한 거리를 유지하고 달리기 약 50회 약 50회 전력질주 1000회이상 힘을 빼고 실시
	정리운동	10분	스트레칭	관절운동 위주
	명상	5분	심상훈련	하루의 일과에 대한 준비와 훈련에 임하는 각오다짐
오전 10:30 ~ 11:30	준비운동	5분	몸풀기	가볍게 실시
	본운동 (체력과 근력 훈련)	5분 20분 10분 5분 5분	맨몸트레이닝 웨이트 트레이닝 2인1조 트레이닝 튜브당기기(손, 발) 달리기	맨몸 근력훈련 근력강화 훈련 조정력 운동 50회×3회 400m, 200m
	정리운동	10분	스트레칭	스트레칭
오후 3:30 ~ 6:00	준비운동	20분	몸풀기(스트레칭)	겨루기를 위한 스트레칭
	본운동 (겨루기 기술 훈련)	10분 10분 15분 15분 10분 15분 20분 20분	기본 딴죽 및 차기 미트 차기 런닝 발차기 딴죽(2인1조) 딴죽+차기 연결기술 전술훈련 되받기 겨루기	정확성 연습 제자리에서 차기 나가면서 차기 딴죽 단일기술 얼렁발질 등 상황별 전술훈련 딴죽 및 차기 돌면서 겨루기 등
	정리 운동	15분	스트레칭	충분한 마무리 스트레칭

제3장 택견 훈련계획을 통한 최상의 경기력

1. 최상의 경기력

최상의 경기력, 자신의 종전 기록의 갱신 그리고 최고기록 수립 등은 결코 우연히 이루어지는 것이 아니다. 그러한 경기력은 오랜 기간 동안 주의를 기울여서 조심스럽게 경기에 대비한 결과이다. 잘 계획된 훈련 프로그램을 충분히 실행함으로써 최상의 경기력을 발휘할 수 있다.

2. 훈련의 목표 설정

근육과 에너지 능력을 이루기 위해서는 상당한 시간이 요구된다. 훈련의 목표를 설정하는 것은 훈련에 대한 선수들의 흥미를 계속 유지하게 만드는데 효과적이다. 목표설정 과정의 가장 좋은 방법은 코치와 선수들이 훈련 목표에 대해 서로 의견을 교환하여 체력의 증가 정도를 합리적으로 설정하는 것이다. 목표설정의 가장 중요한 점은 실천 가능성을 고려하는 것이다. 선수들이 도달할 수 없는 목표는 의욕을 불러일으키는 것이 아니라 선수들을 실망시키고 얼마 안가서 흥미를 잃게 된다.

3. 경기력 향상을 위한 평가

1) 평가의 목적

평가의 목적을 살펴보면 첫째, 연습과정에서 부족한 원인에 대한 것을 세부적으로 진단한다. 즉 불충분한 연습이나 부적당한 연습방법, 기초기술의 부족, 흥미의 결여, 그리고 신체적 결핍(缺乏) 및 낮은 지능(知能) 등 이와 같이 불안전한 연습은 상세히 조정해서 지도해야 한다. 둘째, 평가는 정기적으로 실시해야 한다. 지도와 평가를 분리해서 연습의 효과를 기대하기는 어렵다. 결국 지도자는 목표와 내용, 지도방법의 개선 등을 수시로 체크하여 연습의 진보, 곤란도, 최종달성도, 기억의 파지나 전이 등을 효과적으로 평가를 통하여 이끌어 가야한다. 셋째, 지도방법을 비판적으로 분석하기 위한 데이터를 확보해야 한다. 이것을 위해 현재의 능력을 발견하는 것 그리고 진보의 정도를 파악하는 것을 바탕으로 오늘 이후의 계획에 대해 도움이 되도록 해야 한다.

평가에서의 코치의 임무는 현재의 처방이나 방법이 연습효과로 나타나지 않으면 새로운 다른 방법 등이 연구되어야 한다.

2) 평가의 특징

코치는 선수가 여러 상황에 대응할 수 있는 지식과 기능이 몸에 숙달되도록 선수를 독려하는 것이 코치의 소관이기 때문에 다음과 같은 연습의 개념구성에 따르는 문제점을 해결해야 한다.

① 연습의 장은 바람직한가?
② 연습 상황에서 선수는 대체로 그들에게 요구되고 있는 것이 확실하게 이해 할 수 있도록 시도하고 있는가?
③ 개인차는 확인 되어 있고 각 개인에 적합하도록 고려되고 있는가?
④ 시즌의 종료 후에 행하는 평가보다는 시즌 중과 경기 중에 평가하여 곧바로 교정하는 시스템이 유효하다.

3) 평가의 방법

단체전일 경우에는 경기에 출전하여 승패에 대한 비판을 받기 이전에 취할 행동 조건을 살펴보면 코치는 팀의 장점과 단점을 파악할 수 있는 정확한 대책을 강구해야 한다. 예를 들면 단체전은 경기 당일 최고의 선수를 선출하여 대전표를 작성하기 위해서는 연습과정에서 선수개인의 발달곡선을 토대로 선수를 선발한다. 또한 당일의 컨디션(기상조건, 여행의 피로도, 휴식부족, 위장장애 등)을 고려하여 선발한다.

코치가 선수의 능력측정이나 실력 프로그램을 작성하는데 필요한 일련의 사항들은 다음과 같다.
① 코치와 선수가 평가해야 할 특정한 지식이나 기능에 있어서도 일치하고 있을 것.
② 선수가 얼마만큼 목적한 바에 도달하고 있는가를 판단할 수 있는 테스트나 연습사항을 계획할 것.
③ 측정이나 평가의 결과를 기록할 수 있는 것을 활용할 것.
④ 선수의 경기능력을 채점할 증거가 될 수 있는 것을 이용할 것.

⑤ 성공과 실패의 원인이 분명해 지면 기능향상을 위해 참조할 것.

평가를 행할 때는 코치는 자기의 경험, 일시적 판단, 예감, 상식 등에 전면적으로 의뢰하지 말고 문제점을 보다 명확하게 밝혀서 타당성 있는 방법에 따라 선수의 기능을 평가하도록 성실한 노력을 기울여야 한다.

4) 기록의 이용

코치가 경기장면에서 발생하는 선수의 행동 몇 가지 사안만의 관찰로 능력, 가능성, 진도, 장래성 등을 판정의 기준으로 한다면 코치 자신만의 지식일 뿐 선수를 잘못 판단하기 쉬운 것이다. 선수를 판단하기 위한 기준들은 다음과 같다.

- 선수의 기록표 내용: 주간, 월간, 연간 단위 기록 향상
- 선수의 건강: 시력, 병력(누계), 식성, 기호 등
- 생리적 욕구: 추위와 더위, 포만과 허기, 수면
- 정서적 적응: 시설 및 주위 환경에 적응
- 정서적 특징: 공격형, 수동형, 투지형, 포기형
- 재능과 소질: 선천형, 노력형, 강인한 정신력, 우수한 지적 능력
- 가치와 태도: 긍정적 수용, 반발적 이탈
- 인간관계 능력: 팀 동료, 지도자와의 대화
- 경기장에서의 효과적 움직임 능력: 근력과 유연성의 조화
- 흥미: 즐거운 참여
- 성공성: 경기의 태도 및 향상도
- 장래성: 포기, 진취성, 체력관리 능력

제11부 택견 코칭론과 선수 관리 및 팀 관리

제1장 택견 코칭론
1. 코치의 역할
2. 코치의 임무
3. 코치의 훈련방법
4. 코치의 자질
5. 코치의 기능
6. 바람직한 코칭행동 지침
7. 코치의 선수지도 유형
8. 리더십

제2장 택견 선수의 지도 관리
1. 경기시기에 선수와의 대화
2. 선수 선발
3. 체급별 경기에서 체중감량

제3장 택견 경기 팀의 관리
1. 택견 경기와 팀
2. 경기 팀 조직의 철학
3. 팀 조직의 방식
4. 강한 팀을 만들기 위한 방정식
5. 팀력을 높이는 공식
6. 팀 지도의 요령
7. 팀 활성화의 비결

제1장 택견 코칭론

1. 코치의 역할

　코치의 궁극적인 사명은 택견 선수들의 경기력을 향상시켜 경기 중 좋은 성적을 획득시키는 일이다. 그러므로 코치는 전문적 자질과 지도자로서의 사명감이 필요하다. 사명감이 있는 코치는 진정한 스승이 될 수 있고 참된 교육자가 될 수 있다. 코치는 선수의 인격과 경기력 향상을 위한 지도력을 발휘하는 것이다. 코치의 목적은 간접적으로는 인간형성에 관계를 맺고 있으며 직접적으로는 택견경기에서 우수한 성적을 올리는 일이 중요하다. 이와 같이 코치는 그에게 부여된 임무가 너무나 뚜렷한 것이어서 그 직접적인 목적을 성취시킬 수 없을 때는 그 코치의 능력이 문제시된다. 그러므로 코치는 우수하고 훌륭한 선수를 양성하는 일이 사명이며 임무이다.

① 합리적이고 과학적인 근간으로 훌륭한 선수를 선발한다.
② 선수의 심리특성을 판단하고 개개인의 장·단점을 분석한다.
③ 훈련의 내용 및 계획을 선수들에게 잘 이해시킨다.
④ 선수의 사기를 향상시킨다.
⑤ 신상필벌(信賞必罰)의 원칙을 세우며 경쟁과 대화를 통해 동기유발을 시킨다.
⑥ 단계적 목표를 세워 합리적이고 효율적인 훈련 계획으로 지도한다.
⑦ 상대선수의 장·단점을 분석하여 전략을 세운다.

2. 코치의 임무

① 코치는 방향을 제시한다.
② 코치는 팀이 목표달성을 할 수 있도록 심리적, 사회적 환경을 조성한다.
③ 코치는 그들의 생활철학을 부분적으로 알려줌으로써 선수들의 가치관을 심어준다.
④ 코치는 집단이 집단목표를 추구하도록 동기화 시킨다.

⑤ 코치는 문제가 야기될 때 팀원들을 보호하며 이를 해결한다.
⑥ 코치는 의사소통을 한다.

즉, 무엇(What)을 해야 되는가를 가르치고 그것을 어떻게(How) 행하는가를 제시해주고 그리고 왜(Why) 그것을 해야 되는가를 설명하여 선수의 노력을 촉진시켜야 한다.

3. 코치의 훈련방법

① 선수가 지식이나 기술을 쉽게 이해하도록 계획해야 한다.
② 선수가 코치에게 어떤 것을 기대하는 가를 인식해야 한다.
③ 어떻게 하면 기능의 연습에 열중하게 되는가의 방법을 알아야 한다.
④ 이와 같은 상황을 실천하기 위해서 도입, 설명, 시범의 3단계 학습과정이 필요하다.

1) 도입

팀과 개인의 목표와 목적에 대해 교시(敎示)- 선수가 연습에 대한 필요성을 인식하여 동기유발의 기초가 됨으로써 연습효과를 최대로 기대할 수 있다.
① 반응이 좋은 연습을 부여할 것- 지나치게 단순하여 지루하게 느끼는 연습은 피한다.
② 보조기구나 용구사용이 익숙하지 못한 선수는 그것을 다루어 볼 수 있는 기회를 주어야 한다.
③ 전체의 활동에 휴식 없이 지속적으로 참가할 수 있도록 한다. 그리고 선수의 경험을 통해 얻은 질문은 잘 들어주며 설명해 준다.
④ 적극적인 태도와 낙천적인 분위기를 조성하여 일을 유지하도록 한다.
⑤ 선수가 미숙한 플레이로 인해 당황하거나 실망하지 않도록 지도해야 한다.
⑥ 선수 누구에게나 성공의 기회가 있다는 것을 확인시켜 두어야 한다.
⑦ 연습이나 경기가 원활하게 되지 않을 때 활동내용을 바꿔야 한다.
⑧ 열의와 성의를 다해야 한다.

2) 설명

설명은 작고 명료하고 간결하게 해야 한다. 단어의 반복은 중요한 점을 강조할 때만 활용한다.
① 목소리의 조절은 지나치게 빠르거나 큰 목소리를 내거나 흥에 넘쳐 이야기하지 않도록 하며 발음을 정확하게 한다.

② 설명할 때는 주위환경에 주의를 기울여야 한다.
③ 칠판을 이용하면 편리하다.

3) 시범

① 시범은 일반적인 능력이나 이해의 정도에 맞도록 하여 지나치게 복잡하거나 너무 자세한 것까지의 시범은 피하도록 한다.
② 시범의 속도는 겨루기의 스피드에 맞도록 해야 한다.
③ 시범 때문에 연습이 지연(遲延)되는 경우가 있어서는 안 된다. 그러나 활동의 내용이 분명하게 파악이 되었는가의 여부를 확인해 두어야 한다.
④ 스포츠맨십의 규범에 나타나 있는 사회적인 행위를 시범을 통해 강조하게 한다(규칙 위반).
⑤ 선수의 주의를 집중시키기 위해서는 말과 동작의 양쪽 모두를 활용하도록 한다.
⑥ 각 선수가 바른 동작을 이해할 수 있는 시범을 해야 한다.
⑦ 시범이 끝나면 곧 연습을 시작하도록 한다.

특별한 목표에 집착하는 선수들은 목표가 없는 선수보다 목표달성에 적합한 연습전략을 더 많이 사용한다. 나아가 이러한 목표들은 운동수행의 면에서 자신들에게 가치를 지니는 것이다.

4. 코치의 자질

코치가 선수를 지도하는 것은 대인관계가 바탕이 되어야 한다. 택견 코치는 다양하고 개인차가 많은 상대로 전개되기 때문에 지도방법에 세심한 주의가 요구된다.

이러한 측면에서 택견 코치는 상당한 수준의 전문성이 요구되며 코치 양성 또한 택견 활동의 확산과 실천을 위한 전문적 자질의 배양에 역점을 두고 이루어져야 한다. 따라서 택견 코치는 운동 기능만 전수하는 단순한 기능인으로 머물러서는 안 되고 폭넓은 교양과 인격, 전문적 기능과 지식을 겸비하여야 하며, 나아가 능력 발현을 위한 부단한 노력을 경주하여야 한다. 코치의 겨루기 관에 따라 변화하고, 알고자 하는 마음, 느끼는 마음 등은 경험으로 얻어지는 것이다. 그런 의미에서 전문분야가 다른 많은 사람들과 대화하여, 그 사람의 능력을 흡수하여야 한다. 이렇게 함으로써 자신이 직접 보지 못했던 것을 얻을 수 있다. 뛰어난 활약을 보여주는 사람은 다른 사람의 많은 지혜를 이용하여 출중한 실력을 발휘하는 사람이다. 활동적이고 성공적인 택견 코치가 되기 위해서는 다음과 같은 자질을 갖추어야 한다.

1) 의사전달 능력

코치의 승패는 선수와 지도자 간의 의사소통에 의해 좌우된다. 따라서 의사전달 능력은 지도의 선결 요건이다. 효과적인 의사전달의 선행조건은 선수의 관심 유도 및 유지, 의사 전달 내용의 상세한 설명, 성실한 청취 태도, 분위기 조성 등이다.

2) 사명감

목표성취에 대해 진취적 자세를 갖춘 택견 코치는 우수한 지도자가 되기 위해 자신의 모든 능력을 발휘하여 책임을 완수하려는 의지가 투철하다. 이와 같이 투철한 사명감을 지닌 코치는 선수의 과도한 긴장이나 불안을 해소시켜 줌으로써 좋은 활동을 주도하고, 자발적 의지로 자신이나 집단의 목표를 성취하도록 조장한다.

3) 활달하고 강인한 성격

코치는 활달하고 강인한 성격을 지녀야 한다. 이러한 성격은 선수들로 하여금 코치에 대한 친근감 및 신뢰감을 형성시켜 주며 집단의 우호적 분위기 조성에 기여한다.

4) 도덕적 품성

코치는 고매(高邁)한 도덕적 품성을 지녀야 한다. 코치의 도덕적 품성은 선수를 유인하는 하나의 매력으로 작용하며 선수와 원만한 인간관계를 형성하도록 이끌어준다. 이는 택견 활동에 대한 만족을 고조시켜 결과적으로 선수의 지속적인 활동에 긍정적인 영향을 미친다.

5) 칭찬의 미덕

선수의 행동 및 태도에 대한 코치의 칭찬은 선수의 과제수행에 대한 긍정적 동기유발을 촉진한다. 코치는 참가자에 대해 칭찬을 아끼지 않음으로써 선수들로부터 신뢰를 받을 수 있으며 최상의 과제수행 효과도 얻을 수 있다.

6) 공정성

코치는 선수의 삶의 질 향상을 위해 선수의 사회경제적 배경, 즉 성, 연령, 교육수준, 출신지역, 사회계층, 운동 기능수준, 외모에 의한 편견 없이 모든 선수가 평등하게 대우하고 균등하게 지도하여야 한다.

이외에도 코치는 모든 사람과 어울릴 수 있는 다정다감한 성품과 인내력 그리고 풍부한 유머감각을 갖추어야 하며 생활의 밝은 면을 강조하고 즐거운 생활을 영위할 수 있는 적극적 사고방식을 견지해야 한다.

5. 코치의 기능

코치는 택견 선수들에게 훈련 프로그램을 제공하며, 택견 겨루기에 대한 동기를 부여시키고 관리하는 등 매우 다양한 기능을 수행한다. 이러한 택견 지도자의 기능은 활동 형태적 측면과 지도과정적 측면으로 나누어 발휘한다.

활동형태에 따른 코치의 기능은 선수의 건강 체력진단 및 처방, 겨루기 연습의 기획, 시설의 운영 및 관리 등을 말하고 지도과정에 따른 기능은 택견 지도내용의 전달, 활동과제 제시, 동기유발, 활동에 대한 평가 등을 의미한다. 택견 코치는 다음과 같은 구체적인 기능을 발휘한다.

1) 동료의식 및 응집성

코치는 각 선수가 집단 구성원임을 느끼도록 유도함으로써 집단 전체를 하나의 통합된 분위기로 이끈다. 효과적인 지도활동을 통하여 선수 간의 동료의식 및 응집성을 조성한다.

2) 개인 및 집단의 목표수립

코치는 개인 및 집단이 자신의 목적과 목표를 명확히 정의시킴으로써 선수가 자신의 목표달성은 물론 욕구충족을 위하여 수행해야 할 구체적인 행동을 이해하도록 돕는다. 코치는 개인 및 집단의 목표를 수립하여야 한다.

3) 효과적인 방법 제시

코치는 개인 및 집단이 자신의 목표를 효과적으로 달성하도록 활동방법 및 절차를 선수에게 명확히 확인시켜야 한다. 일반적으로 선수는 자신의 목표를 인식하지만 체계적인 연습방법은 이해하지 못하는 경우가 많다. 따라서 코치는 목표달성을 위한 효과적인 방법을 제시하여야 한다.

4) 조직화

코치의 주요 책무 중의 하나는 팀원들 간의 조직화이다. 조직화는 행동 결과에 대한 보상체계뿐만 아니라, 집단의 구조와 역할의 창출 및 설정 그리고 의사소통 체계의 확립을 의미한다.

4) 동기유발

코치는 선수의 동기를 유발한다. 코치는 선수의 활력이나 선수 활동의 동기를 촉발시킴으로써 선수들의 행동을 촉진하여 집단의 목표성취를 도모한다.

5) 과업평가

코치는 택견 경기를 평가한다. 지도자는 실현 가능한 목표와 목적을 설정하는 주체로서 집단에 의하여 최초에 수립된 기준과 실제적인 활동 행동 간에 불일치가 존재할 경우 지도자는 새로운 행동목표를 설정하도록 고려한다.

6) 성취욕구 개발

코치는 택견 참가자의 성취를 제고시킨다. 코치의 주된 책임은 집단 구성원의 발전을 위해 노력하는 것이다. 지도자가 선수의 기능 지식 태도 등의 발전을 도모하는 것은 전문가로서의 지도철학이다. 이러한 지도철학을 바탕으로 하여 코치는 선수의 자발적 참가의지를 고무시키는 역할을 한다.

6. 바람직한 코칭행동 지침

1) 잔소리를 하지 않는 코치

코치가 잔소리를 너무 많이 하는 것을 선수들은 좋아하지 않는다. 어떤 과제를 할 때나 실수를 했을 때 한두 가지 핵심 사항만을 찾아내 수정해준다. 이 때 수정해야 할 사항을 간략히 말로 설명해 주고 간단히 바른 동작을 보여주고 바로 연습하게 한다.

2) 유머감각이 있는 코치

유머로 분위기를 이끌 수 있지만 자주 사용하지 않도록 주의한다. 특히 유머 때문에 특정 선수가 개인적으로 마음의 상처를 받지 않도록 신경을 쓴다.

3) 개인지도를 많이 하는 코치

개개 선수는 다양한 개성과 능력을 갖고 있다. 코치는 선수가 무엇을 필요로 하는지를 잘 파악해서 평형성을 해치지 않은 범위 내에서 선수에게 필요한 것을 제공해 준다. 특정 선수에게 많은 관심을 기울이면 다른 선수들이 불만이 있을 수 있다. 그러나 팀 내에서 코치가 왜 그런 행동을 하는가를 충분히 이해시킬 필요가 있다.

4) 전문지식이 풍부한 코치

코치가 되기 위해서 필요한 지식에는 해당 겨루기 기술과 전략 뿐만 아니라 동작의 원리, 운동 생리학 지식, 심리학 지식 등이 필요하다. 특히 개인적으로 그 운동을 잘 하는 것과 그 운동을 잘 지도하는 것을 동등하게 취급하지 않아야 한다. 마찬가지로 뛰어난 선수가 반드시 훌륭한 코치가 되는 것은 아니다. 코칭 직책을 수행하는데 필요한 전문 지식과 경험을 갖고 있는가가 더 중요하다.

5) 팀 분위기를 이끄는 코치

택견 코치는 택견 활동 집단의 긍정적 분위기를 조성한다. 코치는 개개 선수를 잘 다루어야 할 뿐만 아니라 선수들 사이의 관계도 원만하게 이끌어야 한다. 다시말해 "팀 성격"도 파악해야 한다는 것이다. 선수들 사이에 반감과 갈등이 심할 경우 설득이나 중재 등의 방법을 통해 이를 해소시켜야 한다. 코치는 구성원의 화합 분위기 조성을 통하여 집단 효율성을 제고시킨다.

7. 코치의 선수지도 유형

코치의 지도유형은 과업중심형과 인화중심형으로 나눌 수 있다.

1) 과업중심형

과업중심형의 코치는 매사를 빈틈없이 치밀한 계획하에 목표달성을 위해 모든 노력을 기울인다. 코치는 목표달성에 대한 확고한 신념을 갖고 있으며 도중에 중단하거나 좌절하는 일이 없이 끈기 있게 추구한다. 그리고 경기에 관한 깊은 지식을 가지려고 노력하며 기술을 효과적으로 지도하려고 노력한다.

현재의 팀 조직 체제를 유지하고 발전시키기 위하여 노력하며 선수들에게 위계질서와 팀의 규칙준수를 강조하며 이를 일일이 조사 간섭하는 등의 집단 중심적이고 팀의 체제를 강화하는 행동성향을 나타낸다.

(1) 과업중심형의 장점
① 팀의 전통을 세우기 위해 열성적이다.
② 팀의 우승을 위해 꾸준히 훈련시키고 도중에 포기하지 않는다.
③ 팀이 더욱 발전할 수 있다고 믿고 있다.
④ 매사에 빈틈이 없고 꼼꼼하다.
⑤ 훈련시간을 엄수하도록 한다.
⑥ 선수가 운동이 끝난 후에도 꾸준히 열심히 하는 것을 좋아한다.
⑦ 합숙소를 수시로 검사한다.

(2) 과업중심형의 단점
① 선수와의 의견교환이 제한되어 있다.
② 팀내의 불만요소가 많고 구성원간의 연대감이 부족하다.
③ 운동양이 많고 선수간의 경쟁심이 강하고 적대심이 존재한다.

④ 선수들이 의존적이고 복종적인 경향을 보인다.

2) 인화중심형

　인화중심형은 선수와 친숙한 관계를 맺고 운동수행과 의사결정과정에서 가능한 선수들을 참여시키며 성취동기를 유발시키기 위해서 노력한다. 또한 운동수행 과정에서 야기되는 선수들 간의 갈등을 해소시켜주고 선수 상호 간에 의사소통을 형성하도록 한다. 선수들과 동등한 위치에 서서 허용적인 분위기를 조성하며 자유로운 비판을 받아들이는 행동성향을 나타낸다.

(1) 인화중심형의 장점
① 팀 운영에 관한 선수들의 아이디어를 수시로 구한다.
② 선수들에게 호의적이다.
③ 선수 스스로 목표를 세우고 달성할 것을 강조한다.
④ 강압적인 명령보다 동의를 구하는 경향이 있다.
⑤ 감정표현에 기복이 없다.
⑥ 인화단결을 강조한다.

(2) 인화중심형의 발전된 특성
① 선수는 코치를 존경한다.
② 운동량도 많고 그 질도 높다.
③ 선수와 코치 간에 의사교환이 원활하다.
④ 선수 간에 인간관계가 원활하다.
⑤ 과제 수행에 열의와 연대감이 있다.

　경기성적이 상위 팀의 코치유형은 민주적 혹은 인화중심형의 지도방법이나 권위적 혹은 과업중심적 지도방법 중 하나를 선택하여 일관성 있는 지도철학을 가진 반면 경기성적이 하위 팀의 코치는 인화중심적 지도방법과 과업중심적 지도방법을 혼용하여 사용하고 있는 경우가 많다. 이와 같은 사실은 팀의 목표가 승리에 관계되어 있는 한두 방법을 일관성 없이 적용하는 것은 선수지도에 적절치 못하다는 것을 말해주고 있다.

3) 레빈의 리더십 유형

레빈(Lewin, 1939)은 3원론적 리더십 이론의 대표적인 학자이다.

전제형(독재자)	민주형(교사)	자유방임형(유머)
권력이 지도자에 있음	책임은 부하와 함께 나눔	책임은 부하에게 있음

(레빈의 리더십 유형의 모형)

(1) 전제형 지도자

코치가 모든 결정을 내린다. 절대적 권위와 영향력을 소유하고 있으며, 권위와 권력을 지향하는 전제 군주적 지도자를 의미한다. 행동과 사고에 있어서 자기중심적이고, 지배욕구가 강하며 규율을 강조하고 타인을 무시하는 지도자이다.

따라서 택견을 지도하는 과정에서 선수 개인보다는 집단의 목표달성이 중요시되며 선수 간의 상호작용이 일방적으로 진행됨으로써 의사전달이 단절되어 효율적인 지도와 겨루기에 대한 지속적 관심을 기대하기 어렵다.

전제형 지도자의 장점은 과업지향적 성향을 지니고 신속한 문제해결을 강요하기 때문에 일정수준의 기능학습이 비교적 단시일 내에 이루어지는 장점을 지니기도 한다. 그러나 훈련과정에서 발생하는 문제점에 대한 책임 소재가 불명확하고, 자신의 실수를 인정하지 않는 권위주의적 태도로 인해 지도자로서의 위상을 유지하기 어렵다.

(2) 민주형 지도자

코치는 선수들과 의사결정을 공유한다. 민주형 지도자는 의사결정과 집단 목표설정에 있어서 선수의 창의성과 협동심을 유발시켜 선수 개인의 잠재력을 개발하고 선수의 의사결정에 도움을 준다. 이러한 택견 지도자는 팀의 과제수행과 목표달성을 위한 행동에 있어서 참가자와 협조관계를 유지함으로써 모든 지도과정의 문제해결을 선수와 함께 공동으로 대처하고 극복해 나간다. 민주형 택견 지도자는 원만한 의사소통에 의한 인간관계 중심의 활동 분위기를 중시한다. 따라서 선수들에 대한 성취동기를 부여하기 위하여 격려와 칭찬을 아끼지 않는다. 그러나 전제형은 겨루기에 비해 과업수행에 있어서 생산성이 저조하여 과업완수 시간이 비교적 장시간 소요되는 단점이 있다.

(3) 자유방임형 지도자

코치는 가능한 결정을 적게 내린다. 자유방임형 지도자는 모든 의사결정 권한을 선수에게 위임하여 부분적으로 지도자로서의 권한을 유보한다. 이러한 지도자는 전제형 지도자와 상반된 리더십을 행사하면서 선수의 요구에 따라 훈련에 필요한 물리적 환경이나 자원을 제공하는 등 최소한의 지도자적 임무를 수행할 뿐이다. 일반적으로 민주형과 자유방임형 지도방법이 전제형 지도방법에 비해 효율성과 선수의 문제 해결 능력이 높은 반면, 전제형 지도방법은 당면 과제해결과 안전사고 예방 그리고 단기간의 생산 효율성 측면에서 다른 어느 유형의 지도방법보다 우월하였다. 겨루기 지도에 있어서 중요한 것은 지도자 유형에 따른 지도형태가 아니라 선수들로부터 존경 받고 활동목표 달성에 적극적으로 기여하거나 주도하는 택견 지도자가 요구된다는 것이다(임번장, 2000).

8. 리더십

설정된 목표를 달성하도록 개인과 집단에 영향력을 행사하는 지도자의 행동과정이다.

1) 훈련과 지도

강한 훈련을 시켜 선수의 기량과 수행을 향상시키는데 목적을 둔 리더의 행동이다. 따라서 리더는 선수에게 기술이나 경기 전략을 중점적으로 지도하고, 선수들 사이의 노력을 조정하는 등의 역할을 한다. 훈련과 지도성향이 높은 코치는 이 영역에서 높은 점수를 보인다.

2) 민주적 행동

민주적 행동 스타일을 갖고 있는 코치는 팀 목표 설정, 훈련 방법 결정, 경기전략과 전술에 관한 의사결정 시 선수들의 참여를 극대화 시킨다.

3) 권위적 행동

권위적 행동 스타일의 코치는 대개 선수들과 거리를 두며, 단독적으로 의사결정을 하고 리더의 권위를 강조한다. 따라서 선수들의 의견을 반영하는 것은 기대하기 힘들다.

4) 사회적 지지

사회적 지지 성향이 높은 리더는 개개 선수의 복지에 관심을 갖고 선수들과 따뜻한 대인관계를 형성하려는데 중점을 둔다. 리더는 선수들이 잘하거나 못하는데 구애받지 않고 선수들을 배려해 준다.

5) 긍정적 피드백

 긍정적 피드백 성향이 높은 리더는 선수의 경기 내용이나 행동이 좋을 경우 항상 칭찬을 한다. 긍정적인 피드백은 수행결과에 수반되는 것이며 운동 상황을 벗어나지는 않는다. 따라서 긍정적 피드백은 운동과 직접 관계되며, 사회적 지지가 대개 운동 상황을 떠나서도 나타나는 것과는 대조가 된다.

제2장 택견 선수의 지도 관리

1. 경기 시기에 선수와의 대화

 경기 전·중·후에 선수에게 어떠한 말을 해야 할 것인가는 코치에게 중요한 과제가 된다. 흔히 경기를 앞두고 코치는 많은 말들을 한다. 그러나 경기 후에는 경기결과 때문에 감정적 표현으로 일관되는 사례가 적지 않다. 다음은 경기 전, 경기 중, 경기 후에 실망, 긴장, 흥분 등의 처리방법을 사전에 준비하는데 도움이 될 것이다.

1) 경기 전

다음의 내용들이 경기 전 선수들의 흥분이나 긴장을 낮출 수 있는 대화의 내용이다.

① 그동안 연습해온 기술을 그대로 발휘하라.
 "여러분들은 경기를 앞두고 많은 연습을 통해 기술을 습득하였다. 그동안 습득한 새로운 기술을 충분히 발휘하는 기회가 되었으면 더 바랄게 없다."
② 선수자신의 경기력을 향상시키는데 중점을 두고 경기에 임하라.
 "상대를 두려워하지 말고 네가 가지고 있는 기술을 바탕으로 최선을 다하라. 네가 가지고 있는 모든 것을 침착하게 다 발휘할 때 경기력이 향상될 것이다(상대와 비교해서 의식하지 말 것)."
③ 이 경기를 통해 무엇인가를 배우겠다고 목표를 설정하라.
 "경기의 결과에 너무 얽매이지 마라. 승리하고 패하는 것은 상대적인 것이다. 상대를 유심히 관찰하여 그의 장점(기술, 경기력, 경기정신)을 파악하여 침착하게 대처해 나가야 한다".
④ 경기 그 자체에 완전히 몰두하라.
 "즐거운 마음으로 경기에 임하거나 모든 잡념을 버리고 정신을 집중하여 경기가 진행되는 자체만 신경을 써야 한다."

2) 경기 중

경기 중에는 선수와 직접적인 대화를 나눌 수 없는 경우가 있기 때문에 훈련 중이나 다른 경기 중 나누었던 개인적인 상징이나 표정 그리고 몸짓 등으로 선수가 최선을 다할 수 있게 한다.

① 심판의 판정에 냉정 하라.
 심판이 과오를 범했다 할지라도 심판에게 소리를 지르는 행동은 피하는 것이 필요하다. 만일 판정이 의심스러울 경우에는 소청을 신청하라. 단 소청은 한 경기에서 한번만 실시할 수 있으므로 신중하게 판단을 해야 한다.
② 선수들에게 모범을 보여라.
 코치 자신이 냉정하게 경기에 임함으로써 선수들도 냉정하게 경기를 할 수 있도록 도와주어야 한다.
③ 긍정적이 되어라.
 선수들이 보인 좋은 행동만을 지적해 주어야 한다.
④ 건설적인 피드백(feed back)을 제시하라.
 교정이 필요한 부분이 있을 경우에는 건설적이고 설득력 있는 방법으로 정확하게 제시하라.

3) 경기 후

경기를 보다 가치 있는 것으로 승화시키기 위한 하나의 방법은 경기가 끝난 후 선수들을 한자리에 모아놓고 경기 중에 일어난 각종현상을 종합, 반성하는 질문을 제시하는 것이다.

(1) 질문의 예

① 경기 중에 일어난 것 가운데에서 훌륭한 것으로 평가할 것은 무엇인가?
② 잘 했다고 생각한 것은 무엇인가?
③ 상대선수가 잘한 것은 무엇인가?
④ 상대 팀, 심판에 대해 좋은 태도를 가지고 경기를 했는가?
⑤ 경기 중에 서로 서로 격려했는가?
⑥ 경기를 통하여 배운 것이 있는가? 있다면 무엇을 배웠는가?
⑦ 다음 경기에서는 무엇을 잘할 수 있겠는가?
⑧ 다음 경기에 보다 잘 대비하기 위하여 무엇을 중심적으로 연습해야 하겠는가?

2. 선수 선발

훌륭한 선수는 태어나는가? 아니면 만들어지는 것인가?
우수한 선수를 양성하기 위해서는 과학적인 선수선발의 문제가 선결되어야 한다. 경기기록과 경기력의 향상은 우수한 신인선수의 선발이나 발굴에 달려있다고 해도 과언이 아니다. 신인선수를 선발하기 위한 조건은 종목에 알맞은 성격형성을 위한 성장과정, 훈련기간을 고려한 적정연령, 강인한 정신력과 현재 주위의 환경여건, 긴박한 상황에의 적응능력과 운동을 잘해낼 수 있는 운동지식, 체력을 포함한 체질 등의 유전요인 그리고 선발된 선수들에 대한 과학적인 훈련과 적극적인 지원이 이루어져야 한다.

1) 체질 및 체력을 포함한 유전적인 요인

부모의 골격형태를 살펴보고, 부모가 과거에 운동을 하였거나 유명한 선수출신인 경우 그 자녀들이 운동을 잘하거나 운동에 뛰어난 소질이 있다. 따라서 선수선발 시 체격형태를 보아야 함은 물론이며 부모의 신체적 특성까지 참고해야 한다. 부모의 운동선수 경험 유무, 선수경험을 가졌다면 경기수준까지도 알아보는 것이 바람직하다.

2) 성장과정의 환경여건 고려

운동에 대한 소질은 물론 성장과정에서 형성되는 성격특성이 선발과정에서 중요한 요인이 된다. 출생지역, 성장기의 가정환경, 영양상태, 기호음식, 식성, 질병의 유무 그리고 시력 등도 조사되어야 할 중요한 요인이 된다.

3) 택견 선수의 적정연령의 선수선발

언제, 어떤 내용의 과제를 학습할 때 가장 효과를 거둘 수 있느냐? 택견 선수의 훈련개시 연령이 중요한 역할을 한다. 그 이유는 다음과 같다.
첫 째, 체력요인별 발달 시기나 성차나 개인차를 고려한다.
둘 째, 성장과정에서 사회적, 문화적, 지리학적 차이와 그에 따른 성격형성을 고려한다.
셋 째, 택견 선수의 발달정도나 지도자의 유무, 시설 등을 포함한 환경적인 요인을 고려한다.

즉, 신인선수선발 시의 연령이 중요한 이유는 아무리 우수한 소질과 자질을 가지고 태어났다고 해도 적절한 시기에 적합한 훈련을 받지 못하면 최고의 기능을 발휘하기가 어렵기 때문이다.

4) 환경적 여건 고려

택견 선수의 기능향상은 선수의 생활 정도와 운동을 시작한 동기나 본인의 의지, 개인의 목표 등에 의해 영향을 받는다. 또한 부모의 운동에 대한 관심과 열망수준이 낮거나 주위에 우수한 지도자와 좋은 시설이 없다면 성공하기 어렵다고 지적되고 있다.

우수한 선수는 강인한 정신력과 우수한 지적 능력을 가지고 있을 때 보다 빠른 경기력 향상을 기대할 수 있다. 열심히 노력은 하지만 경기능력의 향상이 낮거나 흥미를 느끼지 못할 때에는 특성에 맞는 경기종목으로 전환시키는 등 개인의 장래를 위한 신속한 결정을 내려야 한다.

5) 인지적 능력의 우수한 능력의 선수선발

최상의 경기력을 발휘하기 위해서는 앞에 기술된 바와 같이 많은 요인이 고려되어야 하지만 이보다 중요한 것은 경기상황에 대한 정도에 정확하게 받아들이고 그와 같은 상황에 최적의 상태로 대처할 수 있는 능력 즉, 운동감각이나 공간지각능력, 시각, 촉각, 평형감각 등의 지적능력이다.

6) 현재의 특성 고려

택견 선수의 체격이나 체력, 기술, 지적능력 등의 발달수준에도 고려해야 할 중요한 요인이 된다. 이외에도 시력, 병력, 식성, 기호 등에 대한 조사뿐만 아니라 부모형제의 운동에 대한 태도, 주위여건 등을 고려하여 적합한 선수를 선발하는 것이 무엇보다 중요하다.

3. 체급별 경기에서 체중감량

체급 경기는 극단적으로 체중의 차가 있을 때 체력의 차이도 발생하고 기술의 효과 역시 한계점에 발생하리라는 관점에서 설정된 것이다. 체급 경기 선수들은 가능한 한 체급을 낮추어 자기보다 약한 상대와 유리한 조건에서 경기를 하기 위해 체중을 감량한다. 감량은 근육이나 지방 조직량을 감소시키는 것이라 할 수 있으며 체중은 골격, 내장 등의 기관과 근육, 지방조직 등으로 이루어져 있으며 다시 세분화하면 수분, 염분, 단백질, 지방 등으로 구성되어 있다.

1) 체중은 어느 정도 감량하는 것이 좋을까?

무리하고 급격한 감량법을 강행하게 되면 이 결과 체내 단백질 붕괴, 체력의 저하, 나아가서 건강도 해쳐서 결국 경기에 실패한다는 예도 적지 않다.

일반적으로 7~10일간에 6%이하의 체중감량은 특별한 이상이 없고 6%이상의 감량에서는 체수분의 감소, 심박출량의 저하, 심박동의 증가, 혈액성분의 감소, 지구력의 저하, 전신반응 시간의 지장 등이 생긴다고 체중감량 연구에서 발표하고 있다. 그러므로 최대한 7%를 초과해서는 컨디션을 유지 할 수 없으니 감량이 필요할 경우에는 3%를 한도로 함이 가장 좋은 방법이다.

2) 감량의 기간은 어느 정도가 좋은가?

단기감량은 1~3일 이내에 2.3kg 정도의 체중을 감량하는 것으로 일시에 급속도로 감량하기 때문에 내장의 제기능 체액분의 불균형을 가져오기 쉽다. 장기감량은 1주 이상 또는 1개월 정도에 5~6kg이상의 감량을 하는 것으로 자체 내부에 적응 상태가 생기기 때문에 체력의 저하가 거의 없으므로 가장 적당한 감량법으로 1개월에 2kg 정도의 감량으로 하루 500cal정도로 이 양을 줄이는 것은 연습량의 증가와 섭취량과의 조절로 비교적 쉽게 할 수 있다.

3) 체중 감량의 방법으로는 어떠한 것이 좋은가?

감량법으로서는
① 사우나탕을 이용하여 땀을 내어 탈수시키는 방법
② 감식하여 섭취 칼로리를 제한시키는 방법
③ 강도 높은 운동으로써 땀을 촉진하여 탈수를 하고 동시에 칼로리를 많이 소비시켜 감량을 행하

는 방법 등이 있다.

 감식방법의 경우: 식사의 섭취 방법에는 수분(차, 수프 , 쥬스, 우유)이 많은 것이나 탄수화물(쌀밥), 그리고 감미(甘味) 있는 당분을 피하는 것이 좋다. 특히 감량 시에는 백반(白飯)보다, 식빵류가 좋고 단백질 필수 아미노산을 포함한 육류의 섭취와 치즈, 버터의 섭취를 많이 하며 야채류의 섭취도 중요하다. 그리고 식사량은 6~7할의 제한을 하도록 하고 사우나탕 입욕은 80~90℃의 온도가 좋으며 장시간 입욕하지 말고 수회에 걸쳐 4~5분씩 들어가는 것이 좋다. 또한 공복일 때나 운동 직후의 피로도가 높을 때는 피하는 것이 좋다. 그리고 운동 시 화학섬유로 된 통풍성이 없는 땀복을 착용하고 탈수를 촉진시키도록 해야 하며, 운동량은 과로가 되지 않도록 주의해야 하며 한 가지 방법으로 감량하려는 것은 무리가 생기므로 병용(並用)하여 실시함이 좋다.

제3장 택견 경기 팀의 관리

1. 택견 경기와 팀

1) 경기 팀의 본질

 택견 경기 팀이란 개인의 경기 참가 의지를 근간으로 성립된다. 팀은 일정한 목적을 가지고 일정한 기구를 형성하여 활동하고 있는 집단이다. '경기 팀'이라는 하나의 조직은 코치와 동일한 목적을 갖고 있는 선수의 집단으로 이루어진다.
 팀의 본질은 목적을 달성하는 것이다. '경기 팀'은 선수들끼리 협력하고 목표를 달성하고자 하는 의식에서부터 생겨나는 것이기 때문에, 저절로 이루어지는 것이 아니라, '만들어지는 것'이라고 할 수 있다.

2) 경기 팀의 특성

 팀은 항상 경쟁과 균형 속에 성립되어 있다. 팀은 선수들 사이의 협력·협조·상호원조·배려·애정·우정 등이 있어야 개성을 발휘할 수 있고, 개개인의 힘 이상의 성과를 얻을 수 있다. 동시에 단체 안에는 상호경쟁, 갈등, 시기, 증오, 힘겨루기, 원망 등이 공존하고 있다. 팀은 수많은 인간적 갈등을 극복해야 한다.

(1) 이상적인 팀과 강한 팀
 경기 팀을 조직을 할 때, 코치의 대다수는 강한 팀, 경기에 이길 수 있는 선수를 육성하고자 할 것이다. 이상적인 팀이란, 선수가 공통된 목적의식을 갖고, 선수의 약점을 서로 보완해 주고 장점을 살리며, 선수 전원이 일치단결하여 호흡을 맞춰 하나의 목표를 향해 나아가는 팀이다. 또한 선수 개개인의 능력을 완전히 발휘하여 팀이 갖고 있는 힘 이상의 성과를 올리는 팀이다. 즉, 불안정을 안정으로 이끌어 갈 수 있는 팀을 말하는 것이다. 그러나 이상적인 팀은 반드시 강한 팀이라고 할 수 없다. 왜냐하면 '선수 각자의 능력의 총체'가 다르기 때문이다. 조직에서 효율을 높이는 가장 기본적인 원칙은 조직의 구성분자인 선수 각자의 능력의 총체를 키우는 것이다.

(2) 강한 경기 팀의 구조
강한 경기 팀을 만들기 위해서는 다음과 같은 어떤 일정한 형식과 공통성을 갖고 있다.
① 강한 팀에는 반드시 훌륭한 지도자가 있다.
② 강한 팀에는 활기·열정·열기가 있다.
③ 효율성 있는 연습을 한다.
④ 선수의 동작과 행동이 신속하다.
⑤ 선수의 눈이 살아 있다.
⑥ 엄격함 가운데 즐거움이 있다.
⑦ 핵심이 되는 선수가 있다.
⑧ 상급생이 하급생을 잘 이끌어준다.
⑨ 선배가 은퇴나 졸업 후에도 후배를 지도하러 온다.
⑩ 팀의 규율이 잘 지켜지고 단체 의식이 높다.

2. 경기 팀 조직의 철학

1) 좋은 선수를 한 사람이라도 더 많이 모은다.

강한 팀이 되기 위해서는 선수에게 일정 수준 이상의 능력이 요구된다. 코치가 아무리 기술 지도가 뛰어나도 그것만으로 강한 단체를 만들 수 없다. 선수 개개인의 능력이 크면 클수록 능률이 높아진다는 사실이 팀 조직의 기본적 조건이 된다.

2) 매력 있는 팀을 만든다.

매력 있는 팀을 만드는 조건은 다음과 같다.
① 코치가 선수들에게 존경을 받아야 한다.
② 선수가 훌륭하게 육성되게 한다.
③ 연습에 전념할 수 있는 좋은 환경과 조건을 갖춘다.
④ 장래성이 있어야 한다.
⑤ 팀의 분위기가 좋아야 한다.

⑥ 무언가 선수를 끌어당기는 자극물이 있어야 한다.

코치는 자기 팀에 처해 있는 환경과 조건(연습장, 연습시간, 팀의 분위기, 생활환경, 팀의 경제적 조건, 선수층과 능력 등)을 충분히 고려하여, 적절한 준비를 하는 것이 중요한 핵심이 된다.

3) 코치의 열정과 논리적 사고력의 필요

강한 팀에 공통적으로 존재하는 요소를 살펴보면 강한 팀에는 우수한 코치가 반드시 있다는 것을 알 수 있을 것이다. 또한 어떤 세계에서도 싸움의 본능에 기인한 신념과 생명력을 가진 코치가 성공한다. 우수한 코치는 보통 사람 이상의 열정과 뛰어난 머리, 큰 뜻을 품는 마음을 갖고 있다는 것을 알아야 한다.

강한 팀을 만드는 데 필요한 것은 거센 바람과 밀물처럼 밀려드는 수많은 악조건에 꺾이지 않고 자기 팀의 존속과 발전에 노력하려는 열정과 생명력이며, 또한 팀 조직에 전념하여 모든 외부적 문제와 내부적 문제를 깊이 생각하는 논리적 사고력(자기 선수의 분석, 대전 선수의 분석, 연습·훈련, 공격·방어법의 조직, 경기의 작전계획, 단체 운영 등), 높은 식견, 예리한 통찰력, 사고와 반성을 기반으로 하는 올바른 판단력이다. 단지 겨루기에 대한 열정뿐만 아니라, 스스로 연구하는 것이 필요하다.

[표 11-1] 택견 지도자로서의 주요 자질

P	Patience (목표달성을 향한 확고한 신념, 의지)
A	Attitude (경기에 임하는 자세, 택견을 애호하는 자세)
S	Service (선수를 위한 희생정신, 봉사정신)
S	Scouting (선수 설득, 상대팀의 정보를 모으는 능력)
I	Immortal study (끝없는 탐구심, 왕성한 연구심)
O	Operation (일을 실천하는 행동력, 실행력, 선수육성능력)
N	Nerve (선수에게 기운을 불러일으키고, 전력을 다할 수 있도록 세심한 신경을 쓴다)
L	Large planning (커다란 계획을 가져야 세밀한 계획을 입안할 수 있다)
O	Organize (개성 있는 선수를 잘 조합하여 조직력을 높이는 힘)
G	Gentleman (냉정한 판단력을 갖는 인격)
I	Idea (새로운 것을 발명하려는 창의적인 능력)
C	Consideration (풍부한 전문적 지식으로 숙고함)
A	Analyse (겨루기를 다른 각도에서 분석·분해하여 지도하는 능력)
L	Little calculation (플러스와 마이너스를 상세히 계산하여 경기에 필요한 전략·전술을 세우는 것)

출처 : 김성복 역(2005)

4) 팀의 협력을 강화시키는 요인

① 우선, 선수의 약점을 인식하는 것에서부터 시작한다.
② 선수를 구성하는 모든 단계의 단위 그룹이 조화가 잘되도록 선수를 구성한다.
③ 선수의 개성·특징·장점을 육성하고 살려나간다.
④ 팀과 선수에게 망설임과 느슨함이 있어서는 안 된다.
⑤ 연습하는 공간 이외에서도 되도록 행동을 공유하는 기회를 많이 만든다.

3. 팀 조직의 방식

1) 최고 팀과 비교 검토한다.

강한 선수를 만들기 위해서는 최고 선수와 자기 선수의 상황을 비교 검토하여 단체를 조직한다. 지도자는 단체의 구체적인 목표를 만들어야 한다. 두꺼운 선수층, 선수의 의욕, 능력, 특성 등 현재 선수의 전력, 경기까지의 기간, 대전 선수의 전력을 염두에 두고, 경기 기일까지 얼마나 전력으로 준비할 수 있는지, 앞을 정확히 읽는 능력이 필요하다. 지도자는 모든 일을 사전에 읽고 단체를 조직해야 한다.

2) 팀의 힘을 신장시킨다.

(1) 팀의 힘을 신장시키는 공식

팀의 힘을 효율적으로 상승시키기 위해서는 과학적인 이론을 기초로 하여, 선수와 팀을 조직해야 한다. 선수와 팀의 능력 향상은 연습의 양, 연습의 질, 자발성에 좌우된다. 성장률을 높이는 데에는 다른 사람보다 많은 연습량을 쌓음과 동시에 연습의 질을 높이려는 노력과 선수의 의욕을 환기시킬 필요가 있다.

(2) 연습의 질을 높이는 법

① 전문적 지식과 기술을 몸에 익힌다.
연습의 질을 높이는 데에는 겨루기의 기술연습을 효율적으로 실시하기 위한 택견 코치의 원칙과 학습법칙을 이해하여야 한다. 또한 선수의 체력을 효과적으로 상승시키기 위한 현대 과학 트레이닝(웨이트 훈련, 인터벌 훈련, 서키트 훈련 등)의 처방을 이해한다.

② 연습의 효율을 높이는 3대 원칙
a. 어떤 연습을 주요소로 강화할 것인가?

훈련 내용의 주제를 적절히 바꾸는 것으로 매일 조금씩 변경하여야 하는데, 이때 팀 조직의 주요소가 되는 것은 바꾸지 않은 것이 좋다.

b. 팀 선수의 능력을 어떻게 활용할 것인가?

팀은 일반적으로 주전선수와 후보선수, 단체의 중심이 되는 선수와 그렇지 못한 선수가 존재한다. 이 비율에 따라 지도법을 바꿀 필요가 있다.

c. 과제를 어떻게 빨리 이해시키고 실행하도록 할 것인가?

코치가 지시하는 연습과제와 방법, 주의사항 등을 어떻게 재빠르게 선수에게 전달하는 지가 연습의 효율성을 좋게 한다. 이것은 코치의 말투, 명령의 강도, 선수의 이해력, 코치의 설득력, 미리 효과적인 자극을 주는 예비연습, 서적, 설명회를 하는 등 선수에게 의사를 전달하는 기술이 중요하다. 즉, 선수에게 코치의 뜻을 재빨리 이해시키고, 그것을 실행시키기 위한 기술을 몸에 익힐 필요가 있다.

4. 강한 팀을 만들기 위한 방정식

팀을 조직하는 기본적인 방향 중 하나는 팀의 종합력을 높이는 것을 목표로 하는 '수평지향(균형지향)'이다. 또한 팀은 특기를 갖고 있어야 강한 전력을 갖게 된다(김성복, 2005).

1) 팀의 특기를 만드는 수직지향(중점지향)

종합력을 하루아침에 갖는 것은 어렵다. 그래서 처음에는 팀을 만드는 기초로서 다른 팀에 절대 밀리지 않는 특기를 하나 갖는 것이 중요하다. 경기에 임해서 절대 유리한 입장에 있는 것은 최고라고 부를 수 있는 특기뿐이다. 경기를 하는 법은 '깊이로 승부하는 법'과 '폭으로 승부하는 법'의 두 가지 타입이 있다. 특히 단기간에 성적을 올리기 위해서는 일괄적으로 집중하는 방법이 좋다고 생각된다. 최고를 만드는 데에는 강한 의지력과 집중력이 필요하다. 하나를 철저하게 하려는 집중력과 의지력은 단기간에 초기의 목적을 달성시켜 줄 것이다. 한번에 전 능력을 집중 발휘하여 하나의 특기를 완성 시켰을 때 그것이 자신감으로 나타나 선수에게 자신감과 용기를 만들어 주게 된다.

2) 스페셜리스트 만들기

팀이라는 것은 일반적으로 선수층(인재)이 두꺼운 것이 좋다. 지도자는 기본적으로 무엇이든지 할 수 있는 올라운드 플레이어(모든 기본기술을 모조리 척척 해낼 수 있는 선수)를 많이 양성하고자 한다.
실제 강하다고 여겨지는 팀에는 특기를 갖고 있는 스페셜리스트(뛰어난 기술을 갖고 있는 사람)가 몇명 있다. 그러므로 팀 조직에서는 다른 팀에는 절대 지지않는 특기와 다른 팀은 갖고 있지 않은 개인기술을 갖고 있는 스페셜리스트를 양성하는 것이 큰 과제가 된다.

3) 기본과 밸런스 만들기

팀의 종합력을 높이는 데 중요한 것 중 하나가 기본과 밸런스이다. 실천력을 높이는 마지막 과제는 경기에 관여하는 여러 가지 요소를 균형 있게 정비하는 것이다.

$$팀력 = W \times S \times B$$
W= Weapon(팀 특기의 질과 양)
S= Specialist(팀내의 스페셜리스트)
B= Balance(팀의 기본기술, 밸런스의 수준)

출처: 김성복 역(2005)

밸런스에서 중요한 것
① 겨루기를 실시하는 코치와 선수의 자세, 태도, 의욕, 향상심, 열정 크기의 밸런스이다. 선수가 아무리 열정을 갖고 있어도 지도자에게 열정이 없다면, 커다란 성과를 얻을 수 없다. 반대로 지도자가 아무리 열정을 갖고 있어도 선수에게 하고자 하는 마음이 없다면 이것도 커다란 성과를 얻을 수 없을 것이다. 높은 차원의 열정을 함께 갖고 균형을 이루고 있는 것이 이상적이다.

[표11-2] 팀 조직의 방향

기본과 밸런스	팀의 특기 만들기
	팀의 스페셜리스트 만들기
안정된 팀력	팀의 중점목표 달성

출처: 김성복 역(2005)

② 겨루기의 기본기술, 체력, 정신력, 전술능력의 밸런스이다. 이 밸런스가 좋은 팀이 안정 된 팀력을 발휘한다.
③ 스피드, 순발력, 지구력, 민첩성, 유연성, 조정능력이라는 체력요소의 밸런스이다.
④ 선수가 플레이할 때에 요구되는 가장 중요한 기본적인 능력으로서 바디 밸런스와 바디 컨트롤 능력이 있다.

⑤ 팀 밸런스가 있다.
⑥ 팀의 공격력과 팀의 방어력의 밸런스이다.
⑦ 팀이 공격, 방어를 할 때 요구되는 밸런스이다.
⑧ 득점의 밸런스이다.

또한, 지도자는 운동(훈련과 연습의 질·양), 영양(식사), 휴식(수면시간)의 회복 밸런스를 생각 할 필요가 있다.

5. 팀력을 높이는 공식

팀의 목표를 달성하기 위해서는 목표하는 팀과 대항할 수 있을 만큼의 담력, 또는 그것을 상회하는 팀력을 만들 필요가 있다. 그것을 실현하기 위해서 팀은 많은 경험을 쌓아야 한다. 실제 경기경험이 풍부한 팀이 일반적으로 상위의 위치를 독점하고 있다.

(1) 팀 목표에 대한 준비

팀의 목표를 달성하기 위해서는 자기 팀의 목표보다 높은 수준의 팀을 이기기 위한 준비를 할 필요가 있다.

(2) 연습 경기를 진행하는 법

연습 경기를 계획할 때, 어떠한 상대와 경기를 하는 것이 좋은가? 이 문제를 해결하기 위해서는 ①도입기, ②성장기, ③성숙기 등 크게 3개로 나누어진다.

① 도입기(팀력을 모아가는 시기) : 도입기는 기본기술의 습득과 체력을 만드는 것을 중심으로 선수와 팀의 특기를 모아 가는 시기이다.
② 성장기(많은 경험을 하고 크게 성장해 가는 시기) : 성장기에 들어서면 선수의 특기와 팀의 특기가 병행하여 많은 경기경험을 하는 시기이다.
  제1단계, 수준이 낮은 팀과 경기를 하여 자신감을 갖는다.
  제2단계, 수준이 높은 팀과 경기를 하여 많은 것을 배운다.
  제3단계, 비슷한 수준의 팀에 지지 않도록 한다.
  제4단계, 준 목표의 팀과 경기하여 실력을 붙인다.
③ 안정기(안정된 성장을 보이는 시기) : 마지막으로 목표로 하는 팀에 초점을 맞춘다. 하위 수준의 팀에서 상위 수준의 팀까지 많은 경기 경험을 쌓음으로써 상대를 알고, 자신을 알 수 있다.

(3) 팀의 성장률을 계산한다.

① 강한 팀을 만드는 데 성공하는 또 하나의 큰 요인은 '욕구가 높아지면, 거기에 관계되는 감각이 예민해진다'는 심리법칙을 응용하는 것이다. 즉, 행동을 잡고 결정하는 요인으로서는 목표와 욕구의 상호관계가 있다는 것이다.

② 선수, 팀에게 성공경험을 쌓게 한다. 팀을 조직하는데 중요한 것은 작은 일이라도 좋으니 선수가 '할 수 있다'는 성공경험을 많이 갖게 하는 것이다. 그 중에서도 이른 시기에 경기에서 이기는 경험을 갖는 것이 중요하다. 팀에서 연습한 것이 경기에 임하여 성공했을 때 그것이 자신감이 되고, 팀은 더욱 강해지게 된다. 그러므로 새로운 팀을 조직할 때에는 이른 시기에 경기에서 이기는 경험을 갖는 것이 필요하다. 경기에서 이기면 '경기에서 이기는 법'을 알게 되고, 경기에서 이기는 법을 아는 쪽이 경기의 격렬한 경쟁에서도 이길 수 있기 때문이다.

③ 선수, 팀에게 높은 과제를 부여한다. 강한 팀의 지도자와 약한 팀의 지도자의 차이는 선수에게 부과하는 과제의 차이에서 나타난다. 강한 팀의 지도자는 항상 선수에게 더 높은 수준, 더 복잡한 것, 더 높은 차원의 것을 계속 요구한다. 그 요구는 나이가 어리다는 핑계로 타협이 있을 수 없고 개인의 이해나 감정이 끼어들지 않는다.

④ 엄격한 요구는 당연히 낙오자를 만들게 될 것이다. 그때에는 지도자의 격려가 필요하다. 엄격한 요구의 이면에는 선수에 대한 배려를 잊어서는 안 된다.

⑤ 강한 팀을 만드는 것은 인간을 만드는 것이다. 경기의 승부는 신체적, 기술적인 능력만으로 결정하는 것은 아니다. 여기에는 '기술+α'의 힘이 관여하고 있다고 할 수 있다. 특히, 실력이 백중한 경우 '기술 대 기술' 또는 '힘 대 힘'의 싸움이 아니라 사람이 갖고 있는 지식·감정·의지를 기반으로 하여 마음, 기술·체력·경험 등 모든 능력을 결집한 종합력의 싸움이다. 크게 말해 '인간 대 인간'의 싸움이라고 생각할 수 있다. 우수한 신체적, 기술적 능력도 선수의 마음가짐에 따라 그 실력이 크게 달라지는 것이 사실이다.

6. 팀 지도의 요령

1) 팀 지도의 비결

① 팀의 방향을 잡는다.
② 선수를 팀과 동일화한다.
③ 선수 각각의 역할을 명확히 하고, 그 능력을 향상시킨다.
④ 비교적 작은 그룹을 활용하여 강화한다.
⑤ 좋은 전통을 이어나간다.

⑥ 집단결정을 활용한다.
⑦ 공통 행동에 의해 상호관련의 깊이를 더한다.
⑧ 팀의 분위기를 개선한다.
⑨ 팀의 구성은 피라미드 형태가 이상적이다
⑩ 팀에는 축이 필요하다.
⑪ 명령계통은 일원화한다.
⑫ 팀 안에서 서로 얼굴을 맞대고 대화하는 관계를 만들어낸다.
⑬ 좋은 인연을 만든다.
⑭ 평소부터 선수가 힘을 낼 수 있는 환경을 만든다.

2) 개인지도의 비결

① 선수 개개인의 특성을 존중한다.
② 개인차를 알고, 그 활용에 대해 검토한다.
③ 밝은 태도로 선수를 대한다.
④ 지도자의 계획을 알린다.
⑤ 선수 각각에게 성공감, 충족감을 준다.
⑥ 선수의 책임감을 배양한다.
⑦ 솔선수범한다.
⑧ 다섯번 칭찬하고 한번 꾸짖는다.
⑨ 일을 하기 전에 비판하고, 실패하고 난 후에 위로한다.
⑩ 선수를 표창한다.
⑪ 좋은 습관, 좋은 버릇을 기른다.
⑫ 잘못된 선수는 과감히 탈퇴 시킨다.
⑬ 팀·개인의 슬로건을 만든다.

7. 팀 활성화의 비결

1) 팀의 집단역학

팀 지도를 할 때, 사회심리학적 영향을 생각하여야 완전한 지도가 된다. 다양한 특성으로 이루어진

개인행동의 성질은 여러 가지 상호작용과 팀의 분위기에 따라 결정된다. 이러한 입장에서 팀의 집단역학은 팀 리더의 특질, 멤버의 자세, 인간관계(감독, 코치, 주장, 매니져, 주전선수와 후보 선수, 상급생과 하급생 등), 능력 등의 요인이 유기적으로 관련되어 일어나는 것이다. 그러므로 지도자와 선수는 일체화된 분위기가 필요하다. 이러한 인간관계가 선수와 선수, 선수와 지도자 사이에 대화를 낳고 그것이 상호 이해와 신뢰, 존중, 팀의 단결력으로 연결된다.

2) 팀 활성화의 비결

① 철저한 대화에 의한 의지통일을 도모한다.
② 전원이 반드시 어떠한 역할을 분담하여 책임을 가진다.
③ 가치 있는 목표를 함께 결정한다.
④ 상호계발에 의해 능력향상을 꾀한다.
⑤ 핵심이 되는 리더는 인간미를 갖춰야 한다.

8. 팀과 사기(Morale)

사기는 신체적 기초를 갖춘 태도나 마음의 상태이며 개인적으로는 자신, 인내, 원칙의 유지 등이라고 할 수 있다. 신체적 요인에 의한 사기는 기온, 식사, 위생시설, 피로, 부상 등으로 구분할 수 있다. 즉, 팀의 훈련이나 경기는 혹서나 혹한일 때 오랜 시간 동안 훈련을 하게 되면 원기나 열의가 떨어지게 된다.

각종 시설들과 음식 등이 좋으며 선수는 원기가 충전 될 것이다. 집단의 사기란 정확히 설정된 목표에 집단구성원이 적극적으로 참여하여 집단의 활동에 협력적이고 효율적으로 높은 연습효과와 우수한 경기성적을 얻는 것이다.

팀의 사기를 높이기 위한 조건은 다음과 같다.
① 팀의 목표를 상호 확인시켜 목표를 명확하게 인식하도록 한다.
② 팀 속에 개인의 역할을 분담하여 그 수행을 촉진한다.
③ 선수 상호간 의사소통의 기회를 갖는다.

집단의 사기가 곧 그 집단의 투지는 아니다. 단지 활동의 자각 집단의 연대감, 집단의 단결력, 그리고 팀이 위기에 처했을 때 팀의 멤버가 목표달성을 위해 개인의 희생으로 팀의 강한 일체감으로 뭉쳐 팀으로서의 행동경향이 습관화하여 실천할 때 팀의 투지력이 형성되는 것이다.

제12부
심리 기술 훈련

제1장 택견 심리 훈련의 필요성
   1. 경기 시 선수들의 심리적인 문제
   2. 최적의 심리상태 유지방법

제2장 심리훈련 프로그램
   1. 상상기법(Imagery Technique)
   2. 자기확신훈련
   3. 점진적 이완기법
   4. 주의집중 훈련
   5. 심상 훈련
   6. 이미지 훈련
   7. 정신력 훈련
   8. 자신감 훈련
   9. 목표설정 훈련
   10. 동기유발 훈련

제3장 선수의 성격과 운동수행
   1. 우수 선수의 성격특성
   2. 경쟁불안과 운동수행

제4장 경기 시 선수의 심리적 반응
   1. 긴장을 과도하게 하는 선수의 심리 원인
   2. 과도한 긴장 상태
   3. 과도한 긴장을 해결하는 방법

제5장 연습과 경기의 차이를 극복하는 방법
   1. 연습과 경기의 차이
   2. 기합과 힘찬 파이팅을 강조하는 이유

제6장 심리기술훈련 실행의 제약과 유의점
   1. 심리기술훈련 실행의 제약
   2. 심리기술훈련의 제반 유의점

제7장 택견의 투지력
    1. 투지력
    2. 투지력의 양성

제8장 선수 처벌과 체벌(體罰)
    1. 처벌
    2. 체벌
    3. 기압을 가할 때 주의할 점
    4. 기압의 효과적 방법

제9장 승리와 패배 및 규칙
    1. 승리와 패배
    2. 승리와 규칙

제10장 택견 지도자의 카운슬링
    1. 택견 카운슬링이란?
    2. 택견 카운슬러의 자질
    3. 택견 카운슬링의 원리
    4. 택견 카운슬링 기법

제11장 경기 준비 절차
    1. 준비 절차
    2. 경기 전의 심리 전략
    3. 경기장에서의 심리 전략
    4. 경기 중의 심리 전략
    5. 경기 후

　겨루기의 기술수준이 엇비슷하면 심리기술이 뛰어난 쪽이 승리한다. 운동수행능력의 극대화를 이루기 위해서는 훌륭한 신체조건과 기술, 그리고 최적의 심리적 상태가 요구된다. 실제로 우수한 선수도 평소 연습 때에는 뛰어난 운동수행능력을 발휘하다가 중요한 경기에 임해서는 자신의 능력을 충분히 발휘하지 못하는 경우가 많다. 이것은 바로 신체적 능력 외에 심리적 상태가 경기에 중요한 영향을 미치고 있음을 시사하는 것이라 할 수 있다.
　심리훈련이란 인간의 내적, 외적, 신체적, 정신적 행동과 경험들을 제어하고, 변화시키는 것을 목표로 하는 심리적 기법의 총체적 훈련이다.
　이러한 심리훈련 프로그램은 경기력에 주로 영향을 미치는 심리적 요인과 그 목적에 따라 여러 형태로 다양하게 개발되어 왔다. 본 장에서는 비교적 쉽게 적용할 수 있고, 효과가 크며, 우리의 실정에 맞게 고안된 상상훈련, 자기확신훈련, 근육이완기법, 주의집중훈련 등을 소개하였다.

　겨루기는 육체적으로 싸우고 있지만 정신도 격하게 투쟁하고 있는 것이다. 운동수행의 극대화를 이루기 위해서는 훌륭한 신체조건과 기술 그리고 장비 외에 선수자신의 최적의 심리적 상태라 할 수 있다. 경기용 선수와 연습용 선수가 따로 있다고 한다. 연습이나 평가전에서는 좋은 기량을 발휘하다가 큰 경기에서는 활약을 못하는 선수가 있다. 반면 연습 때에는 두각을 보이지 못했지만 큰 대회에서 두각을 나타내어 부각되는 선수도 있다. 이것은 바로 선수의 신체적 수행 능력 외에 심리적 상태가 경기에 중요한 영향을 미치고 있음을 시사하는 것이라 할 수 있다.

제1장 택견 심리 훈련의 필요성

1. 경기 시 선수들의 심리적인 문제

　택견 겨루기 경쟁상황의 가장 직접적이고 대표적인 경우라 할 수 있으며, 그 중에서도 겨루기 상황은 철저히 경쟁하는 상황으로 특징 지워진다. 따라서 선수들은 경쟁적인 겨루기 장면에 임하게 되면 긴장된 여러 가지의 정서적 감정을 보이게 된다.
　일반적으로 경기직전 또는 경기 중에 느끼는 감정은 각성상태의 부적절, 효율적인 운동수행에 방해되는 불필요하거나 부적절한 생각, 주의산만 그리고 의기소침하고 자신감이 결여되는 현상이다. 이와 같은 겨루기 상황에서의 각종 심리적인 상태는 운동 수행의 결과에 직접적으로 영향을 미치게 되는 부수적인 현상을 동반한다. 즉, 겨루기 상황 하에서의 선수들은 평상시와 비교해서 생리적, 심리적, 행동적으로 다른 특징을 보이게 되는데, 이를테면 소변을 자주 보게 되고, 손, 발이 떨린다든가 또는 식은땀이 난다든가, 정신이 멍해지기도 하며, 심장이 더욱 심하게 뛰고, 근육이 뻣뻣해지며 안절부절하게 된다. 이러한 부수현상은 대부분 운동 수행에 부정적인 영향을 미치게 된다.
　이와 같이 경기력에 부정적인 영향을 미치게 되는 각종 심리적인 문제는 결국 선수 자신의 의지 상태와 정서 상태 그리고 겨루기 상황과 관련된 생각들이며, 이는 다시 운동수행에 직접적으로 관련된 생각과 불필요하고 부적절한 생각 또는 자신과 관련된 생각으로 요약 될 수 있다.
　중요한 것은 이와 같이 겨루기 상황으로 인하여 느끼는 심리적인 문제가 평소 연마한 기량을 발휘하는데 저해요인이 되며, 이는 궁극적으로 다른 외적인 조건 그 자체가 아니라 각종 불필요하고 부적절한 생각을 갖는 선수 자신이라는 것이다.
　따라서 운동수행의 극대화를 위해서는 겨루기 상황 하에서는 선수와 코치의 마음 또는 생각을 어떻게 적절한 상태로 유지하고 조절하느냐 하는데 있다. 이와 같은 관점에서 택견지도자는 경기력의 극대화를 위한 여러 유형의 심리적 기법을 개발, 적용하여 심리적 한계를 극복하려는 노력을 게을리 해서는 안된다.

2. 최적의 심리상태 유지방법

경기 전 또는 경기 중에 선수가 자신의 운동능력을 최대한으로 발휘할 수 있는 최적의 심리상태를 유지하고 조절할 수 있는 능력은 심리적 차원에서 매우 중요하다.
우수 선수 중에서도 평소 연습때에는 잘하다가 막상 경기에 참가하면 자신의 기량을 충분히 발휘하지 못하여 경기에 패하는 경우가 많다.

이러한 사실은 선수 자신의 기량을 충분히 발휘하는 데 저해가 되는 부정적인 정신적, 심리적 상태가 존재함을 입증하는 것이라 할 수 있다. 이는 바로 훌륭한 운동수행의 과정과 결과가 있기까지는 이미 습득한 기술을 원활히 수행할 수 있는 주의의 유지와 이와 같은 생각을 그대로 유지할 수 있는 정신력 그리고 이 두 가지가 흔들리지 않게 하는 마음의 유지가 관건이 된다.

그렇다면 어떻게 정신과 생각과 마음을 최적의 상태로 유지할 수 있을까? 이것은 우연히 또는 자연스럽게 습득되는 것이 아니다. 결국 경기력을 향상시키거나 저해시키는데 직접적으로 관계되는 각종 심리적 상태를 가장 적절한 수준에서 유지시키기 위한 능력의 배양은 체력 또는 기술훈련을 실시하는 것과 같은 차원에서 평소 훈련 시 연마되어야 한다.

1) 신체적 긴장이완

신체적으로 긴장을 느끼지 않는 상태로서 섬세하고 정교한 기술이 요구되는 기술의 경우에 신체적 긴장이완은 더욱 중요하다.

2) 정신적 평온상태

겨루기가 내적으로 냉정하고 침착한 안정된 상태로서 이루어진다.

3) 낮은 불안수준

동기유발이란 측면에서 자극이 부족한 특별한 경우에만 불안이 활력적인 요소가 되며, 대부분 선수들은 흥분이나 긴장하지 않는 상태에서 최상의 경기수행력을 발휘할 수 있다.

4) 활력이 넘침

긍정적인 감정에서 활성화가 되었을 때 선수들은 최상의 경기수행을 발휘할 수 있다.

5) 낙관적임

선수자신이 모든 것이 잘될 것이라는 긍정적인 태도를 갖는 상태이다. 부정적 사고와 감정은 경기수행에 부정적 영향을 미치게 된다.

6) 힘들이지 않음

겨루기 시 별로 힘이 들지 않는 상태로써, 수행이 제대로 시행되지 않을 경우, 열심히 하려는 의도는 근의 긴장을 초래하거나 정신상태의 혼란을 야기할 수 있다. 따라서 편한 마음으로 최선을 다하는 심리상태가 중요하다.

7) 자동적임

경기수행이 자동적으로 되는 것 같은 느낌을 갖는 상태로써, 이러기 위해서는 여러 가지 생각에 집착하지 말고 자동적 또는 본능적으로 겨루기 수행을 시도하는 방법을 익히는 것이 중요하다.

8) 민첩함

정신적으로 민첩함을 느끼는 상태를 말한다. 이러한 상태에서 선수들은 전개되고 있는 경기 상황을 바로 인식할 수 있으며, 앞으로 전개되어야 할 상황적 문제를 빠르고 정확하게 예측할 수 있다.

9) 주의집중

특별한 목표 또는 요구되는 목표에 주의를 집중시키고 유지하는 능력으로써, 정신집중이 잘되려면 심리적 평온상태가 유지되어야 하며 긍정적 감정에 활성화가 수반되어야 한다.

10) 자신감

선수가 어떤 과제에 대해 충분히 그 과제를 해결할 수 있다는 마음가짐이다.

11) 자기 통제 능력

운동수행 중 상황적 요인으로부터 발생되는 심리적 변화를 스스로 조절할 수 있는 능력을 말한다. 최대 운동 수행능력의 발현과 유지를 위해서는 경기 전 다음과 같은 심리적 준비가 이루어져야 한다.

- 자기 능력에 대한 실제적인 자신감을 가져야 한다.
- 효과적인 목표를 달성하고 노력해야 한다.
- 자기 자신과 겨루기에 대한 긍정적인 태도를 유지해야 한다.
- 내적 동기유발을 시켜야 한다.
- 경쟁의식을 지속하는 능력을 길어야 한다.
- 경기 전 또는 경기 중에 자신의 사고와 감정을 조절하는 방법을 배워야 한다.
- 경기 전이나 경기 중에 적절히 주의를 집중하는 방법을 체득해야 한다.
- 개인의 잠재적 수행능력을 인식하고 통제하는 방법을 배워야 한다.

이상과 같은 경기력에 영향을 미치는 심리적 문제를 효과적으로 조절하기 위해서는 과학적이고 체계적인 각종 정신훈련 프로그램에서 개인에게 적합한 것을 선택, 적용함으로써 가능하다고 할 수 있다.

제2장 심리훈련 프로그램

1. 상상기법

　상상기법은 어떠한 운동을 순서에 따라 체계적으로 시연해 나가는 사고의 전 과정으로서 기술 습득 및 기능향상을 기하고 운동수행자로 하여금 신체적, 정신적으로 겨루기에 대한 준비상태를 갖추게 하며 불안을 해소시켜 운동의 전 과정 혹은 세부동작에 대한 주의 집중력을 높여준다. 즉 선수 자신이 수행할 기술의 가장 성공적인 장면을 실제 장면과 같이 생생하게 그려보는 것으로, 새로운 기술의 습득이나 복잡한 기술의 향상을 위하여 또는 선수 스스로 자신의 운동수행에 대한 자신감 부족이나 관중, 친구, 가족 또는 생소한 경기장, 상대선수 등 운동경기 상황의 심리적 압력으로부터 발생되는 불안을 해소시키는데 효과적이다.

상상훈련의 기본적 지침
① 정신을 집중할 수 있도록 조용한 장소를 택한다.
② 가능한 실제 경기가 벌어질 장소에서(경기 전) 미리 상상훈련을 하면 효과적이다.
③ 상상을 할 때는 모든 감각을 사용하도록 한다.
④ 특수한 기술이나 동작 또는 운동장면을 별개로 연습하는 것이 아니라 전체적으로 통합된 형태로 상상해야 한다. 이 원리는 전체동작을 운동순서에 따라 완전하게 그리고 성공적으로 수행하는 장면을 상상하는 것이다.
⑤ 어떤 기술이나 경기흐름을 상상할 때에는 가능한 한 실제 경기상황에서 일어나는 속도로 상상하는 것이 중요하다.
⑥ 정신집중이 지속적으로 요구되는 과제에 대한 상상훈련의 시간은 4분 미만이 효과적이다.
⑦ 상상을 할 때는 반드시 운동을 성공적으로 수행하는 장면 또는 이미 성공적으로 수행한 장면을 상상해야 한다.
⑧ 가능한 한 생생하게 그리고 선명하게 영상을 그릴 수 있도록 노력해야 한다.

2. 자기 확신훈련

겨루기에서 자신이란 상대 선수보다 주어진 임무를 더 잘 할 수 있다는 내적인 마음의 상태이다. 많은 선수들은 겨루기 전 또는 겨루기 중에 자신감의 결여, 자신의 능력에 대한 의심 등 최대의 경기력 발현에 해로운 생각을 하게 되는 경우가 많다. 그러나 그것은 정상적이고 당연하다고 볼 수 있다. 문제가 되는 것은 선수의 잠재능력을 최대한 발휘하지 못하게 하는 고질적인 자기의심, 자신감의 결여, 겨루기 전의 신경과민, 각종 자신을 나약하게 만드는 생각과 감정이다. 따라서 이상과 같은 상황에 직면한 선수에게 유용하다고 인정되는 상상기법 외에 또 다른 정신적 기법은 자기효과진술(self-efficacy statements), 사고정지(thought stopping)등 여러 가지 형태로 불리는 자기 확신훈련이다.

1) 자기 확신훈련의 기본적 지침
① 성공에 대한 자기 확신을 높일 수 있도록 환경을 조성해야 한다.
② 비현실적인 기대와 확신은 오히려 자신감을 붕괴시킨다.
③ 확언의 내용은 긍정적인 말이어야 한다.
④ 확언을 하는 과정에는 마치 좋은 결과가 나온 것처럼 그 결과를 상상하면 더욱 효과적이다.(명확하고 선명하게 그리고 가능한 사실적으로 상상한다.)
⑤ 확언은 연습 시 또는 휴식 중이나 경기 중에도 가능하나 숙달되기까지의 연습은 취침 전 그리고 잠에서 깨어난 직후 가장 효과적이다.
⑥ 확언의 내용은 언어가 긍정적인 말이어야 한다.
⑦ 지도자는 성공에 대한 기대를 가질 수 있는 환경을 조성해 줌으로서 선수들이 갖고 있는 자신감의 수준을 높일 수 있다.

2) 자기 확신훈련 프로그램
① 연습 전
나는 훌륭한 선수가 될 수 있다.
- 나의 잠재력은 대단하니까!
- 현재 나는 열심히 최선을 다하고 있다.
- 따라서 하루하루 나의 기능은 좋아지고 있다.
- 나의 차기(자신의 가장 훌륭한 구체적인 기술 또는 조건)는 최고니까!
- 나의 딴죽(자신의 가장 부족한 부분)도 아주 좋아지고 있다.
- 모든 것이 내게는 어렵지 않다.
- 연습도 경기도 나의 발전을 만들어 준다.

② 연습 중
※연습 중 자신의 의도대로 잘 안되고 너무 힘들 때는 다음과 같은 자기 확언을 한다.
- 잠시 눈을 감고 심호흡을 한다(2~3회)
- 나는 해낼 수 있다.
- 이러한 실수(고통)는 내가 발전하기 위한 하나의 과정이다.
- 내가 배운 대로, 연습한대로 하면 된다.
※확언과 함께 마치 좋은 결과가 나온 것처럼 성공적으로 수행하는 장면을 상상한다.
③ 경기직전
- 잠시 눈을 감고 심호흡을 한다(3~4회)
- 나는 매우 훌륭한 선수이다.
- 그 동안 나는 최선을 다했다.
- 나의 기능과 컨디션도 최상이다.
- 나는 자신이 있다.
- 나는 꼭 성공할 수 있다. (상상기법을 함께 사용한다.)
④ 경기 중(자신의 의도대로 경기가 잘 풀리지 않을 때)
- 눈을 감고 심호흡을 한다. (2회)
- 숨을 깊게 들이쉬면서 "아무것도 아냐"
- 숨을 잠시 멈추고 "그러므로"
- 내쉬면서
- "나는 아주 잘 할 수 있다"
※ 중간 휴식 시간에 눈을 감고 심호흡을 한다(2회).
  - 숨을 깊게 들이쉬면서 "그 동안 나는 최선을 다해왔다"
  - 잠시 멈추고 "그러므로"
  - 내쉬면서 "자신 있게 해낼 수 있다"

3. 점진적 이완기법

점진적 이완 기법은 긴장된 근육군을 가능한 한 최대로 수축시킨 다음 서서히 이완시키는 기법으로, 수축부터 연습시키는 것은 근육 긴장상태의 현상과 느낌이 어떠한 것인가를 인식시키기 위한 것이다. 훈련방법은 근육의 이완훈련과정 전체에 대한 지시문을 녹음한 테이프를 이용, 주의집중을 하면서 실시하는 방법과 다른 사람이 직접 지시하여 거기에 따라서 행하는 방법, 그리고 훈련과정 전체에 대한 지시문을 묵상, 영상화시켜줌으로써 본인 스스로 근육 통제훈련을 실시하는 방법이 있으나

이 경우는 훈련자의 확신 수준이 높은 경우에 효과가 있다.

점진적 이완훈련의 기본적 지침
① 정신을 집중할 수 있는 조용하고 편안한 장소를 택한다.
② 숙달되기까지는 오랫동안(3개월 이상) 지속적이고 정규적인 훈련이 필요하다. 초기에 효과적인 연습은 천천히 (수축과 이완의 차이를 느낄 수 있어야 하기 때문) 진행되어야 하기 때문에 너무 성급하게 성과를 거두려 해서는 안 된다. 초기에 가장 편안한 자세(누운 자세)에서 근육이완을 연습하여 이완과 긴장의 경험을 갖게 되면 숙달단계에서는 근육이완 훈련의 단계 중 꼭 필요한 부분만을 실시하여도 이완은 가능하다.
③ 테이프에 녹음된 지시사항을 따라서 연습하는 것이 효과적이다. 숙달된 후에는 마음속으로 말을 함과 동시에 상상을 하면서 긴장과 이완을 경험할 수 있다.

점진이완에 필요한 4요소

1. 조용한 장소 : 주변의 방해를 최소화시킬 수 있는 장소를 찾는다. 특히 초기단계에서는 외부의 방해를 받지 않고 연습할 수 있는 환경을 마련하는 것이 중요하다

2. 편안한 자세 : 점진이완은 20~30분이 소요되므로 의자에 편안한 자세로 앉는다. 침대나 바닥에 눕는 것도 좋지만 잠이 들면 안 된다.

3. 정신적 도구 : 잡념을 배제하고 하나의 생각에만 집중하고 이를 반복할 수 있는 단어를 찾는다. '편안하게', '고요하게', '침착하게' 등과 같이 자극적이지 않은 단어를 준비해 두고, 숨을 내쉬면서 이 단어를 반복한다.

4. 수동적인 태도 : 저절로 이완 상태에 도달하도록 수동적인 마음가짐을 갖는다. 잡념이 떠오르면 거기에 신경을 쓰지 말고 그냥 놔둔 채 이완을 유도하는 단어에만 집중한다. 잡념이 떠올라 마음이 방황하는 것을 걱정하지 말고 자신이 선택한 단어만 주의를 계속 집중한다.

출처: Weinberg와 Gould(1995).

4. 주의집중 훈련

주의집중이란 선수들이 훈련과 경기 중에 중요하다고 생각되는 기술이나 상황 등에 초점을 맞추어 집중하는 것을 의미한다. 효과적인 겨루기 수행을 위해서는 하나의 목표에 집중시키는 능력과 집중의 상태를 지속적으로 유지시키는 능력이 중요하다. 겨루기 상황에서 많은 선수들은 상대의 집중력을 떨어뜨리기 위해서 상대의 약점을 자극하여 흥분하게 하는 심리적인 전략을 사용하게 되는데 이것은 상대의 주의집중력을 저하시켜 실수를 유발하여 경기 수행력을 떨어뜨리기 위한 것이다.

선수가 자신의 감정과 생각에 집중하고 있는가, 아니면 주위에서 일어나고 있는 일들에 대해서 집중하고 있는가를 말해준다.

이와 같은 측면에서 집중 훈련은 특정의 사물 또는 생각에 주의를 기울이고 그 상태를 오래유지하도록 하기 위한 연습이다. 그러나 이러한 훈련을 받지 않은 대부분의 선수들은 실제 경기상황에서 운동수행의 내용에 집중을 하기 보다는 외적인 환경 즉, 상대선수의 매너, 상대선수의 응원단, 심판의 불공정한 판정 등에 주의를 기울여 결국은 운동수행의 결과가 실패로 돌아가는 것을 종종 보게 된다. 따라서 경기력을 극대화하기 위해서는 다른 심리적 훈련과 함께 주의 집중훈련도 실시해야 한다.

주의 집중 훈련의 기본적 지침
① 정신을 집중할 수 있는 조용한 장소를 택한다.
② 초보자의 경우에는 취침 전, 기상직후 등 최소한 1일 2회 이상 실시하는 것이 효과적이다.
③ 수행자 스스로 인내심과 긍정적인 태도로서 점진적, 지속적으로 실시해야 한다.
④ 주의집중 훈련을 할 때는 모든 감각을 사용하는 것이 효과적이다.
⑤ 주의집중 훈련은 4분 미만이 효과적이다.
⑥ 집중훈련 시 상상기법을 이용하는 경우(눈감고 숫자쓰기, 시계판 바라보기 등) 가능한 한 생생하게 그리고 선명하게 영상을 그릴 수 있도록 노력한다.

5. 심상 훈련

심상은 운동수행을 향상시키는 효율적인 심리기술로써 연습과 훈련을 쉽게 사용할 수 있다. 심상이란 감각적 경험, 보고, 느끼고, 듣는 것과 유사하나 외부의 자극을 사용하지 않고서도 일어난다. 또한 선수들이 수행하고자 하는 기술과 동작을 실제적인 동작을 실시하지 않고 정신적으로 그림(像)을 그리는 기술을 의미한다. 따라서 선수들은 자신이 학습하고자 하는 동작과 전략, 그리고 반복적인 연습을 통해 몸에 익히게 되는데, 이러한 심상기술 훈련을 실시함으로써 기술을 학습하는 시간을 단축하거나 학습의 효율성을 높일 수 있으며, 자신의 생각과 느낌은 행동의 변화를 일으키게 된다.

1) 심상의 목적

선수들은 심상을 다양한 목적으로 사용하고 있다. 심상을 이용하면 신체기술뿐만 아니라 여러 심리기술을 발달시킬 수 있다. 심상은 다음과 같은 목적으로 사용된다.

(1) 겨루기 기술을 연습한다.

심상의 용도로 가장 널리 알려진 것이다. 심상을 이용하면 택견 겨루기의 기술을 연습할 수 있다. 겨루기 기술을 마음속으로 상상하면서 기술의 특정 부분을 반복 연습할 수도 있고 실수한 부분을 선택하여 바로잡을 수도 있다.

(2) 전략을 연습한다.

심상을 이용하여 개인 전략이나 팀 전략을 연습할 수 있다. 예를 들어 가상의 상대 선수나 가상 팀을 대상으로 겨루기의 방어, 공격 등의 전략을 다양하게 연습할 수 있다.

(3) 자신감을 향상시킨다.

심상은 자신감을 향상시키는 효과적인 방법이다. 자신감은 자신이 어떤 동작을 성공적으로 수행할 수 있다고 믿으면 높아진다. 과거에 성공적으로 수행을 한 장면을 떠올려서 그 때에 좋았던 느낌을 반복해서 하면 동작에 대한 자신감이 길러진다.

(4) 집중력을 높인다.

심상을 이용하여 다가오는 경기에 대비하여 어디에 주의집중을 해야 할 것인지를 계획할 수 있다. 경기집중 계획을 반복해서 상상하면 실제 경기에 임했을 때 당황하지 않고 계획대로 실천에 옮길 수 있다.

(5) 감정을 조절한다.

심상을 이용하면 경기 때에 자신이 과도하게 긴장되었거나 불안해졌던 상황을 떠올릴 수 있다. 그런 다음 심상을 통해 이와 같은 긴장과 불안을 유발시키는 상황에 긍정적으로 대처하는 자신의 모습을 상상한다. 심호흡을 한다거나 감정을 조절하는 데 도움이 되는 말을 준비해서 사용하는 연습을 하면 감정을 조절하고 과제에 집중할 수 있게 된다.

(6) 부상회복을 도와준다.

심상을 이용하면 통증에 적절히 대처하고 부상부위의 회복을 촉진시킬 수 있다. 부상으로 신체연습이 불가능한 선수는 병상에서 자신의 처지를 비관할 것이 아니라 심상을 통해 다른 선수들이 하는 것과 똑 같은 훈련을 해야 한다. 의사가 내린 진단에 비해 부상회복이 빠른 선수들 중에는 회복기간에 심상을 이용했다는 사례연구가 있다.

(7) 스트레스를 해소한다.

선수나 일반인은 여러 이유로 인하여 스트레스를 받는다. 심상은 겨루기의 스트레스를 해소하는데 이용될 수 있다. 선수들은 스트레스 상황에 스트레스를 해소하는데 도움이 되는 이미지를 떠올리는 연습을 해야 한다. 꽉 묶여 있던 매듭이 풀리는 장면, 파도치는 바닷가의 장면, 일출이 떠오르는 장면 등을 떠올리는 것도 한 방법이다.

심상훈련은 언제 하는가?

심상은 언제 어디서나 할 수 있지만 다음과 같은 상황에서 유용하게 사용할 수 있다.

1. 연습 전후
연습 전과 후에 약 10분 정도 심상을 하는 것이 좋다. 선수들이 10분 이상 집중하기 어려우므로 장시간 할 필요는 없다. 연습 전에 집중력을 높이고 연습에 대한 마음의 준비를 하기 위해 기술, 플레이, 점검사항 등을 상상한다. 연습이 끝난 직후에 연습한 기술과 전략에 대해 복습의 목적으로 심상을 한다.

2. 경기 전후
심상을 통해 경기 때에 어떻게 하겠다는 것을 마음 속으로 상상하면 경기에 대한 집중력이 좋아진다. 경기 전에 심상을 이용하여 동작이나 상대에 대한 반응을 섬세하게 담을 수 있다. 경기가 끝난 후에도 심상을 통해서 성공적인 장면을 생각해 보고, 그 장면을 선명하게 조절할 수 있도록 연습하면 그 동작에 대한 '청사진'이 더욱 뚜렷해진다.

3. 휴식시간
휴식시간에 심상을 이용하여 다음 연습이나 경기에 대비할 수 있다. 경기 중간 경기가 끝난 시점 '휴식 시간'은 심상을 이용할 수 있는 좋은 기회이다.

4. 자유시간
집이나 기타 적당한 장소에서 심상을 할 수 있다. 연습 전후에 마땅한 장소가 없어 심상을 할 수 없다면 집에 가서 10분 정도 심상훈련을 한다. 잠자리에 들기 전이나 아침에 일어나자마자 심상을 하는 선수도 있다.

5. 부상기간
부상 기간에 부상 회복에 대한 긍정적인 장면을 떠올리면 부상 회복에 도움이 된다. 이러한 사실은 의사의 진단보다 훨씬 빠른 회복을 보인 부상선수들을 연구한 levleva와 Orlick(1991)에 의해 밝혀졌다. 또한 마라톤 선수가 심상을 이용하면 고통을 극복하고 레이스 자체와 테크닉에 집중하는데 도움이 된다.

출처: Weinberg와 Gould에서 재구성

심상훈련의 실천에 필요한 요소

1. 적합한 장소를 마련한다.
2. 편안한 상태에서 집중한다.
3. 훈련에 대한 충분한 동기와 확신이 필요하다
4. 선명하고 마음대로 조절이 가능한 상을 만든다.
5. 비디오나 녹음테이프를 제작한다.
6. 실제로 걸리는 시간과 동일한 속도로 상상한다.
7. 심상일지를 적는다.

출처: 정청희, 김병준(1990)

6. 이미지 훈련

상상기법의 훈련과 같은 형태이다. 이미지 훈련이란 시각과 근 감각 등의 모든 감각을 총동원하여 마음속에서 운동수행 모습을 상상하여 실시하는 연습이다. 예를 들면, 유명한 선수와 자신의 폼을 머릿속에 그리고, 경기 전날 밤에 다음날 자신이 할 경기하는 모습을 상상하는 것이다. 택견의 기능을 향상시키거나 평소의 연습으로 쌓은 실력을 본 경기에서 발휘시키려는 목적으로 실시한다.

7. 정신력 훈련

훈련 성과를 올리기 위해서는 운동능력 및 체력 요소와 강한 의지, 용감성, 결단력, 인내력, 집중력 등이 필요하다. 우수선수 대부분은 이러한 정신력을 갖추고 있으나 필승의 신념이 없는 행동에서는 결코 생기지 않는다.

동료선수와의 협력 관계나 단체의 규칙 중에서 개인 본연의 자세를 명확히 하고 집단에 적응함으로써 주체적, 적극적으로 행동하는 마음을 기르게 된다. 적극적으로 대처해 나가는 고된 훈련 속에서 강한 의지와 극복하는 힘, 인내력이 생겨나고, 이것은 용감한 결단력의 기초가 되기도 한다. 이와 같이 정신력은 일상생활과 훈련을 통해 길러지는 것이므로 지도자는 선수의 일상생활까지 보살펴 주어야 하고, 선수의 정신력을 기르기 위해 코치의 충고가 필요한 것이다. 따라서 훈련과 경기와 일상생활을 해나가는 방법에 대해서 자기 자신부터 적극적으로 대처함으로써 정신적 능력을 높여 나가려는 끊임없는 노력이 무엇보다도 중요하다고 하겠다.

8. 자신감 훈련

어떤 학자들은 '자신감은 모든 것을 가능케 한다.' 혹은 '성공 할 수 있는 능력에 대한 자신의 믿음이 특정한 날의 경기결과의 80~100%를 결정한다(Rarizza & Hansen, 1995)'고 언급했다.

자신감이란?

자신감(Self-Confidence)은 가장 상식적인 의미에서 어떤 일을 성공적으로 해낼 수 있다는 마음상태를 나타낸다. 자심감은 성공에 대한 확신이다(Weinberg & Gould, 1995).

자신감 있는 선수의 특징	자신감의 효과
· 모든 일을 긍정적으로 본다. · 정서적으로 안정되어 있다. · 자신의 일은 스스로 처리한다. · 호기심이 많아 무엇이든 알고 싶어 한다. · 매사에 능동적이고 적극적이다. · 용기가 있다.	· 긍정적 정서를 갖게 한다. · 주의집중을 높인다. · 목표설정을 돕는다. · 많은 노력을 기울이게 한다. · 경기 전략을 개발하도록 한다. · 기회를 이용할 줄 안다.

9. 목표설정 훈련

목표설정이란 자신의 상황과 상태 또는 어떤 결과에 대해 스스로 자각한 후 자신의 행동계획을 설계하는 것을 의미한다. 목표 설정에 있어서 현실적이며 도전적, 세부적인 수행 목표를 책정하는 데 관찰한 원칙들을 적용한다. 또한 목표(goal)란 특정한 시간 내 과제에 대한 정해진 효율성의 기준을 성취하는 것이라고 정의할 수 있다(Locke 등, 1981).

목표설정이 왜 효과가 있는가?

어렵지만 달성 가능하며 구체적인 목표는 수행을 향상시키는데 도움이 된다. Locke와 Latham(1985)는 목표설정이 수행을 향상시키는 이유를 다음과 같은 4가지 과정으로 설명하고 있다.

첫째, 목표는 수행해야 할 과제의 중요한 요소에 주의를 집중시킨다.
목표를 설정하면 평소에 주의를 기울이지 않는 기술의 요소에 주의를 기울이게 된다.
예를 들어 택견의 겨루기에 있어 상대방과의 거리, 방향, 시선, 체중 이동 등 개선이 필요한 기술의 특정 요소에 주의를 집중하게 된다.

둘째, 목표는 선수로 하여금 노력을 하게 한다.
목표를 세우면 게으름을 피울 상황에서도 노력을 투입하게 된다. 연습이나 경기에 대한 구체적인 목표를 세우면 목표를 달성하기 위해 노력을 하게 된다. 운동 종목, 그리고 세트와 반복 횟수를 정하고 수련장에 가면 그렇지 않은 것에 비해 동기수준이 높아 충실한 훈련을 할 수 있다.

셋째, 목표는 선수의 노력(인내심)을 지속시킨다.
목표는 노력을 하게 할 뿐만 아니라 그 노력을 지속하게 한다. 체중을 10킬로 줄인다는 목표는 달성하기 힘들어 보이지만 10킬로를 다시 주 단위로 나누어 감량 목표를 설정하면 중도에 포기하지 않고 체중조절에 성공할 가능성이 높아진다.

넷째, 목표는 선수가 새로운 학습전략을 개발하도록 촉진시킨다.
목표를 설정하면 이를 달성하기 위한 새로운 전략이나 방법을 터득하게 된다.
일례로 딴죽의 성공률을 높이기 위해 연습하는 선수는 연습 과정에서 딴죽방법에 대한 새로운 전략을 발견할 수도 있다.

(출처: 정청희, 김병준에서 재구성)

스포츠 목표설정 연구의 전환점

1985년 Locke와 Latham이 발표한 '스포츠에서 목표설정의 적용'이라는 논문을 계기로 스포츠에서 목표설정 연구가 전환점을 맞는다. Locke와 Latham은 조직과 산업 분야에서 다루어진 과제가 정신적, 신체적 활동을 포함하고 있어 스포츠 과제와 크게 다를 바가 없다고 주장한다.
또한 스포츠에서는 개인의 수행을 객관적으로 측정하기가 쉽기 때문에 목표설정 이론의 적용이 오히려 쉬울 것이라고 예상하고 다음과 같은 10가지 가설을 제시하였다. 이들 가설은 과학적 연구의 주제가 되기도 하며, 심리기술 및 신체기술의 향상을 위한 목표설정의 원칙으로 사용되고 있다.

1. 구체적 목표는 일반적 목표에 비해 개인의 행동을 더욱 더 정확하게 조절할 것이다.
2. 구체적 목표를 설정할 경우, 충분한 능력이 갖춰져 있고 달성하겠다는 신념이 있으면 목표가 높으면 높을수록 수행이 더 향상될 것이다.
3. 구체적이며 어려운 목표는 단순히 "최선을 다하라"라고 한 목표나 목표가 전혀 없을 때보다 수행향상에 더 도움이 될 것이다.
4. 장기목표와 단기목표를 복합적으로 설정하면 장기목표만을 설정한 것보다 수행 증가에 더 효과적일 것이다.
5. 목표는 행동의 방향을 결정하고, 노력을 투입하게 하며, 노력의 지속성을 증가시키고, 과제해결 전략을 마련하게 하는 등의 동기유발 기능에 의해 수행을 향상시킬 것이다.
6. 목표달성의 진도에 관한 피드백을 제공해 줄 때 목표설정의 효과가 높아질 것이다.
7. 어려운 목표를 설정할 경우 목표 달성 신념이 높을수록 수행이 증가할 것이다.
8. 목표달성에 대한 신념은 목표 성취에 대한 주위의 지원, 목표설정에 대한 선택권, 그리고 보상에 따라 영향을 받을 수 있다.
9. 적절한 행동 계획이나 해결 전략이 있을 경우 목표달성이 촉진될 것이다. 특히 과제가 복잡하거나 장기간의 시간이 필요한 경우 해결 방안의 역할이 커진다.
10. 경쟁은 어려운 목표를 설정하게 하거나 목표달성에 대한 신념을 증가시켜 수행을 향상시킬 것이다.

출처: 정청희, 김병준(1990).

목표설정의 효과 (Martens(1987))

1. 목표는 수행을 향상시킨다.
2. 목표는 연습의 질을 높인다.
3. 목표는 무엇을 달성할 것인지를 명확하게 해준다.
4. 목표는 도전감을 주므로 훈련의 지루함을 덜어준다.
5. 목표는 달성하고자 하는 내적 동기를 높인다.
6. 목표는 긍지, 만족감을 및 자신감을 향상시킨다.

출처: 정청희, 김병준(1990).

목표설정의 11대 원리

1. 구체적이고 객관적인 목표를 설정하라.
2. 도전적이고 현실적인 목표를 설정하라.
3. 단기목표, 중기목표, 장기목표를 설정하라.
4. 결과목표보다 수행목표를 설정하라.
5. 긍정적인 목표를 설정하라.
6. 목표를 기록하라
7. 목표달성을 위한 목표성취전략을 개발하라.
8. 참가자의 성격을 고려하라.
9. 목표달성을 위한 지원책을 마련하라.
10. 목표달성 여부를 평가하라.
11. 융통성 있게 설정하라.

출처: 정청희, 김병준(1990).

10. 동기유발 훈련

동기유발은 어떤 목표를 향해서 행동을 시작하도록 하는 내적 과정이다.

1) 효율적인 동기유발 방법
① 경기 출전이나 연습 내용의 목적을 선수에게 제시한다.
② 목표 계획을 구체적으로 세워야 한다.
③ 목표계획에 따라 단기, 중기, 장기 훈련이나 연습 내용을 계획하되 흥미있고 의미있는 것이어야 한다.
④ 연습이나 훈련 내용이 결정되면, 선수 개개인의 기능 향상정도를 기록해 두어야 하며, 이러한 진보 속도를 목표 계획과 훈련내용에 근거하여 재평가하여야 한다.
⑤ 선수에게 목표를 적합하게 설정하여 준다.
⑥ 현실적 목표를 구체적으로 제시하여야 한다.
⑦ 연습 시에는 연습 결과에 대해 적당한 강화를 주는 것이 좋다.
⑧ 연습 시 선수에게 동작이나 행동의 오류에 대한 지식을 가능한 빨리, 그리고 구체적으로 제공한다.

내적 동기를 높이려면?

보상은 선수의 해석에 따라 내적 동기를 높일 수도 있고 낮출 수도 있다. 따라서 코치, 교사, 지도자가 어떤 방식으로 보상을 해 주느냐가 매우 중요하다. 보상은 선수나 운동참가자가 잘 했다는 느낌을 받을 수 있도록 해야만 내적 동기에 긍정적인 영향을 미친다. 다음에 제시된 내적 동기 향상 전략을 살펴보자. 각 전략마다 어떤 과정을 거쳐 보상이 유능성에 관한 정보를 제공해 주고 결국에는 내적 동기를 높이는지를 알아보자.

1. 성공 경험을 갖게 한다.
성공을 경험하면 자신의 능력에 대한 자신감이 높아진다. 마찬가지로 어린 선수들이 잘 했을 경우 긍정적인 피드백을 자주 줄 필요가 있다.

2. 언어적, 비언어적 칭찬을 자주 한다.
남을 칭찬하는데 인색하지 말아야 한다. 칭찬은 긍정적인 피드백을 제공해 주며 지속적인 노력을 하는데 촉매역할을 한다. 특히 소외되기 쉬운 후보 선수나 운동재능이 없는 학생들에게 칭찬은 더 중요하다. "잘 했다" 는 말과 함께 따뜻하게 등을 한번 두들겨 주는 것은 생각보다 큰 효과가 있다.

3. 연습내용과 순서를 바꾼다.
운동방법은 잘못하면 지루하다는 느낌을 줄 수 있다. 연습의 단조로움을 극복하고 참가자의 동기를 유발시키기 위해서 연습의 내용과 절차를 변화시킬 필요가 있다. 공격선수와 수비선수의 역할을 바꾸어 보고, 기술연습과 연습게임의 순서를 바꿀 수도 있다. 이와 같은 변화는 연습의 재미를 느끼게 하며 동료선수를 이해하는 기회도 된다.

4. 목표설정과 의사결정에 참여한다.
팀에서 의사결정을 하거나 규칙을 정할 때 선수들에게 참여할 기회를 준다. 이러한 과정에서 선수들은 내적인 통제감과 성취감을 느낄 수 있다. 일례로 선수들에게 주간 계획을 작성하게 하고, 주전 선수의 구성, 선후배의 역할 등에 대해 의논하고 결정을 내리도록 할 수 있다.

5. 실현 가능한 목표를 설정한다.
자신의 능력에 맞는 실현 가능한 목표를 설정하면 유능성의 느낌이 증대된다. 우승과 같은 결과 지향적인 목표보다는 연습 횟수, 기술향상, 감정조절, 집중력 등 자신이 달성할 수 있는 목표가 더 좋다. 이와 같은 과정 지향적인 목표는 자신이 수행을 통제한다는 느낌을 갖게 해준다. 즉 상대선수가 얼마나 잘 하느냐에 따라 영향을 받지 않는다. 과정 지향적인 목표를 달성하는 것은 유능성이 있다는 증거이며 결국에는 내적 동기가 향상된다.

출처: 정청희, 김병준(1999).

제3장 선수의 성격과 운동수행

1. 우수 선수의 성격특성

Ogilvie와 Tutko(1968)의 우수선수의 성격에 관한 연구 중 연구는 다음과 같은 성격 특성이 있다. 더욱 외향적이었으며 성취에 대한 욕구, 지배성, 공격성에 대한 욕구가 높았으며 추상적 합리적 사고가 큰 경향을 보였다고 하였다. 모험심이 강하며 대담하고, 끈질기며 자기효율성이 강하게 나타났으며 낮은 불안과 스트레스에서 반응하는 정도가 낮았다. 높은 리더십과 독립심을 갖고 있는 것으로 보고되었다.

우리나라 국가대표 선수들의 심리 행동적 특성

우리나라 국가대표선수들은 과연 어떤 행동특성을 갖고 있을까? 이러한 특성들은 서구에서 밝혀진 행동특성과 유사성이 있을까?
아시안게임 이상의 국제대회에서 입상한 경력이 있는 선수들을 면접한 장덕선(1995)은 우리나라 국가대표선수들의 독특한 심리행동특성을 찾아냈다. 국가대표선수들이 경기준비 단계에서 자주 사용하는 행동 전략은 다음과 같다.

1. 자신의 행동을 철저히 관리한다.
선수들은 사소한 것에서부터 훈련에 임하는 것까지 항상 철저한 관리를 한다. 좋은 생활습관과 적극적인 운동습관을 유지하면서 힘든 경기준비 과정을 극복해 간다.
2. 자신과 상황을 잘 파악한다.
선수들은 너 자신을 알라는 말을 자신에게 되풀이 한다. 자신의 현 위치를 파악할 뿐만 아니라 상황의 요구까지 정확하게 판단하려고 노력한다.
3. 일지를 적는다.
선수들은 연습과정을 분석하고 승리를 향한 자기성찰의 도구로 일지를 활용한다. 일지에는 좋은 자세나 감각 등을 기록하며 자신과의 비밀스런 약속, 매일 매일의 훈련에 대한 반성과 깨달음도 함께 적는다.
4. 강한 목표달성의 신념이 있다.
선수들은 일등을 하겠다는 결과지향적인 목표뿐만 아니라 일등이 되기 위해 필요한 역할이 무엇인가라는 과정지향적인 목표도 뚜렷하다.
5. 기대에 대한 부담을 갖는다.
매스컴, 체육계, 가족 등 다양한 집단으로부터 큰 기대를 받는다. 이러한 기대에 대하여 선수들은 책임감과 함께 부담을 느끼고 있다.
6. 경험으로 정신력을 보완한다.
선수들은 정신력이 경험에서 나온다고 생각한다. 많은 대회참여에서 생기는 다양한 경험과 시행착오는 정신력을 보완해 줄 수 있다고 믿는다.
7. 정신 지주의 도움을 받는다.
아무리 국가대표 선수라도 하지만 약해질 때도 있다. 선수들은 지도자와 선배의 조언, 부모의 헌신적인 뒷바라지, 스포츠심리학자의 도움으로 반복적인 훈련에 따르는 어려움과 좌절을 극복한다.
8. 승리의 꿈을 갖고 있다.
선수들은 승리에 대한 꿈과 환상을 갖고 있으며, 이러한 꿈이 현실로 나타나리라고 믿는다.

출처: 장덕선(1995)

> **우수선수의 심리전략**
>
> 경기 중 역경에 대처하는 구체적인 계획을 수립하고 연습한다.
> - 경기 중과 경기 전에 예기치 못한 상황에 대처하는 일련의 전략을 연습한다.
> - 당면한 수행에 완전히 집중을 하고 경기와 관련 없는 사건이나 생각은 배제한다.
> - 경기 전에 정신연습을 한다.
> - 경기 전에 상대선수에 대하여 걱정하지 않고 자신이 할 수 있는 일에 초점을 맞춘다.
> - 자세한 경기계획을 갖고 있다.
> - 각성과 불안을 조절하는 방법을 익힌다.

출처: (Weinberg)와(Gould)(1995)

2. 경쟁불안과 운동수행

1) 경쟁불안이란 무엇인가?

(1) 경쟁불안의 개념
① 경쟁불안의 특성은 선천적 기질로써 경쟁 또는 겨루기라고 하는 일종의 자극을 위협적인 것으로 느끼는 성격적 특성이다.
② 경쟁 상태불안은 겨루기상황에서 선수가 느끼는 상황에 대한 반응으로써 자율신경계의 활성 또는 각성을 수반하는 의식적으로 지각한 일시적인 근심, 걱정, 우려, 긴장의 감정이다.

(2) 경쟁불안의 원인
겨루기상황에서 선수들이 불안하게 되는 요인은 자신감 결여, 실패에 대한 공포, 주의의 기대에 대한 부담감, 팀 성원간의 갈등, 부상에 대한 공포, 낯선 시설 및 장소, 심판 판정에 대한 불안, 훈련에 대한 불안 등이 있다.

(3) 불안해소의 방법
효율적 운동수행을 위한 불안해소의 과정은 선수가 느끼는 불안수준을 탐지하고 불안의 근본적인 원인을 파악한 후, 개인에게 적합한 불안해소기법을 적용하는 일이다.

제4장 경기 시 선수의 심리적 반응

평상시 연습 때에는 겨루기를 잘하던 선수가 경기에 출전하여 자기의 실력을 충분히 발휘하지 못하는 선수가 있다.

1. 긴장을 과도하게 하는 선수의 심리 원인

① 관중이 많은 경우 남을 의식한다. 특히, 상대편 선수의 관중이 응원을 하는 경우
② 승부의 집착에 따른 과도한 긴장
③ 경기장의 시설이 낯설 경우
④ 훈련량의 부족으로 경기에 대한 의욕과 자신감이 없을 때
⑤ 자신보다 강한 선수와 대전할 때
⑥ 경기 중 부상을 입었을 때

2. 과도한 긴장 상태

1) 생리적 상태

① 가슴이 답답하고 몸이 떨린다.
② 근육의 긴장으로 몸이 굳어지고 힘이 빠진다.
③ 얼굴빛이 창백해지고 뜨겁게 달아오른다.
④ 몸에 피로가 오고 갈증을 느낀다.
⑤ 소변을 자주 보고 싶다.
⑥ 주위가 잘 안 보인다.

과도불안에 따른 증상	
구분	증상
생리적 증상	심박수와 혈압이 높아진다. 호흡이 빨라지고 손에 땀이 난다. 동공이 확대되고 뇌의 활동이 증가한다. 피부에 있는 혈액의 양이 증가한다. 근육이 긴장된다. 산소 섭취량이 증가한다. 입이 마르고 소변이 자주 마려워진다. 아드레날린의 분비가 증가한다. 주의 집중이 잘 안된다. 불안이나 공포감이 높다. 도피하려는 생각이 든다.
심리적 증상	근심과 걱정을 한다. 의사결정을 제대로 하지 못한다. 압도당한 느낌이나 혼동감을 갖는다. 주의 집중력이 떨어진다. 상황을 통제하는 느낌이 없어진다. 주의의 폭이 좁아진다.
행동적 증상	말이 빨라지고 목소리가 떨린다. 손톱을 물어뜯는다. 발을 떤다. 근육에 경련이 일어난다. 하품을 하거나 눈을 자주 깜박거린다.

출처: 정청희, 김병준(1990)

3. 과도한 긴장을 해결하는 방법

  선수의 개인적인 성격에 따라 긴장의 정도나 형태가 다르게 반응이 일어난다. 대체적으로 활동적인 성격보다 내성적이고 소극적인 성격의 소유자가 과도한 긴장을 하는 경우가 많다. 지도자는 선수의 실력을 100%로 발휘 할 수 있도록 해결하는 것이 중요하다. 그 해결책으로는 다음과 같다.

① 경기와 같은 시간대에 연습을 하고 사전에 경기장을 방문하여 연습을 한다.
② 연습량을 최대한 늘려서 자신감을 키운다.
③ 경기에 자주 참가 시켜 경험을 쌓는다.
④ 경기 전에 땀이 나게 몸을 충분히 푼다.
⑤ 명상이나 호흡으로 마음을 안정시킨다.
⑥ 연습은 실전과 같이 실전은 연습과 같이 한다.
⑦ 기합을 크게 외쳐 자신감을 가지게 한다.

제5장 연습과 경기의 차이를 극복하는 방법

1. 연습과 경기의 차이

연습 겨루기는 평상심으로 승부라는 냉철한 승패가 판단되어 지지 않는 훈련이지만 경기는 실전승부이다. 실제 경기에서 지면 쓰라린 경험을 맞이해야하는 것이 현실이다.

연습용과 실전용이 있다고 하는데 연습용은 평상시에 최고의 기량의 보유자인데 진정 경기에서는 실력발휘를 하지 못하는 선수들을 우리는 종종 볼 수 있다. 그러한 이유는 심리적 부담감 때문이다.

정식 경기에서 패하게 되면 자신과 팀에 피해를 준다는 심리적 부담감은 발목을 붙잡고 어깨를 경직시켜 제대로 된 공격 한번 못하고 패한 뒤 상당한 아쉬움과 "내가 바보같이 왜 그랬지" 하는 자신에 대한 연민에 휩싸이게 된다. 경기에서의 이러한 심리적 부담감은 많은 경기에 참가하여 경기를 체험함으로서 면역력이 생기고 마음에 여유가 생긴다.

비슷한 실력의 선수가 겨루기를 하면 구력(舊曆)이 많은 선수가 승리할 수 있는 확률이 높다. 경기 중 멋진 공격이 성공하면 "아~싸" 큰소리로 외치며 뒷배와 힘찬 "하이-파이브"를 나누며 기쁨을 맘껏 나누고 가능한 고성을 많이 지른다. 또한 경기 중간 중간에 기합을 넣으면서 마음속의 부담감을 지우도록 노력한다.

2. 기합과 힘찬 파이팅을 강조하는 이유

1) 근육의 경직을 이완시켜준다.

심리적 부담감을 가지고 겨루기에 임하면 기술이 마음대로 구사되지 않으며 몸이 더욱 경직되어 몸이 얼어 버리게 되게 된다. 기합은 온 몸의 경직을 막아주고 기선을 제압할 수 있다.

2) 단체전에서 같은 동료에게 도움을 준다.

나의 기합과 파이팅 넘치는 모습은 다른 동료에게도 상당한 상승 요인이 된다. 동료 선수의 공격 성공 시에도 멋지게 화답하는 소리를 나누고 서로 간에 파이팅이 이루어 질 때 한층 강력한 팀력이 만들어 진다.

3) 상대선수에게 위압감을 주게 된다.

어른이 아이들에게 이놈하고 큰소리로 외치면 아이들이 겁을 먹고 도망을 가듯이 기합과 파이팅의 소리는 상대 선수를 제압할 수 있다. 그렇지 않아도 경기에 대한 심리적 부담감이 있는데 상대선수의 우렁찬 기합과 힘찬 파이팅의 모습은 괴력을 가진 선수로 둔갑하여 다가오므로 심리적 위축을 가중시키고 온 몸을 굳게 하여 기선을 빼앗기게 된다. 상대를 공격하기보다는 안전하게 수비위주로 하다보면 반칙을 받게 되고 경기에서 패배의 쓰라림을 맛보게 된다.

제6장 심리기술훈련 실행의 제약과 유의점

1. 심리기술훈련 실행의 제약

택견 겨루기의 승패는 신체기술과 심리기술의 혼합에 의해 결정된다. 선수나 코치들은 겨루기에서 승패의 50% 내외는 심리기술에 의해 결정된다고 생각한다.

그러나 일반적으로 코치나 선수들은 신체기술훈련에 많은 시간을 소비하고 있으면서도 심리기술훈련은 대체적으로 거의 실시하지 않는 실정이다. 심리기술훈련이 최상의 컨디션을 위한 필수조건임에도 불구하고 선수들이 심리기술훈련을 실천하지 못하는 제약의 요인은 다음과 같다.

1) 심리기술훈련의 정보와 지식의 부족

많은 코치들은 심리기술훈련에 대한 정보와 지식의 부족으로 인해 선수들에게 심리기술훈련을 지도하는 것을 꺼리고 있다. 코치들은 "경기에 전념하라"고 주문하거나 "침착하게 경기하라"는 소리칠 뿐 실재 어떻게 하는지에 대해서는 이야기 하지 못한다. 이러한 요구는 선수가 평소 훈련을 통해 집중과 이완 기법을 배웠을 때 주문을 할 수 있다. 또한 평소에 훈련을 통해 심리상태를 컨트롤 방법을 습득하지 않으면 실제 겨루기 상황에서 사용하기란 쉽지 않다. 마치 평소에 팔굽혀펴기 10개을 연습하다가 100개를 할 수 없는 이치와 같다. 코치는 겨루기 상황에서 필요한 심리기술훈련의 정보와 지식을 갖추고 있어야 한다.

2) 심리기술은 선천적인가?

심리기술은 선천적으로 타고난다는 생각은 잘못된 것이다. 신지애에 같은 선수는 성격적으로 승부욕, 끈기, 투지 등을 타고났다고 생각할 수도 있지만, 선수들은 연습과 훈련을 통해 개발시킬 수 있다. 우수한 선수가 되기 위해서는 자신의 신체기술과 심리기술을 성장시키는데 노력을 해야 한다. 불안한 심리상태에서 평정심을 가지고, 실수 하더라도 자신감을 갖는 것은 신체훈련과 심리훈련의 조합을 통해서 이루어지는 것이다.

3) 심리기술훈련에 대한 시간의 부족

신체훈련을 위해 많은 시간을 투자하지만 심리기술을 위해 지정할 시간은 없다고 말한다. 많은 선수들이 경기에서 패한 이유 중에는 과도한 걱정이나 긴장 등이 있음에도 불구하고 심리기술훈련에 시간을 할애하지 않는다.

반면에 걱정과 긴장이 되는 것은 신체훈련이 부족했기 때문이라고 생각하고 오히려 신체훈련에 집중하기도 한다. 신체훈련이 심리기술의 강화를 절대적으로 보장되지 않는다. 만약 심리기술이 승패에 중요한 요소라고 판단되면 심리기술을 발달시킬 수 있도록 시간을 할애해야 한다.

4) 심리기술훈련에 대한 잘못된 견해

심리기술훈련에 대한 잘못된 견해로 그 실행에 제약이 되기도 한다. 첫째, 심리기술훈련은 엘리트 선수에게만 적용되는 것은 아니다. 물론 한계에 이른 자신의 역량을 조금이라도 확대해 보려는 엘리트 선수에게 심리기술훈련은 큰 매력이 된다. 마찬가지로 심리기술훈련은 꿈나무 선수나 일반 스포츠 참가자에게도 권장된다. 최근 아동들에게도 심리기술훈련이 효과적으로 적용될 수 있는 것으로 밝혀져 주목을 받고 있다(정청희 등, 1997: Orlick과 McCaffrey, 1991).

2. 심리기술훈련의 제반 유의점

심리기술훈련 프로그램을 체계적으로 실천하기란 쉽지 않다. 다음과 같은 사항을 유념하면 심리기술훈련 프로그램의 효과를 극대화할 수 있다(정청희, 김병준 1999).

1) 목표를 설정하고 일지를 적는다.

정신기술훈련의 일일, 주간, 월간 목표를 설정하고, 일지를 적는 것만으로도 훈련의 효과가 높아지고 개인에 적합한 프로그램이 되도록 보완하는데 도움이 된다.

2) 심리기술훈련에 대한 확신을 갖게 해준다.

선수에게 심리기술 훈련은 경기력을 향상시키는데 반드시 도움이 된다는 점을 숙지시켜주어야 한다. 우수한 선수들이 심리기술훈련을 이용하는 사례를 들고 선수들의 관심과 실천을 이루어지도록 해야 한다.

3) 융통성, 개별성을 강조한다.

심리기술훈련을 전체가 실시할 경우 융통성과 개별성을 강조해야 한다. 모든 선수들이 같은 방식으로 심리기술훈련을 하도록 강요하지 말고 선수 개인에 적합하도록 기법들을 변형시키거나 조합하고 개발하여 쓰도록 도와준다.

제7장   택견의 투지력

1. 투지력

　투지력은 겨루기에서 겨루고자하는 투쟁심이다. 즉, 높은 목표의식을 갖고 그 목표달성을 위해 정신을 집중하고 그것을 지속하여 승리를 할 수 있는 강한 의지를 말한다. 다시 말해 높은 목표달성을 위해 정신을 집중하여 승리할 수 있도록 강한 의지를 지속시키는 것이다.

1) 투지력이 없는 선수

　훈련 시에는 좋은 성적을 내고 강하면서도 경기에서는 그 실력이 발휘되지 않는 선수를 말한다.

2) 투지력이 있는 선수

① 승리하기 위해서 어떠한 괴로움이나 역경을 극복하기 위해 노력을 하고 또한 그 힘든 일을 견디어 내는 데 기쁨과 만족감을 갖는 선수
② 무엇이든 열심히 하는 행동양식과 자신에게 매우 엄격하여 일상생활이나 훈련을 타인보다 더 많이 연습하는 태도를 갖고 있는 선수
③ 어렵고 힘든 훈련을 계속 실행하여 강한 자기 신뢰감과 자신감을 가지고 있는 선수
④ 현실에 만족하지 않고 강한 의욕과 집념으로 미래를 위해 노력하며 욕심을 가지고 자기 몸에 맞는 훈련법을 연구하거나 실천하는 선수

　결론적으로 겨루기에 있어서 투지력이란 경기 시 격렬한 투지를 발휘하는 태도나 행동을 통해 지속적으로 그 목표실현을 위해 필요한 일을 해내는 실천적인 태도나 행동을 의미한다.

2. 투지력의 양성

1) 계획적이고, 합리적인 연습 가운데 역경과 고통을 이겨내는 경험이 되풀이되는 과정에서 투지력이 양성된다.

2) 종래의 낡은 태도나 행동양식을 버리고 새로운 태도와 훈련양식을 몸에 익힘으로써 투지력이 양성된다.

3) 특별한 훈련 처방책이 아니라 평소의 훈련에서 투지력을 양성해야 효과가 있다.

4) 최대한의 노력과 자기의 능력을 총동원하여 성과를 올리기 위해 지속적으로 노력한다.

5) 투지력 양성의 유의점

　선수는 항상 긴장해 있을 수 없으므로 정신적 불안이나 초조 등을 제거하고 심리적 긴장을 해소시켜야 한다.
　예) 친구와의 미팅, 회식, 독서나 영화감상 등

제8장 선수 처벌과 체벌(體罰)

1. 처벌

바람직하지 못한 행동을 소멸시키기 위해서 불가피하게 처벌을 할 경우 다음과 같은 지침을 따를 필요가 있다(Weinberg와 Gould, 1995).

1) 동일한 규칙위반에 대해서는 누구든지 관계없이 동일한 처벌을 하는 일관성을 지킨다.
2) 사람이 아니라 행동을 처벌한다. 즉 그 사람을 미워하는 것이 아니라 그 행동이 바뀌어야 한다는 점을 강조한다.
3) 규칙 위반에 관한 처벌규정을 만들 때 선수의 의견을 반영한다.
4) 신체활동(예, 운동장 돌기)을 처벌로 이용하지 않는다.
5) 개인적인 감정으로 처벌하지 않는다.
6) 연습 중에 실수한 것에 대해서는 처벌하지 않는다.
7) 전체 선수나 학생 앞에서 개개 선수에게 창피를 주지 않는다.
8) 처벌을 자주 하는 것은 좋지 않지만 필요한 경우에는 단호함을 보인다.

2. 체벌

택견 현장에서 선수의 경기력 향상이나 인성지도 과정에 있어서 운동의 동기유발이나 분발을 촉구하고 바람직하지 않은 행동을 제거하거나 억제시키는 수단으로 체벌은 사용되어 왔다. 그러나 인간의 존엄성과 인간성 회복을 강조하는 자유주의 사상과 인권을 중시하는 현대사조의 영향으로 체벌의 정당성에 관하여 의문이 제기되기 시작했으며 따라서 겨루기 훈련 중 우수선수를 양성하기 위한 목적으로 사용되어온 체벌이 교육적으로 꼭 필요하며 효과를 기대할 수 있는가에 대한 관심이 고조되고 있다. 체벌을 사용하는 지도자는 개인의 주관적인 사고방식이나 가치관 및 신념에서 비롯된 것으로써 체벌을 당하는 선수의 입장은 전혀 고려되지 않은 채 습관적으로 사용하는데 더욱 심각한 문제가 제기되기도 한다.

사실상 다양한 형태의 체벌이 적절한 규제도 없이 빈번히 행하여져 때로는 선수의 권리가 부당하게 침해당하기도 하며 경우에 따라서는 법적 시비의 문제로 비화되어 사회적으로 문제를 야기 시키는 경우도 적지 않은 실정이다.

예로부터 우리나라는 서당과 같은 교육기관에서 훈육과정에 회초리가 사용되었고 고대 그리스의 도시국가의 스파르타에서 지적인 능력보다 육체적인 훈련을 더욱 중시하여 강인한 체력을 바탕으로 기초 군사훈련과 전투기술을 연마하는 과정에서 개인의 존엄성과 개성을 무시한 체벌이 실시되었다. 물론 스파르타의 군국주의 교육은 시민들의 마음속에 명예심이나 극기심을 배양하여 통솔력 있는 지도자의 양성이나 사회규율을 존중하는 기초질서를 확립하는데 성과를 얻기도 하였다

또한 인문주의 시대의 페스탈로치는 식물이 성장하는 과정에서 찬바람과 더운 바람이 필요하듯이 체벌은 필요하다고 하여 교육할 때의 체벌은 불가피한 요소임을 강조하기도 하였다. 그러나 교육 사상으로 충만 된 교사보다는 교육경험이 부족한 교사가 냉철한 이성없이 사용하는 경우에 문제가 발생할 수 있다고 경고하기도 하였다.

위와 같이 동서고금을 통해 체벌이 훈육의 중요한 방법으로 사용 되어진 긍정적인 견해도 많았음을 인정하지 않을 수 없다. 그러나 체벌을 반대하는 학자들의 견해는 첫째, 인간존중의 교육풍토 속에서 개인의 존엄성은 존중되어야 하고 둘째, 심리적 정신적 차원에서 볼 때 체벌은 자율성을 억제시키고 훈련에 대한 의욕, 흥미를 잃게 하여 부정적 태도를 형성하게 하며, 셋째는 체벌의 효과를 기대하기 어렵다는 이유 때문에 체벌을 해서는 안 된다고 하였다.

이와 같이 체벌에 대한 찬·반의 견해가 뚜렷하지만 그 선택에 있어서 과학적이고 실증적 검증 없이 감정적이고 즉흥적인 방법에 의해 체벌이 자행되고 있는 것이 현실적 현상으로 나타나고 있다. 또한 지도자(코치)와 선수의 특수한 신분 관계 때문에 무방비 상태에서 공공연히 외부에 표출되어 행해지고 있다. 따라서 지도자가 시도하는 체벌을 선수들이 어떻게 수용하고 있는가에 대한 태도를 조사 분석하여 선수육성의 합리적 훈련방안을 수립 적용함으로써 경기력을 향상시켜야 할 것이다.

체벌의 교육적 정당성에 대한 논의가 계속되는 우리 현실에서 체벌에 대한 뚜렷한 지침을 마련하기는 힘들다. 하지만 선행 연구에 나타난 선수들의 체험을 토대로 다음과 같은 사실을 유념할 필요가 있다.

① 체벌의 필요성에 대해 선수들은 부정적인 견해를 갖고 있다.
② 체벌기준이 명확하지 않으면 선수들은 체벌에 대해 반감을 갖는다.
③ 체벌은 코치나 감독뿐만 아니라 선배에 의해서도 가해지고 있다.
④ 여자 선수들도 남자 선수와 동일한 수준의 체벌을 받고 있다.

⑤ 체벌의 빈도가 높을수록 운동 만족도가 낮아진다.
⑥ 뺨이나 머리에 가해지는 체벌은 학생의 수치심과 굴욕감을 자극한다.

3. 기합을 가할 때 주의할 점

 체벌을 극약에 비유하고 싶다. 극약의 묘미는 백약이 무효일 때 응급수단으로 큰 효과를 나타내는데 있다. 잘 쓰면 살려내고 잘못 쓰면 도리어 죽는 결과를 낳는다. 선수지도에 있어서도 바로 이런 큰 위험부담을 안은 모험적인 것이다. '체벌은 곧 미움이다' 라고 생각되기 때문에 미움에는 미움으로 대하게 되는 것이다. 체벌은 선수들에게 더 많은 증오를 불러일으키고 증가된 마음은 나쁜 행동으로 표현되고 그로 인해 더 많은 체벌을 받게 되면 더욱 증가된 증오를 갖게 된다는 것이다. 또한 체벌은 선수들에게 무엇을 해야 하는가가 아니라 무엇을 해서는 안 된다는 것만 배우기 때문에 코치와 선수 상호간의 관계가 고착화되어보다 적극적인 관계가 되지 못하고 항상 긴장상태에서 정서가 불안정해지고 비자발적이 되어 연습의 사기가 저하되고, 창의력을 발휘 못하는 결과를 초래하고 만다는 것을 명심해야 한다.

① 기압을 받는 이유가 불분명하여 강한 반발을 느끼지 않도록 확실한 명분을 제기해야 한다.
② 고통이나 후유증이 오래가지 않도록 기압수단을 개선해야 한다.
③ 지도자와 선수와의 상호신뢰감과 친숙한 인간관계가 유지되어야 한다.

4. 기합의 효과적 방법

① 택견겨루기 기능향상을 목표로 삼아 겨루기를 통해 고통이나 곤란을 견디어 나가는 과정에서 투지력이 배양되도록 해야 한다.
② 지도자의 과학적 연습계획과 합리적 연습방법에 의해 선수는 자진해서 괴로운 연습에 임하는 태도를 갖도록 해야 한다.
③ 명확한 목표의식을 갖고 그 목표달성을 시키려는 강한 의욕과 자주적인 태도를 갖게 해야 한다.

제9장 승리와 패배 및 규칙

1. 승리와 패배

　겨루기에 있어 승리는 중요한 목표이다. 선수와 코치는 경기에서 최선을 다해야 한다. 개인이나 팀의 성공을 위해서는 에너지, 신체적 컨디션, 기술, 지식, 인내, 습관 등 모든 요인을 충족시킴과 동시에 승리하려는 강한 의욕과 목표가 있어야 한다. 또한 과학적이고 계획적인 훈련프로그램과 코치의 지도력에서 발생되며 코치의 인격과 태도는 선수의 행동이나 사상에 큰 영향을 미치게 된다.
　코치와 선수 상호간의 신뢰에서 우러나오는 높은 사기는 경기의 형세가 불리하게 되었을 때 팀을 승리로 끌어올리는데 큰 도움이 될 것이다.
　코치는 이기기 위해 지도를 하고 있으나 패배의 가능성에도 대처해야 한다. 왜냐하면 패배는 승리를 향한 의지를 굳히는 동기도 되기 때문이다. 코치는 선수에게 승리하더라도 자만하지 않도록 함은 물론, 패배했을 때도 참을성 있는 태도를 가르쳐야 한다. 성공을 자만하거나 패배를 냉소하는 것은 스포츠맨십(sportsmanship)에 역행하는 것이며, 패배에 대한 불평이나 잔소리는 바람직하지 못하다.
　승리는 패자에게 축복받는 것이며, 패자는 다음 기회에 형세를 역전시킨다고 하는 마음가짐이 더욱 중요하다. 선수는 패배의 이유를 분석하여 겨루기에서 자기들의 결점이나 실패를 연구하도록 지도함이 필요하다.
　코치는 경기에 지게 된 이유나 내용을 정리하여, 다음 기회에는 보다 효과적으로 수행하도록 선수들에게 어필하여 그것을 절정에 달할 수 있도록 하여야 한다.
　겨루기에서 승리할 수 있는 조건은 다음과 같이 설명할 수 있다.

① 승리는 차원 높은 사기에서 나온다.
② 승리는 기술과 전술, 신체의 컨디션, 참고 견디는 인내에서 나온다.
③ 승리는 확신과 용기에서 나온다.
④ 승리는 지도자와 선수 상호간의 신뢰에서 나온다.
⑤ 승리는 훌륭한 훈련 계획과 코치의 지도력에서 나온다.
　위의 요건이 충족되면 경기의 형세가 불리할 때 역전시킬 수 있는 원동력이 된다.

패배가 가지고 있는 교훈은 다음과 같다.
① 패배는 승리를 향한 의지를 굳히는 동기가 된다.
② 패배에 대한 불평이나 잔소리보다는 용기를 가지도록 한다.
③ 패배의 원인을 규명하여 결점을 보완하는 계기로 삼는다.

위의 요건을 인지시켜 다음 기회에는 역전시킬 수 있다는 자신감과 확신을 가지도록 해야 한다.

2. 승리와 규칙

　택견 경기에는 규칙(rule)이 있다. 이 규칙을 지키는 것이 경기에 있어 기본이 된다. 택견 경기에서 승패를 겨룰 때 공정성이라는 것이 자주 언급된다. 이 규칙에 따라서 겨루기가 성립되며 규칙을 지키는 행동이다. 경쟁 상태이면서 하나의 규칙을 공유하고 서로의 협력에 의해 경기가 형성되는 것이다.
　택견 단체는 독특한 규칙에 의해 집단이 형성된다는 점에서 일반사회 집단과 다를 것이다. 이것은 본래 택견의 단체는 개인의 의지에 의해 참가, 탈퇴가 자유로운 집단으로 그와 같은 단체의 집합체이다. 거기에서는 기본적으로 그 택견 경기의 규칙을 매개로 한 공존이 이루어짐으로써 비로소 경기의 집합체가 성립된다고 할 수 있다.
　단지 예를 들어, 택견 정신의 태도는 선수의 수준이 높을수록 규칙의 허점을 이용하기도 하고, 발각되지 않으면 규칙을 범하려고 하는 것이 나타나는 것은 경쟁에서 이기려고 하는 것이 본래의 협동정신을 잘못 이해하는 데서 오는 것이다.

제10장 택견 지도자의 카운슬링

택견 경기에 있어 기록, 성적, 승부 등은 선수 개인 혹은 팀 구성원의 체력이나 기술 조건에 의해서만 결정되는 것이 아니라 기타 여러 심리적 요인이 작용한다는 것은 주지의 사실이다. 따라서 최적의 경기수행능력을 갖추기 위해 최근에는 경쟁불안 및 경기시의 심리적인 현상에 관한 과학적 연구와 더불어 그 대책의 일환으로 택견 카운슬링 기법이 적극 대두되고 있다.

1. 택견 카운슬링이란?

택견 경기 시 팀의 심리적 컨디션을 조성하기 위하여 적용되는 임상심리학적인 기법의 총칭이라 할 수 있다. 택견 경기에 출전하는 선수가 도움을 필요로 할 때 도움을 줄 수 있는 택견 지도자와의 개별적인 관계를 통하여 새로운 학습이 이루어지도록 하는 활동이라고 할 수 있다.

2. 택견 카운슬러의 자질

택견 경기에 대한 효율적 상담을 위해 상담기법이 적절해야한다. 이를 위해 택견 경기의 다차원적 학문분야에 대한 적절한 지식과 경험이 필요하다. 즉 택견 카운슬러는 상담 자격을 갖춘 전문가의 감독 하에 상담의 기초기술 및 택견의 기술과 기법에 관한 실습이나 현장 경험을 해야 한다.

카운슬링의 가장 중요한 도구는 카운슬러 자신이다. 카운슬러는 상담의 이론, 전문가로서의 자격 기준, 상담치료의 기법들도 필수적이지만 상담자의 경험과 인간적 자질은 상담에 큰 영향을 미친다. 내담자 스스로가 자신의 가치를 탐구하고 분석하는 기회를 가지고 개방적인 대화의 분위기를 제공하여 바람직한 변화를 주기 위해서는 상담자의 성숙한 태도와 자기 발전을 위한 지속적인 노력이 있어야 한다.

3. 택견 카운슬링의 원리

1) 상담관계의 형성

① 내담자가 어떠한 인간적인 결점이 있다 하더라도 귀중한 인간으로 존중하고 수용하여야 한다.
② 인간의 심리적인 세계에서 주관적으로 움직이는 내면세계를 내담자의 입장에서 이해하여야 한다.
③ 상담자와 내담자 사이에 상담을 통하여 도달하려는 목적이 일치되어야 한다.

2) 상담의 전개

① 내담자가 문제에 대한 감정을 자유롭게 표현하도록 한다.
② 내담자의 부정적 감정을 받아들이고 정리해 주어야 한다.
③ 자기 이해 및 자기 수용이 이루어지도록 하여 의사결정이 근거를 마련한다.
④ 내담자가 긍정적 행동을 취하게 된다.

3) 대화의 방법

① 내담자의 말을 적극적으로 듣는다.
② 상담자는 내담자의 이야기를 들으면서 듣고 있다는 간단한 의사표현을 한다.
③ 상담자는 내담자의 이야기를 다시 진술함으로써 내담자가 자기 말을 정리할 수 있도록 한다.
④ 내담자가 상담자를 통하여 자기 자신의 감정이나 태도 그리고 사고를 명백히 볼 수 있도록 한다.

4. 택견 카운슬링 기법

1) 카운슬링적 방법

카운슬링적 방법은 상담자와 내담자가 대화 혹은 상담하는 형식으로 진행하는 것이다.

2) 행동요법적 방법

행동요법적 방법은 인간의 행동이 학습되고 습관화된 것이라는 전제하에 부적절한 행동이나 문제행동을 행동이론에 기초를 두고 수정하며 치료하는 것이다.

3) 집단 접근법

집단적 방법은 집단에서 특수한 대인관계를 경험하며 그 집단에 소속된 개개인에 바람직한 인격변화를 도모하고 집단의 발전을 촉진할 수 있는 기법이다.

제11장 경기 준비 절차

경기 전의 준비란 물질적, 심리적으로 준비하는 것을 말한다. 경기에 대한 준비는 아무리 강조해도 지나치지 않다. 물질적 경기준비는 장비들을 챙기고 식사와 숙소의 준비, 신체적 준비를 한다. 심리적 준비는 목표설정, 정신적으로 익혀온 신체적 기술과 전략의 재현, 경기의 심리적 욕구에 대한 마음의 준비, 마지막 동작이나 행위에 대한 구체적인 준비까지도 포함된다. 선수들은 오랜 운동경력으로 경기 준비를 하고 있다고 생각하지만 습관화 되어있기 때문에 놓치는 부분이 많다. 완벽한 준비란 언제나 확인하고 복습하고 그것을 자기화시키는 것이다. 역시 훌륭한 선수는 프로다운 행동과 반응을 할 뿐 다른 것은 없다.

1. 준비 절차

택견 선수들이 우승을 하기 위해서는 동일한 동작을 반복하고 연습을 거듭하듯이 경기준비 또한 언제나 철저히 한다. 준비된 자만이 좋은 결과를 얻을 수 있기 때문이다. 경기절차를 이행하는 것은 매 경기에 일관적으로 접근하기 위해서이다. 이미 우리 선수들은 루틴훈련(일관적인 행동)을 해왔을 것이다. 즉, 일관성이 생기면 세계적인 선수들에게도 많이 일어나는 실수인 중요한 경기용품을 빠뜨리는 것과 같은 방해물을 제거를 할 수 있다. 이러한 절차들은 선수에게 주의력, 자신감, 근심제어를 하게 해주어 이상적인 수행상태를 얻는 기회를 준다. 목표달성을 위한 계획을 위해 시간 단위를 다음과 같이 나누어 볼 수 있다.

1) 장기 경기 전: 국제대회, 선발전 대비

경기를 위해 선수들은 얼마나 많은 땀과 눈물을 흘리는가? 그 땀과 눈물이 바라는 결실을 맺기 위해서는 사소한 것에서 복잡한 것까지 수많은 요인들을 고려하여 필요한 것은 빠짐없이 준비하고 철저히 체크한다.

① 여행 서류 갱신하기- 여권, 보험
② 기후 변화에 적응하기 위한 계획
③ 시차에 적응하기 위한 계획: 국내 훈련시간과 해외 경기시간에 따른 국내 훈련시간 조절, 비행

기 타면서부터 시차적응 시작
④ 경기 장소나 숙박, 음식에 대한 정보수집계획: 해외 경기장의 날씨를 고려하여 훈련과 경기에 필요한 모든 것 준비 등
⑤ 여행 시간 확보와 지루함을 달래는 계획(음악, 책)

2) 단기 경기 전: 가장 가까이 다가온 경기

현재와 가장 가까이 있는 경기가 가장 중요한 경기이다. 경기는 개인의 상황을 고려해 주지 않는다. 매번 동일한 장소에서 하는 대회건 장소가 바뀌는 대회건 경쟁이 벌어지는 경기는 훈련 상황과는 정신적, 신체적으로 많은 부분이 달라진다. 따라서 선수들은 아래의 요인들을 고려해서 경기준비를 해야 한다.

① 경기 장소에 대한 정보를 획득한다.
② 출전선수에 대한 정보를 획득한다.
③ 음식과 음료 이용에 대한 체크를 확인한다.
④ 여행과 숙박시설 체크를 확인한다.
⑤ 경기에 쓸 장비를 체크하고 사용한다.
⑥ 특별한 음식이나 음료 구입하여 사용한다.
⑦ 경기 당일 절차를 검토한다.

3) 경기 전날 밤

경기 전날, 만약 적절한 정보가 가능하다면, 선수는 심리적 기술 훈련일지에 목표를 기록하고 선수 자신의 목표를 만들어야 한다. 첫 게임이 있거나 준결승, 결승 등 다음 경기가 있는 경기 전날 밤에는 심리적 준비에 보다 치중해야 한다. 다음 사항을 고려해보자.

① 팀 미팅이나 코치와의 미팅 시간을 정한다.
② 준비해온 것들 먹는다.
③ 마지막으로 장비 확인을 한다.
④ 긴장/이완운동(심호흡, 이완, 편안한 장면 상상)을 한다.
⑤ 경기전략을 검토한다.
⑥ 예선(豫選), 본선(本選), 결선(決選)에 대한 예행연습을 한다.

⑦ 긍정적인 혼잣말로 잘될 때나 위기상황일 때 주문을 한다.
⑧ 수면은 짧고 길게 적당하게 한다.

4) 출발 시간에 일어나기

이 시간은 정말 중요한 시간이다. 경기 전날까지 편안하고 자신감 넘치는 선수도 경기 날 아침에 어떠한 컨디션을 갖는가에 따라 그 마음은 천차만별이다. 잠자리에서 일어나서 경기장을 향하여 나서기까지 경기에 대한 준비를 하는 것은 심리적으로 준비해야 할 절대적인 시간이 부족해진 상태이기 때문에 이미 실패를 준비한 것이나 다름없기 때문이다.

다음의 절차를 따라 해보자.
① 일어나기-누워있는 상태에서 오늘 해야 할 것들을 생각하고 점검하면서 침착하게 자신을 가다듬고 천천히 일어난다.
② 세수하기/샤워하기: 평소와 같은 방식으로 한다.
③ 식사시간: 식사량과 음식종류를 적절히 선택한다.
④ 최종적인 경기용품 체크: 세심하게 준비를 한다.
⑤ 팀 미팅이나 코치를 만난다.
⑥ 긴장 이완 운동을 한다.
⑦ 조깅이나 스트레칭을 한다.
⑧ 긍정적인 셀프토크(자기 자신에게 주문을 거는 것)을 한다.

2. 경기 전의 심리 전략

1) 경기장에 가기 전에 고려해야 할 사항

일반적으로 긍정적인 사고를 갖는 것이다. 긍정적인 사고를 가진 선수들은 심리적으로 혼란상태에 직면했을 때 보다 바람직한 방향으로 쉽게 대처할 수 있다. 그러므로 평소와 같은 행동을 하고 시간적으로 충분한 여유를 가지고 서두르지 않는 것이 좋다. 또한 기분이 적당하게 좋고 꼭 목표를 달성할 것 같다는 긍정적 사고를 가짐과 동시에 자기가 좋아하는 징크스 같은 것을 적용 시키는 것도 하나의 방법이다.

2) 경기 당일의 심리적 상태 유지 방법

습관적으로 익숙해진 순서에 따라 기상시간, 식사시간, 식사내용, 준비운동의 정도 및 강도, 준비운동기구, 주의집중 방안 등이 포함되어야 한다.

3) 경기장 도착

경기 장소에 도착했을 때 선수의 첫째 목표는 완전히 그곳에 적응하는 것이다. 선수들은 기후와 같이 경기에 영향을 줄 수 있는 다른 환경 요소를 생각해야 한다.

① 경기장 모습에 익숙해진다(화장실, 락커, 휴게실 등).
② 경기장 모습을 관찰한다(성공적인 수행의 정신적 재현).
③ 긍정적인 혼잣말을 수시로 한다.
④ 개인적 공간을 찾아 자리 잡는다.

4) 경기 전 워밍업

워밍업은 더하지도 덜하지도 말고 선수 자신을 믿고 평소 하던 대로 하던 만큼만 한다.

① 육체적 요소-스트레칭/겨루기에 맞는 몸 상태를 점검한다.
② 경기에 필요한 모든 것 마지막 재검토 한다.
③ 경기 전략의 마지막 재검토 한다.
④ 마지막으로 정신적인 경기 재연을 한다.
⑤ 긍정적 셀프토크(자기 주문)을 한다.
⑥ 키 워드나 문장을 사용한다.
⑦ 긴장 체크- 필요하다면 긴장 조절 전략을 따른다.

3. 경기장에서의 심리 전략

경기를 위한 모든 준비과정 및 준비운동은 사전에 미리 계획된 것이어야 하며 이미 연습된 것이거나 예상했던 것이라야 한다.

1) 준비운동 후 경기 직전까지의 활동

준비운동이 끝나고 나서부터 경기 시간까지의 시간은 대단히 중요하다. 이 시간에 선수들이 해야 할 일들은 이미 실시한 준비운동을 통한 관절의 가동 범위와 상승된 체온(일반적으로 평소 체온보다 1°C 상승)을 그대로 유지시키고 주의집중을 한다. 따라서 이때부터 서서히 신체활동의 양을 증가시키면서 최적 각성수준을 유지하도록 하며 다른 선수들의 경기장면을 관전하는 것도 좋지 않다.

2) 최종 전략 수립

지금까지 알고 있는 상대 선수나 팀의 전력을 다시 한 번 점검하고 그 내용을 최종 확인한다. 이때 코치와 선수가 함께 참여하여 합의되어야 한다.

경험이 적은 선수는 경험이 많은 선수보다 훨씬 구체적이고 상세한 최종 전략을 세워야 할 것이다. 그리고 이와 같은 경기 전의 전략은 반드시 경기장의 환경과 여건을 충분히 고려해서 경기장에서 반드시 활용할 수 있도록 한다.

[표 12-1] 선수에게 유용한 자기대화(김병준, 2003)

경기직전	약한 상대를 만났을 때
· 최선을 다하면 좋은 성과가 올 것이다 · 겨루기 하나 하나에 최선을 다하자 · 평소대로 침착하게 하자 · 모든 걸 여기서 다 보여주자 · 나를 믿고 행동하자 · 한 번 해보자	· 한편으로 더 긴장하자 · 방심은 금물이다 · 강한 팀과 마찬가지로 끝까지 · 나는 내 플레이만 하겠다 · 어떤 변수가 있을지 모른다 · 반드시 이길 수 있다고 자신하자 · 상대는 결코 약하지 않다
강한 상대를 만났을 때	**지고 있을 때**
· 이길 수 있다는 생각을 갖자 · 상대가 지칠 수 있도록 하자 · 죽기 아니면 살기다 · 오늘 다 보여준다 · 힘에는 힘으로 겨루자 · 컨디션을 더 좋게 하자 · 해 왔던 그대로 경기에 임하자	· 이길 수 있다고 생각하자 · 불안해도 여유를 갖자 · 끝까지 물고 늘어지자 · 지더라도 아쉽지 않은 경기를 하자 · 악착같이 물고 늘어지자 · 겨루기에만 집중하자 · 힘을 내자 · 기회는 온다

막상막하 일 때	이기고 있을 때
· 조금 더 뛰자 · 마지막에 내가 이길 것이다 · 『파이팅!』『나는 최고다!』 · 정신을 바짝 차린다 · 더욱 더 집중하자 · 편안하게 하나 하나 풀어나간다 · 한 번에 하나씩만 하자	· 더 뛰어야겠다 · 방심하지 말고 끝까지 하자 · 처음보다 더 열심히 뛰자 · 지고 있거나 동점 상황이라고 생각한다 · 아직은 모른다 · 완전히 승리를 결정짓자
종료 직전까지 막상막하 일 때	경기 종료 직전
· 이길 수 있다는 생각을 항상하자 · 하나 하나에 더 집중한다 · 차분히 해나자 · 조금만 더 뛰자	· 끝까지 가봐야 안다 · 『파이팅』으로 긴장을 놓지 않는다 · 상대가 실수하도록 유도한다 · 한 번만 기회가 더 와라 · 마지막 순간까지 공격적으로 나간다 · 힘들어도 한 발 더 뛰자 · 하나하나에 집중하자 · 아직 이겼다고 생각하지 않는다
경기에서 졌을 때	경기에서 이겼을 때
· 내가 모자라는 것을 더 연습하자 · 다음 경기를 준비하자 · 다음에 또 만나면 꼭 이기자 · 잊어버리고 새로 시작한다 · 남 탓으로 하지 않고 내 탓으로 한다 · 정신력 부족이라고 생각한다 · 다른 사람의 견해를 듣자 · 이미지 트레이닝을 보강하자 · 잘못한 상황을 더 연습하자	· 이겼어도 안 된 점을 보충한다 · 경기에서 잘 된 것만 생각하자 · 좀더 해서 더 나아지자 · 『파이팅!』『기쁘다!』 · 다음에도 꼭 이길 것이다 · 역시 훈련을 열심히 하면 되는 구나 · 겸손하자

3) 경기

경기 절차는 매우 일관성이 있어야 한다. 다음의 것들을 고려할 필요가 있다.

① 수행 전 절차

② 실수를 다루는 절차

③ 방해를 다루는 절차

④ 적절한 자기 독백 사용

⑤ 적절한 집중 암시 사용

⑥ 적절한 정신적 이미지 연상

4. 경기 중의 심리 전략

　경기 중 잘못된 것을 토의하고 반성하는 것은 다음 경기를 대비하기 위하여 긍정적인 방향을 제시하여준다. 따라서 해당 선수나 팀은 물론 상대선수나 팀의 장점과 단점을 비교 검토하는 것은 매우 중요하다. 그러나 이때 잘된 점은 무시하고 잘못된 나쁜 점만 지나치게 강조하는 것은 좋지 않다. 왜냐하면 선수의 끝 없는 고된 훈련과 계속적인 동기부여 및 동기 유발이 있어야 하기 때문이다. 또한 그것은 선수 개인이나 팀도 한계에 부딪치거나 최고의 능력을 발휘할 때를 참고 기다리는 것이 중요하기 때문이다.

5. 경기 후

　경기 후 경기가 끝나면 아무것도 할게 없다고 느껴서는 안 된다. 이것은 실수이다. 경기 이후에 많은 것이 행해질 수 있고 적절한 절차 없이 경기를 했던 순간이 있으면 다음 경기에 생길 수 있는 실수를 최소화해야 한다. 다음의 5가지 생각으로 경기를 마무리 해보자.
① 반응: 경기 후 감정적인 반응이 나타날 수 있다. 이 반응은 경기에 만족하거나 즐거울 수도 있고 좌절하거나 실망하는 것일 수도 있다. 중요한 것은 어떠한 감정이든 거기에 솔직해져라. 그래야만, 선수의 심정을 풀어주고 자유롭게 해 준다. 이것은 경기 준비를 위해 필요한 건강한 반응이다.
② 이완: 긴장 이완은 육체적인 것과 정신적인 것 둘 다 포함해야 한다. 이것은 흥분을 조절하는 과정이다. 경기 후 적절한 이완을 위해 가볍게 걷거나 윈도우 쇼핑을 하는 것도 좋다.
③ 재활기: 이것은 샤워나 맛있는 음식 먹기, 음료수 먹기, 육체적 피로 풀기의 과정이 필요하다.
④ 재검토: 경기 전반에 대한 재검토 과정은 경기 후의 과정에서 매우 중요한 부분이다. 재검토 과정은 미래를 위한 참고사항과 다음 경기를 위한 경기 전 절차로 사용되기 위해서 노트에 기록해 둔다.
⑤ 다시 돌아온다: 다음 경기의 준비과정에 다시 들어갈 시간이다.
　아마도 이번 경기는 다른 경기에서 느끼지 못한 많은 부분을 느끼고 자각했을 것이다.

1) 경기 후 결과 보고

　선수의 경기결과에 대한 해석방법은 다음 경기를 준비하는데 상당한 영향력을 갖는다. 어떤 선수든 아래의 네 가지 영역 중 하나에 속한다. 선수나 팀은 경기에 우승하거나 실패하며 또는 훌륭하거나

나 저조한 경기를 하게 된다.

[표 12-2] 경기실적과 수행의 성질을 근거로, 경기 후 결과보고에 사용되는 네 가지 영역

경기결과	勝	승리했으나 미흡한 경기	이기고 **훌륭한 경기**
	敗	패고 저조한 경기	졌지만 **훌륭한 경기**
		실패	성공

김기웅 역(1990)

① 경기를 잘하고 승리했을 때

경기에도 이기고 그 내용이 훌륭했을 때에 선수들의 신체적, 심리적 기술에 대한 성공으로 이겼다고 생각한다. 이것은 선수의 자기 가치와 자신감을 증대시킨다. 지도자는 승리 그 자체로 만족하지 말고 꾸준한 노력과 수행에 대한 만족을 강조해야 한다. 만약 중요한 경기에 이겼다면 여러분은 그 중요성을 약간만 증대시키면 된다.

지도자는 각 선수의 경기를 평가할 때 우승을 많이 한 선수라든가 매스컴의 화제에 오른 선수보다는 꾸준한 노력을 보이며, 그의 실행 목표를 달성한 선수를 보상해야 한다.

연습이 필요한 정확한 기술이 무엇인지 그리고 연습을 함으로써 습득할 때까지 소요되는 시간을 명시할 수 있을 정도의 세부적인 피드백이어야 한다. 연습하면서 자신이 훌륭히 해낸 기술을 재 고찰 하는 것과 정확하게 수행된 것을 생생하게 기억하는 것도 도움이 된다.

② 경기는 잘못했지만 승리한 경우

경기에는 이겼으나 경기 내용이 저조했을 경우, 자기 팀의 실력에 비해 상대팀의 실력의 열세로 그 성공의 이유를 돌렸을 것이다. 그 승리의 원인이 약한 상대이었거나 우연일 경우, 지도자는 결과 목표를 달성함에 선수들 자신이 스스로 보상을 하거나 그들의 능력과 노력을 믿는 것을 원치 않음을 상기시킨다.

코치는 경기를 훌륭히 하였거나 상당한 노력을 한 선수에게는 보상을 해야 하며 향상에 대한 주의도 기울여야 한다. 다음 연습에서 지도자는 더 나은 심리적 준비와 노력에 대한 필요성을 언급해야 한다. 선수들이 실수한 기술이 무엇인지를 알려주고 그 기술을 연습에 노력하도록 격려해야 한다. 그러나 이러한 접근 방법도 처벌이 아니라 긍정적이어야 한다.

③ 경기는 잘했지만 패배한 경우

코치는 팀이 경기에는 졌지만 훌륭한 경기를 했을 때, 그 실패의 원인을 상대 팀의 뛰어난 경기력으로 분석하여, 다음 경기에 승리하기 위해 기술 향상의 필요성을 강조할 것이다. 만약, 팀이 훌륭한 기술을 펼치고도 경기에서 지면 코치는 그 잘한 경기를 보지 못하고, 상대방의 운이라든가 심판의 불

공정한 태도에 집착한다. 경기에 진것에 대해 그것들이 분명한 이유가 아님에도 불구하고 그 이유에 집중하는 것은 그날 상대팀의 우수함에 그 실패의 원인을 두는 것은 선수의 장기적 심리준비에 전혀 도움이 되지 않는다.

코치는 훌륭한 경기를 할 경우 선수들에게 명예로 생각하게 하고 저조한 경기를 할 경우는 책임감을 갖도록 해야 한다. 이러한 원인 분석과 귀인을 통해 경기자들은 본질적으로 미래를 향한 더 좋은 경기를 할 수 있도록 자극을 받는다.

④ 경기를 잘 못하고 패배한 경우

코치는 팀이 경기에 지고 각 선수가 저조한 경기를 했을 때, 그 실패를 노력의 부족, 신체적 기술의 향상의 필요성 그리고 심리적 기술의 향상의 필요성으로 돌릴 것이다. 그러나 코치는 저조한 노력과 실행에 대해서 불만을 이야기해야지 경기에 진 것을 가지고 불만을 표시하면 안 된다. 코치는 선수들의 능력에 대한 경기자 각자의 인식에까지 미치는 피해를 줄이기 위해 중요한 상실에 대한 중요성을 감축하기를 원하면 기술을 향상시키는 자극동기를 증가시키기 위해 사소한 상실의 중요성을 확대하기를 바란다. 보상은 꾸준한 노력을 보이거나 실행목표를 달성한 선수들에게만 행해져야 한다.

코치는 실행의 불안정성과 팀이 나쁜 경기를 치룰 수 있다는 가능성에 주의를 두어야 한다. 그리고 선수는 경기를 통해 배울 수 있도록 고무적이어야 하며 그 실패에 대해 집착하지 않도록 권유되어야 한다. 바로 이때가 건설적인 비평이 요구되는 때이다. 육체적인 그리고 심리적인 기술이 향상되도록 노력하여 다음 경기에 대비해야 한다.

이 모든 네 가지의 영역에서 코치는 반복적으로 선수로 하여금 장기적인 목표를 성취하는 테스트로써 경기를 관찰하게 기억을 되살려 줘야 한다. 경기란 선수가 세운 목표를 향한 그들의 진전에 대한 상당한 보상을 그들의 진전에 대한 점검일 뿐이다. 만약 목표를 달성했다면, 선수들에게 성취에 대한 상당한 보상을 주어야 하고, 목표를 성취하지 못했다면, 실패의 원인을 찾아야 하며 자신의 향상을 확신하며 연습에 몰두해야 한다.

이것은 매번 경기를 바라보는 관점으로서 이기고 지는 것에 대한 적절한 관점을 유지하는 데 있어 가장 바람직한 방법일 것이다.

제13부 택견의 상해와 응급 처치

제1장 택견 상해의 내용
  1. 택견 상해
  2. 상해 예방 및 처치의 필요성

제2장 택견 상해의 처치
  1. 택견 상해의 응급 처치
  2. 택견 상해의 증상 처치법

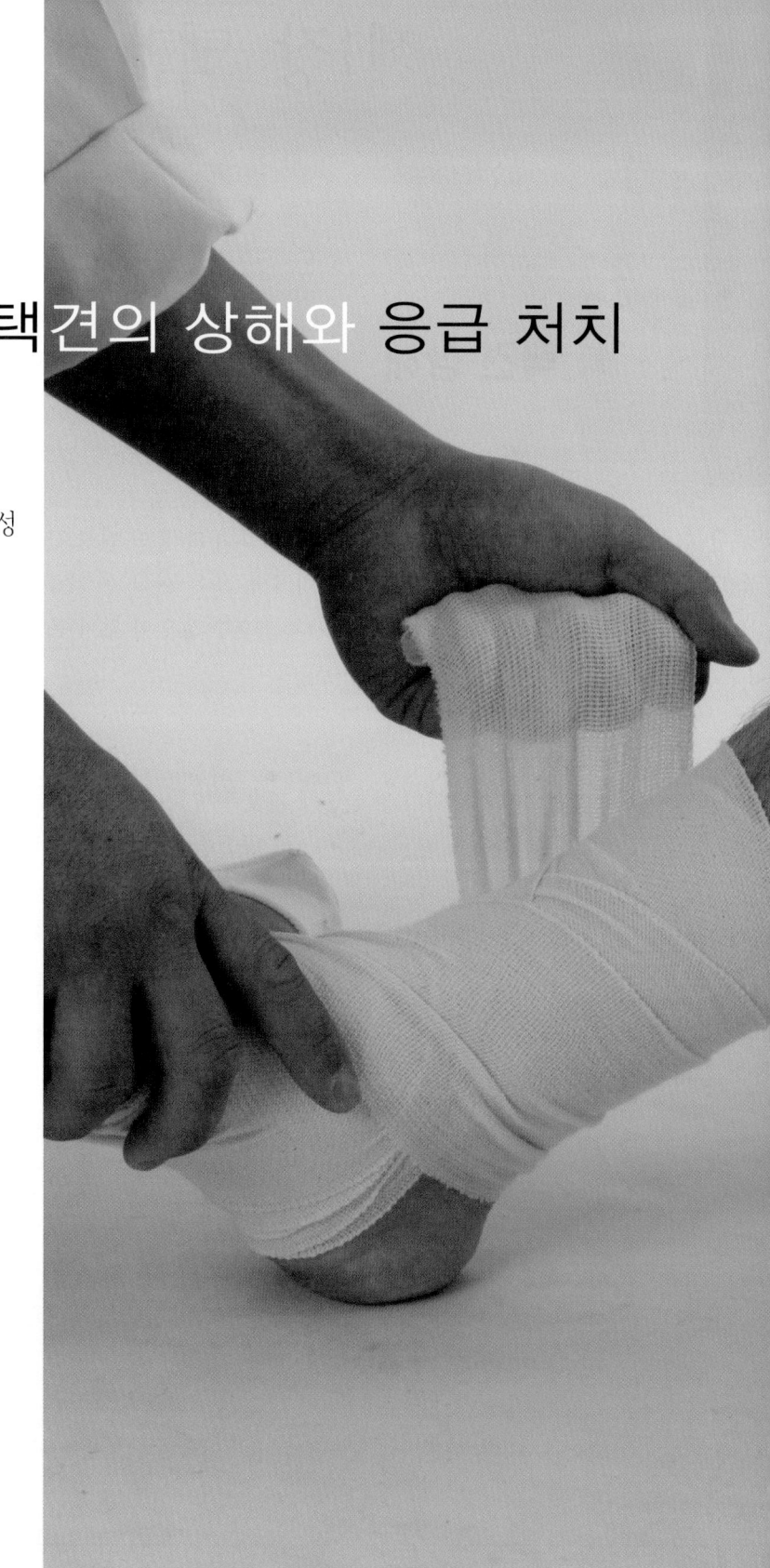

제1장 택견 상해의 내용

1. 택견 상해

택견 상해는 일정한 횟수의 강한 외력이나 신체적 접촉에 의한 외적 손상과 내부 작용(내적 손상)이 훈련에 의하여 일어나는 모든 급 만성 신체 상해를 말한다. 택견 상해는 외 손상 장애로 구분 할 수 있으며, 외상이란 신체적 충돌이나 추락 등의 원인으로 외력작용을 받아서 상해가 발생하거나 운동 중에 강한 외인(주로 외력)이 한번 또는 여러 번 가중되었을 때 발생하는 신체의 비 생리적 상태를 말하고, 장애는 일정한 시기와 특별한 원인이 없이 운동을 하고 있을 때 부지중(不知中)에 신체가 고장 나는 것을 말한다.

상해의 원인
① 겨루기 훈련이나 경기 중에 기술부족
② 과도한 훈련
③ 과로
④ 과도한 심신의 긴장
⑤ 주의 적응 부족
⑥ 준비 운동 부족
⑦ 반칙 행위 및 폭력 행위
⑧ 기구 설비 시설 및 환경의 결함 등을 들 수 있다.

2. 상해 예방 및 처치의 필요성

1) 상해예방의 필요성

오늘날 겨루기는 "선 체력 후 기술"이라는 단어를 앞세우며 체력의 우선을 강조하는 경향이 두드러지게 나타나고 있는데 체력강화 훈련만이 경기를 승리로 이끌 수 없으며 우수한 체력을 관리하는 작업 또한 매우 중요하다. 일정한 규정에 의해서 동등한 조건으로 심신의 힘을 극도로 발휘하여 승리를 쟁취하고자 하는 겨루기 현장에서 아무리 잘 훈련된 우수선수라 할지라도 상해가 발생한 신체로서는 자기기량을 충분히 발휘할 수 없음이 주지의 사실이다. 여기에 상해 예방의 필요성이 대두되며 상해 발생 이후의 처치법 또한 매우 중요한 작업이다. 상해 정도가 심한 경우에는 선수 생명에 치명적 단축을 초래하고 나중에는 돌이킬 수 없는 손상 결과를 가져올 수 있기 때문이다.

2) 상해의 예방법

(1) 신체상황

다음과 같은 경우에는 강한 운동은 바람직하지 못하므로 중지하거나 가벼운 운동을 실시하도록 한다.

① 수면 부족
② 과로
③ 음주
④ 강한 정신적 쇼크
⑤ 감기, 설사, 기타 신체기능의 약화 및 부조화
⑥ 약물의 사용(특히 자율 신경약, 강압제, 심장에 대한 약제 등)

(2) 환경조건

운동은 기온, 습도, 공기오염, 물, 기압 등의 자연환경에 영향을 많이 받는다. 특히 대도시의 공기와 수질오염은 운동수행과 효과를 저하시키기 때문에 환경조건에 의한 운동시간의 결정은 매우 중요하다. 여름철 운동은 직사광선에 의한 태양의 복사열로 인한 체온상승으로 오전 9시 전과 오후 4시 이후가 좋으며, 겨울에는 오전 10시부터 오후 2시까지 양호한 훈련 시간 때이다. 그러나 안개, 매연농도의 증가 등의 기상정보에 따라 운동시기와 방법을 탄력적으로 선택하여야 한다.

(3) 식후 경과시간

식사 후에는 음식물이 소화, 흡수작용을 위해 위나 장, 간장 등에 혈액이 동원된다. 그러나 운동 시에는 활동 근에 산소수요가 높아져 혈액의 수요가 증가한다. 식후의 운동은 생체리듬의 혼란으로 인하여 복통이 일시적으로 나타날 수 있으며, 위경련도 일으키기 쉽다. 가벼운 운동은 식후 1시간, 심한 운동은 2시간 경과 후 실시하는 것이 좋다.

(4) 수련복

 수련복은 가볍고 공기가 잘 통하며, 습기를 잘 흡수 하는 면제품이 효과적이다. 외부에서 수련 시 직사광선이 있을 때는 긴 옷이 좋다. 특히 계단이나 언덕 오르기, 야간 산악 훈련 등 실시 시 신발은 가볍고 탄성이 좋은 신발의 착용으로 지면으로부터의 충격이나 미끄럼 방지에 유의하여야 한다.

(5) 워밍업

 워밍업은 운동 전에 체온을 높이고 호흡, 순환계, 신경계, 근, 관절 등을 안정 상태에서 운동에 적당하게 서서히 들어가도록 하는 준비운동이다. 이러한 준비과정에서 체온이 상승하기 때문에 워밍업(warming up)이라고 한다. 따라서 충분한 워밍업으로 주 운동에 대한 운동 적응상태가 되기 때문에 운동에 의한 사고를 미연에 방지하고 운동 수행능력을 충분히 발휘하게 된다. 워밍업의 방법으로서는 근의 스트레칭, 관절의 굴신, 호흡기능을 높이기 위하여 전신운동을 조합하여 실시한다.

제2장 택견 상해의 처치

1. 택견 상해의 응급 처치

1) 응급상황일 때 어떻게 해야 하는가?

① 의식이 있는지 확인

　의식상태 확인을 위해서는 먼저 불러본다. 응답이 있으면 환자가 안심할 수 있는 말을 해준다. 응답이 없으면 어깨를 가볍게 두드리거나 손을 꼬집어본다. 반응이 있는지 몸을 흔드는 등 과도한 자극은 부상을 악화시킬 수 있으므로 하지 않는다.

② 호흡 확인

　코나 입에 손바닥 또는 볼을 가까이 가져가서 숨을 느끼고 가슴의 상하 움직임을 살펴본다. 숨을 안 쉬는 것 같을 땐 입안이나 기도의 이물질이 있으면 제거하고 기도가 열리도록 고개를 약간 젖혀준다. 1회에 2번 숨을 불어넣고 인공호흡을 실시하면서 주위 사람들에게 비상연락을 하도록 한다.

③ 맥박 확인

　목옆에 있는 경동맥을 만져보거나 가슴이 움직이는지 살펴 본다. 맥박이 없으면 긴급히 심폐소생술을 시행한다. 2회 숨을 불어넣고 인공호흡을 하고 15회 심장 압박 마사지를 실시한다.

④ 심폐소생술 실시할 때 주의사항

　인공호흡 시 너무 빨리 불어넣게 되면 위장 속으로 공기가 들어가 음식물이 기도를 막게 되므로 천천히 불어 넣도록 한다. 맥박이 있는 환자에게 흉부압박을 하게 될 경우 오히려 좋지 않은 영향을 주게 되므로 인공호흡만 실시한다.

⑤ 손발이 움직이는가 확인한다.

　의식은 있으나 손발을 움직이지 못하는 경우 신경계통(뇌, 척수, 말초신경)의 손상을 의심할 수 있다. 골절인 경우 그 말단 쪽을 움직이지 못한다. 살을 꼬집어도 아픔을 느끼지 못하면 움직이지 말고 비상연락을 취한다.

2) 구강법

운동 상해의 대부분은 주로 연 조직의 상해이다. 즉, 붓거나 멍들고 아프면 안정(Rest), 얼음찜질(Ice), 압박(Compression), 거상(Elevation)의 RICE법으로 효과적인 응급처치를 할 수 있다.

(1) 안정(Rest)

부상 시 가장 중요한 초기 조치는 부상부위의 안정이다. 상해가 일어났을 때에는 적어도 24~48시간 동안 휴식을 취해야 하며, 상처부위가 자극 받지 않도록 상처부위를 되도록 움직이지 않도록 한다. 경우에 따라서는 고정시킨다. 그러나 심한 부상이 아닌 것에 완전한 휴식을 취하는 것은 바람직하지 않다.

상해 발생 3~4일 후 근 조직은 회복단계에 들어서지만 이러한 부수물을 제거하기 위하여 적당한 회복운동으로 고통이 일어나지 않도록 한다. 상처에 경미한 고통이 있을지라도 운동은 근육을 빨리 회복하도록 도와준다는 것을 기억해야 한다.

(2) 얼음찜질(Ice)

관절이나 근육에 통증이 생기는 경우나 직접 외상이 발생된 즉시 얼음찜질을 한다. 얼음찜질은 쉽게 할 수 있는 일차적 치료의 방법으로 얼음찜질은 혈관이나 임파선을 억제하고 혈액이 상처 부위에 모여드는 것을 억제함으로써 상처 범위를 제한시키고, 통증과 경련을 감소시키며, 부종과 염증을 줄이는데 사용될 수 있음으로써 회복기간을 단축시킬 수 있다. 얼음찜질은 다치고 난 후 24~48시간 동안 20~30분씩 폐쇄 상처에 적용하는 것이 좋다. 그러나 항상 동상에 유의해야 하며 동상을 방지하기 위해 5분마다 찜질부위를 옮기는 것이 좋다.

(3) 압박(Compression)

압박붕대로 부상부위를 감아 놓으면 조직이 부어오르는 것을 예방할 수 있다. 일반적으로 얼음찜질이 끝난 후 또는 상해 부위에 얼음찜질을 할 수 없는 경우에 사용된다. 상처 부위의 압박은 붓기를 억제함으로써 회복기간을 단축시키나 너무 강하게 오랫동안 압박하지 않도록 주의한다. 따라서 혈액순환이 원활하도록 종종 풀어 주어야 하며, 24~48시간 정도 압박 붕대의 감기와 풀기를 반복하도록 한다.

(4) 거상 (Elevation)

상처부위를 심장보다 높게 하면 출혈이 줄어들고 회복 시 제거되어야 할 부수물의 생성을 억제하는 효과가 있다. 따라서 상처 부위가 붓는 것을 줄일 수 있다. 특히 다리를 높일 때는 환자가 누워 있을 때 45도 이상의 각도를 유지하도록 한다.

2. 택견 상해의 증상 처치법

1) 골절

　골절이란 골을 구성하고 있는 조직의 절단을 의미한다. 골절은 그 부러진 정도에 따라서 완전골절과 불완전골절로 나누어지는데, 겨루기 중 일어나는 외상 중에서 가장 다치기 쉬운 것은 사지라고 말해도 과언이 아니다.
　사지의 외상에 대한응급처치 포인트는 ①반드시 지혈할 것 ②상처 감염을 방지한다. ③골절의 경우에는 골절된 부위를 고정하는 것이 중요한 응급처치이다. 골절된 부분을 고정하기 위한 부목의 사용방법과 골절의 종류, 징후와 증상에 대해 서술한다.

(1) 골절의 종류
　골절은 뼈가 완전히 부러져 버린 완전골절과 뼈에 금이 난 정도의 불완전골절로 분류할 수 있다. 또한 외견적으로 보면 골절된 부분이 스친 나쁜 느낌 정도라고 하지만 대부분의 사람은 어떻게 이러한 것인가 잘 알지 못하기 때문에 심한 통증으로 이변을 느낀 적이 많다. 외견상으로 피하골절(단순골절)은 피부 면의 손상을 받지 않는 골절이며 복합골절은 피부가 근육의 손상까지 수반하는 골절이다.
　전신증상은 골절 정도와 환자본인의 심약함에도 관계가 있는데 골절 정도가 증대하고 환자가 소심할수록 쇼크 증상을 일으키기 쉽다. 또한 단순히 골절만 있다면 다행이지만 골절 이외의 내부 장기의 손상을 동반하는 경우에는 증상이 더욱 중대한 경우도 있다.

(2) 골절의 증상
　피하골절과 개방골절로 골절된 경우의 증상은 공통점이 많다.
① 골절부위의 격통이 있다.
　부상부분을 조금이라도 움직이거나 접촉하기만 하면 심한 통증을 느낀다.
② 골절부위의 중심으로 한 부종이 있다.
　부상부분이 부어 온다. 골절이 있으면 출혈 때문에 부어오르고 내출혈로 피부가 변색된다.
③ 골절된 골 위치가 어긋나면 변형이 있다.
　특히 사지의 경우에는 좌우를 비교해 보면 외형상 변형이 있을 수 있다. 개방성 골절 같이 상처면에 골절된 뼈가 돌출되어 있는 경우도 있다. 관절이 아닌데도 흔들흔들 움직일 때에는 골절이 확정적이다.
④ 골절된 골을 사용하는 운동이 불가능하므로 부상부분을 움직이지 못한다.
⑤ 똑똑 소리가 난다. 부러진 곳을 움직이면 뼈가 부딪쳐 이 알력음(똑똑소리)이 들린다.
⑥ 통증 때문에 움직일 수가 없게 된다.
⑦ 이상하게 움직인다고 해서 일부러 확인해서는 안 된다.

이상이 대체로 공통된 증상으로 개방골절의 경우에는 거기에 외상과 출혈이 함께 일어나고 때로는 골절 층이 상처에서 나타나기도 한다.

(3) 골절의 응급처치

골절의 경우 부상에 따른 정신적 쇼크와 상처에서의 출혈과 심한 통증 때문에 부상자는 의식이 몽롱해지고 차가운 땀이 나기도 하고 맥박이 빠르면서 약해진다. 이른바 쇼크 상태에 빠지는 것이다. 그것을 보면 당황해서 어떤 응급 처치라도 하지 않으면 안된다고 서두르지만 그때는 일단 크게 숨을 쉬고 마음을 가다듬어야 한다. 당황해서 부상부분을 만지거나 움직이게 하는 실수는 하지 않는다. 골절 자체로 생명이 위험하지 않기 때문에 침착하고 확실하게 응급처치를 하도록 한다. 중요한 것은 부상자를 움직일 때는 반드시 부목으로 고정해 둔다.

고정하기 전의 응급처치는 그 장소에서 한다. 다음을 꼭 기억해 두자.

① 전신을 잘 관찰 한다.
   쇼크 증상은 없는지 중요한 손상은 없는지를 보면서 옷을 느슨하게 해주고 호흡하기 편하게 해준다.
② 체위는 옆방향으로 눕히는 것이 보통이지만 팔이 골절된 경우에는 좌위의 자세를 갖는다.
③ 골절부분은 물론 주위의 관절도 움직이지 않도록 주의한다. 관절은 괜찮겠지 등으로 안이하게 움직이지 않는다.
④ 부목을 대 고정시킨다.
   부상자의 의복을 잘라 내거나 또는 구두와 양말을 벗기고 부목 위에 천(수건) 등을 놓아 딱딱하지 않게 하여 고정시킨다. 몸과 부목 사이에 간격이 있으면 적당한 것을 끼워 넣어 골절부분에 부목을 대어 고정한다.
⑤ 개방골절의 경우는 절대로 골절 층이 원래로 되돌아 올 것이라고 생각하지 않는다.
   지혈을 하지 않는다. 청결한 가제나 포목(물론 살균가제가 좋다)으로 보호한다. 상처를 씻지 않도록 한다. 뼈는 감염에 대한 저항력이 약하기 때문에 창구에서 세균감염을 일으키기 쉽다.
⑥ 탄력붕대로 지혈 시킨다. 상처에 출혈이 있으면 상처에 가제를 대고 탄력붕대로 지혈 시키고 심한 통증 때문에 신체가 부들부들 떨리거나 수족이 차갑게 되어 있다면 타월이나 모피로 실온으로 해준다.

(4) 부목

부목은 골절된 부분의 가장자리와 가까운 관절이 움직이는 것을 방지하여 의료기관 이송중에 상처가 심해지지 않게 예방하기 위해 사용되어지는 것이다. 부목에 사용되어지는 재료는 목재로 한정하지는 않는다. 예를 들면 마분지, 신문지, 잡지, 널판지, 뭉친 모피, 방석, 자, 소독제(손가락 골절의 경우), 쿠션 등 다양한 재료가 대용부목으로 사용될 수 있다.

가. 부목을 선택할 경우에는
① 골절부분의 상하의 관절에 충분히 댈 수 있는 정도의 크기로 준비한다.
② 골절부분에 가장 가는 곳 보다 조금 폭이 있는 것이 좋다.

나. 부목 실시요령
① 골절의 의심이 있는 부분의 상하관절은 움직이게 하지 않도록 한다.
② 부목을 대는 부분에는 부드러운 타월이나 포목, 솜 등을 넣는다.
③ 부목은 넥타이, 손수건, 붕대 등으로 고정하고 특히 팔의 경우 부목을 대고 있는 쪽의 맥박을 조사 한다. 또한 부목 측에 손가락이 부어오거나 청보라 빛으로 변색되지 않는지 자주(대체로 30분마다 한번)체크하는 것이 중요하다.
④ 부목을 너무 꽉 끼게 고정시키면 부상부분의 출혈과 종창도 가해지고 혈액장애를 일으킬 수 있다.
⑤ 부상부분이 머리와 척추에 있다고 의심 갈 때는 반드시 부상자의 머리를 움직이게 하면 안 된다.
⑥ 한쪽 머리를 움직여서 척수를 손상시키면(척수손상), 다리에 운동마비를 일으키거나 경우에 따라서는 호흡근의 마비까지 나타날 위험성이 있기 때문이다.
⑦ 할 수 있으면 두 사람이 같이 하도록 한다. 한 사람은 골절 부분을 움직이지 않도록 하고 다른 한 사람은 부목으로 고정하면 좋다.

2) 탈구

관절을 형성하고 있는 뼈가 강한 외력(外力)에 의하여 관절막이 파멸되면서 관절낭 밖으로 뼈가 튀어나온 것을 말한다. 탈구가 되면 관절기의 기형, 종창, 관절통, 피하출혈 등이 있으며 움직일 수가 없다. 이외에도 관절막, 관절 주위 인대, 건의 손상도 합병되기 쉽고 심하면 골절(骨折)까지 합병될 때도 있다. 단순한 합병증이 없는 탈구는 경험 있는 지도자나 코치에 의해 바로 고정시킬 수도 있으나 골절이 합병되었는지의 여부를 알기 위해 X선 촬영을 실시해야 하므로 정형외과의 진찰을 받아 교정 받는 것이 안전하다.

탈구란 관절을 형성하고 있는 2개의 골이 정상 위치에서 벗어나는 것으로 흔히 말하는 관절이 벗어난 상태다. 탈구는 원인에 따라서 선천성, 외상성, 습관성, 병적으로 분류되는데, 훈련 중이나 경기 시에는 외력에 의해서 어깨, 턱, 팔꿈치, 발, 손가락 등의 탈구를 경험하는 일이 많은데, 보통 탈구만일 경우에는 그다지 치명적인 경우는 없다. 탈구의 증상은 관절의 변형, 동통, 움직일 때의 동통의 증가, 관절의 기능저하이며, 관절 주위의 조직손상의 정도에 따라 정도가 다양한 부종을 수반한다.

관절부에 부종이 심한 경우에는 골절을 동반하고 있는 경우가 많으며, 골절을 동반하지 않더라도 지도자가 접골을 시도할 경우에는 주위조직의 손상을 더욱 크게 우려가 있으므로 주의하여야 한다.

※ 처치요법
① 탈구된 위치에서 움직이지 말고 붕대로 고정한다.
② 탈구 부위에 아이스 팩 등을 대고 냉엄법을 실시한다.
③ 이때 지도자가 관절을 본래 상태로 되돌리려는 조치는 하여서는 안 된다.

3) 염좌

연습이나 경기 중에 대부분 외부로부터 작용하는 힘에 의한 것이며, 때로는 수축근(收縮筋)과 이완근(弛緩筋)의 일시적 부조화로 발생할 때도 있다. 이러한 상태는 충분한 준비운동 없이 갑자기 큰 힘을 발휘하려고 할 때, 즉 과잉 신전(伸轉)으로 생긴다.
증세가 가벼울 때는 근육에 미세한 단열이 생겨 외관상 상처를 볼 수 없지만 근육을 둘러싸고 있는 근막(筋膜), 뼈를 고정시켜 주는 인대(靭帶), 근육에 가장 기초가 되는 물질인 건(腱)에 손상을 가져온다.
처치는 우선 냉찜질을 15~30분간 국부를 냉각시킨다. 그리고 환부에 스폰지를 대고 그 위에 탄력붕대를 감아 압박을 가하며 환부에 중량이나 힘을 가하지 않도록 하고 안정시킨다. 7~10일간 계속 찜질하고 환부의 부어 오른 것이 빠지면 가벼운 운동을 시작한다. 이때 관절이 움직이지 않도록 근육을 수축하고 천천히 훈련한다. 훈련은 가벼운 운동부터 점증적으로 천천히 강화시키며, 특히 반창고나 탄력붕대를 환부에 감싸주어 재발을 방지한다.
염좌는 관절을 형성하는 2개의 골이 일단 탈구해서 다시 원래 위치로 되돌아간 상해이며 운동에 의해서 관절이 정상 가동역이상 운동을 강제로 시킨 때에 일어나는 것이다. 인대의 단열 등을 합병한다. 염좌는 일어난 순간에는 강한 통증이 있고 수 시간 지나면 그 주위에 출혈이 있고 부어오는 경우가 있다. 팔 관절과 발관절에서 가장 많이 일어나고 잇달아서 무릎관절과 손가락에서 일어날 수 있다. 일반적으로 염좌라 하면 골절이 아니어서 다행이라고 안심하기 쉬운데 무릎과 관절의 염좌는 경골 중간부의 골절보다 복잡하다. 따라서 염좌를 가볍게 여겨서는 안 되며 아무리 증상이 가벼워도 운동을 제한하고 7~10일간의 안정을 하여야 한다.
이점을 소홀히 하면 관절이 흔들리기 쉬운 상태로 치유되므로 염좌의 반복과 관절염의 원인이 되기도 한다.

※ 처치방법
① 응급처치로는 국소를 움직이지 않게 하도록 하고 골절의 유무를 검사한다.
② 염좌를 일으킨 관절 주의를 탄력붕대로 감는다.

③ 수일간 차게 하고 그 후 서서히 온 습포로 바꾼다.
④ 염좌는 골절을 합병하고 있는 경우도 있으므로 통증이 심한 경우는 골절 시의 처치와 같게 고정하고 빠르게 의사의 진찰을 받도록 한다.

(1) 손가락 염좌

손가락 삐는 것은 발차기에 맞거나 강한 힘으로 무엇인가에 접촉한 때에 일어난다. 삔 손가락에는 골절, 탈구, 염좌, 건단열 등을 합병할 수 있다. 응급처치로는 잘 삔 손가락의 증상을 정확하게 빨리 알고, 각각의 증상에 맞게 처치를 하는 것이 중요하다. 30분 이상 차게 한 후, 반창고나 포대로 고정한다.

(2) 족관절 염좌

족관절은 하지와 발을 연결하여 두 방향으로 움직이는데 첫째, 관절이 간단한 지렛대 작용을 함으로서 상하로 움직이고 둘째, 발의 간단한 지렛대 작용으로 전환시켜 발목 위로 회전력의 움직임이 있게 한다. 발목에 체중이 얹힌 상태로 발목이 외번, 내번 운동이 강제화되었을 때 발생하는 상태이다. 주된 원인은 인대 손상인데 발목의 정상적인 결함 중 일부라도 정상 기능을 잃으면 발목에 힘이 가해질 때 불안정을 초래하며, 늘어난 관절에 의해서 때때로 측면 인대손상이 발생할 수 있다.

※처치방법

일단 발목관절 염좌가 발생되면 무엇보다도 RICE의 원칙 5가지를 하는 것이 가장 회복을 빠르게 하는 조건이 된다.

이러한 상황은 운동선수의 심리상태를 불안전하게 하는 요인이 되므로 단단한 석고붕대나 테이핑으로 일시적인 고정을 요구하게 된다. 가벼운 염좌 시에는 냉찜질과 운동의 제한으로 초기의 통증을 제거할 수 있으며, 회복기에는 온냉교체욕과 마사지를 병행하면 만족할 만한 효과를 얻을 수 있다. 또한 하퇴근 강화 트레이닝과 족관절부의 가동성 운동을 행하여 관절본래의 기능을 되찾는데 주력한다.

4) 타박상

(1) 염전(捻轉)

강력하고 급격한 근 수축에서 발생되는데 외력에 의한 골절, 염좌, 탈구 시에도 일어날 수 있다. 근섬유가 부분적으로 끊어지거나 찢어지며 근육이나 건이 단열될 때도 있다. 통증이 심하고 출혈, 부종, 종창(腫脹)이 생겨 운동기능 장애를 가져온다. 우선 출혈의 확대를 막기 위해 압박붕대로 지혈하고 국소에 냉찜질을 한다.

외과적 수술로 봉합해야 하며 손상된 근육이나 건이 완전히 나을때 까지 그 부위를 안정시켜야 한다. 경기에서 선수 간의 충돌이나 차고 차이면서 타박상은 광범위하게 발생한다.

특히, 택견은 상대가 걸어서 넘기거나 차는 순간에 신체의 타박 상해가 일어나는 경우가 많다. 타박상은 외력의 강한 충격으로 인하여 피부나 피하조직에 손상을 일으키는 것으로 피가 고이거나 부어오르며 환부는 열이 생기며 통증이 발생한다. 가벼운 타박은 구급처치로 치유가 가능하지만 두부의 타박 시에는 심각한 상태에 이르게 된다. 뇌진탕의 위험성과 의식불명이 될 수 있으며 또한 메스꺼움을 느끼거나 심한 두통을 호소하고 맥박이 불규칙해지면 즉시 정규의료처리가 행해져야 한다. 골반의 타박은 골반의 가동성을 제한하여 허리 회전력을 저하시키고 그로 인한 여러 가지 운동 기능 장애를 유발시켜 나중에는 선수생활에 치명적 손상을 입힐 수도 있다. 여러 가지 타박 중에서 두부, 골반, 복부의 타박상은 특히 주의가 요구된다.

※ 처치요법

가벼운 타박상이라고 가볍게 넘기지 말고 완전하게 치유하는 것이 매우 중요하며 일단 상해가 발생하면 우선 안정과 냉각요법을 행하여야 한다. 타박상의 경우에는 구급처치의 순서에 따라 결과가 다르게 나타나기 때문에 불필요한 행위는 금물이다. 안정과 냉각요법을 행한 후에는 압박과 고정요법 또한 매우 중요하다. 타박상 시에 즉시 하는 마사지는 오히려 해로우므로 절대금물이며 회복기에 이르러 온냉교체욕과 같이 임파 마사지를 행하는 것이 효과적이다. 후에 환부주변 근육의 스트레칭 운동을 병행하면 회복이 빠르다. 가벼운 두부의 타박으로 아직 의식장애가 남아 있으면 경부 근육마사지를 하면서 동시에 혈도자극을 병행하면 효과적이다.

(2) 안구 타박상

이 경우에 주의할 것은 중증이라면 안구를 상하게 하거나 파열(안구파열)되는 위험성이 있기 때문에, 또는 살균된 가제나 포목을 아픈 부위에 대고 부상자를 옆으로 하고 안과 의사에게 바로 보여준다.

5) 근육통

훈련을 무리하게 수행하게 되면 근육통이 발생하는 원인이 되기도 한다. 근육통이 발생하는 원인에 대하여는 다수의 이론이 있으며, 일반적인 발생 원인은 다음과 같다.

① 오랫동안 운동을 하지 않았던 사람이 갑자기 많은 양의 운동을 했을 때 근육에 경직이나 통증이 오는 경우
② 지속적인 운동으로 인하여 대사물질(노폐물)의 과도한 축적으로 근섬유 내부에 현저한 생리적 변화가 일어나는 경우

③ 근섬유나 건의 결합조직 파열과 관련된 경우
④ 급격한 근 활동에 의해 혈액과 근육 내에 과도한 젖산 등과 같은 대사물질이 많이 축적되어 근섬유에 있는 감각신경을 자극하여 일어나는 근피로의 염증성 변화에 의한 것
⑤ 근육의 혈액순환 감소로 인한 통증
⑥ 지나친 스트레칭(over stretching)에 의한 결합조직의 손상근육이 단단해지면서 그 부위가 붓고 아프며 수분 동안 계속될 때도 있으나 어떤 때는 수주일 계속될 때도 있으며 운동 기능에 장애를 가져온다. 운동 종목의 특성상 주로 사용하는 주동근육은 경기 후에 급성 근피로가 유발되고 통증 발생으로 다음날 경기에 지장을 초래할 수 있으며, 운동선수는 근육조직의 신장력 및 유연성 감소를 호소하게 된다. 이러한 근육통은 자주 사용되는 근육이 경기 후에 급성 피로로 통증과 경직을 동반하는 피로성 근육통, 그리고 경기 후 12시간이 지나면서부터 증상이 나타나기 때문에 근육의 축적피로를 자발성 근육통 증후군이라고 한다. 이때의 통증부위에는 연필 굵기 정도의 근덩어리가 생긴다.

※ 처치법

급성 근육통의 발생 시에는 근육 마사지와 임파 마사지를 행하면 심한 근 피로라 할지라도 24시간 이내에 완치되므로 문제가 되지 않는다. 자발성 근육통 증후군 시에는 장애부위를 충분하게 따뜻한 온열로 혈도자극법으로 주무르고 눌러서 펴주어야 한다. 근육통 증상이 가벼울 때 스트레칭을 신속히 처치하는 것이 중요하다.

6) 관절통

훈련을 시작하여 1~2주간 강한 훈련을 계속하는 도중에 무릎이나 다리의 관절통이 오게 되면 뼈나 관절이 견딜 수 있는 한계 이상으로 부담이 반복되고 가중되었을 때 발생된다. 따라서 관절통이 발병하면 운동을 중단하고 안정과 치료를 해야 하며, 운동의 강도를 가볍게 하여 관절에 부하가 적은 운동을 하는 것이 바람직하다.

7) 코의 상해

코의 상해에서 일상에 자주 경험하는 것은 비출혈(코피)과 코에 이물질이 들어가는 정도이다. 콧구멍은 혈관이 많이 분포되어 있는 가운데 점막이 얇기 때문에, 가벼운 자극에도 출혈이 나기 쉽다. 비출혈의 대부분은 콧구멍에서 생긴다. 비출혈이 일어난 직후에 일어서거나 운동하거나 말을 하거나 웃거나 코를 부딪치거나 하면 출혈량이 많아지고, 멈추고 있던 코피가 다시 나올 수 있기 때문에 특

히 주의한다.

- 비출혈에 대한 응급처치
  ① 안정을 취한다. 앉아있거나 누워있는 경우는 얼굴을 횡 방향으로 하고, 질식하지 않도록 예방한다.
  ② 이마에서 코까지 차가운 타월을 올려놓는다.
  ③ 작게 만든 가제를 한 방향 또는 양방향으로 코에 댄다. 이 경우 휴지나 탈지면은 사용하지 않는다. 작은 조직이 상처에 부착되어 상처가 아물지 않아 다시 출혈하는 위험성이 있다. 또한 코를 막고 있는 가제를 빼기 쉽게 하기 위해 코 바깥쪽에 둔다.
  ④ 이상의 조치에서 비 출혈이 낫지 않을 경우는 코 깊숙한 곳에서 출혈하고 있을 가능성도 있기 때문에 이비인후과에서 진찰받는다. 비 출혈이 빈번하게 일어날 경우는 백혈병 등 혈액 질환의 가능성도 있기 때문에 빈번하게 일어날 경우에는 정밀검사를 받아보는 것이 좋다.

8) 고환(睾丸)을 맞았을 때

인간의 신체는 위험, 공포를 느낄 때 세포가 수축하는 성질을 갖고 있다. 특히 고환의 경우 그 수축 작용은 심하여 경기에 임한 선수가 초조해할 때 오그려 들어 신체의 내부로 삽입되어 외부의 충격에 심한 증상을 입지 않는다. 그러나 심한 충격을 받으면 다리가 수축되고 호흡의 장애를 일으키며 동작 불능의 상태가 되는 만큼 선수를 지켜보는 심판 및 코치는 경기를 중단하고 응급처치를 해야 된다.

(1) 발을 아래에서 위로 찼을 때
  ① 증세: 아래 대장이 수축되면서 고환이 위로 당겨져 심한 고통의 증세가 계속되며 호흡이 곤란해진다.
  ② 처치법: 먼저 부상자를 바로 눕히고 수축된 양쪽다리에 힘을 빼게 하고 무릎뼈의 약간 위를 위에서 발을 향해 두 번 정도 내려쳐 준다. 그 다음 하복부를 위에서 아래로 부드럽게 서서히 힘을 가해가며 호흡을 맞추어 마사지를 한다.

(2) 고환을 맞지 않고 하복부를 맞았을 때
  ① 아픈 증세: 고환을 직접 맞았을 때처럼 제자리에 주저 앉는 것이 아니고, 한 두발자국 발을 옮기다가 쓰러진다. 이것은 고환 이외의 급소를 맞고도 고환에 수축이 오는 또 다른 고환 충격의 경우이며 고환을 직접 가격당하지 않고도 쓰러지므로 맞은 측과 공격한 사람들 사이에 시비의 대상이 되기도 한다. 흔히 이러한 때에 코치나 심판은 엄살을 부리는 것으로 판단하여 응급처치는 하지 않고 주의를 주는 경우가 있으나 그것은 매우 위험한 일이다.

② 처치법: 대체로 고환을 맞았을 때와 동일한 처치로 곧 회복할 수 있으나 입체(立體)의 자세로 하여 후면(後面) 골반을 위에서 아래로 손바닥을 사용하여 두드려 줌으로서 수축된 장(腸)을 내어 보낼 수 있다. 그러나 파열될 경우는 고환이 부어 오르고 쉴새없이 통증이 계속된다. 이러한 경우는 시급히 종합병원으로 옮겨 치료를 받아야한다.

③ 사고예방법: 고환을 맞는 부상이 잦은 것은 기압이 낮거나 기온이 낮은 날에 많은 것으로 통계되어 있다. 이러한 사실은 기후가 낮을 때 몸의 세포가 수축되고 심적(心的)으로 긴장되어 있어 유연성이 부족하여 발생하게 된다. 따라서 선수나 코치는 경기를 앞서 20분 전에 준비운동을 하여 몸의 유연성을 만들어 긴장을 풀어주는 훈련을 잊어서는 안 된다.

9) 눈 손상에 대한 구급의학

경기에서 가끔 눈이 손상되는 경우가 있다. 눈은 해부학적으로는 눈꺼풀과 안구 부분으로 분류되어 진다. 지금까지 먼지나 흙, 작은 벌레 같은 여러 가지의 이물질이 눈에 들어간 경험이 있을 것이다. 이러한 이물질은 안구와 눈꺼풀의 표면을 상하게 하고, 찰과상의 원인이 되기도 한다. 그런 경우 대부분의 사람은 무심코 손과 손가락으로 눈을 비벼는 경우를 볼 수 있다. 신중한 사람이라면, 물로 눈을 닦을 것이다.

눈 손상에 대한 증상과 예방 처치는 다음과 같다.

(1) 눈에 손상이 있을 때의 증상
① 충혈 ② 달아오르는 느낌 ③ 통증 ④ 눈물이 난다 ⑤ 두통 이상의 증상이 있을 때는 눈에 이물질이 들어가 눈꺼풀과 안구를 손상시키는 위험성이 있으니 주의하여 처치한다.

(2) 눈을 상하지 않게 하기 위한 예방적 처치
① 눈을 손이나 손가락으로 문지르지 않도록 한다.
② 눈의 아픈 부분을 확인하기 전에 깨끗하게 손을 씻는다.
③ 성냥개비나 이쑤시개 등을 사용해 이물질을 제거하지 않는다.
④ 안구에 무언가 찔리거나(예를 들면, 가는 유리 등), 이물질 등이 깊숙한 곳에 들어 있을 때는 전문가(안과)에게 보여준다. 단, 조심해야 될 것은 자신들이 마음대로 만지지 않는다.

(3) 눈꺼풀이 손상된 경우
눈꺼풀이 손상된 경우의 응급처치는 다음의 요령으로 한다.
① 부드럽게 압박하고, 직접 지혈을 한다.
② 상처를 세정하고, 깨끗한 가제나 포목(살균가제가 있다면 좋지만 갑작스런 경우에는 준비되어 있

지 않는 경우)을 대고, 테이프로 고정하든지, 붕대가 있으면 그것으로 고정한다.
③ 즉시 아이싱(얼음으로 차갑게 한다)으로 하고, 상처의 출혈과 부스럼을 예방한다.

10) 턱이 빠졌을 때, 치통, 혀나 입에 상처가 있을 경우

(1) 턱이 빠졌을 때
① 자기가 치료할 수 있을 때 치아부위에 가제 등을 둥글게 말아 넣고 천천히 입을 닫아 본다.
② 치아를 눌러서 밑으로 힘을 준다.
양손 엄지를 환자의 양쪽 어금니에 대 깊이 입안으로 넣고 나머지 손가락으로 아래턱을 잡는다. 아래 턱 전체를 후방과 하방으로 밀어내듯이 힘을 준다. 이때 환자는 자기가 입을 닫는 동작을 한다.

(2) 치통이 있을 때
① 양치질을 한다.
미지근한 물이나 식염수, 붕산수 등으로 양치질을 하여 음식물 찌꺼기를 없앤다.
② 중조 분말을 채워 넣는다.
치아 사이에 중조 분말을 채워 넣으면 치통을 덜 느끼게 된다.
③ 외부에서 차게 해준다.
뺨에 얼음주머니를 대 환부를 차게 하면 치통을 덜 느끼게 된다. 얼음을 입안에 넣어주어도 좋다.

(3) 혀에 상처가 생겼을 때
① 혈액을 토하게 한다.
혀에 상처가 생기면 피를 많이 흘리게 된다. 이렇게 흘린 피를 삼키지 않도록 토해내게 한다.(흘린 피를 도로 삼키면 몸에 좋지 않다.)
② 혀를 압박하여 지혈시킨다.
깨끗한 가제를 사용하여 혀를 위아래로 거머쥐듯이 잡는다.

(4) 입에 상처가 생겼을 때
① 입술에 상처가 생겼다.
깨끗한 가제를 대 입술 양측(안팎)에서 압박하여 지혈한다.
② 입안에 상처가 생겼다.
깨끗한 가제나 상처를 직접 압박하여 지혈한다. 흘린 피를 삼키지 않도록 조금 앞으로 구부린다.

11) 목 · 등 · 가슴에 상처가 생겼을 때

(1) 목을 얻어맞았을 때
① 머리 · 목을 고정시킨다.
모포를 둥글게 말아 어깨까지 완전히 대고 움직이지 않도록 고정한다.
② 편타성 손상을 받았을 때
신문지나 골판지 등을 대 깁스 대신으로 고정시킨다.
③ 호흡마비 때는 인공호흡을 실시한다.
기도 확보 시 머리를 뒤로 젖히는 것은 부적절하다. 머리 쪽에서 아래턱의 양쪽에 손가락을 대 아래턱을 앞으로 밀어 기도를 확보한다(하악거상법). 이 자세에서 들이마신 숨을 불어 넣는 식의 인공호흡을 실시한다.

(2) 등을 얻어맞았을 때
① 안정시킨다.
딱딱한 판자 위를 보게 하여 눕히고 움직이지 않게 한다.
② 딱딱한 판자를 이용하여 운반한다.
판자가 없으면 들것이라도 좋으나 이때에는 환자를 엎드리게 하여 운반한다. 동요를 방지하기 위하여 몸을 고정시킨다.

(3) 가슴을 얻어맞았을 때
① 상반신을 높게 한다.
상반신을 쉽게 일으킬 수 있도록 지지를 해주고 기대기 편하게 한다.
② 가슴을 차게 한다.
가슴에 얼음주머니를 대 차게 해주고 통증을 완화시킨다.
③ 모포로 보온해 준다.
강하게 맞아 쇼크 상태일 때에는 모포로 잘 보온해 준다.

(4) 갈비뼈 골절상
① 삼각건으로 고정한다.
삼각건 중앙을 골절부위에 대고 반 매듭을 한다. 매듭 부위에 천을 넣어 환자가 숨을 내쉴 때 완전히 묶는다.
② 반창고로 고정한다.
숨을 내쉴 때 아픈 갈비뼈를 지붕 기와 놓는 식으로 몸 전면과 후면에 몸 한쪽을 넘게 붙인다.

제 14부 택견 경기 규칙 및 심판규정

제1장 택견 경기 규칙

제2장 경기 대회 규칙

제3장 경기위원회 규정

제4장 택견 심판 규칙

제5장 택견 심판위원회 규정

제6장 심판 수신호
   1. 경기 진행
   2. 반칙 선언
   3. 반칙을 표시하는 신호
   4. 승부 판정

1985년 제정/ 1991년 1차 개정/ 1995년 2차 개정/ 2000년 3차 개정/ 2002년 4차 개정/ 2007년 5차 개정/ 2009년 6차 개정

제1장 택견 경기 규칙

제1조 [목적]

본 규칙은 사단법인 대한택견연맹(이하 연맹이라 칭함)이 주최 또는 주관하는 모든 택견경기대회를 통일된 규정으로 실시하여 공정하고 원활하게 운영하는데 필요한 규칙을 정하는 것을 목적으로 한다.

제2조 [적용범위]

이 규칙은 연맹과 시·도지부 및 그 산하단체가 주최 또는 주관하는 모든 경기에 적용한다.

제3조 [경기장]

경기장은 평탄한 바닥에 사방 8m의 탄력성 있는 녹색계통의 매트를 깔고 중앙에 지름 2m의 원 또는 사각형을 폭 5㎝의 백색 또는 황색선으로 표시하거나 바닥 색상과 구별이 잘 되는 계통의 색으로 구별한다.

1. 선수의 위치: 선수는 원의 중심점을 기준으로 감독심판석을 향하여 섰을 때 오른쪽을 '청' 왼쪽을 '홍' 으로 하고 중심점에서 좌우방향으로 1m 떨어진 지점에 선다.
2. 감독심판의 위치: 감독심판은 경기장 중심과 마주 보도록 하여 경기장 경계에서 2m 떨어진 지점에 책걸상을 놓고 앉는다.
3. 주심판의 위치: 주심판은 양 선수의 중간지점에서 1m 정도에서 감독심판석을 향해 선다.
4. 배심심판의 위치: 배석심판은 감독심판의 좌우에 각각 앉는다.
5. 뒷배의 위치: 자기 편 선수의 뒤 쪽 경기장 경계에서 1m 밖에 의자를 놓고 앉는다.
6. 대기선수의 위치: 단체전일 경우 자기편 뒷배의 두 쪽 50㎝ 떨어진 위치에 선봉, 전위, 중견, 후

위, 주장, 후보 순으로 나란히 앉는다.
7. 계시원의 위치: 감독심판의 오른편 1m 떨어진 곳에 의자를 놓고 앉는다.

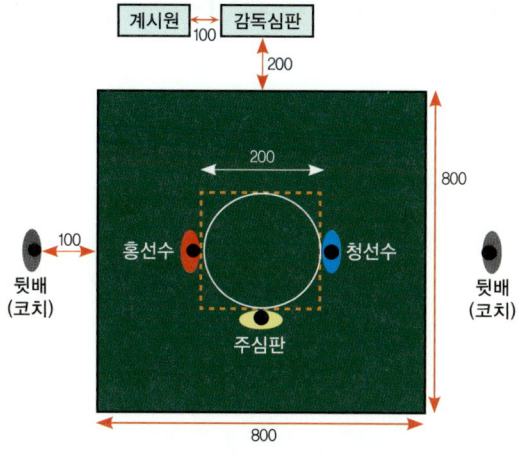

경기장 배치도(단위:cm)

제4조 [복장]

경기에 참여하는 모든 사람은 다음과 같은 기준으로 복장을 착용하여야 한다.

1. 감독심판: 품계에 따라 규정된 지도자복을 착용한다. 경우에 따라 한복 정장을 착용할 수 있다.
2. 주심판: 주심판은 규정된 황색 철릭의 심판복을 착용한다. 미투리를 착용하여야 하고 접선을 오른 손에 든다.
3. 배석심판: 주심판과 동일한 복장을 착용한다.
4. 선수
가. 선수는 반드시 청, 홍으로 구별되는 규정 선수복을 입고 행전, 버선을 착용하여야 한다.
나. 규정으로 허용된 발등, 정강이 등에 보호대를 착용 할 수 있으나 밖으로 노출되지 않게 해야 하며 기타 경기 중 상대에게 상해를 줄 수 있는 용품과 장신구를 착용할 수 없다.
다. 뒷배: 반드시 품계에 따라 규정된 지도자복을 착용한다.

제5조 [선수 및 뒷배의 자격]

1. 선수의 자격: 연맹이 인정하는 유단자로서 당해연도 선수등록을 한 선수.
2. 뒷배의 자격: 원칙적으로 택견심판자격 소지자라야 하며 경기 참가신청서에 뒷배로 명기된 자로 한다.

제6조 [경기의 형태 및 종류]

1. 경기의 형태는 다음과 같이 구분한다.

가. 개인전
(1) 체급별 개인전
(2) 무체급 개인전: 체급, 나이, 성별 품계 등의 제한이 없다.

나. 단체전 (결련택견)
(1) 체급별 단체전
(2) 무체급 단체전

다. 경연경기
개인 경연경기, 단체 경연경기로 구분하며 채점기준 등은 따로 정한다.

2. 연령과 성별에 따른 경기종류는 다음과 같다.
가. 애기부: 남녀 구분 없이 초등학교 3학년 이하로 구성한다.
나. 초등부: 남녀 구분 없이 초등학교 4~6학년을 대상으로 구성한다.
다. 중등부: 남녀구분을 하며 중학교 재학생으로 구성한다.
라. 고등부: 남녀구분을 하며 고등학교 재학생으로 구성한다.
마. 대학부: 남녀구분을 하며 대학 재학생으로 구성한다.
바. 여자부: 만 15세 이상 여성을 학생, 일반의 구분 없이 구성한다.
사. 일반부: 남녀구분을 하며 만15세 이상의 학생이 아닌 일반인으로 구성한다.
아. 기타 경기의 종류: 경기의 성격에 따라 유아부, 초등부, 고학년부, 청년부, 장년부 등으로 구분할 수 있고 품계로 구분할 수도 있으나 연맹의 사전 승인을 받아야 한다.

제7조 [경기 방식]

1. 계단식 맞붙기 (토너먼트 방식)
2. 두루 붙기 (리그 방식)
3. 혼합방식 (리그-토너먼트 혼합 방식)

제8조 [경기시간]

경기 시간을 다음과 같은 기준으로 실시한다.
1. 개인전: 3분 3회 전으로 중간휴식 30초로 한다.
2. 단체전: 결련태는 3분 1회 전으로 한다.
3. 무체급 개인전 (오통태)
가. 승부가 날 때까지 시간이 무제한이다.
나. 한 선수가 5명 이상 연승하여야 하며 그 후 경기출전을 자유로이 할 수 있다.
4. 애기부, 초등부, 여자부 등은 경우에 따라 1회전 시간을 2분으로 할 수 있다.

제9조 [체급의 구분]

종별 체급구분은 다음과 같다. (단위:kg)

구 분	도 급	계 급	걸 급	윷 급	모 급	막 급
애 기 부	20이하	20-25	25-30	30-35	35이상	제한 없음
초 등 부	35이하	35-41	41-47	47-53	53이상	〃
남자 중등부	45이하	45-52	52-59	59-66	66이상	〃
남자 고등부	50이하	50-59	59-68	68-77	77이상	〃
남자 대학부	54이하	54-63	63-72	72-81	81이상	〃
여 자 부	50이하	50-58	58-65	65-72	72이상	〃
남자 일반부	54이하	54-63	63-72	72-81	81이상	〃

제10조 [대표자 회의]

경기 개시일 이전 주최 측이 소집하고 경기부 임원 및 참가팀의 대표 또는 감독이 참석하여 다음과 같은 사항을 논의한다.

1. 참가팀 또는 선수명단의 확정.
2. 대전 추첨.
3. 경기 진행 방식의 세부사항 조정.
4. 기타 제반 경기에 따르는 사항을 논의.
단, 참가팀의 대표, 감독, 선수 등 특별히 명시한 의무 참가자가 무단 불참하였을 경우 출전권을 박탈하거나 또는 주최 측이 임의로 대전추첨을 대행케 할 수 있다.

제11조 [체중 검사]

체급별 경기에서 다음과 같은 기준으로 사전에 체중 검사를 실시한다.

1. 체중 검사는 경기부에서 참가팀의 대표자 입회하에 지정된 장소와 시간 내에 실시하여야 한다.
2. 체중계는 주최 측이 제공하는 것을 기준으로 한다.
3. 체중검사는 경기개시 1시간 전까지 완료하여야 한다.
4. 체중 검사는 1회를 원칙으로 하되, 정해진 시간 이내에서 선수단 대표의 요청에 의해 1회에 한하여 재실시할 수 있다.
5. 체중 검사는 하의 속옷만 착용하여 실시한다.
   단, 여자의 경우 규정 선수복을 입은 채 체중검사를 실시하며, 이 경우 기본 복장 이외에 체중에 영향을 줄 수 있는 물품을 일체 착용할 수 없다.

제12조 [경기 진행요령]

1. 결련택견(결련태)
가. 주심은 경기장 중심부에 서서 감독심에게 경례를 한다.
나. 주심은 양 편 선수 전원을 경기장 내 2열종대로 서게 한 후 감독심에게 경례를 하고 상대 선수와 마주 보게 하여 상호간 경례를 하게 한 후 전 선수를 대기석으로 물러나 앉게 한다.
다. 출전 순서는 선봉, 전위, 중견, 후위, 주장 순으로 한다.
라. 주심은 '청홍 출전' 구령으로 선수를 경기장 내 청, 홍의 위치에 서게 한다.
마. 주심은 양 선수의 복장상태를 확인 한다.
바. 주심의 '서거라' 라는 구령과 함께 양 선수는 왼발을 앞으로 내디디며 무릎을 짚었다가 일어서면서 넉장다리 원품의 자세를 취한다. 이때 양 선수는 한 팔 거리를 유지한다.
사. 주심의 '섰다' 라는 구령에 '청' 선수가 먼저 오른 발 장심으로 '백' 선수의 오른 다리를 가볍게 밀어주고 "홍" 선수는 오른 다리를 뒤로 한 발 옮겨 딛는 것으로 경기는 시작된다.
아. 경기도중 주심의 '멈춰' 라는 구령이 있으면 양 선수는 즉시 동작을 멈추고 경기를 일시 중단해야 한다. 주심의 '계속' 이라는 구령과 함께 경기는 속개된다.
자. 경기 중 승부가 결정되면 주심은 즉시 '그만' 이라는 명령으로 경기를 중단시킨 후 승리한 쪽을 향하여 '청(또는 홍)승' 이라는 구령과 함께 승리를 선언하고 경기를 종료시킨다.
차. 승부없이 경기 시간 종료신호가 나면 주심은 '그만'이라는 구령과 함께 경기를 중단하고, '청, 홍 비김' 이라는 구령으로 비김을 선언한다.
카. 마지막 선수의 경기가 종료되면 각 팀의 승패 수를 파악한 후 선수를 경기장 내에 마주보게 도

열시키고 승리한 편을 향하여 부채를 대각선 방향으로 높이 쳐들며 '청(또는 홍)승'으로 팀의 승리를 선언한다.
타. 마주보고 도열해 있는 상대선수와 서로 경례를 하게 한 후 감독심석으로 향하게 하여 경례를 하고 선수를 퇴장시킨다.

2. 개인경기

가. 감독심과 주심 상호 간의 예는 결련태와 동일하다.
나. 주심의 '청홍 출전' 구령과 함께 선수는 경기장 내 자기 위치에 선다.
다. 선수는 주심의 구령에 따라 감독심을 향하여 경례를 한 후, 선수 상호 간에 경례를 하게 한다.
라. 이하 경기 진행 방식은 결련태와 동일하다.
마. 각 회전을 동일한 방법으로 경기를 운용한다.
바. 마지막 회전의 승부가 결정되면 먼저 최종회전 경기의 승패 선언을 한 후, 즉시 전체 경기 성적 결과에 따라 이긴 쪽을 향하여 승리선언을 한다. 비김의 경우는 제 13조를 참조하여 무승부는 '겻기'와 연장전을 실시한다.
사. 경기가 끝나면 선수들끼리 경례를 하게 한 후, 감독심을 향하게 하여 경례를 하게 한 후 선수를 퇴장시킨다.

3. 명인전

가. 개인경기와 동일하다.

제13조 [무승부 경기 판정기준]

1. 단체전(결련택견)

가. 무승부가 나면 각 편의 뒷배가 대표선수를 선발하여 감독심에게 확인한 후 1회전의 연장전을 실시한다.
나. 연장전에서 무승부가 되면 승부가 날때까지 각 편의 다음 대표선수로 재 연장전으로 승부를 가린다.

2. 개인전

가. 무승부가 나면 겻기와 연장전 순으로 승부가 날때까지 계속하여 승부를 가린다.

3. 명인전

가. 무승부가 나면 양 선수에게 각각 겻기 1회씩을 하게 하며, 겻기 승부에서도 무승부일 경우에는

연장전을 가져 승부를 가린다.
나. 연장전에서 무승부가 되면 본때뵈기 점수가 높은 선수가 승리한다. 단, 결승전에서는 겻기와 연장전의 순으로 승부가 날때까지 계속 실시한다. 본때뵈기 점수를 실시하지 않는 경기에서도 겻기승부와 연장전을 번갈아 계속 실시한다.
다. 1승 1패의 상황에서 3판에서 아래와 같은 승부가 나면 점수에 의해 연장전 없이 승부가 결정된다(방송용 규칙임).
  1) 두 발이 공중에 뜬 상태로 차서 상대를 넘어뜨리거나 얼굴을 차서 넘어뜨리는 승부가 난 경우 1.9승으로 한다.
  2) 발로 얼굴, 몸통을 차서 상대를 넘어뜨려서 승부가 난 경우 1.6승으로 한다.
  3) 얼굴차기로 이겼을 경우 1.4승으로 한다.
  4) 손을 포함한 상체를 이용하지 않고 딴죽수로 넘어뜨렸을 경우 1.2승으로 한다.
  5) 상체를 이용한 딴죽 수, 찬 발을 잡아 넘기기, 공격에 대한 손질반격, 그 외 방법으로 이겼을 경우 1승으로 한다.

제14조 [심판규칙]

승패에 관한 사항, 반칙에 관한 사항, 심판원에 관한 사항은 심판 규칙이나 심판위원회 규정을 준용한다.

제15조 [계시원의 자격과 임무]

계시원의 자격와 임무는 다음과 같다.

1. 계시원은 지도자 자격 소지자를 경기부에서 위촉한다.
2. 계시원의 임무: 계시원은 지도자복을 착용하고 지정된 계시석에 앉아 경기시간의 시작과 종료를 계측하고 이를 주심에게 신호로 알려야 하며 주심의 지시에 따라 경기의 중단과 재개 시간을 계측하는 의무를 가진다.

제16조 [규칙에 명시되지 않은 사항]

이 규칙에 명시되지 않은 상황이 발생하였을 경우 다음과 같이 처리한다.

1. 경기에 관한 사항으로 감독심과 주심의 합의에 의해 처리한다.
2. 경기진행과 관련한 제반 사항은 경기부와 협의하여 처리한다.

제17조 [소청위원회]

원칙적으로 심판원의 판정을 존중하여야 하나 부득이한 경우 소청해야 할 사항에 대하여 소청위원회를 구성하여 다음과 같이 처리한다.

1. 구성
소청위원회는 대회의 임원장을 위원장으로 하고 경기위원장, 심판위원장을 당연직 위원으로 구성한다. 경우에 따라 기술위원장, 기록위원장, 상벌위원장을 포함하여 구성할 수 있다.

2. 임무
가. 경기의 원활한 진행을 위하여 소청이 들어 왔을 때 즉시 처리하며 소청서를 접수한 시간으로 부터 10분 이내에 처리하여야 한다.
나. 소청위원회는 소청심의에 의하여 판정에 대한 정정을 할 수 있으며 비위 관계자에 대한 징계의 필요성이 있을 시 상벌위원회에 징계를 요청할 수 있다.

3. 소청의 절차
가. 판정에 이의가 있을 경우 소청서와 소청료 10만원을 경기종료 후, 5분 이내로 제출하여야 한다.
나. 소청위원회는 필요에 따라 해당경기에 관련된 선수, 뒷배, 감독 및 심판원, 경기요원을 소환하여 진상을 문의할 수 있다.
다. 경기 상황을 녹화한 영상물을 소청심의의 참고 자료로 활용할 수 있다.
라. 소청위원회의 의결은 최종적인 것이며 이에 대한 이의를 제기할 수 없다.
마. 심의가 끝나면 소청위원장이 소청심의 결과서를 작성하여 대회본부에 보고하고 발표한다.

4. 소청 결과의 처리
가. 경기 결과와 다르게 청, 홍 선수를 착각하여 판정선언을 잘못한 경우는 즉시 판정을 수정 선언한다.
나. 주심이 규칙적용을 명백히 잘못한 것으로 판명되었을 경우는 그 결과를 번복하고 주심을 징계할 수 있다.
다. 심판원이 판단하기에 모호한 상황에서 고의성이 없이 사실 판단을 잘못한 것이 기계적 증거에 의해 명백히 확인되었다고 하더라도 그 결과는 번복할 수 없고 오판을 행한 심판원에 대한 상벌조치를 한다.
라. 소청심의 결과서를 기록 보존한다.

5. 소청의 제한
소청은 1개 대회에서 단체전일 경우 단체 당 1회, 개인전일 경우 개인선수당 1회에 한해 할 수 있다.

제2장 경기 대회 규칙

제1조 [목적]

본 시행규칙은 사단법인 대한택견연맹이 주최·주관하는 모든 경기를 수행함에 있어 의전, 진행절차, 연맹 지부가 주최·주관하는 경기의 지도, 감독 등 경기 전반에 걸쳐 지켜야 할 사항을 규정하는데 그 목적을 둔다.

제2조 [경기용어의 정의]

경기를 진행함에 있어 필요한 용어의 정의는 다음과 같다.
1. 차렷: 두 손을 아랫배에 모아 공수(拱手)를 하고, 두 발의 뒤꿈치를 붙이고 발끝은 각각 45도씩 벌려 똑바로 선다.
2. 쉬어: 차렷 한 자세에서 오른발을 어깨 넓이로 벌려 편하게 선다.
3. 경례: 차렷 자세에서 허리를 숙여 예를 표하게 한다.
4. 서거라: 준비
5. 섰다: 시작
6. 좌품: 왼발을 앞에 내딛어라.
7. 멈춰: 잠깐 경기 중지
8. 그만: 경기 끝
9. 주의: 반칙에 대한 경고
10. 겻기: 반칙한 선수에게 주는 벌칙으로 상대방이 공격하도록 우품의 얼러메기기 자세를 취하라는 명령
11. 청(또는 홍) 승: 청(또는 홍)편 선수 승리
12. 청·홍 비김: 청·홍 무승부
13. 청·홍 패: 쌍방패
14. 계시: 경기소요시간 계산을 잠시 중지

제3조 [의전 행사]

경기의 의전행사 진행절차는 다음과 같다.

1. 개회식
가. 식전행사(축하공연-택견공연 등)
나. 개회통고(사회)
다. 선수입장
라. 개회선언
마. 국민의례
바. 내, 외빈 소개
사. 대회사(환영사, 대회사, 격려사, 축사)
아. 우승기 반납
자. 선수선서
차. 식후행사: 축하공연(택견공연 등)
카. 개회식 종료통고(사회)
타. 경기시작

2. 시상 및 폐회식
가. 시상식 및 폐회식 통고(사회)
나. 선수입장
다. 성적발표
라. 시상
마. 폐회사
바. 국기배례
사. 일동 경례
아. 폐회 통고(사회)
※ 경우에 따라 성적발표 전에 강평을 할 수 있다.

제4조 [경기 진행]

1. 경기장은 질서정연하게 행사가 진행되도록 진행원, 질서담당요원을 배치하여 호출된 선수 이외의 출입을 통제하여야 한다.

2. 경기진행요원은 의전행사가 끝나면 신속히 경기장의 정해진 위치에 감독심석과 배심석, 뒷배석, 계시원석을 설치하여야 한다.
3. 감독심이 사용할 채점표, 채점판, 필기구를 배분하여야 한다.
4. 채점표는 규정된 서식을 사용하여야 한다.
5. 경기복, 음료수 및 경기용품 등은 허용된 규격품을 출전 선수가 개인 지참을 원칙으로 한다.
6. 진행원은 호출된 선수를 안내하여 질서를 유지케 한다.
7. 경기 진행원은 경기 진행상황과 결과를 대회본부와 경기 부장에게 항상 보고할 수 있도록 철저히 기록하여야 한다.
8. 반드시 상장수여 대장을 작성하여야 한다.

제5조 [경기용품]

경기 대회 행사에 필요한 용품은 미리 준비하여야 한다.

제6조 [지부 경기대회의 인준]

연맹산하 각 지부가 주최·주관하는 경기의 승인 절차는 다음과 같다.

1. 각 지부는 주최·주관하는 경기대회의 승인을 받기 위해 신청서와 대회 계획서를 30일 전 경기위원회에 제출하여야 한다.
2. 위원회는 접수된 문서에 대하여 신속히 심의하여 연맹의 승인을 받아 그 결과를 즉시 문서로 통고하여야 한다.
3. 위원회는 심의에 통과된 경기에 대하여 감독관을 지정하고 파견하여 경기진행과정을 지도, 감독하여야 한다.
4. 파견된 감독관은 경기에 대한 전반적인 사항을 기록하고 이를 경기 위원회에 보고하여야 한다.
5. 지부는 경기가 종료된 후 10일 이내에 대회 결과보고서를 제출하여야 한다.

제7조 [기타사항]

경기위원회 규정, 경기규칙, 시행규칙에 명시되지 않은 사항은 별도의 지침에 의해 제시되고 이에 준하여야 한다.

제3장 경기위원회 규정

제1조 [목적]

본 위원회는 택견 경기 전반에 대한 사항을 장악하여 질서 정연하고 효율적인 경기대회를 운영하는데 그 목적을 둔다.

제2조 [사업]

본 위원회는 연맹과 연합회가 주최, 주관, 승인하는 국내외 모든 경기를 수임 집행하며 다음의 사업을 한다.

1. 추첨 진행
2. 대진표 작성
3. 선수 계체
4. 경기장 설치
5. 계체원, 진행원, 기록원, 계시원, 의무원 등 경기 진행에 필요한 인원에 대한 위촉 및 배치
6. 경기 중 선수 관리
7. 경기 진행, 기록
8. 성적 발표
9. 경기 규칙의 제정 및 개정안 작성
10. 연맹 및 산하지부, 지회가 주최, 주관하는 경기 대회의 지도, 감독

제3조 [구성]

1. 위원장: 1인

2. 부위원장: 2인 이내
3. 위원: 5명 이내

제4조 [위원 및 진행요원의 자격과 임무]

1. 진행요원의 자격은 본회로부터 위촉 받은 자.
2. 위원과 요원의 임무는 다음과 같다.
가. 계체원: 대회 시 규정에 의하여 선수들의 공정한 계체를 담당한다.
나. 진행원: 대회 시 경기에 임할 선수를 순서에 따라 호출하고 경기장을 배정하는 등 경기의 진행을 담당한다.
다. 계시원: 경기 중 각 회전 간의 경기 시간 및 휴식 시간을 관리하며 경기의 시종을 알리고 주심의 경기시간 정지를 따르고 또 중단된 시간만큼 경기 시간을 연장한다.
라. 기록원: 대회 시 경기의 판정 결과를 정확히 기록한다.
마. 의무원: 경기 중 부상선수에 대하여 응급치료를 담당하며 부상선수에 대한 경기가능 여부에 대한 의견을 주심에게 제시한다.

제5조 [경기대회 시의 직무]

경기대회 시 본 위원회의 위원장은 당연직으로 경기부 부장, 부위원장은 경기부 차장이 되며 위원은 위원장의 지정에 의해 경기 진행상 필요한 부서를 책임진다.

제6조 [경기대회 의전 행사절차]

본 위원회가 수행하는 모든 경기대회의 개·폐회식 및 시상식 절차의 표준은 시행규칙에서 따로 정한다.

제7조 [경기규칙]

본 위원회는 연맹의 경기규칙에 따라 활동한다.

제8조 [경기대회의 지도, 감독]

연맹산하 지부가 주최·주관하는 모든 경기에 원칙적으로 감독관을 파견하여 지도·감독하고 지부나 지회로부터 문서로 대회전반사항에 대한 보고를 받아야 하며 보고절차는 시행규칙에서 정한다.

제9조 [사무이관]

본 위원회는 업무수행과 관련한 문서 및 자료를 행사 종료 후 10일 이내에 종합사무처로 이관한다.

제10조 [부칙]

이 규칙은 연맹이 승인한 날로부터 시행한다.

제4장 택견 심판 규칙

제1조 [목적]

 본 규칙은 택견경기에서 심판원이 원활한 경기운영과 정확한 판정을 하여 심판의 엄중중립과 심판의 권위를 확립하는데 목적이 있다.

제2조 [자격]

 심판원은 택견지도자 자격소지자로서 소정의 교육을 마친 자로 한다.

제3조 [권리]

 소정의 심판원 교육을 이수하고 당해연도 심판원 위촉을 받은 심판원은 본회가 주최·주관 및 승인한 대회에 심판원이 될 수 있다.

제4조 [의무]

1. 심판원은 심판위원회로부터 대회 심판원으로 지명 받았을 때 이를 이행하여야 한다. 지명된 심판원은 개인의사에 따라 불응할 수 없으며 다만 부득이한 사유가 있을 시 48시간 전에 사유서를 제출하여 허락을 받아야 한다.
2. 심판원은 경기규칙에 따른 복장을 갖추어야 한다.
3. 심판원은 공정한 판정과 경기운영을 해야 한다.
4. 심판원은 대회 심판원으로 지명되었을 시 참가팀의 임원, 뒷배(코치), 선수가 될 수 없다.
5. 심판원은 심판위원회가 주최하는 보수교육을 받아야 한다.

제5조 [구성]

심판원은 다음과 같이 구성한다.

1. 감독심판 1명
2. 주심판 1명
3. 배석심판 2명

제6조 [임무 및 권한]

1. 감독심판
가. 감독심판은 경기의 전반을 감독할 권한이 있다.
나. 감독심판은 주심판이 내린 판정을 감독심 채점표에 기재한 후 비교 검토하여 승패를 확정한다.
다. 감독심판은 주심판의 판정선언이 잘못되었을 경우 즉시 조정한다.
라. 감독심판은 주심판의 오판이 있다고 인정될 시 지체 없이 판정을 조정하고 주심판의 교체를 심판위원회에 요청할 수 있다.
마. 감독심판은 주심판의 요청에 의해 판정에 대한 견해를 개진할 수 있다.

2. 주심판
가. 주심판은 경기의 주도권을 장악하며 경기 진행 시 '서거라', '멈춰', '계속', '그만' 등의 명령어를 사용하여 경기의 중단, 속행을 임의로 할 수 있다.
나. 주심판은 경기 시작 전 선수의 복장을 점검하고 경기에 대한 주의사항을 알려 준다.
다. 주심판은 경기의 시작과 끝, 주의, 겻기, 승패, 연장, 퇴장 등을 선언한다.
라. 주심판은 경기 진행 중 선수가 반칙을 행하였을 때 잠시 경기를 중단시키고 다음과 같이 경기를 진행한다.
(1) 주의: 경기가 중단된 즉시 해당 선수에게 '주의' 표시를 하고 즉시 경기 속행을 명령한다.
(2) 겻기: 경기를 중단시킨 후 양 선수를 경기장 중앙에 세운 후 반칙을 한 청(또는 홍)에 대하여 '겻기'라는 명령을 하고 겻기를 하게 한다.
(3) 퇴장: 양 선수를 경기장 각 위치로 가서 서게 한 다음 퇴장 선언 후 즉시 상대 선수에게 '승'을 선언한다.
마. 주심판은 경기도중 선수 및 뒷배(코치)가 기권하거나 반칙에 의해 경기진행 불능, 또는 부상으로 인하여 경기진행이 불가능하다고 인정될 때는 지체 없이 경기를 중단시키고 승패선언을 한다.

바. 주심판은 경기도중 선수가 고통을 호소할 경우 상대선수의 반칙 때문이지 엄살인지를 10초 이내 판단하여야 한다.
사. 주심판은 정당한 공격에 의해 승부가 났을 때 '그만'이라고 명령을 내리고 지체 없이 승패를 선언한다.
아. 주심판은 경기 중에 항상 양 선수의 가까운 거리에 위치하여 필요한 경우 신속히 경기를 중단시킬 수 있도록 해야 한다.
자. 주심판은 경기 도중 필요에 따라 경기시간 계산의 정지를 선언할 수 있다. 계시원은 이를 따라야 한다.
차. 주심판은 감독심판의 판정에 대한 질문에 성실히 응답하여야 하며, 감독심판의 결정을 경청하여야 한다.
카. 감독심판의 판정번복 지시가 부당하다고 판단할 때는 자신의 견해를 설명하고 감독심판이 지시를 철회하도록 건의해야 한다. 감독심판이 재 지시를 하더라도 주심은 자신의 판정을 고수할 수 있다.

3. 배석심판
가. 감독심판의 판단을 보조할 목적으로 감독심판의 좌우에 배석하여 감독심판에게 의견을 진술한다.
나. 배석심판은 감독심판의 판정에 대한 질문에 성실히 응답하여야 한다.
다. 배석심판은 주심판에게 직접 질문과 응답을 할 수 없고 반드시 감독심판을 통하여 의견을 개건(改建)할 수 있다.

제7조 [승패판정]

승패 판정은 다음과 같다.

1. 한판승
가. 손질, 발질로 상대를 넘어뜨려 무릎 이상의 부분을 바닥에 닿게 하였을 때.
나. 상대방이 전혀 방어하지 못한 상태에서 목 이상의 얼굴을 발질로 정확히 공격을 하였을 때.
다. 두 발이 무릎 이상 솟구친 상태에서 발질로 공격하여 상대방을 두 걸음 이상 물러서게 하거나, 균형을 현저하게 잃게 하였을 때.

2. 반칙승
가. 상대가 반칙행위로 인하여 '겻기'의 벌칙을 3회 받았을 때.

나. 반칙행위로 인하여 경기의 진행이 더 이상 불가능하다고 판단될 때.

3. 기권승
가. 선수나 뒷배(코치)가 경기를 포기하겠다는 의사를 표하였을 때
나. 출전선수가 자발적으로 출전하지 않았을 때.
다. 규정된 호명에 불응하였을 때

4. 쌍방패
양 선수가 공히 반칙행위로 인해 경기속행이 불가능하거나, 양 선수가 공히 '겻기'를 3회 받았을 때.

5. 실격승
상대선수의 선수자격 상실, 또는 체중 검사에서 불합격 하였을 때.

제8조 [반칙]

반칙행위는 다음과 같으며 반칙의 정도에 따라 주의, 겻기, 패배를 선언한다.

1. 대접을 하지 않을 때
가. 상대방 공격을 못하게 할 목적으로 몸으로 밀면서 접근할 때
나. 뒤로 두 걸음 이상 물러났을 때
다. 상대방이 공격 가능한 거리에 한발을 내딛는 자세를 유지하지 않을 때

2. 소극적인 경기를 할 때
가. 20초 이상 견제용 목적의 공격만 할 때
나. 10초 이상 공격을 하지 않을 때
다. 딴죽수 없이 손질로 견제할 때

3. 타격성 공격을 할 때
가. 굼실거림이 없는 상태에서의 발질
나. 곧은 발질
다. 금지된 신체 부분을 사용하여 공격하거나, 상대방의 금지 된 신체부분에 대한 공격행위

4. 붙잡아 넘기는 행위
가. 옷이나 손목, 팔 등 상대방의 신체를 움켜잡는 행위
나. 팔로 휘감아 넘기려고 하거나 상체의 근력에 의존하여 넘어뜨리는 행위
다. 상대가 공격을 하지 않은 다리를 잡거나 또는 딴죽수를 한 상대방 허리를 숙여 잡는 행위

5. 엄살행위
혼절 또는 운동능력이 상실되지 않은 상태를 전제
가. 상대방의 반칙을 유도할 목적으로 고통을 과장하는 행위
나. 과장된 얼굴표정을 짓거나 바닥을 구르는 행위
다. 경기진행을 지연시키는 행위

6. 바람직하지 않은 행위
가. 품위를 잃은 행위
나. 위험한 행위
- 오금질 없이 뻗정다리로 서 있는 행동
- 경기 중 복장 상태의 불량으로 인하여 경기가 지연될 때
- 심판원과 상대선수 및 뒷배, 관중들에게 불손한 행위
- 심판의 지시에 응하지 않을 때

7. 겻기에 대한 반칙

제9조 [반칙에 대한 벌칙]

반칙을 행한 선수에게는 다음과 같은 벌칙을 가한다.
1. 반칙의 정도가 가벼울 경우 '주의'를 준다. 주의는 승패에 영향을 주지 않는다.
2. 반칙의 정도가 상대방에게 불리하게 작용하였다고 판단될 때 또는 주의가 2회 이상 반복될 때는 '겻기'의 벌칙을 준다.
가. '겻기'의 벌칙을 받은 선수는 경기장 중앙 위치에서 오른쪽 다리를 앞으로 내딛고 선다.
나. 상대선수는 벌칙을 받은 선수와 서로 무릎을 맞대어 얼러메기는 자세를 한 후 10초 이내에 공격한다. 10초가 경과하면 벌칙은 해제된다.
다. '겻기'의 벌칙을 받은 선수는 상대선수가 공격을 개시할 때까지 두발을 바닥에서 뗄 수 없고 손이나 기타 신체부위로 방어, 공격에 해당되는 행위를 할 수 없다. 다만 상대가 공격을 개시하여 첫수가 끝난 후, 주심판이 '계속'을 선언하면 자유롭게 공방을 할 수 있다.

라. '겻기'의 벌칙을 받은 선수가 '겻기'의 규칙을 성실히 이행하지 않을 때는 반칙행위에 해당되어 주의, 또는 다시 '겻기' 벌칙을 받는다.

마. 양선수가 동시에 반칙을 하여 쌍방 겻기를 받았을 경우에는 청, 홍의 차례로 각각 겻기를 준다.

3. 반칙의 정도가 심하여 상대선수가 경기를 속행할 수 없거나 또는 경기를 계속할 경우 반칙에 의해 신체기능이 현저하게 불리한 상태가 되었다고 판단되면 반칙을 당한 선수에게 승을 선언할 수 있다.

제10조 [주심판의 신호방법]

주심판은 경기진행을 위한 '주의', '겻기' 선언과 판정선언을 할 때 분명한 동작으로 신호를 하여 경기자 및 관중들에게 알려야 한다.

1. 주의 : 주의를 줄 때는 '멈춰'라는 명령으로 경기를 중단시킨다. 그 자리에서 부채를 수직으로 세워 보이면서 반칙행위를 한 선수에게 '주의'를 선언하고, 부채를 주심의 머리 위로 들어 올리면서 '계속'이란 명칭으로 경기를 속행시킨다.

2. 겻기: 반칙의 행위가 심하다고 인정되거나 2회 이상 같은 반칙행위를 되풀이할 때는 경기을 중단시킨다. 부채의 끝으로 반칙행위를 한 선수를 가리키며 '청'(또는 '홍')이라 지칭한 후 다시 부채 끝으로 경기장 중앙을 가리키면서 '겻기'라고 명령한다. 두 선수가 서로 무릎을 맞대고 서게 한 다음 '섰다'라는 명령으로 피 반칙자가 10초 이내로 공격을 할 수 있도록 한다.

3. 중단: 경기를 중단시키고자 할 때는 부채를 양 선수 사이에 가로지르면서 '멈춰' 하는 명령으로 경기를 중단시킨다.

4. 승 선언: 경기의 승패를 내릴 때는 '그만' 이라는 명령으로 경기를 중단시킨다. 승리한 선수의 코너를 향해 '청'(또는 '홍')이라고 호칭하고, 해당선수의 코너를 향해 부채를 어깨에서 45도 치켜들면서 '승' 하며 판정을 내린다.

5. 시작: 경기시작은 부채를 양 선수 가운데를 가로지른 상태에서 '서거라' 하는 명령으로 선수의 준비상태로 세운 다음, 부채를 주심판의 머리 위로 들어 올리면서 '섰다'라는 명령으로 시작을 알린다.

6. 쌍방패: 양 선수가 경기를 할 의사를 보이지 않아 쌍방패를 선언할 경우, 주심판은 손을 가슴 앞

에 모았다가 대각선상으로 양손을 비껴 내리면서 '청·홍패'라고 선언한다.

7. 비김: 양 선수가 비겼을 경우 주심은 가슴 앞에 두 손을 모았다가 어깨 높이 수평으로 한손에 든 부채를 세우고 한 손은 손바닥을 펴고 세워서 양 선수를 향하도록 하여 '청·홍 비김'이라고 선언한다.

제11조 [경기진행요령]

경기규칙 제12조를 준용한다.

제12조 [반칙에 대한 주심판의 신호 동작]

겻기를 줄 때: 분명하고 큰 소리로 '청'(또는 홍)하며 부채로 지적 아래와 같은 신호 동작을 하고, '겻기'(또는 '주의')라고 명령한다.

1. 대접을 하지 않을 때: 무릎을 꺾어 올려 발을 가볍게 구르듯이 앞으로 내밟는다.
2. 소극적으로 경기를 할 때: 합장박수를 치듯이 손을 모은다.
3. 타격발질: 무릎을 바짝 꺾어 올려 짧고 빠르게 발차기 시늉을 한다.
4. 붙잡아 넘길 때: 손을 폈다 움켜쥐며 손목을 안으로 돌린다.
5. 엄살행위: 왼손바닥을 얼굴에 대고 부채 쥔 오른손을 배쪽에 대며 몸을 약간 구부린다.
6. 바람직하지 않은 행위: 왼손을 펴고 부채 쥔 손과 가슴 앞에 교차시킨다.
7. 겻기 벌칙에 대한 위반(재겻기): 가운데 바닥을 가리킨 후 부채를 위로 들어 한 번 흔든다.

제5장 택견 심판위원회 규정

제1조 [목적]

본 위원회는 공정하고 원활한 심판활동의 기준을 세우고 심판원의 기능과 권위를 확립하는데 목적이 있다.

제2조 [구성]

본 위원회는 심판자격 소유자로써 구성하며 다음과 같은 위원을 둔다.
1. 위원장: 1인
2. 부위원장: 2명 이내
3. 위원: 5명 이내

제3조 [심판원의 구분 및 자격]

1. 심판원의 구분은 다음과 같다.
가. 1급 심판원
나. 2급 심판원
다. 3급 심판원

2. 심판원의 자격은 다음과 같다.
가. 1급 심판원은 대한택견연맹에서 인정한 7단 이상과 1급 지도자 자격증을 소지한 사람이 1급 심판 자격검정에 합격한 자.
나. 2급 심판원은 대한택견연맹에서 승인한 5단 이상자로서 2급 지도자 자격증을 소지하고 대한택견연맹과 국민생활체육전국택견연합회(이하 연합회)가 주최 또는 승인한 대회에 10회 이상 주

심판으로 참가한 자 및 10회 이상 뒷배로 참가한 자.
다. 3급 심판원은 연맹에서 인정한 3단 이상자로서 지도자 자격증을 소지하고 3급 심판자격 검정에 합격한 자.

제4조 [사업]

본 위원회는 다음과 같은 사업을 한다.
1. 심판원의 관리, 감독 및 고과표 작성
2. 각종 경기대회 시 심판원 파견 및 배정
3. 각 급 심판원 교육 · 연수 및 자격시험 주관
4. 국제심판원 양성
5. 심판규정의 제정 및 개정안 작성

제5조 [심판원의 관리 및 감독]

1. 본 위원회는 심판의 공정을 기하기 위하여 심판원에 대한 관리 및 감독을 항시적으로 한다.
2. 대회마다 심판원의 심판활동 고과사항을 평가하고 기록한다.
3. 연맹과 연합회가 승인한 지방대회의 심판원 명단과 고과표는 대회종료 후 7일 이내에 실행회의를 거쳐 연맹 및 연합회에 보고하여야 한다.

제6조 [심판원의 권리 및 의무]

1. 심판원은 다음의 권리를 갖는다.
가. 심판자격증 소지자는 본회가 주최 또는 승인한 대회에 심판원이 될 수 있다.
나. 심판원은 제3조 2항에 정해진 경력이 갖추어지면 승급시험에 응시할 수 있다.

2. 심판원은 다음이 의무를 갖는다.
가. 심판원은 대회 시 본 위원회로부터 심판원 위촉이 되면 반드시 이에 응해야 하며 부득이하게 불참할 때는 48시간 전에 사유서를 제출하여야 한다.
나. 심판원은 대회 시 대회본부에서 지정한 복장과 표식을 부착하여야 한다.
다. 심판원은 심판원으로 위촉되었을 시 어떠한 경우에도 당해대회 참가팀의 임원, 뒷배, 선수가 될 수 없다.
라. 심판원은 연1회 이상의 보수교육을 받아야 한다.

제7조 [심판원의 교육 및 자격시험]

1. 본 위원회에서는 다음과 같이 심판원의 교육을 실시한다.
가. 심판원의 자질 향상을 위하여 각 급 심판원 자격증 소지자에 대한 정례 보수교육
나. 경기규정, 심판규정의 개정, 또는 유권해석의 변경 등 필요한 사유가 있을 때 수시 보수교육

2. 본 위원회에서는 다음과 같이 각 급 심판원의 자격시험을 실시한다.
가. 3급 심판원
나. 2급 심판원
다. 1급 심판원

3. 심판원 자격시험은 교육연수위원회의 자격시험을 준용한다.

제8조 [심판원의 구성과 배정]

1. 경기대회 심판원의 구성은 다음과 같다.
가. 감독심판 1명
나. 주심판 1명
다. 배석심판 2명(경우에 따라 배심 없이 감독심판과 주심판만으로 경기를 할 수 있다).

2. 심판원의 배정은 다음과 같다.
가. 감독심은 위촉된 자 중에서 본 위원회가 배정한다.
나. 주심과 배심은 위촉된 자 중에서 본 위원회가 배정한다.

제9조 [심판원의 임무]

1. 3급 심판원은 전국규모 대회 및 지방대회의 주심판이 될 수 있다.
2. 2급 심판원은 주심을 담당하는 것을 원칙으로 하며 지방 대회의 감독심판이 될 수 있다.

3. 1급 심판원은 감독심을 담당한다. 다만 1급 심판원의 수가 모자랄 때는 경력이 많은 2급 심판원 중에서 감독심판을 담당할 수 있다.

제10조 [채점표 및 채점 방식]

1. 채점표는 감독심용 1종으로 한다.
2. 다음의 부호로 한다.
가. 겻기 1회는 Ⅰ로, 2회는 Ⅱ, 3회는 Ⅲ 으로 표시한다.
나. 승자 표시는 (크게) ○으로 채점표, 청, 홍란에 표시한다.
다. 비김에는 (크게) ▽으로 채점표 중앙에 표시한다.

제11조 [주심의 용어 및 신호 방식]

주심이 경기 진행 시에 사용하는 용어와 신호 방식은 심판규칙으로 정한다.

제12조 [심판원 평가와 상벌]

1. 심판원이 해당경기에서 오판을 초래하여 심판의 권위를 추락시켰을 때 본 위원회의 평가를 거쳐 상벌 위원회에 회부하여 규정에 따라 처벌을 한다.
2. 심판원으로서 그 태도가 모범이 되거나 경기력 향상과 경기대회의 발전에 공로가 있다고 평가되는 심판위원에 대하여 심판위원회가 포상을 신청할 수 있다.
3. 본 위원회는 심판원 자격을 획득한 후 2년 연속 심판보수교육을 필하지 않거나 보수교육을 수료하고 3년 동안 심판활동을 하지 않은 심판원에 대하여 그 자격은 정지시킨다.
4. 심판보수교육을 필하지 않은 자에 대해서 당해 연도의 각종 경기대회에 심판원으로 위촉하지 않는다.
5. 본 위원회는 대회 중 심판원의 성적 평가와 행정 결과를 심판 기록카드에 기재하여 보전한다.

제13조 [부칙]

이 규칙은 실행회의의 재가를 받는 날로부터 시행한다.

제6장 심판 수신호

1. 경기 진행

1)경기시작 차렷 → 서거라 → 섰다

① '차렷'
② '서거라'
③ 팔을 편 자세로 머리 위로 들며 오른발을 한걸음 뒤로 물러 딛으며 '섰다' 라고 구령을 붙인다.

2)시작전, 인사

④ 선수 출전 후 정면을 본다. (앞을 보고 '차렷')
⑤ '경례' (선수만 인사한다)
⑥ '마주보고', '차렷'
⑦ '경례'
※ 경기 마무리, 인사(선수퇴장)
　　마주보고 '차렷' → '경례' 앞을 보고 '차렷' → '경례'

3) 복장 점검(규정된 복장 착용)

① 청 선수의 복장을 확인한다.
② 홍 선수의 복장을 확인한다.
※규정된 복장을 착용케 한다.

4) 경기시작(진행)

① '서거라' 오른발을 앞으로 내딛으며 팔을 펴서 정면으로 부채 끝을 어깨높이로 편다.
② 뒤에 놓인 왼발을 당겨 오른발 옆으로 붙여 선다(선수가 넉장다리 원품으로 선다).
③ '섰다' 팔을 편 자세로 귀에 가깝게 위로 들며 오른발을 뒤로 한걸음 뺀다(청선수가 홍선수의 학치를 지르기 한다).
④ 청, 홍 선수의 오른발이 뒤로 물러 딘든다.
⑤ 주심은 자세를 낮추고, 선수는 왼발(좌품)을 내딛는다.

5) 겻기 선언(경기 진행 중)

① 경기를 중단하고 선수를 마주서게 한다. '선수 제자리'
② '서거라' 오른발을 앞으로 내딛고 팔을 펴며 정면으로 하고 부채 끝을 어깨 높이로 편다(선수는 학치(무릎)를 맞댄다).
③ '섰다' 팔을 귀에 가깝게 위로 펴고 오른발을 뒤로 한 걸음 뺀다('섯다'라는 주심의 신호보다 선수가 먼저 움직이는 가 살핀다).
※ '섰다' 라는 주심의 신호보다 선수가 먼저 움직이는가를 살핀다.

2. 반칙 선언

1) 주의

부채 끝을 위로 향하게 하며 선수를 향해 팔을 쭉 편다. 반칙한 선수를 향해 '주의'라고만 한다.

2) 겻기 선언

① ② ③ ④ ⑤ ⑥

① 부채 끝을 청선수의 가슴 쪽으로 가리키며 '청' 하고 말한다.
② 부채 끝을 오른쪽 목 방향으로 향하게 하며 팔을 접는다.
③ 부채 끝을 정면 바닥을 향하게 하며 '겻기'라고 한다.
④ 부채 끝은 홍선수의 가슴 쪽을 가리키며 '홍' 하고 말한다.
⑤ 부채 끝을 왼쪽 목뒤 방향으로 향하게 하여 팔을 접는다.
⑥ 접은 팔을 펴서 부채 끝을 정면 바닥을 향하게 하여 '겻기'라고 말한다.

3. 반칙을 표시하는 신호

1) 대접을 하지 않을 때

① '청' 하며 부채 끝을 청 쪽으로 향하게 한다.
② 오른팔을 접어 올린다.
③ 오른발을 들었다가 앞으로 내딛는다.
④ 내디딘 발을 당겨서 서 부채 끝을 오른쪽 목 방향에 오도록 팔을 접는다.
⑤ 접은 팔을 펴서 부채 끝을 정면 바닥을 향하며 '겻기'라고 한다.
▶상대의 공격 방해목적으로 밀고 들어가는 행위
▶두걸음 이상 물러나는 행위
▶대접을 하지 않는 행위

2) 소극적으로 경기를 할 때

① '청' 하며 부채 끝을 청 쪽을 향한다.
② 어깨 높이로 손바닥을 들어 올려 어깨 넓이로 마주 벌린다.
③ 손벽을 치듯이 하되 두 손의 간격을

주먹하나 정도 띄운다.
④ 부채 끝을 오른쪽 목 방향에 오도록 팔을 접는다.
⑤ 접은 팔을 펴서 부채 끝을 정면 바닥을 향하며 '겻기'라고 말한다.
▶20초 이상 견제   ▶10초 이상 공격이 없는 경우   ▶손 견제

3) 타격성 공격을 하였을 때

① 부채 끝을 청선수의 가슴 쪽으로 향하며 '청'하고 말한다.
② 무릎을 앞으로 곱꺾어 올린다.
③ 타격으로 찬다.
④ 부채 끝을 오른쪽 목뒤 방향으로 향하게 하여 팔을 접는다.
⑤ 접은 팔을 펴서 부채 끝을 정면 바닥을 향하게 하여 '겻기'라고 말한다.
▶굼실 없이 차기   ▶곧은 발질   ▶금지된 부위 공격

4) 붙잡고 넘기려 할 때

① 부채 끝을 청 쪽을 지적하며 '청'이라고 말한다.
② 왼손바닥이 정면을 향하게 하여 앞으로 팔을 편다.
③ 왼손을 움켜쥐고 몸 쪽으로 접는다.
④ 부채 끝을 오른쪽 목 방향에 오도록 팔을 접는다.
⑤ 접은 팔을 펴서 부채 끝을 정면 바닥을 향하게 하여 '겻기'라고 한다.
▶옷이나 신체 부위를 움켜 잡기 ▶팔로 휘감거나 상체 힘만으로 넘기기
▶서 있는 다리를 또는 허리 아래에 들려있는 다리를 잡아 올리기

5) 엄살을 부릴 때

① ② ③ ④

① 부채 끝을 청 선수의 가슴 쪽으로 가리키며 '청' 하고 말한다.
② 왼쪽 손바닥을 오른뺨 쪽으로 오른손은 아랫배 쪽으로 향하며 움츠린다.
③ 부채 끝을 오른쪽 목뒤 방향으로 향하게 하여 팔을 접는다.
④ 접은 팔을 펴서 부채 끝을 정면 바닥을 향하게 하여 '겻기'라고 말한다.
▶과장된 표정 ▶경기지연

6) 바람직하지 않은 행위를 할 때

① ② ③ ④

① '청' 하며 부채 끝을 청 쪽을 지적한다.
② 오른팔과 왼팔을 가슴 높이로 교차한다. 이때 왼팔이 앞으로 오게 한다.
③ 부채 끝을 오른쪽 목뒤 방향으로 향하게 하여 팔을 접는다.
④ 접은 팔을 펴서 부채 끝을 정면 바닥을 향하게 하여 '겻기'라고 말한다.
▶위험한 행위나 품위를 잃은 행위
  - 뻗정다리로 서 있을 때(굼실없이)
  - 복장불량→경기지연
  - 불손한 행위
  - 명령과 지시에 불응

7) 겻기에 대한 반칙

① 부채 끝을 정면 아래를 가리킨다.
② 팔을 귀 쪽으로 붙이고 위쪽을 향해 쭉 편다.
③ 팔을 편 상태로 좌로 흔든다.
④ 팔을 편 상태로 우로 흔든다.
▶공격자의 공격 몸짓이 없음에도 반칙자가 반응하는 경우
▶첫수가 끝나기 전에 되받기를 하는 경우
▶오히려 반칙자가 공격을 하는 경우

4. 승부 판정

1) 청승

① ② ③

① '청' 하며 부채 끝을 청 쪽으로 가리킨다.
② 부채 끝을 왼쪽 목뒤 방향으로 향하게 하여 팔을 접는다.
③ 부채 끝을 청쪽으로 힘 있게 가리키며 이때 오른발을 한걸음 내딛으며 '승'이라고 소리친다.

2) 홍승

① ② ③

① '홍' 하며 부채 끝을 홍쪽으로 가리킨다.
② 부채 끝을 오른쪽 목뒤 방향으로 향하게 하여 팔을 접는다.
③ 부채 끝을 홍쪽으로 힘있게 가리키며 이때 오른발을 한걸음 내딛으며 '승'이라고 소리친다.

3) 비김

① '청' 하며 부채 끝을 청의 가슴을 가리킨다.
② '홍' 하며 부채 끝을 홍의 가슴을 가리킨다.
③ 양팔을 교차한 후 어깨 높이로 팔을 수평이 되게 펴면서 '비김' 이라고 한다.

4) 쌍방패

① '청' 하며 부채 끝을 청의 가슴을 가리킨다.
② '홍' 하며 부채 끝을 홍의 가슴을 가리킨다.
③ 양팔을 교차한 후 두 팔을 손끝이 바닥을 향하게 비스듬히 내리며 '쌍방패' 라고 한다.

5) 계시

①

① 부채 끝을 위로 향하게 하고 부채 끝에 왼손바닥을 편 상태로 들어 올리며 '계시' 하고 계시원을 바라본다.

6) 멈춰, 그만

①

① 청, 홍 선수 사이로 뛰어 들어가며 오른발을 크게 내딛으며 부채 끝을 정면으로 향하게 하고 '멈춰' 또는 '그만' 이라고 크게 소리친다.

부록

택견 용어 해설

용어해설 / ㄱ

- 가로지르기 : 가로 + 지르기
  가로 = 좌우방향, 횡(橫)
※ 가로는 좌우 방향, 횡(橫)을 말하므로 차는 사람의 몸에서 다리가 옆으로 뻗치므로 가로지르기로 한다.
- 가새붙이기 : 가새 = 가위의 사투리, 또는 옛말
※ 두 팔을 어긋나게 몸 좌우에 붙여 상대의 발질을 막는 수
- 거푸회목치기 : 거푸=잇달아 거듭. 같은 수를 잇달아 쓰는 짓
- 겹발질 : 다중차기, 이중차기 혹은 판죽과 차기의 혼합부를 통틀어 이름
- 겻기 : 음식을 차려 손님을 대접하는 일. 겪이. 택견 경기에서 반칙에 대한 벌칙(대접)
- 곁치기 : 곁 = 어느 한군데에 딸린 쪽, 옆
※ 째차기(옛) → 째다 = '찢다' 또는 윷놀이에서 '말을 밭에 놓다' 라는 뜻으로 옆으로 벌어지는 차기에 붙일 수 있으나 곁치기는 어깨 너비 이상 발이 옆으로 벌어지는 것은 옳지 않으므로 송덕기 선생이 사용하던 말인 곁치기로만 사용케 함.
- 곧은발질 : 직선으로 타격적인 발기술
- 굼실굼실 : 발을 내딛거나 끌어당겨올 때 몸의 중심을 유지하고 있는 다리와 무릎의 가벼운 굴신운동.
- 기본거리 : 택견 기술 중 가장 중요한 밑바탕 기술을 익히는 과정
- 깎음다리 : 학치뼈를 발장심으로 깎아 내리는데서 붙여진 이름.
※ 깎금걸이 = 잘못 사용한 말
- 껴끔내기 : 서로 자꾸 바꾸어 하기
※ 맞대거리를 할 때 한사람이 회목치기를 하면 다른 사람은 회목치기가 아닌 다음 동작인 밭장치기를 하는 등 한번씩 교대로 공격하는 방법을 말한다.
- 꼭뒤잽이 : 뒤통수의 한복판(꼭뒤)이나 깃고대를 잡아 누르는 수

용어해설 / ㄴ

- 난젓기 : 경쟁하기, 겨루기, 다툼. 난젓은 다투어, 겨루어의 뜻으로 쓰이는 옛말이다.
- 날치기 : 두 팔을 번갈아 짚으면서 곤두서는 서슬로 차는 수. 동작이 매우 날램을 비유하는 말. 원 뜻은 나는 새를 쏘아 잡다.
※ 물구나무(옛)는 두 팔로 몸을 거꾸로 세우는 것이므로 기술형태와 부합되지 않아 송덕기 선생이 예로부터 써온 말을 되살림.
- 내지르기 : 내(앞,바깥쪽) + 지르기(내뻗치다, 꽂다)

※ 는질러차기는 무르고 연하게 찬다는 뜻.
- 너울대다 : 몸을 부드럽게 굽혀 움직이다.
- 넉장거리 : 네 활개를 벌리고 뒤로 벌떡 나자빠지듯이 서 있는 자세를 이름. 작은말 낙장거리
- 눈끔적이 : 눈을 자주 깜짝거리는 사람. 준말=끔쩍이, 손바닥 또는 상대방 눈앞을 어리대어 눈을 깜짝이게 하는 짓.
※ 눈속임의 속된 말로 쓰임. 스포츠신문에 연재한 극화에서 노름꾼들의 은어로 사용되는 예를 볼 수 있음.
- 는지르기 : 는+지르기
※ '는' 은 낮다, 처지다, 느리다 등의 의미가 포함되어 있다. 는지르기는 낮게 지른다는 뜻으로 아랫배를 발장심으로 내지르는 짓.
- 능청능청 : 헛밟기를 할 때 발을 앞으로 내디디면서 양 무릎을 펴고 아랫배를 내밀면서 허리를 활처럼 탄력적으로 휘는 모양

용어해설 / ㄷ

- 대마디 치기 : 몇 개의 마디로 구성된 사람다리의 꼴을 마디진 대나무에 빗대어져 붙여진 이름인 듯 하다.
※ 무릎 관절의 바깥 옆쪽을 발등으로 친다. 곁치기의 낮춤형태, 밭장치기의 높은 형태이다.
- 덜미잽이 : 덜미는 뒷덜미, 목덜미의 준말, 뒷덜미는 양 어깻죽지 사이, 목덜미보다 아래쪽이고 목덜미는 목의 뒷부분을 가리킨다.
※ 덜미잽이는 팔을 빗장 붙이듯 하다가 손목을 갈고리처럼 구부려 덜미를 걸어 당기는 수.
※ 덜미걸이는 팔을 바로 뻗쳐 목을 거는 것이 덜미잽이와 구분된다.
- 덧걸이 : 덧 = 덧붙이다. 덧대다, 덧니, 덧저고리 따위
※ 상대방의 다리 바깥쪽으로 자신의 다리를 걸어 당기는 수
- 덧메기기 : 덧 + 메기기
※ 같은 수, 혹은 다른 수를 두 번 세 번 거푸 메기는 수
- 돌개발따귀 : 돌개=회오리, 나선형으로 일어나는 바람.
※ 몸을 회전하여 공중으로 뜨면서 발따귀 하는 수
- 돌개휘차기 : '휘' 는 몸이 도는 뜻. 회전차기
※ 몸을 공중에 띄워 빙글 돌려 차는 수. 한쪽 발이 지면에 붙어있을 때는 휘차기
- 되메김질 : 역공격
- 되받기 : 상대의 공격에 대응하여 도로 공격한다.
- 두름치기 : 두름 = 두르다→둘레를 돌려 감거나 휘감아 싸다
※ 후려치다(옛) : 채찍 따위로 심하게 갈기다. 힘껏 내리치다의 뜻이므로 반원을 그리며 휘어 차는

발질의 명칭으로 적당하지 않으므로 새말을 붙임.
- 두발당성 : 두발로 걸어차는 발질. 두발낭성, 두발낭상
- 뒷발치기 : 뒤에 놓은 발의 회목을 치는 수. 뒷회목치기와 구분하기 위해 뒷발목치기라 했던 것을 뒷발치기로 고쳐 부름.
- 뒷회목치기 : 발회목의 뒷부분(뒷꾸머리 바로 윗부분)을 치는 수
- 딴죽 : 딴(다리) + 죽(족발), ※ 다리와 발에 대한 메김질(공격기술)
- 딴죽메기기 : 딴죽+메기기, 딴죽메기기는 하체에 대한 선제 공격을 하는 것을 말한다.
※ 메기기 = 먹이다, 공격하다, 민속소리에서 먼저 부르는 짓, 맞톱질에서 톱을 미는 짓 등을 일컫는다.
- 딴죽받기 : 딴죽 + 받기
※ 딴죽메기기에 대하여 이를 받아치는 수
- 떼밀기 : 힘을 들여 밀어내는 것.
※ 본말 = 떠밀다, 떠다밀다

용어해설 / ㅁ

- 맞대거리 : 맞=마주, 대=대다, 대하다, 바로 대하다
※ 두 사람이 상대하여 연습하는 과정
- 맴돌리기 : 상대 몸을 제자리에 뺑뺑 돌아가게 하다, 맴돌리기는 자기 몸을 스스로 뺑뺑 돌리는 것, 맴은 매암의 준말
- 메김질 : 공격, 일방적 공격, 선제 공격
- 몸통휘돌리기 : 휘+돌리기 = 크게 돌리기
- 무릎돌리기 : 버름발로 무릎을 돌리면 무릎관절 운동량이 커짐
※ 버름-하다 : 형용사로 틈이 좀 벌어져 있을 때를 말하는 것으로 버름발이란 발을 약간(어깨 넓이 정도) 벌려준 상태를 말한다.

용어해설 / ㅂ

- 받걸이 : 받지지, 남의 요구, 또는 괴롭힘을 잘 받아주는 일. 여기서는 상대방의 연습이 잘 되도록 손발을 맞춰주는 일
- 발등걸이 : 남이 하려는 짓을 앞질러 먼저 하는 수
※ ① 씨름에서는 뒤꿈치로 상대방 발등을 밟는 수
　② 택견에서 상대방이 차려할 때 차려는 발의 발등을 발장심으로 먼저 누르는 수
※ 발등거리 = 임시로 쓰려고 허름하게 만든 작은 초롱을 일컫는 것으로 발등걸이와는 전혀 다른 이

름이다.
- 발따귀 : 따귀 = 뺨따귀의 준말, 뺨의 낮춤말.
※ 발바닥으로 따귀를 치는 수
- 발목돌리기 : 모둠발로 무릎을 돌릴 때 발목에 운동량이 커짐.
- 발장심 : 발바닥의 한복판, 약간 들어간 부분
- 발재기 : 재는 것은 물건을 위로 올려 쌓는 것이므로 '올려'를 빼고 대신 재는 거리(재료)인 발을 나타냈다.
※ 무릎올려재기를 무릎재기라 한 것도 같은 이유
- 밭너울대기 : 곱꺾어 올린 다리를 바깥쪽으로 돌림
- 밭발따귀 : 따귀를 바깥쪽에서 안쪽으로 휘어 차는 수
- 밭장 : 밭은 밖쪽과 같고, 밧이라고도 한다. 밧으로 쓸 경우는 밧짱으로 표기하고, 밭으로 쓸 때는 밭장으로 표기토록 통일한다. 발끝이 바깥쪽으로 벌어진 꼴
- 복장밀기 : 가슴의 한복판(복장)을 한 손 또는 두 손바닥으로 밈
- 본때 : 이렇다 하고 보일 만한 본보기
※ 본때 앞엣거리 8마당, 뒤엣거리 4마당이 있다. 신한승 선생의 창작품이다.
- 빗장붙이기 : 빗장은 문을 잠글 때 나무때기, 쇠장대로 가로지르는 것으로 문빗장의 준말. '붙이다'는 '두 물체를 밀착시키다'라는 뜻이니 팔을 빗장처럼 사용하여 상대 몸에 갖다 대는 것을 말한다.
※ 가로 밀기(옛)는 상대방의 몸을 좌우 방향으로 미는 것이므로, 부적절한 용어로 보고 폐기함.
- 뻗정다리 : 자유롭게 구부렸다 폈다 하지 못하고 항상 뻗치기만 하는 다리, 또는 그런 다리를 가진 사람

용어해설 / ㅅ

- 상모돌리기 : 농악에서 벙거지 꼭지에 달린 털이나 종이오리를 돌릴 때 목을 돌리는 것
- 새김 : 되풀이하여 연습하는 일
- 손질 : 손으로 하는 기술. 일반적 의미는 '남을 때리다'로 해석한다.

용어해설 / ㅇ

- 안낚걸이 : 가랑이 사이를 넣은 뒤꾸머리로 상대방 오금을 걸어 당기는 수
※ 뒤꾸머리 : 발뒤꿈치의 속칭인 발뒤꾸머리의 준말
※ 밭낚걸이는 다리 바깥쪽에서 오금을 거는 수. 낚걸이는 낚아채어 걸어 당긴다는 뜻임.
- 안너울대기 : 곱꺾어 올린 다리를 안쪽으로 돌림

※ 밭은 바깥이라는 뜻. 접미사로 '대다'는 '거리다'와 같다.
※ 곱꺾다 : 두 번 꺾다.
- 안짱 : 발끝이 안쪽으로 오므라든 발, 안종이라고도 한다. 밭장의 반대말, 발목을 구부려서 상대방 발뒤꿈치, 또는 회목을 끌어 당기는 수를 안짱걸이라 한다. 안짱다리는 두발을 안으로 모아 걷는 사람을 일컫는다.
- 앞엣거리(준비운동, 몸풀기) 연습하기에 앞서 하는 과정
※ 거리 : ① 만드는 재료, 행동이 되는 소재, 자격, 대상
② 굿, 또는 민속놀이의 과정을 나눈 부분의 단위
- 어깨받기 : 어깨로 들이받는 수
- 어리대기 : 상대방을 공격하는 체 속이는 활개질
※ 짓 = 동작함, 질 = 되풀이되는 동작이나 행동
- 어복치기 : 어복(魚腹 물고기의 배) = 장딴지 오금과 발회목 사이 물고기 배처럼 생긴 부분을 치는 수
- 얼러메기기 : 얼러는 어우러지다, 달래다, 으르다(위협하다)의 뜻이며 때리려고 으르는 짓을 얼러방망이라하고 두 가지 이상을 한꺼번에 하는 것을 '얼러방친다'고 한다. 또한 얼러붙다는 여럿이 서로 어우러 한데 붙다라는 뜻을 가진다.
※ 두 사람이 한데 어우러져 상대를 달래는 몸짓을 하며 공격하는 수
- 얼렁발질 : 상대의 눈을 속여 차는 겹발질. 예컨대 복장지르기를 하다가 즉시 면치기로 변화하여 상대의 의표를 찌르는 수
- 얼렁수 : 상대를 엉너리를 부려 속이는 수. 얼렁발질을 포함하여 상대를 속여 틈을 노리는 수
※ 엉너리 = 남의 환심을 사려고 어벌쩡하게 서두르는 짓
- 연단십팔수(練緞十八手) : 연단 18수는 택견의 기본수 18가지로 엮은 새김질의 하나로 한국전통택견연구회 이용복회장에 의해 1997년 만들어 졌다. 영화〈이방인〉에서 안성기가 시연을 하여 찬사를 받아 유명해졌다.
- 옛법 : 옛은 예전의 것을 나타냄. 법은 방법, 방식, 기술, 수
※ 싸움할 때 쓰는 수이며 경기에서 금지하는 타격적 기술을 통틀어 이르는 말이다.
- 오금밟기 : 다리오금을 발장심으로 밟는 짓
※ 오금 = 무릎이 구부러지는 다리의 뒤쪽 부분. 뒷무릎
- 외딴거리 : 외딴 = 외따른(혼자 따로, 오직 홀로), 혼자 연습하는 과정을 통틀어 이르는 말
※ 외딴 = 택견경기에서 혼자 휩쓸며 판을 치는 일
※ 거리 = 과정의 단위
- 외알제기 : 나귀 따위가 한발로 차는 짓, 70년대 이후 태권도에서 말발질이라 불렀다.
- 우쭐우쭐 : 발을 바꾸어 밟거나 내딛을 때 몸 전체의 율동 운동
- 으쓱으쓱 : 품을 밟으며 어깨를 치들며 멋을 부려 뽐내는 모양

용어해설 / ㅈ

- 자개미 지르기 : 자개미는 다리와 몸통이 이어지는 안쪽 가래톳이 서는 임파선 부분. 자기아미, 자귀미 등으로 쓰기도 한다.
- 잡아채기 : 옷깃 또는 소맷자락 등을 잡아 비틀며 휙 당김.
- 저기기 : ① 팔꿈치, 발꿈치로 지르다
  ② 자귀 따위 연장으로 한번씩 힘을 가볍게 주어 톡톡 깎다
※ 발꿈치를 고두리뼈 부근에 끌어당기듯 치는 것이 자귀로 나무를 톡톡 쳐서 깎는 것과 흡사하므로 붙여진 이름이다. 사전의 두 가지 해석이 혼합 적용되어 있다. '제기다'와 같은 말, 제기차기와는 다름.
※ 고두리뼈 = 골반에 이어지는 넓적다리뼈의 옆부분 톡 튀어난 곳
- 제겨차기 : 발등으로 위로 차다. 주로 낭심을 올려 차는 뜻으로 보이나 가슴이나 턱, 얼굴을 올려 차는 발질에 공통으로 사용함.
※ '걷어차다'의 사전적 풀이는 세게 찬다는 뜻이다. 늘어진 다리를 거두어들여 곱꺾어 차는 발질을 말하므로 대부분의 차기가 이에 해당한다.

용어해설 / ㅊ

- 차고 받기 : 차기 + 받기
※ 차메기기에 대하여 이를 받아치는 수
- 차메기기 : 차다 + 메기다

용어해설 / ㅋ

- 칼재기 : 길이를 재듯 팔을 뻗쳐 손아귀로 상대방 울대를 견제함. 형틀인 칼의 길이를 재는 듯한 동작이어서 붙여진 이름으로 보인다.
- 칼잽이 : 칼은 구멍난 널빤지에 목을 끼우고 비녀장을 지르는 중죄인에 씌우던 형틀. 손아기로 상대방 목을 쳐 미는 꼴이 마치 칼을 씌운 것 같은 데서 붙인 이름으로 보인다.

용어해설 / ㅎ

- 학치 : 정강이의 속된 말. 학치뼈의 준말
※ 학치지르기는 종전의 무릎걸이와 동일한 수이다. 무릎을 걸어 당기는 것이 아니고 내질러 밀어 쓰러뜨리는 기술이며, 내지르는 것은 무릎이 아니라 무릎 밑부분이나 촛대뼈(경골)의 꼭지를 목표로

한다. 치 = 위쪽, 산이나 언덕의 꼭대기를 말한다.
- 허리잦기 : 잦다 = 뒤로 기울어지다, 잦히다 = 뒤로 잦게 하다

※ 재기 = '잰체 뽐내다'의 속된 말로 어깨를 잦히고 배를 내민 몸꼴
- 허벅치기 : 허벅=허벅다리의 안쪽살 깊은 곳, 허벅지

※ 발장심으로 허벅지를 차는 수. 회목치기의 높은 형태
- 홀새김 : 혼자 되풀이 연습하는 일

※ 첫단 ~ 일곱단 : 단은 낱개를 묶어 뭉치로 만든 것. 또는 그것을 세는 단위이다. 나무 한단, 무 석단 등으로 쓰인다.

※ 기본거리, 맞대거리의 여러 가지 수를 과정별 단위로 하나로 엮었음을 뜻함.
- 활개질 : 한팔, 또는 두팔을 흔들거나 휘젓는 수. 활갯짓은 걸음을 걸을 때 두팔을 흔드는 동작, 또는 새가 날개를 치는 동작으로 자연적인 동작 또는 단순한 동작을 말하는데 활개질은 목적을 가지고 하는 의도적 동작으로써 훈련을 통해 익히는 택견의 기술
- 회목 : 손목, 발목의 잘록한 부분. 특히 손회목 또는 팔회목이라고 하지 않을 경우 발회목을 가리킴.
- 회목잽이 : 발회목+잡다

※ '대다'는 동사어미 아(어)의 아래에 쓰여 그 동작의 정도가 심하게 계속됨을 나타내므로 '대다'를 뺀다. 잽이는 제비로 발음한다.
- 휘차기 : 몸을 빙 돌려 발장심으로 휘차는 수

참고문헌

참고문헌

- 〈高麗事〉
- 〈朝鮮王朝實錄〉
- 강상조(1982). 트레이닝 방법론, 정민사.
- 강상조(1996). 코치론, 대한미디어.
- 강충식(1982). 유도지도의 이론과 실제, 서울: 형설출판사.
- 경희대학교 체육과학대학(1993). 체육실기지도의 이론과 실제(Ⅰ), 서울: 보경문화사.
- 권오성, 이태진, 최원식 편(1994). 자산안확국학논저집(1)~(6), 여강출판사.
- 김경아(2003). 택견의 놀이 문화적 특성에 관한 연구, 석사학위논문, 중앙대학교 교육대학원.
- 김경지, 최영렬, 방여진, 김형돈, 전정우(2002). 태권도 겨루기 지도법 및 방법론, 도서출판 대한미디어.
- 김구, 한두석(1996). 스포츠 상해 및 처치, 원광대학교 출판국.
- 김기웅 역(1990).코치를 위한 운동경기의 심리학, 대광문화사.
- 김득중(1997) 실천예절개론, (주)교문사.
- 김대식. Allan Back (2002) 무도론, 교학연구사
- 김문기, 이수영(1993). 운동상해와 구급처치, 재동문화사.
- 김민현, 정용락 역(1999). 응용 스포츠 심리학, 도서출판 홍경.
- 김병준 외 9명(2007). 코칭과학. 서울: 도서출판 대한미디어.
- 김성복 역(2005). 뉴 마인드 코칭론, 도서출판 대경북스.
- 김성수(2002). 골프 스윙의 원리. 전원문화사.
- 김성옥, 김병준, 김경원, 한명우, 송우섭 역(2004). 운동심리학. 서울:도서출판 ㈜대한미디어.
- 김신택(2000). 택견의 실제와 원리 연구, 석사학위논문, 안동대학교 대학원.
- 김영만(2007). 택견의 생활체육 활성화 방안에 관한 연구, 석사학위논문, 숭실대학교 일반대학원.
- 김영만(2009). 택견겨루기론, 레인보우북스.
- 김영준(2001). 스포츠지도론, 형설출판사
- 김용옥(1990). 태권도 철학의 구성원리, 통나무.
- 김운용(1973). 계간 〈태권도〉 제7.8합본호, 대한태권도협회.
- 김재수(1999). 트레이닝의 과학, 도서출판 21세기교육사.
- 김재호(1996). 택견의 몸짓이 지닌 민중적 요소에 관한 고찰, 석사학위논문, 연세대학교 교육대학원.
- 김정태(1999). 복근 트레이닝, 서울: 삼호미디어.
- 김종달(1988). 체육지도서, 대한체육회.
- 김창국, 박기주(1997).트레이닝 방법론, 서울: 도서출판 대경.
- 김창규(1987).체육지도서, 대한체육회.
- 김태홍, 이장우(1991), 체력육성을 위한 트레이닝 방법론, 형설출판사.
- 김형묵 역(1995). 응급처치 매뉴얼, 도서출판 고려의학.

· 나현성(1985). 한국체육사 연구, 교학연구사.
· 나현성(1962). 한국 체육사에 관한 논문집, 서울대학교 사범대학교 교육회.
· 남상남 외 7명(2006). 경기력 향상과 건강 증진을 위한 과학적 트레이닝, 도서출판 보성.
· 노재성, 박홍석(2008). 지도자를 위한 트레이닝 방법론, 대경북스.
· 대한아마튜어복싱연맹(1989). 체육지도서, 대한체육회.
· 도기현(2007). 우리무예 택견, 도서출판 동재.
· 문병용(2004). 알기 쉬운 운동 역학, 도서출판 대경북스.
· 박명규(2003). 택견을 활용한 배우 신체훈련의 가능성연구, 석사학위논문, 동국대 문화예술 대학원.
· 박성순, 추건이, 손진수(2002).내 몸의 코디네이터 밸런스 스트레칭, 서울:대경북스.
· 사)한국운동지도자협회(2001).국민건강 증진을 위한 운동지도 지침서, 도서출판 고려의학.
· 샌드라앤더슨, 롤프소빅(2006). 요가 첫걸음, 서울: 학지사.
· 손정일(1979)태권도 교본, 고려문화사.
· 송덕기(1995). 한국고유무술 택견, 서림문화사.
· 송순천(1993). 복싱의 이해, 경운출판사.
· 신동성외7명(1988). 최적운동수행을 위한 심리적 컨디셔닝, 대한체육회.
· 안병근(1999). 파워 유도교본, 삼호미디어.
· 안자산(1974). 조선무사영웅전, 정음사.
· 양진방(1986). 해방 이후 한국 태권도의 발전과정과 그 역사적 의의, 석사학위논문, 서울대 대학원.
· 양종언(1992) 삶의 무예 바르고 강한 무예에의 길, 학민사.
· 예용해(1973). 중요무형문화재 조사보고서: 택견, 문화재관리국.
· 예용해(1997).예용해 전집 인간문화재, 도서출판㈜대원사.
· 오성기, 전도선(2006). 트레이닝 지도법, 세종출판사.
· 오장환(1994). 택견 전수 교본, 영언문화사.
· 육조영 외 5명(1997). 스포츠 코치론, 도서출판 홍경.
· 육조영, 신대철, 임정일(2002). 스포츠 구급 안전관리학, 도서출판 홍경.
· 은희관(2003). 스포츠, 운동심리학. 서울: 도서출판 금광.
· 이강헌, 구우영, 정구인, 정용각(2005). 운동수행과 스포츠 심리학, 도서출판 대한미디어.
· 이경명, 정국현(1994). 태권도 겨루기, 오성출판사.
· 이동호, 박종구 공저(2002). 생활 태극권,서울: 도서출판 밝은빛.
· 이보형(1984). 무형문화재 실태조사, 문예진흥원.
· 이승아, 오은택, 김계주, 유호길 공저(2004). 스트레칭의 모든 것, 서울:도서출판 홍경.
· 이승용(2007). 음양요가, 서울: 도서출판 홍익요가연구원.
· 이용복(1990). 한국무예 택견, 학민사
· 이용복(1992). 위험할 때 호루라기 세번, 대원사.
· 이용복(1993). 택견의 구성원리, 대한택견협회.
· 이용복(1995). 민족무예 택견연구, 학민사.

- 이용복(1995).빛깔 있는 책들 택견, 대원사.
- 이용복(1998).택견의 굼실과 능청동작에 내재한 경기원리, 제2회 한국전통무예 학술세미나, 용인대학교 무도연구소, 25-32.
- 이용복(2002). 한국무예 택견, 학민사.
- 이용복(2003). 나아가는 이들의 함성, 계간택견.
- 이용복(2007). 바람이 불어도 가야한다, 상아기획.
- 이용복 감수(2007). 2007심판교육자료, 대한택견연맹.
- 이용복 감수(2008). 2008심판교육자료, 대한택견연맹.
- 이용복 감수(2010). 택견경기 및 심판규칙, (사)대한택견연맹 국민생활체육 전국택견연합회
- 이홍재(2001).침술14경락도해(鍼術十四經絡圖解), 서울: 도서출판 주식회사 얼과 알.
- 임동권(1982). 중요무형문화재 조사보고서:태껸, 문화재관리국.
- 임완기, 권만근, 김경식, 이덕철, 이승범, 홍길동(2006). 체력육성을 위한 퍼펙트 웨이트 트레이닝, 도서출판 홍경.
- 임채정(2001). 계간 택견 2001년 봄호, 사단법인 대한택견협회. P18-27.
- 장경태(2006).택견지도서, 도서출판 밝은빛.
- 장경태, 박기용, 조한무, 이한경, 김형묵, 안용준(2002).트레이닝 방법론, 도서출판 대한미디어.
- 장재이, 이상철, 장순용(2000). 무도 안전교육론, 도서출판 홍경.
- 장덕선(1995). 우수선수 최고수행의 심리적 경험: 심층적 접근, 미간행 박사학위논문, 중앙대학교.
- 장덕선, 이에리사, 정구인(2005). 스포츠 카운슬링. 태근문화사.
- 전정우(2008). 태권도 경기지도법, 대한 미디어
- 전엄봉, 조성봉, 서재명, 유호길, 설정덕, 이상욱(1998). 트레이닝방법론, 도서출판 홍경.
- 정경화(2002). 택견원론, 보경문화사.
- 정순식(2006). 해부학적 생활요가, 서울:국제요가협회출판부.
- 정주영(1983).레슬링,스포츠과학연구소, 대한체육회.
- 정철수, 신인식(2005). 운동역학총론, 도서출판 대한미디어.
- 정청희, 김정수, 김원배, 최범규, 홍준희(1997). 정신훈련이 아동들의 정신 기술, 신체 효능감과 경쟁불안에 미치는 효과, 서울대학교 체육연구소논문집, 18(2), 47-58.
- 정청희, 김병준(1999). 스포츠심리학의 이해, 도서출판 금광.
- 정청희(2003). 운동수행 향상을 위한 심리기술훈련, 무지개사
- 정판식, 노진이(2003). 건강과 아르다움을 만드는 요가, 서울: 가람출판사.
- 조완묵, 이용복(1996). 택견은 왜 민속무예인가?, 제2회택견학술발표회, 사단법인 대한택견협회.
- 조임형(2006). 경기력 향상을 위한 태권도 훈련 방법의 이해, 서울:도서출판 무지개사.
- 주명덕, 이기정 역(2005). 운동역학, 도서출판 대한미디어.
- 진영수 외 25인(1998). 스포츠 의학, 도서출판 홍경.
- 천길영, 오경록, 오인석(2002). 트레이닝 이론과 방법론, 대경북스.
- 최대혁외 11명 역(2001). 운동 생리학, 도서출판 라이프사이언스.

- 최복규(1995). 전통무예의 개념정립과 현대적의의, 석사학위논문, 서울대학교 대학원.
- 최영렬(1988).태권도 겨루기론, 삼학출판사.
- 최은택, 고영완(1995).트레이닝 처방, 태근문화사.
- 최재원, 박용범, 설정덕, 임승길(2007). 골퍼를 위한 파워 트레이닝, 세종출판사.
- 최종연, 손두옥, 김형돈(2004).실용 체력트레이닝방법론, 서울:도서출판 홍경.
- 체육과학연구원(2000). 코칭론, 동원사.
- 체육부(1989). 89 과학적 훈련지도(Ⅰ), 체육부.
- 체육부(1990). 과학적 훈련지도, 체육부.
- 체육사상연구회(1999). 스포츠의 철학적 이해, 서울:태근문화사.
- 한국스포츠심리학회(1998). 스포츠심리학, 태근문화사.
- 한권상, 이종승(2001). 태권도 지도자론, 선학출판사.
- 홍장표, 장호성, 김진표(2004). 씨름, 도서출판 홍경.

- Adamson. G.T., Circuit training. Ergonomics, 2 : 183-186(F, 1959).
- Adelman, Melvin L(1986). A Sporting Time: New York city and the Rise of Modem
- Athletics. 1820-70. Urobana and Chiccago: University of Illinois Press.
- Lock, E.A., & Latham, G.P. (1985). The application of goal setting to sports. Journal of sport Psychology, 7, 205-222.
- Morgan, C.T., Physiological Psychology. New York: Mograw-Hill book Co.,1965.
- Orlick, T., & McCaffrey, N. (1991). Mental training with children for sport and life. The Sport Psychologisr, 5, 322-334.
- Porter, K., & Foster, J. (1986). The mental athlete: Inner training peak Performance. Janeart, Ltd.
- Stewart Culin (1958). Games of The Orient, Charles E. Tuttle Company.
- Jayeswari, Tina Park 공저(2007). 빈야사 요가 움직이는 명상, 서울:(주)웅진 씽크빅.
- Weinberg, R.S. & Gould, D. (1995). Foundations of sport and exercise psychology.
- Champaign, IL: Human Kinetics.
- http://cha.go.kr(문화재청)
- http:// tknet.co.kr(택견 렛)
- http://www.taekkyonkorea.com(택견 코리아)
- http://www.ktk.or.kr((재)세계택견본부 관악구본부전수관)
- http://www.kokean.go.kr(국립국어원)

택견 겨루기 總書에 참여하신 분

도움을 주신 분

편집, 사진: 컬처팩토리 대표 류길준

출연

김 기 봉: 前,제주도택견본부전수관장 / 택견5단
김 규 철: 강북구택견본부전수관장 / 택견4단
김 진 희: 前,광주택견본부전수관장 / 택견5단
노 중 호: 충북택견본부전수관장 / 택견5단
문 영 철: 동작구택견본부전수관장 / 택견5단
박 한 철: 마포구택견본부전수관장 / 택견4단
신 창 섭: 청주시택견본부전수관장 / 택견5단
김 보 건: 관악구택견전수관 강사 / 택견4단
이 상 현: 청주시택견전수관 강사 / 택견4단
이 태 헌: 청주시택견전수란 강사 / 택견4단
JEAN-SEBASTIEN BRESSY: 프랑스 택견연맹 강사 /국적:프랑스 / 택견3단